녹색무역의 이해

녹색무역의 이해

1판 1쇄 인쇄 2012년 5월 14일
1판 1쇄 발행 2012년 5월 21일

지 은 이 박명섭 외
펴 낸 이 김준영
펴 낸 곳 성균관대학교 출판부
출판부장 박광민
편   집 신철호 · 현상철 · 구남희
디 자 인 김숙희
마 케 팅 유인근 · 송지혜
관   리 조승현 · 김지현
등   록 1975년 5월 21일 제 1975-9호
주   소 110-745 서울특별시 종로구 성균관로 25-2
대표전화 02) 760-1252~4
팩시밀리 02) 762-7452
홈페이지 press.skkup.edu

녹색무역의 이해

성균관대학교 SSK팀(저탄소 녹색무역 기반구축)

박명섭 · 한낙현 · 김은주 · 박석재 · 우정욱 지음

성균관대학교
출판부

오늘날 전 세계적으로 환경파괴가 자행되고 있으며, 산업폐기물과 온실가스 등으로 인한 지구온난화 문제는 온 인류사회가 대처하여야 하는 중요한 문제로 부각되고 있다. 이러한 문제에 대처하기 위하여 세계는 UN기후변화협약을 중심으로 기후변화에 관한 논의를 본격적으로 하고 있는 실정이다.

현재 각국은 이산화탄소 등 온실가스 삭감과 관련한 이슈 등에 관하여 자국에 유리한 방향으로 끌고 가기 위해서 부단한 노력을 하고 있다. 또한 환경보전을 가장한 강도 높은 환경규제가 비관세 무역장벽으로 점점 확산되고 있는 실정이다. 세계 각국의 환경규제 및 UN의 환경보호에 적극적으로 대처하지 않으면 안 되는 상황에 처해 있다.

한편 2011년 12월 남아공 더반에서 개최된 17차 기후변화 당사국총회에서 선진국과 개발도상국들은 서로간의 이견을 확인했다. 개도국과 선진국 사이의 입장 차이를 획기적으로 개선하지 않는다면 글로벌 기후변화에 따른 체제 구축은 난항을 겪을 수밖에 없을 것이다.

이에 따라 환경오염으로 인한 기후변화를 최소화하면서 지속가능한 성장을 추구함과 동시에, 이러한 무역환경의 변화를 통해 새롭게 구축된 성장 동력을 기후변화로 피해를 입은 당사국에 전달할 수 있는 효과적인 시스템을 창출할 수 있는 환경조화형 무역 패러다임이 필요하다.

이 책은 환경과 조화되는 무역 패러다임, 즉 녹색무역의 인프라 구축을 위해 필요한 이하의 내용들을 포함한다.

제1장에서는 지구온난화에 대한 세계의 피해와 대응 방안, 그리고 저탄소 무역에 관하여 살펴본다. 제2장에서는 탄소배출에 대한 국제기구들의 협약에 관한 내용을 다룬다. 그리고 제3장에서는 현재 세계의 기준이 되고 있는 교토 유연성 체제 형성 과정과 주요 내용 그리고 탄소배출권에 대하여 고찰한다. 제4장에서는 탄소배출권 거래 시장과 비즈니스 모델에 대한 현황 및 향후 배출량 거래의 현상과 전망에 대하여 기술한다. 제5장에서는 탄소배출권 거래계약과 관련하여 거래당사자, 탄소배출권의 법적 쟁점

및 세계 각국의 탄소배출권 거래현황 등에 관하여 기술한다. 제6장은 화석연료를 이용한 에너지가 아닌 대체 에너지인 신재생에너지에 관하여 논한다. 제7장은 녹색 해상운송, 제8장은 녹색 육상운송, 제9장에서는 녹색 철도운송 그리고 제10장에서는 녹색 항공운송에 관하여 설명한다.

제11장은 탄소금융의 정의 및 거래당사자, 탄소펀드, 탄소배출권 거래보험, 탄소배출권의 거래와 옵션, 탄소배출권 관련 금융상품, 탄소배출권 금융상품화 관련 법적 이슈 및 금융상품 개발동향 등을 검토한다.

제12장은 녹색금융상품의 하나인 녹색보험에 관하여 구체적으로 분석한다. 제13장은 탄소거래 및 중재와 관련하여 환경 규제 방식의 유형과 그에 따른 분쟁해결 방법, 탄소배출권 거래 관련 분쟁해결 현황, 탄소배출권 거래 분쟁의 중재 적합성, 탄소배출권 중재 시 예상되는 제 문제 등에 관하여 기술한다. 마지막으로 제14장은 그린 이노베이션과 관련된 사례를 중심으로 고찰해본다.

이 책은 성균관대학교 SSK팀(저탄소 녹색무역 기반구축)의 연구 결과물로 발간되었다. 이 책의 작성에 본 SSK팀의 현직 및 전직 연구조원들의 도움이 많았음을 이 자리를 빌어 밝힌다. 홍란주 박사, 한능호 박사, 윤유리 박사, 허윤석 강사, 윤재웅 강사, 이재성 강사, 최두원 조교, 강용준 조교 그리고 김태후 조교 등 자료 수집과 원고 정리 그리고 교정 등에서 노력을 아끼지 않았기에 이 책의 출간이 가능했다. 그동안 여러 차례의 국내·외 워크숍과 학술대회에 함께 참석하면서 얻은 정보와 지식을 바탕으로 작성했지만 향후 최신의 내용으로 보완해야 할 것으로 본다.

끝으로 이 책의 편집 작업에 참여한 성균관대학교 출판부 여러분께 감사의 마음을 전한다. 또한 이 책은 "2010년도 정부재원(교육과학기술부 인문사회연구역량 강화 사업비)으로 한국연구재단의 지원을 받아 수행하고 있는 〈SSK 저탄소 녹색무역 기반구축〉의 연구과제의 결과로서 출판된 것(NRF-2010-330-B00123)"임을 부기해둔다.

2012년 5월
성균관대학교 SSK팀(저탄소 녹색무역 기반구축)

차례

제 1 장

저탄소 무역의 개요

1. 지구온난화

1.1. 지구온난화

산업혁명 이후, 석탄연료의 사용이 가속화되면서 시작된 환경오염 문제는 자동차 보급 및 산업의 발달 등으로 인해 지속적으로 관심이 증대되었다. 특히 대기오염은 기상과의 밀접한 관계로 인해 국지적인 환경오염은 물론 전 지구적 지구온난화와 오존층 파괴 및 지역적 산성비와 황사 등을 유발하기 때문에 세계 또는 지역 협의체를 통하여 각국이 함께 해결해야 할 공동의 문제가 되었다. 지구온난화(地球溫暖化, global warming) 또는 '온난화(溫暖化)'는 최근 수십 년간 지구 표면 부근의 대기와 바다의 평균온도가 높아지고, 앞으로도 계속 높아질 것으로 예측되는 현상을 말한다.

인류가 지구에서 살아갈 수 있는 이유는 대기 중에 적절히 존재하는 온실가스가 온실의 유리처럼 작용해 지구 표면의 온도를 일정하게 유지해주기 때문이다. 만약 대기가 없어 온실효과가 존재하지 않는다면 지구는 화성처럼 낮에는 햇빛을 받아 수십 도 이상 올라가지만, 반대로 태양이 없는 밤에는 모든 열이 방출되어 영하 100℃ 이하로 떨어지게 될 것이다. 이와 같은 온실효과를 일으키는 온실기체가 온난화 현상의 가장 중요한 원인으로 꼽힌다. 온실기체로는 이산화탄소(CO_2)가 가장 대표적이며 인류의 산업화와 함께 그 양은 계속 증가하고 있다. 이 외에도 메탄(CH_4), 수증기가 대표적인 온실기체다. 특히 현대에 사용하기 시작한 프레온가스(CFC)는 한 분자당 온실효과를 가장 크게 일으킨다. 또한 인류가 숲을 파괴하거나 환경오염 때문에 산호초가 줄어드는 것에 의해서 온난화 현상이 심해진다는 가설도 있다. 나무나 산호가 줄어듦으로써 공기 중에 있는 이산화탄소를 자연계가 흡수하지 못해서 이산화탄소의 양이 계속 증가한다는 것이다. 이러한 가설 이외에도 태양 방사선이 온도 상승에 영향을 준다거나, 오존층이 감소하는 것이 영향을 준다거나 하는 가설이 있지만 온실효과 이외에는 뚜렷한 과학적 합의점이 존재하지 않는 상황이다.

태양으로부터 지구로 방출되는 일사에너지는 대부분 가시광선이지만 대기를 통하여 지표면에 도달하여 그곳을 가열한다. 가열된 지구표면으로부터 방사되는 에너지는 파장이 10㎛ 정도의 전자파인 원적외선이며, 그것은 대기 중의 수증기와 이산화탄소에 의해 강한 흡수를 받는다. 이 때문에 지구표면으로부터 적외선으로 방출된 에너지는 직접 우주공간에 유출되지 않는다. 적외선을 흡수하는 수증기와 이산화탄소는 동시에 그 온도에 상응한 강도의 열방사를 행한다. 말하자면 대기는 일사에 용이하게 통과시키나 지구표면으로부터의 열방사의 유출을 막는다. 이로 인하여 일사에 의해 지구표면에 방사된 에너지는 지구표면 근처에 모이고 대기 상층보다 고온이 된다. 또 이 지구표면 온도는 같은 일사를 받고도 대기층이 없었던 경우의 온도보다도 높아진다. 대기층에 존재하는 수증기와 이산화탄소에 의한 이 효과를 온실효과라고 부른다. 하지만 지표로부터 방사되는 적외선을 흡수하는 기체는 수증기만은 아니며, 탄산가스, 메탄, 오존(O_3), 이산화질소(NO_2), 프레온가스 등 수증기가 흡수하지 않는 파장에 적외선의 흡수대를 가지고 있는 기체도 있다. 이러한 기체가 증가하면 우주로 빠져 나갈 열이 대기에 유보되어 온도가 상승한다. 이러한 현상이 지구온난화와 직접적으로 관계되는 온실효과인 것이다.[1]

태양에서 지구로 도달하는 에너지(자외선+가시광선이 대부분)는 발전량으로 환산하면 약 343W/㎡ 다. 이 중 30%가량은 대기와 구름, 지표면에서 반사돼 우주로 다시 방출되고, 21%는 대기에 직접 흡수되어 대기를 가열하면서 지구의 온도를 적절하게 유지한다. 나머지 49%는 지표면에서 흡수돼 지표면을 일부 가열하거나 지표면의 적외선으로 변환되어 다시 방출된다. 그런데 인간의 산업 활동이 급격히 증가함에 따라 온실가스의 양이 많아지면서 이 같은 시스템에 문제가 생기기 시작했다. 공기의 주성분인 질소와 산소는 태양빛 중 열기를 느끼게 해주는 적외선을 흡수하지 않는다. 그러나 이산화탄소는 적외선을 잘 흡수한다. 따라서 대기 중 이산화탄소 농도가 높아지면 대기온도가 상승한다. 대기온도가 상승하면 해수온도가 상승하고, 이에 따라 대기 중의 수증기 함유량도 증가한다. 수증기도 태양빛의 적외선을 잘 흡수하기 때문에 대기 중 수증

---

1 「뉴스와이어」, 2007. 2. 19.

기 함유량이 높아지면 대기온도가 더 상승한다. 대기온도 상승은 극지방의 동토층과 해저 심해층 속에 갇혀 있던 메탄가스를 대기 중으로 방출시킨다. 메탄가스는 이산화탄소보다 적외선을 21배나 더 많이 흡수하기 때문에 대기온도는 더욱 가파르게 상승한다. 빙하와 만년설은 태양 적외선을 반사시켜 지구 밖으로 방출하는 역할을 한다. 따라서 대기온도가 상승해 빙하와 만년설이 덮여 있는 면적이 감소하면 더 넓어진 바다가 더 많은 적외선을 흡수하므로 수온과 대기온도의 상승이 더욱 빨라진다. 이처럼 지구온난화는 자가 가속화(self-acceleration) 현상을 보인다. 한 요인이 촉발되면 여러 요인이 동시다발적으로 작동해 대기온도, 수온, 해수면의 동반 상승이 가속적으로 일어난다.[2]

오늘날에는 화석연료의 사용 증가, 수림 벌채의 증가, 농업 · 공업 등 각종 산업 활동의 확대, 프레온가스의 사용 등으로 인해 대기 중에 온실효과 가스가 급격히 증가했다. 인류의 활동에 의해 발생한 온실가스는 1970년부터 2004년 사이에는 무려 70%나 증가하였으며, 온실가스로 인한 인위적 온난화가 지속되고 있어 기후변화에 따른 경제 및 사회 분야의 피해가 우려되고 있다.[3]

2000년 7월 NASA는 지구온난화로 그린란드의 빙하가 녹아내려 지난 100년 동안 해수면이 약 23cm 상승하였다고 발표하였다. 그린란드의 빙하 두께는 매년 2m씩 얇아지고 있으며, 이 때문에 1년에 500억 톤 이상의 물이 바다로 흘러 해수면이 0.13mm씩 상승하고 있다는 것이다. 이러한 해수면 상승은 섬이나 해안에 사는 사람들의 생활에 영향을 미칠 것이며, 특히 해안에 가까운 도시에는 대단히 큰 문제를 일으킬 수 있다.[4] 지구온난화로 인해 만약 2040년에 약 3℃의 기온이 상승한다면 연간 10km의 속도로 기후대가 극 방향으로 이동한다. 그 결과 강우와 강설 양상이 바뀌고 현재와 다른 계절 변화를 가져와 극 지역의 빙하를 녹이고, 적도 지방에는 사막이 확장될 것이다. 또 지구의 대기 순환이 약해지고, 극지방과 적도 지방의 기온 차는 줄어들 것이다. 무엇보다 기온이 상승하면, 북극이나 남극에 있는 빙하가 녹는다. 만약 3℃ 정도의 기온이 상승할 경우, 북극에 있는 빙하는 대부분이 물에 뜬 빙산으로 녹더라도 해수면에는

2 「한국경제」, 2010. 8. 27.
3 UNCTAD(b), Report of the Multi-year Expert Meeting on Transport and Trade Facilitation on its First Session, TD/B/C.I/MEM.1/3, Held at the Palais des Nations, (Geneva: UNCTAD, 2009), p. 4.
4 네이버 백과사전, http://100.naver.com

영향이 없지만, 남극의 경우 대륙 빙하이기 대문에 녹으면 약 7m 정도의 해수면이 상승할 것으로 예측된다. 그럴 경우 각 대륙의 해안가를 따라 실제 물속에 잠기는 면적은 약 3%에 불과하지만, 전 세계의 대도시들의 대부분이 해안가에 발달하고, 따라서 많은 인류가 해안 지역에 거주하는 것을 감안하면 그 재앙은 엄청난 것으로 문제의 심각성을 더하여주고 있다. 특히 최근 여러 분야의 많은 학자들은 이러한 지구온난화가 인류의 멸망을 초래할지도 모른다는 비관적 의견을 내놓고 있다.

<그림 1-1> 세계의 온도

단위: C°

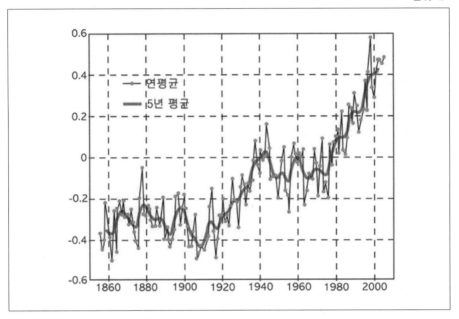

자료: 두피디(http://www.doopedia.co.kr).

세계의 온도는 〈그림 1-1〉과 같이 지속적으로 증가하고 있으며, 특히 1980년대 이후 매우 빠르게 증가하고 있다. 기후변화위원회가 참조한 기후 모델에서는, 1990년에서 2100년 사이에 1.1~6.4℃의 온도 상승이 예측되었다. 지구표면의 온도 상승은 해수면의 상승을 초래하고, 이는 다시 강수량의 양과 패턴을 변화시켜 가뭄, 홍수 등의 기상이변을 일으킨다. 빙하의 후퇴와 기후의 변화는 생태계를 변화시켜 인류를 포함한

지구상 생물의 생존에 위협이 된다.[5]

1.2. 지구온난화로 인한 피해

지구온난화의 피해 사례를 살펴보면 국가 생존의 위기에 직면해 있는 남태평양의 섬나라인 투발루(Tuvalu)를 먼저 들 수 있다. 피지 북쪽 9개의 산호섬으로 구성된 투발루는 인구 1만 500명의 소국으로 가장 높은 곳이 해발 4m에 불과하고 대부분 1~2m의 저지대. 이곳은 매년 5.6㎜씩 해수면이 상승, 바다 속으로 사라질 첫 번째 사례가 될 것으로 예상된다. 지구온난화로 인한 해수면 상승으로 바닷물에 모래가 휩쓸리면서 해안가에 심어놓은 나무들이 쓰러지고, 제방과 둑이 무너지고 있으며, 해안에서 물고기가 사라지고, 해수온도가 상승하면서 현재 투발루 해안의 산호초에선 백화현상이 뚜렷하게 나타나고 있다. 실제로 투발루의 9개 섬 가운데 하나였던 사빌리빌리 섬은 지난 1999년 지도상에서 사라진 바 있다. 나라를 지켜내기 위한 투발루의 노력은 처절하다. 정부는 이산화탄소를 조금이라도 줄이기 위해 자동차나 오토바이를 이용하는 주민들에게 도보 또는 자전거를 사용토록 권유하고 있다. 30마리의 돼지우리에서 발생하는 메탄가스조차 걱정돼 가정용 연료로 전환하는 사업을 추진 중이다. 투발루는 온실가스를 배출하는 산업화된 국가를 대상으로 홍보도 진행하였으나 성과가 없었다. 주민 대다수는 대규모 탈출을 계획하고 있으나 이를 두고도 논란이 많다. 뉴질랜드가 1년에 75명씩 이민을 받아들이기로 해 유사시 피난처는 마련했지만 이민자가 늘어나면 나라를 구하려는 움직임이 시들해지기 때문이다. 이민에 성공하더라도 상당수는 화이트칼라 직에서 블루칼라 직으로 전락하고 있다. 이 때문에 투발루는 해변에 벽을 쌓거나 해변 밑바닥을 깎아 지면을 높이는 계획을 세우고 산업 국가들에 도덕적 책임감을 갖고 도와줄 것을 호소하고 있는 형편이다.[6]

한국의 경우 최근 100년 동안 평균기온이 1.8도 상승하였는데, 이는 같은 기간 지구 평균기온 상승치 0.74도의 약 2.5배에 달한다. 특히 2011년 7월 27일 서울에는 하루

---

5 위키피디아, http://ko.wikipedia.org
6 「국민일보」, 2007. 7. 16.

<그림1-2> 향후 100년의 한반도 기후 예측

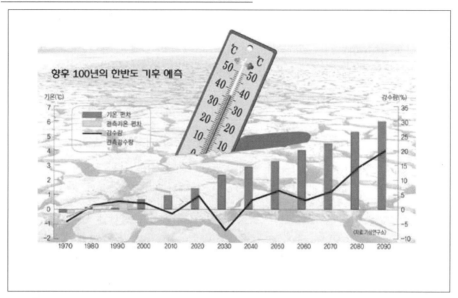

자료: 「한겨레신문」, 2004. 3. 18.

301.5㎜의 장대비가 쏟아져 서울이 큰 피해를 입는 등 지구온난화로 인한 피해가 속출하고 있다. 또한 여름이 19일 길어졌고, 겨울은 17일 짧아졌다. 8월 강수량이 7월보다 많은 경우, 장마가 끝난 뒤 더 많은 비가 오는 경우도 점점 늘고 있다. 1973~2010년 8월 강수량이 7월보다 더 많았던 경우는 19번이었다. 이 중 12번(63%)이 1990년대 이후 몰려 있다. 장마 종료 후 더 많은 비가 온 경우는 같은 기간 14번 있었다. 그중 11번(79%)이 역시 1990년대 이후 나타났다.[7] 다시 말해, 지구온난화로 인해 기후 자체가 온대기후에서 아열대기후로 변화하고 있는 것이다. 2011년 부산 오륙도 인근에서 아열대성 산호류인 뿔산호 군락을 확인하였고, 주변 해역에선 혹돔 · 청줄돔 · 파랑돔 등 아열대 어종이 발견되는 등 한반도에서 발견되지 않는 생물이 발견되어, 생태계의 변화가 감지되고 있다.[8]

〈그림 1-2〉는 향후 100년간의 한반도 기후 예측으로, 현재와 같은 지구온난화가 지

---

7 「뉴시스」, 2011. 7. 30.
8 「중앙일보」, 2011. 7. 29.

속된다면, 21세기 말 기온이 4.0℃ 상승할 것으로 보이는데, 특히 가을과 겨울에 가장 많은 상승이 예상되며, 강수량은 가을을 중심으로 16% 증가할 것으로 예측되는 등 기후의 커다란 변화를 초래하고 말 것이다.

중국은 지구온난화로 인한 가뭄과 사막화, 모래바람의 삼중고를 겪고 있다. 2006년 10월에는 55년 만에 최고 기온을 기록할 정도로 따뜻한 가을이 지속됐다. 극심한 가뭄도 동반됐다. 허베이 · 산둥 · 광시 등지에서는 지역 주민 1,000만 명가량이 식수난을 겪었다. 산둥지방의 경우 주민 173만 명과 가축 72만 마리가 물 부족에 시달렸고, 농경지의 수확량이 크게 줄어들었다. 광시지방에서는 주민 870만 명이 가뭄 피해를 봤다. 전문가들은 가을철 이상고온과 가뭄의 주범을 지구온난화로 보고 있다.

중국의 수자원 저장고 역할을 하는 티베트 빙하도 다음 세기면 사라질 위기에 처해 있다. 기상학자들은 2100년쯤이면 티베트 고원 빙하 대부분이 녹아서 사라질 것으로 예측한다. 티베트 빙하가 녹으면 중국의 수자원 재분배 정책은 극심한 혼란을 겪게 된다. 서부와 북부의 농촌지방이 가장 큰 타격을 받을 것으로 보인다. 특히 건조한 서부지역에 살고 있는 3억 명가량의 농민들은 농사를 지을 물이 없어서 생존이 어려워질 것이다. 창장(長江), 황허(黃河), 야루짱부강(雅魯藏布江), 란창강(瀾滄江), 누강(怒江)의 발원지인 히말라야와 티베트 빙하가 줄어들게 되면 가뭄, 사막화, 모래바람은 더욱 심해진다. 해수면 상승 피해도 예상된다. 중국의 대표적 경제발전 지역인 주장 삼각주의 경우 해수면이 65cm 오를 경우 그 범람으로 인한 피해가 무려 52억 달러에 달할 것으로 전망된다.[9]

인도의 경우에는 최근 들어 집중호우가 예년보다 많은 양이 빈번히 계속되고 있다. 지구온난화가 몬순(대륙과 해양의 온도차로 인해서 여름과 겨울철에 반년 주기로 풍향이 바뀌는 바람)이 시작되는 시기와 강도를 불안정하게 만들고 있기 때문이다. 또한 지구온난화로 인해 히말라야의 빙하가 녹아내린다. 히말라야 빙하는 건기에는 갠지스 강물의 70%를 공급한다. 빙하가 계속해서 녹아 양이 줄게 되면 갠지스 강의 수량도 줄어들어 인도인들은 물 부족에 시달리게 된다. 히말라야 산맥 내 얼음호수들의 둑이 녹아 붕괴되면 더 큰 위험이 닥친다. 둑 붕괴는 수분 전에나 경보를 내릴 수 있어 쓰나미와 같이 매우 위

---

9 유엔개발계획, 「2006년 인류발전보고서」, 2006.

<그림1-3> 2010년 기상이변

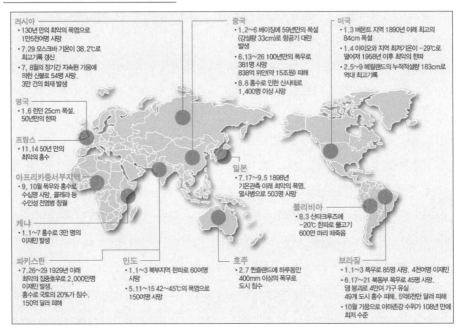

러시아
• 130년 만의 최악의 폭염으로 1만5천여명 사망
• 7.29 모스크바 기온이 38.2℃로 최고기록 갱신
• 7, 8월의 장기간 지속된 가뭄에 의한 산불로 54명 사망, 3만 건의 화재 발생

영국
• 1.6 런던 25cm 폭설. 50년만의 한파

프랑스
• 11.14 50년 만의 최악의 홍수

아프리카중서부지역
• 9, 10월 폭우와 홍수로 수십명 사망, 콜레라 등 수인성 전염병 창궐

케냐
• 1.1~7 홍수로 3만 명의 이재민 발생

파키스탄
• 7.26~29 1929년 이래 최악의 집중호우로 2,000만명 이재민 발생. 홍수로 국토의 20%가 침수, 150억 달러 피해

인도
• 1.1~3 북부지역 한파로 60여명 사망
• 5.11~15 42~45℃의 폭염으로 1500여명 사망

중국
• 1.2~6 베이징에 59년만의 폭설 (강설량 33cm)로 항공기 대란 발생
• 6.13~26 100년만의 폭우로 381명 사망 838억 위안(약 15조원) 피해
• 8.8 홍수로 인한 산사태로 1,400명 이상 사망

일본
• 7.17~9.5 1898년 기온관측 이래 최악의 폭염. 열사병으로 503명 사망

호주
• 2.7 퀸즐랜드에 하루동안 400mm 이상의 폭우로 도시 침수

미국
• 1.3 버몬트 지역 1890년 이래 최고의 84cm 폭설
• 1.4 아이오와 지역 최저기온이 −29℃로 떨어져 1958년 이래 최악의 한파
• 2.5~9 메릴랜드의 누적적설량 183cm로 역대 최고기록

볼리비아
• 8.3 산타크루즈에 −20℃ 한파로 물고기 600만 마리 떼죽음

브라질
• 1.1~3 폭우로 85명 사망. 4천여명 이재민
• 6.17~21 북동부 폭우로 45명 사망. 댐 붕괴로 4만여 가구 유실 49개 도시 홍수 피해. 5억6천만 달러 피해
• 10월 가뭄으로 아마존강 수위가 108년 만에 최저 수준

자료: 「머니투데이」, 2011. 1. 19.

험하다. 과거 200~300년에 한 번쯤 발생하던 고산 얼음지대에서의 홍수가 앞으로는 2~3년에 한 번씩 반복될 가능성이 있다. 인도는 농경지의 70% 이상이 저수지나 지하수 펌프 등의 관개 시설이 없어, 물을 오로지 빗물에만 의존하는 형태의 논인 천수답(天水畓)이다. 몬순 장맛비가 집중호우로 쏟아지면 지표수로 저장되지 않고 흘러가버린다. 농업은 큰 피해를 입을 수밖에 없다. 날씨가 더워지면서 곡물 수확량도 매해 감소하고 있다. 온난화로 인한 해수면 상승으로 세계자연유산으로 지정된 인도 순데르반스 (Sunderbans) 지역 102개 섬 중 두 개의 섬이 이미 바다 속으로 잠겼다. 1만 명의 주민들이 집을 잃었다. 다른 섬들도 사라질 가능성이 있다. 앞으로 10년간 10만 명에 이르는 주민들을 대피시켜야 한다는 전망도 나온다. 기후변화는 히말라야 산악지대에 살고 있는 주민들의 생존도 위협하고 있다. 말라리아나 뎅기열 등 박테리아성 질병이 고산지대까지 퍼지고 있다.[10]

이외의 국가에서도 많은 피해가 발생하고 있다. 급속히 진행되는 지구온난화로 인해 2010년 한 해만 해도 <그림 1-3>과 같이 많은 기상이변이 발생하였다. 극지방 기온 상승으로 북극을 둘러싸고 있는 제트기류가 느슨해지고 북극의 냉기가 남하하면서 유럽과 미주, 아시아 등 북반구 전역에 기록적 한파와 폭설을 야기하고 있다. 러시아는 130년 만의 최악의 폭염으로 1만 5천 명이 사망하였고, 일본 또한 폭염으로 503명이 사망하였다. 남반구의 대표적 밀 경작지 호주에 50년 만의 최악의 홍수가 덮쳤다. 브라질 등 남미 곡창지대도 대규모의 수해를 입는 등 지구온난화로 기인한 기상이변으로 인하여 피해가 속출하고 있는 상황이다.

지구온난화의 위험성이 주목되는 이유 가운데 하나는 지구상에 존재하는 메탄가스가 원인으로, 실제로 바다에는 메탄하이드레이트(methane hydrate, 고압 저온의 얼음 상태로 있는 메탄)가 매장돼 있으며, 지금 현재 우리가 예상한 것보다 5배 빠른 속도로 시베리아 영구 동토층에서부터 메탄가스가 방출되고 있는 상태다. 메탄가스는 이산화탄소보다 20배 정도 온난화 효과가 높고, 고체메탄은 대기 중의 메탄보다 평균 약 160배 높은 밀도를 가지고 있다고 한다.

지구 온도가 1도씩 상승할 때마다 지구 환경은 가공할 충격을 받는다. 유엔 정부간 기후변화위원회(Intergovernmental Panel on Climate Change, IPCC)의 보고서에 따르면 지구온난화를 방치한다면 금세기 말까지 평균 6도 상승할 것이라고 예측되는데, 온난화에 따라 영구 동토층 파괴→수중생물 멸종→기후변화에 따른 수십억 이재민 발생→사막화 등의 단계를 거쳐 지구생물의 95%가 멸종하는 사태를 맞게 된다.

온난화 초기에는 알프스 산맥의 만년설이 녹으면서 흙을 지탱하지 못해 대규모 산사태가 빈발할 것으로 예상됐다. 이산화탄소가 바닷물에 녹아들면 해수가 산성을 띠게 돼 해양 먹이사슬이 붕괴된다. 산성이 된 해수가 조개류의 껍데기를 녹여버리고, 각종 플랑크톤에 치명타를 가하기 때문이다.

지구 평균온도가 지금보다 2도 상승하면 여름철 폭염으로 유럽에서만 수만 명이 심장마비로 사망한다. 그린란드 빙하는 완전히 사라지고 안데스 산맥의 만년설도 녹아 페루 등의 식수 공급원이 사라진다. 이 단계에서 이미 3분의 1에 해당하는 생물이 멸종 위기로 내몰린다. 기온이 3도 올라가면 말라붙은 아마존 열대우림이 산불로 전소되고, 이때 이산화탄소가 대량 발생해 지구온난화는 더욱 심해진다. 기후 이재민 수십억 명

---

10 「중앙일보」, 2008. 4. 17.

이 열대지방을 떠나 온대와 한대지방으로 몰려들 것으로 예상된다. 4도 상승 시에는 지구 자체의 온난화 악순환에 빠진다. 시베리아 영구 동토층이 녹아 얼음 밑에 있던 메탄과 이산화탄소가 대기에 노출돼 지구온난화를 가속시킨다. 스위스의 여름 기온은 48도까지 오르고 사하라 사막은 유럽 남부 지역까지 확대된다. 북극의 얼음은 모두 녹아 북극점은 단지 바다 위의 한 지점이 될 것이다.

온난화가 진전되면 지구의 지질학적 연대가 거꾸로 돌아간다. 5도 상승 시 5500만 년 전으로, 6도 상승 시에는 2억 5100만 년 전의 환경으로 지구의 환경이 급변한다. 과학자들은 해수 온도 상승으로 해저에 묻혀 있는 대량의 메탄하이드레이트가 대량으로 뿜어나올 것으로 예상하고 있다. 이에 따라 지진해일이 발생하고 메탄은 이산화탄소보다 더 강력하게 온실효과를 만들어낸다. 메탄하이드레이트는 폭발성도 있기 때문에 위험하다.[11]

2억 5100만 년 전 페름기 말엽 지구상 생물종의 95%가 소멸하는 지구상 대격변이 있었다. 공룡을 전멸시켰던 소행성의 충돌이 원인이 아니라, 바로 지구온난화 때문이었다. 공룡을 일시에 멸종시킨 6천 500만 년 전 소행성 충돌 때와 달리 페름기 말의 대멸종 사건은 온난화와 함께 매우 느리게 진행됐으며, 이에 앞서 연체동물이 온 지구를 뒤덮는 현상이 일어났다. 약 3억~2억 5천만 년 전까지 지속된 페름기에는 지구 기온이 점차적으로 상승했으며, 이로 인해 대양 해류의 순환이 둔화되고 바닷물 속의 산소량이 매우 낮은 수준으로 떨어졌던 것으로 추정되고 있다. 또한 시베리아의 화산 폭발로 어마어마한 양의 이산화탄소 구름이 쏟아져 나오자 지구 온도가 급격히 상승하고 바다에선 메탄이 올라와 온실효과를 가속화했다. 이런 대공황을 일으켰을 때의 기온 상승은 페름기 바위에서 추출한 산소핵으로 살펴본 결과 기온상승이 불과 6도였음을 밝혀냈다.[12] 이와 같이 지구온난화로 인한 지구 기온의 상승으로 인해 국지적인 문제가 아닌 지구 전체가 파국으로 치달을 우려가 있다는 점에서 인류 생존의 문제로 다가오고 있는 것이다.

---

11 「세계일보」, 2007. 4. 23.
12 「연합뉴스」, 2007. 8. 1.

1.3 지구온난화에 대한 대응

최근 들어 전 세계적인 기후변화로 초래된 기상이변에 의한 위협이 점차 커지고 있으며, 이에 대한 전 세계적 관심이 주목되고 있다. 이에 대한 대응으로 세계 각국은 개별 국가 차원을 넘어서는 국경을 초월한 세계 규모의 대책이 수반되어야 한다는 의견에 공감하기에 이르렀다. 지구온난화로 인한 파국을 막기 위해 세계 각국은 각종 환경회의를 통해 전 지구적인 온실효과 가스 배출억제책을 마련하여 실행에 옮겨가고 있다. 대기오염물질은 배출 국가의 관할권 지역에서 오염을 일으키는 데 그치지 않고 국경을 넘어 광범위한 대기오염을 유발하기 때문에 각국의 협력을 전제로 효율적인 이행수단이 확보될 필요가 있으며, 지구환경 오염 문제를 개선하기 위해서는 전 세계의 적극적인 공동 대처가 요구되기 때문이다.[13]

이와 같이 환경에 대한 관심과 각종 규제조치가 강화되고 있는 것은 1972년 스톡홀름에서 세계 최초로 국제적 차원의 유엔환경선언(Declaration of the United Nations Conference on the Human Environment, 1972) 및 1979년 대기오염의 장거리 국경 이동에 관한 제네바 협약(Convention on Long-Range Transboundary Air Pollution, Geneva 1979)이 채택된 이후, 선진국을 중심으로 환경파괴에 효과적으로 대처하기 위해서 국제적으로 구속력 있는 환경협약이 필요하다는 인식이 확산된 것을 시작으로 한다.[14]

지구온난화 저감을 위해 범세계적인 협력체계를 구축하여 환경협약을 규정하려는 각국의 노력의 결과 1985년 이황화탄소 의정서(Helsinki Protocol, 1985), 1988년 소피아 의정서(Sofia Protocol; NOx Protocol, 1988), 1991년 제네바 의정서(VOCs Protocol, 1991)를 거쳐 오존층을 보호하기 위한 몬트리올 의정서(Montreal Protocol, 1987)가 채택·발효되었다.

특히 1987년 발효된 몬트리올 의정서는 1990년 런던 개정의정서(The London Amendment to the Montreal Protocol, 1990)와 1992년 코펜하겐 개정안(The Copenhagen Amendment to the Montreal Protocol, 1992)에 의해 부분적으로 개정되었는데, 이 모든

---

13 최재선, 「선박에 의한 대기오염 규제와 정책과제①」, 『해양한국』 1997년 2월호, 한국해사문제연구소, 1997, pp. 53-62.

14 정진석, 「선박으로부터의 대기오염 규제」, 『법학논총』 제15집, 국민대학교 법학연구소, 2003, pp. 137-152.

15 IMO, http://www.imo.org

<표1-1> 세계의 온도

구분	대상가스	내용
몬트리올 의정서 (1987)	CFCs	• 생산량/소비량 50% 감축 • 개도국의 경우 10년 유예
런던 개정의정서 (1990)	CFCs	• 1991년 7월 1일 – 1994년까지는 1986년 소비량/생산량의 150% 생산 • 1995년부터 50%, 1997년부터 15% • 2000년 폐기
	HCFCs	• 과도기적 물질로 규제 미룸
	Halon	• 1992년부터 1986년 소비량/생산량의 100%, 1995년부터 50%, 2000년 폐기
코펜하겐 개정안 (1992)	CFCs, Halon, CCl₄, CHCl₃, HBFCs	• 1996년까지 완전폐기(당사국의 필수적 용도를 충족시키는 한도 허용) • 개도국의 10년 유예기간을 폐기/단축
	HCFCs	• 2030년까지 전면 폐기

주: CFCs(염화불화탄소), Halon(할론), CCl₄(사염화탄소), CHCl₃(클로로포름), HBFCs(메틸클로로포름), HCFCs(수소화염화불화탄소)임.
자료: 산하온환경연구소, (http://www.sanhaon.or.kr).

의정서들을 몬트리올 의정서 체제라고 한다. 몬트리올 의정서 체제는 오존파괴물질을 감축하고 대체물질의 개발을 추구하여 오존층 보호를 위한 구체적인 규제조치를 확립하고 있다는 점에서 큰 의의가 있다.[15] 몬트리올 의정서 체제는 대기오염에 대한 전 세계의 참여 및 협조 체제를 구축하여 오존층 보호에 대한 인식 확립을 마련하고, 선박 기인 온실가스 규제안의 기반을 구축하였다고 할 수 있다.

이후 1992년 발효된 유해폐기물의 국가 간 이동을 금지하는 바젤협약(Basel Convention on Transboundary Movement of Hazardous Waste)과 향후 에너지 사용에 있어 획기적인 변화를 요구하는 유엔기후변화협약(United Nations Framework Convention on Climate Change; UNFCCC, 1992) 등 대기오염 규제를 위한 여러 환경협약이 체결되

---

16 최재선, 전게 논문, 1997.

었다. UNFCCC에서는 부속서인 교토의정서(Kyoto Protocol)가 2005년부터 발효됨에 따라 온실가스 배출에 대한 규제를 본격적으로 하고 있다.[16]

유엔기후변화협약은 1992년 브라질 리우회의에서 채택되었으며, 한국은 지구온난화에 대응하기 위한 전 세계적 노력에 동참하기 위해서 1993년 세계에서 47번째로 가입하였다. 1994년 발효된 기후변화협약은 온실가스 농도의 안정화라는 목적(제2조)을 달성하기 위해 선진국과 후발개도국에 대한 '공동의, 그러나 차별화된 책임' 원칙(제3조 1항)에 입각하여, 참여하는 국가를 부속서I국가와 그 이외의 국가로 구분하여 각각에 대하여 차별적인 의무를 부과하고 있다.[17] 기후변화협약은 일본과 미국을 비롯한 가장 많은 나라가 서명을 한 국제조약으로 온실가스 저감을 목적으로 하는 조약이다. 그러나 미국과 일본을 비롯한 많은 나라에서 온실가스 배출 억제의 정책적 목표가 달성되지 않았기 때문에 조약의 실효성 문제가 대두되었다. 이에 따라 기후변화협약의 의사결정기관인 COP(Conference of Parties)에서 온실가스 배출량의 목표를 수치로 규정하게 되었고, 이를 달성하기 위하여 제정한 것이 교토의정서이다.[18]

1997년 결의된 교토의정서에서는 몬트리올 의정서 체제에서 지정한 규제대상 온실가스와 달리, 이산화탄소, 메탄, 아산화질소, 수소불화탄소(HFCs), 과불화탄소(PFCs) 및 불화유황(SF6)의 여섯 가지를 규제물질로 새로이 지정하고 UNFCCC 부속서I에 포함된 의무이행 당사국에서 우선 감축을 시행하기로 하였다. 교토의정서는 우선적으로 UNFCCC의 부속서I국가[19]들이 2008년에서 2012년까지 5년간 1990년 온실가스 배출량 대비 평균 5.2% 감축하는 내용을 담고 있다.[20] 온실가스는 에너지, 산업공정, 농업, 폐기물, 삼림 등 다섯 가지 분야로 구분하여 집계되며, 온실가스 배출량이 가장 높은 에너지 분야는 에너지산업, 제조 및 건축, 운송, 탈루성 배출, 기타로 나누고 있다.[21]

교토의정서 체제 하에서 온실가스 저감에 관한 국제적 합의가 이루어짐과 함께 주요

---

17 조홍식, 「우리나라 기후변화대책법의 전망」, 『환경법연구』, 제30권, 제2호, 2008, pp. 312-313.

18 박명섭·권현준, 『탄소배출권-거래와 시장』, 아카데미프레스, 2009. 9. 13., p. 13.

19 부속서I에 속한 국가들은 오스트레일리아, 오스트리아, 벨기에, 불가리아, 캐나다, 크로아티아, 체코, 덴마크, 에스토니아, EU(유럽연합), 핀란드, 프랑스, 독일, 그리스, 헝가리, 아이슬랜드, 아일랜드, 이탈리아, 일본, 라트비아, 리히텐슈타인, 리투아니아, 룩셈부르크, 모나코, 뉴질랜드, 노르웨이, 폴란드, 포르투갈, 루마니아, 러시아, 슬로바키아, 슬로베니아, 스페인, 스웨덴, 스위스, 우크라이나, 영국, 미국의 총 38개국이며, 교토의정서상에서 온실가스에 대한 양적 감축의무가 부과되어 있음.

20 IPCC, Climate Change 2007: Synthesis Report. Contribution of Working Group I, II and III to the Fourth Assessment Report of the Intergovernmental Panel on Climate Change (Geneva: IPCC, 2007).

<표 1-2> 주요 국가의 이산화탄소 중기감축목표 및 대책

국가	주요 내용
EU	• 2020년까지 1990년 대비 20% 감축 • 'EU 기후변화 종합법(Directives)' 발효(09.4) • 배출권거래제(EU-ETS) 도입 및 시행(05) • 자동차 온실가스 배출규제 도입(09)
영국	• 세계 최초로 기후변화 법안 도입, 감축목표 명시(08.12) • 2020년까지 1990년 대비 34% 감축목표
미국	• 10년간 신재생에너지 산업 1,500억 달러 투자 계획(09.01) • 2020년까지 2005년 대비 17% 감축을 담은 "청정에너지 안보법안(Waxman-Markey)" 규정(09.6. 하원 통과)
일본	• 저탄소 사회구축을 위해 「Coll Earth 50」 발표(07.5) • 저탄소혁명전략 등을 담은 미래개척전략(J Recovery plan) 발표(09.4) • 2020년까지 2005년 대비 15% 감축(09.6)

자료: 이우채·윤영한, 「녹색성장과 보호무역주의에 따른 대응방안」, 「통상정보연구」 제11권, 제4호, 2009, p. 400.

국가에서는 이산화탄소 중기감축목표를 세워 나름대로의 대책을 강구하고 있다. 대표적으로 미국, EU 등에서 탄소배출권 규제를 입법화하여 무역장벽으로 설정하려는 일련의 움직임이 여러 측면에서 노출되고 있는데, 이산화탄소 저감이 중장기적인 측면에서 국가경쟁력에 중요한 영향을 미친다는 인식이 확산되면서 주요 국가별로 중기감축목표를 설정하고 세부 대안을 모색하고 있다. 이와 관련된 주요 국가의 내용을 살펴보면 〈표 1-2〉와 같다.

최근 지구환경문제가 대두되고 있다. 지구환경문제란 파급효과가 전 지구적으로 퍼져 나가는 환경문제로 지구온난화, 오존층 파괴, 생물다양성 감소 등이 이에 해당한다. 이를 그대로 방치할 경우 전 지구 차원에 중대한 영향을 미치게 되기 때문에 대응에 있어서 지구적 차원의 협력이 필요한 성격의 문제이다.[22] 지구환경문제를 둘러

---

21 UNFCCC, "National Greenhouse Gas Inventory Data for the Period 1990-2006", Report on National Greenhouse Gas Inventory Data from Parties Included in Annex I to the Convention for the Period 1990-2006, FCCCSBI/2008/12 (Poznan: UNFCCC, 2008).

싼 국제협력은 주로 환경레짐을 형성하는 방식으로 전개되어왔다. 크라스너(Krasner, 1983)에 의하면 레짐이란 '국제관계의 특정 역역에서 행위자의 기대가 합치되는 명시적이거나 묵시적인 원칙, 규범, 규칙 및 의사결정절차의 총체'로 정의할 수 있는데,[23] 전 세계적인 파급효과를 지니는 환경문제는 개별 국가의 노력만으로는 해결할 수 없다는 사실이 광범위하게 인식되면서 제도화된 국제적 환경협력의 필요성이 제기되었고, 환경레짐의 창출을 위한 세계적인 노력이 이루어져왔다. 지구온난화를 방지하기 위한 국제적 노력 역시 기후변화레짐의 형성을 목표로 전개되었다. 기후변화레짐은 1992년 기후변화협약이 체결된 이래 기후변화협약의 실행과 동시에 교토의정서를 향한 레짐의 강화단계[24]에 이르렀다. 인간의 산업 활동 및 경제활동에 의해 점점 악화되고 있는 것으로 규명된 기후변화는 지구온난화로 대표되며, 지구환경문제의 핵심으로 부상하였다. 이에 대한 대응책 마련을 위하여 국제적 협의가 지속되고 있는데, 지구온난화의 주요 원인인 온실가스 배출량을 저감하기 위해서는 산업 및 최종소비에 필수적으로 사용되는 화석에너지 소비의 저감이 불가피하다. 이에 따라 국제적 규범인 기후변화협약이 회원국 간의 공동 해결책으로 등장하였으며, 여러 논란과 회원국 간의 이해 대립에도 불구하고 다자간 국제환경협약으로서 중요한 정책 접근으로 진행되고 있다.[25]

지구온난화로부터 야기된 기후변화는 전 세계 모든 국가의 환경 · 사회 · 경제적 발전에 가장 큰 위협을 주는 주요 요소이며, 온실가스 배출의 증가는 글로벌 기후 체제의 변화를 일으키기 때문에 적절한 규제안이 마련되지 않을 경우 경제적 비용부과 등 부정적 영향을 미친다. 탄소시장과 교토의정서의 도입으로 시작된 국제사회의 기후변화 대응 활동은 운송, 에너지 사용, 전기 발전, 농업 및 삼림과 같은 경제 전 분야에 영향을 주고 있는 것이다.[26]

---

22 R. O. Keohane, P. M. Haas & M. A. Levy, "The Effectiveness of International Environmental Instructions", in P. M. Haas, R. O. Keohane, & M. A. Levy(eds.), Institutions for the Earth: Sources of Effective International Environmental Protection (The MIT Press), 1993.

23 S. D. Krasner, "Structural Causes and Regime Consequences: Regime as Intervening Variables", in S. D. Krasner (ed.), International Regimes, Cornell University Press, 1983.

24 김현진, 「기후변화레짐의 성립과정과 일본의 대응」, 『평화연구』 제10권, 2001, pp. 74-75.

25 유상희 · 임동순, 「EU의 기후변화협약 대응 정책 평가 및 시사점」, 『유럽연구』 제26권, 제1호, 2008, pp. 252-277.

2. 저탄소 무역

2.1 저탄소 녹색성장

우리나라의 온실가스 배출은 지속적으로 증가하고 있으며, EU 27개국의 평균 연간 이산화탄소 배출량은 1995~2005년 사이에 3.2% 감소하였으나 한국은 103.3% 증가하였다. 분야별 이산화탄소 배출 현황을 살펴보면 에너지(83.9%), 산업공정(10.9%), 농업(2.7%), 폐기물(2.5%) 등으로 나타나고 있는데, 2007년 에너지소비량은 2억 2,885만 TOE로 연평균 3.5% 증가하고 있는 것으로 나타났다. 이와 같이 선진국이 온실가스를 감축하고 있는 상황에서 한국의 온실가스 배출량은 지속적으로 증가하여 기후변화 대응을 위한 국제적인 조류에 역행하고 있다는 비난을 받고 있는 것이다.[27]

한국 정부는 이와 같은 상황에서, 2008년 8월 저탄소 녹색성장을 정책 기조로 발표하여, 이를 토대로 녹색성장위원회를 국무총리를 위원장으로 하는 대통령 직속기구로 출범시켜, 첫째로 녹색성장기본법, 둘째로 녹색성장추진방안, 마지막으로 기타 자전거 이용 활성화, 에너지 낭비 방지 저탄소생활 인프라 구축 등을 추진하는 한편, 온실가스 감축(안)을 수립하여, 2005년의 온실가스 배출 전망치인 5억 9,400만 톤과 비교하여 중기 목표연도인 2020년경까지 EU 및 주요 국제기구에서 제시하는 세계 최대 감축비율인 BAU 기준[28] 2020년 배출전망치의 30%라는 온실가스 배출량 감축 계획을 수립, 발표하였다.[29] 저탄소 녹색성장의 기본개념은 녹색기술과 청정에너지를 바탕으로 자원사용을 최소화하고 환경오염을 줄이는 동시에 신성장동력과 일자리 창출을 통해 지속가능한 성장을 추구하는 새로운 국가발전전략이라 요약할 수 있다. 이는 경제성장과 환경훼손의 탈동조화(Decoupling)를 통해 경제와 환경의 선순환구조를 확립하여 환경

---

26 UNCTAD, Globalization for Development: Opportunities and Challenges, Report of the Secretary-General of UNCTAD to UNCTAD Ⅻ, 12th Session (Accra: UNCTAD, 2007).

27 「동아일보」, 2009. 11. 17.

28 BAU(Business As Usual)란 경제 발전에 따라 온실가스 배출량이 계속 증가하는 개발도상국에서 감축량을 크게 보이게 하기 위하여 주로 쓰는 기준이며, 온실가스 배출량이 크게 늘어나지 않는 선진국에서는 절대량 감축목표를 제시하고 있음.

29 국무위원회 보도자료, 「온실가스 배출량 30% 절감 목표 제시」, 2009. 11. 17.

을 새로운 성장 동력으로 삼는 것을 지향하고 있는 것이다. 환경을 지구온난화 저감이라는 국제적인 흐름에 따라 지속가능한 녹색성장을 정책의 목표로 삼고 이를 추진하기 위한 법령으로 "저탄소녹색성장기본법"을 제정하여 국회를 통과함으로써 이후의 온실가스 배출에 대한 강력한 규제를 위한 기반을 마련했다.

'저탄소녹색성장기본법안'이 대한민국 국회에서 2009년 11월 9일 의결, 2009년 12월 29일 통과되었다. 이 법안은 정부의 저탄소 녹색성장정책의 근간을 이루는 기본법이자 종합법으로 녹색성장위원회 설치, 녹색경제, 녹색산업의 창출 및 단계적인 전환, 총량제한, 배출권거래제 들을 담고 있다. 또한 비슷한 네 가지 법안을 하나의 대안으로 묶어 규제를 완화한 것이 특징이라 할 수 있다.[30] 저탄소녹색성장기본법의 주요 내용을 살펴보면 법 제28조 4호에서는 기업의 녹색경영정보에 대한 공시제도 등의 강화 및 녹색 경영 기업에 대한 금융지원 확대와 제44조는 배출량의무보고를 규정하고 있고, 제46조 1항에서는 정부는 온실가스 배출허용총량을 설정하고 온실가스 배출허용량을 거래하는 제도 등을 실시할 수 있음을 규정하고 있다. 이 법을 통하여 추후 한국이 기후변화협약에 따른 신속하고 효율적인 대응을 할 수 있는 법적 기반을 마련하였다고 할 수 있으며, 이에 후속되는 실제 적용 가능한 세부 사항들에 대하여도 계획 및 준비 과정에 있다.

OECD의 정책 시뮬레이션 결과, 농업보조금과 관세를 50% 감하고 이산화탄소 1톤당 25달러의 탄소세를 도입하는 등의 조치를 취할 경우, 2030년까지 온실가스 배출량은 37%가 아닌 13% 증가에 그치며, 질소산화물(NOx)과 유황산화물(SOx)의 배출량은 3분의 1 수준으로 저감되는 효과를 거둘 수 있는 것으로 나타났다. 이러한 정책의 경제적 비용을 OECD 국가의 평균으로 계산하면 2030년까지 연평균 GDP 성장률의 0.03%이며, 한국의 경우 0.02% 저하되는 것으로 나타났는데, 이는 2030년 세계 GDP의 1%를 조금 넘는 수준으로, 이러한 정책을 추진하더라도 2030년 세계 GDP 전망치는 현재보다 정책 무대응 시의 99%가 아닌 97%로 증가될 전망으로 나타났다.[31]

1991년 스웨덴이 처음으로 탄소세를 도입한 이후 북유럽 일부 국가에서 도입하기 시작하여, 1990년 유럽공동체 에너지 환경회의에서 EU에서의 탄소세 도입에 관한 논

---

30 「그린데일리」, 2009. 12. 29.
31 환경부, http://me.go.kr.

의가 본격적으로 이루어지기 시작했다. 유럽의 탄소세는 이산화탄소 함유량과 상관없이 연료에 일정 금액의 세금을 부과하는 에너지세와 이산화탄소 함유량을 기준으로 세금을 부과하는 이산화탄소세로 나뉜다. 에너지세를 도입한 국가는 1996년 도입한 네덜란드를 시작으로 핀란드(1998), 오스트리아(2000), 영국(2001) 등이며, 이산화탄소세를 시행 중인 국가는 덴마크(1996), 핀란드(1998), 이탈리아(1998), 노르웨이(1999), 에스토니아(2000), 스웨덴(2001), 스위스(2008) 등이다.[32] EU를 제외하고는 최초로 탄소세를 도입한 호주의 경우 2012년부터 철강과 알루미늄 업체를 포함한 500개 기업이 탄소 1톤을 배출할 때마다 23 호주 달러를 부과하는 정책을 추진하고 있다.[33]

한국의 경우 최근 '저탄소녹색성장기본법'을 제정해 탄소세 도입을 위한 법적인 근거는 마련된 상태라고 할 수 있다. 국책연구기관인 조세연구원 측도 조세 측면에서 녹색성장 재원을 마련하는 효율적 방안은 탄소를 배출하는 화석연료 사용량에 따라 세금을 물리는 탄소세 도입이라고 주장하고 있으며, 산업연구원(KIET)도 온실가스 배출의 불확실성에 대응하는 가장 명쾌한 정책은 시장에서 탄소가격을 활용한 정책인 탄소세나 탄소배출권 거래제이므로 적절한 탄소가격 시나리오에 관한 다양한 검토가 필요하다고 하였다.[34] 이에 따라 정부에서는 가정, 상업 및 수송 등의 여러 부문에 탄소세를 부과할 방침이다.

2.2 저탄소 무역

저탄소 무역이란 저탄소 녹색성장을 위하여 무역활동을 하는 전 과정에 있어서 지구온난화 방지를 위한 온실가스 저감을 효율적 · 효과적으로 꾀하는 것이다.

기후변화로 인한 피해가 속출하면서 지구온난화를 저감하기 위하여 기업의 관리 개념도 변화하고 있다. 저탄소 무역이 대두하게 된 원인인 국제 환경규제 정책은 1980년

---

32 송백훈, 「녹색성장과 FTA」, 한국경제연구학회, 제28권 제1호, 2010, pp. 105-122.
33 「한국일보」, 2011. 7. 10.
34 「아시아경제」, 2009. 11. 29.

대의 사후관리 개념인 End-of-Pipe[35] 개념에서 1990년대의 미래지향적 규제 및 환경적 위협에 선행적 대응 단계를 넘어, 2000년대 이후의 생산제품의 전 공정과정을 고려한 청정 생산뿐만 아니라, 기업 및 국가의 지속가능한 발전을 도모할 수 있는 기업 활동에 중점을 두어 관리 개념과 범위가 확대되고 있다. 이에 제품의 생산단계로부터 최종소비자에 이르는 전 과정을 통하여 생산자와 소비자에게 보다 많은 법과 기업의 사회적 책임(Corporate social responsibility)을 요구하게 되었다. 특히 지구온난화의 위험성에 대한 소비자 인지의 상승으로 인해 더 많은 법과 기업의 사회적 책임은 필수적인 것이 되었다. 정부 및 소비자의 환경평가가 양과 질적인 측면에 있어서 과거에 비해 높은 수준을 요구하게 되면서 기업들은 환경의 변화에 대응하기 위한 친환경 경영을 계획하고 실행함으로 한 차원 높은 경쟁력을 확보하기 위해 노력하고 있다. 이에 기업은 생산, 판매, 제품의 친환경적 설계, 환경적합 여부를 판단하여 평가를 통하여 판매규제, 전기전자제품에 있어서의 인체유해물질의 사용제한, 제품의 회수와 재활용시스템 체계 구축 등 제품의 친환경적 생산과 소비를 유도하기 위한 통합제품정책으로 연결되고 있다.[36]

무역의존도가 2005년 60% 수준에서 2008년 90.5%로 급증하는 등 극히 높은 우리나라의 여건에서 온실가스 배출량을 감축한다는 것은 에너지 소비 감소뿐 아니라 경제성장의 제한을 동시에 수반한다는 것을 의미하는 것이며, 온실가스를 무역과 연계하려는 각국의 움직임이 현실화될 경우 수출의존도가 높은 우리 경제에 미치는 파급효과는 매우 클 것으로 전망되고 있다. 실제로 미국 등 선진국의 우리나라에 대한 온실가스 저감 참여 압력 강화와 기후변화협약 원칙 등에 의해 2013년부터 참여해야만 하는 온실가스 감축 의무부담을 상정하고 있는 실정이다. 그리고 이것이 한국 경제의 근간이 되는 산업 및 무역, 그리고 국민생활 전반의 급속하고 근본적인 측면에서의 변화를 초래할 것이 분명하다.

우리나라 산업구조의 가장 큰 특징은 제조업의 비중이 경쟁국에 비하여 높다는 점인데, 한국의 제조업 비중은 30% 수준으로, 영국 13% 등 선진국의 수준보다 매우 높다.

---

35 오염물질의 발생을 억제하기 위한 절감 노력이 아닌 발생한 오염물질을 최종적으로 말단에서 처리하는 개념.
36 임종섭·임준형, 「국제무역 환경 규제에 따른 국내 기업의 대응전략」, 산업경제연구, 제24권 제2호, 2011, pp. 823-844.

만약 제품생산에 소요되는 탄소의 양만큼 세금을 부과하는 탄소세(carbon tax)가 도입될 경우 철강, 운수, 금속, 화학 부문의 제품가격은 1~5% 상승할 것으로 전망되고 있으며, 이는 가격경쟁력 약화로 직결되어, 제품의 국제경쟁력 하락에 영향을 줄 것으로 예측되고 있다.[37] 이에 따라 우리의 산업 중 중요한 부분인 철강, 석유화학 등 에너지다소비형 부문의 경우 제품생산 공정과 연계하고자 하는 비관세 무역장벽이 증가할 전망이다.[38]

범세계적으로 환경보호를 위한 규제수준과 기준은 개별국가마다 다르고 내용 또한 상이한데, 선진국들은 기술과 자본의 결합으로 인하여 환경규제 수준의 내용과 이행 방법에 있어서 까다로운 반면, 신흥 개발도상국들은 그 규제의 수준이 미미하다. 따라서 환경 관련 무역문제를 주도적으로 실천하고 적극적이고 능동적으로 제기하는 국가들을 살펴보면 주로 미국을 비롯한 선진국들이다. 이들 주요 선진국들은 환경기준이 마련되지 못한 개발도상국들에서 생산된 제품의 수입으로 자국에 환경오염이 발생되고, 이러한 환경오염 상품들로 인하여 엄격한 환경기준 하에서 생산된 자국 제품의 국제경쟁력이 약화된다는 인식을 가지고 있다. 이로 인하여 선진국들이 무역과 함께 자국의 산업을 보호하려는 보호무역주의적인 의도가 결합되어 작용하고 있다고 볼 수 있다.[39]

저탄소 무역의 대두와 함께 녹색보호주의의 개념이 세계 주요국에 광범위하게 확산되고 있다. 녹색보호주의란 우리 정부의 정의에 의하면 '온실가스 감축 등 기후변화 대응 및 환경정책 수행을 외형상 목적으로 발표하면서도 실질적으로는 외국 기업의 자국 시장 접근을 제한하고 자국 기업의 환경 관련 분야의 경쟁력 확보를 도모하는 조치'로 규정할 수 있으며, 환경정책(environmental policy)을 기술적으로 표현하여 외국 기업의 상업적 이익(foreign commercial interests) 획득을 방해하는 것으로 포괄적으로 정의할 수 있다.[40]

---

37 강희찬, 「기후변화협약, 한국기업에 위기인가 기회인가」, 『CEO Information』 제715호, 2009. 7. 29, p. 11.

38 이우채·윤영한, 「녹색성장과 보호무역주의에 따른 대응방안」, 『통상정보연구』 제11권, 제4호, 2009, pp. 395~418.

39 조영정, 『국제통상법의 이해』, 무역경영사, 2000, p. 173.

40 Simon, J. E. & J. Whalley, "The deliberate use of environmental policy initiatives to iscriminate against foreign commercial interests, including subsidiaries of companies owned or headquartered abroad," The G20 and Green protectionism: Will We Pay the Price at Copenhagen?, CiGI Police Briefs, 14(2).

미국과 EU를 중심으로 환경보호를 위한 정책으로서 국내에서 생산된 재화에 대하여 에너지세(energy tax), 탄소세를 부과하고 있거나 부과하려는 움직임이 활발하게 일어나고 있다. 이와 함께 제조과정에서 탄소가 많이 배출되는 시멘트, 철강제품, 유리제품 등의 외국 수입재화에 대한 탄소관세 부과 문제도 활발히 논의되고 있다. 수입재화에 대한 탄소관세는 새로운 보호무역의 틀로 작용할 가능성이 크다. 미국, EU 등은 이들 재화에 대한 상당 부분을 중국, 인도와 같은 개발도상국으로부터 수입하고 있으며, 이들 국가로부터 수입되는 재화에 탄소관세를 부과함으로써 자국의 산업을 보호하려는 의도가 내포되어 있다.[41]

　녹색보호주의는 선진국들이 기후변화 대응을 빌미 삼아 만든 새로운 환경 무역규제라는 인식이 자리 잡고 있으며, 환경보호라는 실리와 대의명분을 앞세워 무역장벽 설치라는 신보호무역의 한 형태로서 국제 무역 분쟁을 일으킬 가능성이 높다. 특정 국가를 상대로 한 녹색보호 무역장벽이 실행된다면, 이에 대한 강한 거부감과 보복조치가 수반될 것으로 예상되고 있다. 중국의 경우 탄소배출량의 약 4분의 1에 해당하는 제품이 미국과 EU로 수출되는 일련의 제조과정에서 발생하는데, 이를 중국은 결국 소비자들이 배출하는 것이지 생산자가 배출하는 것이 아니라고 강하게 호소하고 있다. 그러나 녹색보호주의는 시간이 지날수록 강화되고 있으며, 국내 기업이 녹색보호주의 개념 하에서, 각국의 이산화탄소 규제로 인한 글로벌 소비 패턴의 변화에 능동적으로 대응하지 못할 경우 자동차 등 주력 수출품의 글로벌 경쟁력 하락 우려가 심화될 것으로 전망되고 있다. 또한 최근 들어 기업의 친환경적 이미지가 제품의 구매로 이어지는 경우가 높아지고 있으며, 이러한 추세는 선진국으로 갈수록 커지고 있다. 최근 영국 등 선진국에서는 그린 스토어(Green Store)의 개념을 도입하여 제품의 소싱, 제품 공급망 운영, 매장 설계 및 매장 운영까지의 모든 과정에서 의사결정의 결과가 환경에 미치는 영향을 고려하여 환경오염과 에너지 소비를 최소화하는 노력을 기울이는 소매업체 개념이 도입되고 있으며, 최근 들어 소비자들로부터 상당한 관심을 받아 급증하는 추세에 있다.[42]

　중소기업중앙회에서 117개 중소 수출기업을 대상으로 2009년 실시한 '국제 환경

41　송백훈, 전게 논문, 2010, p. 106.
42　지식경제부, 「유통산업발전 기본계획 연구보고서」, 2005.

<표1-3> 개별 국가의 환경규제

구분	규제명	발효 시기	내용
EU	ELV (폐차처리지침)	2000	자동차폐차 시 생산자가 비용부담 및 재활용 비율의 의무화
EU	Eup (친환경설계의무지침)	2005	에코 디자인이 적용되지 않은 에너지 사용품목의 시장진입 금지
EU	WEEE (폐전기전자제품처리지침)	2005	폐전기전자제품 회수 및 재활용 의무화
EU	RoHS (유해물질사용제한지침)	2006	전기전자제품 내 6대 유해물질 함유 금지
EU	REACH (신화학물질관리제도)	2007	일정 규모 이상 수입되는 모든 제품의 화학물질 등록 및 허가
미국	CAFE(평균연비제도)	1979	자동차의 평균연비 규제
미국	캘리포니아 폐전기 전자제품활용법	2005	폐전자제품에 대한 재활용 요금 부과
중국	전자정보제품 오염관리법	2007	전자정보제품에 포함된 6대 오염물질 허용함량 준수
중국	폐기전기전자제품의 회수처리관리 조례	2009	제품판매, 수리 및 A/S업체는 폐기 제품의 회수정보 표시
중국	폐가전 및 전자제품 회수처리 관리규칙	2011	전자제품의 에코 디자인, 제품정보 회수 및 처리 강제의무 부과
일본	PC 리사이클법	2003	PC에 포함된 유해물질의 회수 및 분리처리 의무화
일본	가전 리사이클법	2006	제조업자 및 수입업자의 리사이클 의무화
일본	J-MOSS (특정화학물질 유표기법)	2006	전기전자기기 특정 화학물질 표시방법

자료: 민혁기, 「글로벌 환경규제의 현황과 시사점」, 산업연구원, 2010, p. 43.

규제 인지여부'에 대한 설문 조사 결과를 살펴보면, '잘 알고 있음'은 21.9%, '자세한 내용은 모름'은 무려 58%로 나타나, 과반수 이상의 중소 수출기업들은 국제 환경 규제 및 정책 변경 사항에 대한 정보를 대부분 인지하지 못하는 것으로 나타났다.[43] 이는 중소기업의 수출경쟁력 약화로 직결될 것이기 때문에 녹색보호주의에 대한 대응성을 제고하기 위한 정책적 지원 및 학문적 뒷받침이 필요할 것으로 보인다.

〈표 1-3〉은 각국의 환경규제를 정리한 것으로, 저탄소 무역의 대두로 인하여 급변하고 있는 글로벌 시장에서 특정 기업이 살아남기 위해서는 국제사회의 요구 및 지침에 준하는 녹색경영체제의 구축을 통하여 친환경 기업문화를 형성해야 한다. 제품의 제조 단계에서부터 원료의 채취, 제조, 유통, 사용, 폐기 단계까지 전 과정의 환경성을 고려하여 환경관리정책 문화를 강화하고, 친환경 녹색제품 생산을 통한 친환경 브랜드화 추진 및 친환경 공정과정 구축을 통한 친환경 기업 이미지를 부각시켜야 한다. 또한 국제 환경경영 규격인 ISO14001 인증 및 환경친화적 기업 지정을 통해 전사적 관점에서 기업들은 환경친화적 기업문화를 형성하여야만 한다. 친환경 생산시스템 구축을 지원하기 위한 녹색표준을 적극 도입한 녹색 IT기술을 활용한 녹색변환을 촉진하고, 수출, 마케팅, 유통, 물류 등 가치사슬 중간단계의 녹색화를 통해 녹색성장의 경제적 가치를 극대화하여야만 할 것이다.[44] 이를 통해 저탄소 무역의 대두로 인하여 변화하는 무역환경에 적절히 대응하여 효율적으로 대처할 수 있을 것이다.

---

43 중소기업중앙회, http://www.kbiz.or.kr
44 임종섭 · 임준형, 전게논문, 2011, p. 841.

제 2 장

탄소배출저감과 국제기구

1. 유엔기후변화협약

1.1. 개요

지구온난화는 19세기에 그 가능성이 지적되었지만 국제사회의 현실적인 관심사항이 된 것은 1980년대 후반부터이다. 그 계기는 1985년 10월에 오스트리아의 피라하에서 개최된 과학자의 회의, 기후변화와 이것에 부수하는 영향에 대한 이산화탄소(CO_2)와 다른 온실가스의 역할에 대한 과학적 접근에 관한 국제회의(피라하회의)였다.[1] 이 회의는 세계기상기구(WMO)와 유엔환경계획(UNEP)의 후원으로 개최된 것이므로 CO_2뿐만 아니라 온실가스에 의해 기후변화, 특히 지구온난화를 초래한다는 견해에 합의가 성립하고, 인간 활동에 의한 기후변화문제가 정치적인 과제로서 거론되었다.

이 협약의 정식 명칭은 "기후변화에 관한 유엔기본협약(United Nations Framework Convention on Climate Change : UNFCCC)"인데, 또한 "리오환경협약"이라고도 한다. 1979년 G. 우델과 G. 맥도날드 등의 과학자들이 지구온난화를 경고한 뒤 논의를 계속하였다. 1987년 제네바에서 열린 제1차 세계기후회의에서 정부간기후변화패널(Inter-Governmental Panel on Climate Change : IPCC)을 결성했다. 1988년 6월 캐나다 토론토에서 주요 국가의 대표들이 모여 지구온난화에 대한 국제협약체결을 공식으로 제의하였다. 1990년 제네바에서 열린 제2차 세계기후회의에서 기본적인 협약을 체결하고, 1992년 5월 정식으로 기후변화협약을 체결하였다. 그 목적은 CO_2를 비롯한 온실가스(Greenhouse Gas : GHG) 방출을 제한하여 지구온난화를 방지하고자 하는 것에 있다. 규제대상 물질은 탄산·메테인가스·프레온가스 등이 대표적 예이다. 협약 내용은 기

---

1 米本昌平, 「地球温暖化問題の科学と政治」, 岩波書店, 1999, p. 283.

본원칙, GHG규제문제, 재정지원 및 기술이전문제, 특수상황에 처한 국가에 대한 고려로 구성되어 있다. 동 협약 체결국은 염화플루오린화탄소(CFC)를 제외한 모든 GHG의 배출량과 제거량을 조사하여 이를 협상위원회에 보고해야 하며, 기후변화 방지를 위한 국가계획도 작성해야 한다.

1992년 리오환경선언에서 하나뿐인 지구의 천연자원, 에너지 고갈과 갈수록 심각해지고 있는 지구환경문제에 대하여 선진국을 중심으로 본격적인 논의가 시작되었다. 여기서 GHG배출에 따른 지구온난화현상을 방지하기 위한 유엔기후변화협약이 채택되었고, 여러 가지 환경규제들이 생겨나고 있다. 최근 들어 지구환경보전문제가 세계적인 중대현안으로 등장하고 있는 가운데 해상에서 발생하는 오염물질에 대한 환경보호조치의 하나로 선박에 대한 각종 환경규제가 대폭 강화되고 있다. 이는 선박에 의한 해양오염을 방지하는 것이 특정 국가만의 의무나 책임이 아니라, 전 세계가 공동으로 대처해야 한다는 이유 외에도 환경을 문제로 한 조선이나 해운, 자원개발 등 해양산업에 대한 무역장벽의 강화를 뜻하고 있어 적극적인 대응방안의 모색이 필요하다.[2]

1994년 3월 공식 발효된 기후변화협약은 지구온난화의 원인으로 지목되어온 온실가스를 줄이기 위해 정부간협상위원회(INC)회의의 합의 내용에 따라 154개국 정부가 서명하였다.[3] 이 협약은 온실가스 배출의 역사적인 책임에 근거한 공동의 그러나 차별화된 책임(Common But Differentiated Responsibility: CBDR) 및 능력에 따른 저감 의무 부담을 원칙(협약 제3조, 온실가스 배출에 역사적인 책임이 있으며, 기술·재정 능력이 있는 선진국의 선도적 역할을 강조)을 기초로 하고 있다.[4] 이 협약은 일반의무사항과 특별의무사항을 규정하였는데, 온실가스 배출량 및 흡수량에 대한 국가통계와 정책 이행에 관한 보고서를 제출(규정 제4조 1항)해야 하는 일반의무사항과, CBDR의 원칙에 따라 협약국을 Annex I, Annex II, non-Annex I 국가로 나누어 각기 다른 의무를 부담하게 하는 특별의무사항(규정 제4호)이 바로 그것이다.

1997년 12월 1일-11일까지 교토에서 개최된 기후변화에 관한 유엔협약의 제3차

---

2 박상호·김인수, 「선박에 대하여 변화되는 환경규제와 대응책」, 『한국항해항만학회지』 제28권 제8호, 한국항해항만학회, 2004, p. 767.
3 한국선급, 「선박의 온실가스 감축을 위한 이산화탄소 배출권거래 및 탄소세부과제도 도입에 관한 연구」, 국토해양부 보고서, 2009.
4 김은표, 「저탄소 녹색성장의 영향과 탄소배출권 시장의 미래」, 코딧리서치, 2009, p.34.

당사국총회(Conference of the Parties : COP)는 선진국에 대해 2008년부터 2012년의 동안에 GHG를 1990년과 비교하여(일부 가스에 대해서는 1995년 대비) 적어도 5% 감축할 것을 의무화하는 기후변화에 관한 유엔협약의 교토의정서(아래에서는 교토의정서 또는 의정서라 한다)를 채택하였다. 그후 가입국의회에서 협약과 의정서가 발효되었고, 의정서 가입국 간의 회의가 매년 개최되어 기후변화에 대처하기 위한 각국의 제도 진전이 가시화되고 있다.

2009년 12월 7-18일까지 덴마크 · 코펜하겐에서 열린 UNFCCC 당사국총회에서는 선진국과 개도국을 아우르는 국제 GHG 규제틀에 대해 논의하였다. 하지만 2007년 인도네시아 발리에서 열린 제13차 UNFCCC 총회에서 세계 각국은 2013년 이후의 새로운 기후변화협약 체제에 대한 최종합의 도출시한은 2009년 코펜하겐회의라고 약속했지만 주요 쟁점에 대해 합의도출에 실패하거나 미흡한 상태로 합의하면서 결국 타결 시한을 1년 더 늦추었다.[5] 미국 · EU · 일본 등 선진국 진영은 개도국이 GHG배출 증가 속도가 빠른 만큼 GHG감축 노력에 적극 나서야 한다고 주장한 반면, 중국 · 인도 등 개도국 진영은 선진국이 과거 수세기에 걸쳐 다량의 GHG를 배출한 만큼 더 강한 감축 목표를 설정하고 이를 지켜야 한다고 주장하였다.

1.2. 협약의 성립 경위

1988년 12월 유엔환경계획과 세계기상기구의 공동 주체로 유엔총회에 의해 기후변화에 관한 정부 간 패널이 설치되어 온난화에 관한 과학적, 지견, 온난화의 환경적, 사회적, 경제적 영향의 평가, 대책의 위상 등이 거론되었다. IPCC는 국가에 의해 지명되는 과학자자와 행정관으로부터 구성되는 정부 간 조직이며, 그 제1작업부회는 기후변

---

5 이 같은 코펜하겐의 CO₂ 감축절충 실패의 근본 원인은 선진국과 개도국 간 반목과 갈등이었다. 대표적으로 GHG배출 대국인 중국(배출량 1위)과 미국(2위)의 책임이 거론되었다. 양국의 대치는 코펜하겐회의가 열린 내내 지속되면서 협상을 미궁 속으로 밀어넣었다. 미국은 GHG 최대배출국인 중국의 GHG 감축 약속에 대한 국제사회의 검증이 필요하다고 한 반면 중국은 자발적으로 감축을 이행하면 되지 검증은 받을 수 없다는 논리로 맞섰다. 이 때문에 2013년 이후 기후변화협약 체제에 대한 최종 타결시한이 1년 더 연장되었지만 향후 추가 협상과정에서 선진국과 개도국 간 갈등이 불가피할 것으로 보인다.

6 IPCC는 학술전문지에 게재된 논문만을 검토하여 최신 정보를 편집한다. 그 후 1995년에 제2차, 2001년에 제3차, 2007년까지 제4차 평가보고서를 정리하고 있다.

화의 환경·사회경제적 영향을, 제3작업부회는 기후변화에 대한 대응을 검토하고 1990년에 제1차 평가보고서를 정리하였다.[6] 또한 1988년 6월에 캐나다 토론토에서 개최된 선진국정상회담(G7)의 개막 직후에 개최된 토론토회의[변모하는 대기−지구안전보장과의 관계(The Chaning Atmosphere: Implications for Global Security)]의 성명[7]은 2005년까지 CO_2의 배출 20% 감축을 목표로 명확한 감축수치목표(Toronto Target)를 거론하였다.

1988년 12월에는 유엔총회에서 기후변화가 인류의 공통의 관심사라는 것을 인식하고 전 세계적인 틀에서의 대응을 요구하는 결의(43/53)가 채택되었다. 또한 1989년에도 신속하게 기후변화문제에 대처할 필요성을 강조한 결의(44/207)가 채택되었다. 또한 1989년의 유엔총회에서는 환경과 개발에 관한 유엔연합회의(UNCED, 지구정상회담)를 1992년 6월에 개최할 것이 결정되었다.

1.2.1. 1989년 정부 간 국제회의

1989년 3월에는 네덜란드, 프랑스, 덴마크 3개국 정상이 중심이 되어 헤이그환경정상회담이 개최되어 지구온난화대책 실시를 위한 기구를 정비할 필요성이 선언되었다.[8] 또한 1989년 11월에는 네덜란드의 놀트빅크에서 대기오염과 기후변화에 관한 환경장관회담이 개최되어 CO_2의 배출을 대개의 선진공업국에서는 늦어도 2000년까지 안정화한다는 선언이 제출되었다. 그러나 그러한 차원에서 이산화탄소의 배출을 동결할지에 대해서는 1990년에 예정되어 있는 IPCC의 보고서와 제2차 세계기후회의(SWCC)에서의 결정에 따르기로 위임되었다. 이 회의에서는 온실가스의 배출감축에 적극적인 국가와 소극적인 국가로 나누었다. 감축목표의 설정에 반대한 국가는 미국, 소련, 중국, 일본, 영국 5개국이었다. 최종적으로는 감축이 아니라 동결로 합의가 성립되었다.[9]

---

7 토론토회의는 캐나다 정부가 주최한 국제회의이며, 과학자, 정부관계자 등이 참가하였다. 참가자에 의한 성명은 H. Hohmann, Basic Documents of International Environmental Law, Vol. Ⅰ, 1992, pp. 540~545 ; R. Churchill et al., International Law and Global Climate Change, Nijhoff, 1991, pp. 367~372 참조.

8 1989년 3월 11일 헤이그선언에서 국제기관 설치 견해는 동년 5월 25일의 UNEP관리이사회결정 15/36에서 부정되어 협약 성립을 위해 협상이 이루어졌다. Churchill et al., op.cit., p. 257.

9 R Churchill et al., op.cit., pp. 334−340.

1.2.2. 1990년 국제사회의 동향

1990년 7월 미국의 휴스턴에서 개최된 G7 휴스턴 정상회담 경제선언은 기후변화와 같은 환경에 대한 도전에 대해서는 보다 면밀하고 효과적인 국제협력과 구체적 행동을 요구하기로 하였다.[10] 또한 1990년 8월 스웨덴의 슨터빌에서 개최된 IPCC 제4차 전체 회의에서 제1차 평가보고서가 정리되어 공표되었다. 그러나 각국 간의 정치적 대립에 의해 보고서의 내용은 애매해져 협상에 열심인 서유럽 선진국가와 소극적인 미국, 소련과 산유국이라는 대립구조가 명백해졌다. IPCC 제1작업부회보고서의 과학적 예측은 온실가스의 배출이 지속되면 21세기 말에는 평균 기온이 약 3도 상승하며 해면이 평균 65cm, 최고 1m 상승한다는 결론을 도출한 것에 그쳤다.

1990년 10월의 제2차 세계기후회의에서는 CO_2 감축목표 설정이 쟁점이 되었다. 일본은 회의 직전에 지구온난화방지행동계획을 책정하고 2000년에 국민 1인당 이산화탄소 배출을 대개 안정화하기로 하였다.[11] 회의에서는 전반부에 과학기술세션이 개최되고 후반부에는 환경장관회의가 개최되었다. 1990년 유엔총회에서 기후변화협약에 관한 정부간 협상위원회(Inter-governmental Negotiating Committee: INC/FCCC)를 설치하는 결의(45/212)가 채택되어 협약협상이 개시되었다.

1.2.3. 정부간 협상위원회(INC)의 협상교섭

1991년 2월에 INC 제1차회의(버지니아주 샨테리)가 개최된 후 1992년 5월 19일 제5차회의의 재개회의(뉴욕)에서 협약이 의견일치로 채택되기까지 1년 3개월 정도의 단기간의 협약협상이었다. 제1차 회의에서는 협약에 포함될 약속을 결의하는 제1작업부회와 메커니즘을 의결하는 제2작업부회의 설치가 결정되었을 뿐이며, 이 협상은 협약의 협상에 한정될지 아니면 의정서까지도 협상할지에 대해 각국의 대립에 의해 결정이 이루어지지 않았고 또한 의장도 결정되지 않았다.[12]

---

10 http://www.mofa.go.jp/%5Cmofaj/gaiko/summit/houston90/j16_a.html

11 G. Porter et al., Global Environmental Politics, 2nd ed., Westview Press, 1996, p. 116.

12 INC 제1차 회의에서 대립과 타협의 실태에 대해서는 赤尾信敏, 「地球は訴える−体験的·環境外交論」, 世界の動き社, 1993, pp. 97−100 참조.

1991년 6월의 INC 제2차회의(제네바)에서는 온난화의 경제적 타격에 대해 IPCC에 연구를 위임할지 여부 등 이 위원회의 우상에 대해 선진국과 개도국이 대립하였다. 제 1작업부회에서는 공동의장의 제안에 따라 각국에서 제출된 협약에 포함되어야 할 원칙 중에서 공통으로 가지고 있지만 차이가 있는 책임, 개도국의 특정 상황에 대한 고려, 예방원칙, 지속가능한 개발을 촉진하는 권리와 책무 및 일방적 무역조치의 회피 등 5원칙이 거론되었다.[13]

1991년 12월의 INC 제4차회의(제네바)에서는 CO_2 배출의 안정화 또는 감축에 대한 대립이 있었으며, 안정화에 최선의 노력을 한다는 미국, 대개 2000년까지 1990년 수준에서의 안정화를 도모한다는 일본과 EC 국가, 1인당의 배출량을 안정화하고 감축하는 선언을 실행하도록 주장하는 인구가 많은 인도와 중국 등 각국의 주장은 나누어졌다. 2000년까지의 CO_2 배출의 안정화도 노력 목표인지 선진국 공통의 약속인지 미국과 EC 간에 견해는 일치하지 않았다. 일본은 그것을 노력 목표로 함과 동시에 각국의 계획에 대해서는 서약과 심사(pledge and review)제도를 두어야 한다고 주장하였지만 개도국 등의 반대에 의해 이 제안은 소멸하였다.

이상과 같이 합의 내용에 애매함을 남긴 상태로 1992년 5월 9일 UNFCCC는 INC 제5차회의의 재개회의에서 채택되어 리우데자네이로에서 개최된 환경과 개발에 관한 유엔회의에서 서명을 위해 개방되었다.[14]

1.3. 협약의 개요

1992년 기후변화협약(1994년 3월 21일 발효)에서는 선진국과 시장경제이행국(부속서 I 국가)은 온실가스 배출 억제를 위한 정책 채택과 조치를 취하고, 그 정보를 당사국총회에 제출할 것이 의무화된 것에 불과하다.

---

13 거론된 원칙문제에 대해 다수의 제안이 이루어져 대개의 시간을 소요하였지만 다섯 가지의 원칙을 협약에 규정했다. 赤尾信敏, 전게서, pp. 100-103.
14 최종 협상회의 최후의 수일간은 의장을 중심으로 주요 25개국 정도가 논의를 계속하여 패키지를 정리하고 전체회의에서는 불만을 가진 대표에게는 발언을 인정해도 수정에는 응하지 않는 방침으로 채택에 이르게 되었다.

1.3.1 협약의 목적과 원칙

협약은 기후에 대해 위험한 인위적 간섭을 미치지 않는 수준에서 대기 중의 온실가스의 농도를 안정화시킬 것을 궁극적인 목적으로 하고, 그 수준은 생태계가 기후변화에 자연적으로 적응하고 식량의 생산이 위협되지 않고 경제개발이 지속가능한 상태에서 진행할 수 있는 기간 내에 달성되어야 한다는 것이다(제2조).

가입국은 협약의 목적을 달성하고 협약을 실시하기 위한 조치를 취함에 있어 특히 다음의 원칙을 지침으로 한다(제3조). 가입국은 형평의 원칙, 공통으로 가지고 있지만 차이가 있는 책임에 따라 인류의 현재 및 장래의 세대를 위해 기후계를 보호하고(제3조 제1항), 기후변화의 원인을 예측하고 방지하고 또는 최소한으로 하기 위한 예방조치를 취할 것(제3조 제3항), 기후변화에 대처하는 조치가 국제무역에서 자의적 또는 부당한 차별의 수단 또는 위장된 제한으로 되지 않을 것(제3조 제5항)의 요구와 사정을 고려하여(제3조 제2항), 선진국이 솔선하여 기후변화와 그 악영향에 대처해야 한다(제3조 제1항)고 규정하고 있다.

1.3.2 협약가입국의 약속

1) 모든 가입국에 공통적인 약속

모든 가입국은 다음의 의무를 부담한다(제4조 제1항). ⓐ 오존층 보호의 몬트리올 의정서에서 규제되는 가스를 제외한 온실가스의 방생원에 의한 인위적인 방출과 흡수원에 의한 제거에 관한 자국의 목록의 작성, 정기적 갱신, 공표와 당사국총회에 제출, ⓑ 자국의 계획(적당한 경우에는 지역의 계획)을 작성하고 실시하고 공표하고 정기적으로 갱신할 것, ⓒ 에너지, 운수, 공업, 농업 등 모든 관련 분야에서의 온실가스의 인위적인 배출의 억제, 감축과 방지를 위한 기술과 방법 등의 개발 등에 대한 협력, ⓓ 온실가스의 흡수원과 냉장고의 지속가능한 관리의 촉진과 흡수원과 냉장고의 보전(강화)의 촉진과 협력, ⓔ 기후변화의 영향에 대한 적응 준비에 협력할 것, ⓕ 자국의 정책과 조치를 취함에 있어 기후변화에 가능한 배려할 것, ⓖ 기후변화에 관한 원인과 영향 등에 대한 이해의 촉진과 과학적 불확실성을 감소, 제거하기 위한 연구 등의 촉진과 협력, ⓗ 기후계, 기후변화와 대응전략의 영향에 관한 정보의 교환의 촉진과 협력, ⓘ 기후변화에 관한 교육 등의 촉진과 협력, 민간단체를 포함한 광범위한 참가 장려, ⓙ 실시에 관한 당사국총회에 송부할 것(제12조) 등이다.

2) 부속서 I 가입국에 추가되는 약속

부속서 I 가입국[15]에 열거되는 선진가입국 그 밖의 가입국(부속서 I 가입국)은 다음의 의무를 부담한다(제4조 제2항).

온실가스의 인위적인 배출을 억제하고 흡수원과 저장고를 보호하고 강화함에 따라 기후변화를 완화하기 위한 자국의 정책과 조치를 취한다. 이산화탄소 그 밖의 온실가스(몬트리올 의정서에 따라 규제되는 것을 제외한다)의 인위적인 배출량을 1990년대 말까지 종전 수준으로 환원하는 것이 온실가스 배출의 장기적 경향의 수정에 기여하는 것으로 인식한다(제4조 제2항 제a항). 이 문구에서 보면 제4조 제2항 제(a)호의 규정은 2000년에 이산화탄소의 배출을 1990년 수준으로 안정화시킬 것을 국가 노력의 목표로 한 명확한 약속이라고는 할 수 없을 것이다.[16]

위의 정책과 조치와 이들을 채택한 결과에 관한 상세한 정보를 협약이 자국에 대한 노력을 발생한 일부터 6개월 이내에 또한 그 이후는 정기적으로 당사국총회에 제출한다(제4조 제2항 제b항).

3) 부속서 II 국가에 추가되는 약속

부속서 II 국가[17]에 열거한 선진가입국(부속서 I 국가에서 시장경제이행국을 제외한 국가)은 다음의 추가적인 의무를 부담한다(제4조 제3 · 4 · 5항).

이들 선진가입국은 개도국이 제12조 제1항의 규정에 따라 부담하는 의무(실시에 관한 정보의 송부)를 이행하기 위해 부담하는 모든 합의된 비용에 맞추기 위해 또한 도상국과

---

15 호주, 오스트리아, 벨로루시, 벨기에, 불가리아, 캐나다, 크로아티아, 체코, 덴마크, 에스토니아, 핀란드, 프랑스, 독일, 그리스, 헝가리, 아이슬란드, 아일랜드, 이탈리아, 일본, 라트비아, 리히텐슈타인, 리투아니아, 룩셈부르크, 모나코, 네덜란드, 뉴질랜드, 노르웨이, 폴란드, 포르투갈, 루마니아, 러시아, 슬로바키아, 슬로베니아, 스페인, 스웨덴, 스위스, 터키, 우크라이나, 영국, 미국— 이상 40 개국과 유럽연합(EU) 등이다.

16 赤尾信敏, 전게서, pp. 109-117.

17 호주, 오스트리아, 벨기에, 캐나다, 덴마크, 핀란드, 프랑스, 독일, 그리스, 아이슬란드, 아일랜드, 이탈리아, 일본, 룩셈부르크, 네덜란드, 뉴질랜드, 노르웨이, 포르투갈, 스페인, 스웨덴, 스위스, 영국, 미국 —이상 23개국과 유럽연합(EU). 터키도 당초 포함되어 있었으나, 2001년 시장경제이행국으로 인정되어 제외되었다.

협약 제11조(자금공여의 제도)의 국제적 조직과의 사이에 합의하는 것의 실시에 필요한 모든 합의된 증가비용을 부담하기 위해 신규의 추가적인 자금을 공여한다(제4조 제3항). 또한 선진가입국은 기후변화의 악영향을 특히 받기 쉬운 개도국이 그것에 적응하기 위한 비용부담을 하고 협상한다(제4조 제4항). 더욱이 선진가입국은 다른 가입국(특히 개도국)에 대해 협약 실시를 위해 환경상의 적정한 기술과 노하우의 이전, 취득의 기회를 부여하고 자금을 공여하기 위한 실현가능한 모든 조치를 취한다(제4조 제5항).

1.3.3. 당사국총회

기후변화협약의 협약사무국은 독일의 본에 있다. 이 협약의 협상회의에는 최고의사결정 기관인 기후변화협약 당사국총회(COP) 외에도 상설보조기구(Subsidiary Body : SB), 이행에 관한 보조기관(Subsidiary Body for Implementation : SBI)과 과학적, 기술적인 자문에 관한 보조기관(Subsidiary Body for Scientific and Technological Advice: SBSTA)이 있다.

당사국총회는 매년 개최되고 있다. 1997년 12월 개최된 제3차 당사국총회(COP3 교토회의)에서는 2000년 이후의 대처에 대한 규정이 불충분하다고 하여 법적 구속력이 있는 수치 목표를 정하는 교토의정서가 채택되었다. 2007년 12월 3일 호주가 교토의정서에 서명, 비준했기 때문에 선진국에서 교토의정서에 비준하지 않은 국가는 미국뿐이었다.

협약의 최고기관인 당사국총회는 이 협약과 당사국총회가 채택하는 법적 문서의 이행 상황을 정기적으로 검토하고, 그 권한의 범위 내에서 이 협약의 효과적인 이행을 촉진하기 위해 필요한 결정을 한다(제7조 제1 · 2항).

당사국총회의 권한은 협약에 기초한 당사국의 의무와 제도적인 조치의 정기적인 검토(제7조 제2항 제(a)호), 협약이행 상황에 관한 정기적 보고서의 검토(제7조 제2항 제(f)호)와 보조기구에 의해 제출되는 보고서의 검토(제7조 제2항 제(j)호) 등의 이행 상황의 감독, 모든 정보에 기초하여 협약 목적의 달성을 위한 진척상황의 평가(제7조 제2항 제(e)호), 이행에 필요한 사항에 대한 권고(제7조 제2항 제(g)호), 당사국총회와 보조기구의 절차규칙과 재정규칙의 채택(제7도 제2항 제(k)호, 제3항)과 중재에 관한 부속서와 조정에 관한 부속서의 채택(제14조 제2 · 7항) 등을 포함하여 기타 협약의 목적달성에 필요한 임무와 협약에 기초하여 당사국총회에 부과되는 모든 임무(제7조 제2항 제(m)호)에 이른다.

제1차 당사국총회는 협약발효 후 1년 이내에 잠정적인 사무국(제21조)을 소집한다(제7조 제4항). 특별회의는 당사국총회가 필요하다고 인정할 때 또는 어느 당사국에서의 서면에 의한 요청이 있고, 사무국이 당사국에 통보 후 6개월 이내에 당사국의 3분의 1 이상이 요청을 지지한 때 개최된다(제7조 제5항).

1.3.4. 보조기구

1) 과학상 및 기술상의 조언에 관한 보조기구

보조기구로서 과학상 기술상의 조언에 관한 보조기구(SBSTA)가 설치되어 당사국총회와 다른 보조기구에 대해 과학적 기술적 사항에 관한 정보와 조언을 제공한다(제9조 제1항). 구체적으로는 흡수원과 계측 등에 관한 정보와 조건을 제공한다. SBSTA는 모든 당사국에 의한 참가를 위해 개방된다. 해당 기구는 관련 있는 전문 분야에 관한 지식을 충분히 가지고 있는 정부 대표에 의해 구성된다.

2) 이행에 관한 보조기관

이행에 관한 보조기구(SBI)가 설치되고 당사국총회를 보좌하고 이 협약의 효과적인 이행에 대하여 평가하고 검토하는 것으로 되었다(제10조 제1항). 구체적으로는 사무국 예산과 자금체제 등의 문제에 대해 당사국총회를 보좌하는 하부기구이다. SBI는 모든 당사국에 의한 참가를 위해 개방된다. 해당 기구는 기후변화에 관한 사항의 전문가인 정부 대표에 의해 구성된다.

1.3.5. 통보와 심사제도

1) 당사국의 정보송부의무

당사국은 협약 제4조 제1항에 따라 당사국의 약속을 이행하기 위한 조치를 사무국을 통해 당사국총회에 송부한다(제12조 제1항). 부속서 I 당사국 이외의 국가는 자국에 대해 협약이 효력을 발생한 일자 또는 협약 제4조 제3항에 따라 자금이 이용 가능하게 된 일자부터 3년 이내에 또한 후발개도국은 그 재량에 따라 최초의 정보를 제출하고 그 이후는 당사국총회가 결정하는 빈도로 제출한다(제12조 제5항).

2) 부속서 I 가입국의 추가적 의무

부속서 I 당사국은 전항의 정보에 추가하여 제4조 제2항 제(a)호, 제(b)호에서 취한 정책과 조치의 상세한 내용과 효과의 구체적인 견적을 추가해야 한다(제12조 제2항). 이들 정보는 당사국총회에 송부하는 것이 의무화되어, 그 송부는 온실가스의 인위적인 배출량을 2000년까지 1990년 수준으로 되돌리는 목적의 달성을 촉진하기 위해 이루어진다(제4조 제2항 제(b)호). 부속서 I 국가는 최초의 정보는 자국에 대해 협약이 효력을 발생한 일자부터 6개월 이내에 송부해야 한다(제12조 제5항).

1.3.6. 이행에 관한 문제의 해결 · 분쟁해결

1) 이행에 관한 문제의 해결

협약은 제1차 당사국총회에서 협약의 이행에 관한 문제의 해결을 위한 다수국 간의 협의절차를 규정하는 것을 검토한다고 규정한다(제13조). 이것은 오존층 보호의 비엔나 협약과 몬트리올 의정서에 의한 불준수절차를 상정한 규정이다.

2) 분쟁해결

이 협약의 해석 · 적용에 관한 분쟁은 협상 또는 당사국 간에 합의하는 그 밖의 평화적 수단에 의해 해결에 노력한다(제14조 제1항). 다른 지구환경협약(예컨대 오존층 보호의 비엔나 협약 제11조 제3항)과 마찬가지로 제1항에 규정된 방법으로 분쟁이 해결되지 않는 경우에는 국제사법재판소 또는 당사국총회에서 채택되는 중재에 관한 부속서에 규정하는 중재의 어느 쪽인가 일방 또는 타방을 수락하는 선언을 한 국가는 분쟁 양당사국에 공통하는 해결방법에 대해 일방적으로 회부할 수 있다(제11조 제2항). 제2항이 적용되지 않고 일방 당사국에서 타방 당사국에 분쟁의 존재의 통고가 이루어진 후 12개월 이내에 해결되지 않는 경우에는 일방적으로 요청할 수 있다(제11조 제5항). 당사국총회에서 마찬가지로 채택되는 조정에 관한 부속서에 규정된 절차에 따라 조정위원회는 권고적인 재정을 한다(제11조 제6 · 7항).

1.4. 협약 당사국총회와 의정서 협상

협약은 제23조의 발효요건에 따라 1994년 3월 21일에 발효되었다. 그러나 이 협약은 틀 협약(Framework Convention)으로서 온실가스의 배출감축 목표와 감축을 위한 구성에 대해서는 의정서의 채택을 필요로 하였다.

1.4.1. 제1회 당사국총회(COP1)

협약 발효 후 1995년 3월 28일부터 4월 7일까지 독일 베를린에서 개최된 당사국총회(COP1)에서 2000년 이후의 국제적 틀을 개시할 것을 내용으로 하는 결의가 채택되었다(Berlin Mandate).

부속서 I 국가는 정책·조치를 다른 당사국과 공동으로 이행할 수 있다(협약 제4조 제2항 제(a)호). 제1차 당사국총회에서의 성과로서 공동이행을 시행단계(Pilot Phase)로서 실질적으로 개시하는 것이 합의되었다. 공동이행의 기준에 관한 결정도 제1차 당사국총회에서 행하는 것으로 되었지만(협약 제4조 제2항 제(d)호), 선진국과 개도국 간에 견해의 차이가 있어 결국 타협으로서 공동으로 이행하는 활동(공동이행활동, Activities Implemented Jointly : AIJ)이라는 개념이 도입되었다. 공동이행활동에 대해 선진국은 협약상의 공동이행으로 간주하고 타방 개도국은 협약 제4조 제2항 제(a)·(b)호의 이행과는 무관한 공동 활동으로 간주할 수 있다. 또한 시행기간 중의 공동이행에 따르거나 온실가스 감축분의 배출권은 발생하지 않게 되었다.[18]

Berlin Mandate란 기후변화의 악화를 방지하기 위해 당사국총회가 채택하는 조치를 다음의 지침에 따라 개시하는 것의 합의이다. 첫째, 협약 제3조 제1항의 원칙에 따를 것이다. 즉 당사국은 형평의 원칙에 기초하여 공통으로 가지고 있지만 차이가 있는 책임과 각국의 능력에 따라 인류의 현재와 장래의 세대를 위해 기후계를 보호해야 하며, 선진국은 솔선하여 기후변화와 그 악영향에 대처해야 한다. 둘째, 협약 제4조 제

---

18 Decision5/CP.1, FCCC/CP/1995/7/Add.1, Jun.6, 1995.

8 · 9 · 10항에서 언급되는 개도국 등의 요구, 우려와 특별한 사정 등을 고려해야 한다. 셋째, 모든 국가가 지속가능한 개발의 권리와 책무를 인식한 후의 지속적 경제성장과 빈곤박멸을 위한 개도국의 요구의 확인, 넷째, 과거 및 현재에서의 온실가스의 배출량의 최대 부분을 차지하는 것은 선진국이며, 개도국의 1인당 배출량은 비교적 적다는 것이 확인되고 있다. 다섯째, 모든 국가의 광범한 협력. 여섯째, 모든 온실가스, 배출, 제거와 관련 있는 모든 부분을 포함할 것. 일곱째, 모든 국가가 이 과정에 참가하는 것의 필요성. 예컨대 선진국(부속서 I 국가)에만 온실가스 감축 책임을 부과하고, 개도국(부속서 I 국가 이외의 당사국)에는 온실가스 감축 의무를 부담하지 않는다고 한 합의가 Berlin Mandate이다.[19]

1.4.2. 제2회 당사국총회(COP2)와 Berlin Mandate Ad hoc Group

제2차 당사국총회(COP2)는 1996년 7월에 제네바에서 개최되었지만 향후의 의정서 협상의 진전 상황과 관련하여 선진국과 개도국의 대립이 보였다. 산유국은 온난화 방지에 의해 석유소비의 감축이 산유국 경제에 타격을 줄 것을 우려하여 실효성 있는 의정서 또는 법적 문서의 채택에 반대하였다. 중국은 당시 미국과 EU에 이어 온실가스배출국(세계 총배출량의 13.6%, 1995년)이며, 종래 이상의 책임이 부과되는 것을 우려하여 소극적인 태도를 취하였다. 그것에 대해 선진국은 제3차 당사국총회에서 의정서 또는 법적 문서를 채택하는 것에 대해 적극적인 자세를 나타내었다. 최종적으로는 1995년 12월 IPCC 제2차 평가보고서를 권위 있는 과학적 평가라고 인정하고 법적 구속력을 가진 수치목표를 규정하기로 한 제네바각료선언이 제2차 당사국총회에서 유의된 것과 1997년 12월에 교토에서 제3차 당사국총회를 개최할 것이 결정되었다.

의정서의 내용에 대해 협상하기 위한 Ad-hoc on Berlin Mandate(AGBM)가 설치되어 모두 제8차 개최되었다. 제1차회의(AGBM1, 1995년 8월)에서는 프로세스의 진행상황에 대해 합의가 성립하였다. 제2차회의(AGBM2, 1995년 10월-11월)에서는 협상의 논점이 분명하게 되었다. 개도국 내에서도 군서도서국가(Small Island States)[20]가 2005년

---

19 Decision 1/CP.1, FCCC/CP/1995/7Add.1, Jun.6, 1995.

의 CO_2의 20% 감축을 주장하고 G77 국가와 중국과 산유국은 의사연장을 도모하는 등 주장의 상위가 분명하게 되었다. 제3차회의(AGBM 3, 1996년 3월)에서는 배출억제 감축에 관한 수치목표의 차별화와 형평성과 관련된 논의가 쟁점이 되었다.

COP2와 병행하여 이루어진 제4차회의(AGBM 4)는 의정서에 관한 기본적인 개념이 제시되었지만 협상의 전제가 되는 구체적인 제안은 아직도 정리되지 않았다. 제5차회의(AGBM 5, 1996년 12월)에서는 13개국의 제안이 검토되었다.[21] 이 회의에서는 에스토라다준비회의의장에 대해 협상용 텍스트의 토대가 되는 문서의 작성이 위임되었다.

제6차회의(AGBM 6, 1997년 3월)에서는 사전에 제출된 미국안과 호주안 그리고 EU안이 검토되었다. 미국안은 배출억제 감축에 강제적 의무를 부담하는 국가(미국제안부속서 A국가, 협약부속서 I 당사국)과 자발적으로 의무를 부담하는 국가(미국제안부속서 B국가)의 범주를 설정함과 동시에 배출예상기간을 설정하고 배출량의 banking과 borrowing을 인정한다. 또한 배출권거래, 공동이행을 규정하고 개도국을 포함한 모든 국가가 온실가스에 관한 수치목표를 가지고 일정 기한까지 구속력이 있는 약속을 한다는 전개라는 견해를 포함하였다. EU 제안은 나중에 의정서에서 채택된 EU 버블을 기초로 하여 2010년까지 1990년과 비교하여 15% 감축을 하기로 하였다. 호주안은 화석연료수출국의 입장에 입각한 차이화의 제안이었다. 제6차회의에서는 의견의 차이는 크며, 협상용 텍스트가 작성된 것에 그쳤다.

1997년 5월 미국의 마이애미에서 G8 환경장관회담이 개최되어 배출억제와 배출감축을 규정한 수량화된 법적 구속력이 있는 배출목표를 채택하는 것의 필요성과 각국에 유연성을 허용하는 합의가 성립하였다. 1997년 6월 20일부터 22일까지 미국 덴버에서 개최된 주요 선진국 정상회담에서 전기 환경장관회담의 합의에 추가하여 2010년까지 온실가스를 감축하는 결과를 초래하는 의미가 있는 현실적이며 형평적인 목표로 할 것이 표명되었다. 이어서 6월 23일부터 27일까지 뉴욕에서 유엔환경개발특별총회가 개최되어 최종적으로 채택된 문서에서는 기후변화에 관해 온실가스의 상당한 감축을 창

---

20 대표적인 국가로 태평양에 위치한 키리바시, 마샬제도, 통가, 투발루 등, 대서양의 네비스, 인도양의 몰디브 등이 해당된다.

21 예컨대 일본의 제안은 p&q제안이라는 것으로 부속서 I 국가는 2000+x년부터 5년간의 CO_2 총배출량의 평균을 1990년과 비교하여 q% 감축할지의 선택을 인정하는 것이었다(沖村理史, "氣候變動レジームの形成", 信夫隆司編著, 「地球は訴える─体驗的 · 環境外交論」, 國際書院, 2000, pp. 179-180).

출하는 의미가 있고 현실적이며 형평의 목표의 필요성에 대해 보편적이 아닌 것의 폭 넓은 합의가 이미 있다는 문구에서 타협이 성립하였다.

1997년 7월부터 8월에 개최된 제7차회의(AGBM 7)에서는 의장협상 텍스트에 기초하여 논의가 이루어졌지만 실질적인 협상은 유보되었다.[22] 제8차회의(AGBM 8, 1997년 10월)에서 각국 제안의 수치목표, 개도국문제 등이 논의되었지만 합의에 이르지 못하였다. 이와 같이 정력적으로 회의를 개최하고 의견조정을 도모한 각국이지만 미국, 일본, 유럽의 수치목표에 관한 견해의 차이와 호주, 군서도서국가, 산유국, 개도국(G77+중국) 등과의 이해대립은 해소되지 않았다.

교토회의의 개최국인 일본에서는 1997년 7월에 정책조정이 이루어져(관저 프로세스), 환경청과 통산성이 이산화탄소 감축에 관한 개별의 시산을 하여 감축에 대한 적극적 태도와 소극적 태도가 제시되었다. 외무성을 추가한 3성청의 회의가 빈번하게 개최되어 최종적으로는 다음과 같은 일본안이 합의되었다. 즉, 10월 6일에 공표된 일본안은 기준감축률을 5%로 하고 각국 목표를 차별화보다 발전된 개도국에는 자발적 참가에 의한 감축의무를 요구하는 내용이었다. 그러나 일본의 차별화된 실질감축률은 2.5%이며, 또한 온난화에 불확실성이 있으며, 허용분으로서 2% 정도가 인정되게 된다면 실질적으로는 0.5%의 감축이 달성되지 않은 경우에만 위반이 된다는 내용이며, 이는 통산성의 주장이 대폭 채택된 것이었다.[23]

1.4.3. 제3회 당사국총회(COP3)의 협상

제3차 당사국총회는 1997년 12월 1일부터 10일까지 교토국제회관에서 개최되었다. 실제로는 각국 간의 합의 형성이 곤란해졌기 때문에 12월 11일까지 회의는 연장되었다. 본회의 하에 전체위원회가 설치되어 의정서의 내용에 대해 실질적인 협의가 이루어졌다. 협상은 난항이었지만 차별화에 대해서는 첫날에 미국이 채택을 표명하고 EU도 최종적으로 채택하여 합의가 성립하였다. EU 버블에 대해서는 EU가 일본·미국의

---

22 AGBM7에서는 일본이 AGBM5에서 제안한 선택식 수치목표를 미국과 EU 국가에 사전협상의 형태로 타진하였기 때문에 일본의 NGO 등 회의 참가자의 반발을 초래하여 이 제안은 소멸되었다. 竹内敬二,「地球温暖化の政治学」, 朝日新書, 1998, pp. 151–154.

23 竹内敬二, 전게서, pp. 155–173.

주장을 채택하여 EU와 당사국의 책임관계의 명확화에 대하여 조정이 성립하였다. 온실가스의 흡수원에 대해서는 네트방식의 채택에는 합의하였지만 에스트라다 의장의 한정네트방식(1990년 이후의 새로운 식림, 재식림, 삼림채벌만을 계산하는 방식)에 대해서는 그 확대를 요구하는 호주와 미국, 확대에 반대하는 일본 간에 조정이 되지 않아 최종단계에서 일본과 미국, EU의 타협안이 채택되어 결착되었다. 또한 개도국의 장래의 임무에 대해서는 뉴질랜드가 결의안을 제출하였지만 G77과 중국이 반발하여 최후까지 쟁점으로 남았다.

교토의정서가 채택된 것은 본회의의 의장국인 일본 정부 관계자의 노력과 에스트라다 전체위원회 의장의 뛰어난 수완 등에 따르지만 동시에 장기간 협상을 정리하고자 하는 각국 대표의 의사와 각국의 타협에 따라 상세한 제도적 합의는 연기하고 2000년 이후의 온실가스 배출감축률을 수치화하고 차별화함과 동시에 유연성 조치를 허용하는 방식을 규정한 것에 따른다.

제1차 당사국총회에서 제16차 당사국총회 개최지는 다음과 같다.

제1차 당사국총회(COP1) 1995년 12/15 ~ 12/17 독일 베를린 ; 베를린 맨데이트
제2차 당사국총회(COP2) 1996년 07/08 ~ 07/19 스위스 제네바
제3차 당사국총회(COP3) 1997년 12/01 ~ 12/10 일본 교토
  ; 온실가스의 삭감목표를 정하는 "교토의정서"를 채택.
제4차 당사국총회(COP4) 1998년 11/02 ~ 11/13 아르헨티나 부에노스아이레스
  ; 교토의정서의 조기 발효를 목표로 "부에노스아이레스 행동계획"을 채택.
제5차 당사국총회(COP5) 1999년 10/25 ~ 11/05 독일 본
제6차 당사국총회(COP6) 2000년 11/13 ~ 11/24 네덜란드 헤이그
제6차 당사국총회(COP6) 2001년 07/16 ~ 07/27 독일 본(다시 회의)
제7차 당사국총회(COP7) 2001년 10/29 ~ 11/10 모로코 마라케시
제8차 당사국총회(COP8) 2002년 10/23 ~ 11/01 인도 뉴델리
  ; 교토의정서의 미비준국에 대해 비준을 강력히 요구하는 "델리 선언"을 채택.
제9차 당사국총회(COP9) 2003년 12/01 ~ 12/12 이탈리아 밀라노
제10차 당사국총회(COP10) 2004년 12/06 ~ 12/17 아르헨티나 부에노스아이레스

제11차 당사국총회(COP11) 2005년 11/28 ~ 12/09 캐나다 몬트리올

제12차 당사국총회(COP12) 2006년 11/06 ~ 11/17 케냐 나이로비

제13차 당사국총회(COP13) 2007년 12/03 ~ 12/14 인도네시아 발리

제14차 당사국총회(COP14) 2008년 12/01 ~ 12/12 폴란드 포즈나니

제15차 당사국총회(COP15) 2009년 12/07 ~ 12/18 덴마크 코펜하겐

제16차 당사국총회(COP16) 2010년 11/29 ~ 12/10 멕시코 칸쿤

한편 제17차 당사국총회(COP17)는 2011년 11/28~12/10까지 남아프리카공화국 더반에서 개최되었다. 12월 10일까지 열린 이번 총회에서는 2012년 말에 종료되는 교토의정서 1차 의무감축 공약기간 이후에 대비한 온실가스 감축안에 대해 논의되었다. 원래 12월 9일까지 열릴 예정이었지만, 12월 10일까지 연장된 것은 세계 3대 온실가스 배출국인 미국, 중국, 인도 대표들이 온실가스 추가감축을 위한 새로운 협약의 논의를 지연시키고 있기 때문이었다.

이번 총회에서 선진국들은 교토의정서의 폐기 및 선진국과 개도국에 동일한 온실가스 감축 규정 구축을 주장하였다. 반면 개도국은 앞으로도 선진국과 차별화된 감축 규정이 유지되어야 한다는 입장이었다. 또한 기후변화로 피해를 입은 국가를 지원하기 위한 기금 구축도 논의되었다.

교토의정서가 2차 공약기간에 들어가기 위해서 선진국들은 서로를 견제하는 상황이다. 지난 2001년 미국이 교토의정서 이행 포기를 선언 후 미국은 교토의정서를 이행하지 않고 있다. 미국이 참여하지 않는다면 중국도 2차 공약기간에 불참할 가능성이 높다. 러시아, 일본, 캐나다도 미국과 중국이 교토의정서 2차 공약기간에 참여하지 않는다면 불참할 것이라고 밝혀왔다. 한편 개도국은 선진국에 대한 규제가 강화되어야 한다고 주장하였다. 선진국이 오랜 기간 온실가스를 방출해온 만큼 기후변화에 대응하기 위한 노력이 필요하다고 강조하였다.

EU는 자체적으로 내놓은 제안을 지지하는 다른 단체들과 함께 공동 성명을 내고 다른 나라들에게 보다 적극적인 행동을 취하라고 촉구하였다.

결과적으로 남아프리카공화국 더반에서 열린 유엔기후협약 당사국총회에서는 2020년 교토의정서를 대체해 새 체제를 구축하기로 하였다. 우리나라로서는 탄소 배출과 관련해서 2020년까지 자발적으로 줄이는 지위를 유예받게 되었지만 의무 감축국으로

바뀌는 것에 대한 준비를 서둘러야 할 것으로 보인다.

이번 당사국총회에서는 일단 2012년 말 만료되는 기존 교토의정서가 연장되었다. 2020년 새로운 기후체제를 만들기로 한 것이다. 또한 개도국의 기후변화 대응을 돕기 위해 '녹색기후기금'도 만들기로 하였다. 그런데 우리나라 입장에서 문제는 탄소배출 감축에 대한 준비가 필요하다. 기존 교토의정서가 유지됨에 따라 우리나라는 멕시코와 함께 자발적 탄소 감축국 지위를 유지하게 되었지만 많은 압력을 받아야 했다.

EU와 스위스를 비롯한 선진국뿐만 아니라 멕시코와 기후변화 최대 피해국인 군서 도서국가들도 우리나라가 온실가스 감축 의무국가로 편입돼야 한다고 많은 압력을 가했다.

우리나라는 중국에 이어 세계 2번째로 배출 증가율이 높은 나라로 2000년 5억 1,300톤에서 2005년 5억 7,000만 톤, 2009년 6억 700만 톤에 이를 정도로 최근 들어서도 배출량이 늘고 있다. 1990년 대비 80% 이상을 2050년까지 줄이겠다고 한 유럽 선진국으로서는 시선이 고울 리가 없다. 2020년까지 탄소 배출을 2005년 기준 30% 줄이는 로드맵을 내놓은 정부의 노력은 순탄치 않다.

개도국도 온실가스를 감축해야 되는 그런 상황이기 때문에 국내에서도 배출권거래 제라든지 각종 온실가스 감축 정책이 보다 더 빨리 조기에 마련되어야 할 것이다.

국회에서 특위를 만들어 2011년 안에 법 정비를 마칠 계획이었지만 한미 FTA 처리 갈등으로 특위는 작동하지 않았다. 여기에 설비 등을 전환해야 하는 산업계도 시간을 절약하는 것에 비용 측면에서 유리한 만큼 정부 로드맵에 반발하고 있는 것이 현실이다.

이와 같은 이유들로 2015년부터 증가 추세를 꺾겠다는 정부 대책이 어려움을 맞고 있다. 준비가 덜 된 상태에서 의무감축국이 될 경우 엄청난 양을 한꺼번에 줄여야 하는 만큼 사회 제 분야의 전향적인 자세가 절실해 보인다.

제17차 당사국총회 주요 합의 내용은 다음과 같다.

(1) 교토의정서 2차 약속기간 설정

각국은 2012년 만료되는 교토의정서에 대하여 의무이행 기간을 추가로 5년(2013-2017년)을 설정하여 교토의정서를 연장하기로 합의하였다.

이러한 합의는 중국, 인도와 같은 GHG 다량배출개도국이 의무감축에 참여하지 않을 경우 교토의정서 연장을 거부한다던 부속서 I 국가들의 입장선회에 따라 가능했다.

교토의정서가 연장됨에 따라 당초 2012년 중단될 위기에 처했던 전 지구적 GHG 감축 노력은 법률적 공백 없이 지속되게 되었다. 그러나 캐나다가 2013년부터 교토의정서에서 탈퇴함에 따라 교토의정서 연장은 주로 EU 회원국에 국한되는 한계를 가지게 되었다.[24]

(2) 새로운 협상구도 및 시한 설정

각국은 선진국과 개도국이 모두 참여하는 법적 구속력 있는 협약 체결을 위한 협상을 2012년부터 개시하여 2015년까지 마무리하고 각국의 비준을 거쳐 2020년까지 발효되도록 한다는 일정에 합의하였다. 이와 같은 협상을 통해 도출되는 결과물의 형태는 의정서, 법적 수단 또는 법적 강제력 있는 합의된 결과물 중 하나가 된다는 데 대해서도 동의하였다.[25]

이와 같은 과정은 확대 행동을 위한 더반 플랫폼에 기초한 실무 작업반에 의해 진행될 예정이다.

(3) 감축목표 상향 및 격차 해소

각국 대표들은 GHG 방출량 감축을 위한 목표수준의 향상을 위한 새로운 체제 개발에 착수하는 데 합의하였다. 이전 COP15에서 각국은 금세기 말까지 지구 온도 상승을 섭씨 2도 이하로 억제해야 한다는 데 동의하였으나 실제 각국이 제출한 감축목표는 이와 큰 격차를 보였다. EU와 군소도서국가연합은 이러한 격차 축소에 나설 것을 요청하였으며, 이에 대해 각국은 이를 위한 구체적 수단들을 마련하기 위한 작업계획을 마련하는 것에 동의하였다.

---

24 일본, 러시아가 의무이행기간 연장에 참여하지 않을 것이라는 전망이 대두되고 있다.
25 법적 수단, 합의된 결과물이 정확히 어떤 의미인지에 대해서는 합의가 이루어지지 않았다.

(4) 재정지원

빈곤국들은 기후변화에 적응과 저탄소 에너지 및 산업공정을 도입하는 데 필요한 재정적 지원의 필요성을 강조해왔다. 2009년 코펜하겐합의에서 선진국들은 기후변화에 따른 변화에 취약한 국가들의 적응 노력을 지원하기 위해 2010~2012년에 걸쳐 300억 달러, 2020년까지 연간 1,000억 달러 규모의 지원을 약속한 바 있으나 제대로 이행되지 않았다.

금번 협상에서는 이와 같은 재정지원이 이루어지는 창구 역할을 하는 녹색기후기금 설치를 위한 보고서가 채택됨으로써 관련 절차가 시작될 수 있게 되었다.

연간 1,000억 달러에 달하는 재원을 어디에서 조달할 것인지에 대해서는 구체화하지 못하고 이후 계속 논의를 하기로 하였다.[26]

(5) 새로운 시장기반 감축수단 도입

각국은 2010년 출범하는 새로운 기후변화 대응 체계에 기존 교토의정서에서 규정한 시장기반 감축수단과 다른 새로운 수단을 도입하기로 합의하였으나 구체적인 사항은 2012년까지 진행하기로 하였다. 새롭게 마련된 수단들은 환경적 통합성 확보, 이중 계산의 회피, GHG의 순감소 달성 등의 조건을 충족시켜야 하는 것으로 규정하였다. 이와 관련하여 EU는 국제탄소시장 분절화를 피하기 위하여 교토의정서체제 밖에서 작동하는 국제법에 기반한 새로운 체제의 도입을 희망하고 있다.

(6) 기타

CO_2 포집 및 저장(Carbon Capture and Sequestration : CCS)[27]이 청정개발체제(Clean Development Mechanism : CDM) 하에서 탄소상쇄(carbon offset)로 인정받을 수 있는지에 대한 6년간의 논의를 마무리하고 기본적으로 인정되는 것으로 결론을 내렸다. 이를 위해 CCS 사업자는 20년 신뢰기간 동안 대상 사업자에서 누출이 없음을 보장하기 위하여 획득한 탄소 크레딧의 5%를 담보로 제출하도록 하였다.

---

26 재원 마련의 일환으로 국제해운에서 발생하는 탄소배출에 대하여 비용을 부과하는 방안이 논의되었으나 최종합의에서는 제외되었다.
27 배출되는 CO_2를 별도로 포집하여 지하에 저장하여 대기 중 CO_2 농도를 낮추는 기술을 말한다.

산림전용과 산림황폐화 방지를 통한 탄소배출감소(Reducing emission from deforestation and degradation : REDD) 프로그램과 관련해서는 민간자본 참여를 위해 시장에 기반한 수단을 마련하는 방안을 2012년까지 논의하기로 결정하였다.

금번 제17차 당사국총회에서 도출된 것은 2012년 종료되는 교토의정서 체제를 연장시킴으로써 기후변화에 대응하는 전 지구적 대응체제를 지속시켰다는 점에서 높은 평가를 받을 수 있다. 또한 2020년까지 미국, 중국, 인도 등 교토의정서체제에 동참하지 않던 대규모 수출국이 모두 참여하는 새로운 법적 구속력 있는 협약을 체결하기로 한 점 역시 큰 진전이라고 할 수 있다.

그러나 세부적인 사항은 모두 내년 이후 논의 또는 결정하기로 함에 따라 불확실성은 오히려 증대되었다고 볼 수 있다. 또한 선진국의 개도국에 대한 재정지원 등도 이미 여러 차례 합의된 바 있으나 제대로 이행되지 않은 점을 고려해볼 때 향후 협상타결 및 이행까지는 많은 불확실성을 내포하고 있다고 여겨진다.

우리나라는 종전의 개도국 지위유지 전략에서 벗어나 2012년부터 진행되는 교토의정서 대체제를 위한 협상에 적극적으로 나설 필요가 있다. 2012년 우리나라에서 개최되는 각료급 기후변화회의에 발맞춰 국제사회가 요구하는 역할을 적극적으로 수행한다는 전략의 전환이 요구된다.

이를 위해서는 국가감축잠재력 재평가, 기존 감축정책의 실효성 점검 등이 필요한 것으로 보인다. 이와 더불어 녹색기술개발촉진 및 녹색 ODA 확대 등을 포함한 새로운 국가 기후전략 수립이 요구된다.

한편 2012년 제18차 유엔기후변화협약 당사국총회(COP 18)는 주요 가스 수출국인 카타르에서 열린다고 유엔 관리들이 11월 29일 밝혔다. 개최지 경쟁을 벌인 한국은 2012년 당사국총회에 앞서 각료회의를 개최한다.

2. 해양환경 관련 협약

2.1. 개요

1960년대 이전에는 해양환경[28]의 보호는 그다지 주목을 모으지 않았으며, 또한 해양오염에 대한 노력도 선박에서의 고의 또는 중대한 과실에 의한 유류 배출 규제에 한정되어 있었다. 그러나 1967년 라이베리아 선적인 Torrey Canyon호가 영불해협에서 좌초하여 유출된 기름에 의해 영불 양국 연안이 심각한 피해를 입은 사건을 계기로 해양환경 보호에 포괄적으로 대응할 필요가 인식되었다. 그 후 정부간해사협의기구 [IMCO. 1982년에 국제해사기구(IMO)로 명칭이 변경됨]를 중심으로 개별 문제별로 다양한 국제협약과 행동지침이 채택 · 작성되는 한편 1982년에는 일반협약으로서 비로소 해양환경 보호문제를 포괄적으로 취급한 유엔해양법협약이 채택되었다.

해양은 세계의 고속도로라고 말해지고 있다. 이것은 화물수송량에 관계없이 아무리 거대한 선박이라도 항행이 가능하므로 세계경제에서 거대간선도로 역할을 하고 있기 때문이다. 선박은 청정수송수단으로 알려져 있기 때문에 운송수단전환(modal shift)도 이 같은 인식에서 구상되고 있다.[29] 분명히 선박의 CO_2 배출량은 개개 선박에 주목하면 다른 수송수단에 대해 비교적 소량이다. 그러나 이것은 효율의 문제이며 세계적인 시야에서 그 배출량을 보면 상식과는 다른 상태로 되고 있다는 것을 시사하고 있다.

해운의 경우 선박 자체가 낮은 등급의 연료를 사용하고 있기 때문에 선박의 배출 수준은 매우 높은 상황이다. 다만 대량화물을 수송하기 때문에 타 운송수단에 비해 톤당 혹은 TEU당 CO_2의 배출량이 낮을 뿐이다. 따라서 선박 개개의 효율은 좋지만 해상수송량이 많아 세계 해운 전체의 배출량은 급속하게 증가하고 있으며, 이로 인해 신속하

---

28 해양환경이란 일반적으로 해양공간뿐만 아니라 생물자원과 해양생물, 더욱이 해양생태계도 포함할 수 있는 넓은 개념이다. 지금까지는 해양환경의 보호에 관한 협약이 규율의 대상이 된 것은 보호대상인 해양환경 그 자체라기보다는 오히려 해양환경에 대하여 부(-)의 효과를 초래하는 인위적 활동으로서의 오염이다. 실제로 유엔해양법협약은 제12부에 해양환경의 보호 및 보전이라고 넓게 붙이고 있는 한편 제12부가 실제로 규율 대상으로 하고 있는 것은 해양환경의 오염이다. 이것에 대해 해양환경의 일부이기도 한 생물자원은 제5부의 배타적 경제수역제도와 제7부의 공해제도 하에서 취급되는 것에 그치고 있다.

29 近江貴治, "低炭素社會に向けた物流變革へ展望", 「海運」, No. 984, 2009, pp. 19-21.

게 대책을 강구해야 할 실정에 와 있다. 또한 외항해운의 수송량은 세계경제에서 보면 매우 커다란 비율을 차지하고 있어, 전 세계의 선박에서 배출되는 CO_2 배출량의 전체도 무시할 수 없는 실정이다.

국제해운산업에서 배출되는 CO_2를 감축하는 방안에 관한 논의가 최근 국제회의 등에서 활발히 진행되고 있다. 그 배경으로는 첫째, 해운에서 배출되는 CO_2가 세계경제의 성장과 함께 증가하고 있으며, 둘째, UNFCCC의 포스트교토의정서(Post-Kyoto Protocol)에서 GHG 감축에 대한 국제적인 논의가 활발히 진행되고 있으며, 셋째, 2005년부터 EU는 국제항공부문에서 배출되는 CO_2의 일부에 대해 EU배출권거래제(European Union Emission Trading Scheme : EU-ETS)를 통해 관리할 것이 결정되었기 때문이다.[30]

이 같은 상황 하에서 2009년 7월 13~17일에 개최된 국제해사기구(IMO) 제59차 해양환경보호위원회(Marine Environment Protection Committee : MEPC)에서 GHG 배출을 억제하고 감축하기 위한 경제적 수단에 대해 본격적인 토의가 시작되었다.

지구온난화의 영향으로 녹색에너지에 대한 관심이 높아지고 있고, 물류분야에서는 CO_2 감축을 위해 수송단위당 CO_2 배출량이 가장 낮은 교통수단으로 알려진 해운에 대한 장점이 부각되면서 선진국에서는 육상수송을 해운으로 대체할 경우 수송업체에 보조금을 지급하는 등의 CO_2 절감을 위한 노력을 기울이고 있다.

IMO에서는 대기오염과 관련한 작업을 1980년 중반부터 선박연료유의 특징과 함께 MEPC에서 다루기 시작하였으며, MEPC는 1988년부터 대기오염물질규제를 향후 장기간 추진하여야 할 우선 과제로 선정하였다. 또한 1991년 제17차 총회에서 결의서 (A.719(17))를 채택하여 대기오염에 관한 새로운 부속서를 국제해양오염방지협약 ((International Convention for the Prevention of Pollution from Ships : MARPOL)에 포함시키기로 결의하였다. 약 7년간의 노력을 통하여 1997년 MARPOL외교회의에서 새로운 부속서 6을 포함하는 1997년 의정서가 채택되었으며, 2005년 5월 19일 발효되었다.[31]

---

30 UNCTAD, "Maritime Transport and the Climate Change Challenge," *Multi-year Expert Meeting on Transport and Trade Facilitation: Item 3 of the Provisional Agenda, UNCTAD, 2008, pp. 2-7 ; B. Murray, Power Markets and Economics: Energy Costs, Trading, Emissions,* Wiley, 2009, p. 76.

MEPC는 GHG배출제한 및 감소방법의 적용, 특히 동 내용을 모든 국가에 강제적으로 적용할 것인가에 대하여도 논의하였다. 일부 국가에서는 UNFCCC의 원칙인 "공동책임 및 차별부담(CBDR)"을 바탕으로 GHG배출감소를 위한 강제규정은 UNFCCC부속서 I에 규정된 국가에 한하여 적용해야 한다는 주장을 하였다.[32] 그러나 IMO의 기본이념인 선박의 안전과 해양환경보호에 입각하여 IMO의 규제는 기국에 상관없이 모든 선박에 적용되어야 하며, UNFCCC 부속서 I의 비회원국에 대한 선복량이 전 세계 선복량의 4분의 3 이상이 되므로 UNFCCC 부속서 I에 해당하는 국가에만 강제성을 부여한다는 것은 비효과적이라는 주장도 제기되었다.

2.2. 유엔해양법협약의 특징

유엔해양법협약 제12조의 여러 규정은 해양환경보호와 관련된 종래의 기본원칙에 질적인 변화를 제공하는 몇 가지의 특징을 가진다.

첫째, 지금까지의 협약이 특정한 오염원(선박, 해저개발, 해양투기, 대기)을 대상으로 한 개별적 대응에 그치고 있는 것에 대해 해양법협약은 포괄적인 접근을 채택한다. 즉, 협약 하에 일반원칙, 사전예방, 사후구제, 분쟁해결까지를 구비함과 동시에 해양에 대한 오염원을 망라하여 이 시스템 하에 두고 있는 것이다. 특히 일반원칙으로서 해양환경을 보호하고 보전하는 일반적인 의무가 규정된 것은 공해자유의 원칙 하에서 오염의 자유가 인정되는 것을 전제로 국가의 권리로서 이해되고 있던 종래의 해양환경보호 체계를 의무 체계로 전환하였다는 의미에서 중요한 의의를 가진다고 볼 수 있다.[33]

둘째, 유엔해양법협약은 각 가맹국에 법령 제정과 집행의 의무를 부과함과 동시에

---

31 두현욱 · 이재우 · 남정길, 「선박으로부터 배출되는 대기오염물질 배출규제 강화를 위한 IMO의 최근 동향」, 『2007년도 한국마린엔지니어링학회 전기학술대회 논문집』, 한국마린엔지니어링학회, 2007, p. 143; 남정길 · 이돈출 · 이기상 · 장승안, 「선박의 대기오염방지를 위한 IMO의 최근 규제 및 연구 동향」, 『한국해양환경공학회 2007년도 추계학술대회 논문집』, 한국해양환경공학회, 2007, p. 199.

32 T. Athanasiou & P. Baer, Dead Heat: Global Justice and Global Warming, Open Media, 2002, pp. 30-32.

33 물론 이것은 일반적 의무에 불과하므로 구체적 의무의 내용, 의무위반의 인정 방법, 책임의 추궁주제 등의 문제는 협약의 다른 규정 또는 법규칙의 사후의 발전에 위임되고 있다.

그 구체적 내용은 국제규칙에 준거하게 한다는 국제기준주의를 채택하고 있다. 더욱이 이 협약은 가입국이 준거해야 할 오염방지의 구체적 국제기준에 대해 스스로 규정하는 것은 아니고 기존의 또는 향후 채택되는 다른 국제협약과 국제기관의 결의 등을 참조한다는 방식을 채택하고 있다. 이와 같은 제도에 의해 이 협약은 국내규칙에 대한 국제규칙의 우위를 확보함과 동시에 기존의 또는 향후 작성되는 국제규칙을 편입하여 통일적으로 적용하는 것을 가능하게 하는 것이다.

셋째, 유엔해양법협약은 위와 같이 적용·집행해야 할 규칙의 구체적 내용은 다른 국제협약에 위임하는 한편으로 관할권의 배분(기국, 연안국, 기항국)에 대해서는 오염원별로 스스로 규정하고 있으며, 이와 같은 관할권행사를 통하여 위의 국제기준이 적용·집행되게 된다. 특히 선박기인의 오염에 대해 이 협약은 전통적인 기국주의의 주장과 기항국과 연안국의 관할권의 확대를 요구하는 주장과의 대립에 우선의 결착을 하는 형태로 관할권의 배분을 규정하고 있으며 중요한 의의를 가진다. 더욱이 이 협약 하에서 새롭게 배타적경제수역이 창설된 것과 군도수역·국제해협·심해저 등 특수한 해역이 설정되어 있는 것을 근거로 이와 같은 다원적인 해양구조가 관할권의 배분에 편입되어 있다는 것을 지적할 수 있다.

이상과 같은 유엔해양법협약의 의의에 비추어 보면 해양환경보호협약을 개관하기 위해서는 오염원별로 발달한 개별 협약의 내용을 봄과 동시에 유엔해양법협약이 그들 개별 협약에 규정된 국제기준을 적용·집행하기 위해 어떤 틀을 준비하고 있는지를 함께 검토해야 할 것이다. 이 점에 대해 유엔해양법협약은 umbrella approach하에 국제적으로 합의되는 규칙과 기준 등 일반적 표현으로 국제기준을 참조하지만 그 표현의 방법은 오염원별로 다르며 관할권의 배분의 구성도 오염원별로 다르다. 이것은 하나는 오염원에 의해 비교적 일찍부터 일반적인 협약규칙이 발달하고 있으며(선박, 해양투기), 협약규칙이 미발달해 있거나 지역협약과 비구속적 문서로 취급되고 있는 것(육지, 해저개발, 대기)과의 차이가 있다는 것을 반영하고 있다. 이것의 근거로 다음에서는 오염원별로 국제규칙의 적용·집행의 틀(관할권의 배분의 위상과 참조되는 국제기준의 범위)을 검토하고자 한다.

2.3. 선박과 해양투기기인 오염

2.3.1. 선박기인오염

1) 선박의 통상의 운항에 수반하는 오염-개별 협약의 내용

ⓐ 1954년의 유류에 의한 해수의 유류오염의 방지를 위한 국제협약(해수유류오염방지협약) 선박의 통상의 운항에 따른 오염에 대해서는 가장 일찍부터 협약화가 진전된 분야이며, 1954년에는 1854년의 유류에 의한 해수의 오염방지를 위한 국제협약(해수유류오염방지협약)이 체결되어 있다. 이 협약은 주로 유류의 배출기준을 설정하는 것으로 선박의 운항에 따라 발생하는 유류와 유성 혼합물의 배출에 대처하는 것을 목적으로 하고 있다. 협약의 적용대상은 총톤수 500톤 이상의 군함을 제외하는 선박이며, 이들 선박은 육지에서 50해리까지의 구역에서 유류와 그 혼합물의 배출을 금지한다(제3조. 다만, 유조선 이외의 선박에 대해서는 협약의 발행에서 3년이 경과하기까지의 기간, 기준이 완화된다). 또한 적용대상 선박은 유류기록부를 구비해야 한다(제9조). 더욱이 이들의 위반은 기국의 국내법에 의해 처벌된다(제6조).

이 협약은 그 후 몇 번의 개정을 거쳐 규제를 확대·강화했다. 우선 1962년 개정에서는 유조선에 대해 적용대상을 확대함과 동시에(총톤수 150톤 이상) 기국의 처벌의무를 강화하였다. 다음으로 1969년 개정에서는 LOT(Load of Top)방식[34]을 근거로 새롭게 순간배출률에 기초한 규제를 채택하고(적용대상 선박 모두에 대해 1마일당 60리터 이하), 그 적용범위는 공해를 포함한 해역 전체로 확대하고 있다. 더욱이 유조선에 대해서는 LOT방식에 의한 지나친 배출을 방지하기 위해 순간배출률에 추가하여 최대배출한도를 설정하고 있다(1회의 선박항행수 항해에서 배출되는 기름의 총량을 적재용적 전체의 1/15,000 이하로 한다). 또한 최대배출한도의 준수에 대해서는 기항국에 사찰의 권한이 인정되지만 소추의 권한은 기국만이 가지게 되었다. 마지막으로 1971년 개정에서는 사고 때 유

---

34 LOT방식이란 석유 탱크를 세정한 물을 특별한 탱크에 주입하고 적재항으로 회항하는 선박평행수(ballast) 항해시에 유류와 물이 분리된 곳에서 물만을 배출한다는 것이다. 남은 유류 위에 새로운 유류를 적재하기 때문에 이 명칭으로 불리고 있다.

35 P. Birnie, A. Boyle and C. Redgwell, International Law & the Environment, 3rd ed, Oxford University Press, 2009, p. 403.

출량을 억제하기 위하기 탱크 크기를 제한하였다.

이상과 같은 해수유류오염방지협약 제도는 1970년대에 급속하게 고조된 환경보호의 요청에 충분히 대응할 수 있는 것은 아니었다. 이 제도는 규제의 대상을 기름에 한정하고 있으며, 기국주의에 오로지 의거한 것에서 그 실효성이 의문시되었다.[35] 또한 석유회사의 대부분이 채택하고 있던 LOT방식에 대해서도 기름과 물이 충분히 분리되지 않는 등의 기술상의 문제, 간거리항해에 대한 부적합성 또는 선원의 태만에 의한 불준수 등이 지적되고 있다.[36]

ⓑ 1973년 선박에 의한 오염의 방지를 위한 국제협약과 1978년 의정서(MARPOL 협약 73/78)

㉠ 기본사항

1973년에 IMCO 하에서 개최된 해양오염에 관한 국제회의에서 해수유류오염방지협약과 그 개정을 단일의 텍스트로 정리하고, 규제를 강화함과 동시에 규제대상을 기름 이외에도 확대할 것을 목적으로 한 1973년 선박에 의한 오염방지를 위한 국제협약 (MARPOL 협약)이 채택되었다. 이 협약은 본문, 5개의 부속서(Ⅰ: 유류의 배출, Ⅱ: 벌크적의 유해액체물질, Ⅲ: 수납의 상태에서 운송되는 유해물질, Ⅳ: 오염, Ⅴ: 폐기물), 3가지의 실시의정서로 구성된다. 또한 1978년에 1973년 협약에 수정·추가를 위한 의정서(MARPOL 의정서)가 채택되었다.[37] MARPOL의정서는 1973년 협약과 단일의 문서로서 일괄하여 이해되고(의정서 제1조 제2항), 가입국은 이 의정서에서 수정·추가된 1973년 협약을 실시한다(의정서 제1조 제2항). 따라서 의정서는 형식적으로는 1973년 협약과 별도의 문서이지만 실질적으로는 1973년 협약의 비수정 부분을 모두 포함하는 것이다.

더욱이 1997년 가입국 회의에서 부속서 Ⅵ(대기오염)를 추가하는 의정서가 채택되었

---

36 A. Khee-Jin Tan, Vessel-Source Marine Pollution, Cambridge University Press, 2006, p. 128.

37 MARPOL 의정서의 채택의 목적의 하나는 1973년 협약의 조기발효이었다. 이 협약의 부속서 중 부속서 Ⅰ과 Ⅱ는 협약과 함께 비준하는 것으로 되었지만(부속서Ⅲ에서 Ⅴ에 대해서는 선택적 제외가 가능), 부속서Ⅱ의 실시에 따른 기술적 곤란에서 비준을 유보하는 국가가 많았기 때문에 1973년 협약의 발효가 지연되었다. 그래서 이 의정서에서는 의정서의 발효에서 3년 또는 가입국이 결정되는 그보다 긴 기간, 가입국이 부속서Ⅱ에 구속되지 않을 것을 인정하였다. 그 후 MARPOL의정서는 1983년 10월 2일에 부속서Ⅰ과 함께 발효되었다. 또한 부속서Ⅱ는 1987년 4월 6일에, 부속서Ⅲ는 1992년 7월 1일에, 부속서Ⅴ는 1988년 12월 31일에, 부속서Ⅳ는 2003년 9월 27일에, 1997년 의정서로 추가된 부속서Ⅵ는 2005년 5월 19일에 각각 발효되었다.

다. MARPOL의정서 가입국만이 이 1997년 의정서의 가입국이 될 수 있으며, 의정서에 의해 수정된 협약과 1997년 의정서는 하나의 문서로 이해되고 해석된다.

MARPOL협약 73/78의 부속서는 현재에 이르기까지 개정을 반복하고 있으며, 선박에서의 오염의 규제에 관한 복잡하고 상세한 규칙을 규정하기에 이르고 있다. 이들 문서의 해석지침이 IMO에 의해 결의의 형태로 채택되고 있다. 현재로는 이들 구속적 · 비구속적 문서의 총체가 선박에서의 오염에 관한 규범군을 형성하고 있다고 할 수 있다.

ⓛ 규제의 내용

첫째, 협약의 적용대상은 군함 그 밖의 비상업 선박을 제외한 가입국을 기국으로 하는 선박과 가입국을 기국으로 하지 않는 선박 중 가입국의 권한 하에서 운전되는 것이다(1973년 협약 제3조 제1항).

둘째, 규제의 내용에 대해서는 부속서별로 상세한 규정이 있지만 여기서는 특히 선박으로부터의 오염의 규제에 대해 주요한 과제로 된 기름의 배출(부속서 I 국가)에 대해 취급하기로 한다.

부속서 I 의 규제의 최대 특징은 종래의 배출기준의 설정에 추가하여 선박의 구조설비기준을 설정한 것이다. 한편으로 배출기준에 대해서는 부속서 I 은 해수유류오염협약 1969년 개정을 거의 답습하는 형태로 배출금지구역, 순간배출률과 유조선에 대한 최대배출률을 설정하고 있다.[38]

한편 구조설비기준에 대해서는 새롭게 분리 선박평행수방식과 원유세정장치가 도입되고 있다. 우선 분리선박평행수방식이란 화물 탱크 및 연료 탱크와는 완전히 분리된 선박평행수 전용의 탱크를 선내에 설치하는 것이며, 화물 탱크에 선박평행수를 적재하는 종래의 방식과 비교하여 오염을 대폭으로 감축할 수 있다. 다음으로 원유세정장치(COW)란 원유를 고압분사장치에서 탱크 내에 분사하여 그 이후 세정하는 방법으로 탱크 세정작업에서 발생하는 유성혼합물을 감축할 수 있는 장치이다. 이들 구조설비기준의 설정은 운항 중에 배출되는 선박평행수 중의 유류오염물질을 미리 감소시켜둠에 따

---

38 신조선인 유조선에 대해서는 최대배출률을 적재용적 전체의 1/30,000 이하로 하고 1969년 개정보다도 기준을 강화하였다.

라 오염을 규제하려는 것이며, 다음과 같이 선박의 종류에 따라 다른 설비의무가 규정되어 있다.

유조선에 대해서는 재화중량 2만 톤 이상의 신조선은 분리선박평행수와 COW의 양쪽을 구비하는 것으로 되어(더욱이 분리 선박평행수에 대해서는 방호적 배치가 의무화되어 있다) 또한 재화중량 4만 톤 이상의 기존 선박은 1978년 의정서 발효 일자부터 분리 선박평행수를 구비하거나, 또는 COW 또는 청정 선박평행수로 운항하여야 한다(다만, 청정 선박평행수의 운항은 잠정적). 한편 정제유 운반선에 대해서는 재화중량 3만 톤 이상의 신조선에 대해 분리 선박평행수 탱크를 구비하는 것으로 되며, 또한 재화중량 4만 톤 이상의 기존 선박에 대해 1978년 의정서 발효 일자부터 분리 선박평행수를 구비하거나 또는 청정 선박평행수로 운항해야 한다.

이상과 같은 구조설비기준의 설정은 일정한 성과를 거두었다고 할 수 있다. 실제로 해상운송에 수반하여 해양에 배출되는 유류량은 1973년에는 213만 톤이었지만 1989년에는 57만 톤까지 감소한 것으로 보고되었다. 그러나 1989년 이후 유조선의 사고가 계속되자 사고가 난 때 유류의 유출을 방지하기 위한 구조설비기준의 강화 필요가 주장되어, 이것에 따라 유조선의 선체를 이중으로 하는 방향으로 부속서의 개정이 중복되게 되었다.

우선 1989년 Exxon Valdez호 사고 후에 발생한 1992년의 개정에서는 재화중량 5,000톤 이상의 경우에는 이 규칙을 대신하여 이중선각구조(double hull)에 적합한 것으로 되어 재화중량 600톤 이상 5,000톤 미만의 유조선에 대해서는 선저를 이중선저(double bottom)로 하는 것으로 되었다. 또한 1999년의 Erika호 사고로 인해 2001년의 개정에서는 선박을 세 가지의 범주로 구분한 후에 각각에 대해 1중 선곡구조(single hull)의 단계적 폐지를 위한 기한을 설정하고 더욱이 2002년 Prestige호 사고 이후의 2003년 개정에서는 그 기한을 앞당기는 것을 규정하고 있다.

ⓒ 감시

감시에 대해서는 MARPOL 협약 73/78의 협약 본문에 규정되어 있으며, 원칙적으로 기국주의에 의거하면서 필요에 따라 연안국의 감시에 의해 그것을 보완하려는 방식이 채택되고 있다. 즉, 우선 이 협약은 위반의 처벌에 대한 주요한 책임을 선박의 기국(해저의 천연자원의 탐사개발의 플랫폼에 관해서는 연안국)에 대해 부과하고 있다. 이들 국가는 주관청(administration)이라 불리며(1973년 협약 제2조 제5항), 주관청은 협약의 모든 위반에 대해 위반 장소의 여부를 불문하고 법령에 따라 금지·처벌하는 의무를 지며, 또한 위반의 통보를 받은 경우에는 자국의 법령에 따라 가능한 신속하게 사법절차가 이루어지도록 한다(제4조 제1항). 다음으로 이 협약은 각 체약국에 대해 자국관할권의 범위 내에서 협약의 모든 위반에 대해 법령에 따라 금지 또는 처벌하는 의무를 부과한다. 해당 가입국은 위반에 대해 자국의 법령에 따라 사법절차가 이루어지도록 하거나 자국이 소유하는 해당 위반에 관한 정보와 증거를 주관청에 제출할지의 조치를 취하는 것이 요구된다(제4조 제2항).[39]

이상과 같이 이 협약에서는 위반 장소 여부를 불문하고 기국에 감시의무를 부과하는 한편 연안국의 관할 내에서 이루어진 위반에 대해서는 연안국에 대해서도 중복적 또한 보완적으로 감시 의무를 부과하는 방식을 채택하고 있다.

원래 이미 언급한 바와 같이 1970년대 초반에는 해양오염의 감시에 관해서는 기국주의에 널리 의거하고 있다는 미비한 점이 지적되고 있으며, 이 협약의 준비단계에서도 자국관할권의 범위 외의 위반에 대해 기항국에 의한 소추를 가능하게 하는 방법이 제안되었다.[40] 그러나 이 제안은 투표 결과 부결되어 이 협약에서 기항국은 주로 선박이 유효한 증서를 선내에 구비하고 있는 것을 확인하고, 그것에 미비가 있는 경우에는 환경손해의 우려가 없이 항행 가능하다고 되기까지 해당 선박의 출항정지조치를 취한다는 한정된 행정적 기능을 가질 뿐이다(제5조 제2항). 한편으로 이와 같은 관할권의 배분에 관한 문제는 당시 개최가 예정된 제3차 해양법회의의 심의에 위임되었다.

2) 선박의 통상의 운항에 따른 오염 – 유엔해양법협약에서의 적용·집행의 틀

ⓐ 관할권의 배분

㉠ 기국

유엔해양법협약 제211조는 기국에 대해 법령제정의 의무로서 자국 선박으로부터의 오염의 방지·경감·규제로 인해 권한이 있는 국제기관 또는 일반적인 외교회의를 통

---

39 이 협약은 관할권의 범위를 명시하지 않고 이 용어의 해석을 이 협약을 적용하거나 해석하는 때에 효력을 가진 국제법에 위임하고 있지만(제9조 제3항), 협약체결 시점에서 관할권에는 영해가 포함된다고 해석된 것이므로 가입국은 적어도 영해 내에서의 감시를 의무화하게 된다.

40 富岡仁, "海洋汚染の防止に關する旗国主義の動搖" 「法政論集」, 第66號, 1976, pp. 113-123.

해 규정되는 일반적으로 수용되고 있는 국제적인 규칙과 기준(이하, 국제기관 등이 규정하는 일반적으로 수용되고 있는 국제규칙)과 적어도 동등한 효과를 가진 법령을 제정하는 것을 의무화한다(제211조 제2항). 또한 집행의무에 대해서는 제217조가 자국 선박이 권한이 있는 국제기관 또는 일반적인 외교회의를 통해 규정되는 적용이 있는 국제적인 규칙 및 기준(이하, 국제기관 등이 규정하는 적용이 있는 국제규칙)에 따를 것, 협약에 따라 제정하는 자국의 법령을 준수할 것을 확보하기 위해 조치를 취하고 위반 장소 여부를 불문하고 이들의 규칙, 기준, 법령을 효과적으로 집행하기 위해 필요한 조치를 취할 것을 의무화한다(제211조 제1항). 위반의 감시에 대해 기국이 주요한 책임을 부담한다는 점에서는 MARPOL 협약 73/78과 같지만 유엔해양법협약은 자국 선박으로의 항행금지조치, 증서의 구비 확보 및 정기검사, 위반 선박에 대한 조사와 절차의 대시 등(제211조 제2-8항), 더욱이 상세한 의무를 규정하고 있다.

ⓒ 연안국

오염의 방지 · 경감 · 규제를 위한 법령제정은 연안국에 관해서는 의무가 아니라 방해하지 않는 한도에서 법령을 제정하는 권리(제211조 제4항), EEZ에 대해 국제기관이 규정하는 일반적으로 수용되고 있는 국제규칙(기국의 법령제정의무에 대응)에 적합하여 그것을 실시하기 위한 법령을 제정할 권리(제221조 제5항)를 각각 규정하고 있다. 다만 영해에서의 법령에 대해서는 무해통항에 관련된 규정의 적용을 받기 위해 선박의 구조와 승무원의 배승 등에 관해 법령을 적용할 수 없다.

집행에 대해서도 연안국에 관해서는 의무가 아니라 권리로 보고 있지만 항행의 자유의 확보를 요구하는 해운국의 주장을 반영하여 이 권리의 행사에는 여러 제약이 부과되고 있다. 이것은 위반 장소가 아니라 선박이 항내에 정박 중 또는 항행 중인가에 따라 집행권한을 구별하고 있는 점에 단적으로 나타나 있으며, 다음에 보는 바와 같이 항행 중의 선박의 항행의 이익을 최대한 확보하는 규정으로 되어 있다.

첫째, 선박이 자국 항내에 정박 중인 국가는 자국 법령 또는 국제기관 등이 규정하는 적용이 있는 국제규칙(기국의 집행의무에 대응)의 위반이며 자국의 영해 또는 EEZ에서 발생한 것에 대해 절차를 개시할 수 있다(제220조 제1항).

둘째, 선박이 자국의 영해를 통항하는 국가는 선박이 해당 영해의 통항 중에 자국 법령 또는 국제기관 등이 규정하는 적용이 있는 국제규칙에 위반하였다고 신뢰할 수 있는 경우에는 무해통항을 방지하지 않는 한도에서 선박의 물리적인 검사를 실시하고 더욱이 증거에 따라 정당화될 때는 절차를 개시할 수 있다(제220조 제2항).

셋째, 선박이 자국의 영행 또는 EEZ를 통항하는 국가는 선박이 EEZ의 통항 중에 행한 국제기관 등이 규정하는 적용이 있는 국제규칙 또는 그 실시를 위한 자국 법령의 위반에 대해서는 주로 정보의 제공을 요청할 수 있는 것에 그친다(제220조 제3항). 이 위반에 의해 현저한 해양환경의 오염을 초래하거나 초래할 우려가 있는 실질적인 배출이 발생하였다고 믿을 수 있는 명백한 이유가 있는 경우라도 선박이 정보의 제공을 거부하는 등의 사정이 없으면 물리검사를 실시할 수 없다(제211조 제3항). 실제로 선박의 억류를 포함한 절차를 개시할 수 있는 것은 선박이 규칙을 위반하여 그 위반에 의해 자국의 관련 있는 이익에 대해서 어떤 현저한 손해를 초래하거나 그러할 우려가 있는 배출이 발생하고 그 명백하고 객관적인 증거가 있는 경우에 한정되게 된다(제211조 제6항). 환언하면 EEZ에서의 집행권한의 행사에 대해서는 절차의 개시에 있어 어떤 형태로 자국 이익에 대한 손해가 필요하며, 단순한 국제기준의 위반과 해양환경에 대한 오염을 초래하는 배출만으로는 절차를 개시할 수 없다는 것이다. 이 점에서 연안국의 역할은 한정될 수밖에 없다.

더욱이 이들 세 가지 경우의 집행조치는 모두 제7절의 보장조치에 따르게 되며, 선박의 조사에 관한 제한(제226조)과 기국의 절차의 우선(제228조)이 적용된다.

ⓒ 기항국

기항국에 관해서는 독자적인 법령제정권에 관한 규정은 없지만 국가가 내수에서 오염방지를 위한 법령을 규정하고, 기항을 위한 특별한 요건을 규정하는 권한을 가지는 것은 종래부터 주권의 행사로서 당연한 것이며, 제211조 제3항에서는 이와 같은 특별한 요건을 규정하는 경우의 공표의무에 대해서만 규정한다.

이것에 대해 기항국의 집행제도는 유엔해양법협약에서 처음으로 도입된 제도이며, 선박기인의 오염의 규제에 관한 새로운 발전으로서 위치되고 있다.

기항국의 집행권한은 공해상에서의 배출 위반과 다른 국가의 관할수역에서의 배출 위반의 양쪽에 이르지만 공해상에서의 배출 위반과 다른 국가의 관할수역에서의 배출 위반 양쪽에 이르지만 양자에 대해 절차의 개시 근거는 다르다. 제218조 제1항은 선박이 자국 항내에 정박 중인 국가가 국제기구 등이 규정하는 일반적으로 수용되고 있는 국제규칙(기국의 법령제정의무에 대응)에 위반하는 배출이며, 자국의 EEZ 이외에서 발생한 것에 대해 조사를 실시하고 또한 증거에 의해 정당화되는 경우에는 절차를 개시하는 권한을 부여하고 있다. 한편으로 제218조 제2항은 타국의 관할수역에서의 배출 위반에 대해서는 해당 타국, 기국 또는 다른 피영향국의 요청이 있거나 해당 배출이 자국의 관할수역에 오염을 초래하거나 그러할 우려가 있는 경우에 한해 절차를 개시하는 권한을 부여하고 있다. 즉, 다른 국가의 관할수역에서의 배출에 대해서는 해당 다른 국가의 요청이거나 기항국 자신의 법익침해가 절차개시의 근거로 되는 것에 대해 공해상에서의 배출에 대해서는 기국의 요청과 기항국 자신의 법익침해와는 독립된 형태에서 배출의 위반만을 근거로 절차를 개시할 수 있다는 것이다. 자국과는 직접 관계를 가지지 않는 행위에 대해 권한을 행사할 수 있다는 의미에서 제218조가 어느 정도의 보편관할권을 설정하고 있다고 평가되는 이유이다.[41]

원래 이와 같은 기항국의 집행권한의 승인은 기국의 권한의 부정을 의미하는 것은 아니다. 제228조의 규정에 의해 기국은 타국의 절차의 개시에서 6개월 이내에 절차를 개시하면 해당 타국의 절차를 정지할 수 있으며, 그 의미에서는 우월이 인정된다고 할 수 있다. 따라서 기항국의 관할권은 기국이 집행의무의 이행에 적극적이 아닌 경우에 그것을 보완하는 것으로 위치될 것이다.[42]

또한 MARPOL협약 73/78과 마찬가지로 기항국은 선박의 감항 능력에 관한 국제규칙에 위반하는 선박을 항행시키지 않게 하기 위한 행정상의 조치를 취하는 것으로 되어 있다(제219조).

ⓑ 참조로 되는 국제기준의 범위

이상과 같이 선박기인의 오염에 관한 관할권의 배분규칙은 상세하며 복잡하게 되어 있지만 이와 같은 관할권 행사를 통해 적용·집행되는 국제규칙이 어떠한 것인지에 대해 이 점에 관해 이미 설명한 바와 같이 법령제정에 관해 참조로 되는 국제기구가 권한 있는 국제기관 또는 일반적인 외교회의를 통해 규정되는 일반적으로 수용되고 있는 국제적인 규칙과 기준으로 표현되는 한편으로 집행에 관해서는 권한 있는 국제기관 또는

---

41 P. Birnie, A. Boyle and C. Redgwell, op.cit., p. 422.
42 Ibid., pp. 422-423.

일반적인 외교회의를 통해 규정되는 적용이 있는 국제적인 규칙과 기준이라는 표현이 이용되고 있으며, 일반적으로 수용되고 있는 국제기준과 적용이 있는 국제기준이 각각 어느 정도 범위의 국제규칙을 가리키고 어떠한 관계에 입각하는지가 문제된다. 이것은 선박기인의 오염에 대해서는 특히 중요한 의미를 가진다. 이들의 국제기준은 기국에서의 의무의 하한을 제시함과 동시에 연안국·기항국에 있어서 권한의 상한을 제시하기 때문이며, 실제로는 양자의 이해를 반영하여 해석도 민첩하게 대립하고 있다.

이 점에 대해 우선 권한 있는 국제기구는 단수형으로 기술되어 있으므로 IMO를 가리킨다는 것이 통설이며, 또한 일반적인 외교회의라는 문구는 지역적이 아니라 세계적인 참가가 개최되는 회의를 가리킨다고 설명되고 있다.[43]

한편으로 법령제정에 관한 일반적으로 수용되고 있는 국제기준의 범위에 관해서는 학설상 논쟁이 있다. 첫째, 법령제정국에 대해 구속력을 가진 협약상의 기준 또는 관습국제법상의 기준이라는 엄격한 견해, 둘째, 법령제정국에 대한 구속력의 유무에 불구하고 발효하고 있는 IMO 여러 협약을 포함시키는 중간적인 견해, 셋째, 보다 광범위한 기준을 적용하는 것이 인정된다고 보는 진보적인 견해이다.[44] 논의는 반드시 수렴되었다고 할 수 없지만 적어도 MARPOL 73/78의 협약 본문과 부속서 Ⅰ·Ⅱ가 일반적으로 수용되고 있는 국제기준이라는 점에서 논자의 견해는 일치하고 있다고 할 수 있다.[45]

더욱이 집행에 관한 적용이 있는 국제기준에 대해서도 논쟁이 있다. 첫째, 적용이 있다는 것을 일반적으로 수용되고 있다는 것보다 보다 엄격하게 해석하여 관습법 및 협약규칙에 한정하려고 하는 견해가 있다.[46] 원래 이 견해를 취하면 연안국이 일반적으로 수용되고 있는 국제기준에 따라 법령을 제정할 수 있지만 그것이 해당국에 있어 구

---

43 M. H. Nordquist, et al., United Nations on the Law of the Sea 1982: Commentary, Vol.Ⅳ, 1990, pp. 201–202.

44 이것은 ILA의 2000년 회의에서 특별보고자를 역임한 프랑크스의 분류에 따른다. R. E. Franckx, Final Report of the Committee on Coastal Jurisdiction over Marine Pollution, available at : http://www.ila-hq.org/en/committees/index.cfm/cid/12., Conclusion NO.2Explanatory Note.

45 R. C. Churchill and A. V. Lowe, The Law of the Sea, 3rd ed., 1999, p. 346.

46 C. C. Kasoulides, Port State Control and Jurisdiction: Evolution of the Port State Control, 1993, pp. 38, 43–46.

속력을 가진 규칙이 아니면 집행할 수 없다는 불합리한 결과를 초래할 수 있다.[47] 둘째, 적용이 있다는 것을 개별의 사안별로 발생하는 집행국과 기국의 관계에서 적용할 수 있다는 의미로 상대적인 것으로 파악한 후에 사안별로 국제기준을 같이 규정하려고 하는 견해가 있다.[48] 이 견해에 따르면 관습법과 협약기준은 물론 선박기인의 오염의 경우는 특히 유엔해양법협약에 가입하는 것으로 체약국은 일반적으로 수용되고 있는 국제기준에 관한 권리의무관계를 수락한 것이 된다(국제해양법협약의 간접적 구속효과). 더욱이 정식적인 비준·가입에 의하지 않더라도 국제규칙에 합치하는 국내법의 제정을 통해 이와 같은 권리의무관계가 수락된다는 견해도 있다. 여기서도 논의가 수렴되고 있다고는 할 수 없지만 적어도 일반적으로 수용되고 있는 국제기준이 기국에 의무를 부과하는 한편으로 연안국과 기항국에 권한을 부여한다면 그 기준은 개별 집행의 사안에서 발생하는 권리의무관계에서도 적용이 있는 규칙으로 간주할 수 있게 된다. 따라서 결국 적용이 있는 국제기준의 같은 규정에 있어서는 일반적으로 수용되고 있는 국제기준의 이해가 중요한 관건이 될 것이다.

3) 선박의 사고에 따른 오염

ⓐ 유류오염사고 시 공해상의 개입권에 관한 협약(공법협약)

이미 설명한 바와 같이 선박의 구조설비기준의 강화에 따라 사고에 수반하는 오염을 미리 감쇄해 두는 것의 대처는 일정 한도 이루어지고 있다고 할 수 있다. 이것에 추가하여 사고에 수반하여 실제로 발생하는 오염에 어떻게 대처할지가 문제된다. 이 점에 대해 1967년 Torrey Canyon호 사건은 종래의 기국주의에 의거하는 제도에서는 사고로 발생하는 오염에 충분히 대응할 수 없다는 것을 분명히 하였다. 동시에 Torrey Canyon호 사건에서의 영국의 대응이 강대한 것이었기 때문에 연안국이 취할 수 있는 조치의 범위를 명확하게 할 필요가 인식되었다. 그래서 이것을 계기로 새로운 제도가 모색된 결과 1969년 브뤼셀에서 개최된 회의에서 유류오염사고의 경우 공해상의 개입권에 관한 협약(공법협약)이 채택되어 유류오염사고의 경우 연안국이 조치를 취하는 권

---

47 藥師寺公夫, "海洋汚染防止に關する條約制度の展開と国連海洋法條約−船舶からの汚染を中心に,"「日本と国際法の100年 第3巻,: 海」, 国際法学会編, 2001, p. 232.

48 Final Report, op.cit., Conclusion No.4, Explanatory Note.

리(개입권)가 규정되었다. 또한 이 협약의 1973년 의정서는 대상을 다른 오염물질에도 확대하였다. 또한 유엔해양법협약은 공해협약과는 달리 개입권의 제도에 대해 상세한 규정을 두고 있지 않지만 연안국이 영해를 초월하여 조치를 취하는 협약상 및 관습법상 권리에 대해 인정하는 규정을 두고 있다(제221조).

이상과 같이 사고의 경우 개입권은 현재로는 협약상이나 관습법상도 연안국의 권리로서 인정되고 있다. 문제는 연안국이 취할 수 있는 조치의 범위이다. 이 점에 대해 공법협약은 그 범위를 한정적으로 규정하고 있다.

첫째, 조치를 취할 수 있는 대상에 대해서는 선박 사고에 수반하는 오염에 한정되며, 선박의 통상의 운항에서 발생하는 오염에 대해서는 그 중대성의 여부에 불구하고 대상 외이다.

둘째, 조치를 취할 수 있는 상황에 대해서는 이 협약 제1조 제1항은 연안국의 권리로서 유류오염사고에서 발생하는 오염 또는 그 우려에 의해 초래되는 연안국의 이익에 대한 중대하고 긴박한 위험을 방지, 경감, 제거하기 위해 연안국이 필요한 조치를 취하는 것을 인정한다. 이 규정은 오염의 중대성과 긴박성의 양쪽을 요구하는 점에서 조치를 취할 수 있는 경우와 시점의 양쪽에서 연안국의 권리를 강하게 제약하는 방향으로 움직인다. 그러나 Amoco Cadiz호의 사고 후 이와 같은 문구는 제한적인 것에 불과하다고 하여 비판을 받아 해양법협약의 초안과정에서는 중대성과 긴박성에 대한 언급은 삭제되었다.[49] 그 결과 해양법협약 제221조는 현저하게 유해한 결과를 초래하는 일이 합리적으로 예측되는 해난에서 발생하는 오염에 대처하기 위해 연안국이 조치를 취하는 것을 인정한다는 규정을 채택하고 있어 공법협약에 비교하여 연안국이 조치를 취할 수 있는 경우를 보다 넓게 또한 보다 조기의 대처를 인정하는 취지라고 해석된다.

셋째, 이 협약 제5조 제1항은 연안국에 의해 취해진 조치가 실제로 입었거나 입을 우려가 있는 손해와 비례하는 것을 요구하고 있으며(해양법협약 제221조도 같은 취지), 연안국의 조치는 이 비례성의 원칙에 의한 제약을 받게 된다. 비례성의 검토에 있어서는 조치를 취하지 않는 경우 손해의 정도와 가능성, 조치의 유효성, 조치에 의해 발생하는 손해의 정도를 고려하는 것으로서(제5조 제3항) 비례를 결여하는 조치에서 발생한 손해

---

49 M. H. Nordquist, et al., op.cit., p. 313.

에 대해서는 보상의무가 발생한다(제6조).

ⓑ 유류에 의한 오염에 관한 준비, 대응과 협력에 관한 국제협약(유류오염사고대책협력협약)

위와 같은 개입권의 제도에 추가하여 더욱이 최근에는 사고의 경우 대처를 보다 용이하게 하기 위한 사전 준비와 국제협력에 관한 제도가 구축되어 있다. 1990년의 유류에 의한 오염에 관련된 준비, 대응 및 협력에 관한 국제협약(유류오염사고대책협력협약)은 한편으로 기국에는 사전 준비와 대응 의무를 부과하고 있으며, 자국의 선박에 유류오염긴급계획을 구비하게 할 것(제3조), 유류에 의한 오염을 연안국에 통보하도록 선박의 관리자 등에게 요구하는 것(제4조)을 의무화하고 있다. 한편으로 국제협력의 조치로서 가입국은 오염이 중대한 경우에는 피영향국의 요구에 따라 자국의 능력 범위 내에서 협력하는 것에 동의하게 된다(제7조). 또한 2000년의 위험과 유해한 물질에 의한 오염에 관련된 준비, 대응 및 협력에 관한 의정서에 의해 이 협약의 적용대상이 위험·유해 물질로 확대되었다.

2.3.2. 해양투기원인

1) 1972년 런던협약과 1996년 동의정서

해양투기란 육상에서 발생한 폐기물 그 밖의 물질을 선박 또는 항공기로 해상에 투기하는 것을 말하며, 해양오염의 원인으로서 전체의 10%를 차지하고 있다. 해양투기는 원래 해양의 자정작용을 이용하여 이루어졌지만 해양오염에 대한 관심의 고조와 함께 규제가 강화되었다.

해양투기에 관한 최초의 협약은 1972년의 폐기물 그 밖의 물건의 투기에 의한 해양오염 방지에 관한 협약(런던협약)이다. 이 협약은 해양의 자정능력을 전제로 하고 그 능력을 초월하는 투기를 규제하는 것을 목적으로 하며, 독성·유해성에 따라 폐기물을 세 가지의 범주로 구분하고 각각의 범주별로 금지와 허가의 제도를 둔다는 금지위험 방식을 채택하고 있다. 제1의 범주(유기할로겐화합물, 수은, 카드뮴, 플라스틱, 방사성물질 등)는 해양투기가 전면적으로 금지되는 물질이다(블랙 리스트). 제2의 범주(비소, 납, 동, 아연 등을 상당량 함유하는 폐기물 등)는 투기에 있어 사전의 특별허가를 필요로 하는 물질이다(그레이 리스트). 제3의 범주는 제1, 제2의 어느 쪽에도 포함되지 않는 폐기물인데 이들에 대해서도 사전의 일반허가를 취득해둘 필요가 있다(화이트 리스트).

한편으로 런던협약의 규제 강화를 목적으로 하여 채택된 1996년 의정서는 1990년대 이후의 예방적 접근의 발전의 영향으로 해양의 자정능력을 전제로 하지 않고 투기 자체를 원칙으로 일반적으로 금지하는 리버스 리스트 방식을 채택하고 있다. 이것은 투기의 일반적 금지를 원칙으로하고, 그 예외로서 허가에 의해 투기가 가능한 것(준설토사, 하수오염토, 어폐기물, 선박 등 7종류)을 열거하는 방식이다. 더욱이 이 의정서에서 분쟁해결 조항이 추가되었다.

또한 런던협약과 그 의정서는 감시에 대해 명기하지 않고 감시에 관해서는 관습법에 따르는 것으로 해석된다.[50]

2) 유엔해양법협약의 적용 · 집행의 틀

ⓐ 관할권의 배분

선박기인의 오염에 비교하면 해양투기기인의 오염에 관한 유엔해양법협약의 관할권의 배분규칙은 비교적 단순하다. 즉, 법령제정에 관해 가입국은 해양투기에 의한 오염의 방지 · 경감 · 규제를 위한 적어도 세계적인 규칙과 기준과 마찬가지로 효과적인 법령을 제정하는 의무를 부담한다(제210조 제1항, 제6항). 또한 집행에 관해서는 연안국은 영해, EEZ, 대륙붕에 투기, 기국은 자국 선박과 항공기, 적재국가는 자국의 영통 또는 계류시설에서의 적재행위에 대해 각각 자국의 법령과 권한 있는 국제기관 또는 외교회의를 통해 규정되는 적용이 있는 국제적인 규칙과 기준을 집행하는 의무를 부담한다(제216조 제1항). 이상과 같이 모두 의무 중심의 구성이며, 국제기준은 의무의 하한을 제시하는 것이므로 국가는 국제기준 이상으로 엄격한 기준을 설정하고 집행하는 것을 금지하지 않고 있다.

또한 타국의 영해, EEZ과 대륙붕에의 투기는 연안국의 사전의 명시의 승인 없이 행하여서는 안 되며, 연안국은 투기를 허가, 규제 및 관리하는 권리를 가진다(제210조 제3항).

---

50 R. C. Churchill and A. V. Lowe, op.cit., p. 364.

ⓑ 참조되는 국제기준의 범위

위에서 설명한 바와 같이 참조로 해야 될 국제기준의 표현은 법령제정과 집행에서 다르게 되어 있다. 그러나 국가는 제210조에 따라 제정한 자국 법령을 집행하는 의무를 부담하는 것이므로 적어도 세계적인 규칙과 기준과 마찬가지로 효과적인 법령을 집행해야 한다. 그리고 이미 설명한 바와 같이 국가는 국제기준 이상으로 엄격한 기준을 설정하고 집행하는 것이 금지되지 않으므로 세계적인 규칙과 기준과 권한 있는 국제기관 또는 외교회의를 통해 규정되는 적용 있는 국제적인 규칙과 기준과의 차이와 관계는 선박기인의 오염의 경우와 달라 문제가 되지 않을 것이다.

또한 세계적인 규칙과 기준에 무엇이 해당하는지에 대해서는 논의의 여지가 있지만 적어도 해양투기에 관한 런던협약이 해당하는 것에 대해 견해는 거의 일치하고 있다.

2.3.3. 그 밖의 오염원에 기인하는 오염

선박, 해양투기 이외의 발생원에 기인하는 오염에 대해서는 지금까지 일반적 협약은 발달되어 있지 않으며, 지역협약과 비구속적 문서에 의한 대처가 이루어지고 있는 것에 그친다.

육지기인오염에 대해서는 해양오염의 대부분을 차지하는 것에도 불구하고 각국의 영토주권의 저항으로 인해 일반협약의 체결이 방해되고 있으며, 지역협약을 중심으로 규율이 이루어지고 있는 것에 불과한 육지기인해양오염방지협약(1974년), 발트해환경보호협약(1992년), 흑해오염방지협약육지기인오염방지의정서(1992년) 등. 유엔해양법협약은 일반협약으로서 비로소 육지기인오염의 방지·경감·규제 의무에 대해 규정하였지만 의무의 내용에 관해서는 국제적으로 합의되는 규칙과 기준 및 권고되는 방식과 절차에 위임하고 있으며, 그와 같은 규칙은 지역적 특성과 개도국의 경제적 및 경제개발의 요구를 고려하여 규정되는 것으로 볼 수 있다.

해저개발기인오염에 대해서도 운행상의 오염, 사고에 의한 오염의 쌍방에 대해 일반협약은 미발달인 상태이며, 국제기관이 작성한 행동지침 등이 존재하고 있는 것에 불과하다. 운행상의 오염에 대해서는 UNEP가 작성한 국가관할 내의 해상탐광과 굴착에 관련하는 환경에 관한 견해(1981년)가 UNEP이사회와 UN 총회에 의해 지침으로서 지지되고 있다. 사고에 의한 오염에 대해서는 IMO의 이동식해저자원굴착유니트의 구조와 설비에 관한 지침이 있다(1989년 이후 자주 개정).

대기기인오염은 협약화가 가장 지연되고 있는 분야이다. 원래 대기기인오염의 규제의 대상으로서 선박도 염두에 두고 있다는 것을 고려하면,[51] 예컨대 MARPOL협약 부속서Ⅵ이 선박기인의 대기오염에 대해 취급하고 있는 것과 IMO가 선박의 운항이 온난화가스에 미치는 영향에 대한 검토에 대응하기 시작한 것이 주목된다.[52]

2.3.4. 해운활동에 의한 대기오염과 국제해사기구의 대응

현재 국제해운산업에서의 CO_2 배출은 어느 국가에도 귀속되지 않는 실정이다. 이같이 현시점까지 국제해운에서의 CO_2가 어느 국가에도 귀속되지 않게 방치하게 된 것은 그것을 어느 국가에 귀속시킬지에 대해 국제적인 합의를 얻는 것이 불가능하였기 때문이다. 이것은 '연료유문제'와 관련된다.

국제해운산업에서의 CO_2 배출과 관련하여 위와 같은 문제가 해결되지 않자 1997년 12월에 채택된 교토의정서 제2조 제2항에서 국제민간항공기구(ICAO)와 IMO의 전문기구를 통해 CO_2 감축을 추구할 것이 결정되었다.

이 교토의정서에서의 결정을 바탕으로 2003년 IMO총회에서는 GHG감축에 관한 검토를 MEPC에 요청하는 총회결의 A.963(23)[53]이 채택되었다. 이로 인해 IMO에서 GHG감축에 관한 논의는 교토의정서가 채택된 7년 후부터 개시되었다. 2004년 제52차 MEPC에서는 각 선박의 CO_2 배출지수에 관한 논의를 시작하였으며,[54] 또한 GHG감축수단에 대해서는 MEPC에서 논의가 이루어졌다.

각 선박의 CO_2 배출지수에 관한 논의는 2004년 이후 점차로 진전되었다. 2005년

---

51 예컨대 대기기인오염에 대해 규정하는 유엔해양법협약 제212조는 법령제정의 대상으로서 가입국의 주권 하에 있는 공간에 추가하여 가입국을 기국으로 하는 선박 또는 가입국에서 등록된 선박 또는 항공기를 들고 있다(집행에 관한 제222조도 같은 취지).

52 http://www.imo.org. 2009년에는 2000년에 이어 제2회째의 선박으로부터 온난화가스의 배출에 관한 보고서가 공표되고 있다.

53 IMO, IMO Policies and Practices Related to the Reduction of Greenhouse Gas Emissions From Ships, Resolution A. 963, 2004, p. 23.

54 2004년 3월에 개최된 제51차 MEPC에서는 각 선박의 CO_2 배출에 관한 지수 작성을 논의하기 위한 준비가 이루어졌다(吉田公一, "IMOと國際的動向を讀む", 「平成17年度 海上技術安全研究所講演會」, 2006, pp. 1-2).

제53차 MEPC에서는 기존 선박의 CO_2 배출과 관련한 운항지수에 관한 잠정지침이 채택되고, 앞에 설명한 바와 같이 2008년 제58차 MEPC에서는 신조선의 CO_2 배출에 관한 설계지수의 산정에 대해 잠정 가이드라인에 따라 시행할 것이 결정되었다.

한편 IMO에서 경제적 수단에 관한 논의는 거의 진전되지 않고 있다. 2007년 제56차 MEPC에서는 각국으로부터 아이디어를 수집하는 서면심의그룹이 결성되었다. 그후 덴마크에서 연료유에 과징하여 GHG 대책에 활용하는 제도, 유럽위원회·노르웨이·프랑스·독일에서 국제해운부문에 특화한 배출권거래제도를 제안하였다. 그러나 제57~58차 MEPC에서는 사우디아라비아, 중국, 브라질 등이 자신들의 경제적 수단과 관련시켜 반대 입장을 제시하여 논의를 할 수 없게 되었다. 다만 제58차 MEPC에서는 의장의 판단에 따라 제59차 MEPC에서 경제적 수단에 대해 본격적으로 심의할 것이 결정되었다.

2004년 이후의 GHG 감축대책에 관한 배경 중에서 특기할 사항으로서 제57차 MEPC에서 GHG 감축대책의 기본원칙이 채택되었다는 것을 들 수 있다. 제57차 MEPC에서 덴마크, 마샬군도와 해운업계단체로부터 GHG 감축대책의 기본원칙에 대한 공동제안이 있어 다수 국가의 지지에 의해 이들 원칙이 채택되었다. 채택된 원칙은 〈표 2-1〉과 같다. 다만 원칙적으로 채택된 것이지만, 중국, 인도, 브라질, 남미, 베네수엘라는 원칙 ②에 대해 UNFCCC 전문(前文)과 교토의정서(제10조)에 기재되어 있는 '공동책임 및 차별부담(CBDR)' 원칙[55]에 위반된다고 하여 원칙 ②의 삭제를 요구하여 입장을 유보하고 있다.

이 기본원칙의 채택에 대해서는 다음 두 가지를 말할 수 있다. 첫째, 이 채택에 의해 각국은 GHG 감축대책을 평가하는 기준에 합의했다고 볼 수 있다. 예컨대 원칙적으로 ③과 ④는 경제학에서 말하는 효율성의 기준에 해당한다. 과거에 GHG 감축대책의 평가기준이 몇 가지 제안되었다. OECD에서는 경제적 효율성, 환경보전의 유효성, 공평성, 실행가능성, 수용성 등의 평가기준을 제시하고 있다.[56] 또한 1995년 유럽운수장관회의(European Conference of Ministers of Transport)[57]에서는 실효성, 비용효율

---

55 1992년 리오선언원칙 7로서 채택된 원칙을 말한다. 일반적으로 문제의 원인에 따라 크게 기여하고 또한 문제해결 능력도 상대적으로 높은 선진국이 개도국보다 무거운 책임을 진다는 의미이다(環境經濟·政策學會編, 전게서, p. 255).

56 http://www.oecd.org

<표 2-1> GHG 감축대책에 대한 기본원칙의 내용

① 지구 규모로 GHG 총배출량의 감축에 효과적으로 공헌할 것, ② 빠져나갈 길을 방지하기 위해 구속력을 가지며 모든 기국(旗國)에 평등하게 적용될 것, ③ 비용에 걸맞는 효과를 얻을 수 있을 것, ④ 시장왜곡을 방지(적어도 효과적으로 최소화할)할 수 있을 것, ⑤ 세계의 무역과 성장을 저해하지 않는 지속 가능한 환경상의 조치일 것, ⑥ 목표달성형의 접근에 근거하는 것으로 하고 특정한 방법에 한정하지 말 것, ⑦ 해운산업 전체에서의 기술혁신과 연구개발을 추진하는 것에 도움이 될 것, ⑧ 에너지효율성 분야의 첨단기술에 대응하고 있을 것, ⑨ 실용적이며 투명하고 부정행위가 포함되지 않으며 관리·운영이 용이할 것.

자료: IMO, "Main Events in IMOs Work on Limitation and Reduction of Greenhouse Gas Emissions from International Shipping," Multi-year Expert Meeting on Transport and Trade Facilitation: Maritime
Transport and the Climate Change Challenge, IMO, 2009, p. 4.

성, 배분의 공평성, 투명성, 보완성, 2차 효과 등의 평가기준을 제안하고 있다. 과거에 제안된 이들 기준과 이 기본원칙을 비교하면 중복되는 평가기준이 다수 있다는 것을 알 수 있다. 한편으로 〈표 2-1〉의 기본원칙 중의 특징으로 공평성에 대해서는 그다지 강조하지 않고 있다는 것을 들 수 있다. 일반적으로는 소득배분을 고려하기 위한 평가 기준으로서 공평성을 포함하는 경우가 많지만 이 기본원칙 중에는 그것을 찾아볼 수 없다.

둘째, 이 원칙 채택에 있어서 개도국은 CBDR 원칙을 지지하고 있지만, 원칙 ②에 있는 '평등'이라는 부분에 대해서는 반대하고 있다. 한편으로 UNFCCC부속서 I 국가를 중심으로 하는 선진국은 IMO 원칙인 '비차별적용' 원칙을 지지하고 있다. 실제로 GHG의 감축과 관련된 단계에서 CBDR 원칙과 비차별적용원칙은 서로 대립되는 원칙이다. 향후 선진국·개도국 쌍방이 자신이 지지하는 원칙에 따라 계속적인 논의를 할 경우 GHG 감축에 대한 논의는 진전을 보지 못할 수도 있다.

---

57 2007년부터 이 명칭은 국제교통포럼(International Transport Forum)으로 변경되었다.

1) 해사기구의 대응

지난 수십 년간 해운은 저가의 대량운송이 가능한 서비스로서 주목을 받아왔으며, 전 세계 경제가 발전하는 것과 비례하여 지속적인 성장을 구가해왔다. 그러나 이러한 해운산업의 성장은 대기오염(특히 항만 인접지역) 및 지구온난화라는 문제를 야기하였으며, 인체에 유해한 다양한 물질의 배출을 촉진하는 원인이 되었다. 특히 선박과 항만시설은 연료의 소모량 대비 가장 많은 오염물질이 배출되는 오염원으로서 항만 근로자 및 인근 지역에 악영향을 미치고 있다.[58] 이것은 선박 및 항만장비, 특히 선박에 사용되는 연료가 점착도가 가장 강하고, 응고점이 높으며, 유황함유량이 가장 높은 중유(병커 C유)를 사용하기 때문이며, 이 연료가 연소하면서 발생되는 대기오염 물질에는 NOx, SOx, PM, UHU, CO 등이 있다. 이 물질들은 오존층 파괴, 산성비, 지구온난화의 주범인 동시에 인간의 호흡기질환(천식, 기관지염 등), 폐암, 심장질환 등과 같은 다양한 질병의 원인이 되고 있다.

2009년 국제해사기구에서 발간된 제2차 온실가스 연구에 따르면 지구 전체의 이산화탄소 발생량 중 해상운송을 통해 발생하는 이산화탄소의 양은 전체 이산화탄소 배출량의 3.3%에 해당하는 10억 1,100만 톤, 국제해상운송을 통해 발생하는 이산화탄소의 양은 2.7%에 해당하는 8억 7천만 톤인 것으로 집계되었다.[59] 또한 Corbett and Koehler(2003)는 그들의 연구를 통해 국제해운활동을 수행하면서 선박을 통해 발생되는 NOx의 양은 전체 배출량의 30%, SOx의 양은 전체의 9%라고 밝혔다.[60] 이처럼 해운활동을 통해 배출되는 온실가스 및 대기오염가스의 양은 향후 지속적으로 증가가 예상되는 국제화물량에 비례하여 증가할 것으로 예상되며, ICCT의 2007년 보고서에 따르면, 적절한 규제정책 없이 이러한 추세가 지속된다면 2050년에는 선박에서 배출되는 NOx의 양은 전체배출량의 30% 이상, SOx는 18% 이상, CO_2는 3%에 육박할 것으로 전망하였다.[61]

이처럼 향후 지속적으로 증가가 예상되는 국제화물량에 비례하여 배출되는 온실가

58 Corbett J. J., et al, pp. 34-57
59 IMO Second GHG Study 2009, p. 3.
60 Corbett,J.J.,and Koehler,H.(2003), Updated Emissions from Ocean Shipping.
61 International Council on Clean Transportation(2007), Air Pollution and Greenhouse Gas Emissions from Ocean-going Ships.

스 배출문제와 선박의 운항 및 해운활동에 의해 부수적으로 배출되는 인체에 유해한 대기오염가스 배출을 저감하기 위해서 국제해사기구는 다양한 규제와 조치를 강구하고 있다. 특히 2005년부터 발효된 MARPOL 73/78 Annex VI는 해운활동에 의해 발생하는 NOx와 SOx의 배출을 규제하고 대기오염가스가 선박으로부터 배출되는 것을 방지하기 위해 선박에 배기가스 정화장치를 설치하도록 규정하고 있으며, 선박에 소각기를 설치하는 것과 CFC 냉매 사용을 금지하는 것을 의무화하고 있다. 또한 국제해사기구(IMO)는 전 세계 해운활동을 통해 발생하는 온실가스 배출을 저감하고자 기술적, 운항적 조치 및 시장기반조치의 시행을 준비하여왔으며, 특히 해양환경보호위원회(MEPC)는 해양오염방지협약에 기술적, 운항적 조치를 반영하고자 부속서IV(Annex.VI)의 개정안을 IMO에 상정하였다. 이는 2011년 7월에 개최될 MEPC 62차 회의에 의결될 예정이며, 만약 이 개정안이 통과되면 2013년부터는 온실가스 배출과 관련된 모든 해상운송 부문에 온실가스 배출규제가 시작될 것이다.

2) 주요 해운선사의 녹색해운활동(GSP)

앞에서 언급한 국제해사기구의 규제조치에 능동적으로 대응하기 위해서 전 세계 해운선사는 그들의 녹색해운활동(GSP)에 필요한 기술 및 운영기법 등을 개발 중에 있으며, 본 연구에서는 전 세계 해운기업들의 녹색해운활동 경향을 분석하기 위해 2010년 컨테이너 화물처리량 20위 내에 랭크된 해운선사 중 12개의 선사 (A.P Moller-Maersk Group, CMA-CGM Shipping Lines, Evergreen Corp., Hapag Lloyd, Hamburg Sud, OOCL, NYK, MOL, K-Line, Yang Ming Marine Transport Corporation, COSCO Shipping Line, Hanjin Shipping)에서 발간된 지속성장가능보고서와 홈페이지 및 일부 선사 담당자들과의 인터뷰 자료 등을 활용하였다.

현재까지 진행되고 있는 주요 12개 선사들의 녹색해운활동(GSP)은 크게 ① 기술적인 측면, ② 운영적인 측면, ③ 대체/재생에너지 사용 측면, ④ 대기오염가스배출저감 측면으로 분류될 수 있다. 먼저 기술적인 측면에서의 녹색해운활동은 주로 선박 디자인의 혁신, 고효율 엔진의 사용, 새로운 개념의 선박추진기 개발, 전기 크레인의 도입 등 선박과 육상장비에 새로운 녹색기술을 도입하는 것에 초점을 맞추고 있으며, 선박의 설계단계에서부터 새로운 기술을 도입하여 온실가스 배출을 저감하는 것을 목표로 한다. 두 번째로 운영적인 측면에서 주요 해운선사들은 현재 운항 중이거나 운영 중인

<그림 2-1> 4가지 측면에서 살펴본 국제해운선사의 녹색해운활동

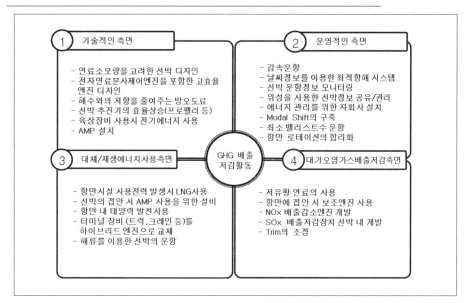

선박 및 항만시설에서 배출되는 온실가스를 저감하기 위해 감속운항, Modal Shift 네트워크 구축, 위성을 이용한 최적항로 설계, 항만 로테이션의 합리화 등 선박/항만운영 방법 및 운송시스템의 재설계 등을 추진 중에 있다. 세 번째로 각 선사들은 그들이 보유하고 있는 육상장비 및 육상시설에 태양열, LNG 발전, 풍력 등 대체/재생에너지를 활용할 수 있는 친환경 장비 및 설비들을 적용하여 온실가스 배출을 저감하고 있다. 마지막으로 점차적으로 강화되는 각 지역별(미국, 유럽 등) SOx 배출량 규제에 대응하기 위해 주요 해운선사는 이 지역으로 항해하는 모든 선박들에 항만에 입항 시 자발적으로 황 함유량이 적은 초저황유(Low Sulphur Fuel)를 사용하고 있으며,[62] 선박에서 발생하는 SOx, NOx 등과 같은 대기오염물질의 배출을 줄이기 위해서 대기오염물질 배출저감장치를 개발, 선박에 적용 중에 있다. 앞에서 살펴본 각 선사들의 공통적인 녹색해운활동은 아래와 같다.

---

62 EU 및 미국의 항만들은 모든 선박의 입출항 시 Annex VI 기준에 부합하는 황함유 1.5% 이하의 초저황유(Low Sulphur Fuel) 사용을 의무화하고 있다.

이들 중 녹색해운활동의 예를 에버그린, NYK, 한진해운을 사례로 하여 좀 더 자세히 설명하면 아래와 같다.

(1) 에버그린(Evergreen Marine Corp.)

에버그린은 지속가능한 성장을 위해 환경보호를 우선으로 하는 기업운영 방식을 채택하고 있다. 특히 해양오염을 방지하기 위해 선박에서 배출되는 유류를 단속하고, 대기 중으로 배출되는 가스의 양을 최소화하는 기술을 개발, 선박 및 항만시설에 적용함으로써 저탄소, 고품질 서비스를 고객에게 제공하고 있다. 2003년 7,000TEU급 컨테이너 운반선인 S-Type 선박을 건조하면서 이에 저유황 연료시스템, AMP(Alternative Maritime Power)를 장착하고, 자동연료분사제어장치를 엔진에 적용하여 선박의 에너지 효율을 증가시켰다. 특히 에버그린은 기존 탄소배출량의 15~30%를 감축하면서 최대의 추진력을 얻을 수 있는 선박 디자인을 개발 중에 있으며, 선박의 제작 시 인장력이 강한 강철(HT47 higher tensile steel)을 사용하여 선박의 무게를 줄이는 동시에 적은 연료소모량과 탄소배출을 구현하고 있다.

또한 에버그린은 전 세계에 분포되어 있는 자사의 전용 터미널을 환경 친화적으로 운영하기 위한 다양한 시도를 진행 중이다. 먼저 타이페이 항만에는 자동차량관찰 시스템을 차량에 적용하여 연료효율을 높이고, 자동 출입문 관리시스템을 도입하여 차량의 대기시간을 줄이고 있다. 또한 에너지 효율이 높은 겐트리크레인을 도입하여 연료 사용량을 줄이고, 태양력과 같은 천연에너지를 이용하여 주변기기에 전력을 공급하고 있다. LA터미널에서는 모든 장비에 미립자 디젤 필터(DFS)를 설치하고, 디젤을 사용하는 모든 장비에 저유황 디젤을 사용 중에 있다. 또한 디젤산화촉매(DOC)를 야드 트랙터에 사용하여 탄소배출량을 25% 가까이 저감하였으며, 디젤 RTG를 전기를 사용하는 E-RTG로 교체, 선석에 접안 중인 선박에 전기에너지를 공급하여 탄소배출량을 50% 이상 저감하였다. 부산 동부터미널의 경우 디젤 RTG를 모두 E-RTG로 교체하면서 월당 137,000리터의 연료절감 및 350,000kg의 탄소배출을 저감하였다.

(2) NYK(Nippon Yusen Kaisha)

NYK는 그룹 차원의 환경관리 비전을 설정하고 기업 활동 중 발생하는 온실가스를 지속적으로 감축, 기업의 환경전략을 강화함으로써 기후변화에 대응하고 있다. 이를 위해 NYK는 2009년 28개의 선박에 전자제어분사엔진을 설치하였으며, 이를 지속적으로 확대보급 중에 있다. 그 결과 선박의 엔진 기능의 최적화, CO_2 및 SO_x 배출량의 감소, 연료효율의 증가가 나타났으며, 2009년까지 16개의 선박에 AMP가 설치되어 육상에서의 CO_2 배출량이 획기적으로 감소되었다.

<그림 2-2> 일본 주요 항에서의 이산화탄소 등의 배출량(좌)/
2009 NYK의 환경경영성과(우)

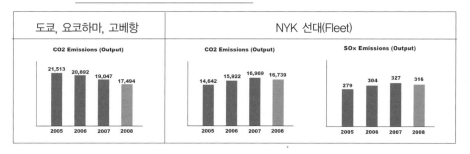

선박의 운영에 있어서 NYK는 경제성이 높은 선박의 속도를 산출하여 운항 중 최적의 속도를 유지하고 최적의 연비효율을 구현하고 있으며, 육상과의 긴밀한 의사소통을 통해 최적의 항로를 설정하는 동시에 선박에서 사용되는 유류의 사용량을 줄이기 위해 일본 인근수역에 흐르는 쿠로시오 해류를 선박운항에 활용하고 있다. 쿠로시오 해류를 운항 시 활용하기 위해 선박 내 해류 예측 프로그램을 사용하여 해류의 속도를 측정하고, 이에 적합한 항해계획을 수립하여 연평균 9% 이상의 연료를 절감하는 성과를 이루었다. 이 프로그램은 2008년부터 VLCC 선박에 적용되었으며, 이후 확대 보급 중에 있다. 또한 육상에서는 철도와 바지선을 이용한 내륙수송을 활성화하여 탄소배출량을 저감 중인데 특히 2008년부터 Duisburg에 내륙화물 기지를 운영하여 Modal Shift 네트워크 기반을 조성하고 있으며, 이를 활용하여 저탄소 화물수송을 실현하고 있다.

(3) 한진해운(Hanjin Shipping Lines)

한진해운은 지구온난화에 대응하기 위해 대기오염 물질 배출저감을 위한 신기술을 선박에 지속적으로 적용하고 있으며, 천연자원의 사용량을 절감하고, 전사적 차원에서 선박기술 Working Group을 구성하여 효과적인 연료절감을 위한 연구체계 및 조직을 구축해 나가고 있다. 특히 한진해운은 선박 설계 시 전자분사제어엔진을 12척의 컨테이너선에 우선 적용하고(2009년 기준), 점차 이를 현재 건조 중인 신조선에도 적용 중에 있다. 또한 5,300TEU 규모의 컨테이너선 5척의 연료분사 밸브를 Slide Fuel Valve로 개조하여 NOx와 CH_4 배출량을 30% 이상 감소시켰으며, 선체에는 실리콘계 방오도료를 적용하여 연간 2~3%의 연료절감 효과를 구현하고 있다. 이 밖에도 선박의 입출항 시 발생하는 온실가스 배출을 줄이기 위해 Common Rail 기술을 선박에 적용하여 연료분사 압력 및 분사시점을 최적화함으로써 연료의 완전연소를 유도, 온실가스의 발생량을 줄여나가고 있다. 또한 선박의 운항 시 연료추적 시스템을 적용하여 테스트 기간 동안 1.4%의 연료절감을 실현, 이를 전 항로에 적용하였고, 선상 탑재형 항로지원 시스템을 활용하여 연료소모를 최소화하고 운항시간을 단축하고 있다. 이와 함께, SOx 배출량 관리를 위해 2006년부터 평균 황함량 3.0% 미만이 연료유를 선박에 사용하고 있으며, 황산화물 배출규제지역(SECA)의 항해를 위해 신조선에는 별도의 저유황유 저장설비를 갖추고 운항선 또는 별도의 저장 탱크를 지정하여 관리 중에 있다.

3. CO_2 배출량 공개에 관한 국제기구의 검토상황

3.1. CDP(Carbon Disclosure Project)

CDP는 세계의 금융기관 475개(총운용자산 55조 달러)로 세계 주요 기업 약 4,000개 사에 대해, 기후변화에 관한 질의서를 보내어 그 답변을 평가·공표하는 대응에서 투자자들에게 기업평가의 중요한 지표가 되는 기업의 기후변화에 대한 대처를 금융기관이 투자자를 대표하여 기업 공개를 요구하는 것이다. 공개된 내용은 평가를 등급화한 후에 웹상에 일반인에게 공개되어 투자자의 기업평가의 중요한 지표로서 활용되고 있으며, 기후변화에 관한 기업 등급으로서는 세계 최대 규모이다. 기업에 대한 질문 문항

<표 2-2> 세계의 온도

활동 기업	기술적 측면	운영적 측면	대체에너지 및 바이오 에너지	대기오염가스 배출 저감활동 (NOx, SOx,,PM)
Maersk	· 선박 디자인(20%) · 주엔진 Auto- tuning · 가스압축설비 장 치 · 열량 재사용 시스 템 · 컨테이너 디자인	· 감속운항 · 최적항해 시스템 · Hull Cleaning · 전환교통설계 (Modal Shift)	· LNG 가스 사용 · 전기에너지 사용 (AMP)	· 저유황 연료 사 용 · 접안 시 보조엔 진 사용 · NOx 배출감소엔 진 개발
CMA CGM	· 전자분사제어엔진 · 유체역학 선체 디 자인 · Twist-edge rubber · AMP · 전류고정날개 장착 · Silicon Based paint · 고장력 철강의 사용 · 고효율 냉동 컨테 이너	· 감속운항 · 철도서비스 개발 · 내륙수로 이용 · 피더서비스 확대 · 친환경 기업문화	· 전기에너지 사용 (AMP)	· 저유황 연료 사용
Evergreen	· 전자제어 갑판기 계 · AMP · 유체역학 선체 디 자인 · E-RTG 사용 · 전자연료분사 제 어 엔진	· HT47(고장력강) 사용 · SCR / EGR 개발 · 차량에 디젤 필터 설치 · 날씨정보 시스템 · PGGM 프로젝트 · 감속운항 · 최적항로산출 시 스템 · 인공위성을 이용 한 선박 데이터 교환 시스템 · 최소밸러스트운행 · 항만 로테이션 합 리화	· 전기에너지 사용 (AMP) · 항만 내 태양력 발전전력 사용	· 저유황 연료 사용 · 저유황 연료 엔진 개발 · Trim의 조정

Hapag Lloyd	· Rubber & Thust Fin · 전자분사제어엔진 · 주엔진의 저출력 운항 · Silicon based paint · 인공지능 시스템 컨테이너 개발	· 감속운항 · 날씨정보 시스템 · 최적항로 산출시스템 · 선체 저항 모니터링 · 날씨 정보를 사용 항로설정 최적화	· Shaft Generator	· Trim의 조정 · 저유황 연료의 사용
Hamburg Sud	· 직접분사방식의 2 -stroke 엔진 사용 · COMON Rail · 냉동 컨테이너 압축 기술개발 · 전자제어분사 엔진 · PSS를 이용한 추진력 상승	· 감속운항 · 복합운송을 통한 에너지 효율 향상 · 날씨정보 시스템 · 최적항로 산출 시스템	· 전기에너지 사용 (AMP)	· Trim의 조정 · 저유황 연료 사용
OOCL	· 전자제어분사 엔진 · 추진축 발전기 설치 · 항만 내 E-RTG 도입	· 날씨정보 시스템 · 최적항로 산출 시스템 · 엔진효율 모니터링 · 선박용선시 정밀 검사	· 터미널 내 트랙터 하이브리드 엔진 교체	· 저유황 연료 사용 · 전 선박에 NOx Control 추진 엔진 설치 · Trim 조정
NYK	· 전자제어분사 엔진 · New revolutionary container hanger · AMP 설치	· 철도, 바지선 수송 · 감속운항 · Bunker saving 캠페인	· 쿠로시오 해류를 이용한 선박 운항 · 전기에너지 사용 (AMP) · Solar panel 사용	· 저유황 연료 사용 · 전자제어 엔진 사용
MOL	· Ultra-frictional 방오도료 사용 · 선체디자인최적화 (Tear-shape) · 보조전기프로펠러 · PBCF 장착 · Twin-propellor · 첨단기술연구센터	· 최적항해지원 시스템 · 대형선박운항(운항효율의 증가) · 전환교통망 구축 (Modal Shift) · Eco-Terminal · 감속운항	· 태양력을 이용한 동력발전 · 잉여전력의 사용 · 육상전원공급장치 (LNG로 전력 생산)	· 저유황 연료 사용 · 엔진의 연소온도 조절(NOx 배출량 감소)

K Line	· 그을음 수집장치 · VECS · 전자제어 분사 엔진 · 터빈 발전기 · 배기가스 절약 장치 · 절연 페인트 사용	· 선박 데이터 위성 전송 시스템 · 감속운항 · 합리적 선석관리 · 사무실 에너지 절약	· Cold Ironing (AMP) · 하이브리드크레인	· 저유황 연료 사용
Yang Ming	· SLFS lubricating B&W엔진 도입 · Silicon based paint · 전자제어분사 엔진 · 추진축 발전기 설치 · 펄스공급시스템장착 · AMP 설치 · 선체디자인 최적화	· 날씨정보 시스템 · 최적항해지원 시스템 · 감속운항 · 환경오염방지 프로그램 개발 · 소각기사용 기록	· Cold Ironing (AMP)	· 저유황 연료 사용
COSCO	· Cylinder supply system 설치 · OBCF 설치 · 전자용접기술보완 · 전원재설정시스템 · 감속운항	· 최적운항항로 설계 · GHG배출감축을 위한 회사 설립 · 선박연료소비 모니터링 시스템	· 지상하역장비연료 에틸렌가스에서 천연가스로 교체	· SOx 배출저감장치 선박 내 설치 · 저유황 연료 사용 · Homogenous fuel device 설치
Han jin	· 전자제어분사엔진 · 연료분사장치개선 · AMP 설치 · Common Rail 기술 · Fuel routing 시스템 · Silicon based paint · 프로펠러 구조 개선	· 감속운항 · 연료유 비용절감 프로그램 · 선박연료소비절감 Working Group	· 전기에너지 사용 (AMP)	· 저유황 연료 사용 · IMO-Type 소각기 · De-NOx System · Fuel Homogenizer · 실린더 윤활유 저감장치 · Marine Diesel Oil 사용

은 기후변화에 특화하고 아래의 항목으로 구성되어 있다. 즉, ① 기후변화에 의한 사업 활동의 위험 파악(규제 위험, 물리적 위험, 기타 위험), ② 기후변화의 비즈니스 기회 창출, ③ CO_2 배출량 산정, 배출량 원단위, 배출권 거래, 제품 및 서비스의 사용 시 배출감축 효과, ④ CO_2 배출량 감축계획 책정, CO_2 배출량 예측, ⑤ 기후변화에 관한 거버넌스 외에 모든 28개 항목이다.

3.2. CDP Supply Chain

CDP Supply Chain은 세계 주요 기업의 공급 체인을 담당하고 있는 공급자 기업에 주요 기업을 대신하여 기후변화에 관한 정보공개를 요구한 것이다. CDP가 추진하는 기업에 의한 Scope3[63]의 파악을 지원하는 것으로, 2009년에는 세계의 주요 기업 44개사의 공급업체 약 1,402개사에 공개요청을, 그 중에서 710개사로부터 답변을 얻을 수 있었다. 답변은 공개되고 있지 않다.

3.3. CDSB(The Climate Disclosure Standard Board)

CDSB은 CDP, CERES,[64] The Climate Group,[65] The Climate Registry,[66] International Emission Trading Association(IETA),[67] World Economic Forum,[68] World Resources Institute(WRI)[69] 7개의 단체에 의해 조직되어 있으므로 연결기업

---

63 Scope1 : 직접 배출, Scope2 : 간접 배출, Scope3 : 기타 사업 활동 외에서의 배출.

64 CERES : 미국 환경 보호 단체 및 투자 관계 단체 등으로 구성된 연합 조직 "Coalition for Environmentally Responsible Economies(환경에 책임이 있는 경제를 위한 연합)".

65 The Climate Group : 영국의 환경 NGO로서 온난화 가스 배출량 감소에 노력하고 있다. 영국 내외의 정부 기관·지방 자치단체, 산업계, 환경 NGO가 공동으로 2004년에 설립되었다.

66 The Climate Registry : 미국 41주, 캐나다 12주 등이 참여하는 온실가스 배출량 산정·보고를 위한 온라인 시스템 개발 프로젝트이다.

67 IETA : The International Emissions Trading Association(국제 배출권 거래 협회). 1999년에 설립된 국제적인 비영리 조직. 배출권 거래의 국제적인 틀 확립을 목표로 하고 있으며, 2009년 3월 시점에서 160개 이상의 국제적인 기업이 참여하고 있다.

기반의 연례보고서(유가증권보고서)에서 기후변화에 관한 정보공개의 기준을 수립하는 활동을 하고 있다. 2009년 5월, CDP의 공개요구 항목에 준한 "Reporting Framework"가 발행되어 9월 25일까지 공적인 주석을 모아 현재 정리 중이다. 앞으로 CDSB은 기준의 도입 가능성에 관한 국제적 기준 설정 단체와 각국 정부와 협의에 들어갈 것으로 보인다.

이러한 움직임을 바탕으로 우리나라에서도 2009년 1월, 일본 공인회계사협회에서 "투자가를 위한 제도공개 서류의 기후변화 정보공개에 관한 제언"이 나와 있으며, 기업에 의한 CO_2 배출량에 관한 정보의 제도적인 공개를 고려한 논의가 진행되고 있다.

CDP와 CDSB의 CO_2 배출량의 산정 범위의 개념은 GHG Protocol[70]에 따르고, 물류의 CO_2 배출량은 그 Scope3에 속한다. 지금까지 Scope3의 산정범위와 산정방법에 대해서는 현재 자세한 기준이 마련되어 있지 않기 때문에, "Scope3 Accounting and Reporting Standard"의 책정이 World Business Council for Sustainable Development(WBCSD)[71] 및 WRI에서 진행되고 있다.

3.4. GHG Protocol~Scope3 Accounting and Reporting Standard

The Greenhouse Gas Protocol(GHG Protocol)은 WRI이 책정하는 사업 활동의 온실가스 산정 기준으로 Scope1 : 직접 배출, Scope2 : 간접 배출(전력구매)에 이어 자사의 사업 활동에 인접하는 영역에서 GHG의 배출을 Scope3로 정하고 있다.[72]

2009년 11월 제시된 Scope3의 GHG 배출량의 산정 및 보고 기준을 정한 "Scope3 Accounting and Reporting Standard"(Review Draft for Stakeholder Advisory Group)

---

68 World Economic Forum : 제네바에 본부를 둔 비영리재단. 다보스에서 개최된 연례총회는 선정된 지식인이나 언론인, 최고 경영자 및 국제적인 정치 지도자들이 한자리에 모여 건강과 환경 등을 포함한 세계가 직면한 중대한 문제에 대해 논의하는 장소가 되고 있다.

69 WRI : 천연 자원, 환경 문제의 정책 제언을 하는 미국의 싱크 탱크. 1982년 설립.

70 GHG Protocol : 세계에서 가장 많이 활용되고 있는 WRI와 WBCSD가 책정하는 온실가스 배출량 산정기준.

71 WBCSD : 1992년 정상회담에 대응하고 1991년에 세계 33개국에서 경제인들이 모여 설치된 회의. 현재는 35여 개국의 약 170개의 국제기업에 의해 구성되어, 20개의 산업부문에 이르고 있다.

72 World Resources Institute & World Business Council for Sustainable Development, Scope 3 Accounting and Reporting Standard, Review Draft, Executive Summary, 2009, p. 11.

에서 Scope3은 다음의 3가지 범주로 구분되어 있다. 즉, ① Upstream Scope3 : 원료 등의 조달에 관한 CO_2 배출(원료 추출에 관한 CO_2 배출, 원료 수송 · 배송, 폐기 처리, 직원 출장 등), ② Downstream Scope3 : 제품판매에 관한 CO_2 배출(제품의 운송 · 배송, 제품의 사용, 제품의 폐기 등), ③ Other Scope3 : 종업원의 통근에 관한 CO_2 배출이다.

이상과 같이 물류에 관한 CO_2 배출량은 Upstream 및 Downstream으로 분류되고 있어 이른바 조달물류와 판매물류로 나누어 파악할 것을 요구하고 있다.

아래와 같이 Scope3의 대상 범위와 일본의 에너지 절약법에 대한 특정 화주의 보고 대상을 비교하면 해외 물류 에너지 절약법 보고 대상에서 제외되어 있으며, 특정 화주 기업이 해외 물류에 의한 CO_2 배출량을 산정하는 방법은 국내에서는 정해져 있지 않다.

한편, "Scope3 Accounting and Reporting Standard"는 물류의 CO_2 배출량의 산정 범위와 산정방법의 정의는 행해지고 있지만, 국제 간의 물류 및 외국의 물류 CO_2 배출량 산정에 이용하는 구체적인 배출계수와 원단위는 규정되어 있지 않다. 각 기업이 이들 배출량을 산정하고자 하는 경우 독자적으로 데이터 수집과 원단위를 설정하지 않으면 안 된다.

4. 국제 간 물류 및 외국 내 물류의 CO_2 배출량 산정 방법에 관한 국제기구의 동향

국제 간의 물류 및 외국 내 물류의 CO_2 배출량 산정방법으로서 다음과 국제적인 노력이 도움이 될 것으로 보인다.

4.1. EU 배출권거래제도(EU-ETS)

EU에서는 2005년부터 역내에서 20MW 이상의 설비 용량을 가진 에너지생산설비 (보일러 =발전설비 등)에 대해 배출권거래를 활용한 CO_2 배출 총량규제가 도입되고 있다. 이 제도에서 새로운 항공 분야가 규제의 대상이 되는 것이 결정되어 있다. 이것은 EU

의 기존의 CO_2 총량규제의 범위를 EU 역내에 이착륙하는 모든 항공기에 확대하는 것이다. 제도의 개요는 다음과 같다.

4.1.1. CO_2 배출량의 파악 · 공개의 범위

EU 역내에서 이착륙하는 모든 항공기의 운항에 관한 CO_2 배출량 및 톤킬로. 그러나 다음을 제외한다. 즉, ① EU 회원국 이외의 정부 공식 방문에 관한 항공편, ② 군용기 비행, ③ 구조, 화재, 의료 활동에 관한 항공편, ④ 훈련 비행, ⑤ 과학 조사 비행, ⑥ 총 중량 5,700kg 이하의 비행, ⑦ 공공 서비스 비행, ⑧ 4개월간 비행 횟수 234회 이하 또는 연간 CO_2 배출량 1만 톤 이하의 비행 등이다.

4.1.2. CO_2 배출량 산정방법

항공기의 운항에 관한 CO_2 배출량 산정을 위한 배출계수를 규정하고 있다.

① CO_2 배출량 = 연료사용량 ＊ 배출계수(연료 법)
CO_2 emission(t CO_2) = Fuel consumption(t) × emission factor(t CO_2/t fuel)
　(배출계수) Aviation gasoline(AvGas)=3.10 tCO_2/t fuel
　　　　　　　Jet gasoline(Jet B)=3.10 tCO_2/t fuel
　　　　　　　Jet kerosene(Jet A1 or Jet A)=3.15 tCO_2/t fuel

② 톤킬로 = 거리 ＊ 무게
Tonne kilometers(t km)=Distance(km) × Payload
거리 = GCD(Great Circle Distance : 대권 거리)km+95km
중량= 승객 및 화물중량 + 화물 및 우편물 중량
Payload(t) = mass of passengers and checked baggage(t) + mass of freight and mail(t)(여객 및 화물중량의 기본 1인당 100kg)

4.1.3. CO_2 배출량의 파악·공개·절감의 평가지표

각 항공회사에서 보고되는 톤킬로 및 CO_2 배출량에 의한 원단위 평가. 2011년 9월 30일까지 벤치마킹 경정. 원단위는 각 항공사에 배출권 할당량의 가중치에 활용된다.

4.1.4. CO_2 배출량의 파악·공개의 제도화·의무화 동향

2009년 8월 31일까지 각 항공사는 각국감독 기관에 대해 CO_2 배출량 Monitoring Plan을 제출하여 승인을 취득하는 것이 요구된다. 제1거래 기간은 2012년, 제2거래 기간은 2013~2020년이다. 항공사는 배출권 신청을 2011년 3월 31일까지 인증기관에서 인증된 2010년 CO_2 배출량 보고서와 함께 행하는 것이 필요하다. 각국 감독기관은 이 신청에 따라, 2010년 CO_2 배출량을 기준으로 일정 비율에 따라 2012~2020년까지 매년 배출권을 각 항공사에 할당한다. 배출권 할당량은 2012년 기준 년에 대해 97%, 2013년 이후에는 95%로 한다. 2013년부터는 배출권의 15%에 대해서는 경매에 의한 유상 할당으로 된다. 2013년부터는 매년 4월 30일까지 항공회사는 각국 감독기관에 대해 전년의 CO_2 배출량 상당의 배출권을 상각할 의무가 있다. 상각 배출권은 교토유연성체제 배출권(CER 및 ERU)의 활용이 인정된다.

거래 기간 개시 이전인 2010년, 2011년의 배출량을 2011년, 2012년 3월 31일까지 보고하는 것이 요구되지만, 이 기간 동안은 배출권의 상각은 필요없다. 배출량 초과 페널티는 1CO_2톤당 100유로. 그러나 페널티를 지불하였다고 해도 항공사의 배출권 상각의무는 면책이 되지 않고 이듬해 초과배출분의 배출권 상각이 이월된다.

4.2. ICAO(International Civil Aviation Organization/국제민간항공기구)

ICAO에서는 2007년부터 항공기에서 배출되는 CO_2 배출량의 삭감을 목적으로 한 자주적인 배출량거래제도가 검토되고 있다. 2007년 4월에 발행된 "REPORT OF VOLUNTARY EMISSION TRADING FOR AVIATION(VETS Report)"에서 다음의 4개를, 항공업계로 생각할 수 있는 자주적 국제 배출량거래제도로 들고 있다. 즉, ① 항공사 그룹 자체 배출량거래제도의 구축, ② 다른 분야와 새로운 배출량거래제도의 구축, ③ 항공사 단독/항공사 그룹에 의한 다른 배출량거래제도에 참여, ④ 항공사 단독/항공사 그룹이 탄소 오프셋에 의해 배출을 감축한다는 것이다.

위의 3가지는, 항공사가 배출권을 구입하는 자금이 배출권을 판매하는 정부나 다른 기업을 통해 CO_2 감축에 활용되게 되지만, 또한 직접적인 메커니즘으로 4번째(탄소상쇄)가 있을 수 있으며, 궁극적으로 탄소상쇄가 가장 조기 확대의 잠재력을 가지고 있다고 보고 있다. 이러한 검토를 거쳐 ICAO에서는 항공사의 탄소상쇄를 지원하기 위해 승객 1인당 CO_2 배출량을 산정하는 방법인 "ICAO Carbon Emissions Calculator"를 책정하고 웹상에서 간이적으로 CO_2 배출량을 산출할 수 있는 구조를 제공하고 있다. 이것은 승객당 CO_2 배출량을 염두에 둔 책정 도구이지만, 화물중량과 탑승자 중량의 비율과 거리를 설정하는 방법에 대해 안내서 책정의 참고가 될 것으로 보인다. 개요는 다음과 같다.

(1) CO_2 배출량 파악 · 공개 범위 : 비행거리를 기반으로 한 특정한 항공편의 승객 1인당 CO_2 배출량.

(2) CO_2 배출량의 산정방법
① 1인당 CO_2 배출량 = 3.157 × 연료 사용량 × (탑승자 중량 ÷ (탑승자 중량 + 화물중량)) ÷ (이코노미 좌석수 × 탑승률). 3.157 = 연료 배출계수(tCO₂ / t fuel) → 고정값.

② 연료 사용량
EMEP/CORINAIR[73]에 의한 "Emissions Inventory Guidebook (EIG)"에서 기종마다의 비행거리에 따라 연료소비량을 책정(〈표 2-4〉참조).

③ 비행거리
GCD(Great Circle Distance)를 기반으로 거리에 따라 다음과 같이 조정이 가능

---

73 EU의 대기오염 모니터링 프로그램. EMEP=Monitoring and Evaluation of the Long Range Transmission of Air Pollutants in Europe. CORINAIR=Coordination d' information Environnementale.

하다.

<표 2-3> GED에 따른 조정거리

GCD	조정거리
550km 이하	+50km
550 ~ 5,500km	+100km
5,500km 이상	+125km

④ 탑승자 중량과 화물중량의 비율 및 탑승률

ICAO TFS(Traffic Stage database)에서 17개의 노선별로 승객 무게와 화물중량의 비율(Pax to Freight Factors) 및 탑승률(Pax Load Factors)을 책정[전체 중량＝탑승자 수 × 100kg＋좌석수 × 50kg(좌석, 화장실, 승무원 등)＋화물, 우편중량](〈표 2-5〉참조).

(3) CO_2 배출량의 파악 · 공개의 검토 과제

ICAO는 "ICAO Carbon Emissions Calculator"의 CO_2 배출량 산정의 정확성에 대해 다음의 문제를 들고 있다.

① 비행거리 : 실제 비행은 출발 지점에서 직선이 아니기 때문에 항공사에서 정확한 비행거리를 입수해야 할 것.

② 기종 : 실제로 기종의 저하 및 엔진 제조업체에 따라 연비가 다르지만, 현재 활용 가능한 가격의 공개 데이터가 CORINAIR 이외에는 없다. 자세한 연비는 항공사 및 제조업체에서 공개하지 않는다.

③ 캐빈 클래스 : 항공사와 기종에 따라 이코노미와 프리미어의 비율이 다르지만, 편의상 1 대 2로 하고 있다.

④ 탑승자중량, 화물 무게 및 탑승률 : 17개의 국제노선 및 로컬 노선으로 분류하고 있지만 매년 트렌드가 변화한다.

<표 2-4> 기종별 비행거리와 연료소비량표(Modified CORINAIR fuel consumption table(regional jets added))

Flight Distance(nm)

Eqvt Aircraft Code	125	250	500	750	1000	1500	2000	2500	3000	3500	4000	4500	5000	5500	6000	6500
310	2810.56	3899.47	5990.37	8081.27	10172.16	14532.58	18981.64	23699.35	28675.28	33763.82						
320	1644.39	2497.29	3660.61	4705.01	6027.23	8332.01	10865.90	13441.26								
330	4093.66	5862.43	8615.45	11359.97	14121.50	19790.45	25634.21	31714.79	38043.52	44311.94	51006.69					
340	3832.91	5669.09	8482.38	11310.86	14201.21	20133.18	26297.86	32695.54	39114.82	45873.85	52895.18	60079.36	67669.69	76668.29	83691.99	
B11	1393.85	2082.41	3110.10	4194.78	5279.46	7641.61	10160.03									
146	1245.09	1860.53	3124.55	4374.54	5652.57	8270.11										
727	2716.78	3754.67	5660.16	7493.22	9471.16	13544.24	17872.26	22238.06								
732	1799.99	2495.27	3727.09	4949.72	6190.73	8721.79	11438.03									
734	1603.13	2267.96	3612.93	4960.32	6302.56	9187.67	12167.63									
747	6564.83	9419.78	14308.04	19196.26	24084.55	34170.53	44418.98	55255.17	66562.31	77909.24	90362.10	103265.90	116703.31	130411.02		
744	6330.86	9058.26	13404.56	17750.86	22097.16	30921.57	40266.67	49480.22	59576.88	69888.28	80789.24	91986.50	103611.40	115553.02	128170.81	141254.25
767	3030.31	4305.22	6486.18	8665.13	10845.09	15408.59	20086.57	24804.39	29909.40	35239.06	40630.93	52208.00				
757	2422.90	3410.18	5070.35	6724.43	8390.71	11845.75	15407.03	19025.89								
777	4819.58	7035.14	10130.36	13226.45	16363.80	22576.41	29225.68	36026.67	43143.25	50294.63	57904.29	65763.50	73655.15	82067.40	90693.23	
DC9	1743.86	2477.97	3815.30	5067.12	6489.97	9354.91	12353.90									

	1	2	3	4	5	6	7	8	9	10	11	12	13
D10	4727.67	6804.37	10487.46	14170.55	17853.63	25476.23	33218.58	41492.33	50361.34	59452.39	69037.90	79034.06	89397.99
F28	1357.45	1889.26	2984.46	3985.73	5174.88	7318.91							
100	1467.59	2078.75	3212.39	4285.75	5479.66	7796.27							
M80	2102.90	3110.99	4563.92	5913.09	7469.77	10523.32	13738.70						
SWM	147.20	246.10	444.00	641.90	839.80								
SC7	188.00	361.50	706.50	1048.20	1385.40								
SH6	285.00	465.30	826.10	1187.00	1548.30								
SH3	247.90	408.50	730.00	1051.60	1373.40								
SF3	259.60	428.90	767.80	1107.30	1447.40	2130.50							
S20	476.10	814.10	1490.10	2166.20	2842.30	4194.50							
F406	113.40	186.30	332.10	477.90	623.60	914.40							
LOF	943.70	1598.40	2907.80	4217.10	5526.40	8144.40	10761.10	13375.10	15982.30	18570.50	21061.40		
LOH	1101.00	1960.70	3680.50	5400.60	7121.00	10563.00	14006.60	17452.20	20900.20	24351.00	27805.30		
F50	427.80	681.60	1189.50	1697.90	2206.80	3226.30							
F27	374.60	606.80	1070.80	1534.40	1997.60	2921.80	3841.50						
EMB	154.20	273.60	512.10	750.20									
D38	308.10	480.20	824.40	1168.60	1512.80	2201.40							
DHO	100.70	173.40	318.80	464.10	609.40	899.60							

DH7	385.30	629.90	1119.30	1608.60	2097.80	3075.80		
DH8	625.20	1006.60	1769.60	2532.70	3295.70	4821.80	6348.10	
CNC	92.50	163.90	306.80	449.70	592.60	887.90	1174.90	
B350	167.00	269.40	474.20	679.20	884.30	1294.80	1706.10	
BE20	150.50	241.30	423.00	604.90	787.10	1152.60		
BES	186.00	296.40	517.40	738.80	960.60	14906.30	1856.00	
J41	228.20	398.50	739.00	1079.60	1420.30			
J31	174.50	290.30	522.00	754.10	986.50			
AT7	351.60	567.30	998.60	1429.70	1860.70	2721.80	3581.30	4438.20
AT4	333.60	528.90	919.30	1309.60	1699.80	2479.60	3258.10	
AN6	488.10	818.40	1479.30	2140.80	2803.00	4130.20	5461.90	
CR2	665.00	961.20	1513.60	2073.80	2643.10	3807.00	5014.50	
CR7	929.00	1323.60	2021.70	2736.50	3482.70	5063.00	6681.90	
CR9	1022.90	1444.20	2206.30	3007.80	3824.20	5485.80	7201.20	
ERJ	572.56	879.35	1422.60	1985.52	2561.00	35751.37		
E70	775.24	1210.12	1962.02	2728.27	3513.90	5164.07	6863.00	
E90	959.77	1496.48	2429.10	3373.64	4328.37	6340.90	8438.00	

자료: 산하온환경연구소, http://www.sanhaon.or.kr

<표 2-5> 항로별 탑승률 및 여객총량과 화물총량비율표

	Route Group	Pax Load Factors		Pax to Freight Factors	
		Wide Body	Narrow Body	Wide Body	Narrow Body
1	Between North America and America/Caribbean(NC)	75.5%	76.1%	92.6%	99.1%
2	Between and within Central America and the Caribbean(LC)	58.3%	63.9%	91.2%	96.0%
3	Between Bermuda, Canada, Mexico and the United States(LNM)	63.7%	72.2%	91.4%	98.5%
4	Between North Am/Central Am/Caribbean & South America(NCS)	78.6%	76.2%	82.2%	97.2%
5	Local South America(LS)	63.1%	70.4%	84.0%	97.2%
6	Local Europe(LE)	63.2%	71.9%	88.7%	99.0%
7	Local Middle East(LM)	37.6%	72.3%	83.5%	99.3%
8	Local Africa(LA)	40.4%	65.2%	74.5%	96.0%
9	Between Europe and Middle East(EM)	66.8%	69.5%	78.5%	97.5%
10	Between Europe/Middle East and Africa	71.3%	60.9%	80.8%	97.4%
11	North Atlantic	79.7%	78.5%	82.2%	99.2%
12	Mid Atlantic	83.2%	N/A	95.1%	N/A
13	South Atlantic	82.3%	N/A	87.9%	N/A
14	Local Asia	67.8%	62.5%	95.8%	84.6%
15	Between Europe/Middle East/Africa and Asia	75.4%	61.8%	96.9%	82.1%
16	North & Mid Pacific	81.2%		79.9%	
17	South Pacific	82.6%	62.8%	95.9%	84.8%

자료: ICAO Carbon Emissions Calculator Version2 May 2009.

<표 2-6> 배출계수

Type of Fuel	Reference	Carbon content	Cf (t-CO2/t-Fuel)
1. Diesel/Gas Oil	ISO 8217 Grades DMX through DMC	0.875	3.206000
2. Light Fuel Oil(LFO)	ISO 8217 Grades RMA through RMD	0.86	3.151040
3. Heavy Fuel Oil(HFO)	ISO 8217 Grades RME through RMK	0.85	3.114400
4. Liquified Petroleum Gas(LPG)	Propane Butane	0.819 3.000000	0.827 3.030000
5. Liquified Natural Gas(LNG)		0.75	2.750000

자료: GUIDELINE FOR VOLUNTARY USE OF THE SHIP ENERGY EFFICIENCY OPERATIONAL INDICATOR (EEOI)에서 작성.

4.3. 국제해사기구(International Maritime Organization : IMO)

IMO가 2009년 4월에 발행한 "Second IMO GHG Study 2009"에서는 2007년의 국제 해상수송에 의한 CO_2 배출량이 전세계 CO_2 배출량의 2.7%에 달하고 있다고 보고 있으며, 국제 해상수송의 온실가스 감축이 세계적인 관점에서 이루어지지 않으면 2050년에는 해상수송에 의한 CO_2 배출량은 150~200% 증가할 것으로 예측하고 있다. 또한 2009년 8월, CO_2 배출량 감축을 목적으로 한 다음의 세 가지 지표를 책정하고 있다.

① Energy Efficiency Design Index for new ships(EEDI) : 선박건조의 에너지절약 설계에 관한 지표.

② Energy Efficiency Operational Indicator (EEOI) : 해상운송에 관한 CO_2 배출량 원단위 지표.

③ Ship Energy Efficiency Management Plan (SEEMP) : EEOI을 개선하기 위해 관리 지표.

EEOI의 산정방법은 다음과 같다.

EEOI=수송 작업량당 CO_2 배출량
 =연료사용량×배출계수÷수송작업량(톤킬로 등)

④ 연료사용량

Log book(bridge log-book, engine log-book, deck log-book and other official records)에서 데이터 수집.

⑥ 수송 작업량

톤킬로, 컨테이너 몇 킬로, 수송 인원 킬로미터 등 위의 지표를 연간 또는 일정한 항해 횟수별로 산정한다. EEOI 산출 예는 다음과 같다.

<표 2-7> EEOI의 산출 예

Name and Type of Ship						
Voyage or day(i)	Fuel consumption(FC) at sea and in port in tonnes				Voyage or time period data	
	Fuel type (HFO)	Fuel type (LFO)	Fuel type ()		Cargo(m) (tonnes or units)	Distance (D)(NM)
1	20	5			25,000	300
2	20	5			0	300
3	50	10			25,000	750
	10	3			15,000	150

자료: GUIDELINE FOR VOLUNTARY USE OF THE SHIP ENERGY EFFICIENCY OPERATIONAL INDICATOR (EEOI)에서 작성.

$$EEOI= \frac{100 \times 3.114 + 23 \times 3.151}{(25,000 \times 300) + (0 \times 300) + (25,000 \times 750) + (15,000 \times 150)}$$

$$=13.47 \times 10-6$$

unit: tonnes CO_2/(TONS · nautical miles)

4.4. GHG Protocol

2005년에, 도로, 철도, 항공, 해상 각각의 수송에 관한 CO_2 배출량의 산정방법은 "Calculating CO_2 Emissions from Mobile Sources"를 책정하고 톤/킬로에서 CO_2 배출량을 계산하는 다음의 표가 제시되고 있다.

<표 2-8> CO_2 배출량의 산정방법

Table 5.5: Other Freight Road Mileage Conversion Factors					
Freight transport mode		Tonne km	x	Factor	Total kg CO_2
Rail			x	0.03	
Air	long haul		x	0.57	
	short haul		x	1.58	
Shipping	small ro-ro		x	0.06	
	large ro-ro		x	0.02	
	small tanker		x	0.04	
	large tanker		x	0.003	
	small bulk carrier		x	0.014	
	large bulk carrier		x	0.007	

자료: GUIDELINE FOR VOLUNTARY USE OF THE SHIP ENERGY EFFICIENCY OPERATIONAL INDICATOR (EEOI)에서 작성.

또한 산정도구로서 "Mobile Combustion GHG Emissions Calculation Tool Version2.0"를 웹상에서 제공하고 있지만, 시스템상에서 원(原)단위 및 배출계수의 설정은 이용자 측에서 설정하는 사양이 되고 있다.

4.5. Defra(Department for Environment Food and Rural Affairs / 영국환 경식량농촌지역성)

2009년 10월 기업 사업 활동의 CO_2 배출량 산정을 목적으로 한 "2009 Guideline to Defra's GHG Conversion Factors for Company Reporting : Methodology Paper for Emission Factors"을 책정하고, 이 중에서 수송에 관한 원단위가 제시되어 있다. 현재 가장 새로운 지표로 생각된다.

4.6. EPA(Environmental Protection Agency/미국환경보호국)

수송에 관한 CO_2 배출량의 산정을 목적으로 한 산정시스템 "SmartWay 2.0"을 운 송사업자와 화주가 공동으로 개발 중이다.

4.7. Eco Trans IT

2008년 7월에 다음의 유럽 철도 사업자가 공동으로 유럽 역내 수송에 관한 CO_2 배 출량 산정 도구인 "Eco TransIT"를 개발·제공하고 있다.

Railion Deutschland(독일), Green Cargo AB(스웨덴), Schweizerische Bundesbahnen (스위스), Scociete Nationale des Chemins de Fer Francais(프랑 스), Scociete Nationale des Chemins de Fer Belges(벨기에), Trenitalia SpA(이탈리 아), Red Nacional de los Ferrocarriles Espanoles(스페인), English, Welsh & Scottish Railway(영국).

다음과 같이 물량(톤)을 입력함에 따라 목적지까지 4개의 수송모드(로리, 철도, 선박, 항공)의 CO_2 배출량을 산정하고 비교할 수 있다.

<표 2-9> 파리-런던 간의 수송수단별 CO_2 배출량 산정결과

Primary Energy resource consumption				[Megajoule]
	lorry	train	sea ship	air plain
lorry	58249,60	0,00	21867.49	3759,73
train	0,00	25023,41	0,00	0,00
sea ship	0,00	0,00	6323,87	0,00
air plane	0,00	0,00	0,00	379436,96
sum	58249,60	25023,41	28191,36	383196,69

자료: EcoTranslT.org

Carbon Dioxide green-gas, global warming				[tons]
	lorry	train	sea ship	air plane
lorry	3,86	0,00	1,45	0,25
train	0,00	0,50	0,00	0,00
sea ship	0,00	0,00	0,42	0,00
air plane	0,00	0,00	0,00	25,19
sum	3,86	0,50	1,88	25,44

자료: EcoTranslT.org

4.8. BSR(Business for Social Responsibility)

1992년 미국에서 발족한 CSR에 관한 국제적인 기업회원 조직이다. CSR에 관한 다양한 정보 제공과 윤리적 가치, 환경문제, 인권과 지역사회와 관련된 다양한 활동지원을 하고 있다. BSR의 노력의 하나로서 화주기업과 운송사업자(전 세계 60%의 컨테이너 수송을 담당하고 있다)가 공동으로 환경부하가 낮은 화물수송을 추진하기 위한 방안을 검토하고 있으며, 해상운송에 관한 CO_2 배출량의 산정도구를 개발 중이다. 자세한 내용은 회원사 이외에는 공개되지 않는다. 회원 기업은 아래와 같다.

American Eagle Outfitters, Inc., APL, Chiquita Brands, Inc., CMA CGM, The Coca − Cola Company, COSCON, CSAV, DHL Deutsche Post, Hamburg Sud, Hanjin Shipping, Hapag Lloyd, Hyundai Merchant Marine, IKEA, Johnson & Johnson , John Wiley & Sons, Inc., K Line, Li & Fung Limited, Maersk, MOL, NIKE, Inc., Nordstrom, Inc., NYK Line, OOCL, Phillips − Van Heusen Corporation, Polo Ralph Lauren Corporation, Shell Marine, Starbucks Coffee Company, UPS, Wal − Mart Stores, Inc., Yang Ming Marine Transport Corp. 26.

제 3 장

교토유연성체제와 배출권거래제도

1. 교토유연성체제

1.1. 개요

유엔환경계획(UNEP)과 세계기상기구(WMO)의 공동 작업에 의해 1988년 11월에 설치된 지구온난화에 관한 과학적 측면을 주제로 한 "기후변화에 관한 정부 간 패널(IPCC : Intergovernmental Panel on Climate Change)" 등의 과학적인 지식을 바탕으로 온난화 방지 구조가 되는 협약을 체결하기 위해 1990년 12월 유엔에 설치된 협약의 협상회의에서 검토가 시작되었다.

이 결과, "기후변화에 관한 유엔협약"(United Nations Framework Convention on Climate Exchange : UNFCCC)은 1992년 5월 채택되어 1992년 6월 리우데자네이로에서 개최된 "환경과 개발에 관한 유엔회의"(UNCED 지구 정상회의)에서 155개국이 서명을 했다. 이 협약에서는 1990년대 말까지 온실가스 배출량을 1990년대 수준으로 되돌리는 것을 목표로 하고 있다.

기후변화협약에 따라 1995년 3월 제1차 당사국총회(Conference of Parties : COP)가 베를린에서 개최되고, 2000년 이후 선진국의 대처에 관한 의정서 등을 1997년 중에 정리할 것을 결정했다. 또한 1996년 7월에는 제네바에서 제2차 당사국총회(COP2)에서 법적 구속력이 있는 수치 목표를 포함할 수 있는 새로운 법률 문서를 위한 협상의 가속화 등을 내용으로 하는 각료 선언이 이루어짐과 동시에 일본의 제3차 당사국회의 개최가 결정되었다.

교토의정서(Kyoto Protocol)는 1997년 12월 교토시 국립교토국제회관에서 열린 제3차 기후변화협약 당사국총회(지구온난화 방지 교토회의 COP3)에서 12월 11일에 채택된 기후변화협약에 대한 의정서이다. 정식 명칭은 기후변화에 관한 유엔협약의 교토의정서(Kyoto Protocol to the United Nations Framework Convention on Climate Change)이다.

교토의정서는 기후변화협약의 선언적, 자발적 성격과는 달리, 온실가스 감축 의무국의 명시, 감축량, 감축방법 제시 등 직접적인 기후변화 방지 이행에 필요한 사항을 포함하고 있는 것이 특징이다. 교토의정서는 제1차 공약기간인 2008년부터 2012년까지 선진국(Annex B)[1]에 대해 1990년 기준 5.2%의 온실가스 배출 감축을 의무화하고 국가별 배출 할당량을 배분하였으며, 선진국들은 이를 보다 비용 효과적으로 달성하고자 교토메커니즘(Kyoto Mechanism)을 도입할 수 있도록 하였다. 교토 메커니즘이란 온실가스 배출을 효과적이고 경제적으로 저감하기 위해 공동이행제도(JI),[2] 청정개발체제(CDM),[3] 배출권거래제도(ET)[4]와 같은 유연한 체제를 도입하는 것을 말한다.[5]

UNFCCC는 중 · 장기적인 인류 생존의 문제를 다루는 만큼 전 지구적인 차원에서 장기간에 걸쳐 지속적으로 협상이 진행될 것이며, 각 국가에서는 자국의 이익이나 추구하는 철학적 노선에 따라 적절한 협상대응전략을 마련하고자 노력할 것이다. 현재 진행되고 있는 기후변화협상은 크게 두 가지로 나누어질 수 있는데, 교토의정서의 성공적인 발효를 주도했던 EU를 중심으로 기존의 교토유연성체제를 확대하고자 하는 "포스트교토협상"이 진행되고 있는 한편, 현행 교토의정서체제로는 기후변화에 대응하기에 부족하다는 인식 하에 기존의 교토유연성체제와 다른 방식의 체제를 구축하고자 하는 "기후변화 15개국 회의"가 미국의 주도로 이루어지고 있다. 향후 협상의 방향이 어느 쪽으로 흐르게 될지 예측은 할 수 없다 하더라도 한 가지 분명한 점은 UNFCCC는 시간이 지날수록 그 강도를 강화하는 협약이라고 하는 사실이다. 지구온난화 예방을 위해 CO_2와 같은 GHG의 감축에 대해 규정하고 있는 교토의정서는 2012년에 만료된다. 아직 그 명칭이 정해지지 않았기 때문에 교토의정서 다음에 이루어지는 체제라는 뜻으로 접두사 포스트를 두어 "포스트교토유연성체제"라 부르고 있다.

지구온난화의 원인이 되는 온실가스의 일종인 이산화탄소(CO_2), 메탄(CH_4), 아산화

---

1 기후변화협약상 선진국인 Annex I 국가 중 터키, 벨로루시를 제외한 38개국.
2 국가 간 온실가스 감축사업을 공동으로 수행하는 것을 의미하며, 한 국가가 다른 국가에 투자하여 발생된 감축량의 일부분은 투자국의 감축 실적으로 인정된다.
3 선진국과 개도국 간에 시행된 온실가스 배출 감축 프로젝트에 의해 발생된 실적을 당사국 간에 거래할 수 있도록 이를 허용하는 제도를 말한다.
4 교토의정서에 의해 온실가스 감축 의무를 부여받은 국가들이 감축목표를 달성하기 위해 서로의 배출권을 거래할 수 있도록 허용하는 제도를 말하며, 선진국(38개국)만이 참여가 가능하다.
5 김은표, 「저탄소 녹색성장의 영향과 탄소배출권 시장의 미래」, 코딧리서치, 2009, p. 36.

질소 (N₂O), 수소불화탄소(HFCs), 과불화탄소(PFCs), 육불화유황(SF6)에 대한 선진국의 삭감률을 1990년을 기준으로 각국별로 정하여 공동으로 약속 기간 내에 목표치(감축목표 참조)를 달성하는 것이 결정되었다.

그러나 교토의정서 제3조 제8항에 따라 각 당사국은 HFCs, PFCs, 육불화유황의 기준 연도로 하고 1995년을 선택할 수 있는 것으로 되어 있다. 이 규정은 교토의정서의 틀 내에서만이다. 교토의정서의 상위 개념인 기후변화협약에서는 일부의 시장경제이행국을 제외하고 기준 연도로 1990년밖에 선택할 수 없는 것으로 되어 있다. 따라서 최근 온실가스 배출량의 기준 연도 대비 증감률이 기후변화협약과 교토의정서에서 상이한 수치로 발표될 수 있다는 점에 유의할 필요가 있다. 일본 국내에서는 오로지 교토의정서의 기준 연도와의 비교에 의한 증감률이 제시된다. 한편, 당사국총회(COP)에서는 조약의 기준 연도를 이용한 증감률이 제시되는 경우가 많다.[6]

또한, 교토유연성체제(CDM), 배출권거래(ET), 공동이행(JI)과 흡수원 활동이 포함되어 있다. 또한, 운영의 상세한 내용은 2001년에 열린 제7회 기후변화협약 당사국총회(COP7, 마라케시 회의)에서 결정되었다.

1.2. 감축목표

교토의정서 제3조에서는 2008년부터 2012년까지 기간 동안 선진국 전체의 온실가스 6종류의 총배출량을 1990년에 비해 적어도 5%를 감축하는 것을 목표로 정하고 이어 제4조 각 당사국이 CO_2와 그것에 환산한 다른 5종 이하의 배출량에 대해 다음 할당량을 초과하지 않도록 삭감하는 것을 요구하고 있다.

① 92%(−8%)-오스트리아, 벨기에, 불가리아, 체코, 덴마크, 에스토니아, 핀란드, 프랑스, 독일, 그리스, 아일랜드, 이탈리아, 라트비아, 리히텐슈타인, 리투아니아, 룩셈부르크, 모나코, 네덜란드, 포르투갈, 루마니아, 슬로바키아, 슬로베니아, 스페인, 스웨덴, 스위스, 영국 (유럽연합 15개국).

---

6 中島英史, 京都メカニズムをはじめとする排出権の概要と最近の動向, 石油・天然ガスレビュウ, NEDO, Vol.41, No.5. 2007.

② 93%(−7%)−미국(이탈).

③ 94%(−6%)−캐나다, 헝가리, 일본, 폴란드.

④ 95%(−5%)−크로아티아.

⑤ 100%(± 0%)−뉴질랜드, 러시아, 우크라이나.

⑥ 101%(+1%)−노르웨이.

⑦ 108%(+8%)−호주.

⑧ 110%(+10%)−아이슬란드.

또한, 유럽연합은 교토의정서 제4조 하에 공동으로 감축할 것이 인정되고 있다. 유럽이 채택하는 공동 달성에서는 유럽연합 15개국 각각의 감축목표가 EU 지침으로 정해져 있다. 이 EU 지침 하에서는 교토의정서 수립 이전부터 기술에만 의존하는 것이 아니라 화석연료를 사용하지 않는 방법으로 화석연료 유래 배출량을 줄여온 북유럽 국가[7] 등은 교토의정서의 목표치가 느슨하게 설정되어 있는데,[8] 예컨대 스웨덴은 +4%가 인정되고 있는 등,[9] 구체적인 성과를 올리고 있는 국가에 대해서는 상응한 평가가 이루어지고 있다.

1.3. 준수

기후변화협약 및 교토의정서에 의해 정해진 의무는 그 약속이 준수될 것을 담보하기 위해 처벌규정처럼 기능하는 규정이 마련되었다. 구체적으로는 COP7 및 COP/moP1로 결정되며, 이의가 제기된 때의 심의·판단을 행하는 준수위원회가 설치됨과 동시에 미준수 시에는 다음과 같은 조치가 취해지게 되어 있다.

---

7 飯田哲也,「エネルギーと私たちの社会　デンマークに学ぶ成熟社会」, 新評論, 2002 ; グリーンタイムズ, 第6卷 第5号, NEDO ; 3 스웨덴의 수치는 EU 역내에서 할당한 목표이다. 또한 스웨덴에서는 그와 같은 EU 국가의 이해에 만족하지 않고, 예컨대 남부 베쿠쇼에서는 2010년까지 1993년 대비 50% 감축이라는 목표를 자치 단체가 독자적으로 내걸고 대응하는 등의 노력이 계속되고 있다.

8 飯田哲也, 전게서, p. 84.

9 UNFCCC 제7차 당사국총회.

1.3.1. 보고의무 미준수

기후변화협약 및 교토의정서에 의한 온실가스 배출량 관리에 필요한 각종 배출량 및 산림 흡수량의 변화를 추정하기 위한 기초적인 수치는 각국이 집계하여 보고하게 되어 있다(교토의정서 제5조 · 제7조, 정보의 고지의무). 이 보고서에 문제가 있을 경우에는 교토 유연성체제에 참가 자격을 상실한다.

1.3.2. 배출권 미준수

교토의정서에 의해 약속한 할당량을 초과하여 배출한(감축목표를 달성하지 못한) 경우에는, ⓐ 초과 배출량을 30% 증가한 후에 차기 배출권에서 공제한다(차기 감축 의무수치에 추가된다). ⓑ 배출량 거래에서 배출권을 팔 수 없게 된다.

1.4. 체약 상황

1.4.1. 발효 조건

발효 조건은 다음 두 조건을 충족해야 한다(교토의정서 제25조).[10]

① 55개국 이상의 국가가 체결.

② 체결한 부속서 I국가(선진국, 적극적으로 참가한 국가)의 총 CO_2의 1990년 배출량이 전체 부속서 I국가 총 배출량의 55% 이상.

후자의 조건에 대해 세계 제2위의 온실가스 배출국인 미국이 국내 사정에 의해 체결을 보류하고 있다.

---

10 앨 고어 부통령은 비준을 추진하는 것도, 자동차 · 전력(미국에서의 발전에는 아직까지 석탄도 많이 사용되고 있다) 등 산업계의 반대로 인해 클린턴 대통령이 비준을 포기하고, 그 다음 대통령 선거에 임했던 부시는 감축 의무의 수용을 호소하여 당선되었다. 나중에 이것을 뒤집어, 교토의정서를 거절했다. 특히 세계 최대 배출국인 미국의 부시 행정부는 강경하게 반대하고 있었기 때문에 국내 여론 및 EU 등 감축에 노력하는 측으로부터 비판을 받았지만, 최근 간신히 그 정책이 변화하기 시작했다고 지적하고 있다.

경제발전을 행하는 이상 다량의 이산화탄소를 배출하지 않으면 안 된다고 생각되었기 때문에 개도국의 자발적인 참여가 보류되어 당초 추진하던 미국도 나중에 수용을 거부하고,[11] 러시아연방도 수용 판단을 보류했기 때문에, 2004년경까지는 의정서의 발효가 진행되지 않은 상황이었다.

2004년 러시아가 비준함으로써 2005년 2월 16일에 발효되었다. 일본에서도 2005년 1월 26일 공포 및 고시되어(2005년 협약 제1호 및 외무성 고시 제58호), 2005년 2월 16일부터 효력이 발생하고 있다.

선진국 중 유일하게 교토의정서에서 이탈하고 있는 미국 정부는 산업계의 자기 경제 이익만을 추구하는 사고방식에 따라 노력을 거부하고 있다는 비난을 국내외에서 받고 있다. 마찬가지로 이탈하고 있던 호주에서는 여론의 고조로 인해 총선거에 의해 정권교체 직후 2007년 12월 3일에 비준했다.[12]

또한 일본에서는 2002년 5월 31일 국회에서 승인되고, 2002년 6월 4일 국제연합에 수락서를 기탁했다.

1.4.2. 서명 당사국 수

서명국은 84개국, 체약국은 172개국이고, 배출량은 63.7%이다. 서명 및 체결을 한 국가(81개국)는 다음 같다.

*아일랜드, 아르헨티나, 안티구아바부다, *영국, 이스라엘, *이탈리아, 인도네시아, *우크라이나, 우즈베키스탄, 우루과이, 에콰도르, 이집트, *에스토니아, 엘살바도르, *호주, *오스트리아, *네덜란드, *캐나다, 한국, 쿠바, *그리스, 과테말라, 쿡제도, 코스타리카, 사모아, 잠비아, *스위스, *스웨덴, *스페인, *슬로바키아, *슬로베니아, 세이셰루, 세인트 빈센트 그레나딘, 세인트루시아, 솔로몬제도, 태국, *체코, 중국, 칠레, 투발루, *덴마크, *독일, 트리니다드토바고, 투르크메니스탄, 니우에, 니카라과, 니제르, *일본, *뉴질랜드, *노르웨이, 파나마, 파푸아뉴기니, 파라과이, 피지, 필리핀, *핀란드, 브라질, *프랑스, *불가리아, 베트남, 페루, *벨기에, *폴란드, 볼리비아,

---

11 "ホッキョクグマ,米が絶滅危惧種に提案 温暖化政策変化(朝日新聞 2006年12月28日).
12 ラッド豪首相, 初仕事は京都議定書批准 新内閣が発足(朝日新聞, 2007年12月3日).

<표 3-1> 1990년 부속서 I 국가의 CO_2 배출비율

국가	비율
EU: 영국, 프랑스, 독일, 이탈리아를 포함한 15개국	24.2%
새로운 가입국	5.6%
루마니아 · 노르웨이	2.4%
일본	8.5%
캐나다	3.3%
뉴질랜드	0.2%
모나코	0.001%
러시아	17.4%
호주	2.3%
미국	36.1%

주 1) 발효요건은 55%인데, 현재 61.6%가 발효되고 있다.
   2) 부속서 I 국가 중, 크로아티아, 리투아니아, 슬로베니아, 우크라이나, 터키, 벨로루시는 의정서 채택 전에 국가별 보고서가 제출되지 않았기 때문에 배출 비율에 포함되어 있지 않다.
   3) 과잉하게 배출한 양을 1.3배로 하고, 제2약속기간(2013년 이후)의 총 배출권에서 공제.
   4) 준수 행동 계획을 작성하도록 함.
   5) 국제 배출량 거래에 의해 배출권을 이전하는 자격을 정지함.
자료: UNFCCC 사무국이 집계 · 공표하고 있는 자료를 근거로 작성.

*포르투갈, 온두라스, 마샬군도공화국, 말리, 몰타, 말레이시아, 미크로네시아, 멕시코, *모나코, 몰디브, *라트비아, *리투아니아, *리히텐슈타인, *루마니아, *룩셈부르크, *러시아, (*EU).

서명만 한 국가(3개국).
*미국, 카자흐스탄, *크로아티아.

체결만 한 국가(92개국).

아이슬란드, 아제르바이잔, 아랍에미리트, 알제리, 알바니아, 아르메니아, 예멘, 이란, 인도, 우간다, 에티오피아, 에리트레아, 오만, 가이아나, 가나, 카보베르데, 카타르, 가봉, 카메룬, 감비아, 캄보디아, 북조선, 기니, 기니 비사우, 사이프러스, 키리바시, 키르기스스탄, 쿠웨이트, 그루지야, 그레나다, 케냐, 코토지보와루, 콩고공화국, 콩고 민주공화국, 콜롬비아, 사우디아라비아, 시에라리온, 지부티, 자메이카, 시리아, 싱가포르, 수단, 수리남, 스리랑카, 스와질란드, 적도 기니, 세네갈, 탄자니아, 튀니지, 토고, 도미니카, 도미니크공화국, 나이지리아, 나우루, 나미비아, 네팔, 아이티, 파키스탄, 바누아투 바하마, 팔라우, 바레인, 바베이도스, 헝가리, 방글라데시, 부탄, 부루키나화소, 부룬디, 베냉 베네수엘라, 벨로루시, 벨리즈, 보스니아 헤르체고비나, 보츠와나, 마케도니아공화국, 마다가스카르, 말라위, 남아프리카공화국, 미얀마, 모리셔스, 모리타니아, 모잠비크, 몰도바, 모로코, 몽골, 요르단, 라오스인민민주공화국, 리비아, 라이베리아, 르완다, 레소토, 레바논.

주 1) *는 기후변화협약 부속세국가.
주 2) EU 회원국 중 구15개국(2004. 5 확대 전)은 EU 버블 공동 -8% 절감 약속을 부담하고 있다.

1.5. 교토유연성체제의 주요 내용

교토의정서는 여러 국가의 타협에 의해 성립되었다. 협약의 해석에 있어 합의된 조문의 배후에 존재하는 각국의 의도와 타협과 거래 등에 주의하는 것이 중요하다. 또한 의정서는 기후변화협약의 당사국 중 55개국이 비준하고 비준한 부속서 I 당사국의 1990년의 CO_2의 배출량이 부속서 I 당사국 전체의 총 배출량의 55%를 초과하는 것을 발효요건으로 하였다(제25조). 그 결과 1990년 시점에서의 각국의 CO_2 배출량에 차지하는 비율은 미국 36.1%, 러시아 17.4%, 일본 8.5%, 캐나다 3.3%, EU 24.2%이었기 때문에 어느 국가도 단독으로는 의정서의 발효를 저지할 수 없게 되었다.

교토의정서는 선진국에 기준년부터 온실가스 감축 비율을 할당하고 있지만, 목표 달성이 어려운 나라가 목표를 달성하여 배출량의 범위가 남아 있는 나라에서 배출량을 구입하고 자국의 배출량 범위에 추가하는 것을 인정하고 있다. 이 방식을 cap and trade라고 하고, 교토유연성체제의 "배출량거래"(ET)에 해당한다. 배출권거래는 원래 미국에서 발전소에서 나오는 유황산화물(SO_2)의 절감에 효과를 거둔 제도이다.

한편, 교토의정서는 선진국이 개발도상국 등에 자금과 기술을 제공하고 온실가스를 줄이는 프로젝트를 실시하고, 프로젝트에 의해 삭감된 배출량을 자국의 배출 감축량의 범위에 추가하는 것도 인정하고 있다. 이 경우, 제안된 프로젝트가 실시되지 않은 경우에 배출되었을 온실가스 배출량을 합리적으로 나타내는 시나리오를 기준선이라고 부른다. 이 기준선과 프로젝트 실시 후 온실가스 배출량의 차이를 배출감축량, 즉 배출권으로서 사업자에게 제공하는 방식으로 이를 기준선과 배출권이라고 한다. 교토유연성체제에서 말하는 "청정개발체제"(CDM)에 해당한다. "공동이행"(JI)은 이 두 특징을 가지고 있으며, 프로젝트 기준으로 삭감된다는 의미에서는 기준선과 credit 방식이지만, 선진국 간에 배출권을 교환한다는 의미는 cap & trade 방식의 특징도 겸비하고 있다.

CDM은 어떤 의미에서 배출감축 의무를 부과하지 않은 개도국 등을 포함하기 위해 편입된 구조이며, CDM으로 선진국에 이전된 배출권만큼 선진국의 총 배출권의 양이 증가하게 된다.

1.5.1. 청정개발체제

청정개발체제(CDM)란 선진국이 개발도상국에 기술·자금 등을 지원하고 온실가스 배출량을 줄이거나 흡수량을 증폭하는 사업을 실시한 결과, 줄일 수 있는 배출량의 일정량을 선진국의 온실가스 배출량의 삭감분의 일부에 충당할 수 있는 제도이다. 선진국은 적은 비용으로 삭감이 가능하며, 개도국은 기술과 자금의 공여라는 대가를 바랄 수 있는 등의 효과가 있다.

1.5.2. 배출량거래

배출량거래(ET : Emissions Trading)는 아래 4종류의 탄소배출권을 거래하는 제도이다 . "배출권거래", "배출허가증거래", "배출증거래"라고도 불린다.

AAU(Assigned Amount Unit)-각국에 할당된 배출권

RMU(Removal Unit)-흡수원 활동에 의한 흡수량

ERU(Emission Reduction Unit)-JI에서 발행되는 credit

CER(Certified Emission Reduction)-CDM에서 발행되는 credit

이러한 탄소배출권을 $1t-CO_2$ 단위로 거래한다. 배출량을 배출 범위 내로 억제한 나라나 사업에서 발생한 배출권을 초과 배출한 국가가 매입하는 것으로 배출권을 준수했다고 간주되는 것이다. 온실가스 감축이 쉽지 않은 나라는 적은 비용으로 감축이 가능

하게 되며, 감축이 쉬운 나라는 대가를 요구하고 대량의 감축을 바랄 수 있다는 두 가지 효과를 염두에 두고 있다.

교토의정서는 국가 간의 배출량 거래만을 정하고 있지만, 보다 효과적인 온실가스 감축이 가능한 국내배출량 거래도 행해지고 있다. 그러나 배출량 상한을 최초로 어떻게 공평하게 할당할지는 문제이며, 일률적으로 할당하면 이미 에너지절약을 철저히 하고 있던 기업이 손해 보는 문제가 있다. 따라서 경매방식으로 배출권을 구입하는 방식이 확산되고 있지만, 당초의 구입자금이 부담이 될 수 있으며, 가격변동에 따른 경영 리스크가 생기는 것이 문제가 되고 있다.

또한 2001년 마라케시 합의는 배출상의 권리를 부여하는 것이 아니라고 보고 있으며, 유엔도 배출의 권리라고는 인정하지 않고 있다. 본래 이 제도는 배출감축에 의한 거래상의 이익에 의해 더욱 절감 의욕을 야기할 것을 의도한 것이지만, 반대로 배출권의 설정방법에 따라 과거의 배출량이 기득권익과 같이 되게 되거나 탄소배출권의 시장 가격이 화석연료에서 재생가능 에너지로 대체 및 에너지절약 등에 의한 배출량의 감축에 소요되는 비용보다 저렴하게 된 경우 본래 필요한 노력을 억제시킬 우려도 있다고 지적되고 있다.

또한 최근 관심의 고조로 인해 제3자 기관이 인증하는 배출감축량(Verified Emissions Reduction : VER)이 민간에서 거래되도록 되었지만(탄소상쇄(carbon offset, 녹색전력증서 등을 참조), 이들은 일반적으로 교토유연성체제의 범위 외에서 이루어지는 거래이다.

1.5.3. 공동이행

공동이행(JI : Joint Implementation)은 투자선진국(출자를 하는 나라)이 호스트 선진국(사업을 실시하는 국가)에서 온실가스 배출량을 줄이고, 거기서 얻어진 감축량(Emission Reduction Unit : ERU)을 거래하는 제도이다. 즉, 선진국 전체의 총 배출량은 변동하지 않는다.

1.5.4. 흡수원 활동

흡수원 활동은 1990년 이후의 식목 등에서 CO_2의 흡수원이 증가한 분을 온실가스 배출량 삭감으로 환산하여 산입하는 것이다. 또한 흡수원인 삼림이 1990년 이후 도시화·농지화 등으로 잃게 된 분량은 배출량 증가로 산입된다. 교토의정서 제3조에 규정되어 있으며, 토지이용·토지이용변화 및 삼림부문(Land Use, Land Use Change and Forestry : LULUCF) 활동이라고도 한다.

구체적으로는 다음의 활동이 규정되어 있다(교토의정서 제3조 제3항). 즉, ① 신규식목(Afforestation 지난 50년간 삼림이 없었던 토지에 나무 심기), ② 재조림(Reforestation 1990년 이전에 삼림이 없었던 토지에 나무 심기), ③ 산림전용(Deforestation, 삼림을 다른 용도로 전환) 등이다.

이러한 영어 머리글자를 따서 ARD 활동이라고도 한다.

이 외에도, 마라케시 합의에서는 "산림관리", "방목지 관리", "식생의 관리"를 이용하는 것도 허용되었다(교토의정서 제3조 제4항). 따라서 기존의 숲에 대해서도 1990년 이후 적절한 관리를 실시하는 것으로, 그 숲을 흡수분으로 산입할 수 있게 되었다. 이것은 의무 달성을 어렵다 생각하여 녹피율(綠被率)이 비교적 높은 국가인 일본, 캐나다가 주장하여 채택된 것이다.

1.6. 감축량의 내역

1.6.1. 배출억제수치목표

1) 감축목표

부속서 I 당사국은 전체로서 대상 가스의 인위적인 총 배출량을 목표기간 중에 기준연도의 수준에 비교하여 적어도 5% 감축한다(제3조 제1항). 감축률은 부속서 B에 규정된 배출억제와 감축의 수량화된 약속에 따른다. EU 8%, 미국 7%, 일본 6%의 감축 등인데 나중에 알 수 있는 바와 같이 EU는 전체로서 감축률이며, EU 공동달성이 인정되었기 때문에 아이슬랜드와 같이 10%의 증가를 인정된 국가로부터 8%의 감축의무를 부담한 프랑스, 독일, 영국 등의 국가까지 차이화가 보인다.

2) 배출억제 대상 가스

배출억제 대상 가스는 부속서A에 열거한 온실가스인 CO_2, 메탄(CO_4), 아산화질소(N_2O), 수소불화탄소(HFCs), 과불화탄소(PFCs), 육불화황(SF6)의 6가지로 되었다. 온실가스의 감축목표는 개별 가스별로 설정하는 것이 아니라 온난화계수(GWP)을 이용하여 CO_2에 환산한 총 배출량에서 결정한다는 basket approach가 채택되었다.

3) 감축목표 산정의 기준년 · 목표기간

온실가스 감축목표 산정의 기준연도는 1990년으로 되었지만(제3조 제1항), 대상 6가스 중에서 후자의 3가스에 대해서는 부속서 I 당사국은 1995년을 기준연도로 하여 이용할 수 있다(제3조 제8항). 제1기의 목표기간으로서 2008년부터 2012년의 5년간으로 하고 5년간의 평균을 목표치로 하는 것이다(제3조 제7항).

4) 흡수원

온실가스의 계산에 있어 흡수원은 1990년 이후의 신규의 식림, 재식림과 삼림감소에 한정하고 흡수량을 산정하는 것으로 되었다(제3조 제3항).

5) 뱅킹

뱅킹이란 목표기간 중의 할당량에 비교하여 배출량이 하회하는 경우에는 그 차이에 따라 차기 이후의 목표기간 중의 해당 당사국의 할당량에 그것을 추가한다는 반복이 인정된다는 것을 말하고 의정서에서 인정되는 것을 말하고 의정서에서 인정되었다(제3조 제13항). 다음의 약속기간에서의 차임에 대해서는 인정되지 않았다.

1.7. EU 공동달성

의정서 제4조에서는 제3조에 규정된 배출량의 억제 감축의 약속을 의정서의 비준서(수락서, 승낙서 또는 가입서) 기탁 시에 공동으로 이행하는 것에 합의하고 사무국에 통보한 부속서 I 국가는 부속서A의 온실가스의 CO_2에 환산한 인위적 배출량의 총계가 각 당사국의 할당량의 총계를 초과하지 않는 경우에는 약속을 이행한 것으로 된다(제4조 제1·2항). 이와 같이 인위적인 배출량의 억제 감축의 약속을 공동으로 달성하는 방식을 EU 공동달성이라 한다. 양이 기준연도의 8% 감축을 달성하면 되며, EU 구성국은 그 합의에 기초하여 일부의 국가는 배출량을 증가시키고 다른 국가가 보다 커다란 감축비율을 인수하는 등 EU 내부에서의 차이화가 인정되었다.

1.8. 공동이행

의정서 제6조에서는 부속서 I 국가의 2개국 이상이 공동으로 프로젝트(사업)를 이행하고, 그 결과 새롭게 발생한 GHG의 추가적인 배출감축을 각각의 국가의 수치목표 달성을 위해 배분할 수 있는 제도를 규정하고 있는데 이를 공동이행이라 한다. 이 프로젝트에는 법인을 참가하게 할 수 있다(제6조 제3항), 부속서 I 국가는 (a) 관계당사국의 승인, (b) 발생원에서의 배출의 감축 또는 흡수원에서의 제거의 강화를 초래하는 추가적인 것일 것, (c) 제5조의 추계(견적)를 위한 국내 제도의 이행의무와 제7조의 정보의 제출의무를 이행할 것, (d) 제3조의 약속 이행을 위한 국내적 행동의 보충이라는 것을 조건으로 이 프로젝트에서 발생하는 배출감축 단위를 상대방 국가 간에 이전 또는 취득할 수 있다(제6조 제1항). 제1차 당사국총회 또는 그 이후 가능한 신속하게 공동이행을 위한 지침을 규정하는 것이 예정되었다(제6조 제2항).

1.9. 배출량거래

의정서 제17조에 의해 의정서의 부속서B국가(선진국과 시장경제이행국)는 제3조에 기초한 약속을 이행하기 위해 배출량거래(emissions trading)에 참가할 수 있다(제17조 제2항). 그때 특히 배출량거래(특히 그 검증, 보고와 책임)에 관한 원칙, 방법, 규칙과 지침을 당사국회의가 규정한다(제17조 제1항). 그 거래는 수량화된 배출억제감축목표(부속서B국가에 기재된 기준연도 또는 기간의 백분율로 표시된 약속)를 이행하기 위한 국내적인 행동을 보충하는 것이어야 한다(제17조 제3항). 부속서B국가는 제3조의 약속인 배출량의 억제감축비율[기준연도에 대해 8% 감축의 유럽공동체, 7% 감축의 미국, 6% 감축의 억제감축비율(기준

연도에 대해 8% 감축의 유럽공동체, 7% 감축의 미국, 6% 감축의 일본에서 0%로 하는 러시아, 8%의 호주, 10%의 아이슬랜드까지)]를 우선 국내적인 행동으로 실현하도록 노력하고, 그 부족분을 배출량거래로 보충해야 한다(보충성의 원칙). 배출량거래에 의해 실현되는 억제 감축비율에 상한(매매 가능한 배출권의 양으로 제한)을 설정할지 여부는 명확하게는 규정되지 않아 제4차 당사국총회로 연기되었다(Cap의 문제).

1.10. 개발도상국의 배출억제

Berlin Mandate에서는 의정서에 의해 GHG의 법적 구속력을 가지는 배출감축의무를 부담하는 국가는 선진국만으로 되었다. 그러나 1997년 7월 미국의회 상원에서 개도국이 참가하지 않고 미국 경제에 대해 심각한 타격을 주는 의정서 안에는 서명하지 않는다는 것을 요구하는 결의가 채택된 것에서 교토회의에서 문제가 분규된 것이다.[13]

교토회의에서 논의된 것은 첫째, 개도국에게도 배출억제를 의무화하고, 둘째, 개도국에 자발적인 배출억제를 요구하는 것이었지만(개도국의 자발적인 약속) 이들은 규정되지 않고, 셋째, 선진국에 의한 공동이행의 상대방으로서 개도국이 포함될지 여부가 쟁점이었다. 그러나 최종적으로 합의된 것은 청정개발체제(clean development mechanism : CDM)만이었다(제12조).

청정개발체제란 협약부속서 I 국가 이외의 국가가 지속가능한 개발을 달성하고 협약의 궁극적인 목적에 공헌할 것을 지원하고 부속서 I 국가가 수량화된 배출억제와 감축이라는 약속의 이행을 달성할 것을 지원하는 것이 그 목적이다(제12조 제2항). 선진국과 개도국의 프로젝트에 의해 개도국의 지속가능한 개발에 이바지하는 목적으로 실시되고 GHG의 배출감축의 일부를 선진국의 수치목표 달성에 활용할 수 있다고 한 제도이다. 향후 구체적인 방법과 절차는 당사국회의에서 규정되게 되었다(제12조 제7항). 규정되는 방법과 절차에는 프로젝트에 기초한 개도국에서의 배출감축량의 산정방법, 선진국으로의 할당분의 결정방법, 보고의 절차 등이 포함된다.

---

13 沖村理史, 전게논문, p. 181.

1.11. 각국의 대응 상황

감축의무국가 · 지역(부속서 I 국가)의 1990년부터 2005년까지 GHG 배출량의 증감 비율은 다음 표와 같다.[14]

<표 3-2> 1990년부터 2005년까지 GHG 배출량의 증감비율

국가 · 지역	온실가스 배출량의 증감비율 (1990~2005)		2012년까지 EU 역내의 목표치	의정서의 감축 의무 2008~2012년
	흡수원 활동을 제외	흡수원 활동을 포함		
EU	-1.5 %	-4.0 %	-	-8 %
독일	-18.4 %	-19.5 %	-21 %	↑
프랑스	-1.6 %	-7.1 %	± 0 %	↑
영국	-14.8 %	-15.4 %	-12.5 %	↑
아일랜드	+26.3 %	+24.9 %	+13 %	↑
스페인	+53.3 %	+59.8 %	+15 %	↑
포르투갈	+42.8 %	+40.3 %	+27 %	↑
그리스	+26.6 %	+25.3 %	+25 %	↑
스웨덴	-7.3 %	-8.2 %	+4 %	↑
덴마크	-7.0 %	-9.8 %	-21 %	↑
노르웨이	+8.8 %	-23.1 %	-	+1 %
러시아	-28.7 %	-27.7 %	-	± 0 %
우크라이나	-54.7 %	-58.7 %	-	± 0 %
일본	+6.9 %	+7.1 %	-	- 6 %
호주	+25.6 %	+4.5 %	-	+8 %
뉴질랜드	+24.7 %	+22.7 %	-	± 0 %
캐나다	+25.3 %	+54.2 %	-	- 6 %
미국	+16.3 %	+16.3 %	-	-7 %

주 1) 미국은 아직도 교토의정서를 비준하지 않기 때문에 감축의무는 부과되지 않는다.
   2) 그리스의 수치는 2006년에 제출한 자료에 의한다.

---

14 Greenhouse Gas Inventory Data (UNFCCC).

1.12. 교토의정서에 관한 논의

지구온난화 대책과 교토의정서의 본연의 자세에 대해서는 다양한 논의가 있다. 특히 GHG 감축의 구체적인 방법, 수치목표는 각국의 의견이 대립하는 경우가 많아, 개인 수준에서 논의가 있다. 또한, 교토의정서의 필요성과 효과에 대해서는 회의론(의문시하는 의견)이 전개되는 경우도 적지 않지만, 그 중에는 신뢰성이 부족한 것도 많이 포함되어 있다.

1.13. 교토의정서의 효과

교토의정서의 효과에 대해서는 다음과 같은 논의도 보인다.

가입 당시에 개도국으로 간주된 중국·인도 등이 이후 순조로운 경제발전을 이루어 비효율적인 에너지 정책으로 대량으로 GHG를 발생시켜 세계 유수의 배출국이 되어 있는데도 불구하고 아무런 의무를 부담하지 않는 것도 문제시되고 있다. 그러나 개도국의 변명인 "선진국의 결과책임에 따라 자발적으로 CO_2 배출량을 줄이는 노력의무를 개도국이 부담하는 것은 사심"이라는 의견도 강하며, 교토의정서의 다음 체계를 구축하는 작업은 좀처럼 진행되지 않고, 교토의정서는 일시적인 것으로 실패로 끝날 가능성이 높다는 의견이 있다.[15]

→중국·인도 등 이른바 개도국의 배출량이 증가하고 있는 것은 사실이지만, 2007년에는 세계 최대 배출국인 미국에 필적할 것으로 말해지는 중국에서조차 인구 1인당 배출량은 약 1/4이라[16]는 어려움도 내포하고 있다(반대로 말하면 1인당 배출량이 많은 국가의 감축의 폭이 부족하다는 것이 된다).

현단계에서 미국이 참가해도 온도 상승을 2100년까지 0.15℃ 개선하거나 2.5cm의 해수면 상승을 억제하는 정도의 효과이며, "지구온난화를 6년 정도 지연시킬 정도의 효과이다,[17] "교토의정서가 보수적으로 지켜진 가정에서도 효과는 제한적"이라는 지

---

15 全国地球温暖化防止活動推進センターデーター集(2) 日本の温室ガス排出量.
16 中国, 2006年のCO₂ 排出量は世界最大(朝日新聞, 2007年6月20日).

적도 있지만, 일정한 성과라는 등이 평가되고 있다.

1.14. 지구온난화 문제에 대한 회의론

지구온난화에 대해서는 그 신뢰성이나 영향에 대해 다양한 회의론이 보이지만, 그 경향은 몇 가지로 좁혀지고 있으며, 대체로 부정할 수 있는 것, 또는 신뢰성이 부족한 것으로 생각되고 있다.[18] 반증에 이르지 못한 것, 지구온난화의 진행 정도의 차이를 지적하는 것 등을 많이 볼 수 있어 어느 경우에도 화석연료에 기인한 GHG의 지구온난화 효과 자체를 부정하는 과학적 근거가 제시되어 있는 것은 아니다.

1.15. 교토의정서 이후의 세계

교토의정서가 정한 2012년 이후의 구조는 '포스트교토의정서'로서 국제적인 논의가 이루어지고 있는 단계이다.

미국은 국내 여론의 고조 등으로 협의에 복귀했지만, 현재의 틀에 반발하여 협약 개정을 시야에 두고 협상에 임하는 일본 · 미국 · 러시아 · 호주 등과 기존의 틀을 진행하고, 선진국 주도의 감축을 호소하는 EU 등과의 대립구조가 형성되고 있다고 지적되고 있다.[19]

또한 개도국은 선진국 측이 솔선한 감축과 기술이전 · 자금지원 등을 요구하고 있지만, 자국의 감축목표 설정 등에 대해서는 누적 배출량이 많다는 등을 지적하여, "온난화는 선진국 책임"이라며 반발하고 있다.

---

17 石田孝明, 전게서, p. 58.
18 Climate change : A guide for the perplexed (New Scientist)가 일반적인 회의론에 대한 반론을 정리하고 있다.
19 "ポスト京都" 枠組み作りへCOP13が開幕 バリ島(朝日新聞, 2007年12月3日).

1.16. 합의된 내용과 남겨진 과제

1.16.1 제4차 당사국총회에서 마라케시합의(COP7)까지

1998년에 아르헨티나 부에노스아이레스에서 제4차 당사국총회(COP4)가 개최되어 교토의정서의 상세한 내용을 압축해야 할 협상이 이루어졌다. 그러나 교토의정서에서 도입된 배출량거래, JI와 CDM의 구체화, 도상국의 참가문제와 협약의 과제의 검토가 이루어졌지만 합의에 도달하지 못하고 향후의 행동 스케줄을 규정한 부에노스아이레스 행동계획을 채택했다.[20]

이 행동계획에서는, 첫째, 자금체제, 둘째 기술개발과 기술이전, 셋째, 협약 제4조 제8·9항의 실시, 넷째, Pilot Phase로서 이행되고 있던 JI활동의 정보 제출과 Review Process의 준비, 다섯째, 교토유연성체제에 대해 작업 일정과 검토항목 리스트의 결정이 검토되었다. 의정서 제1차 당사국회의에 대한 준비로서 보고기관인 SBI와 SBSTA의 공동작업부회를 설치하고 의정서의 준수에 관한 요소의 특정 등 2000년의 제6차 당사국총회에서 결정될 것을 목표로 하였다.

1999년에는 본에서 제5차 당사국총회가 개최되어 부에노스아이레스 행동계획의 이행이 재확인되었다. 개도국이 배출억제에 자발적으로 참가하는 문제는 논의되어 또한 JI와 배출량거래에 의한 온실가스 배출의 억제감축은 국내적인 행동을 보완하는 것으로 되었지만 허용되는 정도에 대해서는 결정이 나지 않았다. IPCC 특별보고서에서 과학적 지견에 기초하여 흡수원의 취급은 제6차 당사국총회에서 결론을 내게 되었다.

2000년 11월에 헤이그에서 개최된 제6차 당사국총회(COP6)에서는 온실가스 감축을 위한 구체적인 제도 형성은 실패로 끝났다. 제6차 당사국총회에서는 엄버렐라 그룹(일본, 미국, 캐나다, 호주, 뉴질랜드, 러시아, 우크라이나, 노르웨이, 아이슬랜드 9개국), EU와 도상국의 3협상 그룹이 존재하고 개도국지원, 교토유연성체제(배출량거래, 공동이행, 청정개발체제), 흡수원과 준수규정 등 네 가지의 논점과 관련하여 복잡한 대립관계와 그룹 내에서의 불일치도 구체화하였다.[21]

---

20 田邊敏秋, 「地球温暖化と環境外交-京都会議とその後の展開」, 時事通信社, 1999, pp. 262-269.

2001년 3월에는 미국 부시 대통령이 교토의정서에서의 이탈을 표명하였다.[22] 일본 등은 미국에 의정서와 관련된 협의에 대한 복귀를 작동시켰지만 EU와 개도국은 미국을 제외하더라도 의정서의 조기발효를 목표로 해야 한다고 주장하였다. 그와 같은 상황 하에서 2001년 7월에 본에서 제6차 당사국총회의 재개회의가 개최되어 본합의(Bonn Agreement)가 성립하였다.[23]

교토유연성체제에 관한 합의는 첫째, 그 활용이 수치목표의 달성을 위한 국제조치에 대해 보충적이며, 둘째, 배출량거래에 의한 과도한 매출방지를 위하여 할당된 배출 범위의 일정 부분을 유보할 것, 셋째, JI, CDM으로서의 원자력발전에서 획득된 배출 범위를 감축목표로 이용하는 것에 대해서는 보류하기로 되었다.

삼림관리에 의한 흡수원(sink)에 관해서는 각국별로 상한을 두게 되며, CDM 흡수원의 대상으로서 신규 식림과 재식림이 인정되었다. 개도국은 기후변화협약 이래의 약속인 선진국에 의한 자금 협력과 기술이전이 이루어져야 한다는 점에서는 일치하고 있었다. 그러나 중국과 인도와 같은 GHG 대배출국은 자국의 배출감축에는 반대이며, 사우디아라비아 등의 산유국은 발생할 수 있는 경제적 타격에 대한 보상을 요구하고, 군소도서국가는 신속한 대책을 요구하며, 후발개도국은 빈곤의 박멸이 최대의 문제라고 주장하여 멕시코와 한국과 같이 OECD에 가입한 여러 국가의 이해와 대립된 것이다.

준수에 관해서는 감축목표를 달성할 수 없었던 경우 초과된 배출량의 1.3배를 차기 배출량에서 공제할 것, 또한 준수위원회의 구성은 집행부와 촉진부의 각 10명으로 구성되며, 의견일치 방식으로 결정하는 것이 합의되었다.

마라케시에서 개최된 제7차 당사국총회(COP7)는 최대의 초점이었던 교토유연성체제에 관한 원칙이 합의되어 마라케시합의(Marrakesh Accord)가 채택되었다.[24]

21 COP 6의장이었던 네덜란드의 환경장관인 브롱크에 의한 조정안에 기초한 조정이 계속되었지만 흡수량과 관련하여 EU 내부에서의 대립이 발생하여 조정은 실패로 끝났다. 高村ゆかり・龜山康子,「地球温暖化の政治学」, 信山社, 2002, p. 54.

22 高村ゆかり・龜山康子, 전게서, pp. 54-57.

23 西井正弘, "氣候変動枠組み条約京都議定書",「法学教室」, 第252号, 2001, pp. 2-3.

24 高村ゆかり・龜山康子, 전게서, pp. 66-69.

1.16.2. 2001년 마라케시합의와 그 이후의 전개

1) 마라케시합의

2001년의 마라케시합의는 정치적인 합의의 결과로서 유연하며 이용 가능한 것으로 되었지만 나중의 합의에 남겨진 미해결의 과제도 많았다.

교토유연성체제에 대한 참가자격을 정지하는 구체적 기준으로서 제7조 제1항 하에서의 연차보고가 제출되지 않은 경우와 제출되어도 불완전한 경우라는 것에 합의가 성립하였다.[25] 그러나 자격을 상실한 당사국은 준수위원회의 집행부가 문제가 미해결이라고 결정하지 않는 한 해당국의 요청에 의해 참가자격을 회복하는 것으로 되었다. 의정서의 의무불이행에 대한 조치는 당사국총회의 결정에 따르거나 아니면 의정서 개정을 요구하는지에 대해 의정서 발효 후 최초로 개최되는 제1차 당사국총회에서 결정하는 것으로 되었다.

흡수원에 대해서는 러시아가 그 상한치의 대폭 인하를 주장하여 인정되었다. 개도국에 의한 새로운 약속에 관한 프로세스는 개도국의 반대로 연기되었다. 협약 하에서 특별기후변화기금(SCCF)과 후발개도국기금(LDCF), 또한 교토의정서 하에 교토의정서적응기금(KPAF)을 설치하는 것에 대해 합의를 보았다.

2002년에는 남아프리카의 요하네스부르크에서 지속적 발전을 위한 세계정상회담이 개최되었는데 기후변화협약·교토의정서와 관련된 미해결 문제에 대해서는 각국의 견해 차이가 커졌다.

2) 교토의정서의 발효와 제1회 가입국회의

러시아의 비준에 따라 교토의정서는 2005년 2월 16일에 발효요건(제25조)을 충족하여 효력을 발생하였다. 2005년 11월 28일부터 12월 9일까지 몬트리올에서 기후변화협약 제11차 당사국총회(COP11)와 교토의정서 제1차 당사국총회(COP/CMP1)[26]가 개최되었다. 2005년 9월에 개최된 각료준비회의와 의장국 캐나다의 이니셔티브와 각국의 협력에 의해 교토의정서의 운용규칙이 확립되고, CDM의 개선 등이 합의됨과 동시

---

25 高村ゆかり·龜山康子, 전게서, pp. 182-183.

에 협약 프로세스 하에서 모든 국가의 참가에 의한 기후변화에 대응하기 위한 장기적 협력을 위한 행동에 관한 대화(Montreal Action Plan)가 성립하여 그 개시가 COP11에서 결정되었다.[27]

교토의정서의 운용규칙에 관해서는 교토의정서의 실시에 관한 마라케시합의를 포함한 21의 결정이 이루어졌다. 그 중에는 삼림 등의 흡수원에 관한 산정규칙, 교토유연성체제에 관한 규칙과 교토의정서에 기초하여 배출흡수량의 추계·심사에 관한 규칙 등이 포함된다. 교토의정서의 수치목표의 불준수에 대해서는 배출초과분의 1.3배를 차기 약속기간의 할당량에서 공제하는 등의 불준수조치, 배출량거래에 의한 이전의 금지 등의 절차와 준수위원회에 관한 결정(법적 구속력 없음)과 JI에 관한 제6조 감독위원회가 설치되어 각 위원의 선출이 이루어졌다. CDM에 관해서는 구체적 개선책이 채택되고 그 이행이 가속화되었다.

미국 등 교토의정서 미비준국과 감축의무를 부담하지 않는 도상국도 포함한 모든 국가의 참가 하에 장래 대화를 하는 장소가 설정되었다. 또한 2013년 이후의 제2약속기간에 대해 의정서 제3조 제9항에 기초한 검토의 개시와 의정서 제9조에 근거한 교토의정서의 재고작업의 개시에 대해 합의했다. 또한 기후변화에 의한 악영향에 긴급하게 대처하는 필요성을 강조하는 군서도서국가 등이 주장하는 적응대책에 대해서는 2004년 제10차 당사국총회에서 채택된 적응대책과 대응조치에 관한 부에노스아이레스 작업계획에 기초하여 적응에 관한 5개년계획이 책정되어 논의가 계속되게 되었다.

3) 2009년 코펜하겐합의와 그 의미

2005년의 제11차 당사국총회 이후 교토의정서 제1약속기간 종료 후(2013년 이후)의 국제적인 틀에 대해 협상이 이루어졌다. 협약(UNFCCC) 하에 설치된 협약작업부회(AWG-LCA)와 교토의정서 하에 설치된 의정서작업부회(AWC-KP)가 2009년까지 작업

---

26 교토의정서의 가입국회의는 협약의 최고기관인 가입국회의는 이 의정서의 가입국의 회의로서의 역할을 담당한다고 되어 있으며(의정서 제13조 제1항), 협약의 가입국이며 의정서의 비가입국은 옵저버로서 참가할 수 있다(동조 제2항). 이 의정서의 당사국총회로서의 역할을 담당하는 당사국총회(Conference of the Parties serving as the meeting of the Parties to this Protocol)의 약칭은 종래 COP/MOP라는 표현이 이용되었지만 기후변화협약 사무국의 홈페이지에서는 COP/CMP 또는 CMP라는 약칭이 사용되고 있다. http://unfccc.int/

27 2005년의 COP 11과 CMP1(몬트리올)은 40 이상의 결정을 채택하고 종료하였다. http://unfccc.int/meetings/cop_11/items/3394.php

결과를 보고하는 것으로 되었다.[28] 전자는 미국을 포함한 선진국이 합의한 CO_2를 2050년까지 적어도 50% 감축한다는 장기목표를 협약 하에서의 협상에서 합의하는 것을 목표로 하였다. 또한 후자는 의정서의 제2약속기간(2013년 이후)의 감축목표를 결정하는 것으로 되었다. 그러나 어느 작업부회도 합의는 도달하지 못하고 제16차 당사국총회에서 작업을 계속하기로 되었다. 2013년 이후의 틀이 어떤 것인지, 미국 등의 교토의정서 미비준국은 그 틀에 포함되는지, 도상국의 온실가스 감축의무는 어떻게 규정되는지 등은 미해결 상태이다.

2009년 12월 18일에 코펜하겐에서 다수의 국가원수와 정부수장의 참가 하에서 개최된 정상회의는 코펜하겐합의(Copenhagen Accord)에 합의하였지만, 현재의 행동지침으로서 채택된 것이며, 그 구속력을 부정하는 의도의 것이었다.[29] 또한 제15차 당사국총회의 전체회의에서 당사국총회는 코펜하겐합의를 채택하는 것이 아니라 유의하는 것에 그쳤다.[30] 합의의 주요한 내용은 ① 세계의 기온 상승이 2도 이내로 그쳐야 한다는 과학적 견해를 인식하고, 장기의 협력적 행동을 강화하는 것(제1항), ② 부속서 I 국가는 2020년의 감축목표를 부표 I 의 양식에 따라 또한 비부속서 I 국가는 감축행동을 부표 II 의 양식에 따라 2010년 1월 31일까지 사무국에 제출할 것(제4항, 제5항), ③ 부속서 I 국가의 감축행동과 비부속서 I 국가가 지원을 받아 행하는 감축행동은 국제적인 계측 · 보고 · 검증(measurement, reporting, verification: MRV)의 대상이 되며, 비부속서 I 국가의 자발적인 감축행동은 국내적인 MRV를 거쳐 국제적인 협의 · 분석의 대상으로 되는 것(제4항, 제5항), 선진국은 개도국에 신규이며 추가적인 자금공여를 공동으로 이행하는 것과 조달하는 것을 약속하고, 협약의 자금공여이행기구로서 코펜하겐록의 기후기금(CGCF)의 설립을 결정하는 것(제8항) 등이었다.

---

28 AWG-LCA(장기적 협력적 활동에 관한 특별작업부회)는 2007년의 발리행동계획에 기초하여 협약 하에 설치되어, ① 공유의 비전, ② 선진국과 도상국의 완화, ③ 적응, ④ 기술, ⑤ 자금문제를 논의한다. AWG-KP(교토의정서 하에서의 부속서 I 가입국의 추가적인 약속에 관한 특별작업부회)는 부속서 I 국가의 제1약속기간(2008-2012년) 후의 기간의 약속에 대해 검토한다. 후자는 교토의정서 제3조 제9항에서 약속기간 만료 전 적어도 7년 전에 검토를 개시한다고 되어 있으며, 2005년에 설치되었다. 양 작업부회의 역할이 구별된다고는 하지만 일체적 논의가 필요한 문제에 대해 두 가지의 트랙에 의한 기후변화협상이 이루어지고 있는 점도 문제이다.

29 The Heads of State, ...Have agreed on this Copenhagen Accord which is operational immediately.

30 Decision1/CP.15,FCCC/CP/2009/11/Add.1,
    http://unfccc.int/resource/docs/2009/cop15/eng/11a01.pdf#page=

1.17. 남겨진 과제

세계 각국의 에너지기원의 CO_2 배출량은 2007년에는 289.6억 톤(CO_2 환산)이며, 중국(21.0%)은 미국(19.9%)을 누르고 세계 최대 배출국이 되었다.[31] 교토의정서의 제1약속기간(2008~2012)이 종료되는 현재 2013년 이후에 대해 합의가 되어 있는 것은 아니다. 또한 삼림 등의 흡수원에 대해서도 개도국과 선진국의 이해가 완전하게 일치하고 있는 것도 아니다. 또한 기후변화에 관련하는 개도국지원을 위한 기금에 대해서는 그 운용기준과 자금관리기구에 대한 일치가 보이지 않는다. 더욱이 국제항공과 국제해운에서 배출되는 CO_2, 즉 국제 벙크유 기원의 CO_2 배출량에 대해서는 선진국과 개도국 간 논의 방법에 대해 의견 일치를 보이지 않고 있다.[32]

2track 방식으로 기후변화협약에 노력하고 있는 국제사회이지만 선진국이나 개도국에도 일정한 이익을 창출하는 것이 예상되는 제도와 운용규칙에 대해 2012년까지 합의가 달성될지 여부가 주목되는 점이다. 향후 지구온난화를 방지하는 것에 일치가 이루어질지는 의문이다.

2. 배출권거래제도

2.1. 개요

CO_2 배출권거래제도(ETS)는 선박별로 연간 배출허용량을 정하고 그 이상 배출 시 배출권을 구입하고, 그 이하로 배출 시는 배출권을 팔 수 있도록 하는 제도이다. 시행할 경우에는 선박의 배출량을 정하고, 매년 배출량을 보고하는 절차가 필요하다.

이 제도의 도입에 찬성하는 국가는 덴마크, 핀란드, 프랑스, 독일, 네덜란드, 뉴질랜

---

31 2007년의 이산화탄소배출국은 3위 EU 27개국(14.7%), 4위 러시아(5.5%), 5위 인도(4.6%), 6위 일본(4.3%)이다. IEA, CO_2 Emission from Fossil Fuel Combustion, 2009.

32 相澤智之, "國際バンカ-油(國際航空・國際海運)", 高村ゆかり・亀山康子,「地球温暖化交渉の行方」, 信山社, 2005, pp. 93-101.

<표 3-3> 제안된 배출권거래제도의 개요

	유럽위원회	노르웨이	프랑스	독일
거래제도의 형태	총량제한거래 방식	총량제한거래 방식	총량제한거래 방식	총량제한거래 방식
할당 대상	선박, 운항업자 또는 선주	선박(400G/T 이상의 외항선)	선박(400G/T 이상의 외항선)	선박(400G/T 이상의 외항선)
할당 방법	경매 또는 무상배포	경매	경매	경매
모니터링 방법	-	BDN을 근거로 배출량을 산정, 기항국이 검사	BDN을 근거로 배출량을 산정, 기항국이 검사	BDN을 근거로 배출량을 산정, 기항국이 검사 (기국관리)
외부신용의 이용	-	Open System	-	Open System
경매의 수익	제도운영비용	해운 R&D, 개도국지원	제도운영비용, 개도국지원, 해운 R&D	해운 R&D (제도 참가자에게 환원)

자료: 이기상(2009), 전게논문, pp. 98-99 ; 한국해사문제연구소, 전게논문, p. 63 ; 大串卓失, 전게서, p. 3을 참조로 작성.

드, 노르웨이, 스웨덴, 영국, 일본이었는데, 이 제도에 대해 이들 국가에서는 시행이 가능하고 시도할 가치가 있는 제도라고 하였다. 이 제도의 도입에 반대하는 국가는 인도, 중국, 바하마, 사우디아라비아였는데, 그들의 주장은 이 제도를 도입한다면 선진국(부속서 I국가)에만 적용되게 되어, 모든 국가에 적용한다는 UNFCCC의 원칙에 위반된다는 것이었다.

유럽위원회 · 노르웨이 · 프랑스 · 독일은 자세한 내용에 대해서는 조금씩 다르지만 2008년에 국제해운의 배출권거래제도를 제안하였다. 이들 제안의 개요를 정리하면 〈표 3-3〉과 같다.

〈표 3-3〉에서 각국 제안의 특징은, 첫째, 제도의 형태가 총량제한거래(cap and trade) 방식이라는 것이다.[33] EU는 2005년 1월 1일부터 육상의 1,000여 곳(CO_2 배출업소의 약

---

[33] T. Athanasiou & P. Baer, op.cit., p. 105 ; 大串卓失, 전게서, p. 3.

50%)의 대량배출 산업체를 대상으로 CO_2 배출권거래제도를 시행하였다. 시행방식은 총량제한거래 방식이다. 이 방식은 모든 업체들이 전체적으로 배출량 총량을 먼저 정하고, 그 총량에서 개별업체가 배출할 수 있는 배출량(할당량)을 할당받아서 그 범위 내에서 배출하도록 하는 것이다. 각 업체의 배출실적을 보고하도록 하고 있다. 이 방식은 배출권의 총량을 결정하기 위해 제도를 실시하는 연도(또는 기간)의 총 CO_2 배출량을 확정할 수 있다는 이점이 있다.

개별업체들은 할당량 이하로 배출 시 잉여분을 팔 수 있다. 1톤의 CO_2를 1배출권(European Union Allowance : EUA)이라 하고, 이것이 거래단위가 된다. 1배출권은 20~25유로 정도의 가격으로 거래되고 있다. 거래량은 2005년 72억 유로, 2006년 181억 유로, 2007년 115억 유로로 상당히 증가 추세이다. EU의 탄소배출권거래제도에 EU 회원국 모두가 참여하고 있으며, 2006년 12월 20일에 유럽위원회는 항공 분야에도 EU배출권거래제도를 포함할 것을 제안하여 검토 중이다. EU로 오가는 모든 항공기는 2012년까지 포함될 것으로 기대하고 있다. 2007년 10월 10일에 유럽위원회는 선박의 GHG 배출감축을 새로운 전략으로 채택하여 검토 중이고, 2008년 1월 23일에 유럽위원회는 더 많은 산업 분야(알루미늄 및 암모니아 생산자)를 포함할 것을 제안하여 검토 중이다.[34]

한편 배출권거래제도에는 총량제한거래 방식 이외에도 배출감축량계산단위(base line and credit) 방식이라는 것이 있는데, 이것은 배출권거래를 실시할 때 CO_2 배출을 금지할 수 없는 장소와 대책이 있을 때에 이 방식을 이용한다. 이것을 배출감축량계산 방식이라 부르고 있다. 개도국과 같이 감축의무가 없는 국가에서는 CDM이 실시된다. 이 방식에서는 배출감축활동을 실시한 경우에 감축활동분의 크레디트를 부여받게 된다. 따라서 배출감축 의무가 없는 곳이라도 CO_2 배출감축활동 실시를 재촉할 수 있다.[35]

둘째, 선박(특히 400톤 이상의 선박)이 배출권의 할당 대상으로서 선정되어 있다는 것을 들 수 있다. 이것은 배출권 등의 관리를 용이하게 하기 위해서이다. 국제해운산업에서는 선박의 소유자와 운항자의 국적이 다른 경우가 많으며, 또한 용선계약이 이루어

---

34 김수이, 전게논문, pp. 41–42.
35 손우식 · 박명섭, 전게논문, pp. 181–182 ; 안건형, 전게논문, p. 211, p. 217.

짐에 따라 운항자의 국적도 빈번하게 변경되고 있다. 이 같은 국제 해운산업 특유의 산업구조에 따라 배출권의 관리 주체를 선사(운항자)보다도 선박별로 하는 쪽이 CO_2 배출권의 소유량과 실제 CO_2 배출량의 확인이 용이하게 된다. 또한 400톤 이상의 선박은 국제해양오염방지협약(MARPOL) 부속서VI의 적용대상이며, 검사 · 인증제도가 확립되어 있는 것도 선박이 할당 대상으로 열거되는 하나의 요인이다. MARPOL은 조기 발효를 위하여 별도의 협약으로 제정하지 않고 기존의 해양오염방지협약인 73/78 MARPOL의 새로운 부속서로 채택되었으며, 이 협약의 발효 시기는 MARPOL 협약당사국 15개국 수락 및 수락한 국가의 선복량이 전 세계 상선선복량의 50% 이상의 조건을 만족한 후 1년 이후로 되어 있다. 그러나 질소산화물(NOx) 배출규제 및 선내 소각기의 경우에는 2000년 1월 1일 이후에 건조된 선박 또는 탑재되는 경우에 적용된다.[36] 검사 내용은, (1) 총톤수 400톤 이상의 모든 선박 및 고정식 또는 부양식 굴착 리그(rig) 또는 플랫폼(platform)은 다음의 검사를 받아야 한다. (a) 선박에 대한 증서가 최초로 발급되기 전에 행해지는 최초검사, 이 검사는 설비, 장치, 설치물, 배치 및 재료가 부속서에 정하는 관련 요건에 적합해야 하며, (b) 주관청이 정하는 5년을 넘지 않는 간격으로 행하여진 정기검사, 이 검사는 설비, 장치, 설치물, 배치 및 재료가 부속서에서 정하는 관련 요건에 완전히 적합해야 한다. (2) 총 톤수 400톤 미만의 선박인 경우, 주관청은 부속서가 적용 가능한 규정에 적합한 것을 확인하기 위하여 적당한 조치를 결정할 수 있다.

여기서 제안된 배출권거래제도의 문제점은 크게 두 가지이다. 첫째, CO_2 배출권의 총량을 어떻게 결정하며 또한 결정한 배출권을 어떤 방법으로 배분하는지이다.[37] 어느 쪽도 각 선박의 비용부담의 정도와 관련되는 문제이므로 논의가 나누어지는 일이 많다. 둘째, 관리와 절차상의 부담이 크다. 선박별로 배출권을 관리하기 위해 관리와 절차에 필요한 비용과 인적 부담이 선사를 주체로 하는 경우보다도 많다. 이 비용과 인적 부담은 중소 선사에 문제가 될 수 있다.

현시점에서는 위의 네 가지 안은 제안의 단계이다. 이 제안 내용이 그대로 실시로 옮

---

36 김태윤, 「교토의정서상 선박용 연료사용으로 인한 온실가스 배출량의 감축규제의 국제법적 적법성」, 전계논문, pp. 135-136 ; 김태윤, 「교토의정서 이후 코펜하겐기후협약상 선박용 연료사용으로 인한 온실가스 배출량의 감축규제가 우리 해양수산업계에 미칠 영향」, 전계논문, p. 6, pp. 16-17 ; 박상호 · 김인수, 전계논문, p. 770.
37 이 문제는 일반적으로 배출권거래제도를 논의할 때 지적되는 문제의 하나이다.

겨지는 것은 아니다. 하지만 여기서 유럽위원회가 배출권거래제도를 제안하고 있다는 것에 착안할 필요가 있다. 왜냐하면 유럽에서 2005년부터 실시하고 있는 EU-ETS 규칙 중에는 EU 참가국가의 재량에 의해 이 규칙에 새로운 분야를 편입하는 것이 가능하게 되는 조항(2003/87/EC 제24조)이 이미 규정되어 있기 때문이다. 즉 EU는 EU 가맹국의 동의를 얻으면 국제해운을 EU-ETS에 편입할 수 있다. 이 의미에서 국제해운에서 배출되는 CO_2의 관리·억제책으로서 배출권거래제도는 유력한 후보라고 할 수 있다.

우리나라의 이해득실 여부에 대해서는 현재로서는 판단하기 어려운 실정이다. 선박에서 GHG를 감축하는 국제 추세에 맞추어 나가기 위해서는 선박의 배출권거래제도 도입에 찬성하지만, 육상의 배출권거래제도와 연계에는 반대하는 입장이다.[38] 배출권거래제도와 후술하는 탄소세제도에 대하여는 전문가의 연구를 통해 향후 대응방안을 마련해야 할 것이다.

2.2. 배출량거래의 개념

환경이란 재화(예컨대 GHG 배출)에 가격을 부가한 것이며, 경제 주체에 환경이라는 재화의 사용량을 자주적으로 감소시키도록 방향을 부여하는 것을 경제적 수단이라 한다.[39] 경제적 수단이 실행되면 선주는 환경을 사용하는 것에 대한 지급을 요구받게(또는 환급을 받음) 되므로 비용이 증가한다(또는 이익을 취득한다). 이 비용증가를 회피(또는 이익취득을 추진)하기 위해 선주는 에너지절감 등의 행동을 취하게 될 것이다.

GHG를 감축하기 위한 경제적 수단으로서는 탄소세, 보조금, 그리고 배출권거래제도를 들 수 있다. 예컨대 CO_2를 줄이기 위해 연료에 부과하는 세는 CO_2를 사용하거나 배출하기 위한 가격을 고정하고 CO_2 배출량을 결정하는 수단[40]이다. 그리고 배출권거래제도는 우선적으로 CO_2 배출량을 고정하고 CO_2를 사용하거나 배출하는 가격을 결정하는 수단이다. 따라서 과징과 배출권거래제도는 반대의 메커니즘으로 작용하고 있다.

---

38 이기상, 전게논문, p. 99.
39 T. H. Tietenberg, Emissions Trading: Principles and Practice, 2nd ed., RFF Press, 2006, pp. 27-28.
40 보조금은 CO_2를 감축하는 가격을 고정하고 CO_2 배출량을 결정하는 수단이다.

세금·과징의 구체예로서는 독일, 이탈리아, 영국 등이 1999~2001년에 도입한 지구온난화대책세금을 들 수 있다. 또한 최근에는 캐나다의 브리티시 컬럼비아(British Columbia)주에서 2008년 2월에 세수중립형의 탄소세가 도입되었다.[41] 보조금제도로서는 2001년부터 실시되고 있는 자동차세의 녹색화를 들 수 있다. 배출권거래제도의 구체적인 예는 다수 있다. 예컨대 교토의정서에서 규정된 배출권거래제와 청정개발메커니즘(Clean Development Mechanism : CDM), 공동이행(Joint Implementation : JI)이 있다. 이들은 교토의정서에서 인정된 제도로 동 의정서에서는 GHG배출량의 목표를 달성할 것을 선진국에 요구하고 있는데, 즉 국내에서의 배출을 감축할 뿐만 아니라 개도국에 지원을 실시하는 조치를 강구하고 있다. CDM은 동 의정서에서 GHG의 배출 억제 의무가 없는 개도국에서 GHG 배출감축 사업을 실시할 경우 배출감축 크레디트(credit)를 투자국이 수령하는 구조로 되어 있다. CDM은 개도국에 대해 에너지감축 등으로 GHG 배출을 억제하기 위한 사업을 실시하고 있다. 기술과 자금의 문제 등에서 개도국 독자로는 실시가 불가능한 사업이 프로젝트로서 실시되게 되어 개도국으로서는 환영할 만한 프로그램이다. 한편 투자국 측으로서도 배출량 발생 억제를 자국뿐만 아니라 타국에서도 행할 수 있어 배출감축의 기회가 증대되어 보다 저렴하게 교토의정서의 목표를 달성하는 것이 가능하게 된다. 기업으로서는 이 배출감축 크레디트가 매매되는 것이므로 새로운 투자 사업으로 주목을 받고 있다. CDM은 투자국이나 개도국에서도 서로 이점이 있는 프로그램이다. 이 같은 Win-Win의 관계를 창출하는 CDM은 촉진되고 실시되어야 하겠지만 CDM은 하나의 커다란 문제점이 있다. 그것은 GHG의 감축을 꾀할 수 없다는 것이다. CDM은 개도국에서 실시되지만 개도국은 교토의정서상 GHG의 배출을 억제하는 목표가 없기 때문에 CDM만이 진전될 경우 선진국에서의 GHG감축이 소홀해지기 때문이다.[42] 또한 JI는 선진국 간에 이루어지는 CDM을 말한다.

이들 경제적 수단의 특징으로서 과세액과 배출권 총량을 적절하게 설정할 수 있으면 기술적 수단보다도 사회 전체로서 낮은 비용으로 GHG 감축을 달성할 수 있다. 더욱

---

41 Ministry of Finance, British Columbia, Carbon Tax Guarantees Tax Cuts for British, 2008. http://www.gov.bc.ca/fin

42 大串卓失, 「なるほど圖解 排出權のしくみ」, 中央經濟社, 2009, p. 12.

이 수단별로 유리한 점이 존재한다. 탄소세는 오염자 부담의 원칙과 일치되며 세수를 획득할 수 있다. 배출권거래제도는 GHG 배출량을 결정할 수 있으며, 정부가 기업의 기술에 관한 정보를 수집하지 않아도 되는 것 등이다.

한편으로 많은 결점도 있다. 그 중에서도 경제적 수단에 공통된 결점으로는 보조금 이외에 사회의 수용성이 낮은 것을 들 수 있다. 즉 수단을 실시하는 단계에서 많은 반대가 주장되어 실시되지 못하는 경우도 많다. 특히 과세·과징에 관해서는 이 경향이 강하다. 이 이외에 적절하게 탄소세, 배출권 총량이 설정되지 않게 되면 사회적 손실과 과징금, 배출권 총량의 산정에 어려움이 있다.

CO_2 배출량거래 또는 배출권[43]이란 "이산화탄소(CO_2) 등 지구온난화의 원인이 되는 가스를 배출하는 권리로, 이것을 국가 또는 기업 간에 매매로 거래하는 것"이다.[44]

지구온난화란 대기에서 CO_2 등의 방출량이 증가하기 때문에 지구 전체의 평균 기온이 상승하는 현상을 말한다. CO_2는 주로 석유 등 화석연료의 연소에 의하여 배출된다. 인류가 지금과 같은 정도로 화석연료를 소비하고 경제활동을 해 나간다면, 100년 후 지구의 평균 기온은 5℃ 정도 상승할 것이라는 보고도 나와 있다. 온난화가 진행되면 자연 생태계에 큰 영향을 미치게 된다. 즉, 지구온난화는 해수면의 상승, 수많은 생물의 멸종, 나아가 수해, 이상 기상 등의 발생 주요인이 될 가능성이 높다.

그래서 1997년 교토의정서에서 "선진국 전체의 온난화 가스 배출량을 1990년 배출량의 5% 정도 감축한다"라고 목표가 정해졌다. 그 후에 나온 것이 "CO_2 배출량(권)거래"라는 개념이다. 감축목표를 달성 못하는 나라가 감축 목표량을 위하여 배출 한도가 남아 있는 나라에서 미달분을 매입하는 시스템이다.

또한 일반적으로 화석연료의 채석, 수입, 정제 등에서 이루어지는 거래량의 실행을 "상류형(上流形) 거래", 화석연료의 최종 소비에서의 거래를 "하류형(下流形) 거래"라고 부른다.

---

43 최근 일본에서는 배출량거래라고 부르는 일이 많다.

44 Dales, J. H. Pollution, Property and Prices, University of Toronto Press, 1968 등에서 제창되어 1970년대 이후에 정식화되었다.

2.3. 경위

2.3.1. 유황산화물에서 온실가스로

1990년대 초반부터 미국에서 유황산화물의 배출증거래가 이루어졌다(국내배출증 거래제도). 대기오염 및 산성비의 원인이 되는 유황산화물(SOx)에 배출권을 정한 뒤, 배출권을 하회한 자가 그 감축분에 부가가치를 붙여 배출권을 상회한 자와 거래하는 것으로 유황산화물의 배출량 감소에 크게 기여했다고 볼 수 있다.

미국은 이러한 경험을 바탕으로 교토의정서의 책정협상 시에도 배출거래제도의 도입을 강하게 요구한 경위가 있다. 미국은 이후 교토의정서에서 이탈했지만, 배출거래제도는 교토 메커니즘으로 편입되었다. 이것은 배출권의 대상을 온실가스로 바꾸어 대상을 국가 단위로 바꾼 것이다.

2.3.2. 교토유연성체제의 배출거래

교토의정서 제17조 및 마라케시합의는 부속서 I 국가(교토의정서 서명·당사국 수의 서명 및 체결을 행한 국가 중, *가 붙어 있는 국가)들 사이에서 탄소 크레디트(Carbon Credit)를 거래하는 것을 인정하고 있다.

탄소 크레디트는 4가지 종류가 있으며, 각국이 가진 배출권에 대한 감축량인 초기할당량(Assigned Amount Unit : AAU), 각국이 흡수원 활동으로 얻은 흡수량(Removal Unit : RMU), 청정개발체제 사업에서 얻은 인증배출감축량(Certified Emission Reductions : CER), 공동이행 사업으로 얻은 배출감축단위(Emission Reduction Units, ERU)로 나뉜다.

탄소상쇄 등에 사용되는 인증배출감축량(CER)은 교토의정서에서 규정된 개발도상국에 대한 지구온난화 대책을 위한 기술·자금지원 체계인 청정개발체제(CDM)의 원칙에 근거하여 GHG를 절감하고 배출감축량에 따라 발행되는 유엔인증크레디트를 말한다. 인증은 제3자의 인증기관이 실시하게 된다.

부속서 I 국가 또는 그 국내 기업 등은 배출권의 배급을 받는다. 탄소 크레디트를 가미한 최종 배출량이 배정된 배출권을 밑돌고 있는(또는 밑돌 전망의) 국가와 기업, 탄소 크레디트를 가미한 최종 배출량이 배분된 배출권을 초과하고 있는(또는 웃돌 전망의) 국가와 기업 사이에서 배출권을 매매할 수 있다.

2.3.3. 국내배출거래에 응용

이 견해는 국내(역내)배출거래로도 활용되고 있다. EU 역내에서는 덴마크와 영국, 독일 등이 국내배출거래제도를 마련하고 있지만, 2005년 1월 EU 역내 공통의 거래시장으로 기능하는 EU ETS(EU Emissions Trading Scheme)가 창설되었다.[45]

또한 연방정부가 교토의정서에서 이탈한 미국에서도 주 단위로 교토의정서를 비준하는 등 기후변화 대책에 대응하는 주도 적지않지만, 그 일환으로 배출거래를 도입하는 움직임이 보이며, 북동부 11개 주(코네티컷, 메인, 매사추세츠, 뉴햄프셔, 로드아일랜드, 버몬트, 델라웨어, 뉴저지, 펜실베이니아, 메릴랜드와 뉴욕)나 서부 5개 주(캘리포니아, 오리건, 워싱턴, 애리조나, 멕시코) 등에서는 실제로 검토 내지 결정되고 있다. 이 외에 주마다의 대응이 선행하는 것에 위기감을 느낀 산업 분야에서도 독자적인 대응을 하게 됨에 따라 2007년에 기업단체(United States Climate Action Partnership : USCAP)를 설립하고 연방 전체에 적용되는 배출거래제도의 제정에 주도권을 취할 수 있도록 장려하고 있다.[46]

2.4. 목적 및 효과

배출거래제도가 도입된 배경에는 온실가스 배출량을 일정량 줄이기 위한 비용이 국가 및 산업유형에 따라 차이가 있는 것을 들 수 있다. 예컨대, 미개발 기술을 이용하여 경제활동을 하고 있는 개발도상국은 이미 선진국에서 사용되고 있는 기술을 도입하면 온실가스를 줄일 수 있기 때문에 비교적 적은 비용으로 끝낼 수 있다. 한편, 지금까지 환경부하를 줄이기 위해 노력해왔던 선진국에서는 더욱이 온실가스를 줄이기 위해서는 새로운 기술과 시스템을 실용화할 필요가 있으며, 많은 투자와 노력이 필요하게 된다.

---

45 Environment – Climate Change – Emission Trading Scheme(EC).
46 諸富徹·鮎川ゆりか, "脱炭素社会と排出量取引-国内排出量取引を中心としたポリシーミックス提案", 日本評論社, 2007年, ISBN 978-4-535-55548-8.

배출거래제도를 도입하면 삭감하기 쉬운 국가와 기업은 탄소배출권을 파는 것으로 이익을 얻을 수 있기 때문에 절감에 대한 인센티브가 창출되어 더욱더 노력하여 줄이려고 한다. 이러한 시장원리를 살려 환경부하를 저감하는 기법을 경제적인 기법이라 한다. 이를 통해 사회 전체의 감축비용이 가장 적은 형태로 온실가스를 줄일 수 있을 것으로 기대되고 있다.

2.4.1. 과제와 문제점

그러나 반면에, 선진국보다 적은 투자와 노력으로 끝나는 배출거래를 적극적으로 이용하게 되면, 온실가스를 감축하기 위해 새로운 기술과 시스템 개발의 필요성이 희미해져 기술과 시스템이 널리 보급되게 되면 감축이 어려워 결과적으로 온실가스 감축이 정체하게 되는 경우도 있다.

또한 원래 배출권에 여유가 있는 국가·기업, 경제가 후퇴하고 있는 국가·기업의 잉여 배출권(=남겨져 있는 배출권, hot air)을 매입하여 현재 이상으로 배출함에 따라 본래 감소해야 할 지구 전체의 배출량이 반대로 늘어날 가능성도 있다. 따라서 단순한 숫자 맞추기만을 위한 배출거래에 의존하는 것은 문제이며, 감축 노력을 저해하지 않도록 각 국가와 기업에 대해 배출거래량의 상한값이 규정되어 있다.

배출거래의 효율성을 좌우하는 가장 중요한 요소는 배출권의 설정이다. 배출권을 느슨하게 설정하면 그 나라는 적은 노력과 비용으로 배출량을 배출권 이하로 줄인 후 삭감한 배출량을 다른 나라에 매각함으로써 추가이익을 얻게 된다. 또한 배출권 구매자보다 판매자가 더 많아지면 시장원리에 따라 배출량의 시장가격이 떨어지기 때문에 감축 노력을 하지 않는 것이 유리하게 된다.[47] 한편 배출권을 엄격하게 설정하면 많은 노력과 비용으로 배출량을 줄여야 할 뿐만 아니라 배출량이 배출권을 상회하는 경우에는 추가배출량을 구입하는 비용이 소요되게 된다. 이는 국내배출거래제도의 기업이나 단체도 마찬가지이다.

따라서 배출권 설정 정도에 따라서 노력과 비용에 큰 차이가 있기 때문에 국가 간,

---

47 排出取引 削減に結び付かず (NHK 2008年4月19日).

단체 · 기업 간에 배출권 설정의 엄격함에 차이가 있을수록 불공평이 늘어난다. 배출권을 느슨하게 설정하게 하기 위해 정치 · 경제적인 압력이 가해질 가능성과 배출권을 조금이라도 느슨하게 설정하려고 하는 국가(기업 · 단체)에 의해 배출권 설정 및 이와 관련된 논의가 정체될 우려도 있어 공정한 배출권의 설정이 요구되고 있다. 전년도 배출량을 기준으로 배출권을 설정하면, 지금까지 배출량 삭감에 대응해온 기업의 노력에 의해 손해를 끼칠 수 있다. 다만, 향후 경제성장의 불확실성을 제거하는 것은 불가능한 것 등에서 어느 정도의 불공평은 피할 수 없다는 지적도 이루어지고 있다.

2.4.2. 그린투자제도

그린투자제도(Green Investment Scheme : GIS)는 배출거래에 의해 배출량을 매각한 국가가 얻는 매각이익의 용도를 환경문제대책(그린투자)으로 한정하는 형태를 말한다.

이 경우 녹색투자는 온실가스 배출량의 감축을 목적으로 한 사업에 대한 투자가 중심이 된다. 다만, 아래와 같이 상세한 규정은 각국에 맡겨져 있기 때문에 배출권을 구입한 국가의 기업이 관련되어 이권을 창출하는 투자로 될 우려가 있어 "조건부" 투자라는 비판이 있다.

배출량 감축에 많은 비용과 노력이 소요된 국가는 GIS에 따라 향후 배출량 감축에 소요되는 부담을 줄일 수 있다. 한편, 배출량 감축에 비용과 노력이 그다지 소요되지 않은 국가는 GIS에서 매각이익의 용도를 한정하는 것으로 용이한 배출 감소 및 배출거래로 쉽게 이익을 얻을 수 있는 상황이 개선됨과 동시에 더욱더 배출량 삭감을 촉진한다.

이것은 교토의정서에 규정되지 않은 것으로, 그 상세한 규정은 각국의 판단에 맡겨져 있다.

2.5. 배출량거래의 방법

교토유연성체제에 바탕을 둔 배출량거래제도의 방식은 크게 두 가지로 나눌 수 있다. "캡 앤드 트레이드(cap and trade) 방식"과 "베이스라인 앤드 크레디트(baseline and credit) 방식"이다(〈그림 10-2〉 참조).

2.5.1. cap and trade

캡 앤드 트레이드 방식이란 CO의 총 배출량을 먼저 설정하고, 거래 참가국과 기업에 배출 한도를 배분하는 방식이다. 그리고 그 배출 한도의 일부 이전을 인정함으로써 거래를 성립하게 하는 것이다. "경쟁입찰형식"에 따라 배출량거래가 이루어지게 된다.

이 방식은 먼저 구체적인 감축목표를 정하고 그 달성을 위해 배출량에 상한(cap)을 정한다. 이러한 상한을 바탕으로 각 기업 등에 배출권을 배분하고, 실제 배출량과의 차이를 거래하는 것이다.

상한(cap)을 정하는 방식에는 여러 가지가 존재한다. 국가 및 행정 단위마다 배출량의 총량을 정한 다음 산업별, 기업별로 점차로 세밀하게 정해 가는 방식이다. 각 기업·산업마다 이상적인 배출량을 정한 다음 국가·행정 단위의 배출량 총량을 정하는 방식이다(부문별 접근).

배출권의 배분은 크게 3가지 방식이 있다.

Grandfathering-감축을 하지 않는 경우의 배출량 또는 과거의 배출량을 기준으로 하고 무상으로 배분하는 방식이다.

경매-경매를 통해 유상으로 배분하는 방식이다.

벤치마크-이상적인 표준 배출량을 정하고 그것을 바탕으로 무상으로 배분하는 방식이다.

2.5.2. baseline and credit

베이스라인 앤드 크레디트 방식에서는, 감축 계획을 실시하기 이전의 배출량을 먼저 베이스라인(기준량)으로 한다. 그리고 감축 프로젝트를 실시함으로써 어느 정도의 배출량이 감축되는지를 인정하고, 그 감축량을 매매하는 방식이다.

이 방식은 온실가스 감축 사업을 아무것도 하지 않는 경우, 또는 사업 전 단계의 배출량(baseline)을 기준으로 하여 그것을 삭감한 만큼 배출권을 발행하여 이것을 온실가스 감축의 대가로 하는 것이다.

이 방식은 배출권을 초과하여 온실가스를 배출하게 되어 배출권을 구매해야 하는 기업이 발생하지 않는다. 따라서 정부 등이 일률적으로 배출권의 대가를 지불할 필요가 있다.

2.6. 배출권의 절차

교토유연성체제 배출권이 발행되기 위한 요건에 대해 설명하고, 다음으로 교토유연성체제에 따라 발생하는 배출권의 대부분이 CDM에 의한 것인 현상을 바탕으로 CDM에 의한 배출권 발행의 필요 사항인 기본선과 추가성을 중심으로 그 과정을 간결하게 설명한다.[48]

2.6.1. 교토유연성체제 배출권이 발급되기 위한 요건

특정 프로젝트가 교토유연성체제에 의한 프로젝트로서 유엔에 인정받아 배출권이 발행되는 데 필요한 참가자격 및 절차가 정해져 있다.

2.6.2. 기준선

교토유연성체제에 참가하기 위한 요건 등에 대해서는 〈표 3-4〉에서 쉽게 설명하고 있지만, 절차를 진행시켜 나갈 때 가장 중요한 포인트가 되는 것은 기준선의 개념이다.

기준선은 제안된 프로젝트가 실시되지 않은 경우에 배출되었을 온실가스 배출량을 합리적으로 나타내는 시나리오이며, 이 시나리오를 특정할 수 없으면 배출권은 발행되지 않게 된다. 시나리오는 CDM 프로젝트에 의한 감축량의 산정 절차를 규정한 방법론 (유엔의 승인이 필요)에 따라야 하며 접근 · 전제 · 방법론 · 매개변수 · 데이터 출처 등에 대한 불확실성을 고려하면서 투명하며 보수적으로 선택하여 설정해야 한다.

---

48 中島英史, 京都メカニズムをはじめとする排出權の概要と最近の動向, 石油 · 天然ガスレビュウ, NEDO, Vol.41, No.5. 2007.

<표 3-4> 교토유연성체제 배출권 발행요건의 비교

	청정개발체제 (CDM : Clean Development Mechanism)	공동이행 (JI : Joint Implementation)		배출량 거래 (ET : Emissions Trading)
		Track 2	Track 1	
배출권의 종류	CER (Certified Emission Reduction)	ERU (Emission ReductionUnit)		AAU (Assigned Amount Unit) 등
Host 국가	개도국 등(비 부속서Ⅰ국가)	선진국(부속서Ⅰ국가) (CIS, 東中 유럽 등 시장경제 전환 국가 포함)		
호스트 국가의	교토의정서 당사국임			
참여 자격		초기 할당량을 확정하고 있음 국가별 등록부를 보유하고 있음		
			국내 배출량·흡수량의 산정 시스템을 보유함 최근 재고가 제출되고 있음 초기 할당량의 산정에 대한 보충 정보가 제출되고 있음	
배출량의 발생	프로젝트 기준에서 발생			초기 할당량과 실제 배출량의 차분에서 절분
프로젝트 요건	추가성, 기준선 설정, 프로젝트 심사기관의 신뢰 등 거의 비슷한 요건		추가성 등 일부를 제외하고 결정된 요건은 거의 없음	
프로젝트 실시절차	지정 운영기구 (DOE)에 의한 유효화 심사 등을 점검하고 CDM 이사회가 등록 결정	JI 감독위원회에 의해 결정되는 절차에 따라 이 기관의 관리하에 운영(거의 CDM 과 동일)	원칙적으로 2국 간 모두 결정. 운용도 2국 간 합의에 따름	
배출권 발행자	CDM 이사회	Host 국가정부		
배출권 발생기간	2000년~(2000 ~2007년 배출 감축량에 따른 배출권도 인정되고 있음)	2008년-		

주 : JI에서는 호스트 국가가 교토유연성체제 참가자격을 가지고 있는지 여부에 따라 ERU의 발행절차 등이 다르다.
　　트랙 1은 호스트 국가가 교토유연성체제 참가자격을 가지고 있는 경우 ERU의 발행은 호스트 국가에 따라 결정된다.
　　트랙 2는 호스트 국가가 교토유연성체제 참가자격을 가지고 있지 않은 경우로, ERU의 발행은 CDM과 유사한 절차로 된다.
자료 : NEDO.

구체적인 예를 들면, 태양광이나 풍력 같은 재생가능 에너지의 발전설비를 새로 설치하는 것만으로는 배출권으로서 발행되지 않는다. 그 설비가 연결되는 송전력망에서 기존의 발전설비에서 단위전력량당 어느 정도의 이산화탄소가 발생하고 있는지를 자료로서 표시할 필요가 있다.

또한 공장 등을 운영하고 있는 사업자가 자가발전소의 연료를 석탄에서 목질 바이오메스로 전환하면 석탄을 사용하여온 실적 등 객관적인 데이터를 알 수 있다.

기준선은 다소 다른 것이지만 감축량에 대해서도 마찬가지다. 실제 배출 감축량의 측정(모니터링)에 의해 감축량을 알 수 없으면 배출권은 발행되지 않는다. 예컨대, 모니터링용의 측정기기가 손상되어 자료를 파악할 수 없으며, 배출권으로서 인정되지 않는다. 또한 바이오메스에 기인한 에탄올을 자동차 연료로 일반적으로 판매하는 경우에도 그 에탄올이 실제로 연료로서 사용되고 있는지를 확인할 수 없다는 것은, 방법론으로서 승인되지 않는다.

2.6.3. 추가성

그 프로젝트가 CDM 프로젝트로서 인정받아 배출권이 성립하기 위한 필요조건에서 중요한 것이 "추가성"이라는 개념이다. 정확하게 표현하면 "그 CDM 프로젝트가 없는 경우에 비해 인위적인 온실가스 배출량에 대해 추가적인 감축을 가져올 것"이라고 되어 있다.

이 추가성이 인정되지 않으면 그 프로젝트 자체가 CDM 프로젝트로서 인정되지 않는 것이지만, 검증하기 위해서는 투자분석, 장벽분석 등을 실시한다.

예컨대 투자분석에서 말하면, 투자기준이 투자수익률(IRR) 15%의 회사가 있다고 한다. 이 회사가 바이오메스 발전 프로젝트를 계획했지만, IRR은 10% 미만으로 투자기준을 충족하지 않는다. 여기에 CDM에 의한 배출권의 예상판매수입을 추가한 결과 IRR이 15% 이상을 초과하고, 회사는 이 프로젝트에 투자를 결정한다는 예이다. 이 경우 CDM에 의한 배출권이 발급되지 않으면, 회사는 투자를 하지 않고 프로젝트가 진행되지 않으므로 추가적이라고 할 수 있다.

또한 장벽분석은 어느 기술이 선진국에서는 일반적임에도 불구하고 어느 개발도상국에서는 전혀 도입이 진행되지 않고 있다. 이러한 기술이 CDM 프로젝트를 성립시키고자 하는 선진국의 기업에 의해 도입되는 경우 역시 추가적인 것이라 할 수 있다.

이러한 논의에서 이해할 수 있듯이 본업에서 높은 수익을 올릴 수 있는 석유개발에서는 추가성에 대한 설명은 어렵고, CDM 프로젝트 비용을 비용회수 대상으로 하게 되면 추가성에 대한 설명은 곤란하게 된다.

석유개발 관계에서 CDM이 인정되고 있는 것은 일본 베트남 석유(주)에 의한 프로젝트뿐이라고 할 수 있다.

2.6.4. 절차

이상 중요한 내용만을 설명하였는데, 당연히 환경 보전 및 주민에 미치는 영향의 배려 등 다양한 점이 심사된다.

주요 절차는 프로젝트 설계서(Project Design Document : PDD)의 작성에서 시작하여, 투자국인 선진국과 호스트 국가 정부에 의한 프로젝트 승인, 지정운영조직(Designated Operational Entity : DOE)에 의한 유효화 심사(Validation), CDM 이사회에 등록 신청, UNFCCC 사무국에 의한 심사, CDM 이사회에서 승인하는 순서로 진행된다.

2.7. 배출권거래시장

2.7.1. 배출권거래시장의 설립

2005년 교토의정서 발효에 의하여 교토 배출권의 거래가 본격화되었다. 세계은행의 보고서에 따르면, 2007년의 거래량은 약 30톤(CO_2 환산), 거래액은 2006년의 약 두 배인 640억 달러였다.[49]

배출량거래를 선진적으로 받아들인 곳은 덴마크였다. 2001년부터 전력회사를 대상으로 하는 배출량거래가 시작됐다. 또 영국에서는 2002년에 배출량거래를 신청한 기

---

49 2008년도 『환경백서』.

업, 그룹에 대한 경쟁입찰 형식의 배출량거래제도가 도입되었다.

영국의 배출량거래제도는 기업이 그때까지의 실적으로부터 산출한 자사의 CO 배출량을 기초로 하여, 정부로부터 장려금을 받는 제도였다. 따라서 경매에서 거래되는 것은 그 장려금의 금액과 감축량이었다. 또 "온난화 대책의 목표를 세워서 정부와 협정을 맺음으로써 감세 혜택을 받을 수 있다"는 제도도 마련되었다.

더욱이 영국, 덴마크 두 시장을 활용하고, 영국 석유회사 쉘과 덴마크 전력회사 엘삼이 서로의 배출량을 교환하는 거래도 성립하였다.

그리고 유럽 전역을 대상으로 하는 유럽연합(EU)에 EU 역내배출량거래제도(EU-ETS)가 2005년 1월에 탄생하였다. 세계 최대 규모의 배출량 거래시장의 탄생이었다.

EU의 배출량 시장에서는 캡 앤드 트레이드 방식이 채택되고 있다.

대상이 되는 각 시설의 배출량은 그 허가증의 배출량을 상회해서는 안 된다. 배출량이 상회하는 경우에는 시장으로부터 허가증을 구입하지 않으면 안 된다. 또 반대로 배출량이 하회하게 되면, 남은 허가증의 배출량을 시장에서 팔 수 있다. 또한 EU 시장은 일본과 북아메리카 등 유럽 역외의 배출량거래시장과의 연동도 검토하고 있다. 물론 허가증을 구입하지 않고 배출량이 상회한 경우에는 무거운 벌금이 과해진다.

<표 3-5> EU 역내배출량거래제도(EU-ETS)의 개요

	제1단계 (2005~2007)	제2단계 (2008~2012)
대상 시설	에너지 산업, 철강, 시멘트, 유리, 제도(製陶), 종이 펄프업의 일정 규모 이상의 시설	각 나라의 판단에 따라 시설의 범위를 확대 가능
대상 가스	CO_2	각 나라의 판단에 따라 온실 가스의 범위를 확대 가능
거래 방법	캡 앤드 트레이드 방식	
각국의 할당량	2005년 배출량 이하: 4개국 2005년 배출량 이상: 23개국 (전체로 2005년 대비 +8.3%)	2005년 배출량 이하 : 16개 국 2005년 배출량 이상 : 11개 국 (전체로 2005년 대비 ▲5.7%)
준수위반 시 과징금	€40/t-CO2	€100/t-CO2
교토 메커니즘 과의 연동	2005년부터 CER과의 제휴 개시	2008년부터 ERU와의 제휴 개시
CDM/JI 활용량	제한 없음(단, 실적 제로)	최대 20% 등의 상한 있음

한편, 미국은 2001년 부시 대통령이 교토의정서로부터의 이탈을 표명하였다. 그러나 공익전력발전사업자로부터 배출되는 CO 등을 2018년까지 약 70% 삭감하는 "클리어 스카이법(Clear Skies Act 2003)"을 도입하려 하였다. 그러한 흐름 속에서 미국에서도 배출량거래의 "자주시장"이 탄생되었는데, 포드, 듀폰 등 에너지 관련 대형 민간기업이 참가하여 창설한 "시카고 기후거래소"(CCX)가 바로 그것이다. CCX에서는 참가 기업의 배출량을 1999년에 비해 5% 감축하는 것을 목표로 하고 있으며, 지자체나 NGO의 참가도 가능하게 돼 있다. 그리고 2003년 9월에는 CCX의 제1회 경매가 실시되어, 15만 톤의 CO 거래 허가증 매매가 성립되었다.

CCX는 캐나다, 브라질 등 남북아메리카 전역을 대상으로 하는 통일시장 구축의 가능성도 모색하고 있다. 바꿔 말하면, 미국은 호주와 협력, 배출량의 공동거래시장을 창설하기로 2002년에 발표하였다.

또한 미국 북동부 주에서는 2003년 4월에 지역온실가스구상(Regional Gas Initiative:

<표 3-6> 각 배출권의 거래량과 거래액

	2005년		2006년	
	Volume (MtCO2e)	Value (MUS $)	Volume (MtCO2e)	Value (MUS $)
Allowances				
EU ETS	321	7,908	1,101	24,357
New South Wales	6	59	20	225
Chicago Climate Exchange	1	3	10	38
UK - ETS	0	1	NA	NA
Sub total	328	7,971	1,131	24,620
Project-based transactions				
Primary CDM	341	2,417	450	4,813
Secondary CDM	10	221	25	444
JI	11	68	16	141
Other compliance	20	187	17	79
Sub total	382	2,894	508	5,477
TOTAL	710	10,864	1,639	30,098

주 : 위의 M은 백만을 나타낸다.
자료 : State and Trends of the Carbon Market 2007, The World Bank Carbon Finance Unit.

RGGI)이라고 하는 배출량거래제도를 구축하는 제안이 나왔다.

일본에서도 CO 배출량거래시장의 본격적 도입이 검토되고 있다. 환경부는 2005년도부터 "자주참가형 배출권거래제도"를 실시하고, 장래의 본격 도입을 향한 경험, 노하우를 축적하고 있다. 또 2008년 1월에 "국내 배출량거래제도 검토회"를 설치하고, 구체적 제도설계의 바람직한 모습의 검토를 개시하였다. 또 경제산업부에서도 "지구온난화 대응을 위한 경제적 수법연구회"가 설치되어 폭넓은 검토가 진행되고 있다.

현재 교토유연성체제에 의한 배출권은 공개되고 있는 시장에서 취급하고 있는 예가 거의 없고, 상대에 의한 거래가 대부분을 차지하고 있다. 이것은 발행 완료된 배출권이 적기 때문에, 매매 단가를 약속한 선물계약이 중심이며, 국제적인 배출권거래를 위한 거래시스템이 작동하지 않는 것 등 다양한 요인에 의한 것으로 보인다. 이러한 상황에서 정부기준으로 제도화된 배출권에서 거래소를 통해 시장에서 거래되고 있는 것은 EU-ETS의 EUA뿐이며 배출권 거래량은 EU-ETS의 거래가 대부분을 차지하고 있다. EUA의 대안으로 교토 메커니즘 배출권인 CER, ERU의 전환에 의한 이용이 가능하기 때문에 EUA의 시장가격이 CER, ERU의 거래가격에 일정한 영향을 미치고 있는 실정이다.

2.7.2. 국제배출권거래의 구조

교토의정서에서 온실가스 감축을 의무화된 부속서 I 국가(선진국)[50]가 자국의 수치목표를 달성하기 위해 선진국 간에 배출량을 판매하는 제도가 있다. 이것은 국제배출량거래라고 불린다.

선진국에는 사전에 감축기준연도(기본적으로 1990년)의 배출량과 교토의정서의 제1약속기간(2008~2012년)까지 달성을 의무화한 수치목표에서 산정되는 초기 할당량(AAU)이 부여되고 있다.

제1약속기간을 통해 이 AAU보다도 배출량이 하회하거나 하회할 전망이 있는 국가는 그 잉여분을 수치목표의 달성이 어렵다고 예상되는 국가에 매각할 수 있다.

---

50 당사국은 부속서 I 국(시장경제이행국을 포함한 선진국), 부속서 II 국(부속서 I 국 중 시장경제이행국을 제외한 선진국), 비부속서 I 국(부속서 I 국 이외의 당사국, 주로 개도국)으로 구분된다.

<표 3-7> 부속서 | 국가의 배출감축수치목표와 할당량

(할당량과 최대흡수량의 단위: 백만 톤 · CO2, 년)

EU 가입국(교토의정서 채택시의 15개국)		
국명	목표(%)	연평균할당량(최대흡수량)
포르투갈	27.0	76.4(0.8)
그리스	25.0	133.7(0.3)
스페인	15.0	333.2(2.5)
아일랜드	13.0	62.8(0.2)
스웨덴	4.0	75.0(2.1)
핀란드	0.0	71.0(0.6)
프랑스	0.0	563.9(3.2)
네덜란드	-6.0	200.3(0.0)
이탈리아	-6.5	483.3(0.7)
벨기에	-7.5	134.8(0.1)
영국	-12.5	682.4(1.4)
오스트리아	-13.0	68.6(2.3)
덴마크	-21.0	55.4(0.2)
독일	-21.0	973.6(4.5)
룩셈부르크	-28.0	9.5(0.0)
EU 15개국 전체	-8.0	3936.5(19.0)

시장경제이행국(EIT)		
국명	목표(%)	연평균할당량(최대흡수량)
러시아	0	3323.4(121.0)
우크라이나	0	920.8(4.1)
크로아티아	-5	(1.0)
폴란드	-6	529.6(3.0)
루마니아	-8	259.9(4.0)
체코	-8	178.7(1.2)
불가리아	-8	122.1(1.4)
헝가리	-6	108.5(1.1)
슬로바키아	-8	66.3(1.8)
리토아니아	-8	45.5(1.0)
에스토니아	-8	39.2(0.4)
라토비아	-8	23.8(1.2)
슬로베니아	-8	18.7(1.3)
벨로루시	-8	117.2(0.0)

상기 이외의 부속서 I 국		
국명	목표(%)	연평균할당량(최대흡수원)
아이슬랜드	10	3.7(0.0)
호주	8	(0.0)
노르웨이	1	50.1(1.5)
뉴질랜드	0	61.9(0.7)
캐나다	−6	563.0(44.0)
일본	−6	1185.7(47.0)
스위스	−8	48.6(1.8)
리히텐슈타인	−8	0.2(0.0)

주 : 1) 할당량은 교토의정서 제7조 제4항에 기초한 초기보고서의 수치. 미제출의 국가는 공란.
2) 최대흡수량은 교토의정서 제3조 제4항에 기초하여 국가 전체로서 계산 가능한 흡수량의 최대치. 흡수량은 배출범위로서 할당량에 추가할 수 있다.
3) 1990년 이외의 연도를 기준년으로 하고 있는 시장경제이행국은 불가리아(1998년), 헝가리(1985~1987년 평균), 폴란드(1988년), 루마니아(1989년), 슬로베니아(1986년).
4) 크로아티아, 슬로베니아, 리히텐슈타인, 모나코에 대해서는 교토의정서 부속국B국가로서의 감축목표가 있지만, 기후변화협약 부속서 I 국가는 아니다.
5) 시장경제이행국(Economies in Transit : EIT)은 중앙집권적인 계획경제의 체제에서 시장경제체제로 이행하고 있는 국가를 말한다. 소련과 동유럽 등 이전의 사회주의국가가 해당한다.
자료 : (재) 지구환경전략연구기관(IGES), 도해 교토 메커니즘 ver. 8.0, 2008. 3.

국제배출량거래에서 이전과 매각이 가능한 배출권을 총칭하여 교토 배출권이라고 한다. 배출권에는 AAU 외에 교토유연성체제 외의 수법인 CDM에서 획득되는 배출권인 CER, 마찬가지로 JI에서 획득되는 배출권인 ERU, 식림에 관한 청정개발체제에서 획득되는 배출권의 tCER(단기기한부), lCER(장기기한부), 자국의 삼림흡수원으로서 계상되는 RMU(국내흡수원)의 5종류가 있다.

교토의정서에는 제1약속기간 내에 AAU 이상으로 배출량이 증가하게 되는 이른바 교토의정서 불준수로 된 국가에 대해 페널티를 부과하는 것으로 되어 있다.

페널티가 부과되는 국가와 사업자는 교토유연성체제 참가자격이 정지되어 해외로의 이전과 매각을 할 수 없게 된다.

더욱이 그 국가는 제1약속기간 내에서 발생한 배출초과분의 1.3배의 양을 다음의 약속기간(2013년 이후)에서 부여되는 AAU에서 공제된다.

CER을 제외한 교토 배출권의 발행과 보유, 이전, 획득 등은 부속서 I 국이 설치하는 국별등록부[51]에 따라 관리된다. 일본은 경제산업성과 환경성이 등록부의 관리자가 된다.

국가와 사업자는 각각 국별등록부 중에 보유계좌를 가지는 것으로 되어 배출권의 보유와 다른 계좌로의 이전 등을 할 수 있다. 국별등록부에는 보유계좌와 상각계좌가 있으며, 상각계좌로 이전된 배출권만이 감축 수치목표의 대상이 된다.

<표 3-8> 국제배출량거래의 절차

---

① 거래의 합의
상이한 국가의 매도인과 매수인이 5종류의 배출권의 취득, 이전에 관한 거래조건 등에 대해 합의한다.

② 국제거래로그에 의한 검증
국제거래로그(ITL)는 유엔기후변화협약 사무국이 관리하고 있는 컴퓨터에 의한 검증 시스템이다. 교토 배출권의 취득과 이전이 규칙대로 이루어지고 있는지 여부를 점검한다.

③ 교토 배출권의 취득, 이전
국제거래로그에 의한 점검이 무사히 끝나면 교토 배출권이 매도인의 계좌에서 매수인의 계좌로 이전된다.

2.7.3. EU 시장의 거래개요

EU 시장은 EU의 배출량거래 지침에 의하여 개시되었는데,[52] 대규모의 산업시설이 주로 대상이 되고 있다. EU 역내의 약 30%의 배출량이 거래되고 있다.

거래단위는 "얼라우언스(Allowance)"로, 1CO톤이 1얼라우언스가 된다. 대상이 되는

---

[51] 국제거래로그(International Transaction Log : ITL)는 각국의 국별등록부와 CER을 관리하는 청정개발체제등록부와 접속하여 교토 배출권의 거래상황의 점검과 기록을 하는 시스템이다. 현재 일본, 뉴질랜드, 러시아, 스위스가 ITL에 접속하고 있다(2008년 7월 4일 현재).

[52] EU ETS(European Union Trading System)라고 한다.

CO 배출시설은 연간배출량을 얼라우언스 단위로 유럽 당국에 제출하여 배출 허가를 받는다. 대상 시설의 CO 배출량은 유럽위원회의 지침에 따라 모니터링과 보고가 이루어진다. 더욱이 보유하는 얼라우언스를 초과하여 CO를 배출한 경우에는, 페널티가 부과된다.[53] 얼라우언스는 유럽위원회가 지침을 작성해, 2005~2007년까지의 초기 배분이 정해졌다. 각 가맹국의 배출량 몫에 의거하여 대상이 되는 시설의 배분을 결정하는 톱다운 방식 혹은 각 시설로부터 예상 배출량을 쌓아 올라가는 보텀업(bottom-up) 방식 중에서 각 나라의 사정을 고려하여 결정하였다.

배출량거래의 도입에 의하여 각국이 자국 내에서만 감축목표를 달성하는 경우에 비용의 20%를 절감할 수 있다.

2009년 6월 26일 미국 하원은 GHG의 대폭적인 배출 제한과 청정에너지의 사용 확대를 골자로 하는 '미국 청정에너지 안전보장법안(ACES)'을 통과시켰다. 찬성 219표, 반대 212표의 근소한 표차였다. 하지만 GHG 규제를 거부하며 교토의정서 탈퇴를 강행했던 부시 행정부 정책과의 결별과 함께 청정에너지 대국(大國)을 향한 오바마 정부의 의지를 보여주었다는 점에서 법안 통과의 의미는 남다르다. 이 법안의 핵심은 미국의 전체 GHG 배출량을 2020년까지 2005년 대비 17%, 2050년까지는 83% 줄이는 한편, 청정에너지의 사용을 늘리도록 의무화한 점이다. 연방정부는 전력, 석유, 제조업체 등에 GHG 배출 할당치를 부과하고 있다. 정부로부터 허용받은 배출 할당치를 초과해서 GHG를 배출하는 기업은 배출권을 시장에서 구입해야 하며, 배출할당치보다 덜 배출한 기업은 여분의 배출권을 시장에 팔 수 있다. 이른바 '총량제한거래(cap and trade)' 방식의 배출권거래제로, EU는 이미 2005년부터 이와 같은 방식의 배출권거래제(EU-ETS)를 실시하고 있다.[54] 배출량의 85%는 무상으로 부여받되 나머지 15%는 경쟁 입찰을 통해 구입해야 한다. 한편 전력회사에 대해서는 2020년까지 전체 발전량의 15%를 풍력이나 태양광 등 청정에너지로 충당하며, 에너지 효율을 5% 향상시키도록 의무화하고 있다.[55]

---

53 2008년 이후, 1톤의 CO에 대해 100유로로.

54 E. Benz, The CO_2 Allowance Price in the European Emissions Trading Scheme: An Empirical, Experimental, and Theoretical Study, Südwestdeutcher Verlag für Hochschulschrifte, 2009, p. 1.

55 環境經濟・政策學會編, 「環境經濟・政策學の基礎知識」, 有斐閣, 2006, p. 256.

2.8. 기타

2.8.1. CDM의 도입

청정개발체제(CDM)란 온실가스 배출량의 감축의무를 부담하는 교토의정서 부속서 I국(선진국)이 배출감축 의무가 없는 비부속국 I 국(개도국)에서 배출감축 사업을 하고, 그 감축량에 따라 인증된 배출감축량(CER)을 획득할 수 있는 제도이다.

선진국은 CDM 사업을 통해 개도국에 기술과 자금을 제공함과 동시에 개도국의 지속가능한 개발의 달성에 기여하는 것이 목적이다. 유엔의 CDM 이사회에 따르면 세계의 CDM 사업등록수는 2008년 5월 시점에서 1,000건을 넘고 있다. 그리고 2012년의 제1약속기간 종료까지 사업건수는 3,000건 이상, CO_2 환산으로 최대 27억 톤의 CER이 발행될 가능성이 있다. 일본에서는 정부가 승인한 CDM사업이 300건을 넘으며, 이 중에서 130건 이상이 유엔에 등록되어 있다.

CDM은 개도국과 선진국이 협력하여 사업을 진행한다. 이와 같이 2국 간이 행하는 CDM 사업을 BILATERAL CDM이라 부르지만 최근에는 개도국이 단독으로 행하는 UNILATERAL CDM의 등록건수가 증가하고 있다.

CDM의 규칙에는 선진국이 관여해야 한다는 규정이 없으며, 유엔의 CDM이사회는 2005년 2월에 UNILATERAL CDM이사회에 의한 CER의 발행을 정식으로 인정하였다. 기술과 자금에 여유가 있는 개도국은 자조노력으로 감축사업을 하고 사업이 유엔에 등록되면 CER을 발행할 수 있다. 이 CER을 감축의무가 있는 선진국은 구입, 이전할 수 있다.

일본의 교토유연성체제 정보 플랫폼[56]의 분석에 의하면 2008년 3월 6일까지 등록된 CDM 사업의 949건 중 UNILATERAL CDM은 363건으로 40%를 차지하고 있다.

지금까지의 CDM이 온실가스를 배출하는 하나의 플랜트와 사이트를 대상으로 하고 있는 것에 비해 복수의 장소에서 같은 감축활동을 하는 프로그램 CDM이 승인되는 예도 있다.

---

[56] CDM 과 JI 등의 사업의 절차와 호스트국 제도의 정보의 제공 등 민간사업자로의 지원을 목적으로 한 사이트를 말한다. (사)해외사업협력센터가 2004년 6월부터 정보 제공을 하고 있다(http://www.kyomecha.org/index.html).

<표 3-9> 프로그램 CDM

견해: 온실가스 배출감축을 초래하는 제도(프로그램)의 도입과 구체적인 보급·촉진책의 실시를 CDM 프로젝트화. 정부프로그램의 대상이 되는 에너지절약 설비도입 등의 프로젝트를 정리하여 하나의 프로젝트로서의 절차에 의해 실시.

계기: 2004년 10월, 에어컨의 의무적인 에너지효율기준을 개발·실시하기 위한 방법론 제안(가나 정책 CDM). CDM이사회에서 승인 완료.
개도국의 실정: 법률에 따라 에너지절약 의무가 책정되어 있어도 실시되지 않는다→포괄적인 에너지절약 프로그램의 실시 지원.

<표 3-10> CDM 프로젝트의 종류(분류 항목에서 본 CDM 프로젝트)

배출감축 프로젝트	에너지산업, 에너지수송, 에너지 수요, 제조업, 화학공업, 운수, 광업, 금속공업, 연료에서의 유출, HFC·SF6의 제조, 소비에 의한 유출, 용제사용, 폐기물처리
흡수원 프로젝트	식림·재식림, 농업

<표 3-11> CDM 프로젝트의 종류[규모에서 본 CDM 프로젝트

(소규모의 CDM의 적용대상 프로젝트)]

형태	프로젝트 종류	규모상한
형태 I	재생가능 에너지 프로젝트	최대발전용량이 15MWh(또는 그것에 상당하는 용량) 이하
형태 II	에너지절약 프로젝트	최대발전용량이 연간 60Wh 이하에서 수요측·공급측에서의 소비에너지 감축량이 최대 15GWh/연 상당 이하
형태 III	인위적인 배출량을 감축하는 프로젝트	배출감축량이 이산화탄소환산으로 연간 6만 톤 상당 이하

<표3-12> CDM 프로젝트의 종류[규모에서 본 CDM 프로젝트
(분야별 CDM프로젝트의 종류)]

HFC 감축	
N2O 감축	
교통	
식림	
수력발전	유입식/기존저수식/신규저수식
기타 재생가능 에너지	지열, 태양광, 조력
연료전환	연료전환(천연가스)/바이오매스 이용/ 기타
바이오매스 이용	바가스/EFB/ 기타
풍력발전	
시멘트	대체연료/혼합시멘트
바이오가스	가축분뇨/ 배수처리/기타
메탄회피	퇴비화/기타
메탄회수·이용	랜드필가스회수용/랜드필가스회수·발전/탄층·탄광메탄
에너지절약	민생/공장/공급측
폐가스·폐열 이용	

자료 : (재) 지구환경전략연구소기관(IGES), CDM 프로젝트 D/B, 환경성, CDM/JI 사업조사사업실시 매뉴얼 2007.

　지금까지의 CDM과 같이 각 사이트에서 별도로 사업을 등록하기 위한 수고가 경감된다. 또한 실시되지 않는 개도국에서는 유효한 방법이라 할 수 있다.

　교토유연성체제에서는 배출량거래와 더불어 JI, CDM이 목표 달성을 위한 유연성 조치로서 도입되고 있다. 이중 배출량거래와의 관계에서 청정개발 메커니즘(CDM)도 주목받고 있다. CDM이란 선진국이 발전도상국에 기술, 자금 등을 제공해, 배출 감축 프로젝트를 실시하는 것을 말한다. 프로젝트로 감축이 기대되는 CO 배출량은 그대로 제공국의 배출권이 된다. CDM은 베이스라인 앤드 크레디트 방식으로 행하여지는데, 프로젝트사업자가 지정운영기관에 프로젝트설계서를 제출하고, 심사와 승인을 받는다. 이미 수많은 프로젝트가 CDM으로서 승인되고 있다.

　CDM 프로젝트의 종류에는 에너지 산업, 에너지 수송, 제조업, 건설업, 수송업, 폐기물처리 등의 배출감축 프로젝트와 식림, 농업의 흡수원 프로젝트가 있다.

　개도국과 선진국이 협력하는 온실가스감축 사업이 CDM이라면 선진국끼리 협력해

<그림 3 -1> 교토 메커니즘의 개요

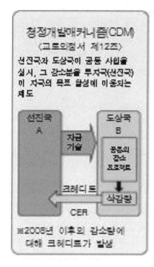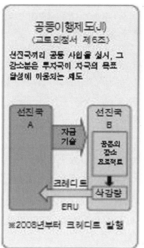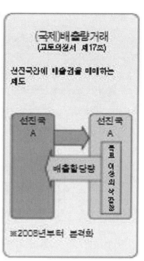

출처: 일본 환경부.

온실가스를 감축하는 JI도 있다. 이 경우도 한쪽이 호스트국이 되고, 다른 한쪽이 투자
국이 된다.

또 GIS(Green Investment Scheme)는 배출국의 핫에어(크레디트의 잉여)를 가진 나라로
부터 감축 여력이 적은 나라가 매입하는 제도이다. 단지 핫에어를 매각한 이익은 환경
대책에 사용하게 되어 있다.

또한 일본에서는 경제산업부가 "국내판 CDM"이라고도 불리는 "중소기업 등 CO
배출량 감축제도"의 도입을 검토하고 있다. 이것은 중소기업의 CO 배출량 감축을 대
기업이 지원하고, 감축된 배출량분의 크레디트를 매입하는 것이다.

CDM 프로젝트로부터 얻을 수 있는 배출권은 CER(Certified Emission Reduction)이라
고 부르지만, 현재까지 발행된 CER은 매우 적다. 제1약속기간 내의 발행 배출권 양은
약 20억 톤으로 예상되는 가운데, 2007년 7월 현재 약 6,000만 톤 정도에 그치고 있다.

지역적으로는 중국을 중심으로 인도, 한국, 남미 국가가 그 대부분을 차지하고 있다.
또한 프로젝트의 종류로는 지구온난화 지수가 높은 온실가스를 감축하는 프로젝트가
상당량을 차지하고 있다.

<표 3-13> CDM 프로젝트의 종류

재생가능 에너지	풍력, 수력, 바이오매스, 가스, 태양광 발전 등. 천연 가스 발전 등으로 변경함으로써 100만 톤 규모의 CO 삭감이 가능. CO를 삼림이나 지하에 저장하는 "카본스토크"도 선택지이다.
소규모 수력발전	최대 출력 용량 15MW 이하의 친환경 수력발전 시설의 개발·도입을 한다. 하천으로부터의 "유입식 발전소"[57]를 건설한다.
풍력발전	발전 비용이 낮으므로 사업화가 쉽고 에너지절약 효과도 크다.
LFG· 메탄가스 회수	메탄가스 회수로서는 양돈장의 돼지 배설물에 메탄가스가 많으며, 시설 내의 배설물의 효과적 회수로 삭감 가능하다. 또 LFG란 매립지의 쓰레기가 혐기성 발효를 일으켜 발생하는 메탄가스를 말한다.
공장 에너지 절감 ·폐열 회수	공장 조명의 에너지 절감 전구화, 발전 터빈의 효율화, 보일러의 효율화, 온수의 회수, 코크스 건식 소화설비의 도입 등으로 연간 2 ~ 3만 톤 규모의 삭감이 가능하다.
바이오매스	식물의 연소에 의한 발전과 열 이용을 한다.
식림	효과는 있다고 보이지만, 기준선의 설정 등이 어려워 프로젝트 수는 적다.

출처 : 자료에 의거 작성.

<표 3-14> CDM의 개요

실시 방법	선진국이 개발도상국에 기술, 자금 등을 제공하고 배출 삭감 프로젝트를 실시
배출량(권)의 소유국	기술, 자금 등의 제공국
거래 방법	베이스라인 앤드 크레디트 방식
심사·승인 방법	프로젝트 사업자가 지정운영 기관에 프로젝트 설계서를 제출해 심사 승인을 받는다.
CDM의 프로젝트 종류	① 배출 삭제 프로젝트 : 에너지 산업, 에너지 수송, 제조업, 건설업, 운수업, 폐기물 처리 등(배출 삭제 프로젝트). ② 흡수원 프로젝트 : 식림, 농업 등

출처 : 자료에 의거 작성.

---

57 유입식(자류식)발전소(run-off-river plant)는 강물을 그대로 철관으로 끌어들이는 수력발전소를 말한다. 물이 고이지 않기 때문에 물이 적을 때에는 발전력이 감소한다. 과거의 수력발전소는 대부분이 이 형식이다.

<그림 3-2> 배출량거래제도의 구조

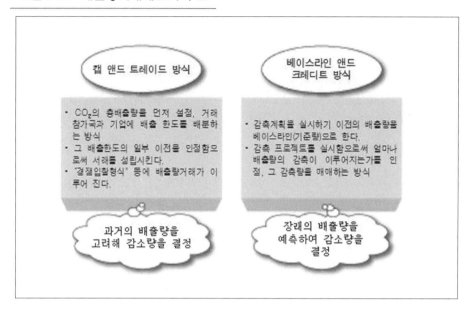

한편 CDM 프로젝트에서 얻을 수 있는 CER은 아직도 발행량이 적으며, 배출권의 거래시스템도 정비가 완료되지 않은 상황이다. 이러한 상황에서 현재 거래는 프로젝트에서 발행될 예정인 배출권에 대한 매매단가를 약속하여 계약하고, 미래 배출권이 발행되어 양도하는 때 대금을 지급하는 선물계약이 체결되는 것이 일반적이다. 따라서 프로젝트의 설계 단계부터 유엔의 절차가 끝나고 등록 완료된 안건까지 다양한 단계의 프로젝트가 거래의 대상이 되고 있는 상황이다. 교토유연성체제의 배출권도 발행되면 동일한 효용을 가진 이상 하나의 물품에 하나의 가격으로 수렴되어질 것이다. 그러나 선물의 단계에서는 호스트 국가의 컨트리 리스크, 유엔에서의 등록 위험, 프로젝트가 예정대로 작동하지 않는 위험 등 다양한 위험을 안고 있다. 이러한 사정으로부터, 계약 시 매매단가는 위험과 진행 단계에 따라 거래 폭이 존재하고 있는 상황이다.

2.8.2. 공동이행의 성립

CDM은 개도국과 선진국이 협력하여 온실가스 감축을 위한 사업을 행하는 것이고, 공동이행(JI)은 선진국 간의 협력에 의한 온실가스감축 사업이다. 초기 할당량(AAU)이 있는 국가(교토의정서 부속서 I 국가)의 일방이 호스트국, 타방이 투자국이 된다. 호스트국에서 이루어지는 감축사업에 따라 발생한 배출감축량에 대해 AAU를 변환하여 ERU를 발행하고 투자국 측으로 이전한다. 투자국은 획득한 ERU를 배출감축량 목표의 준수에 활용할 수 있다.

JI를 행하는 경우 호스트국이 가진 교토유연성체제의 참가자격(교토의정서 가입국일 것, 온실가스 흡수원·배출량을 정확하게 산정할 수 있을 것, 국별등록부를 정비하고 있을 것)에 따라 사업의 절차방법이 다르다.

모든 참가자격을 충족한 경우의 절차는 트랙1이라 불리며 호스트국과 투자국 간의 조정으로 사업을 진행할 수 있다. 최저조건만을 충족하고 있는 경우에는 트랙2라고 불리는 절차가 필요하다. 이것은 CDM과 같이 작성한 프로젝트 설계서를 호스트국에서 승인받아 제3자 기관에 의한 프로젝트의 유효성 결정, 모니터링, 검증을 받는다. 더욱이 유엔·기관에 의한 감축사업의 심사를 거쳐 배출감축량을 확정하고 ERU가 발행·이전되는 형태이다.

ERU는 CDM과 같이 유엔이 발행하는 것은 아니다. 호스트국이 자국의 국별등록부의 배출 범위에서 감축 상당분을 AAU에 전환하는 것으로 발행된다. 그러나 교토의정서에서는 ERU의 발행은 2008년부터 2010년까지 제1약속기간 내에서만 인정하고 있다.

2.8.3. 그 밖의 배출억제수법-GIS 등

교토유연성체제의 세 가지의 조치(국제배출량거래, 청정개발체제, 공동이행) 이외에도 국제적인 규칙 하에서 온실가스의 배출감축에 연결되는 노력이 진행되고 있다. 그러나 현재 교토유연성체제 이외에서 주목을 모으고 있는 것이 녹색투자체제(GIS)라고 불리는 것이다. 교토의정서에서 수치목표를 가진 국가 중 초기 할당량보다도 배출량이 적은 국가가 다소 있다. GIS는 초기 할당량과 배출량의 차이로 발생하는 배출권의 잉여

<표 3-13> 공동이행의 사업 예

2008년 3월 28일 현재

호스트국	사업신청자	사업내용	감축량 (만톤 CO₂/년도)	호스트국 승인상황
폴란드	미츠비시상사	타흐나후시의 화학비료 제조업체의 초산제조공정에서 발생하는 N_2O을 촉매로 제거	58.0	신청 중
헝가리	덴소	덴소의 헝가리 공장에서의 에어컴퓨레스의 사용전력을 감축	0.1	심사 중
라트비아	국제협력은행 등	매립처분장에서 발생하는 가스의 회수·연소·발전	5.6	심사 중
체코	국제협력은행 등	종합병원의 단열과 온수송 시스템의 개수에 따른 지역난방시스템의 에너지 효율화	0.2	승인완료
불가리아	국제협력은행 등	펄프, 레온, 세루로스 공장에서 나오는 바이오매스에서 석탄을 대체하고 제조공정에 열공급	10.0	승인완료
우크라이나	마루베니	도네츠쿠, 키에프 지역에 있는 탄광에서의 발생 메탄을 발전, 열, 차량용 연료로서 이용	206.0	승인완료
러시아	스미토모상사	볼고그라드의 HCFC22 제조플랜트에 열파괴 시스템을 도입하여 HFC23을 회수·파괴	39.0	심사 중

자료 : (재) 지구환경전략연구소기관(IGES), CDM 프로젝트 D/B, 2008년 4월 1일 현재.

분(hot air라고 불린다)을 온실가스의 배출감축 여력이 적은 국가가 매입하는 제도이다. 러시아와 동유럽 국가 등 교토의정서의 부속서 I 당사국인 시장경제이행국(EIT)이 HOT AIR를 대량으로 안고 있는 국가라고 전망되고 있다.

GIS의 특징은 HOT AIR를 안고 있는 국가가 단순하게 온실가스의 배출감축 여력이 적은 국가에 배출권을 판매하는 것이 아니라 그 이익을 자국의 온난화정책과 환경대책에 필요한 자금으로서 활용하는 점이다. GIS는 교토의정서에는 규정되어 있지 않다. 실제로 GIS를 행하는 2국 간에 실시 내용을 결정하고 매매 등을 한다. 감축 여력에 여유가 없는 일본은 2007년 12월에 헝가리와 기본적인 절차를 규정한 각서에 서명하였다. 현재 HOT AIR의 구입량과 구입액 등 구체적인 내용을 본다.

이 외에 러시아, 체코, 폴란드, 불가리아 등과 함께 협상을 진행하고 있다. 다만 GIS의 활용은 상대국의 배출동향과 가격 등에 대해 불확정한 요소가 많이 있다. 자조노력에 의한 감축과 교토유연성체제의 이용을 보충하는 수법으로서 파악해야 한다고 본다.

<표 3-14> HOT AIR의 추정치

단위 : 천톤, CO_2

지역	국가	교토의정서 목표	할당량 (각국 신청치)	연평균 할당량 (각국 신청치)	2005년의 온실가스 배출량	연평균 할당량에서 2005년 온실가스 배출량의 차분 (잉여분)	기준년 배출량	1990년 온실가스배출량	2005년 온실가스배출량
EIT	러시아	0%	16617095	3323419	2132518	1190902	3323419	2989833	2132518
EIT	우크라이나	0%	4604185	920837	418923	501914	920837	923844	418923
EIT/EU27	헝가리	-6%	542367	108473	80219	28255	115397	98108	80219
EIT/EU27	체코	-8%	893542	178708	145611	33097	194248	196205	145611
EIT/EU27	폴란드	-6%	2648181	529636	398952	130684	563443	485407	398952
EIT/EU27	슬로바키아	-8%	331434	66287	47866	18420	72051	72051	47866
EIT/EU27	루마니아	-8%	1299349	259870	153654	106216	282467	248734	153654

자료 : IGES, 온실가스배출량 데이터, 2007년 1월 현재.

2.8.4. 환경세

배출량거래는 주로 대규모 시설이 대상이 되고, 운수부문에서의 배출량거래는 현재로서는 도입되지 않고 있다.

또 에너지절약화의 분야 등에서는 감축한 에너지 자체에 이미 경제적 이점이 있지만, CDM 등의 프로젝트에 포함시키는 것도 쉽지 않다. "CDM 프로젝트 등을 실시하지 않으면 해당 사업은 이루어지지 못했을 것이다"라는 "추가성 증명"이 어렵다는 문제가 있기 때문이다. 예컨대 "해외 프로젝트로서 일본 기업이 뛰어난 공동 물류의 노하우를 제공한다"라 할 때, CDM이 되지 않을 가능성이 높다.

그래서 운수부문의 CO 배출량 감축에 효과를 발휘할 수 있는 것이 환경세의 도입이다. 예컨대 영국은 기후변화세, 독일과 북유럽은 환경세를 도입하고, 배출량거래제도와 환경세에 의한 폴리시 믹스(policy mix)를 시행하고 있다. 대규모시설에는 배출량거래제도, 그 밖의 부문에는 세금의 도입으로 대응한다는 형태가 취해지고 있는 셈이다. 또 배출량거래제도의 대상이 되는 부문에는 세율이 경감되는 조치가 취해지고 있다.[58]

2.8.5. CASBEE

CASBEE(Comprehensive Assessment System for Building Environmental Efficiency : 건물 종합환경 성능평가 시스템)는 건축물의 환경 성능을 평가하여 등급을 매기는 일본의 제도이다.[59] 유럽 · 미국의 선행평가 시스템을 참고로 개발되었다. 2001년에 국토교통부의 주도로 (재)건축환경 · 에너지절약기구에 위원회가 설치되고, 평가체제가 만들어졌다.

그리고 최근에는 공장, 물류시설 등도 평가를 받는 사례가 생겨났다. 대형시설의 배출량거래와의 관련성 때문에 물류부동산의 건설에 대한 관심이 높아지고 있다. CASBEE에서는 부동산의 거래자원소비, 환경부하, 실내환경, 대지외 환경, 주변환경과의 조화, 경관, 건축설비로부터 나오는 배열(排熱) 등이 평가된다.

물류시설에 쾌적한 환경이 마련되면 피킹, 분류 등의 하역작업의 효율이 향상되게 된다. 쾌적하고도 건전한 작업효율을 실현하면서 '친환경' 물류시설의 건설, 운영이 추구되고 있는 시대에 걸맞는 제도라고 할 수 있다.

---

58 영국에서는 기후변화세의 도입과 더불어 협정을 맺은 기업의 세율을 80% 할인하고, 협정 체결 기업끼리의 배출량 거래를 용인하고 있다. CASBEE의 홈페이지(Http://www.ibec.or.jp/CASBEE) 참조.
59 CASBEE는 (재)건축환경 · 에너지절약기구(IBEC)가 인증하는 건축물 종합환경 성능평가 시스템인데, 건축물의 환경 성능을 종합적으로 평가하여 등급을 매기는 수법이다.

지구환경문제를 해결하기 위한 한 방안으로서 "부동산의 녹색화"가 커다란 주목을 모으고 있다. 또 "지속가능한(sustainable) 건축"이라는 말을 듣는 경우도 많다. 친환경 지속가능한 건축물을 세상이 필요로 하고 있는 것이다. 바꾸어 말하면 교토의정서 이후, 지속가능한 건축의 개념은 국제적인 연대의 움직임을 보이며, "지속가능한 건축 세계회의"도 개최되고 있다. 또 국토교통부도 국토교통행정의 녹색화를 위한 "국토교통부 환경행동계획" 속에 에너지절약, 개선에 관한 시장의 정비 및 지원을 충실히 하고자 하는 방향성을 밝혔다.

CASBEE는 그러한 관점에서 도입된 것이지만, 부동산의 녹색화뿐 아니라, 공장, 물류센터 등의 사업용 부동산에도 적합하기 때문에 물류녹색화의 주요한 토대가 되리라 기대되고 있다. 건축물에 관한 에너지절약 시책으로서 고효율 조명, 효율적 공기조절 · 환기설비 · 시스템의 채택, 외벽의 단열 효과의 향상, 엘리베이터의 에너지절약화, 급탕 설비의 효율화가 제시되고 있지만, 모두가 장래의 최첨단 물류시설에서 빼놓을 수 없는 중요한 대상이다.

아시아 최대 물류시설 프로바이더인 GLP(Global Logistics Properties)의 일본 법인이 운영하는 자연환경 보전형 물류시설 "GLP Ⅱ"는 "오사카시 건축물종합환경 평가제도 (CASBEE, 오사카)"[60]에서 "BEE(건축물의 환경성능효율 : Building Environment Efficiency)" 평가의 "A등급(매우 양호)"을 취득하였다. 이것은 일본 최초의 취득 사례이다. 또 BEE 평가는 CASBEE 오사카의 평가시스템에 따라 시행된 것이다. 단열성과 내구성을 높이는 "금속성 단열패널", 조명 이용을 감소하는 "감지센서" 등이 도입되고 있다.

또 GLP는 해외에서도 물류시설의 환경평가 등급을 취득하고 있다. 2008년 5월에는 세계 최대규모의 식품회사인 크라프트 푸즈사가 임대하는 시카고 근교의 물류시설(약 7만 4000㎡)에 대하여 LEED의 골드인증을 취득하고 있다.

또한 GLP는 2009년에는 "프로 로지스파크 센트레어"(아이치현 토코나메시 센트레어)에 대해서도 A등급을 취득하였다.

일본 렙은 2008년 3월 후쿠오카현 후쿠오카시에 준공한 "J-REP 로지스테이션 후

---

60 http://www.city.osaka.jp/jutaku/sido/casbee10.html CASBEE-신축(간이판)을 바탕으로, 일부의 평가기준 등이 오사카시용으로 변경되었다. 큰 틀은 CASBEE에 근거하고 있다. 그런데 주차장의 확보 등, 오사카시 독자의 채점기준도 포함되어 있다.

쿠오카", "J-REP 로지스테이션 Ⅱ"에 대하여 CASBEE 등급 A등급을 건축환경·에너지절약기구에 신청하였다. 가와사키·히가시오기시마 지구의 물류시설 "J-REP 로지스테이션 히가시오기시마"에 대해서도 가와사키시가 설정하는 CASBEE의 A랭크 기준을 충족했다고 발표하였다.

스미토모 창고도 2008년 4월에 물류종합효율화법에서 규정하는 "종합효율화계획"의 인정을 받은 오사카 남항 동창고(南港東倉庫)에 대해, 히트 아일랜드 대책으로써 옥상녹화 등을 실시하여 CASBEE의 A랭크 평가를 받았다.[61]

2.8.6. 탄소상쇄 시장의 구축

탄소상쇄(carbon offset)란 시민, 기업, NGO/NPO, 지자체, 정부가 스스로의 GHG 배출량을 주체적으로 감축하고, 동시에 감축이 어려운 경우에는 그 배출량을 거래하거나 프로젝트 등으로 벌충하는 것을 말한다. 교토유연성체제에 근거한 배출권 이외의 독자 크레디트도 이용된다.

탄소상쇄는 유럽·미국 국가에서 활발히 시행되고 있다. 일본도 환경부가 2008년에 "일본에서 탄소상쇄의 실상에 관한 지침"을 종합·정리하고 있다.

물류사업자들 사이에도 탄소상쇄를 전략상품에 포함시키는 움직임이 널리 확산되고 있다. 예컨대 통신판매로 상품을 구입할 때 이용하면, CDM 크레디트의 일부를 부담하는 형태가 되는 택배서비스가 그 일례이다.[62] 물류기업의 환경전략을 그대로 탄소상쇄 시장의 수요 속에 포함시키는 것이 가능해진다.

탄소상쇄의 크레디트 시장규모는 세계은행의 보고서에 따르면, 거래액은 4,200만 톤(CO 환산), 약 2억 7,000만 달러(2007년)에 달한다고 한다.

탄소세는 선박에 사용하는 연료에 세금을 부과하고, 징수된 세금으로 육상에서 시행되고 있는 CO_2 배출권을 구입하고, 후진국 기술지원도 하자는 것이다. 전 세계의 선박에 세금을 징수할 경우 후진국에게 더욱 불리해지는데, 등록기준으로 전 세계 선박의 75%가 개도국에 등록되어 있어 공평하지 않다. CO_2 감축문제는 선진국이 부담을 더

---

61 일본물류단체엽합회 제9회 물류환경 대회에서 물류환경 특별상도 수상하였다.
62 일례로서, 佐川急便에 의한 "CO 배출권 첨부 히갸쿠 택배"를 이용할 때 "녹색카드"가 발행된다.

<표 3-15> 탄소상쇄의 유형

분류	개요
상품 이용 · 서비스 이용형	기업이 상품, 서비스를 제공할 때 배출되는 온실가스의 배출량을 상품 · 서비스와 합해서 그 크레디트를 구입함으로써 상쇄를 실시한다.
이벤트 개최형	회의, 콘서트 등의 주최자가 그 개최로 배출되는 전기 사용량 등을 상쇄하는 것을 상정할 수 있다.
자기활동형 · 특정자 완결형	자기활동형이란 기업, 단체가 밖에서 크레디트를 구입하는 것으로, 상쇄를 시행하는 유형. 또 시장을 통해 크레디트를 구입하지 않고 직접, 특정한 상대에게서 구입하는 경우, 특정자 완결형이 된다.

자료: 환경성 「일본에서 카본 오프셋의 실상에 관한 지침」.

진다는 것이 UNFCCC의 기본원칙이지만 그 원칙에도 맞지 않다. 국제해운업계 입장에서 보면, 선박운항에 필요한 연료비 증가로 인해 해운업계에는 부담을 주는 반면 선박의 경우에는 직접적이고 가시적인 CO_2 감축 효과는 기대할 수 없다.

이 제도의 도입에 찬성하는 국가는 네덜란드, 일본, 스페인, 호주, 벨기에, 덴마크, 스웨덴, 영국, 노르웨이였는데, 이들 국가는 계속해서 공개적으로 토론한 후 도입하자는 입장이었다. 이 제도의 도입에 반대하는 국가는 인도, 사우디아라비아, 브라질, 중국, 남아공화국, 그리스, 바하마였다. 그 이유는 탄소세는 국제세금을 의미하며, 정확히는 국제무역에 세금을 부과하는 것이 되어 UNFCCC의 원칙인 CBDR에 어긋나므로 도입에 반대한다고 하였다. 우리나라는 위에 예시된 문제점으로 인해 탄소세의 제도도입에 반대한다는 입장이다.[63]

덴마크는 연료유에 탄소세를 부과할 것을 제안하였다. 덴마크가 제안한 연료유의 탄소세부과제도란 국제무역에 종사하는 400톤 이상의 선박에 대해 연료유 1톤당 일정액의 탄소세 지급을 의무화하고, 탄소세는 기금으로 통합하여 개도국에서의 기술이전과 개발계획, 선박의 에너지효율 개선을 위한 연구개발 등의 특정한 목적에 사용하는 것

---

63 상계논문, p. 98.

을 말한다.

위와 같이 덴마크가 제안한 제도는 연료에 탄소세를 부과하여 선주에게 에너지 절감의 인센티브를 부여함으로써 CO_2 감축과 동시에 징수수입에 대해서는 에너지효율 개선을 위한 선박의 기술개발 등에 충당하거나 해운업계에 환원할 수 있도록 하는 것이 특징이다. 그 이외에 국제적인 탄소세제도로서 확립되어 있는 국제유류오염보상기금(International Oil Pollution Compensation Funds : IOPC Fund)[64]이라는 전례가 이미 존재한다. 따라서 탄소세 수입을 개도국의 지원에 충당하게 될 경우 개도국에 대한 배려가 이루어지게 되어 선사의 관점에서도 탄소세의 수준은 일정[65]하므로 부담액 예측을 하기 쉬워 절차상의 부담도 적어진다는 이중의 이점을 들 수 있다.

한편 이 제도의 문제점으로서는, 첫째, CO_2 배출감축량이 제도개시 시에 확정되지 않는다는 점이다. 이것은 탄소세의 특징(가격을 고정하여 배출량을 결정함)에서 대두되는 문제이다. 둘째, 과징회피 방법이 존재한다는 점이다. 예컨대 해상에서의 급유 등이 그것에 해당한다. 셋째, 국제협약 관련 문제가 대두될 가능성이 있다. 국제민간항공기구(ICAO)에서는 2004년 후반까지 탄소세를 포함하여 CO_2 감축을 위한 경제적 수단에 대한 논의가 이루어졌지만, 국제협약(Chicago협약) 등의 문제로 인해 탄소세의 불채택을 결정한 배경이 있다. 넷째, 탄소세에 대한 수용성이 매우 낮다는 것이다. 이로 인해 탄소세 · 과징 등에 대한 반발은 매우 크다.

위와 같은 이점, 결점이 있는 가운데 제59차 MEPC에서 제안될 예정인 일본안[66]은 덴마크안의 탄소세제도를 일부 변경한 것이다. 변경 내용은 탄소세의 수입을 선박의 에너지효율 개선 정도에 부응하여 환급한다는 것이다. 일본안은 선박에 에너지절약에 대한 인센티브를 부여하고, 더욱이 기존의 선박을 에너지효율이 좋은 선박으로의 대체

---

64 기름유출 사고로 피해를 입은 국가에서 방재비용이나 재산상 손실 등의 보상액을 산정, 지급하는 기구를 말한다. IMO 소속으로 각국 정유사 등 화주의 분담금으로 조성된다. 우리나라를 포함해 140개국 정도가 회원으로 되어 있다. 유조선 사고 시 피해보상액이 선주의 책임한도액인 1,300억원을 초과할 경우 피해자에게 최대 3,000억원까지 보상을 해준다(A. K. J. Tan, Vessel-Source Maritime Pollution, Cambridge University Press Ltd., 2006, pp. 303-307).

65 탄소세 중에 탄소세의 수준을 변경하는 취지가 기재되어 있는 경우에는 이 범위가 적용되지 않는다 ; 배출권은 기간 중에 가격이 변동할 수 있는데, 경우에 따라서는 배출권 가격이 크게 변동한다. 예컨대 EU-ETS에서는 2005년 1월 당초 15(유로/톤)이었던 가격이 2006년 4월에 30(유로/톤)로 되어 그 후 문제가 제기되어 2006년 5월에는 10(유로/톤)로 하였다.

66 海事プレス, 「燃料油課金 · 還付, 燃料改善の目標設定: 國土交通省, MEPC59に提案」, 海事プレス, 2009, p. 13.

를 재촉하는 인센티브를 부여함으로써 CO_2 감축을 가속도적으로 제고할 수 있다는 것이다. 또한 국제해운산업에서 에너지효율 개선의 여지는 클 가능성이 있다는 것을 고려한다면, 일본안은 국제해운산업의 에너지효율에 대한 대폭적인 개선을 재촉할 가능성이 있다. 한편으로 탄소세의 수입에 대한 환급처를 특정 항목(공공교통지원 등)으로 전용(轉用)한 경우 사회적 후생이 가장 양호한 상황보다도 다소 악화된다는 것이 기존의 연구 등에서 지적되고 있다.[67] 이로 인해 첫번째 문제점으로서 탄소세의 환급처를 선박의 연비개선 등으로 할 경우 사회적 후생이 가장 양호한 상황보다도 악화될 것이 예상된다. 따라서 일본 정부는 특정 항목에 환급을 하기 위한 원칙과 CO_2 감축을 가속적으로 실현하기 위한 사회적 후생 이외의 기준을 이용할 필요가 있다고 보아진다. 두번째의 문제점으로서 이 과징안은 감축량을 사전에 확정할 수 없다는 점에서 교토의정서와 EU의 견해와 양립되지 않는다는 것을 들 수 있다. 교토의정서의 틀 또는 EU의 견해는 감축수치목표를 결정하여 CO_2 배출총량에 대한 확실한 감축을 할 것을 중시하고 있다.

일본의 경우 2050년에 BAU(Business As Usual, 자연체, 특히 프로젝트가 실시되지 않은 때의 상태) 배출량과 비교하여 50%의 감축이 가능하다고 보고 있다. BAU와 비교할 경우 에너지효율을 개선하는 것으로, CO_2 배출증가율을 억제함에 따라 2050년 시점에서 50%의 감축을 예상할 수 있다. 이것보다도 CO_2 배출의 증가를 중지하고 총량으로서 감소시킬 수 있는 시나리오를 제시할 필요가 있다. 에너지효율의 개선에 의한 CO_2 총배출량 감소의 실례로서는 일본의 녹색세제실시에 의해 2001년 이후 승용차와 관련하여 CO_2 배출이 감소된 사례가 있다.[68] 이 같은 점에서 일본안은 EU와 UNFCCC를 설득할 때 몇 년 후까지 CO_2 배출량의 증가를 중지하고 감축에 매진하도록 한다는 전환 시기를 명확하게 하는 등 대책을 강구할 필요가 있다.

---

67 I. Mayeres, "The Efficiency Effects of Transport Policies in the Presence of Externalities and Distortionary Taxes," Journal of Transport Economics and Policy, Vol.34, No.2, 2000. pp. 233-260 ; 細田衛士·橫山彰, "二重の配當に對する否定論", 「環境經濟學」, 有斐閣, 2006, pp. 182-186 ; 吉田公一, 전게서, pp. 2-3.

68 日本海事新聞, "國際海運の溫室效果ガス50年に排出量50%削減", 「日本海事新聞」, 2009, p. 11.

2.8.7. 통과권의 설정

앞으로는 CO 배출량거래뿐 아니라, 토지이용규칙(물류시설의 지리적 조건), 사회자본의 증강(고속이용요금, 사용권), 기술(수소자동차 도입률), 차량의 연료소비총량(도로이용권, 주행거리)이라고 하는 물류부문의 다양한 거래 권리가 매매될 가능성도 있다.

예컨대 오스트리아에서는 주변국가 간에 "통과권"을 설정하고 있다. 오스트리아는 중유럽 화물운송 경로의 십자로에 위치한다. 그 때문에 오스트리아를 횡단하여 이탈리아나 독일로 가는 트럭수송량이 상당히 많다. 그래서 오스트리아 정부는 자국을 통과하는 트럭에 의하여 발생하는 환경오염을 억제할 목적으로 통과권을 설정하였다. 오스트리아를 통과하는 총 중량 7.5톤(적하 유무를 불문)을 초과하는 중량 화물 운수차량에 대하여 "포인트제도"를 도입하여, 국가별로 점수를 할당하였다. 국가별 할당은 EU와 오스트리아 간의 트럭 통과 대수 실적에 의하여 결정되었다.

제 4 장

탄소배출권의 거래시장

1. 개요

2008년은 지구온난화방지협약 교토의정서에 규정된 온실가스 배출감축 실행기간의 원년이다. 이에 따라, 신문·잡지 등에서 배출권의 중대 사건을 실은 기사를 많이 볼 수 있다. 교토의정서를 비준하고 있는 일본은 2012년까지 1990년 당시 배출량 −6%의 감축의무를 부담하고, 주변에서는 쿨 비즈니스 등 다양한 감축 노력을 시작하고 있지만, 실행기간 개시가 접근함에 따라 다양한 장애가 표면화되고 있는 것 같다. 가장 큰 장애는 국내 배출상한 규제 도입의 목표가 서지 않고, 본격적인 국내 배출권 거래제도의 시작이 늦어지고 있다. 배출거래 및 적절한 운영을 가능하게 하는 환경에 대해 설명한다.

세계은행보고서에 따르면 2006년 GHG 배출권 거래액은 약 300억 달러에 이르고 있다. 거래량으로 말해서 16.4억 tCO_2e(CO_2 환산 톤)이다. 이 배출권거래의 거의 전량은 어떤 배출상한 규제에 기초한 규제시장에서 거래되고 있다.[1] 규제시장은 ① 배출상한 법령, ② 벌칙, ③ 배출권등록 시스템, ④ 개별 기업의 법령준수 수단으로서의 배출권거래 시스템, ⑤ 배출량 검증·모니터링 시스템이 있어 성립하는 시장이다. 배출시장에서는 규제대상이 되는 GHG 배출원 기업에 있어, 배출권거래는 ① 규정준수의 수단, ② 저비용 배출감축 달성, ③ 자산매각익, ④ 배출권 관련 사업을 향한 노하우 습득의 의미를 가지게 된다.[2]

규제시장 외에는 GHG 배출원 기업이 자율 규제 범위 및 홍보 목적 등을 달성하기 위해 사설 거래소 거래 및 상대 거래를 하는 자유시장이 있지만, 거래량·금액 모두 규

---

1 WorldBank/IETA, State and Trends of the Carbon Market, 2007.
2 永井春菜, 排出權ビジネスの多樣化, KPMG, 2008年1号.

제시장에 비해 미미하다. 또한 현재는 존재하지 않지만, 녹색전력증권거래와 같이 일반 소비자를 대상으로 하는 소매시장이 GHG 배출권 거래에서도 향후 등장할 가능성도 있다.

2. 배출권거래의 주역과 비즈니스 모델

2.1. 배출권거래의 주역

배출권거래는 판매자·구매자·딜러 및 투자 펀드, 중개 브로커 이외에 규제당국, 거래 시스템 운영자, 제3자 인증기관 등 다양한 이해관계자가 관련되어 있다. 세계은행 보고서에 따르면 2005년부터 2006년까지 프로젝트 배출권의 구매자 구성에 큰 변화가 있었다. 2005년 일본은 EU 국가 전체와 거의 같은 양의 배출권(약 50%)을 구입했지만, 2006년에는 7% 정도 떨어져 있다. 유엔 CDM 이사회에서 프로젝트 배출권을 승인각하·재심사에 회부된 사례가 2006년 이후 증가해왔기 때문에 리스크 회피 지향이 강한 일본 기업은 구입을 미루고 있는 것으로 보인다. 일본의 주요 구매자는 딜러 이외는 전력회사였지만 정부에 의한 교토의정서 준수를 위한 펀드 등을 통한 구입이 표면화되고 있는 것 같다.

한편 매도인으로서는 2005년부터 "배출권은 광물자원과 마찬가지"라고 보고 전략적인 활용을 시작한 중국이 압도적인 존재감을 나타내고 있다. 기타 인도·동남아시아·동유럽을 포함하여 배출감축 의무를 지지 않는 교토의정서 비준 국가에서 CDM·JI 프로젝트가 매도인으로서 부각되고 있는 것 같다. 이 매수인과 매도인을 중개하여 금융기술을 구사하여 쌍방의 위험 기호를 만족시키고, 증권가격을 결정하여 원활한 거래를 성립시키는 데 중요한 역할을 담당하는 것이 중개인인데, Environmental Finance Market Survey(2005/12~2006/1)에 따르면 배출권의 상위 중개인은 뉴욕·런던·북유럽 국가에 집중하고 있다.

2.2. 배출권거래 관련의 비즈니스 모델

배출권거래는, ① 온난화 가스 배출 삭감·흡수와 녹색발전사업, ESCO 사업 등 "배출권 창출", ② "배출권 증권화", ③ "배출권 증권거래", ④ "거래제도 관련" 서비스의 4가지 사업 분야로 구성된다. 〈표 4-1〉에서 알 수 있듯이 각각의 사업분야는 다양한 상품과 서비스로 구성되어 있다. 각각의 분야가 발전하고 원활하게 연결하고 있는 아니면 배출권거래의 주요한 목적인 낮은 사회적 비용의 배출 감축량 달성은 어려울 것으로 보인다.

〈표 4-1〉 배출권 비즈니스 모델

배출권창출	배출권증권화	배출권거래	거래 관련 서비스
• 배출량 대응 컨설팅(배출원단위삭감, 배출량감축, 배출권도입, 포트폴리오감축 등) • 환경관련기술개발(기술라이선싱, 설비제조·판매 등) • 배출감축프로젝트(온난화가스감축·흡수 프로젝트, 녹색발전사업, ESCO사업 등) • 배출감축사업투자(프로젝트금융, ABS/AB 투자) • 배출감축시설운영·보수(소유자운영, 아웃소싱서비스)	• 배출삭감모니터링 • 배출권 제3자인증 • 배출권등록·섭외업무(국내섭외·국제섭외) • 배출권 중개	• 배출권정보제공(시장·산업조사, 거래정보제공 등) • 배출권투자·자산운영(펀드운영, 포트폴리오운영 등) • 배출권리스크관리(금융파생상품거래, 보험, 제3자 보증, 배출권거래자산위험관리시스템 서비스 등) • 배출권매매·투기	• 배출삭감보고·광고(CSR보고) • 배출삭감검인·감독 • 배출권제도설계(싱크탱크, 국내 로비, 국제 로비 등)

3. 배출권거래의 실제

3.1. 온실가스 배출량의 산정방법

기업 등이 자사의 온실가스 배출량을 파악함에 있어 국가가 규정하는 산정방법과 사용하는 에너지에 따른 온실가스의 배출계수를 사용하는 것으로 정확한 배출량을 파악할 수 있다. 일본에서는 에너지절약법과 지구온난화대책추진법이 특정 규모의 공장과 사업소 등에 대해 에너지의 소비실태를 보고하는 의무를 부과하고 있으며, 그 산정방법과 배출계수를 규정하고 있다. 산정방법은 대개 다음과 같은 순서로 진행된다.

에너지절약법이 요구하는 정기보고서에 연료, 전기, 열 각각의 에너지사용량을 기입한다. 에너지절약법의 정기보고서에는 사용한 에너지에 따라 발생한 CO_2의 배출량도 기재한다. 그러나 그 산정방법과 배출계수에 대한 규정은 없다. 그래서 지구온난화대책추진법이 규정하는 산정방법과 배출계수에 기초하여 CO_2 배출량을 기재한다. 또한 지구온난화대책 추진법에서 제출이 필요한 보고서는 에너지절약법 자체를 병용하는 것이 인정된다.

수송에 따른 CO_2 배출량의 연료법 · 연비법 · 개량톤킬로법이라는 세 가지의 방법이 제공되고 있다. 경제산업성과 국토교통성이 작성한 공동가이드라인을 알기 쉽게 해설하고 있다.

지구온난화대책추진법이 규정하는 CO_2 이외의 다섯 가지의 가스를 배출하고 있는 사업소 등은 지구온난화대책추진법이 규정하는 보고서를 사용하여 산정 · 보고한다. 실제의 산정방법은 사업 형태에 따라 다르다. 이로 인해 환경성이 제공하고 있는 보고서 작성지원 도구와 민간사업자가 제공하는 지원서비스를 이용하면 된다.

3.2. 세계 배출량거래시장의 현황

배출량거래의 구체적인 흐름을 보기 전에 세계 전체의 배출량거래시장이 어떤 상황에 있는지를 보기로 한다.

<표 4-2> 배출량거래시장 현황

	2005년		2006년		2007년	
	거래량 (백만톤-CO_2)	거래액 (백만 US$)	거래량 (백만톤-CO_2)	거래액 (백만 US$)	거래량 (백만톤-CO_2)	거래액 (백만 US$)
유럽 배출량거래시장 (EU-ETS)						
50097EUA (EU Allowance)	321	7908	1101	24357	2061	50097
교토 Credit 시장						
CER(Certified Emission Reduction)	351	2638	475	5257	551	7426
ERU(Emission Reduction)	11	68	16	141	41	499
소계	362	2706	491	5398	832	13376
기타 준수목적시장	26	247	37	304	25	224
시카고기후거래소 (CCX)						
CFI(Carbon Financial Instrument)	1	3	10	38	23	72
Voluntary 시장	6	44	10	100	23	72
합계	716	10908	1649	30197	2983	64034

자료 : World Bank, State and Trends of the Carbon Market 2007, May 2007.

세계의 배출량거래시장은 최초의 거래가 이루어졌다고 하는 1999년부터 성장을 하고 있다. 2007년에는 세계 전체에서 29억 톤(CO_2환산)의 배출량이 약 640억 달러로 거래되고 있다. 다만 배출량거래시장이라고 하더라도 통일된 하나의 시장이 존재하고 있는 것은 아니다. 현재 대상이 다른 배출권을 독자적으로 매매하는 복수의 시장이 세계에 창설되고 있다. 2005년에 시작된 EU 역내배출량거래제도(EU-ETS)의 2007년의 거래량은 세계 전체의 약 80%를 차지하고 있다. 현시점에서의 세계최대의 시장이며 배출량거래시장을 견인하는 존재라고 할 수 있다.

EU-ETS에 커다란 배출량거래시장은 교토의정서에서 규정된 교토유연성체제를 이용하고 있는 시장이다. 2007년의 거래량이 세계 전체의 약 30%를 차지하는 이 시장은 개도국에서의 CDM에 의해 창출되는 CER과 러시아와 동유럽 등에서 이루어지고 있는

JI에 의해 창출되는 ERU가 거래되고 있지만 그 90% 이상이 CER의 거래이다.

그 외의 시장으로서는 호주의 뉴사우스웨일즈주의 배출량거래시장 등 일부 국가의 지방정부 등이 실시하고 있는 배출량거래제도가 있으며, 준수목적시장이라 불리고 있다. 미국에서는 2009년 이후에 복수의 주가 협력하여 배출량거래제도를 창설하는 움직임(RGGI라 불리는 뉴욕주 등의 동부 7개주의 제도 등)이 있다. 연방정부도 배출량거래제도를 설립하기 위한 법안을 검토하고 있다.

또한 미국에는 2003년에 설립된 자주참가 형태로 개개의 사업자에게 배출권을 할당하여 사업자 간에 거래를 하는 cap & trade 방식의 배출량거래제도인 시카고기후거래소(CCX)가 있다. 더욱이 CSR과 Carbon Offset 등 자주적인 노력에 의해 감축한 배출량에 의해 이루어지는 배출량거래시장도 존재한다.

이들은 자주적 시장(Voluntary market)이라 불린다. 자주적 시장의 거래실태는 파악하기 어려우며, 앞의 표의 거래량·거래액보다도 실제로는 많은 거래량이 거래되고 있을 것으로 보인다.

3.3. 다양한 배출권의 종류와 구입방법

최근 신문과 잡지에서 배출권이라는 용어를 자주 볼 수 있게 되었다. 이른바 배출권이라 불리는 것은 목적과 용도에 그들 전체를 부르는 경우에 배출권이라는 용어가 사용되고 있는 것이 실상이다. 배출권은 엄밀하게는 권리라고 할 수 없다. 그러므로 배출권이라는 호칭은 중지하는 것이 바람직하다. 다만 여기서는 편의상 배출권이라는 용어를 사용한다.

배출권에는 구체적으로 어떤 것이 있는지를 예를 들어 간단하게 설명한다.

3.3.1 교토 배출권

배출권의 예로서는 중심적으로 거론하는 교토 배출권을 들 수 있다. 일본에서 배출권을 거래의 대상으로 하여 고려할 경우 대부분이 교토 배출권을 가리킨다. 교토 배출권에는 CER과 ERU 등 몇 가지의 종류가 있지만 여기서는 교토 배출권으로서 살펴본

<표 4-3> 배출권의 종류

배출권의 종류	설명
유럽배출량거래시장(EU-ETS)	
EUA	EU 역내배출량거래시장에서 거래된다(배출권)
교토 Credit 시장	
CER	개도국에서의 온실가스감축 프로젝트(CDM)에서 실현한 감축량으로 유엔이 승인하고 발행한 것
ERU	동유럽과 러시아, 우크라이나 등에서의 온실가스감축 프로젝트(JI)에서 실현한 감축량으로 프로젝트가 실시되는 국가의 정부가 발행한 것
CCX	
CFI	자주참가형의 cap & trade형 거래소에서 거래된다(배출권)
자주적 시장	
VER	유엔과 정부가 승인한 배출권이 아니라 제3자 심사기관이 인증한 것 등. 다만 자주적 시장에서는 VER 이외의 배출권을 이용하는 것도 가능

자료 : World Bank, State and Trends of the Carbon Market 2007, May 2007.

다.

교토 배출권은 개도국 등에서의 CDM에 의해 시현된 감축량에 따라 유엔에 의해 발행되는 것 등이다. 예컨대 온실가스 100톤의 감축을 한 사업에 대해서는 100톤의 배출권이 발행되게 된다.

3.3.2. EUA(EU Allowance)

EUA는 EU의 법률에 기초하여 창출된 배출권이다. EU에서는 교토의정서에서의 온실가스감축 의무를 달성하기 위한 중심적인 정책으로서 EU-ETS를 창설하여 2005년부터 실시하고 있다. 각국 정부는 공장별로 1년간에 배출할 수 있는 온실가스의 수량을 결정한다. 그 결정된 수량을 초과하여 배출하는 공장은 다른 공장 등에서 EUA를 구입하는 것에서 초과분을 상계할 수 있다.

유럽의 기업에서는 EUA가 남는 국가와 부족한 국가 간에 EUA가 거래된다. 유럽의 법률에서는 EUA 1톤 대신에 CER 1톤을 사용한다고 규정하고 있다. 제한 내라면 EUA 와 CER는 같은 것이라 보아도 될 것이다.

유럽에 공장 등을 설립하고 있는 일본 기업은 EU-ETS의 대상으로 되어 있는 경우 도 있지만 대개의 경우 현지에서 대응하고 있다.

3.3.3. CFI(Carbon Financial Instrument)

현재 협약과 법률 등의 규정에 따른 배출권은 교토 배출권과 EUA뿐이다. 그러나 실 제로는 이들 이외의 배출권도 매매되고 있다. 그 하나의 예가 CCX에서 매매되는 CFI 이다. CFI는 CCX의 멤버로 되어 자발적으로 배출감축의 의무를 부담함에 따라 거래할 수 있다. 그 감축의무를 부담하기 위한 노력을 하였는데도 불구하고 계획대로 감축이 진행되지 않으면 계획 이상으로 감축하고 있는 다른 멤버로부터 부족한 분을 구입하는 것으로 의무를 완수한다는 구조이다.

현재 포드, 두폰, 소니, IBM 등의 기업과 대학, 자치단체 등 100 이상의 배출 주체 가 참가하고 있다. CCX는 자주 참가의 구성이므로 자주적 시장으로 구분되는 경우가 많다. CCX 이외의 자주적 시장으로서는 예컨대 어느 기업이 친환경 기업이라는 것을 호소하기 위해 주로 개도국 등에서 식림사업을 통해 창출되는 배출감축량을 구입하는 등의 기업단위에서의 활동에 사용되는 경우도 있다.[3]

자신이 배출하고 있는 가스의 수량을 파악하여 그것과 동량의 배출권을 구입하는 것 으로 실질적으로 배출량 0를 목표로 하는 Carbon Offset도 자주적 시장에 포함된다. 이와 같은 대응에 사용되는 배출권은 VER(Voluntary Credit)이라고 불린다.

VER의 거래는 전문업자가 판매하고 있는 것과 NPO의 식림사업에 의한 배출권을 구입하는 것 등이 일반적이다. 다만 이와 같은 배출권은 그 근거가 되는 프로젝트가 실제로 감축으로 연결되는지가 명확하지 않으므로 공정한 제3자의 평가가 없으면 의 미가 없다는 견해가 최근의 주류이다. 그로 인해 세계자연보호기금(WWF)[4] 등은 프로

---

3 식림사업의 경우 실제로는 감축량이 아니라 흡수량인데 간략화하기 위해 여기서는 감축량이라 한다.

젝트를 평가하는 기준을 작성하고 있다. 일부 기업에서는 그것에 사용하는 배출권으로서는 유엔이 사정하고 있다는 이유로 교토 배출권을 선정하는 경우가 증가하고 있다.

배출권을 구입하는 구체적인 흐름을 보기로 한다.

설명을 간략화하기 위해 교토 배출권의 CDM에서 창출되는 CER의 구입방법에 대해 설명한다. 사실은 CER이라고 하더라도 실제로 구입하는 것을 고려한 경우 여러 구입방법이 있다는 것을 알 수 있다. 계약이 간단하며, 즉시 배출권을 입수할 수 있으며, 소량거래에서 볼 수 있다. 여기서는 수천 톤의 배출권거래를 상정해본다.

발행완료 CER을 거래하는 경우 이미 존재하는 배출량을 구입하기 위해 일반적으로 현물거래라고 불린다. 배출권은 실제로는 자기적인 기록만이 존재하는 것이다. 즉 타국의 매도인이 등록부(발행된 배출권을 기록해 두는 장부)의 계좌에 보유하고 있는 배출권을 매수인인 자의 명의로 일본의 등록부(할당량계좌라고 불린다)에 개설하고 있는 계좌에 이전하는 것이 된다.

타인의 은행계좌에서 자신의 은행계좌에 돈이 들어오는 경우를 생각해보자. 은행계좌 간의 돈의 이전과 다른 것은 CER의 경우 어느 국가의 무엇이라는 프로젝트에 대하여 발행된 배출권인지를 시사하는 기호와 암호가 CER 1톤별로 붙어 있다는 것이다. 구입한 톤수에 따라 번호가 자신의 계좌에 기장되게 된다. 소량의 거래는 대개가 이 현물거래로 이루어지는 예가 많다.

3.3.4. 배출권의 계약조건과 수령

현물거래는 통상의 매매계약과 마찬가지로 대상이 되는 배출권의 수량과 가격이 최대의 관심사이다. 최근의 거래조건을 보면 예컨대 1,000톤 이상의 거래(서량거래)에서는 수만 톤 이상의 거래와 비교하여 가격이 비싸며, 배출권을 창출하는 프로젝트의 종류를 선택하는 것은 거의 불가능하다. 현재의 가격의 기준 등이 명확하지 않다. 거래에서는 매도인과 매수인 간에 가격협상을 한다. 그 때에는 유럽의 배출권(EUA)가격 등

---

4 WWF의 평가기준 : CDM 과 JI 프로젝트의 질을 평가하는 인증기준으로 Gold Standard라고 불리고 있다. 프로젝트의 적격성, 추가성과 기준선, 지속가능한 개발에 대한 공헌이라는 세 가지의 기준에서 인증을 판단한다.

을 참고로 하지만 여기에서 설명하고 있는 교토 배출권과는 엄밀하게 다르므로 참고치 이상의 것이라고는 할 수 없다.

다음으로 중요한 조건은 결제이다. 현재로는 매수인이 대금을 지급하면 매도인이 배출권을 매수인의 계좌에 이전하는 절차를 행한다는 조건이 일반적이다. 물론 매수인이 자신의 계좌에 배출권을 수령한 후 돈을 지급하는 조건에서의 협상은 가능하다.

계약이 성립하면 배출권이 매수인의 계좌에 이전되게 된다. 배출권의 수령은 컴퓨터 등으로 자신의 계좌를 보고 확인한다. 실제로 발행완료 CER의 매도인이 되는 기업은 예컨대 일본의 종합상사와 은행, 외국의 은행, 개도국에서 프로젝트를 행하는 기업 등이다. 외국 기업에서 배출권을 구입하는 경우에는 국제거래가 되므로 영어 계약서를 작성할 필요가 있다. 수고와 비용을 고려하면 수만 톤 이하의 경우는 일본 기업에서의 구입을 검토하는 것이 현명하다.

수천 톤 이하는 신탁은행에서 신탁수익권을 구입하는 방법도 있다. 배출량거래의 중개업자는 어느 정도의 배출권을 보유하고 있는 곳도 있다.

3.3.5. 배출권을 보유하기 위해 계좌개설

기업이 배출권을 보유하기 위해서는 일본 정부가 관리하고 있는 국별등록부에 계좌를 개설해야 한다. 교토의정서에서는 CDM 등의 교토유연성체제에 참가하는 조건의 하나로서 각국에 교토 배출권을 관리하기 위한 등록부를 설치하도록 요구하고 있다.

각 기업이 계좌를 개설하는 방법은 두 가지가 있다. 첫째, 환경성으로의 서면에 의한 신청, 둘째, 전자정부의 종합창구(e-Gov)[5]를 통한 신청이다(전자신청).

일본 정부는 계좌의 개설을 신청할 때 인터넷상에서 신청절차 등의 서비스를 행하고 있는 e-Gov에서 신청하도록 권고하고 있다. 계좌를 개설할 때에는 29,000엔의 수수료가 필요하다. 수수료는 전자신청의 경우 국고금전자납부시스템을 이용하여 지급한다. 환경성의 서면에 의한 신청의 경우에는 신청서에 수입인지를 첨부함에 따라 지급하게 된다.

---

5 각 성청이 제공하고 있는 행정 정보를 종합적으로 이용할 수 있도록 정리한 사이트이다. 총무성행정관리국이 운영하고 있으며, 법령검색과 개인용, 기업용의 전자신청절차안내 등의 서비스를 제공하고 있다.

신청이 수리되고 무사히 계좌개설 절차가 완료되면 일본 정부에서 국가별등록부시스템전용 사용자ID와 초기 패스워드가 기재된 법인계좌개설완료통지서가 우송된다.

계좌를 개설하면 관리자(국가)로부터의 통지를 수령하기 위한 전자메일주소 등록이 필요하게 된다. 메일 주소는 개인이 특정되는 일이 없는 주소를 이용하는 것으로 규정되어 있다. 사원 개인에게만 메일 주소를 할당하고 있는 기업은 배출권의 관리, 이전을 위해 새로운 메일 주소를 준비해야 하므로 사전에 준비해두어야 한다.

배출권의 매매가 성립한 경우에는 지금까지 보유하고 있던 매도인이 매수인의 계좌 앞으로 배출권을 이전하기 위한 절차를 행한다. 일본에서는 이 절차를 이체절차라고 부른다. 배출권의 이체처의 기업은 자사가 보유하는 계좌명의로 소정의 서식에 기입하고 정부에 이체 신청을 한다. 예컨대 보유하고 있는 배출권을 매각한 경우에는 이체절차를 행해야 한다.

이체절차에는 신청 1건당 6,200엔의 수수료를 지급한다. 다만 교토의정서를 준수하기 위해 배출권을 국가의 관리계좌에 무상으로 이전하는 경우에 한해서는 이 수수료가 면제된다.

3.3.6. 향후 발행될 것이 기대되는 배출권의 구입

주로 대량의 배출권을 구입하는 경우의 거래인 장래 발행되는 가능성이 있는 CER을 구입하는 경우도 있을 것이다. 이 거래는 일반적으로 선물거래라고 불린다. 여기서는 선물거래의 구조와 구체적인 흐름을 보기로 한다.

선물거래에는 이미 온실가스의 배출량감축활동이 이루어지고 있는 프로젝트에서 최근 발행될 가능성이 있는 배출권을 구입하는 경우와 아직 계획단계의 프로젝트가 장래적으로 유엔에 등록되는 것을 전제로 하여 CER이 발행되면 구입하는 경우 등이 있다.

즉 선물거래는 현실로는 배출권이 존재하지 않으므로 장래 배출권이 발행되면 구입할 것을 약속하는 계약이다. 선물거래는 실제로 프로젝트가 성공할지 여부를 알수 없는 단계에서 배출권의 구입을 약속하는 것이 된다. 이로 인해 어느 의미에서는 대단히 위험한 거래라고 할 수 있다. 다만 대금을 지급하는 것은 실제로 배출권이 발행된 후로 한다는 것이 일반적이다. 선물거래에서 계약한 프로젝트가 성공하지 않았다고 하여 금전적으로 그 정도 커다란 손해를 볼 가능성이 높은 것은 아니다.

그래도 일부의 프로젝트 관련 비용을 선불로 지급한다는 조건이 있는 선물거래도 존재한다. 프로젝트를 행하고 있는 기업이 도산하는 등 최악의 경우에는 지급한 금액을 환수할 수 없는 우려가 있는 것에는 충분히 주의가 필요하다. 이와 같이 불안전하며 위험이 있는 선도거래이지만 현물거래 등과 비교하여 배출권을 저렴하게 매입할 수 있는 이점이 있으므로 거래량은 증가 경향에 있다.

선물거래는 개도국에서 배출량감축 프로젝트를 하고 있는 기업이 매도인인 경우가 대부분이다. 당연히 국제거래이므로 영어로 계약협상을 한다. 즉 자세한 조건에 대해서도 분명히 정리하여 계약서에 기재하여 불측의 사태를 초래하는 위험성을 회피할 필요가 있다. 계약협상을 진행함에 있어서는 가능하면 국제거래와 국제배출량거래 경험이 있는 변호사와 상담하는 것이 바람직하다.

배출량거래의 중개업자 등에 문의하면 어떤 조건이 있는지를 알 수 있다. 다만 어느 정도의 시간과 비용이 소요되므로 수십만 톤 이상의 수량이 아니면 비용을 준비할 수 없을 가능성이 높다는 것에 충분히 유의해야 한다.

3.3.7. 배출권거래시장의 참가와 매도방법

배출권의 판매를 사업으로서 행하는 것은 가능하다. 앞에서 설명한 EU-ETS에서 유통하고 있는 EUA도 취급할 수 있다. EU-ETS에서는 EU 가입국 이외의 회사와 개인이라도 EUA를 거래하기 위한 계좌를 개설할 수 있다. 즉 누구도 EUA의 거래에 참가하는 것을 인정하고 있다.

따라서 EU 가입국의 어딘가에 자기 명의로 계좌를 개설하면 EUA를 저렴한 때에 구입하고 비쌀 때에 판매하는 것으로 이익을 올릴 수 있다. 다만 EUA의 가격동향은 상당히 심해 하루에 1유로 정도 변동하는 것도 흔히 있다. 과거에는 수일간에 30유로에서 10유로 정도까지 인하된 경우도 있다. 시차가 있는 일본에 있으면서 유럽의 배출량거래에 참가하는 것은 현실적이 아니다.

EUA와 같은 거래소는 없지만 교토 배출권의 매각도 상대방만 발견되면 가능하다. 다만 거래를 하기 위해서는 우선 배출권을 취득해야 한다. 그 취득에는 지금까지 설명한 구입방법 이외에 개도국에서의 배출량감축을 목적으로 이루어지는 CDM 프로젝트에 직접참가(해외직접투자가 된다)하여 배출권을 소유하는 방법이 있다. 예컨대 이산화탄소 등의 온실가스 배출을 효율적으로 감축하는 기술을 가지고 있는 자와 기업이 있다고 하자. 개도국의 기업과 함께 그 기술을 이용한 배출량감축 프로젝트를 취득할 수 있다.

이 경우에는 해외의 프로젝트에서 예상되는 여러 위험을 극복해 나갈 필요가 있다. 예상되는 위험은 예컨대 파트너십 기업의 자금부족과 도산, 공사 등의 실패와 공기의 지연, 기술이 상정한 효과를 창출하지 않는다는 것을 들 수 있다. 더욱이 CDM은 유엔(엄밀하게는 그 기관의 하나인 CDM 이사회)에서 CDM 프로젝트로서 인증[6]을 받을 필요가 있다. 이로 인해 유엔에 인정된 인증기관의 심사를 받는 등의 절차를 행해야 한다. 즉 유엔이 인정해주지 않는 경우에는 CDM 프로젝트로서의 인증을 받을 수 없으므로 배출권도 발행되지 않으며 취득할 수 없다. CDM 프로젝트를 검토하고자 하는 자는 배출량거래의 중개업자와 상사에 상당하는 것이 필요하다.

3.3.8. 배출권의 회계처리 취급

배출권이 거래되는 시장이 형성되면 순수하게 자사의 배출량감축에 도움이 될 수 있기 위해 거래를 하는 경우와 거기서 얻어지는 이익을 목적으로 투자를 하는 경우 등 여러 목적을 가진 당사자가 참가하게 된다. 이들의 목적에 부응한 배출권의 회계처리 규칙에 대해서는 기업회계기준위원회가 2004년 11월에 실무대응보고 제165호 배출량거래의 회계처리에 관한 당면의 취급(이하 실무대응보고라 한다)을 공표했다. 실무대응보고는 2006년 7월에 개정되었다.

실무대응보고에는 배출권의 회계처리에서 실무상의 취급방법이 기재되어 있다. 배출권의 자산으로서의 성격과 현행 회계기준 등의 틀에서 고려되는 범위 내에서의 처리방법이 잠정적으로 정리되었다.

현재 신탁회사가 판매하고 있는 배출권의 신탁수익권의 구입과 매각에 대해서도 원칙적으로 실무대응보고에 따르고 있다.

---

6 유엔에서 인정된 인증기관: 배출감축 사업이 CDM 사업으로서의 요건을 충족하고 있는지를 확인하고 추가적 배출감축량의 인증작업을 하는 기관이다. 지정운영기관(DOE)이라 불린다. CDM 이사회에서의 권고에 기초하여 COP/MOP의 인정을 받을 필요가 있다.

실무대응보고가 대상으로 하고 있는 것은 국별등록부를 통해 이루어지고 있는 교토 배출권의 이전과 상각을 상정한 기후변화협약에 기초한 배출권이다. 즉 규제강화에 의해 각 기업에 감축의무가 부과되어 기업이 국내법에 기초한 배출권을 취급하도록 되는 경우에는 대응하지 않는다. 이와 같은 배출권의 유통이 본격화한 경우에는 실무대응보고의 내용이 재검토될 가능성이 있으므로 주의할 필요가 있다. 현재 일본 기업은 배출권을 현물거래와 선물거래의 두 가지의 형태로 취급하고 있다. 그러나 2008년 4월에 금융상품거래법이 개정되어 금융상품거래소가 배출권의 거래시장을 개설할 수 있게 되었다.

이 법의 개정에 따라 향후 EU-ETS와 같이 배출권이 선물거래에서 취급될 가능성이 보이고 있다. 배출권의 파생상품거래에 따른 회계처리는 기업회계기준위원회의 기업회계기준 제10호 금융상품에 관한 회계기준에 따라 처리한다. 세무에서의 배출권의 취급에 대해서는 향후 환경성이 국세청에 대해 사전 조회를 할 예정이다. 다만 그 시기는 아직 정해져 있지 않다. 그래서 배출권을 취급할 때의 세무처리는 당분간 앞에 설명한 회계처리의 틀에 따라 대응해야 할 것이다.

4. 배출량거래의 현상과 전망

4.1. EU-ETS

4.1.1. EU 역내배출량거래제도(EU-ETS)의 구조

EU는 교토의정서에서 EU 국가 전체에서 제1약속기간 중(2008~2012년)까지 온실가스를 1990년과 비교하여 8% 감축할 것을 의무화하고 있다. 교토의정서는 의정서 제4조[공동달성(버블)]에서 EU 역내의 각국이 의무화된 온실가스 감축의 수치목표를 달성할 수 없는 경우라도 각국이 협력하여 EU 전체에서 8% 감축을 달성하면 된다고 인정하고 있다.

EU는 이 공동달성을 적용하고 있다. 1998년에 EUD의 온실가스 배출권을 재분배하여 EU 전체에서 교토의정서의 목표 달성에 노력할 것을 선언하였다. 구체적인 시책으로서는 2000년 6월에 유럽기후변화 프로그램(European Climate Change Program)을 책정하고 있다.

그 하나의 시책으로서 EU 역내의 각국 간이 배출권을 서로 보완할 수 있는 배출량 거래제도의 도입을 거론하여 2003년에 EU 배출량거래지침으로서 채택하였다. 이것에 기초하여 2005년 1월부터 EU 역내배출량거래제도(EU-ETS)가 출발하고 있다.

<표 4-4> EU-ETS 제1Phase(2005~2007년)의 각국 시설대상 수 및 할당량 비율

국가	시설대상 수	할당량 비율
오스트리아	205	1.5%
벨기에	363	2.9%
체코	435	4.4%
키프로스	13	0.3%
덴마크	378	1.5%
에스토니아	43	0.9%
핀란드	535	2.1%
프랑스	1172	7.1%
독일	1849	22.8%
그리스	141	3.4%
헝가리	261	1.4%
아일랜드	143	1.0%
이탈리아	1240	10.6%
라트비아	95	0.2%
리투아니아	93	0.6%
룩셈부르크	19	0.2%
말타	2	0.1%
네덜란드	333	4.3%
폴란드	1166	10.9%
포르투갈	239	1.7%
슬로바키아	209	1.4%
슬로베니아	98	0.4%
스페인	819	8.0%
스웨덴	499	1.1%
영국	1078	11.2%
합계	11,428	100%

자료 : http://europa.eu/rapid/pressReleasesAction.do?reference=MEMO/05/84&
format=HTML&aged=1&language=EN&guiLanuage=en

EU-ETS의 도입에 따라 교토의정서에서의 수치목표를 달성하기 위해 필요한 비용은 연간 290-370억 유로(EU 전체 GDP 중 0.1% 정도)로 전망되고 있다. 이것에 의해 도입하지 않는 경우의 3분의 1 정도의 경제부담을 경감할 수 있다고 EU는 시산하고 있다.

EU-ETS는 각국에 규정되어 있는 온실가스의 총 배출량(총 배출권, Cap이라고도 한다)을 각국 내의 대상 시설(약 11,400개소)에 배출권으로서 배분하여 배출권의 일부 이전과 획득(Trade)을 인정하는 Cap & Trade 방식을 채택하고 있다.

Cap은 각국이 작성, 제안하고 유럽위원회에서 승인을 취득한 국가할당계획(NAP)에 설정되어 있다. 대상이 되는 산업, 에너지전환 부문의 특정 시설은 온실가스를 배출권 내에 억제할 수 있는 경우에는 잉여분을 배출권으로서 매각하는 것이 가능하다. 배출권을 초과하여 온실가스를 배출한 경우에는 초과분을 배출량거래시장에서의 배출권을 구입함에 따라 감축한다.

<표 4-5> EU-ETS 제1Phase와 제Phase 비교

	제1Phase(2005~2007년)	제2Phase(2008~2012년)
각국의 할당량	2005년 배출량 이하: 4개국 2005년 배출량 이상: 23개국 (전체로 2005년 비율+8.3%)	2005년 배출량 이하: 16개국 2005년 배출량 이상: 11개국 (전체로 2005년 비율 5.7% 증가)
할당방법	조부조항중심(경매는 최대 5% 가능하였지만 실시국은 근소함)	조부조항중심(일부 국가에서는 벤치마킹에 의한 할당이 증가. 경매는 최대 10%이지만, 실시 예정 국가는 제1Phase보다 증가)
무상할당의 비율	적어도 95%	적어도 90%
불준수 시 과징금	40유로/CO_2톤	100유로/CO_2톤
할당량배분 결정	NAP1은 2005년 6월에 승인완료	NAP2는 2007년 10월에 승인완료[1]
대상 가스	CO_2에 한정	CO_2, 일부 국가는 다른 온실가스에도 확대 예정
대상 부문	에너지전환, 산업부문에 한정	항공 부문으로 확대(2011년 이후)를 검토 중
CDM/JI 활용량	제한 없음(다만 실적 0)	최대 20% 등의 상한 있음

주 : 1) 폴란드 등 6개국이 승인결과에 불복하여 유럽사법법원에 제소.
자료 : http://europa.eu/rapid/pressReleasesAction.do?reference=MEMO/05/84&
format=HTML&aged=1&language=EN&guiLanuage=en

배출량거래시장은 EU-ETS에서 승인을 획득한 거래소를 이용하는 것이 가능하다. 대상 시설은 각국의 국별등록부에 개설한 계좌를 통해 배출권 이전과 획득 등의 기록을 행한다. EU-ETS에서 거래가능한 배출권은 이 제도에 기초한 EUA에 추가하여 교토유연성체제에 기초한 CDM 사업에 의한 CER과 선진국 간에 이루어지는 JI 사업에 의한 ERU의 세 종류이다. EU 역외국의 배출량거래제도와도 링크 가능하지만 교토의정서를 비준한 감축목표를 가진 국가라는 것이 조건이 된다.

EU-ETS는 제1Phase(2005년 1월 1일~2007년 12월 31일), 제2Phase(2008년 1월 1일~2012년 12월 31일), 제3Phase(2013년~2020년의 각년 단위)의 기간으로 나누어 실시된다. 이미 종료한 제1Phase에서는 기간 도중에 일부 국가에서 최초의 할당량이 실제의 배출량보다도 많이 설정된 것 등이 판명되었다. 이 결과 2006년 중반에 30유로 전후의 가격이 된 EUA의 시장가격은 10유로 전후로 급락했다.

더욱이 제1Phase 중에 획득한 배출권의 제2Phase로의 이월(뱅킹)이 인정되지 않았기 때문에 2007년 후반의 EUA 가격은 1유로 이하라는 사태에 직면했다. 제1Phase에서의 반성을 계기로 제2Phase에서는 각국의 할당량이 엄격해졌다. 할당량에는 무상으로 교부하는 분과 유상할당(경매)의 두 가지가 있지만 향후 경매 비율이 점차 늘어날 것이다. 특히 제3Phase가 되면 최종적으로 모든 대상 시설에 대한 할당량이 경매로 교부되게 된다.

교토유연성체제의 배출권에 대해서는 지금까지 설명한 바와 같지만, 그 이외에도 EU가 마련하고 있는 유럽배출권거래제도에서 거래되는 배출권과 미국 시카고기후거래소(CCX)에서 거래되고 있는 배출권 등 온난화방지에 관련된 배출권이 거래되고 있다. 여기에서는 모든 배출권 중 가장 거래량이 많은 EU-ETS에 대해 개요를 설명한 후, 현재 거래되고 있는 다양한 배출권의 개요와 시장의 수급을 포함한 것을 언급한다.

한편 EU 27개국이 온난화 대책의 핵심으로서 도입한 제도이다. 각국 정부는 규제대상 시설별로 온실가스 배출량을 할당하고, 각 시설은 매년 할당량을 준수할 의무가 있다. 각국 정부는 국가별 할당계획(National Allocation Plan : NAP)을 수립하고, 이것을 유럽위원회가 심사·승인하는 구조로 되어 있다.

대상 시설은 에너지 및 산업부문에 속하는 일정 규모 이상의 연소설비, 생산설비에서 EU의 CO_2 배출량의 약 45%를 커버하고 있다.

<표 4-6> EU−ETS 제1Phase(2005~2007년)
· 제2Phase(2008~2012년)의 NAP 비교

(2007년 12월 7일 현재, 단위: 백만 톤−CO₂/년)

가입국	제1Phase 할당량	2005년의 배출량	제2Phase 제안할당량	제2Phase 승인할당량 (제안할당량에 대한 비율)	제2Phase에 서 추가되는 시설의 배출 량	제2Phase에 서의 CDM·JI 의 상한비율
오스트리아	33.0	33.4	32.8	30.7(93.6%)	0.35	10
벨기에	62.1	55.58	63.3	58.5(92.4%)	5.0	8.4
불가리아	42.3	40.6	67.6	42.3(62.6%)	n.a	12.55
키프로스	5.7	5.1	7.12	5.48(77%)	n.a	10
체코	97.6	82.5	101.9	86.8(85.2%)	n.a	10
덴마크	33.5	26.5	24.5	24.5(100%)	0	17.01
에스토니아	19	12.62	24.38	12.72(52.2%)	0.31	0
핀란드	45.5	33.1	39.6	37.6(94.8%)	0.4	10
프랑스	156.5	131.3	132.8	132.8(100%)	5.1	13.5
독일	499	474	482	453.1(94%)	11.0	20
그리스	74.4	71.3	75.5	69.1(91.5%)	n.a	9
헝가리	31.3	26.0	30.7	296.9(87.6%)	1.43	10
아일랜드	22.3	22.4	22.6	22.3(98.6%)	n.a	10
이탈리아	223.1	225.5	209	195.8(93.7%)	n.a	14.99
라트비아	4.6	2.9	7.7	3.43(44.5%)	n.a.	10
리토아니아	12.3	6.6	16.6	8.8(53%)	0.05	20
룩셈부르크	3.4	2.6	7.7	3.43(44.5%)	n.a.	10
말타	2.9	1.98	2.96	2.1(71%)	n.a.	Tbd
네덜란드	95.3	80.35	90.4	85.8(94.9%)	4.0	10
폴란드	239.1	203.1	284.6	208.5(73.3%)	6.3	10
포르투갈	38.9	36.4	35.9	34.8(96.9%)	0.77	10
루마니아	74.8	70.8	95.7	75.9(79.3%)	n.a.	10
슬로바키아	30.5	25.2	41.3	32.6(78.9%)	1.78	7
슬로베니아	8.8	8.7	8.3	8.3(100%)	n.a.	15.76
스페인	174.4	182.9	152.7	152.3(99.7%)	6.7	ca.20
스웨덴	22.9	19.3	25.2	22.8(90.5%)	2.0	10
영국	245.3	242.4	246.2	246.2(100%)	9.5	8
합계	2298.5	2122.16	2325.34	2082.68(89.56%)	54.69	−

자료: http://europa.eu/rapid/pressReleasesAction.do?reference=MEMO/05/84&
format=HTML&aged=1&language=EN&guiLanuage=en

<표 4-7> EU-ETS 제3Phase(2013~2020년) 주요 제안 내용

감축목표	EU의 중간목표(2020년에 2005년 대비 14% 감축)에 기초한 설정. EU-ETS 대상부문: 21%감축(비EU-ETS부문: 10%감축).
배출권의 설정	현재의 27개국별 Cap으로 대체, EU 전역에 Cap을 도입한다. Cap은 연율 1.74%씩 감축해 간다. 이것을 2013~ 2020년까지 계속.
할당방법	현재의 무상할당의 대신에 경매제도를 도입한다. 무상할당은 계속하지만 경매가 원칙으로 된다. 2013년에는 할당량의 약 60%가 경매의 대상으로 될 전망이다. 그 비율은 해마다 증가.
경매의 대상	대상 부문의 할당에 대해 전력 부문은 2013년부터 모든 사업소가 경매 대상이 된다. 다른 부문은 2013년부터 무상할당으로 출발하고 2020년에는 모두 경매 대상이 된다.
대상 시설	현재의 대상 부문: 발전시설과 그 밖의 연소시설, 석유정제소, 주조시설, 철강 플랜트와 시멘트 제조공장, 유리, 석탄, 벽돌, 세라믹스, 펄프, 판지 →새롭게 석유화학, 암모니아, 알루미늄이 추가된다. 더욱이 항공부문, 온실가스의 지중저장의 추가도 지적.
대상 가스	현재 : CO_2에 한정 새롭게 N_2O, PFC 를 추가. * N_2O를 배출하는 시설예: 초산, 아지핀산, 글리오키실산의 제조시설

자료 : http://europa.eu/rapid/pressReleasesAction.do?reference=MEMO/05/84&
format=HTML&aged=1&language=EN&guiLanuage=en

제1기는 2005~2007년으로 대상가스는 CO_2뿐이다.

제2기는 2008~2012년, 교토의정서의 준수기간과 마찬가지로 대상가스도 교토의정서와 같은 6종류의 가스로 된다.

이 제도에서는 스스로 배출량을 줄일 뿐만 아니라 할당량의 외부조달도 인정되고 있다. 이른바 cap & trade라는 방식으로 EUA(EU Allowance)라는 배출권을 거래한다. CDM과 JI의 배출권인 CER이나 ERU는 상한과 이용조건이 설정되어 있지만, EUA로 변환하는 것으로 일부 이용이 가능하다.

이 EUA는 ECX(European Climate Exchange, 런던, 암스테르담에 거점을 둔 거래소),

<표4-8> 각 거래시장의 개요

	EU-ETS	RGGI	GGAS	CCX
형태	cap & trade형	cap & Trade, 기준선 및 Credit형 병용		
지역	유럽(EU 가맹국 25개국)	미국 동북부 (현재 10개 주)	호주, 뉴사우스 웨일즈(NSW)주	미국
기간	제1기간 : 2005 ~ 2007년 제2기간 : 2008 ~ 2012년	2009~2018년 (준수 기간은 3년 단위)	2003 ~ 2012년 (준수 기간은 1년 단위)	2003년 ~
대상 시설 등	• 에너지 및 산업 부문(석유 · 철강 시멘트 · 제지 등) 일정 규모 이상의 연소 시설, 생산 시설. • 제2기간에는 화학 · 알루미늄 · 수송 · 폐기물 소각 부문 신규 추가.	25MW 이상의 발전소	NSW주 내의 전력 소매 사업자 · 발전 사업자 및 대규모 소비자.	미국, 캐나다, 멕시코의 기업 · 단체
대상 가스	제1기간 : CO_2 제2기간 : CO_2, CH_4, N_2O, HFCS, PFCS, SF_6	CO_2(오프셋 사업에서는 CH_4, SF_6도 대상)	CO_2	CO_2, CH_4, N_2O, HFCS, PFCS, SF_6
감축 목표	• 정부가 책정한 국가별 할당 계획 (NAP)을 유럽위원회가 의정서 준수도 고려하여 심사 · 승인	• 2018년 기준 연배출량 (2000~2004년까지의 가장 배출량이 많은 3년 평균)에서 10% 감축	• 2007년 원단위 (총 배출량을 역내 인구로 나눈 숫자)를 2003년의 8.65t CO_2에서 7.27t CO_2로 감축하고 2012년까지 유지할 것 (1990년 수준에서 5% 감축에 상당)	• 1998 ~ 2001 연평균 배출량에 대해 매년 감소 비율을 설정(예: 2007년은 4.25%, 2008년은 4.5%)

특징				
	• 각국 정부가 무상으로 배출권(EUA)을 할당 • 역내의 총 배출량의 약 45%를 커버 • 제1기간의 잉여 배출권의 제2기간에 이월은 기본적으로 불가능 • CER · ERU의 EUA로 변환가능(다만 상한 설정) • 벌칙 : 제1기간이 40유로/tCO$_2$, 제2기간이 100유로/tCO$_2$ • 제1기간의 배출권 할당은 결과적으로 이완(공급 과잉에 따른 가격 하락)	• 2009년 1월 1일 시작 • 주가 배출 주체로 배출권을 할당 • 최대 75%는 무상 할당하고 나머지 25%는 경매에 붙이고 소비자 · 에너지 정책을 위해 이용 • 프라이스 캡 있음(배출권 가격이 10달러를 초과하는 것이 1년 계속되면 준수기간 1년 연장) • 참가 주 및 RGGI 역외에서의 배출감축 사업에서 배출권 이용 가능 • 벌칙 : 부족분의 3배를 다음 할당에서 공제	• 점유율에 따라 배출권을 할당 • 역내에서 배출 감축 사업에서 배출권 이용 가능 • 부족분은 배출권의 10%까지이면 다음 연도까지 이월 가능 • 벌칙 : 11호주 달러/tCO$_2$	• 민간업체 주도의 자주적 배출 감축 제도 • 배출감축 사업에서 배출권 이용 가능 • 목표 달성 초과분은 다음 연도에 이월 가능.

주: • CCX : Chicago Climate Exchange
　• GGAS : Greenhouse Gas Reduction Scheme
　• RGGI : Regional Greenhouse Gas Initiative
자료: NEDO

EEX(European Energy Exchange, 독일에 거점을 둔 거래소), Nordpool(노르웨이 거래소) 등에서 거래되고 그 거래가격도 공개되고 있다.

4.1.2. EU의 배출량거래소의 구조와 특징

EU-ETS의 제1Phase(2005년 1월~2007년 12월) 개시를 전후로 EU 각국에서는 온실가스의 배출권을 취급하는 거래사업이 개시되었다. 상품거래 등의 기능을 기준으로 배출권을 장래에 수요가 전망되는 유망한 금융상품으로서 매매할 수 있는 거래소를 정비하고 배출량거래시장을 형성하도록 되어 있다.

배출량거래소에서의 배출권의 거래에는 주로 세 종류의 방법이 있다. 일반적인 상품거래와 마찬가지로 현장에서 현물을 일정 기일에 인수·인도하는 현물거래(spot), 장래의 일정기일에 인수·인도를 약속하는 선도거래(forward), 장래에 일정 기간 결제 전에 차이금결제(전매·환매)를 할 수 있는 선물거래(future)가 그것에 해당한다. 점포거래(OTC)를 통해 정산업무를 시작하는 거래소도 있다.

이들의 거래방법은 EU-ETS와 교토의정서 등의 규칙과 밀접한 관계에 있으며, 배출권의 가격과 거래량이 변동하는 커다란 요인이 된다. 예컨대 EU의 경우 EU-ETS에서 대상으로 하는 사업소는 매년 1월부터 12월까지의 배출량에 대해 다음 해의 3월 말까지 EU에 보고할 의무를 진다.

대상 사업소는 보고대상 기간의 최종월인 12월이며, 배출권을 초과하는 사태를 피할 필요가 있다. 그리고 매년 12월에 필요한 분의 배출권을 미리 확보해두면 위험을 회피할 수 있다. 따라서 EU-ETS에서의 배출권 거래방법으로서는 결제기일이 정해져 있는 선도거래의 수요가 많다고 할 수 있다.

그리고 최근에는 석유와 석탄 등의 화석연료에 기인한 에너지 가격의 인상을 배경으로 장래적인 배출권의 위험을 회피하려고 하여 활용하는 관점에서 선물거래도 활발하게 이루어지고 있다. 런던의 유럽기후거래소(ECX)가 취급하는 배출권의 선물거래의 경우 3개월별로 새로운 월정(매매약정의 최종결제일)을 정하는 규칙으로 실시되고 있다.

현물거래의 거래량은 선도, 선물거래에 비교하면 그다지 많지는 않다. 현물거래에서는 독일의 유럽에너지거래소(EEX)가 1일에 1회 입회(Call 거래)를 프랑스의 블루넥스트(BlueNext)가 1일의 일정 기간에서 계속적으로 입회를 하는 연속거래를 하고 있다.

<표 4-9> 유럽의 주요 배출량거래소

거래소명	Austrian Energy Exchange (EXAA)	Climex Alliance	European Energy Exchange (EEX)	BlueNext	European Climate Exchange (ECX)	NordPool
본거지	비엔나/오스트리아	암스테르담/네덜란드	라이프치히/독일	파리/프랑스	런던/영국	오슬로/노르웨이
거래 대상과 종류	EUA, CER, ERU(모두 현물거래)	EUA, CER(모두 현물거래)	EUA(현물·선물·경매거래), CER(선물)	EUA(현물·선물), CER(현물·선물)	EUA(선물·경매) CER(선물·경매)	EUA(현물·선물) CER(선물)
매매방법	주 1회의 경매(매주 화요일 15:00-15:30), 주문 발주기간: ①경매전일 11:00-16:00, ② 경매당일 8:00-14:55)	경매 형태는 참가자가 지정한다	7:30-17:00(1일 1회의 Call Option)	9:00-17:00(EUA/CER현물), 연속거래 8:00-17:00(EUA/CER선물) 연속거래	7:00-17:00 연속거래	8:00-15:30 연속거래
거래에 이용되는 소프트	WEB 기준의 거래	WEB 기준의 거래	Eurex System, Xetra, CCP&Cascade, EEX Communicator, Glovalvision, 기타 주요 ISV	WEB 기준의 거래 (Gloval Vision (TRAYPORT))	ICE Platfoem (WebICE 또는 ISVRUDDB 로도 접속 가능)	Power CLICK
정산 시스템	EXAA가 거래 상대방이 되어 거래를 보증한다. 경제은행은 Osterrichische Kontrollbank (OeKB)	APX가 거래 상대방이 되어 거래를 보증	European Commodity Clearing(ECC)와 Eyrex Clearing. *현물결제는 ECC에서 행한다.	현물: BlueNext가 실시간의 DVPRUFWPRLSMD을 제공. 선물: LCH. Clearnet	LCH.Clearnet	NordPool Clearing이 거래 상대방이 되어 거래를 보증

거래수수료	2유로센트/톤	10만 톤까지: 5유로센트/톤, 10만-25만 톤까지: 3유로센트/톤, 25만 톤 이상: 1유로센트/톤(모두 부가가치세 포함)	현물:1유로센트/톤, 선물: 2유로센트/톤. *이 외에 정산수수료 등은 별도	-	2유로센트/톤 *연회비(2,500유로와 정산수수료는 별도)	0.3유로(정산수수료 포함) *연회비는 별도
최저거래량	1톤		현물: 1톤, 선물: 1,000톤	1,000톤	1,000톤	1,000톤
대상자	6개국에서 22개사 (2008년 5월 현재)	85개사 (2008년 5월 현재)	19개국에서 175개사 (Eurex 회원과 합치면 약 600개사)	74개사 (2008년 5월 현재)	90개사 (2008년 4월 현재)	16개국에서 80개 사 이상
거래개시일	2005년 6월 28일	2005년 6월 22일	2005년 3월 9일	2005년 6월 24일	2005년 4월 22일	2005년 2월 11일
2007년 거래량	약 58만 톤	2007년 9-12월 평균 월간거래량: 약 50만 6,500톤	약 2,268만 톤	약 2,464만 톤	약 9억 8,078만 톤	약 9,511만 톤

자료 : 각 거래소 홈페이지를 참조로 하여 작성.

4.2. 북미시장의 배출량거래제도

4.2.1. 북미의 배출량거래제도의 개요

온실가스를 배출량거래의 제도화에 의해 총체적으로 감축해 가는 발상은 미국이 실시하고 있는 대기오염물질의 배출량거래체제에 원점이 있다. 미국에서는 1990년에 유황산화물(SOx)을 배출하는 화력발전 등에 배출권을 두어 그 준수를 목적으로 하는 SOx의 배출량거래제도를 도입하였다. 2000년 이후는 질소산화물(NOx)도 대상 물질

<표 4-10> 미국 각주에서 계획되고 있는 배출량거래제도 개요

	RGGI	WCI	MGGA
대상	북동부 10개 주. 대상은 발전능력 25MW 이상의 화력발전소	미국 7개 주와 캐나다 2개 구. 복수 부문을 대상	미국 6개 주, 캐나다 1개 주가 참가. 복수 부문을 대상
목표	2000~2004년 평균 비율(5년간 중 배출량이 많은 3년간의 평균치)로 2009~2014년에 그대로 유지, 2018년에 10% 감축	참가 각주 합계로 2020년까지 온실가스 배출량을 2005년 대비 15% 감축. 각주는 각각 중기(2020년), 장기(2050년) 목표 설정	참가 주의 감축목표와 정합성이 있는 지역 감축목표를 설정
제도 특징	경매 비율이 높다. 2008년 9월에 제1회째의 경매를 개최 예정	복수 부문을 대상으로 하는 Cap & Trade 방식	복수 부문을 대상으로 하는 Cap & Trade 방식
도입예정 시기	2009년	-	2010년 5월까지 시행

자료 : 각 거래소 홈페이지를 참조로 하여 작성.

에 포함되어 이들 물질이 원인인 산성비의 억제를 목적으로 하는 프로그램이 실시되고 있다. 이 거래제도는 개별로 배출규제를 하기보다도 비용을 삭감할 수 있는 유효성이 평가되고 있다.

미국의 온실가스배출량은 전세계의 약 4분의 1을 차지한다. 그러나 미국은 현시점에서 교토의정서를 비준하지 않고 있으므로 국제적인 입장에서의 온실가스 감축의무를 부과받지 않는다. 다만 연방정부가 소극적인 대응으로 일관하는 한편 각주 정부는 자주적인 프로그램을 적극화하고 배출량거래제도의 정비는 점차로 진행되고 있다.

캐나다는 교토의정서의 감축목표(1990년 대비 6% 감축)가 달성 불가능한 전망이 되고 있다. 그래서 2007년 4월 독자적인 온실가스감축계획(Trusting the Corner)을 책정하여 배출량을 2006년과 비교하여 2020년까지 20%, 2050년까지 60~70% 감축하는 중장기적 목표를 설정하고 있다. 2008년 가을에 공표예정인 산업배출규제초안에는 산업, 운수, 민생 등 부문에 배출권을 설정하여 2010년 1월부터 배출량거래제도를 시행하는 내용이 포함되는 방침이다. 구체적으로는 기업 간의 배출량거래, 기금으로의 거출에 의한 배출권 획득, 국내의 상계제도, 감축목표치의 10% 이내로 하는 CDM의 활용 등의 방안이다.

4.2.2. 북미의 배출량거래소의 동향

최근에 미국의 연방정부와 주정부 주도에 의한 배출량거래제도의 도입 움직임이 활발화해지고 있다. 다만 미국에서는 기본적으로 민간주도로 거래가 실시되고 있다는 현실이 있다. 그 대표적인 예가 시카고기후거래소(CCX)이다. CCX는 유럽과 남미를 포함한 기업과 행정기관 등이 자주적으로 참가할 수 있는 프로그램을 기본적으로 하고 있다. CCX에서는 독자 배출권의 CCX-CFI의 현물거래를 취급하는 외에 CER도 취급하는 선물거래의 시카고기후선물거래소(CCFE)를 운영하고 있다.

CCX의 참가자는 거래의 규칙으로 규정되는 수치목표를 준수하고 규정된 Phase 내에 목표를 달성하는 것이 요구된다. Phase 내의 목표 달성을 목적으로 참가하는 멤버는 발전사업자와 제조업자 등 온실가스를 직접 배출하는 멤버로서 분류된다.

미 목적 이외의 멤버는 전력구입과 출장 등 간접적으로 배출하는 분의 100% 상계를 준수하는 Associate member Offset provider, 복수의 상계사업을 관리하는 Offset Aggregators, Liquidity providers(CCX의 목표준수의 목적 이외에서 참가하는 독자적 거래

<표4-11> CCX 참가자의 감축 스케줄

연도	Phase 1 · 2 참가자	Phase 2 참가자
2003	기준선의 1% 이하	−
2004	기준선의 2% 이하	−
2005	기준선의 3% 이하	−
2006	기준선의 4% 이하	−
2007	기준선의 4.25% 이하	기준선의 1.5% 이하
2008	기준선의 4.5% 이하	기준선의 3% 이하
2009	기준선의 5% 이하	기준선의 4.5% 이하
2010	기준선의 6% 이하	기준선의 6% 이하

주 : Phase 1 기준선: 1998~2001년의 연간평균배출량, Phase 2 기준선: 1998~2001년의 연간평균 또는 2000년의 배출량.
자료 : CCX, Climate Reduction Commitment, http://www.chicagoclimateex.com/content.jsf?id=72

그룹 등의 단체와 개인), Exchange Participants(이벤트와 특별한 활동에 따른 배출량을 배출권 구입으로 상계하는 단체와 개인)로 구성되어 있다.

CCX의 목적은 북미에 배출량거래시장의 형성이라기보다도 시스템을 구축하기 위한 노하우 축적에 중점을 두고 있다고 볼 수 있다. 그 증거로 이미 CCX는 EU와 아시아 등에서 배출권의 요구가 높은 국가의 상품거래 관련 기관과 사업제휴하고 있다. 타국에서의 배출량 거래시장에 개입함에 따라 독자적인 존재감을 나타내고 있다.

더욱이 CCX의 사업 전개는 근린의 캐나다 시장에도 이르고 있다. 캐나다 정부는 2008년 3월에 발표한 온실가스대책의 방안으로 배출감축을 의무화하는 각 산업부문에 대하여 캐나다 국내의 배출권(CO_2e)을 매매하는 것을 인정하였다.

그래서 몬트리올거래소(MX)는 CCX와 공동으로 캐나다 국내에서의 배출량거래소(MCeX) 설립을 2005년 12월에 합의하였다.

캐나다 국내의 배출량거래제도 도입에 앞서 2008년 5월부터 CO_2e의 선물거래가 출발하였다. 2011년 6월·7월물을 만기일로 하는 상품이 이미 거래되어 1CO_2e당 10캐나다 달러 전후로 가격이 형성되었다.

4.3. 일본의 국내배출량거래제도 상황

일본 정부는 현재 수상관저에 지구온난화 문제에 관한 간담회를 설치하여 일본의 저탄소사회로의 전환을 목표로 생산의 구성, 라이프스타일, 도시와 교통의 위상을 근본적으로 재고하는 방안을 검토하고 있다. 그 하나의 주제로서 국내배출량거래제도의 도입이 취급되고 있다.

환경성과 경제산업성은 각각의 내부검토위원회에서 제도에 필요한 구성요소의 논점을 정리하고 2008년 6월의 중간보고를 정리하였다. 이 간담회의 검토 내용에 반영시켜 제도의 창설을 위하여 계속하여 검토할 방침이다.

교토의정서 목표달성 계획에서는 제도를 도입하는 전제로서 중장기적인 일본의 온난화에 관련한 전략을 실현하는 관점을 포함하여 산업계의 자주행동계획의 확대·강화에 의한 상당한 배출감축 효과를 충분히 고려한 후에 검토하기로 하는 과제와 기본방침을 제시하고 있다. 환경성과 경제산업성이 고려하고 있는 국내배출량거래제도의

<표 4-12> 미국 각주에서 계획되고 있는 배출량거래제도의 개요

거래소명	Montréal Climate Exchange(MCeX)	Greenhouse Gas Exchange(GHGx)	Chicago Climate Exchange(CCX)	Chicago Climate Futures Exchange(CCFE)
본거지	몬트리올/캐나다	토론토/캐나다	시카고/미국	시카고/미국 선물거래소로서 CFTC로부터 Designated Contract Market의 지정을 받고 있다.
거래대상과 종류	독자의 배출 Credit(선물) * 상품명: MCXM11(2011년 6월), MCXU11 (2011년 7월), MCXZ11(2011년 12월), MCXH12 (2012년 3월)	CER, ERU, AAU	독자적인 배출 Credit : CCX-CFI(현물거래)	독자적인 배출량 Credit(선물거래 외), CER(선물거래)
매매방법	9:30~16:00	24시간연속거래	8:30~14:00 (월-금)연속거래	7:00~15:00 (월-금)연속거래
거래에 이용되는 소프트	MCeX 인정의 각 공급자의 소프트웨어에 대응. WEB 기준의 거래(MX SOLA Platform)	사용자의 요구에 맞춘 소프트웨어를 제공. WEB상에서 이용	WEB 기준의 거래 (CCX Trading Platform)	WEB 기준의 거래 (CCFE Trading Platform)
정산 시스템	Canadian Derivatives Clearing Corporation(CDCC)가 제공	-	CCX가 거래 상대방이 되어 거래를 보증	독립정산기관인 The Clearing Corporation (Ccorp)에 의해 제공
거래 수수료	각종 설정 있음	14센트/톤	2.5달러/CCX-CFI(1CFI=100톤-CO_2)	Credit에 따른 요금 설정
최저거래량	100톤	-	100톤	-

대상자	시장 제조업자로서 Orbeo, TD Securities Inc., TradeLink LLC 가 참가	석유사업, 임업관련 대기업	401개사(2007년 12월 현재. 유럽·미국의 직접, 간접 배출자가 중심)	239개사(2007년 12월말 현재) 교토 유연성체제에 기초한 국제거래로그에 국별등록부에 계좌를 가진 자(당초는 영국의 등록부에 한정)를 대상. Clearing Member는 거대 금융기관 13개사 (2007년 8월 현재)
거래 개시일	2008년 5월 30일	2004년 12월 21일	2003년 12월 12일	2003년 12월 12일
거래량	–	250만톤 (2004년 실적)	2,293만 7,500톤	262만 1,000톤

자료 : 각 거래소 홈페이지를 참조로 하여 작성.

이미지는 정부가 배출권의 교부총량을 설정하고 개개의 사업자에게 배출권을 할당하여 사업자 간에 거래를 하는 cap & trade 방식인 점에서 공통하고 있다.

　배출량거래는 청정개발체제에서 얻어지는 CER이 발행되기 시작한 것에서 이것을 취급하는 주변의 인프라 정비가 진행되고 있다. 2007년 11월에 UNFCCC사무국이 관리하는 국제거래로그(ITL)가 일본의 국별등록부시스템과 접속되어 기업 등이 개설한 계좌에 CER을 이전하는 것이 가능하게 되었다.

　신에너지·산업기구종합개발기구(NEDO)에 의한 기업에서의 CER의 취득계약도 시작되고 있다. 2007년도 공모분(구입계약량 1,666만 톤)의 배출권의 계약단가평균은 1톤당 약 2,400엔이며, 전년도에 비교해 약 26% 증가하였다. 이후에는 국내배출량거래제도 창설을 기다리고 있다.

<표4-13> 국내배출량거래의 장점·단점

장점	단점
배출감축 목표달성을 확실하게 최소의 비용으로 실현할 수 있음.	개개의 배출 주체로의 배출권의 할당이 전제로 되는 규제적인 조치.
탄소에 가격을 붙여 민간의 창의고안을 재촉할 수 있음.	배출권의 공평한 할당이 곤란하여 산업의 해외유출(탄소 leakage)을 초래할 가능성이 있음.
유럽·미국의 제도 도입 상황을 보면서 금융적 측면에서 국내배출량거래제도를 평가하고 일본이 지연되지 않도록 하는 제도를 정비할 수 있음.	실제의 기업행동 등을 보면 반드시 최소 비용으로 배출감축을 할 수 없을 가능성이 있음.
배출의 증가가 현저한 업무·가정 부문으로의 대책으로서는 유효성을 결여함.	배출권의 공평한 할당이 곤란하여 산업의 해외유출(탄소 leakage)을 초래할 가능성이 있음.
	단기적인 목표 설정에서는 기업의 추가적인 투자와 장기적인 기술개발에 대해 인센티브가 작동하지 않음.
	과거의 배출실적에 기초한 배출권할당을 한 경우에는 배출감축이 진전되지 않는 기업이 온존하게 됨.

4.4. 호주·뉴질랜드의 배출량거래제도

호주 정부는 2007년 12월에 교토의정서에 서명하고 2008년 3월에 정식으로 가입국이 되었다. 2008년 2월에 연방정부는 온난화대책의 중핵에 국내배출량거래제도(AETS)를 위치화하고 2010년부터 개시할 방침을 표명하였다.

AETS는 기본적으로 Cap & Trade 방식을 채택하고 온실가스 부문을 가능한 광범위하게 포함할 것, 여러 외국의 거래제도와 링크하는 것을 상정하고 있다. 한편 주정부에서는 배출량거래제도를 일찍부터 도입하고 있다. 시드니가 주도인 뉴사우스웨일즈주가 2003년부터 실시하고 있는 GGAS는 참가의무를 부담하는 전력소매업자와 전력

<표 4-14> 뉴질랜드 ETS의 대상과 재출권의 할당방법

대상 부문	대상 가스	주요 대상	할당방법	개시 시기	제1약속기간
삼림	CO_2	1990년 이전에 삼림을 가진 토지 소유자가 삼림 이외의 용도에 전환하는 경우	무상	2008년 1월 1일	2009년 12월 31일
액체연료 (주로 운수)	CO_2	석유의 정제와 수입 등을 하는 상류의 연료공급자	유상	2009년 1월 1일	2009년 12월 31일
발전용 연료 (운수를 제외함)	CO_2	상류공급자(석탄과 가스제조자, 지열발전사업자 등) 상류 · 중류공급자 (석탄도매업자와 가스판매업자, 석탄 · 가스 주요 이용자 등)	유상	2010년 1월 1일	2010년 12월 31일
산업프로세스	CO_2(프로세스 기원), PFCs, HFCs, SF$_6$	철광 · 알루미늄 · 시멘트 · 석탄석 · 유리 · 금 · 종이의 제조업자. 석탄비료제조업자. 불활성합성가스의 수입업자.	무상 (2010~ 2050년 까지)	2010년 1월 1일(SF6는 2013년 1월 1일까지 연장)	2010년 12월 31일(SF6는 2013년 12월 31일까지 연장)
농업	N_2O, CH_4	합성질소비료의 제조 · 수입업자와 사용자 등. 산업 (가축의 장내발효와 분뇨처리에 의한 배출)	무상 (2013~ 2050년 까지)	2013년 1월 1일	2013년 12월 31일
폐기물	CH_4	유기성폐기물을 포함한 매립처분사업자	유상	2009년 1월 1일	2009년 12월 31일

자료 : The Framework for a New Zealand Emissions Trading Scheme,
http://www.climatechange.govt.nz/files/emissions-trading-scheme-complete.pdf

을 100GWh 이상을 사용하고 있는 벤치마크 참가자(자유참가)가 매수인에게 재생 가능한 에너지에 의한 발전과 에너지절약 등의 프로젝트를 실시하는 인정감축증서프로바이더가 매도인으로 되어 독자적인 배출권인 NGAC를 거래하고 있다. 또한 GGAS는 AETS와 연대하는 것으로 검토가 진행되고 있다.

뉴질랜드 정부는 2007년 9월에 각 에너지소비 부문에 온실가스의 배출감축 달성목표를 규정한 기후변화 솔루션을 발표하여 목표달성에 필요한 삭감조치를 지원하는 배출량거래제도를 단계적으로 도입하고 있다.

일정 기간별로 총량목표를 설정하고 총량은 장기간 단계적으로 축소하는 의향이다. 배출권의 할당은 매년 실시하고 삼림, 산업, 농업 부문에 대해서는 기본적으로 무상이다. 운수 부문, 기타 에너지 부문, 폐기물 부문의 배출에 대해서는 유상의 경매방식을 채택한다. 2013~2025년경에는 전량을 경매로 할 방침이다.

4.5. 아시아 · 중동의 배출량거래소

아시아지역에서 배출량거래소의 창설에 관련된 움직임이 활발하다. 배경에는 배출권의 안건 정보에 대한 접근이 양호하다는 점, 개도국의 규제강화 가능성이 있으며, 거래시장으로서의 가치가 고조되고 있는 것을 들 수 있다. 노하우를 가진 유럽과 미국 기업 등이 점차 준비를 하고 있다.

CDM 사업 등의 안건 발굴 등을 하고 있는 Asia Carbon International(본사 네덜란드)는 싱가포르 정부의 지원을 받아 2005년에 경매에 의한 인터넷거래소(ACX)를 개설하였다. 2007년에는 일본 회사인 쌍일(雙日)과 업무제휴하고, 쌍일의 자회사인 코링크가 운용하는 접속 시스템을 이용하면 ACX의 경매로의 참가가 가능하다.

중국의 국가발전개혁위원회는 유엔개발계획(UNDP)과 중국과학기술성과의 연대로 북경에서의 거래소개설을 검토 중이다. 사업안건이 집중되는 각 지역에 거래소를 설치하는 안도 열거되고 있다. 한편 민간기준에서는 거대 석유회사인 페트로 차이나가 미국 CCX로부터 노하우 제공을 받아 온실가스와 대기오염물질의 배출량 거래소를 천진에 개설하는 계획이 있다.

홍콩증권거래소(HKEx)는 온실가스 배출에 관련된 ETF(상장투신), 인덱스연동형 상

<표 4-15> 아시아 · 중동의 주요 배출량거래소

거래소명	Asia Carbon Exchange
본거지	싱가포르
거래 대상과 종류	CER(선물), VER(현물 · 선물)
매매방법	24시간거래
거래에 이용되는 소프트	WEB 기준의 거래(ACX-change)
거래개시일	2005년 11월 25일
취급량	연간 최저 15만 톤(CER)

자료 : Asia Carbon Exchange의 홈페이지를 참조로 작성함.

품 등의 금융상품 개발을 계획 중이다.

교토의정서 당사국인 카타르는 거대 금융회사인 도하은행이 기후변화에 관한 세미나를 아시아 각국에서 개최하고 있다. 카타르 정부로부터의 지원을 받아 중동에서 처음으로 배출량거래소를 수도인 도하에서 2009년에 개설하는 방침을 내세웠다.

5. 향후의 포스트 교토

그런데 국제정치의 세계에서는 2012년 제1약속기간 종료 후 국제 GHG 배출규제에 대해 검토가 시작되고 있다. 미국의 가입 문제 이상으로 BRICS 국가를 비롯한 성장이 현저한 개발도상국과 선진국 간의 이해 상충, 기후변화에 의한 영향을 가장 받는 제1차 산업과 규제에 의해 가장 영향을 받는 제2차, 제3차 산업 간의 이해상충을 어떻게 조정해 갈지, 앞으로도 예측할 수 없는 상황이 계속될 것으로 보인다. 그러나 미국 북동부 9개 주와 ETS와 같은 지방 또는 지역 단위에서 배출규제는 계속될 가능성이 높을 것으로 보인다. 이 지역에서 사업을 전개하는 일본 기업은 연이어 배출규제에 대한 대응이 요구되고, 더 세련된 배출권거래 환경에서 환경위험 관리기술을 높여 가는 유럽 · 미국 기업과 우위를 경쟁하게 될 것이다. 그때, 일본 기업과 일본 정부가 어떻게 대응할지 향후도 주목할 필요가 있다.

한편, 교토의정서 제1약속기간(2008~2012년)을 개시하기 전에 배출삭감·흡수 프로젝트 대형화가 진행되어 오는 가운데, 프로젝트 배출권 창출에는 하드웨어 부분의 기술만으로는 충분하지 않게 되고 있다. 프로젝트 배출권 창출이란 신기술에 관련된 시스템 솔루션 사업으로 실현화에는 위험 배분이 중요하므로 솔루션 구상력, 사업을 뒷받침하는 금융기술·정보기술 없이는 모처럼의 기술도 살릴 수 없다. 이 분야의 요소 기술을 지원하는 것이, ③ "증권거래", ④ "거래제도 관련 서비스"의 사업군에 해당되지만 규제시장이 없는 거래가 빈약한 일본 국내에서의 전개는 어려운 것이 실상이다. 또한 국내시장이 없기 때문에 국내 선진 사용자 기업과 솔루션 개발도 어려운 상황이다. 이처럼 일본 기업의 배출권 창출기술은 실용화를 위해 큰 장애에 직면하고 있으며, 이러한 솔루션, 금융, 정보 상품을 양성하는 국내 규제 및 배출권 거래시장이 한시라도 빨리 구축되어야 한다.

제 5 장

탄소배출권 거래계약

1. 탄소배출권의 법적 고찰

1.1. 탄소배출권의 권리성

　탄소배출권이란 '온실가스를 배출할 수 있는 권리'이다. 즉, 일정량의 온실가스를 배출하여 지구대기를 오염시킬 수 있도록 허용해주는 권리이다. 일반적으로는 '일정기간 동안 온실가스 혹은 이산화탄소 등가물 1톤을 배출할 수 있는 권리 혹은 권한'으로 정의된다.[1] 여기에서 통상적으로 권리란 일정한 이익을 누릴 수 있도록 법이 인정하는 힘이라고 보는 것이 지배적이다. 탄소배출권거래제도에 있어서 등장하는 탄소배출권을 특정인이 자신의 자유 내지 기본권을 영위하기 위하여 탄소를 외부 세계에 배출하면서 이익을 누릴 수 있도록 법이 인정하는 힘이라고 할 수 있는가라는 의문을 제기할 수 있으나, 탄소배출권거래제도가 정착된 이후에는 탄소배출권은 이러한 권리성을 지닌다고 간주될 수 있을 것이다.[2]

1.2. 탄소배출권의 양면성

　탄소배출권을 권리로 규정하는 경우 그 권리의 성질을 어떻게 볼 것인가 하는 점이 문제가 된다. 이와 관련하여 탄소배출권은 첫째 자연권설, 둘째 실정법적 권리설, 셋째 자연권과 실정법적 권리가 혼재하는 양면설 등이 주장 가능하다.

---

1 최경진, 「배출권의 법적 성질」, 『비교사법』, 제17권 제1호, 한국비교사법학회, 2010, pp. 420~424.
2 강현호, 「탄소배출권 거래제도에 대한 법적 고찰」, 『환경법연구』, 제32권 제2호, 한국환경법학회, 2010, pp. 112~113.

먼저 자연권설에 따르면 탄소배출권을 인간의 존엄과 가치, 자유 또는 평등 등과 같이 자연권으로 보는 견해이다. 탄소배출권은 행복을 추구할 권리나 생존권 혹은 직업의 자유와 같이 국민들의 자연적 자유에 해당하는 것이라고 보는 견해이다. 왜냐하면 탄소를 배출하는 행위를 하지 않고서는 인간은 생활을 영위할 수 없고, 각종 활동을 하는 법인들도 존립할 수 없기 때문이다. 다음으로 실정법적 권리설에 따르면 탄소배출권은 권리이기는 하지만 자연권은 아니며 법에 의하여 창조된 것이라는 전제하에, 그 권리의 성질이 자연적으로 출현하였다고 보기보다는 법령에 의하여 특정한 경우 이를 향유하도록 함으로써 발생하는 것으로 보는 견해이다. 마지막으로 양면설에 따르면 탄소배출권은 이상의 두 가지 성질이 혼합된 것이라는 견해이다.

이상의 세 가지 견해들 중에서 가장 타당한 것은 양면설이라고 판단된다. 왜냐하면 탄소배출권은 원래 자연적 상태에서 인간에게 존재하는 권리였으나 인간 사회의 한계적인 상황 하에 수면 위로 떠오른 권리라고 할 수 있다. 탄소를 배출하는 것은 종전에는 권리로서 설정되어야 할 필요성을 느끼지 못하였으나 사회가 발달함에 따라서 환경오염과 지구온난화라는 문제 상황이 발생하고, 이에 따라 우리가 살고 있는 세상에서 탄소의 배출을 규제할 필요성이 나타났으며, 현재는 경우에 따라서는 탄소의 배출을 일반적으로 금지하면서 특정한 경우에 한하여 실정법적으로 허용되는 범위 내에서 탄소를 배출할 수 있는 시스템을 구축하게 되었기 때문이다.[3]

1.3. 탄소배출권의 법적 성질

교토의정서의 취지를 살려 각국에서는 탄소배출량의 규제를 위해 탄소배출권거래제도를 도입하였다. 그리고 이때 탄소배출의 허가를 전제로 그에 상응하는 인증을 배분하는 방식으로 각국에서 배출하는 온실가스의 총량 규제를 목적으로 한다. 그렇다면 이러한 인증이란 일정한 양의 탄소를 공기 중에 배출할 수 있는 권능을 의미한다. 그리고 이러한 권능은 국가의 허가에 의해서 인정된다. 허가를 표창하고 있는 인증도 국가

---

3 강현호, 전게논문, pp. 114~115.

에 의해서 할당된다. 즉 과거와는 달리 공기를 이용할 수 있는 권능이 탄소배출권거래제도의 도입을 통해서 국가의 통제를 받게 된 것이다. 이러한 점들에 비추어볼 때 배출권은 공법적 성격의 이용권으로 고려될 수 있다.[4] 여기에서 공권이란 특정인이 공법관계에서 자기를 위하여 일정한 이익을 주장할 수 있는 법적인 힘이라고 할 때, 탄소배출권은 때로는 사인간의 관계뿐 아니라 공익을 위하여 행정 주체에 대해서 자신의 이익을 주장할 수 있다는 점에서 공권의 특성을 지닌다고 볼 수 있다. 즉, 공권설에 의하면 탄소배출권은 배출가스 규제라는 공익적 관점을 지니고 있으며, 또한 배출권거래법상 의무규정 내지 제재규정을 근거로 하고 있다.[5]

반면에 생산시설의 소유자 내지 운영자의 시각에서 볼 때 위와 같은 규제는 사소유권에 대한 규제를 의미한다. 이들은 사법상의 권리와 의무의 주체임에 분명하다. 그리고 대기 중에 탄소를 배출하는 자유의 향유는 본디 모든 사인에게 허용되었다. 이러한 관점에서 볼 때 탄소배출권은 분명 사법상의 권리의 속성을 지니고 있다. 탄소를 배출하는 사업체는 대부분 사법상의 주체들이고, 이들이 배출권을 행사하는 것은 생산시설의 이용과 관련된 권능에 포함될 수 있기 때문이다. 이러한 속성이 이제 국가에 의한 배출권허가 제도를 도입하였다고 해서 바로 전면적으로 공법적인 성격으로 탈바꿈한다고 보기는 어렵다. 따라서 배출권을 사인 간의 거래 대상으로 삼을 경우 이러한 배출권은 사법상의 새로운 재산권의 일종으로 이해할 수 있을 것이다.[6] 즉, 탄소배출권의 경우 국가가 허가의 형식으로 권리를 창설하고, 그 권리는 대물적 허가에 따른 권리로서 이전이 가능한 재산권으로서의 성격을 가지고 있다고 볼 수 있다.[7]

이상을 종합해보면 탄소배출권 자체는 대기를 오염시킬 수 있도록 국가 또는 기후변화협약이 허용 내지 할당해준 권한 또는 자격이며, 또한 의무의 측면이 있고, 탄소배출권은 탄소배출권 거래소시장 또는 증권시장에서의 양도 시 재산권적 성질을 지니고 있다.[8] 따라서 인증으로 표창되는 탄소배출권을 둘러싼 법률관계를 공법상의 법률관계로

4　최봉경, 「독일의 탄소배출권거래제도에 관한 소고 − 민사법적 관점을 중심으로」, 『환경법연구』 제32권 제1호, 한국환경법학회, 2010, p. 459.

5　강현호, 전게논문, pp. 118~119.

6　최봉경, 전게논문, pp. 459~460.

7　최승필, 「탄소배출권 제도설계에 대한 법제도적 검토」, 『환경법연구』 제31권 제2호, 한국환경법학회, 2009, p. 175.

8　박재홍, 「녹색금융에 있어서 탄소배출권의 법적 과제 − 저탄소녹색성장기본법과 자본시장법의 대응」, 『경성법학』 제19집 제2호, 경성대학교 법학연구소, 2010. 12, p. 210.

볼 것인지 아니면 사법상의 법률관계로 볼 것인지 양자택일의 방법으로 규정하기는 어려우며, 결국 어떤 형태로든 간에 양자의 혼합이 불가피해 보인다.[9]

1.4. 탄소배출권의 양도가능성

탄소배출권 거래제도 탄생의 기본전제는 그 양도가능성에 있다고 해도 과언이 아니다. 왜냐하면 특정 사업자가 가진 탄소배출권을 환경기술의 개발이나 시스템의 개선을 통해서 행사하지 않아도 되는 경우에 이를 시장에서 팔아서 경제적 이익을 취하도록 하려는 것이 탄소배출권 거래제도의 기본체계이기 때문이다. 그런데 이러한 양도가능성이 무제한적으로 허용될 수 있는가 하는 점은 문제가 될 수 있다. 왜냐하면 공익상의 이유로 양도가능성이 제한을 받아야 하는 경우가 발생할 수 있기 때문이다. 따라서 탄소배출권은 공권으로서의 성질도 지니므로 공익과 관련된 범위 내에서는 양도에 대한 제한을 긍정할 수 있을 것이다. 그렇지만 원칙적으로 모든 탄소배출권은 유상으로 양도할 수 있다는 견해가 타당하다고 할 것이다.[10]

2. 탄소배출권 거래계약의 계약당사자

2.1. 공급자

탄소배출권 공급자는 업종 및 판매 형태별로 구분 가능하다.
먼저 업종별로 살펴보면 프로젝트 개발업자, EU ETS와 같은 의무적 설치기구, 각종 탄소배출권 사업에 관여하는 은행이나 탄소펀드 등의 금융회사, 전통적인 기술 및 녹색기술 제공업체를 포함한 기술개발업체, 지방자치단체, 환경개발 관련 정부기구 등을

---

9 최봉경, 전게논문, p. 460.
10 강현호, 전게논문, pp. 120~121.

포함한 환경정책기구 등이 있다.

다음으로 판매 형태별로 살펴보면 온실가스 감축 프로젝트를 개발하고, 여기서 생성된 배출권을 도매업자, 소매업자 그리고 최종 소비자에게 매도하는 프로젝트 개발업자, 배출권을 오로지 일괄적으로 매도하고 종종 배출 감축권 사업의 포트폴리오에 지분을 투자하는 도매업자, 개인 또는 업체에 주로 온라인상에서 소량의 배출권을 매도하고 배출 감축권 사업의 포트폴리오에 지분을 투자하는 소매업자 등이 있다.[11] 특히 배출권을 할당받은 기업이 잉여배출권이 있는 경우에는 공급자로서 탄소배출권 시장의 중요한 구성원의 역할을 하게 된다.[12]

2.2. 중간 매개인

탄소배출권 중개인으로는 브로커,[13] 트레이더, 거래소,[14] 민간부문 금융회사,[15] 대형 의무준수 대상 매수인 등을 들 수 있다. 이들은 1차적 배출권을 최종 소비자에게 중개하는 역할을 담당한다. 이들은 종종 검증저감권(VER)을 거래하기도 하는데, 매도인과 매수인 간의 거래를 촉진하는 데 도움을 주는 데 그치며 배출권을 소유하지 않는 경우가 대부분이다.[16]

2.3. 최종 소비자

최종 소비자는 결국 탄소배출권을 최종적으로 매수하는 당사자인데 이들은 의무준

---

11 오원석 · 안건형, 「청정개발체제(CDM) 리스크에 따른 탄소배출권 구매계약(ERPA)의 법적 쟁점에 관한 연구」, 『무역학회지』 제34권 제4호, 한국무역학회, 2009. 8, p. 206.

12 노상환, 「EU ETS의 탄소배출권 시장 분석」, 『환경정책』 제17권 제1호, 한국환경정책학회, 2009. 5, p. 40.

13 세계적인 브로커 업체로는 Evolution Markets, TFS, Cantor CO₂e 등이 있다.

14 유럽의 EU-ETS, 미국의 CCX(Chicago Climate Exchange), 그리고 호주의 NSW(New South Wlaes), 캐나다의 GHGX(Green House Gas Exchange) 등이 대표적이다.

15 Fortis, Credit Suisse 등의 은행, RNK, Natsource 등의 자산운용사 등이 대표적이다.

16 오원석 · 안건형, 전게논문, p. 207.

수 대상의 매수인과 자발적 매수인으로 구분된다. 전자는 교토의정서 부속서 B 국가에 포함되는 정부와 EU ETS 설치기구 등이 해당되며, 후자는 민간기업, 공기업, NGO, 개인 등 인증저감권(Certifed Emission Reductions; CER) 및 검증저감권(VER) 등을 필요로 하는 모든 당사자들이 이에 해당된다.[17] 특히 배출권을 할당받은 기업은 배출권이 부족할 경우 시장 수요자로서 중요한 구성원이 되므로 배출권을 적정하게 할당하는 것이 필요하다.[18]

여기에서 정부는 탄소배출권 구매자이며 교토의정서 설계자로서 탄소거래에 오래 전부터 참여해왔다. 교토의정서에 의해 의무감축국으로 선정된 국가들은 직접적으로 또는 중개인을 통해 CER을 공개 입찰에 붙이고 있다. 예를 들어 네덜란드는 교토의정서가 효력을 발휘하기 이전부터 탄소배출권 공개 입찰을 주도해왔다. 또한 정부는 제3자로 하여금 펀드를 구성하도록 하여 간접적으로 배출권을 구매하기도 한다.[19]

3. 탄소배출권 거래계약의 개요

3.1. 탄소배출권 거래계약의 의의

온실가스 규제는 1992년 리우 회의에서 채택된 기후변화협약을 시작으로 1997년 부속의정서인 교토의정서(2005년 발효, 대상기간은 2008~2012년)의 채택을 거쳐 2013년 이후 글로벌 온실가스 규제를 논의하는 포스트 교토의정서 협상 단계에 이르고 있다. 국제사회가 지구온난화의 위험을 인식하고 온실가스를 줄이기 위해 노력하자는 일반적인 선언을 담은 기후변화협약과는 달리 누가, 언제부터, 얼마만큼의 온실가스를 줄일 것인지에 대한 책임 분담이 논의된 교토의정서 협상은 진통 끝에 탄소배출권 거래라는 시장거래 시스템을 도입했다.[20]

---

17 오원석 · 안건형, 전게논문, p. 207.
18 노상환, 전게논문, p. 40.
19 노희진 외 7인, 『기후변화와 탄소금융』, 자본시장연구원, 2010. 6, p. 130.

기본적으로 탄소배출권 거래제도는 교토의정서 제17조에 의거한 할당배출권 제도를 기본으로 하는 바, 온실가스 감축목표 달성을 위하여 배출허용량(Cap)을 설정하고 사업장의 감축활동에 의하여 배출권이 발생되어 거래(Trade)되는 형태이며, 이때부터 자원의 유한성 및 희소성에 의해 가격(Carbon Price)이 발생하고, 시장에서의 수요와 공급에 의하여 가격이 균형점에서 결정된다. 이와 같은 탄소가격의 형성 및 거래제도는 시장의 원리에 의해서 스스로가 탄소배출 감소의 동기를 가질 수 있게 된다는 장점이 있다.[21]

교토의정서의 부속서 I국은 동유럽과 러시아를 포함하여 주로 선진국으로 구성되어 있다. 이 나라들 사이에서 각각이 지는 배출 삭감 목표를 달성하기 위하여 교토 유닛이라고 불리는 배출량거래를 행하는 것이 인정되고 있다. 요컨대 국가 간에서 배출량을 거래하는 것으로 되는 의미이다.[22] 탄소배출을 감축할 의무가 있는 국가들은 탄소의 배출량을 기업에 무상으로 할당하거나 경매 등을 통하여 유상으로 할당하고, 각 기업은 할당된 탄소배출량을 초과하지 않도록 탄소배출을 적게 하는 효율적인 생산방식을 채택하거나 생산을 줄여야 한다. 그러나 생산을 저탄소배출방식으로 개선하지 못하여 종전과 같은 생산량을 유지하고, 이에 따라 할당된 탄소배출량을 초과하여 배출하는 기업은 할당량에 미달하게 탄소를 배출한 기업으로부터 탄소배출권을 구매하여야 한다. 반면에 할당량에 미달하게 탄소를 배출한 기업은 탄소배출권의 판매를 통하여 탄소배출 감축 노력을 보상받게 된다.[23] 요컨대 탄소배출권 거래제도는 각국, 기업마다 온실가스의 배출 범위를 정하고, 배출 범위가 남은 나라 및 기업과 배출 범위를 초과한 나라 및 기업과의 사이에서 탄소배출권을 거래하는 것이다.[24]

또한 탄소배출권 거래제도는 직접적인 규제 방식과 비교하여 동일한 수준의 배출량

20 김현진, 「온실가스 규제와 기업 CEO의 탄소 전략: EU 및 일본 사례를 중심으로」, 『전문경영인연구』 제13권 제3호, 한국전문경영인학회, 2010. 12, p. 344.

21 최승필, 전게논문, pp. 173~174.

22 松下滿雄·梅澤治爲·飯野 文, "環境と貿易シンポジウム 第II部 溫暖化對策と國際貿易レジーム 2", 『貿易と關稅』 통권 686호, 2010. 5, p. 12.

23 이준규·박정우, 「기후변화협약에 따른 탄소배출 규제의 과세문제」, 『조세법연구』 제15권 제3호, 한국조세법학회, 2009. 12, pp. 179~180.

24 鴨成彰, "貿易と環境お巡る問題について−環境物品及び國境措置", 貿易と關稅, 통권 685호, 2010. 4, p. 33.

을 최소의 비용으로 감축할 수 있다는 데 그 특징이 있는데, 한계감축비용이 높은 기업은 배출권을 구매하고 한계감축비용이 낮은 기업은 배출권을 판매하도록 하는 시장 메커니즘에 의해 이러한 최소비용원칙이 가능하게 된다.[25]

우리나라는 저탄소녹색성장기본법 제46조에서 "정부는 시장기능을 활용하여 효율적으로 국가의 온실가스 감축목표를 달성하기 위하여 온실가스 배출권을 거래하는 제도를 운영할 수 있다(제1항). 이는 온실가스 배출허용 총량을 설정하고 배출권을 거래하는 제도 및 기타 국제적으로 인정되는 거래제도를 포함한다(제2항). 정부는 제도를 실시할 경우 기후변화 관련 국제협상을 고려해야 하고, 국제경쟁력이 현저하게 약화될 우려가 있는 관리업체에 대해서는 필요한 조치를 강구할 수 있다(제3항). 제도의 실시를 위한 배출허용량의 할당방법, 등록·관리방법 및 거래소 설치·운영 등은 따로 법률로 정한다(제4항)."라고 규정하여 총량제한시스템(Cap and Trade)의 탄소배출권 거래제도를 법적으로 도입하고 있다.[26]

탄소배출권 거래제도의 도입은 종래 영업행위와 가격에 대한 규제위주의 명령·규제제도가 가지는 경제적 비효율에 대한 반성에서, 기존 모두에게 이용과 접근이 개방되어 있었던 자원인 대기에 대하여 일정하게 정해진 한도로 이용할 수 있는 권리를 개인에게 분할하고 시장을 통하여 이를 재분배함으로써 비용 측면에서 효율을 극대화하려는 취지에서 주장된 것이다. 이와 같이 거래 가능한 탄소배출권은 공유되어 있는 재산관계를 개인의 재산관계로 변경한다는 생각을 기초로 생성된 것으로서 이러한 이론적 측면에서 기본적으로 재산권적 성질을 가지는 것이 예정되어 있었다고 말할 수 있다.[27]

또한 배출권 거래는 민법상의 권리의 매매로 볼 수 있다. 배출권 매매계약을 통해 당사자가 부담하는 의무는 어떠한 공법적 성격도 지니지 않으며, 단지 당사자 간에 배출권을 양도할 의무와 그에 대한 대금을 지급할 의무만을 성립시키는 것이다.[28]

이와 같이 탄소배출권 거래계약은 탄소배출권이라는 상당히 새로운 유형의 물품과

---

25 조현진, 「탄소배출권거래제도의 이해」, 『법학연구』, 연세대학교 법학연구원, 2010, p. 213.

26 박재홍, 전게논문, pp. 201~202.

27 전종익, 「탄소배출권의 헌법적 성격과 거래제도」, 『법조』 Vol.644, 법조협회, 2010. 5, p. 18.

28 최봉경, 전게논문, p. 450.

관련된 특별한 형태의 매매계약이다. CDM 거래는 많은 다양한 형태를 가질 수 있다. 가장 단순히 표현하자면, 배출 감축권에 대한 매도인과 매수인의 거래라고 할 수 있는데, 매도인은 대체로 배출 감축권을 생성하는 프로젝트에 대한 소유권 또는 통제권을 갖는다. 매도인은 최소한 매도될 배출 감축권에 대한 법적 권리를 가질 필요가 있다. 그러나 일부 거래에서는 프로젝트 수행과 관련한 자금 제공, 교토의정서상에서 요구되는 적절한 서류 준비, 기술 또는 전문가 공여, 프로젝트의 지분 인수 또는 기타의 다른 조치들을 포함한 역할을 매수인이 수행할 수도 있다.[29]

탄소배출권 거래는 교토의정서 체제가 합의된 이후 1990년대 말부터 시작되었다. 그러나 2005년 2월 교토의정서가 발효되기 전까지의 탄소배출권 거래는 조직화된 거래소가 없이 장외거래를 중심으로 이루어졌다. 또한 2005년 이전의 거래는 현물거래보다는 대부분 선물계약에 의한 것이었고, 그 대상도 주로 감축 실적분을 거래하는 것에 국한되었다.[30]

3.2. 탄소배출권 거래계약의 종류 및 계약내용

배출권 거래의 대상이 되는 CER은 CDM 프로젝트를 통해 생성된다. CER을 획득하기 위해서는 배출권의 매수인과 CDM 프로젝트에 필요한 기술 및 자금을 가진 참가기업(기술제공 기업)이 개도국의 프로젝트 실시 주체에 대해 기술과 자금을 공여함으로써 실현하는 것이다. 따라서 우선 개도국의 CDM 프로젝트 실시 주체와 선진국의 관계자(배출권 매수인과 기술제공 기업)와의 사이에, 실시 계획과 더불어 CDM 프로젝트로부터 발생하는 배출권의 매매조건 결정이 배출권 거래의 전제가 된다.

거래 상담이 진전되어 CDM 프로젝트 관련 배출권의 매도인과 매수인 간에 거래조건에 관한 합의가 이루어지면, 일반적인 매매계약에 해당하는 배출권 구매계약(Emission Reduction Pruchase Agreement: ERPA)이 체결된다. 이 계약은 양 당사자의 합

---

29 오원석 · 안건형, 전게논문, p. 214.
30 김수이 · 박호정, 「EU 탄소배출권의 가격발견과정과 인과성 분석」, 『경제연구』 제26권 제1호, 한국경제통상학회, 2008. 3, p. 2.

의에 의한 계약이므로 다양한 형식으로 이루어질 수 있지만, 실제로는 대다수가 영어에 의한 계약서 및 영국법을 준거법으로 하고 있다. 배출권거래의 경우 계약이 체결되어도 교토의정서에 근거한 CDM 관련 절차를 모두 마쳐야 한다. 물론 CER 획득의 인증획득 단계에서 계약하는 방법도 있을 것이나, 그러한 경우는 위험이 적기 때문에 가격이 상당히 비싸질 것이며, 또한 수요가 많을 경우에는 그 시점까지 기다리다가는 계약 시기를 놓치게 된다.[31]

국제 탄소시장에서 선구적 역할을 하였던 주체는 세계은행이었다. 세계은행의 PCF(Prototype Carbon Fund)는 교토의정서가 발효되기 5년 전인 2000년 4월에 조성되어 탄소배출권의 구매를 개시한 바 있다. 이 탄소배출권 구매계약(ERPA)은 교토의정서 제12조상의 청정개발체제(CDM)에 따라 인증저감권(CER)으로 전환될 수 있는 탄소배출권의 생성 여부가 불확실한 상태에서 설계된 것이었다. 여기에서 인증저감권으로 발행되지 않은 상태의 탄소배출권을 검증저감권(VER; Verified Emission Reduction)이라 하며, 탄소배출권 구매계약도 이에 따라 검증저감권 구매계약(VER ERPA; 이하 'VER 계약서' 라 한다)과 인증저감권 구매계약(CER ERPA; 이하 'CER' 계약서라 한다)으로 분류할 수 있다.[32]

탄소배출권 구매계약의 주요한 내용은 다음의 다섯 가지 항목이다. 첫째, 구입량으로서 배출권 산출량의 변동을 예상하고 계약상의 대응방안을 결정해둔다. 둘째, 구입가격으로서 수급관계뿐만 아니라 위험의 분담방법 등 가격 결정에 영향을 미치는 다양한 요인에 의해 결정된다. 셋째, 지급방법으로서 현물과 상환하여 지급하거나 선지급한다. 넷째, 위험의 분담으로서 인도와 관련한 위험을 매도인과 매수인 사이에 분담하는 문제이다. 위험 분담이 어떻게 이루어지느냐에 따라 CER의 가격도 달라진다. 다섯째, 초기비용의 부담으로서 이는 PDD(Project Design Document) 작성비, 유효화 심사 비용 등의 비용을 매도인과 매수인 사이에 분담하는 문제인데, 이 비용은 매도인이 부담하기도 하고 또는 매수인이 부담하기도 한다.[33]

---

31 박명섭 · 홍란주 · 윤유리, 「청정개발메커니즘을 통한 배출권거래에 관한 연구: EU의 사례를 중심으로」, 『유럽연구』 제27권 제2호, 한국유럽학회, 2009, pp. 202~206.

32 오원석 · 안건형, 전게논문, pp. 214~215.

33 박명섭 · 홍란주 · 윤유리, 전게논문, p. 206.

탄소배출권의 거래는 거의 대부분 선물의 형태로 거래되고 있는데 선물의 경우 만기일이 도래함에 따라 정보의 유입이 증가하여 가격의 변동성도 증가하는 경향이 있다.[34]

3.3. 세계은행 탄소배출권 구매계약의 구조

세계은행 탄소배출권 구매계약의 구조는 크게 두 부분으로 구성되는데, 그 하나는 기본용어, 계약조건, 권리와 의무 등에 대해 규정하고 있는 일반조건이고, 다른 하나는 구매량, 가격, 결제조건, 선결조건, 진술 및 보증을 규정하는 특별조건으로서, 이 두 부분이 합쳐져서 탄소배출권 구매계약이 체결된다. 세계은행의 VER 계약서 일반조건과 CER 계약서 일반조건에서 나타나는 구조는 거의 동일하지만, VER 계약서에서는 제6.04조 [원방법론 및 승인된 방법론] 조항과 제8.03조 [등록] 조항이 추가적으로 규정되어 있다는 차이만 있을 뿐이다. 세계은행 구매계약 특별조건 역시 계약서의 구조적인 측면에서는 거의 동일하다. 다만 CER 계약서와 VER 계약서가 각각 제4.04조 [1년 단위 결제]에 있어 현물결제와 옵션결제의 계산 방식에서 차이를 보이고 있다. CER 계약서의 제6.01조에서는 (b)호에서 VER 계약서에는 없는 중심부 역할에 대해 추가적으로 규정하고 있다. 상기 제4.04조와 제6.01조를 제외하고는 VER 계약서와 CER 계약서의 특별조건은 서로 문면까지 모두 동일하다.[35]

4. 탄소배출권 거래계약의 법적 쟁점

탄소배출권 거래계약은 거래 유형별로 구분하여 보면, 입찰절차에 의한 매매계약, 탄소배출권을 가진 독립적 브로커에 의한 매매계약, 그리고 개별계약 등이 있는데 여

---

34 노상환, 「탄소배출권 선물시장의 변동성 및 만기효과에 관한 연구」, 『환경정책』 제18권 제3호, 한국환경정책학회, 2010. 12, pp. 26~27.

35 오원석·안건형, 전게논문, pp. 215~216.

기에서는 개별계약을 중심으로 한 법적 쟁점에 대하여 고찰하기로 한다.

4.1. 리스크 할당

여기에서는 ERPA와 직접적 관련이 있는 두 가지 범주의 리스크, 즉 프로젝트 리스크와 교토 리스크로 분류하여 고찰하기로 한다. 프로젝트 리스크는 배출량의 감소 또는 격리를 통해 발생시키는 물리적 활동으로부터 발생한다. 교토 리스크는 프로젝트로부터 생성되는 배출 감축권의 규제적 상태를 둘러싼 불확실성에서 발생한다.[36]

4.1.1. 프로젝트 리스크

CDM 사업의 경우에는 프로젝트 형식의 사업이 진행되고, 유치국의 정치적 위험, 일반적으로 사업에서 발생할 수 있는 사업성과의 부진, 추가비용 발생 등의 프로젝트 리스크가 야기될 수 있다.[37] 상술하면 CDM 거래에 있어서의 가치는 교토의정서라는 규제적 체제로부터 도출되는 것이다. 따라서 CDM 거래는 다양한 규제적 위험과 관련되는데, 예를 들어 i) 프로젝트가 CDM 집행위원회(EB)로부터 승인이 되지 않을 수도 있으며, ii) CDM 기준이 2012년 이후에는 지속되지 않을 수도 있고, 또는 iii) CDM 기준이 변경되어, 탄소금융 수익원으로서의 가치가 감소되거나 박탈당할 수도 있을 것이다. 세계은행의 CER과 VER 계약서 모두에서 지속적으로 유지되고 있는 한 가지 사실은 매도인이 프로젝트 수행과 관련하여 합의된 위험, 예를 들어 매립지 캡핑(capping) 또는 에너지 효율의 개선이 이루어지지 않는 경우에 대한 위험을 프로젝트 사업 진행의 주체가 되는 매도인이 부담한다는 점이다. 이 리스크 할당의 기저에 깔려 있는 가정은 해당 프로젝트 리스크를 평가하고 부담하기에 최적의 입장에 서 있는 당사자는 바로 매도인이라는 것이다.[38]

---

36 오원석 · 안건형, 전게논문, p. 217.
37 최승필, 전게논문, p. 196.
38 오원석 · 안건형, 전게논문, p. 217.

4.1.2. 교토 리스크

교토 리스크는 교토의정서상의 의무 준수와 관련되는 리스크로서, 소위 집행위원회와 당사국총회의 결정사항에 따른 기후변화협약의 체제 변경 등으로 인한 리스크를 의미한다. 아울러 저감 프로젝트에 의해 획득된 CER이라 할지라도 CER의 지속가능성, 환경적 건전성 등의 기준에 따라 낮은 등급의 CER로 판명될 경우 이를 국제적 거래소에서 거래할 수 없는 경우가 발생하기 때문이다.[39]

세계은행의 VER 계약서와 CER 계약서 간에는 교토 리스크 할당에 있어서 중요한 차이점이 존재한다. VER 계약서 일반조건에서는 매수인(탄소펀드의 피신탁인으로서 역할을 수행하는 세계은행)이 CDM 사업으로서 등록되지 못할 수도 있는 리스크를 부담하며, 일정 기간 내에 등록하지 못하더라도 합의된 모니터링 약정에 근거하여 결제를 하여야 한다. 나아가 매수인인 세계은행은 합의된 방법론이 CDM 집행위원회에 의해 승인되지 않을 리스크, 그리고 당해 프로젝트에 불리한 방법론이 적용될 리스크도 부담하도록 하고 있고, 반대로 CER 계약에서는 교토 리스크를 매도인이 부담하도록 하고 있다.

결국 리스크는 가장 잘 평가하고 부담할 수 있는 당사자에게 할당하는 것을 원칙으로 하며, 프로젝트 리스크는 매도인·프로젝트 사업 투자가가 인수하는 것이 바람직하며, 시장 리스크는 본래의 계약 의도와 달리 어느 일방에게 의무 이행을 바라기에는 가혹할 만큼의 상황이 될 수 있는 이행가혹의 사유가 발생하지 않도록 탄력적으로 배분하는 것이 바람직하다.[40]

요컨대 리스크 할당과 관련하여 프로젝트 리스크는 해당 프로젝트 리스크를 평가하고 부담하기에 최적의 입장에 서 있는 프로젝트 사업자/매도인이 부담하는 것이 바람직하며, 교토 리스크는 거래 품목이 인증저감권인지 아니면 검증저감권인지에 따라서 그리고 그 리스크가 방법론, 등록, 검토보고서, 검증, 중심 주체, 절차비용과 관련되는 것인지에 따라 달라질 수 있겠지만, 세계은행의 구매계약서에 따르면 CER 거래의 경우에는 대부분의 리스크 부담을 매도인이, VER의 경우에는 매수인이 부담하는 것으로

---

[39] 최승필, 전게논문, p. 196.
[40] 오원석·안건형, 전게논문, pp. 217~218.

규정하고 있는 점은 시사하는 바가 크다. 물론 이러한 리스크 분배는 배출권 가격에 결정적인 역할을 하므로 이와 연관시켜 생각해야 할 문제라는 점도 인식할 필요가 있다.[41]

4.1.3. 리스크의 분산 및 이전 방법

탄소배출권 시장이 형성되면 동 시장에로의 투자 및 위험 전가를 위한 금융기법이 발달할 것으로 보인다. 그 구체적인 형태는 다음과 같다.

1) 탄소펀드에 대한 일반 투자자의 참여

개별 금융기업 혹은 일반 기업이 저감 프로젝트와 같은 사업에 투자를 하는 경우 사업의 진행을 통해 저감인증을 얻기까지에는 많은 위험이 존재한다. 따라서 금융회사의 입장에서는 이를 사모펀드의 형식으로 구성함으로써 일반 투자자의 참여를 통해 감당해야 할 리스크를 분산시킬 수 있다. 특히 헤지펀드의 경우에는 위험 수용적 성향이 강함에 따라 고위험성이 있는 저감 프로젝트 산업에 유용한 수단으로 이용될 수 있다.[42]

4.2. 보험상품의 개발

탄소배출권 거래로 인한 위험 발생 시 이와 같은 위험을 헤지할 수 있는 CDS(Credit Default Swap)[43]와 같은 보험 상품의 개발이다. 이와 같은 상품의 대표적인 형태로는

---

41 오원석 · 안건형, 전게논문, p. 227~228.

42 최승필, 전게논문, p. 197.

43 CDS는 신용부도 스와프라고 하며 부도가 발생하여 채권이나 대출 원리금을 돌려받지 못할 위험에 대비한 신용파생 상품을 말한다. 영문 첫 글자를 따서 CDS라고 하며, 부도의 위험만 따로 떼어내어 사고파는 신용파생상품이다. 예를 들면, A은행이 B기업의 회사채를 인수한 경우에 B기업이 파산하면 A은행은 채권에 투자한 원금을 회수할 수 없게 된다. A은행은 이러한 신용위험을 피하기 위하여 C금융회사에 정기적으로 수수료를 지급하는 대신, B기업이 파산할 경우에 C금융회사로부터 투자원금을 받도록 거래하는 것이다(네이버백과사전 http://100.naver.com/100.nhn?docid=855407).

222
녹색무역의 이해

AIG의 'Carbon Credit Delivery Coverage'와 Marsh의 'Permit Delivery Guarantee'를 들 수 있는데, 이들 상품의 특징은 저감 프로젝트에서 발생할 수 있는 리스크를 총괄적으로 보장해주는 보험 상품이라는 것이다. 이러한 보험보장이 포함된 CER 상품은 가치 측면에서 높은 평가를 받음에 따라 가격 및 거래 측면에서 장점을 갖추게 된다. 이처럼 투자자는 CDM 프로젝트 펀드의 도산 및 투자회사의 도산, 그리고 배출권 인도의 불이행 등으로 인한 위험을 보험을 통해서 이를 이전시킬 수 있다. 그러나 동 보험의 허용 시에는 리스크 중심의 감독을 통해 과도한 리스크 부담을 지지 않도록 감독하는 것이 매우 중요하다.[44]

4.3. 불가항력

매도인과 매수인은 CDM 프로젝트의 독특한 특성에서 기인하는 리스크를 적절히 완화할 필요성이 있다. 이를 위한 방법 중 하나는 계약 시 불가항력 조항을 포함하는 것이다. 매도인의 입장이라면 불가항력 사유를 가능한 한 광범위하게 규정할 필요가 있으며, 매수인의 입장이라면 오히려 불가항력 조항을 전혀 규정하지 않거나, 불가항력 사유를 최소한도로 규정하는 것이 유리하다. 특히 CDM 프로젝트와 관련된 불가항력 조항에서 문제가 될 수 있는 점이 투자 유치국의 사업승인서(LoA; Letter of Acceptance)의 폐기 또는 CDM 집행위원회에 프로젝트가 CDM 사업으로 등록이 될 것인지 그리고 나아가 CER이 궁극적으로 발행될 것인지에 대한 문제가 가장 중요한 쟁점이 될 수 있다. 우리나라의 기업이 매수인의 입장이라면 구매계약서에서 상기의 문제들이 불가항력 사유로 포함되지 않도록 각별히 유의하여야 할 것이다.[45]

---

44 최승필, 전게논문, p. 197.
45 오원석 · 안건형, 전게논문, p. 219.

4.4. 비용과 세금

탄소배출권 구매계약에서는 비용과 세금의 일부를 배분할 필요가 있으며, 누가 비용과 세금을 부담할 것인지는 협상의 문제로서 이는 구매가격에 영향을 미치게 된다. 비용의 유형으로는 (i) 프로젝트 개발 및 진행 비용, (ii) CDM 절차진행 비용, (iii) 각 당사자의 개별 이행비용, 그리고 (iv) 계약비용 등을 들 수 있다. 세계은행의 VER 계약서와 CER 계약서의 일반조건에서는 공통적으로 프로젝트 준비 비용은 피신탁인이 연간 결제금액에서 상한선을 두고 연간 지급액에서 공제하도록 규정함으로써 프로젝트 관련 비용을 프로젝트 사업자에게 전가하고 있다. CDM 프로젝트와 관련되는 세금의 유형으로는 (i) 행정비용, (ii) 적응비용, (iii) 국내 세금 등이 있다. 세계은행 VER 계약서 일반조건 하에서는 매수인이 세금 성격을 갖는 절차비용분담금을 부담하는 한편, CER 계약서 일반조건에서는 매도인이 부담하도록 규정하고 있다. 이러한 할당은 교토체제에 순응하는 프로젝트의 위험 할당을 반영하고 있는 것이다.[46]

요컨대 비용과 세금은 가격 협상에 있어서 중요한 요소 중의 하나인데, 특히 CDM 체제의 특수성에서 비롯된 행정비용, 적응비용, 그리고 각국별 국내 세금은 어떠한 것들이 있는지 정확히 파악하고 분쟁이 발생하지 않도록 이를 계약서에서 가격 협상과 결부시켜 명확히 명시해두는 것이 바람직하다.[47]

4.5. 중심 주체

탄소거래에 있어서 또 하나의 독특한 쟁점으로는 프로젝트에 의해서 생성되고 발행된 CER을 프로젝트 참여자들 사이에서 어떻게 분배할 것인가와 관련하여 CDM 집행위원회와 의사소통의 책임을 지는 중심 주체가 누가 될 것인가가 문제가 될 수 있다. 다수의 매수인이 관련되는 프로젝트에 있어서 중심 주체의 선택과 커뮤니케이션 권리는 탄소자산의 처분권을 누가 통제하는가의 문제와 관련되기 때문에 매우 중요한 의미

---

46 오원석 · 안건형, 전게논문, pp. 219~220.
47 오원석 · 안건형, 전게논문, p. 228.

를 갖게 된다.

이 중심 주체가 누가 될 것인가에 대해 실무에서는 분쟁의 소지가 매우 큰 만큼, 이에 대해 하나의 가이드라인을 제시하는 것이 의미가 있을 것이다. CDM 프로젝트 주기 내에서의 활동 중 분쟁이 발생할 소지를 줄이는 가장 좋은 방법은 CDM 프로젝트 주기 중의 모든 활동을 세분하여 각각의 활동에 가장 적합한 당사자를 협의하여 역할을 분담하고, 각각의 분장된 업무활동에 대해서는 다른 참여자들이 일체 관여를 하지 않는 것이 바람직하다. 종종 상대방이 CDM 프로젝트 주기 중의 특정 활동에 더 적합함에도 불구하고 관여를 하려고 하는 일이 발생하게 되는데, 특히 양 당사자들의 관심과 우려가 평행선을 달릴 때 더욱 그러하다. 예를 들어, 프로젝트의 타당성을 평가하고 그 후에 모니터링 및 생성될 CER을 검증하게 될 CEM 운영기구(DOE)를 선택하는 것은 양 당사자 모두의 관심사가 되곤 한다. 이와 관련하여 운영기구 선정절차에 항상 CER 매수인이 실질적으로 참여할 필요는 없으며, 운영기구의 선택 및 업무수행과 관련되는 분쟁은 일방당사자의 적극적인 개입을 배제함으로써 미연에 방지할 수 있다.[48]

요컨대 CDM 사업에서 독특한 개념으로 등장하는 것이 중심 주체인데, 이 중심 주체는 CDM 집행위원회와의 의사소통, 운영기구(DOE) 선정, CER 분배 등 중요한 의사결정을 하는 역할을 하므로 당사자들 간에 서로 중심 주체가 되기 위한 힘겨루기가 실무에서는 종종 발생한다는 점을 고려하여, CDM 프로젝트 주기 중의 모든 활동을 세분화하여 업무분장을 하고, 각각의 분장된 업무활동에 대해서는 다른 참여자들이 일체 관여를 하지 않도록 하는 것이 바람직하다.[49]

4.6. 가격

탄소배출권 가격 결정은 배출권의 수급 현황, 경제성장 정도와 경기변동론적인 상황, 국가에 할당된 배출량 등에 근거하여 이루어지며, 이러한 요인들로 인해 가격변동이 또한 초래된다. 실제로 2006년 유럽은 과다하게 공급된 할당량으로 인하여 탄소배

---

48 오원석 · 안건형, 전계논문, pp. 220~221.
49 오원석 · 안건형, 전계논문, p. 228.

출권 가격의 급락을 경험한 적이 있다.[50]

인증저감권(CER)의 경우 교토 리스크와 프로젝트 고유의 리스크 외에 세 번째로 중요한 가격결정 요소가 매도인에 의한 인도보증 여부이다. 실무에서는 매도인에 의한 인도 보증이 있는 경우, 매수인으로서는 큰 위험을 부담하게 되나 10~30%의 높은 가격을 책정할 수 있고, 매수인에 의해 매도인에게 선급금이 제공된 경우나 프로젝트 준비 비용을 매수인이 일부 부담하는 경우에는 CER 가격 결정에 반영되어 할인이 이루어지는 것이 관례이다. 매수인이 생성되는 모든 CER에 대한 권리를 갖게 되는 경우에는 높은 가격이 책정되고, 교토의정서 의무기간이 종료되는 2012년 후에 매수인이 2012년 후 생성될 CER을 구매하는 경우, 명목상 가격은 낮겠지만, 전체적인 계약의 가치는 높아지고 현금흐름 제고를 담보하는 기간도 연장시키는 효과를 가져올 수 있다. 가격 협상에 임하는 당사자들에게 있어서 가장 중요한 점은 각자가 처한 상황에서 진정 원하는 협상의 목표를 명확히 결정하는 것이 중요하다.

세계은행의 VER 계약서와 CER 계약서에는 인덱스 가격 관련 조항이 규정되어 있지 않지만 만일 당사자들이 기본 인덱스 가격 조항을 규정하고 싶다면 다음과 같이 계약조항을 삽입할 수 있다.

"The Buyer agrees to pay the Seller X% of the Market Price of an EU Allowances for each CER delivered into the registry account of the Buyer before 31st December 2017."

나아가 기본 인덱스 가격에 상·하한선을 추가로 규정하고 싶다면 다음과 같이 계약 조항을 삽입하면 된다.

"The Buyer agrees to pay the Seller X% of the Market Price of an EU Allowances for each CER delivered into the registry account of the Buyer before 31st December 2017, except that irrespective of the Market Price of an EU Allowance the price paid for each CER shall never be greater than €X per CER and shall never be less than €X per CER."[51]

---

50 구정한·손동희·전용일, 「녹색성장을 위한 녹색금융의 자본조달역할에 관한 연구」, 『자원·환경경제연구』 제19권 제3호, 한국환경경제학회/한국자원경제학회, 2010. 9, p. 678.
51 오원석·안건형, 전게논문, pp. 221~224.

4.7. 구제권

세계은행의 구매계약서(ERPA)에서 중요한 쟁점으로 다루어지고 있는 부분이 매도인이 계약상의 의무를 불이행하는 경우에 대비한 매수인의 구제권이다. 매도인의 고의성이 없는 저감권에 대한 인도불이행의 경우 세계은행의 ERPA에서는 (i) 차기년도에 걸쳐 인도하는 것을 허용하고, (ii) 인도불이행에 해당되는 저감권의 양을 콜옵션으로 전환하며, (iii) 만일 인도불이행이 3년 연속 지속되거나 또는 계약상 기간의 마지막 3년 동안의 어느 기간에 인도불이행이 발생하는 경우에는 매수인은 계약을 해제하고 매수인의 비용을 회복할 수 있도록 규정하고 있다. 여기서 주목할 점은 세계은행이 매도인의 채무불이행이 고의적이지 않는 한, 계약해제권을 1~2년 동안에는 행사하지 않는다는 점이다. 이러한 접근 방식의 의도는 매도인에게 수입 흐름의 안정성을 제고해주고, 나아가 당해 프로젝트에 대한 금융조달을 좀 더 쉽게 획득할 수 있도록 배려해주기 위한 것이다. 매도인의 채무불이행이 의도적인 경우에는 훨씬 더 엄격한 구제권이 부여된다. VER 계약서의 경우에는 비용 회복과 함께 손해배상을 받을 권리가 부여되며, CER 계약서의 경우에는 비용 회복 외에 부족한 수량에 해당하는 만큼 손해배상예정액을 배상받을 권리가 있다.[52]

요컨대 매수인의 구제권과 관련하여 세계은행 구매계약서에서는 매도인의 고의적 채무불이행에 대해서는 엄격한 태도를 취하고 있는 반면, 과실에 의한 채무불이행에 대해서는 계약해제권을 1~2년 동안에는 행사하지 않고 있는데, 이는 매도인에게 수입 흐름의 안정성을 제고해주고, 나아가 당해 프로젝트에 대한 금융조달을 좀 더 쉽게 획득할 수 있도록 배려해주기 위한 의도가 담겨져 있는 것으로 보여지는데, 이는 향후 조성되는 탄소펀드들로서는 고려해볼 만한 규정으로 보인다. 이러한 구제권도 가격책정에 반영될 수 있다는 점도 유의할 필요가 있다.[53]

---

[52] 오원석 · 안건형, 전게논문, p. 224.
[53] 오원석 · 안건형, 전게논문, p. 228.

5. 세계 각국의 탄소배출권 거래현황

세계 탄소배출권 거래는 2006년부터 2009년까지 매년 평균 70% 이상 급속한 속도로 성장하여 2009년에 8,700만 톤의 이산화탄소가 거래되었다.[54] 2009년 말 세계적으로 6개의 배출권거래제도가 실시되었으며, 향후에는 자발적 혹은 의무적인 배출권거래제도가 수년 내에 수립될 전망이다. 현재 운영 중인 배출권거래제도는 유럽연합 배출권 거래제도(EU ETS), 스위스 연방 ETS(CH ETS), 지역 온실가스 협약(RGGI), 알버타 배출원 규제(AER), 뉴사우스웨일즈 온실가스 감축제도(NSW GGAS), 뉴질랜드 배출권 거래제도(NZ ETS) 등 6개가 있다.[55]

이하에서는 세계 탄소배출권 거래의 대다수를 차지하고 있는 EU, 아시아 국가 중 유일한 감축의무국인 일본, 및 기타 국가들의 현황을 검토한 뒤 마지막으로 우리나라의 현황을 검토하고자 한다.

5.1. EU의 현황

EU는 교토의정서에 따라 2008~2012년 기간 중 1990년의 온실가스 배출량에 비하여 배출량을 8% 줄여야 하는 감축의무를 지고 있다. 교토의정서상의 감축의무를 이행하기 위해 2001년 10월 EU위원회는 배출권 거래제의 도입을 제안하였으며, 2002년 10월 유럽 의회와 유럽 이사회에서 승인되었다. 2003년 10월에는 제도의 구체적인 이행을 위해 온실가스 배출권 거래제 시행을 주요 내용으로 하는 지침서(Directive 2003/87/EC)를 채택하였으며, 교토의정서 발효를 한 달 앞둔 2005년 1월에 EU ETS가 정식으로 출범했다.[56]

EU ETS의 출범에 따라 유럽은 2005년부터 탄소배출권의 거래를 시작하였다. 규제

---

54 노상환, 전게주 34, 전게논문, p. 28.
55 김수이, 「해외 배출권거래제도 최근 동향과 국내 시사점」, 『ENERGY FOCUS』, 에너지경제연구원, 2010, p. 52.
56 김현진, 전게논문, p. 351.

시장인 유럽의 탄소배출권 거래제도(EU ETS)는 총량규제 방식을 사용하고 있으며, 1단계(05~07년) 중에는 이산화탄소에 대한 배출권만을 거래하다가 2단계(08~12년)부터 교토의정서에 명시된 6종의 온실가스(CO_2, CH_4, N_2O, HFCs, PFCs, SF6) 모두를 거래대상 물질로 지정하고 있다. 그리고 에너지 다소비 업종의 대규모 설비 즉, 발전, 석유정제, 코크스로, 철금속, 공업, 시멘트, 유리, 세라믹, 펄프 · 제지, 화학 및 식품공업과 같은 200MW 이상의 대형 연소시설을 대상으로 하고 있다.[57]

구체적으로 살펴보면 EU ETS의 제1기간(Phase I, 2005~2007년) 중에는 EU 전체 배출량의 약 46%를 배출하는 사업장들이 배출 허용치 부과대상에 포함되었다. 국별로는 독일의 사업장이 1,849개 사업장으로 가장 많이 포함되었으며, 영국이 1,078개 사업장으로 뒤를 이어 2위를 차지했다. 제1기간 중 온실가스 감축의무를 달성하지 못했을 경우 벌금은 CO_2 톤당 40유로가 책정되었다. EU ETS의 제2기간(Phase II, 2008~2012년)에는 제1기간의 배출 허용치 부과대상 이외에 항공 부문을 새로이 추가하였다. 배출권의 배분 방식으로는 제1기간의 대부분 무상배분 방식에서 10%까지 경매 방식의 할당을 도입하였고, 불이행 시의 벌금도 CO_2 톤당 100유로로 2.5배 증가시킴으로써 대폭 강화하였다. 이는 산술적으로 배출권 시장에서의 배출권 가격이 최대 톤당 40유로에서 100유로까지 늘어나 기업의 온실가스 감축비용 증가요인으로 작용할 수 있음을 의미한다.

EU는 2005년에서 2012년까지 EU ETS 1, 2기 운용과정에서의 시행착오와 교훈을 바탕으로 EU ETS 제3기를 준비하고 있다. 온실가스 감축목표로는 EU ETS를 통해 2005년 온실가스 배출량 대비 21%를 감축할 것을 제시하고 있다. 비 EU ETS 부문에서 2005년 대비 10%를 감축한다는 목표를 포함하면 1990년 대비 총 20%의 감축목표를 달성한다는 계획이다. 배출량 허용치 할당 대상 기업을 확대해서 전체 배출량 기준으로 46%를 차지하는 에너지 다소비 기업들이 참여했던 1, 2기에 추가하여 건설, 수송, 농업, 산업폐기물 분야를 포함시켰으며, EU ETS의 대상이 되고 있지 않은 부문에 대해서도 개별 국가별로 책임 의무를 부과하였다. 규제대상 가스도 1, 2기에서는 이산화탄소만으로 한정시켰으나 3기에서는 아산화질소와 과불화탄소를 추가하는 등 규제

---

57 김의경 · 박상병 · 김동현, 전게논문, p. 17.

대상 가스의 범위를 확대할 예정이다. 또한 배출 허용량의 단계적 유상화를 추진하고 있다. 1, 2기에서는 배출 허용량의 90~95%를 무상으로 배분하였으나, 3기에는 사업장의 필요 허용량을 입찰방식으로 구매하도록 하는 경매 방식을 도입한다는 방침이다. 하지만 이에 대한 산업계의 반발을 고려해서 제3기 이내에 전력 부문 등 일부에만 전면 경매 방식을 도입하고, 기타 산업에는 단계적 확대 적용방안이 고려되고 있다.[58]

또한 탄소누출 문제에 관해서는 두 개의 옵션을 상정하고 있다. 하나는 국제교섭의 결과를 근거로 에너지 집약 부문에 관하여 영향을 평가한 뒤 배출범위거래제도 하에서 경매에서의 일부면제, 즉, 무상할당의 비율을 조정하는 방법, 다른 하나는 배출범위거래제도 하에서 수입 생산품의 수입자에게 생산품의 생산과정에서 배출되는 배출량에 응하여 일정한 배출범위의 보유를 의무화한다는 것이다.[59] 교토의정서 체제 하에서 가장 큰 기득권익을 얻고 있는 EU는 동 체제를 사수하려는 의식이 지극히 강하며, 자신에게 유리한 냉전 종결 직후의 기준시점 1990년을 절대로 굽히려고 하지 않으며, 구동유럽 제국의 에너지 소비 절약 여유를 사용하여 배출량을 상당량 늘리려고 하는 나라마저 있는 실정이다.[60]

EU ETS는 2009년말 기준 탄소배출권 거래 시장에서 전체 거래량의 약 86%, 거래규모의 96.5% 정도를 차지하고 있다. 또한 가격대 역시 2008년 말 금융위기를 맞아 급격히 하락하였으나 이후 회복되어 안정적인 흐름을 보이고 있으며 미국, 일본에서도 활발한 투자활동을 하고 있다.[61] 2011년 4월의 보도 자료에 의하면 EU는 우려했던 산업 경쟁력의 저하 없이 효과적인 온실가스 감축에 성공하고 있다는 것이다. EU는 1990년 이후 GDP가 40% 성장하는 동안 온실가스 배출량은 16% 감소하는 탈동조화(Decoupling) 현상이 발생하였다는 것이다.[62]

58 김현진, 전게논문, pp. 352~353.
59 中川淳司・一方井誠治・高村ゆかり・松村敦子, "環境と貿易シンポジウム　第II部　溫暖化對策と國際貿易レジーム 1", 『貿易と關稅』, 통권 685호, 2010. 4, p. 26.
60 大濱 裕, "COP15氣候變動おめぐる諸問題とわが國の課題(上)", 『國際金融』, 제1208호, 2010. 1. 1, p. 88.
61 황윤섭・최영준・이윤, 「한・중・일 탄소시장 협력 방안」, 『국제지역연구』, 제15권 제2호, 국제지역학회, 2011. 6, p. 434.
62 한국환경정책・평가연구원 편, 『국제 온실가스 규제 동향과 시사점』, 한국환경정책・평가연구원, 2011. 7, p. 23.

5.2. 일본의 현황

일본은 EU와 마찬가지로 2008년부터 교토의정서상의 온실가스 감축의무 이행에 들어갔지만 EU에서와 같은 기업에 온실가스 허용치를 부여하고 과부족분을 시장에서 거래하는 비자발적 배출권거래제는 도입하지 않고 있다. 일본 정부는 교토의정서가 채택된 다음 해인 1998년에 지구온난화대책추진법을 제정하였으며, 2005년 2월 교토의정서 발효를 계기로 지구온난화대책추진법에 근거하여 교토의정서 목표달성 계획을 책정하였다. 목표달성 계획은 산업부문, 민생부문, 수송부문 등 부문별 대책 및 삼림흡수원대책 등 다양한 방식의 온실가스 배출감축 조치를 포함하고 있다. 그러나 최대 배출원인 사업부문에 대해서는 1997년 일본경제단체연합회가 책정한 자주행동계획을 중심으로 자율적인 감축을 기본방향으로 업계별로 자발적인 온실가스 감축 목표를 도입하고 이를 이행하고 있는 상황이다. 2005년부터 일본 정부는 환경청 주도로 자발적 배출권 거래제도를 실시하였다. 참여 기업들은 자발적으로 감축목표를 수립한 후 배출권을 거래하는 방식이었으며, 당초 목표를 상회하는 감축목표를 달성하였다.

2008년 일본의 지구온난화대책 추진본부는 '배출권 거래의 국내 통합시장의 시범실시'를 공표하면서 자발적 거래시장을 시범적으로 실시하였다. 참여대상은 자발적인 참여기업으로 온실가스 감축목표 설정 역시 배출총량이나 에너지원 중에서 자발적으로 선택하도록 하고 있다. 대상 온실가스로는 이산화탄소만을 포함하다가 향후 점진적으로 교토의정서에서 지정한 6개 온실가스로 확대하기로 하였다. 시범사업 기간은 교토의정서 이행기간과 동일한 2008~2012년으로 설정하고, 제도의 모니터링 및 보고 가이드라인 등은 국제표준 동향을 고려하여 제도를 설계한다는 방침이다. 국제경쟁력이 약화될 우려가 있는 업종에 대해서는 무상배분 및 지원 대책을 마련하고 있으며, 배출권의 원활한 거래를 위해 거래소나 금융기관이 적절한 기능을 하도록 제도적 기반을 정비한다는 내용을 담고 있다. 2009년에는 총량제한배출권거래제의 본격적인 도입 여부 및 운영방안을 논의하기 위해 지구온난화 문제에 관한 각료위원회를 설치하여 제도기간 및 분배 총량, 배출허용치의 분배방식, 대상가스 선정, 배출량의 모니터링과 검증 등 구체적인 논의가 진행되고 있는 상황이다.[63]

하지만 현재까지 일본은 감축해야 하는 수준만큼 탄소배출 감소가 이루어지지 않고 있는 실정이다. 이는 산업부문의 경우 이산화탄소 감축이 이루어지고 있으나, 가정 및 운송 부문에서는 오히려 배출량이 증가하였기 때문이다. 산업부문에서 배출되는 이산화탄소 배출량은 기업들의 자발적 노력으로 인해 2006년 4억 6,004만 톤으로 1990년 (4억 8,217만톤) 대비 4.6% 감소한 반면, 2006년 가정, 업무 부문의 이산화탄소 배출량은 1990년 대비 각각 39.5%와 30.0% 증가하여 이산화탄소 배출량 증가의 주 원인으로 작용하고 있다. 이에 일본은 부족한 탄소배출권을 해외에서 적극적으로 확보하고 있는 실정이다. 확보 대상국은 약 50%가 중국이며(2008~2012년 5년간 연평균 7,744만 톤의 탄소배출권을 확보), 그 다음으로 인도네시아, 브라질, 말레이시아 등 아시아 신흥국 또는 자원보유국 중심이다.[64]

5.3. 기타 국가들의 현황

미국은 온실가스 규제가 자국 산업에 미치는 부담을 이유로 2001년 교토의정서에서 탈퇴하였으나 주정부를 중심으로 한 온실가스 감축 논의는 지속되어왔다. 탄소배출권 거래는 2003년 미국의 시카고기후거래소에서 처음으로 시작하였으며, 2008년 하원에서 통과된 Waxman-Markey법안에서는 2005년 대비 배출을 2020년까지 20%, 2050년까지 83% 감축하도록 목표하고 있으며, 오바마 정부는 연방정부 차원에서 총량제한 배출권거래제의 도입을 적극 추진하고 있다.[65] 또한 2009년 6월 하원은 청정에너지 및 안보법(ACESA)을 통과시켰다. 동 법안의 주요 내용은 배출권거래제를 통하여 2005년 온실가스 배출량 기준으로 2020년까지 이산화탄소 17% 감축, 2050년까지는 83%를 감축한다는 것이다.[66]

호주는 2008년 수립한 탄소감축계획에 의거해서 2011년부터 총량제한 배출권거래제를 시행한다는 계획이다.[67] 2009년 11월 중국 정부는 탄소집약도 40~45% 자발적 감축목표를 발표하였는데, 이에 대한 후속조치로 코펜하겐 합의문에 따라 2020년까지

63 김현진, 전게논문, pp. 357~358.
64 황윤섭 · 최영준 · 이윤, 전게논문, p. 434.
65 김현진, 전게논문, p. 346.
66 한국환경산업기술원 편, 『해외녹색산업 정책보고서』, 한국환경산업기술원, 2011. 6, p. 3.
67 김현진, 전게논문, p. 346.

탄소집약도 40~45% 감축계획을 제출하였다.[68]

　한편, 개도국들은 세계적인 환경 협정이 그들의 경제적 번창의 기초를 위태롭게 할 것이라는 걱정을 하고 있으며, 이러한 염려는 여전히 오늘날에도 계속되고 있는 것이 문제이다.[69] 그렇지만 중국이 최근 이산화탄소 최대 배출국이었던 미국을 추월하여 세계 제1위의 배출국이 되었으며, 서구 선진국에 비해 상대적으로 가난하지만 급속히 성장하고 있는 경제권(중국, 브라질, 인도, 인도네시아, 러시아 등)들이 세계적으로 이산화탄소 배출 증가에 커다란 역할을 하고 있으므로[70] 세계적인 환경보호를 위해서는 선진국뿐만 아니라 개도국들도 적극적인 자세를 취해야 한다고 생각한다.

5.4. 우리나라의 현황

　우리나라는 현재 의무감축국에서 제외되어 있지만, 2004년 기준 탄소배출량이 1990년에 비해 90% 이상이 증가하였으며, 1인당 배출량으로는 2005년 기준 전 세계 탄소배출량 9위를 기록함에 따라 제1공약기간이 끝난 후에는 우리나라도 의무감축국이 될 가능성이 높다.[71]

　이에 우리 정부도 2009년 11월에 2020년까지 온실가스 배출을 BAU(Business As Usual: 별도 감축 노력이 없을 경우 온실가스 배출 전망치) 대비 30%를 감축하는 내용의 중기 국가 온실가스 감축목표를 채택하였으며, 배출권 거래제 도입의 근거 조항을 담은 녹색성장기본법이 2009년 12월 국회를 통과하였다.[72]

　현재 우리나라는 교토의정서상 개발도상국으로 인정되어 온실가스 감축의 의무가 없으므로 Compliance 거래에 참여할 수는 없고 CDM 사업[73] 참여를 중심으로 한 자발적 거래만을 고려할 수 있는 실정이다.[74] 상술하면, 유럽, 일본과 같이 의무감축국들

68　황윤섭·최영준·이윤, 전게논문, p. 435.

69　E. Masood, "The globe's green avenger", Nature, Vol.460, Iss.7254, July 2009, p. 454.

70　R. Hahn, "Global Warming : The Hard Road Ahead", Issues in Science and Technology, Vol.25, Iss.3, Spring 2009, p. 31.

71　김의경·박상병·김동현, 「뉴질랜드의 산림탄소배출권 거래제도 고찰」, 『산림경제연구』 제16권 제2호, 한국산림경제학회, 2008, p. 18.

72　김현진, 전게논문, p. 344.

은 프로젝트 사업 외에 할당량 거래 또는 의무감축국 간의 온실가스 감축 프로젝트인 JI(Joint Implementation) 사업을 할 수 있으나 우리나라는 의무감축국이 아니므로 CDM 사업을 통해 생산되는 CER 거래만이 가능한 상황이다.[75]

우리나라는 CDM 프로젝트에서 호스트국으로 참여할 수 있기 때문에 단독 CDM 및 선진국·개도국 간 CDM 형태의 CDM 프로젝트를 진행 중이다. 한국의 프로젝트에 투자국으로 참여 중인 국가는 영국, 프랑스, 독일, 일본의 4개국이며, 이들 국가는 총 9건의 사업에 중복 참여하고 있다. 2009년 2월 기준 우리나라는 22건의 CDM 프로젝트가 UN에 등록·승인되었으며, 이는 전체 UN 등록 CDM 프로젝트 중 1.6%를 차지하는 양이다. 이를 통한 연간 예상 감축량은 약 14.6백만 톤으로 전체 CDM 프로젝트의 감축량 대비 5.8%에 해당하여 참여율 대비 감축량이 높은 편이다. 우리나라는 풍력, 조력, 수력, 태양광 등 신재생에너지 관련 사업과 HFCs, N_2O, 화석연료 전환, 매립가스 분야에 참여 중인데, 현재 등록 심사 중인 프로젝트 34건 중에는 바이오매스 발전, 전기/전자 발전효율, 전기/전자 산업, 전기/전자 자가발전, 지열, 운송 등의 분야가 포함되어 있어 점차적으로 CDM 프로젝트 분야를 확대해가는 추세이다.[76]

2010년 6월의 글로벌 그린비즈니스 설명회를 통하여 중국 산동성 바이오매스발전 사업 등 총 630억원의 합작투자계약을 체결한 신재생에너지 및 탄소배출권 전문기업인 (주)에코프론티어는 2011년 4월 산동성 제남시에서 탄소배출권거래계약, PF계약 등 주요 계약에 최종 서명하였고, 향후 폐기물 에너지화, 탄소배출권, 녹색금융의 해외 진출도 추진할 예정이다.[77]

---

73 CDM 사업이란 의무감축국이 비의무감축국에서 탄소저감사업을 수행하거나 비의무감축국이 자체적으로 탄소저감 사업을 수행하여 발생하는 감축분만큼 크레딧으로 발급받아 거래할 수 있는 프로젝트 사업을 의미한다.
74 구정한, 「우리나라 탄소배출권시장 도입과제」, 『주간 금융브리프』 제17권 제10호, 한국금융연구원, 2008. 3, p. 6.
75 구정한, 「온실가스 감축과 탄소배출권시장의 역할」, 『주간 금융브리프』 제17권 제32호, 한국금융연구원, 2008. 8, p. 10.
76 박명섭·홍란주·윤유리, 전게논문, pp. 219~220.
77 환경부, 「환경산업 해외세일즈 "대박 예감" 1,200% 수익 창출」, 환경부 보도자료, 2011. 3. 30, p. 1.

제 6 장

신재생에너지

1. 신재생에너지의 개요

1.1. 신재생에너지(New Renewable Energy)의 개념

신재생에너지는 신에너지와 재생에너지를 통틀어 부르는 말로, 화석연료를 이용한 에너지가 아닌 대체에너지의 일부라 할 수 있다. 즉, 온실가스를 획기적으로 감축하는 혁신적 에너지기술로 화석연료를 변환시켜 이용하거나 햇빛, 물, 지열, 생물유기체 등을 포함하는 재생 가능한 에너지를 변환시켜 이용하는 에너지를 말한다. 위에서 언급한 신에너지는 핵융합, 연료전지, 수소에너지 등을 의미하며, 재생에너지는 동식물에서 추출 가능한 유지, 태양열, 태양광, 풍력·조력 발전 등을 의미한다.

1.2. 신재생에너지의 중요성

화석에너지의 고갈문제가 심각하여 석유는 40년, 석탄은 220년, 가스는 천연가스를 기준으로 60년 정도의 사용량밖에 남지 않았다고 보며, 화석연료로 인한 환경오염 문제를 해결할 수 있는 핵심적인 방안이 될 수 있어 상용화 단계까지 높은 비용과 수많은 연구의 어려움에도 불구하고 그 중요성은 급속하게 부각되고 있다. 또한 유가의 불안정, 기후변화협약 규제에 대한 대응으로 에너지 공급 방식의 다양화가 필요하게 되었다.

1.3. 신재생에너지의 종류

국내에서 신재생에너지는 재생에너지 분야에 태양열, 태양광발전, 바이오매스, 풍력, 소수력, 지열, 해양에너지, 폐기물에너지와 신에너지 분야에 연료전지, 석탄액화가스와, 수소에너지로 총 11개 분야를 신재생에너지로 지정하고 있다.

<그림6-1> 세 가지 재생가능 에너지(식물, 바람, 태양)

1.3.1. 태양열

태양열은 태양으로부터 방사되는 복사에너지가 대기층을 투과하여 지표면에 도달되는 열을 모아 사용하는 에너지이다. 대표적인 태양열 에너지로는 태양열발전이 있는데 이는 일사된 태양복사 에너지를 고비율로 집광하여 회수된 고온의 열에너지를 이용하여 발전설비를 구동함으로써 전기에너지를 얻는 것이다. 또 다른 형태의 태양열을 이용한 기술로는 태양열의 흡수 · 저장 · 열변환 등을 통하여 건물의 냉난방 및 급탕 등에

<그림6-2> 태양열 발전 시스템 원리 및 구조

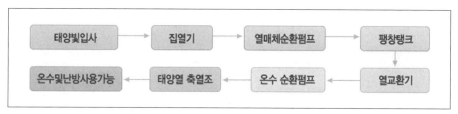

자료출처 : 에너지관리공단 홈페이지.

<그림6-3> 태양열을 이용한 기술

자료출처 : 에너지관리공단 홈페이지.

활용하는 기술이 있다.

이 기술은 태양열 가열장치를 이용하여 온수, 난방이 가능하며, 이때 발생하는 증기를 통해 전기를 생산하기도 한다. 이것은 태양에너지를 활용하여 화석에너지를 대체할 수 있는 방법이다. 또한 태양열을 이용하여 직접 전기에너지로 변환하여 가정, 기업, 인공위성에 이르기까지 그 범위 및 활용도가 점차 높아지고 있다.

이러한 태양에너지를 활용한 장비들은 초기 투자비용은 높으나 유지보수 비용이 거의 들지 않고, 수명이 길며 환경오염이 되지 않는다는 장점이 있다.

<그림6-4> 태양열 주택

<그림6-5> 태양열 주택

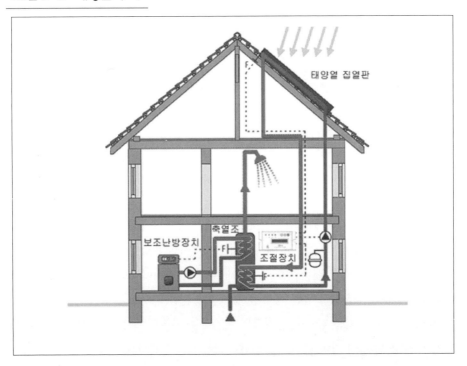

녹색무역의 이해

1) 기술개발 현황 및 동향[1]

선진국에서는 국가별로 특성에 맞게 태양열 이용기술을 개발하여 태양열 시스템 보급 활성화를 위한 인증시험 및 평가, 신뢰성 향상 등을 지속적으로 연구하고 있다. 미국의 경우, 건물용의 Solar Building Technology와 태양열발전의 Solar Thermal Energy System으로 구분하여 추진하고 있으며, 일본과 유럽의 경우 태양열 온수기를 업체 중심으로 개발 및 상용화하고 있고, 자연채광 및 제어와 대규모 태양열 냉난방, 온수급탕 시스템의 산업이용에 개발을 주력하고 있다.

국내에서는 1988년부터 대체에너지개발 촉진법에 따라 정부 차원에서 기술을 개발하기 시작하였으며, 태양열 온수기 등 저온활용 요소 기술에 대한 효율 및 신뢰성 향상과 태양열 이용 분야 확대를 위해 중·고온 시스템 개발을 병행 추진하고 있다.

1.3.2. 태양광

태양으로부터 나오는 빛을 이용한 에너지를 말하며, 태양전지를 부착한 패널을 펼쳐 태양으로부터 나오는 빛을 모아 전기를 대규모로 생산하는 발전 시스템이 대표적이다. 이는 반영구적이며, 무공해 태양에너지원을 사용하여 미래의 대체에너지원으로 각광 받고 있다.

<표 6-1> 태양광의 특징

장 점	단 점
· 에너지원이 청정, 무제한	· 전력생산량이 지역별 일사량에 의존
· 필요한 장소에서 필요량 발전 가능	· 에너지 밀도가 낮아 큰 설치면적 필요
· 유지보수가 용이, 무인화 가능	· 설치장소가 한정적, 시스템 비용이 고가
· 긴수명(20년 이상)	· 초기 투자비와 발전단가 높음

자료 : 에너지관리공단 홈페이지.

---

1 한국신·재생에너지협회 홈페이지 (http://www.knrea.or.kr).

1) 태양광 발전 시스템 구성 기기

태양광 발전 시스템은 태양전지, 접속함, 인버터, 축전지, 모니터링 시스템으로 구성되어 있다.

<그림 6-6> 태양광 발전 시스템 구성도

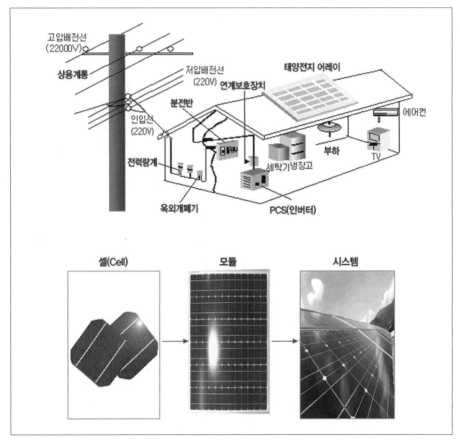

자료: 에너지관리공단 홈페이지.

2) 태양광 발전 시스템

하이브리드 : 풍력발전, 디젤발전 등 타 에너지원과 결합된 방식.

계통 연계형 : 한전계통선이 들어오는 지역의 주택, 빌딩, 대규모 발전 시스템에 사

용.

독립형 시스템 : 등대, 중계소, 인공위성, 도서, 산간 등에 사용.

1.3.3. 바이오에너지

바이오에너지란 현재 전 세계적으로 신재생에너지에 대한 연구가 가장 활발하게 이루어지고 있는 분야로서, 바이오매스(biomass, 식물이나 미생물 등 생물 유기체)를 직접 또는 생화학적, 물리적 변환 과정을 통해 액체, 가스, 고체연료나 전기 열에너지 형태로 이용하는 것을 말한다.

바이오매스의 종류로는 곡물, 감자류를 포함한 전분질계의 자원과 초본, 임목과 볏짚, 왕겨와 같은 농수산물을 포함하는 셀룰로오스계의 자원과 사탕수수, 사탕무와 같은 당질계의 자원, 가축의 분뇨, 사체와 미생물의 균체를 포함하는 단백질계의 자원까지를 포함한다.

<그림 6-7> 바이오에너지 변환 시스템

자료 : 에너지관리공단 홈페이지.

<표 6-2> 바이오에너지의 특징

장 점	단 점
· 풍부한 자원과 큰 파급 효과	· 자원의 산재(수집, 수송 불편)
· 환경친화적 생산 시스템	· 이용 기술의 다양성과 개발 어려움
· 환경오염의 저감	· 과도 이용 시 환경파괴 가능
· 생성 에너지의 형태 다양	· 단위 공정의 대규모 설비투자

자료 : 한국신재생에너지협회 홈페이지.

<그림 6-8> 농촌 바이오에너지 프로젝트 조감도

1) 기술개발 현황 및 동향

현재 전 세계적으로 고유가 추세와 지구온난화에 따른 환경문제로 바이오에너지가
크게 각광받고 있다. 특히 고유가가 시작된 2000년 초반 이후 바이오에탄올과 바이오

<그림 6-9> 오스트리아 바이오 디젤 시내버스

<그림 6-10> 폐식용유 수거 트럭

<그림 6-11> 호죠철도

<그림 6-12> 규슈 JR 미스시선

녹색무역의 이해

디젤의 생산이 급증하기 시작하여 주요 선진국들의 신재생에너지 중 바이오에너지 사용 비율이 30~50%로 우리나라와 비교할 때 월등히 앞서 있다. 세계 주요 국가들은 바이오에너지를 중요 에너지원으로 보고 R&D 장려, 투자증대, 의무사용 규정 등을 시행하고 있다. 하지만 바이오연료를 만들기 위해 연료 자체의 열량보다 생산하는 데 더 많은 열량이 투입된다는 것이 문제점으로 지적되고 있다. 이 과정에서 아산화질소가 발생하여 화석연료보다 훨씬 많은 양의 온실가스가 발생한다는 것이다. 이러한 문제점을 극복하기 위하여 다양한 노력이 이루어지고 있는데 그 중 하나가 '농촌 바이오에너지 프로젝트'이다. 이 프로젝트는 가축분뇨와 음식물쓰레기 등을 에너지자원으로 활용함으로써 온실가스를 감소시키는 효과가 있다.

2) 활용현황

바이오에너지는 다양하게 활용되고 있는데 그 중 하나가 바이오디젤을 이용하여 친환경 철도, 친환경 자동차를 운행하는 것이다. 바이오디젤은 기존의 디젤 엔진을 개조할 필요 없이 이용할 수 있다는 장점을 가지고 있어 교통수단에 널리 사용되고 있다. 먼저 오스트리아 그라츠에서는 폐식용유를 이용해 만든 바이오디젤을 연료로 사용하는 시내버스를 운행하고 있으며, 폐식용유를 함부로 버리지 못하게 법으로 규제하여 폐식용유 전용 수거 트럭을 이용하여 수거한다. 일본 효고현 호죠철도는 최초로 바이오디젤 연료를 사용한 철도 차량을 운행하고, 규슈 JR미스시선에도 폐유로 만든 철도가 운행되고 있다.

1.3.4. 풍력

풍력은 바람에너지를 변환시켜 전기를 생산하는 발전기술로 녹색 성장의 중심에 있는 에너지원으로 전 세계 에너지 소비량의 200배가 넘는 방대한 잠재력을 지니고 있는 것으로 알려져 있다. 또한 공해 물질 저감 효과도 매우 크며, 다른 재생에너지와 비교해 높은 기술 성숙도를 가지고 있어 경제성이 뛰어난 에너지로 평가받고 있다.

풍력발전 시스템 생산시장은 우수한 기술력을 바탕으로 한 유럽 기업들이 주도권을 잡고 있으나 최근에는 아시아 등 신진 시장의 성장이 괄목할 만하다. 우리나라의 경우 성규의존도를 2030년까지 35% 이하로 낮추고 재생에너지 보급률을 2.1%에서 9%까

<그림 6-13> 해상풍력

<표 6-3> 전 세계 풍력발전 설치 용량

Position	Country	Total Capacity by June 2011 [MW]	Added Capacity first half 2011 [MW]	Total Capacity end 2010 [MW]	Added Capacity first half 2010 [MW]	Total Capacity end 2009 [MW]
1	China	52.800	8.000	44.733	7.800	25.810
2	USA	42.432	2.252	40.180	1.200	35.159
3	Germany	27.981	766	27.215	660	25.777
4	Spain	21.150	480	20.676	400	19.149
5	India	14.550	1.480	13.065	1.200	11.807
6	Italy	6.200	460	5.797	450	4.850
7	France	6.060	400	5.660	500	4.574
8	United Kingdom	5.707	504	5.203	500	4.092
9	Canada	4.611	603	4.008	310	3.319
10	Portugal	3.960	260	3.702	230	3.357
	Rest of the World	29.500	3.200	26.441	2.750	21.872
	Total	215.000	18.405	196.682	16.000	159.766

자료: World Wind Energy Association.

지 4배 이상 늘린다는 내용의 '에너지비전2030'을 발표하였으며, 현재 풍력단지는 천의봉, 대관령, 영덕, 매봉산, 제주도 등 많은 곳에서 운영되고 있으며, 우리나라는 해상풍력산업에 초점을 두고 있어 해상풍력 발전 로드맵에 따르면 2019년까지 2.5GW단지 건설 계획을 가지고 있다.

전 세계 풍력 생산용량은 2011년 6월 기준으로 215GW에 도달하였으며, 현재 TOP5 국가들(중국, 미국, 독일, 스페인, 인도)이 전 세계 풍력 생산용량에 74%를 차지하고 있고, 지난 상반기 동안 전 세계 풍력 생산용량이 9.3%가량 증가하였다.

1.3.5. 소수력

소수력 발전은 설비 용량이 10,000kw 미만의 소규모 수력발전을 의미하였으나, 최근에는 소수력을 포함한 수력 전체를 신재생에너지로 정의하고 있다. 소수력발전은 대규모 수력발전과는 차이가 있으나 국지적인 지역조건과 조화를 이루는 규모가 작고 기술적으로 단순한 수력발전이라고 할 수 있다. 소수력발전은 공해가 없는 청정에너지로서 다른 대체 에너지원에 비해 높은 에너지 밀도를 가지고 있기 때문에 개발 가치가 큰 부존자원으로 평가된다. 우리나라는 1982년 이후 50개 이상의 소수력발전소가 가동되고 있으며, 연간전력 생산량은 약 1억 KWh에 달하고 있다.

<그림 6-14> 소수력발전 시스템 원리

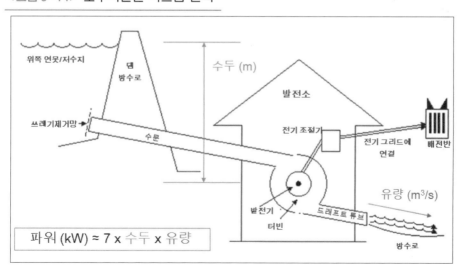

<그림 6-15> 군위댐 소수력발전소

<그림 6-16> 당진 국내 최대 소수력발전소

1.3.6. 지열

지열에너지는 지하의 토양이나 지하수 등의 온도차를 이용하여 냉난방 시스템을 공급하는 에너지로 태양열의 약 47%가 지표면을 통해 지하에 저장되며, 이렇게 태양열을 흡수한 땅속의 온도는 지형에 따라 다르지만 지표면 가까운 땅속의 온도는 개략 10℃~20℃ 정도 유지하며, 수km 밑으로 내려가면 40~150℃로 상승한다. 이 열을 열펌프를 이용하여 냉난방 시스템에 사용한다. 우리나라 일부 지역의 심부(지중 1~2km) 지중온도는 80℃ 정도로서 직접 냉난방에 이용 가능하다.

<그림6-17> 지열 시스템

1) 국내 · 외 기술개발 현황 및 동향

1904년 이탈리아에서 지열 증기를 이용하여 처음으로 발전이 이루어졌으며, 1913년 상업적인 발전이 시작된 후 현재에도 이 지역에서는 543MWe의 발전용량을 갖추고 있다. 그 후 일본의 Beppu(1919), 미국 California(1958), 멕시코(1959) 등 세계로 퍼져나가 현재 전 세계 발전시설 용량은 8,900MWe에 이르며, 연간 57,000GWh의 전기를 공급하고 있다(Bertani, 2005). 설비용량, 실제 가동되는 설비량, 연간 에너지 생산량 및 지열발전이 차지하는 비율을 보면 미국이 압도적이며 필리핀, 멕시코, 인도네시아, 이탈리아 순이다. 특히 필리핀의 경우에는 전체 국가 발전용량 중 19.2%를 차지하여 미국을 추월할 전망이다.

한편, 국내에서는 일제강점기 온천조사를 시작으로 국립지질조사소를 중심으로 온천에 대한 조사가 이루어졌으며, 1991년에 지열개발 시추를 통해 지역난방에까지 활용하기 위한 종합적인 연구개발사업이 착수되었다. 2000년대 들어서 지열냉난방기술의 보급을 위한 실질적인 상용화가 시작되었다. 또한 시설영농 등에도 활용하고자 기술을 개발하여 현재 일부 상용화 단계에 이르렀다. 이에 교육시설, 사회복지시설, 공공

<그림 6-18> 전 세계 지열발전의 증가 추세

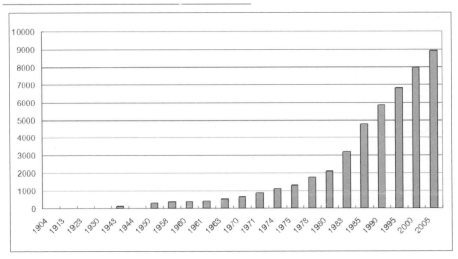

자료: Lund, 2004.

시설, 상업시설, 산업시설에 이르기까지 광범위하게 사용되고 있다.

2) 지열에너지의 특성

첫째, 지중온도는 연중 일정하여 높은 에너지 효율 및 성능 유지가 가능하다.
둘째, 토양열원 히트펌프 시스템은 현존 냉난방기술 중 가장 고효율이다.
셋째, 초기투자비가 기존 설비보다 과다하게 소요된다.

1.3.7. 해양에너지

해양에너지는 해양의 조수·파도·해류·온도차 등을 변환시켜 전기 또는 열을 생산하는 기술로 전기를 생산하는 방식은 조력·파력·조류·온도차 발전 등이 있다. 조력발전은 조석간만의 차를 이용하며, 파력발전은 연안 또는 심해의 파랑에너지를 이용, 조류발전은 해수의 유동에 의한 운동에너지를 이용, 온도차발전은 해수표면과 심해 온도차를 이용하여 전기를 생산하는 방식이다. 해양에너지는 자원이 무한하다는 점, 타 발전설비보다 투자비는 과다하지만 복합발전 시스템으로 활용이 가능하다는 장

<그림 6-19> 해양에너지 시스템 구성도

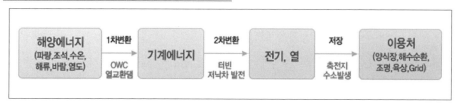

자료: 에너지관리공단 홈페이지.

<그림 6-20> 시화호 조력발전소

<그림 6-21> 울돌목 조류발전소

점이 있다. 진도 울돌목 조류발전소는 국내 대표적인 조류발전소라 할 수 있는데, 세계에서 다섯 번째 안에 드는 빠른 물살, 하루 두 차례 밀물과 썰물이 바뀌며 2m에 이르는 수위 차를 만들어내어 조류발전을 위한 최적의 조건을 갖춘 발전소이다. 울돌목은 풍력 또는 태양광발전 등과 달리 날씨에 상관없이 일정한 전력생산이 가능하다는 장점을 지니고 있다.

1) 해양에너지 종류 및 입지조건[2]

구분	조력발전	파력발전	조류발전	온도차발전
입지 조건	• 평균조차 3m 이상 • 폐쇄된 만의 형태 • 해저의 지반이 강고 • 에너지 수요처와 근거리	• 자원량이 풍부한 연안 • 육지에서 30km 미만 • 수심 300m 미만의 해상 • 항해, 항만 기능에 방해되지 않을 것	• 조류의 흐름이 2m/s 이상인 곳 • 조류 흐름의 특징이 분명한 곳	• 연중 표심층수와 온도차가 17℃ 이상인 기간이 많을 것 • 어업 및 선박 항해에 방해되지 않을 것

1.3.8. 폐기물에너지

폐기물에너지는 폐기물을 변환시켜 연료 및 에너지를 생산하는 기술로 사업장 또는 가정에서 발생되는 가연성 폐기물 중 에너지 함량이 높은 폐기물을 열분해에 의한 오일화 기술, 성형고체연료의 제조기술, 가스화에 의한 가연성 가스 제조기술 및 소각에 의한 열회수 기술 등의 가공처리 방법을 통해 고체연료, 액체연료, 가스연료, 폐열 등을 생산한다.

폐기물에너지의 종류로는 종이, 나무, 플라스틱 등의 가연성 고체폐기물을 파쇄, 분

---

2 에너지관리공단 홈페이지 (http://www.kemco.or.kr).

<그림 6-22> 폐기물에너지 변환   <그림 6-23> 포스코 E&E

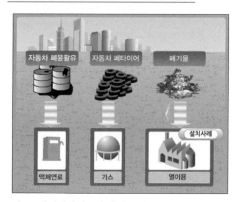 

자료: 에너지관리공단 홈페이지.   자료: 에너지관리공단 홈페이지.

리, 건조, 성형 등의 공정을 거쳐 제조된 성형고체연료(RDF : Refuse Derived Fuel), 자동차폐윤활유 등의 폐유를 이온정제법, 열분해정제법, 감압증류법 등의 공정으로 정제하여 생산된 폐유 정제유, 플라스틱, 합성수지, 모구, 타이어 등의 고분자 폐기물을 열분해하여 생산되는 플라스틱 열분해 연료유, 가연성 폐기물 소각열 회수에 의한 스팀 생산 및 발전에 의한 폐기물 소각열이 있다.[3]

1) 폐기물에너지 특성[4]

첫째, 경제성이 높으며 환경오염 방지가 가능하다.

둘째, 원료의 가격이 낮고, 처리비도 받을 수 있어 경제적이다.

셋째, 추가적인 많은 투자비용이 발생한다.

넷째, 폐기물 소각 과정 중에 또 다른 환경오염이 유발될 가능성이 있다.

다섯째, 버려지는 쓰레기를 재활용함(현재까지 폐기물 1/3 정도가 재활용).

여섯째, 폐기물에너지 종류에 따라 발열량이 상이하다.

일곱째, 소각 시 발생하는 유해물질 최소화.

---

3   한국신재생에너지협회 홈페이지 (http://www.knrea.or.kr).

4   에너지관리공단 홈페이지 (http://www.kemco.or.kr).

2) 국내외 현황

일본은 소각로를 RDF 대형 시설로 대체하고 전용발전소를 운영하고 있다. 유럽, 미국 등도 발전용뿐 아니라 시멘트 공장, 목재공장 등의 연료로 이용하고 있다.

해외와 달리 국내에서는 RDF는 대형 소비처 부재로 인하여 비활성화되어 있으며, 대형 화력발전소, 석탄/RDF 혼소기술, 고효율 RDF 제조기술 등이 중점적으로 개발되고 있다.

1.3.9. 연료전지

연료전지는 수소에너지로부터 전기에너지를 발생시키는 미래의 환경 친화적 신에너지로 수소와 산소가 가지고 있는 화학에너지를 전기화학반응에 의하여 직접 전기에너지로 변환시키는 고효율의 무공해 발전장치로서 공기극(cathode)에는 산소가, 연료극(anode)에는 수소가 공급되어 물의 전기분해 역반응으로 전기화학반응이 진행되어 전기, 열, 물이 발생하는 원리다.[5]

<그림 6-24> 연료전지

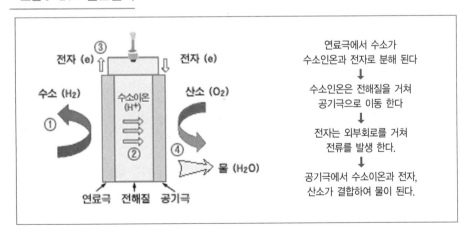

연료극에서 수소가
수소인온과 전자로 분해 된다
↓
수소인온은 전해질을 거쳐
공기극으로 이동 한다
↓
전자는 외부회로를 거쳐
전류를 발생 한다.
↓
공기극에서 수소인온과 전자,
산소가 결합하여 물이 된다.

---

5 에너지관리공단 홈페이지 (http://www.kemco.or.kr).

1) 연료전지의 기대효과

고분자전해질 연료전지 및 이를 이용한 무공해 연료전지 자동차 개발을 통해 원천기술을 확보하고 관련기술을 산업체에 이전함으로써 산업경쟁력 강화에 기여할 수 있다. 선진국에서 무공해 자동차 사용이 곧 의무화될 것이 예상됨에 따라 기술자립을 통해 자동차 수출증대에도 이바지할 수 있다.

또한, 고효율, 무공해 연료전지 자동차의 개발로 환경오염 방지 및 수송용 에너지 절약에 기여할 수 있으며, 고분자전해질 연료전지는 자동차용 동력원 외에 발전용(분산용 발전, 가정용 전원)이나 이동용(정보통신 장비용), 군수용(잠수함 동력원) 등으로 활용이 가능하다.

2) 연료전지의 특성[6]

첫째, 발전효율이 높다.

둘째, CO_2, NOx, SOx, 소음 등 극소, 에너지가 30% 이상 절감된다.

<그림 6-25> 부곡복합화력 연료전지 발전소

---

6 한국신재생에너지협회 홈페이지 (http://www.knrea.or.kr).

<그림 6-26> 부곡복합화력 연료전지 발전소

셋째, 열병합발전, 온수 냉/난방, 자동차연료, 휴대용 기기 등 다양하게 활용.

넷째, 전력손실이 적고 가동률이 높다.

다섯째, 도시 근처에 설치가 가능하고 설치면적이 비교적 작다.

여섯째, 제조단가가 높다.

3) 연료전지의 상용화

연료전지를 동력원으로 하는 연료전지열차를 일본철도기술종합연구소가 주행시험에 성공하고, JR동일본도 하이브리드 기술과 조합시킨 연료전지열차 시험차량을 완성해 실용화를 목표로 개발을 본격화하고 있다. JR동일본철도 열차는 현재 JP도카이도·산요본선의 신쾌속 열차로 사용하고 있는 223계 차량 1량으로 미국 누베라사 제품의 고체고분자형 연료전지스택을 8기 직렬로 탑재한 열차이다. 또한 브레이크를 작동시킬 때 발생하는 에너지를 저축하여 가속 시에 연료전지의 출력 부족을 보충하는 방식이다.

<그림 6-27> JR동일본철도 하이브리드 열차

<그림 6-28> 키하 E200 하이브리드 열차

1.3.10. 석탄액화가스

석탄액화는 석탄을 고체 상태에서 휘발유 및 디젤유 등의 액체 상태의 연료로 전환하는 기술과 과정을 일컫는다. 석탄을 직접 액체연료로 변환하는 직접액화방식과 석탄을 우선 가스화해 일산화탄소와 수소로 된 합성가스로 변환하는 등의 과정을 거친 뒤 탄화수소유를 합성하는 간접액화의 두 가지 방법이 있다. 이 기술은 저렴하고 손쉽게 얻을 수 있는 석탄을 이용해 합성석유, 전기, 열을 동시에 생산하는 복합공정을 의미한다. 또한 석탄액화기술은 석탄에 포함되어 있는 오염물질들을 효율적으로 제거할 수 있으며, 지구온난화를 유발하는 이산화탄소 등을 저렴하게 제거할 수 있는 친환경 기술이다.

1) 석탄액화가스의 특징[7]

장 점	단 점
·고효율 발전 ·SOx를 95% 이상, NOx를 90% 이상 저감하는 환경친화기술 ·다양한 저급연료(석탄, 폐기물 등)를 활용한 전기 생산 가능, 화학플랜트 활용, 액화연료생산 등 다양한 형태의 고부가가치의 에너지화	·소요 면적이 넓은 대형 장치산업으로 시스템 비용이 고가이므로 초기 투자비용이 높음 ·복합설비로 전체 설비의 구성과 제어가 복잡하여 연계시스템의 최적화, 시스템 고효율화, 운영 안정화 및 저비용화가 요구됨

2) 설치사례

<그림 6-29> **가스화 복합발전**(201년 충남 태안군에 설치 예정)

자료 : 에너지관리공단 홈페이지.

<그림 6-30> 수소의 활용

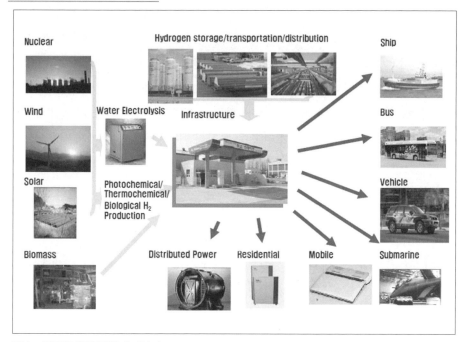

자료 : 한국원자력연구원 홈페이지.

1.3.11. 수소

수소에너지는 물, 유기물, 화석연료 등에 화합물 형태로 존재하는 수소(H_2)를 분리, 생산하여 산소와 반응 시 발생되는 에너지를 일컫는다. 현재 수소는 화석연료를 대체할 가장 유력한 대체에너지로 각광받고 있는데, 그 이유는 화석연료의 유한성과 환경문제를 동시에 해결할 수 있는 최적의 현존하는 신재생에너지이기 때문이다. 실제로 수소는 중량을 기준으로 에너지양이 휘발유의 세 배나 되는 고효율 에너지며, 연소 시 유해물질을 거의 배출하지 않은 청정에너지다. 하지만 입력에너지(전기)를 통해 만들어지는 출력에너지(수소)의 특성상 입력에너지가 더 많이 필요하다는 단점이 있다. 이

---

7 에너지관리공단 홈페이지 (http://www.kemco.or.kr).

는 화석연료로 전기를 만들지 않고 궁극적으로는 태양광, 풍력 등 자연에너지로 전기를 생산해 물을 전기분해하여 수소를 얻는 방식이 실용화된다면 사실상 온실가스는 완벽히 제로가 되어 세계 모든 국가가 에너지 자립을 이룰 수 있다. 또한 수소와 연료전지가 만나 수소는 운송수단의 연료 · 발전 · 전원공급 · 난방 등 화석연료를 능가하는 활용도를 가지게 된다. 수소는 연료전지(수소와 산소의 화학반응에 의해 전기를 생산하는 기술), 수소자동차, 수소항공기, 수소저장 합금에 의한 2차전지, 수소화 반응에 의한 히트펌프, 화학공업, 저온 촉매연소기술 등과 같이 매우 다양한 분야에서 사용되고 있다.

2. 국내 신재생에너지 발전 전략 및 향후 추진 과제

2.1. 비전

내수 인프라를 견고히 구축하고 세계시장을 집중 공략하여 2015년 5대 신재생에너지 강국으로 도약한다는 비전을 가지고 있다.

2.2. 세부전략

- 신재생에너지 보급 확대
- 세제지원
- 사후관리 강화
- 금융지원
- 전략적 R&D
- 소재 및 부품 국산화
- 전문 인력 양성
- 과감한 규제완화

- 차별화된 전략
- 대형수주 확대
- 해외시장 진출 가속화
- 수출유망기업 발굴
- 수출지원센터 운영

2.3. 향후 추진 과제

2.3.1. 전략적 R&D 및 사업화 추진

- 시장 선점 핵심 원천기술 개발
- 핵심 부품 · 소재 · 장비 개발 지원 강화
- 기술 중심 전문 중소 · 중견 기업 육성

2.3.2. 산업화 촉진 시장 창출

- 10대 그린 프로젝트 추진 : Post, Port, School, Island, Logistics, Industrial Complex, Highway, Army, Factory, Power 분야에 태양광, 풍력, 바이오, 지열, 연료전지 등의 신재생에너지 설비 집중 설치

2.3.3. 수출 산업화 촉진

- 해상풍력 TOP-3 로드맵 수립 · 추진
  - 해상풍력 세계 3위를 목표로 "기술개발→실증→해외진출" 로드맵 수립
  - 실증단지를 기반으로 19년까지 2.5GW로 확대(약 9조원 투자)
  - 19년 이후 전국적으로 지자체와 협조하여 7.7GW 규모로 확대
- 해외시장 진출 종합지원 시스템 구축
  - 중소 · 중견 기업의 해외시장 진출 지원 사업 추진

- 정보, 자금 종합지원
- 해외진출 성공 가능성 제고(대 · 중소 기업 공동으로 코리아컨소시엄 구성)
• 신재생에너지 글로벌 스타 기업 50개 육성
• 기업성장 기반 강화
- 기업 성장지원 금융 · 세제 지원 메커니즘 구축
  (신재생에너지 상생보증펀드 신규조성, 금융시스템 확충, 투자세액 공제 대상 조
   정 등을 통한 민간투자 촉진)
- 수요 단계별 기업 맞춤형 전문 인력 양성
- 과감한 규제 개선으로 민간 참여 촉진

제 7 장

녹색해운

무역에서 해상운송의 역할은 매우 중요하다. 전 세계 운송의 80% 이상을 차지하고 있으며, 다양한 교통수단이 발달하였지만 여전히 주 운송 수단으로서의 자리를 지켜나가고 있다. 대량 운송이 가능하다는 장점이 있으며, 아직까지 선박만큼 많은 물동량을 이동시키는 운송수단은 존재하지 않는다. 한편, 무역의 증가는 국가 경제성장과도 밀접한 관계가 있으며, 나아가 국제사회에서의 정치적 요소가 되기도 한다. 따라서 지속 가능한 발전을 위해서는 운송과 통신 기반시설은 필수적이다.[1] 다시 말하자면, 해상운송과 무역은 특별한 관계로 해운의 수요는 스스로 생성되는 것이 아니라 무역에서부터 파생되며, 동시에 해운의 발전은 국제무역에 새로운 기회를 불어넣고 있다.

2차 세계대전 이후, 국제사회는 자유무역을 바탕으로 경제발전을 최우선시하여왔다. 이를 위해 안정적으로 발전할 수 있도록 지역별, 분야별 다양한 국제기구들이 설립되었으며, 기업들은 빠르게 사업을 국제시장으로 확장해 나갔다. 한편, 1970년대 들어서면서 차츰 환경에 대한 관심이 높아지기 시작하였다. 급변하는 기후변화 등으로 환경에 대한 관심이 어느 때보다도 높아지면서 다양한 방면에서 환경에 미치는 악영향 요소를 최소화하면서 발전할 수 있는 방안을 연구하고 있다. 대표적으로 리우선언(Rio Declaration)이 있다. 과거 경제발전에만 포커스가 맞춰져 있던 것과는 달리 지속 가능한 발전(sustainable development)을 표어로 하면서, '친환경', '녹색', '그린' 등을 앞에 붙인 용어들 (e.g. 녹색성장, 그린펀드, 그린물류 등)을 생활 속에서 쉽게 찾을 수 있을 만큼 환경적 이슈는 성장하였다고 볼 수 있다. 이러한 움직임은 해운에서도 예외는 아니다.

---

1 "A strong transport and communication infrastructure is essential to achieving sustainable development." – International Marine Environmental Law Inter-Agency Collaboration or Inter-Agency Competition p. 71 Circular Letter No2335 Ref: A4/A/1.17 (London: IMO, 2001) p. 2.

그동안 해운은 국제무역에서 가장 중요한 역할을 하면서도 가장 환경친화적인 운송 수단으로 알려져왔다. 따라서 환경에 있어서는 큰 제약이 있지 않았다. 또한 전통적 국제시장을 형성하고 있기에 국가적 차원에서 관리하는 데 어려움이 있었던 것도 사실이다. 하지만, 국제교류의 증가로 인해 물동량이 급격히 증가하여 많은 선박이 운항되고 있으며, 선박기술 발달에 따른 연료 등의 다양한 선박에서의 오염원이 바다로 배출되어 해양환경을 위협하고 있다. 실제로 〈표 7-1〉과 같이 10년 단위로 그 수치를 볼 때, 무역은 양과 가치 모든 면에서 매우 빠른 속도로 증가해왔다. 1950년과 2010년의 수치를 비교한다면, 200배 정도 증가하였음을 볼 수 있다. 또한 이에 따라 해운산업 역시 성장하여 50,000dwt에 불과하던 탱커는 현재 550,000dwt급이 운항되고 있고, 컨테이너 선박은 22,000TEU급 개발에도 성공하였다.

〈표 7-1〉 **무역의 증가(US $ million)**

	1950	1960	1970	1980	1990	2000	2010
수출	61,835.25	129,948.6	317,080	2,035,542	3,479,968	6,448,519	15,229,609
수입	64,094.93	137,408.7	329,561.4	2,078,123	3,588,897	6,659,051	15,262,403

컨테이너의 등장과 운송시장의 규제완화로 인해 무역이 활발하게 이루어지고, 나아가 정보통신 기술 발달로 정보의 흐름이 빨라지면서 무역·국제교류가 급격히 성장하게 되었다. 반면 이러한 변화는 해상운송 횟수의 증가를 가져오고, 그에 따라 해양환경에 미치는 영향도, 즉 오염배출량도 계속해서 늘어나게 된다.

1. 해운이란?

해운 또는 해상운송이라 함은 해상에서 선박이라는 운송수단을 사용하여 사람이나 화물을 운송함으로써 그 대가인 운임을 획득하는 상행위를 말한다. 해운을 상행위의 하나라고 전제할 때 선박이라는 운반구는 상선으로 제한될 것이며, 오늘날 해상운송은 육상으로 연결되어 복합운송 또는 종합물류 체계로 확장되고 있다.

최근 환경문제가 심각한 이슈로 국제사회의 관심을 불러일으키면서 경제발전에 초점을 두고 있던 체제에서 지속 가능한 경제발전에 그 초점을 두고 친환경적 경제체제로 변화해 가고 있다. 기후변화와 환경에 대한 관심이 높아져 가면서 다양한 방면에서 환경에 미치는 악영향 요소에 대한 연구가 이루어지고 있으며, 환경파괴를 최소화하면서 발전할 수 있는 방안을 마련하려는 움직임이 나타났다. 그린물류, 녹색성장, 그린펀드, 친환경 먹거리 등 다양한 방면에서 그린, 녹색, 친환경이라는 문구를 쉽게 찾을 수 있게 되었다. 해운 또한 예외는 아니다. 대부분의 환경 관련 국제적 움직임이 1970년대를 기점으로 시작한 것으로 알려져 있지만, 해운분야에서는 이보다도 빠른 1950년대에 이미 해양환경에 대한 관심을 가지고 관련 규제를 마련하기 시작했다.

해상운송으로 인해 발생되는 오염원은 다양하다. 대표적으로 유류유출과 최근 이슈가 되고 있는 탄소배출이 있다. 그 밖에도 〈그림 7-1〉에서 나타나는 바와 같이 선박 평형수로 인한 미생물의 이동과 선박에서 배출되는 쓰레기와 오염물질이 여러 경로를 통해 환경을 위협하고 있다.

이 중에서도 유류유출은 해상운송으로 인한 고유의 전통적 오염원이라고 볼 수 있

<그림 7-1> 해상운송으로 인해 발생되는 오염원

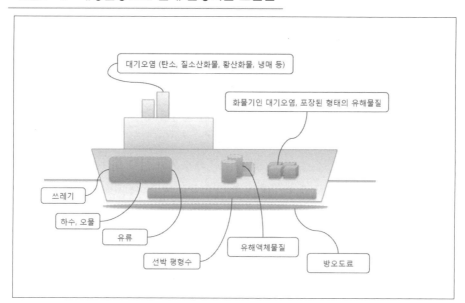

다. 유류유출이라 함은 선박의 운항으로 인해 해양에 배출되는 유류를 말한다. 해상운송으로 인한 유류유출은 다양한 경로를 통해서 발생한다. 크게 두 가지의 경우로 본다면, 하나는 유류를 운송하는 탱커의 좌초, 충돌 등의 사고로 인하여 발생되는 대량의 유출이고, 다른 하나로는 선박의 운항에 따르는 선박 평형수 배출 및 선박 화물칸 청소 등을 통한 소량의 유출이 있다. 2차 세계대전 이후, 각국은 경제개발에 그 초점을 두고 빠르게 공업화, 산업화가 진행되었으며, 이에 따라 국제 물동량의 증가는 물론, 에너지원인 석유의 수출입도 빠르게 증가하기 시작하였다. 하지만, 물동량의 증가는 그만큼 유실될 위험도 함께 증가한다는 의미를 가지게 된다. 무엇보다도 유류유출로 인한 피해는 1차적 피해 외에도 2차적 피해가 더 심각하여 이를 복구하는 데 오랜 시간이 걸리기에 이를 최소화하기 위한 노력은 우선적으로 나타났다. 이를 뒷받침하듯 국제해사기구(International Maritime Organization, IMO)에서 환경과 관련된 첫 번째 규제 또한 해상운송의 유류유출에 대한 것이었다.

한편, 탄소배출에 대한 관심은 1970년대 국제연합환경계획(UNEP, United Nations Environment Programme)의 등장으로 고조되고 있다. 급격히 변하는 지구 기후에 따른 피해가 커짐에 따라 탄소를 줄이고자 1996년 브라질 리우데자네이루에서 개최된 기후변화기본협약(UNFCCC, United Nations Framework Convention on Climate Change)이 채택되었고, 이에 대한 세부적인 내용을 담고 있는 1997년 교토의정서가 발효되었다. 이에 따라 각 산업부문은 기존의 배출되던 탄소의 양을 줄이기 위한 노력을 하고 있다. 이는 해상운송에도 예외는 아니다. 물론 해상운송으로 인해 발생되는 탄소는 다른 운송수단으로 인한 배출량에 비하면 극히 작은 양에 해당된다. 하지만, 계속해서 증가하는 물동량 추세를 감안한다면, 해운으로 인해 배출되는 탄소의 양 또한 증가할 것이다. 해상운송의 경우, 국제시장으로 어느 하나의 국가에 국한되지 않는다는 특이성으로 인해 아직까지는 구체적인 감소량 및 규제가 마련되지 않았지만, 이는 시간문제일 뿐이다. 이에 IMO에서는 해상운송의 탄소배출을 줄이기 위한 연구 및 방법을 강구하고 있다. 또한 탄소뿐만 아닌 해상운송으로 배출되는 다른 대기오염원(NO_x, SO_x 등)에 대한 연구도 진행하고 있다.

2. 국제해사기구International Maritime Organization

　국제해사기구는 국제연합 전문기구로 1959년 설립되었다. 설립 당시엔 정부 간 해사자문기구(IMCO: Inter-Governmental Maritime Consultative Organization)로 출범하였으나, 1982년 IMO로 개명하면서 그 활동 영역 또한 확장되었다고 볼 수 있다. 선박의 항로, 교통규칙, 항만시설 등을 국제적으로 통일하여 국제 해상운송의 안정적인 발전을 도모하기 위하여[2] 설립된 이 기구는 현재 환경부문에 있어서도 상당한 참여를 하고 있다. 국제해운의 안전, 항행의 능률화와 각종 제한의 철폐에 있으며, 해운문제의 심의, 정보교환, 조약의 작성이나 권고를 임무로 하고 있으며, 실제로 국제적 이동이 이루어지는 선박에 대해 통일된 규제를 적용하여 선박의 국적과는 별개로 모든 선박운항에 있어 통일된 규제를 제시함으로써 안전과 환경보호에 기여를 하고 있다. IMO에서 관할하고 있는 규제는 항해안전, 환경적 문제, 법적 문제, 기술적 협력, 해상 보안과 효율적인 선박운항을 포함하고 있다. 현재 전 세계 169개 회원국의 참여로 6만 척 이상의 선박에 대한 관리를 하고 있다. IMO는 설립 당시엔 해상운송의 안전에 그 우선순위가 주워졌으나, 오늘날에는 그 관리 분야를 환경으로도 확장시키며 적극적으로 참여하고 있다 — IMO 주관의 조약 51개 중 21개가 환경과 직접적 관련이 있다. 대표적으로 MARPOL 73/78과 SOLAS (Safety of Life at Sea Convention)가 있으며, 이 밖에 주요 해양오염에 대비하여 국제협력을 도모하는 OPRC(International Convention on Oil Pollution Preparedness, Response and Co-operation), 유해물질로 인한 해양오염을 규제하는 HNS Convention(The International Convention on Liability and Compensation for Damage in Connection with the Carriage of Hazardous and Noxious Substances(HNS) by Sea)과 쓰레기로 인한 해양오염을 규제하는 London Convention(LDC, Convention on the Prevention of Marine Pollution by Dumping of Wastes and Other Matter)이 있다.

2　"to provide machinery for cooperation among Governments in the field of governmental regulation and practices relating to technical matters of all kinds affecting shipping engaged in international trade; to encourage and facilitate the general adoption of the highest practicable standards in matters concerning maritime safety, efficiency of navigation and prevention and control of marine pollution from ships" - IMO Convention Art.1(a).

<표7-2> 대표적 조약

Convention	Adoption	Entry onto force
OILPOL	May 1954	July 1958
MARPOL 73/78	November 1973	October 1983
OPRC	November 1990	May 1995
London Convention	November 1972	August 1975
HNS	May 1996	–
OPRC–HNS	March 2000	June 2007
BWM	February 2004	–
AFS	October 2001	September 2008
Hong Kong Convention	May 2009	–

3. MARPOL 73/78(International Convention for the Prevention of Pollution from Ships 1973 as modified by the Protocol of 1978)

<그림7-2> Torrey Canyon 사고

녹색무역의 이해

<표 7-3> MARPOL 73/78의 6개 부속서

부속서		발효
Annex I	Regulations for the Prevention of Pollution by Oil	1983년 10월
Annex II	Regulations for the Control of Pollution by Noxious Liquid Substances in Bulk	1983년 10월
Annex III	Prevention of Pollution by Harmful Substances Carried by Sea in Packaged Form	1992년 7월
Annex IV	Prevention of Pollution by Sewage from Ships	2003년 9월
Annex V	Prevention of Pollution by Garbage from Ships	1988년 12월
Annex VI	Prevention of Air Pollution from Ships	2005년 5월

해양환경 보호는 1960·70년대의 대형 유류유출 사고로 인해 관심이 급증했다. 일찍이 1954년 영국에서 개최된 컨퍼런스에서 "International Convention for the Prevention of Pollution of the Sea by OIL(OILPOL)"을 채택하여 1958년 7월 26일 발효했다. 당시에는 탱커의 운송이 끝나면 물을 이용하여 선박을 청소하고 이를 바다로 씻겨 내보는 것이 통상적이었고, 따라서 유류잔여물도 함께 바다로 유입되었기에 이를 방지하기 위함이었다. 하지만, 규제 범위는 매우 제한적이었고, 이후 몇 번의 개정이 이루어졌지만, 실질적으로 효력을 발휘하게 되는 MARPOL의 제정까지는 상당 시일이 걸렸다. 결정적으로 해양환경에 대한 관심을 가지게 된 계기는 1967년의 Torrey Canyon호의 사고[3] 로 인해 유출된 12만 톤의 유류라고 볼 수 있다. 이후 국제사회는 유류유출로 인한 대비를 체계적으로 관리하기 위한 강화된 규제의 필요성을 인식하고 방안을 마련하는 데 적극적으로 나섰다. 이를 바탕으로 1973년 2월 17일 제정된 협약이 MARPOL 73/78(International Convention for the Prevention of Pollution from Ships 1973 as modified by the Protocol of 1978)이다. 하지만 제정 당시에는 발효조건[4]을 충족하지 못하여 국제규범으로의 효력이 없었고, 몇 차례 대형사고 이후 1978년 탱커

---

3 Torrey Canyon 사고: 리베리아 국적의 탱커로 1967년 3월 18일 영국 해안가 실리제도에서 좌초되어 12만 톤의 원유가 유실된 사고로 오늘날에도 원유를 다 걷어내지 못하고 있다.

4 비국준 15개국 이상으로 이들 국가의 보유 선복(shipping tonnage)이 전 세계 50% 이상.

안전과 오염 방지컨퍼런스(Conference on Tanker Safety and Pollution Prevention)를 통해 발효조건과 관련 없이 발효가 되었다. 현재 MARPOL 73/78은 6개의 부속서로 이루어져 있으며, 사고 및 운항 중 유류유출로 인한 오염, 화학물질, 하수, 포장된 제품, 폐기물, 선박 기인 대기오염까지 다방면에서의 해양 환경문제를 다루고 있으며, 2005년 12월 31일 기준, 136개국의 전 세계 98% 선복이 참여하고 있다.

4. Annex I 유류유출에 관한 규제

<그림 7-3>

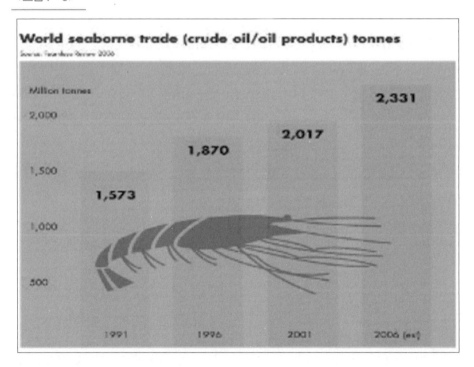

선박의 유류유출로 인한 환경오염은 해상운송 본래의 고유 위험이라 볼 수 있다. 산업혁명 이후, 기계화 · 공업화로 인해 석유에 대한 소비가 기하급수적으로 증가함에 따

라 석유를 운반하는 탱커의 규모도 따라 증가하였다. 급격한 증가로 인해 탱커의 기름 유출로 인한 해양환경 피해 위험도 높아졌으며, 이에 따라 기름유출을 방지하고 위험을 최소화시킬 수 있도록 국제규범의 필요성을 인식하게 되었다. 해상운송의 유류유출로 인한 환경오염이라 하면 흔히 탱커의 사고로 인한 대량 유출을 떠올리기 쉽다. 하지만, 운항 중에 유출되는 소량의 유류도 무시할 수는 없다. 다음 표에서 나타나는 바와 같이 운항으로 인한 유출과 사고로 인한 유출에 있어 확연한 차이를 보인다. 실제 사고로 인한 유출은 전체 유출의 20% 정도만 차지한다는 점을 미루어볼 때, 운항 중에 유출되는 소량의 유류는 절대 간과할 수 없다. 1954년 채택된 OILPOL 협약도 이런 점을 반영한 듯, 사고에 의한 유류유출보다는 운항에 뒤따르는 유출에 더 초점을 두었다. OILPOL 채택 후, IMO는 선박으로 인해 발생할 수 있는 해양환경오염에 대한 규제를 강화하기 시작하여 기름 탱크를 청소한 물을 선박에 설치된 특정 탱크에 다시 저장하여 기름을 선적한 항만에 기항했을 때 버리는 "Load on top(LOT)" 시스템 도입을 규정하고 탱크선의 화물 탱크 사이즈를 규제하였다.

<표 7-4> 유류유출 원인

(7톤 미만 1974-2010 & 7-700톤 & 700톤 이상 1970-2010) / ITOPF

	7톤 미만	7~700톤	700톤 이상
운항			
Loading/Discharging	40%	29%	8%
Bunkering	7%	2%	0.2%
기타	16%	5%	3%
사고			
Collisions	2%	25%	29%
Groundings	3%	20%	35%
Hull Failures	3%	4%	12%
Equipment Failures	3%	3%	1%
Fires & Explosions	1%	2%	7%
기타/ 원인미상	25%	9%	5%

이후 몇 차례의 대형사고로 인한 유류유출을 겪으면서 IMO는 기존의 OILPL협약(54

년)과 1969년과 1971년의 수정 사항을 모두 포함하여 1973년 MARPOL협약의 부속서 I로 채택하였다. 한편, 앞서 언급한 바와 같이 MARPOL협약의 부속서 I은 발효조건을 충족시키지 못하고 그 효력을 가지지 못하다가 "1978 MARPOL Protocol"이 채택되면서 1983년 10월 2일 발효조건 충족 여부와 무관하게 강제적으로 발효되었다. 부속서 I에 따르면 선박과 관련한 모든 유류와 유류 잔여물 배출에 대해 제재를 가하였고, 지속적인 감시가 이루어질 수 있도록 하고 있다. 또한 각 국가에 유류터미널과 항만에서 유용성물을 취급할 수 있는 시설물 설치를 요구하고 있다. 이 밖에 지중해, 홍해, 걸프해, 발틱해 등의 일부 지역을 특별지역(Special Areas)으로 설정하고 보다 강화된 규제를 적용하고 있다. 부속서 I에서 규정하고 있는 탱크선의 기름유출과 관련한 대표적 규정은 다음과 같다.

① 탱커의 항해 중에 기름을 유출할 수 있는 양은 탱커 운송능력의 1/15,000을 넘지 못한다.

② 항해 중에 있는 탱커는 운송거리 1마일당 60리터 이상을 유출할 수 없다.

③ 육상으로부터 50마일 이내에서는 기름을 하역할 수 없다.

MARPOL 부속서 I에서 해양환경오염의 위험을 줄이는 데 큰 역할을 한 것은 SBT와 이중선체에 대한 규제일 것이다. SBT(Segregated Ballast Tank)는 탱커에 설치되는 화물 칸과는 별도의 선박 평형수를 위한 공간이며, 이를 통해 운항으로 인한 기름유출을 감소시키는 데 중요한 역할을 하였다. 선박 평형수는 선박운항에 있어 화물이 없거나 가벼울 때, 선박의 균형을 위해 반드시 필요한 것이다. 기존에는 화물 적재칸과 별다른 구분 없이 사용하였기에, 선박 평형수를 버릴 때 기름 찌꺼기도 함께 바다로 유출되었다. SBT의 도입 후, 바다로 유입되는 기름 유출을 미연에 방지할 수 있게 되었으며, 때에 따라 사고 발생 시 기름 유출도 줄일 수 있게 되었다.

4.1. Exxon Valdez 사고와 미국 석유오염법 · 이중선체의 도입

IMO를 대표로 각국과 선사는 해양오염을 방지하기 위한 노력을 꾸준히 하였음에도 불구하고 선박의 유류유출은 계속되었다. 특히 탱커 사고로 인한 대량 유류유출 사건들은 세계의 이목을 끌기에 충분했다. 특히 1989년 3월 미국 알래스카 지역에서 발생한 Exxon Valdez의 사고[5]는 미국 정부의 적극적 개입을 유도하였고, 이듬해 석유오염법(Oil Pollution Act of 1990)을 제정하게 되었다. 이 법안을 통해 미국은 탱커의 이중선체를 의무화하였고, 이중선체가 설치되지 않은 선박의 미국 내 항만 정박을 금지하였다. 이중선체는 〈그림 7-4〉와 같이 화물칸과 선체 사이에 공간을 두어 두 겹으로 된 선체를 말한다. 이는 선체의 강도를 증강시켜 외부 충격으로 인해 외판이 손상될 경우에도 바닷물 침입과 유류가 유출될 수 있는 경로를 차단하려는 의도로 제작되었다. 미국은 IMO의 MARPOL 부속서 I의 규제를 개정하여 이중선체를 도입하려 했으나, 1970년대의 오일쇼크로 인해 선사와 주요 석유 수출입 국가들의 호응을 얻지 못하고, 대신 미국의 법을 제정하여 미국을 오고 가는 선박에 대해 이중선체를 도입하였다. 하지만 이러한 미국의 규제 변화는 얼마 가지 않아 IMO 규제도 개정을 하도록 이끌었으며, 1993년 7월 이중선체와 관련된 규제(Regulation 13F)가 발효되었다. 따라서 탱커의 크기에 따라 3가지로 분류[6]하여 유예기간을 두고 점차적으로 도입될 수 있도록 유도하였다. 선사의 입장에서 이중선체 장착은 상당한 비용을 요구하는 데다 오일쇼크로 인해 수익이 감소된 상황이었지만, 석유 수출입의 주요 시장 중 하나인 미국의 규제 변화로 별다른 선택 사항이 주어지지는 않았다. 그리고 이중선체의 도입이 무조건 부담이 되기만 하는 것이 아니었다. 이중선체를 갖출 경우, 화물칸의 크기가 줄어들어 기존의 동일한 양의 화물 운송에 있어 과거와 달리 추가로 선박운항이 요구되었기에 물동량 감소로 운항 중지 상태에 있었던 선박을 다시 시장으로 불러올 수 있는 계기를 마련할 수 있었다. 또한 IMO의 규제는 미국의 규제보다 상대적으로 완화되어 있었기 때문에 선사는 우선적으로 미국 시장에 투입되는 선박에 이중선체를 갖추고 나머지 지역에 대해

---

5 Exxon Valdez 사고: 미국 국적의 탱커로 1989년 3월 24일 미국 알래스카 프린스 윌리엄 사운드에서 좌초되어 적재된 18만 톤의 원유 중 38,500톤 유실된 사고로 2006년 초까지 Exxon사는 25억 달러의 비용을 들여 복구 작업을 하였다.

분류	기준
Category 1	분리 발라스트 탱크를 구비하지 않은 1982년에서 1996년 사이에 건조된 유조선
Category 2	분리 발라스트 탱크를 구비한 1982년에서 1996년 사이에 건조된 유조선
Category 3	소형 유조선, 카테고리 1과 2의 선박보다 작으나 5,000dwt 이상의 유조선

6 Category 분류.

<그림 7 -4> 단일선체와 이중선체

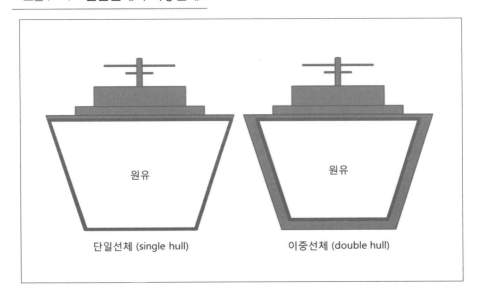

단일선체 (single hull)   이중선체 (double hull)

서는 시간적 여유가 주어진 상태였다.

　이후 1999년 12월 발생한 Erika의 사고[7]와 2002년 발생한 Prestige의 사고[8] 등으로 인해 EU에서 또다시 IMO에 강화된 규제로 개정할 것을 요구하였고, EU는 한발 앞서 미국보다 이중선체 도입의 유예기간을 앞당긴 강화된 규제를 발효시켰다.[9]

　이에 따라 IMO는 또 한 차례 부속서 I에 대한 개정을 시행하여 유예기간을 단축하여 단일선체 선박의 시장에서의 조속한 퇴출을 유도하였고, 2010년 1월 1일 이후 인도되는 모든 석유운반선은 좌초나 충돌과 같은 사고로 인해 원유가 유출되는 사건을 방지할 수 있는 구조로 설계되어야 한다(Regulation 23)고 규정하였다.

7　Erika 사고: 몰타 국적의 탱커로 1999년 12월 11일 프랑스 비스케이만에서 배가 두 동강이 나면서 적재된 31,000톤의 중유 중 약 20,000톤이 유실된 사고이다.

8　Prestige 사고: 바하마 국적의 탱커로 2002년 11월 13일 스페인 갈리시아 지역에서 선박엔진 문제로 떠돌던 중 기름이 유출되기 시작하다 결국 공해상으로 예인되어 가라앉은 사고로 적재된 77,000톤의 중유 중 64,000톤이 유실되었다. 처음으로 기름잔해가 6개국 해안에서 발견된 사고로 프랑스와 스페인의 미숙한 대응이 비난을 받았으며, 아직 소송이 진행 중에 있다.

9　Maritime Safety Package 또는 Erika Package I, II, III로 알려져 있다.

<표 7-5>

Tankers	1992 개정	2001 개정	2003 개정
Category 1	2007/2012년 까지	2007년 까지	2005년 까지
Category 2	2026년 까지	2015년 까지	2010년 까지
Category 3	제외	2015년 까지	2010년 까지

　　이상에서 살펴본 바와 같이 MARPOL 73/78의 부속서 I은 선박에서 발생하는 기름 유출로부터 해양환경을 보호하기 위해 만들어진 국제적인 규제로 탱커의 이중선체 외에도 유용성물 처리 탱크, 원유세척 시스템(Crude Oil Washing System, COW) 등의 구비를 요구하고 있다. 나아가, 선박뿐 아니라 항만당국에도 유용성물을 처리할 수 있는 시설을 구비하도록 요구하고 있으며, 일부 해역에 대해서는 특별지역으로 설정하여 유용성물 처리에 대해 강력한 국제적인 규제를 가하고 있다. 이 밖에 다른 IMO 주관 협약과 연계하여 해양환경 보호를 위해 다방면의 노력을 하고 있다. 이러한 규제와 선박기술의 발전으로 인하여 해양에 유출되는 유류는 1970년대에 비해 현저히 줄어들었다. 다음 표에서 보는 바와 같이 횟수와 양 모두 급격히 줄어들었음을 볼 수 있다.

<표 7-6> 유류유출 횟수 및 유출량 / ITOPF

년도	7~700톤의 유출횟수	700톤 이상의 유출횟수	유출량(톤)
1970's	541	253	3,174,000
1980's	360	93	1,177,000
1990's	282	78	1,137,000
2000's	149	33	212,000
2010	4	4	10,000

<표 7-7> 주요 유류 유출 사고 / ITOPF & Cedre

선박명	국적	날짜	사고 해역	유출량 (톤)
Abt Summer	리베리아	1991년 5월	앙골라	44,000~57,000
Aegean Sea	그리스	1992년 12월	스페인	67,000~74,000
Amoco Cadiz	리베리아	1978년 3월	프랑스	227,000
Atlantic	그리스	1979년 7월	서인도제도	276,000~287,000
Braer	리베리아	1993년 1월	스코틀랜드	84,500
Castillo de Bellver	스페인	1983년 8월	남아프리카	150,000~160,000
Erika	몰타	1999년 12월	프랑스	19,000~20,000
Exxon Valdez	미국	1989년 3월	미국(알래스카)	37,000~38,500
Odyssey	리베리아	1988년 11월	캐나다	132,157
Prestige	바하마	2002년 11월	스페인	63,000~64,000
Sea Empress	리베리아	1996년 2월	영국	72,000~73,000
Sea Star	대한민국	1972년 12월	오만만	115,000
Solar 1	필리핀	2006년 8월	필리핀	2,000
Tanio	파나마	1980년 3월	프랑스	6,000
Tasman Spirit	그리스	2003년 7월	파키스탄	30,000
Torrey Canyon	리베리아	1967년 3월	영국	119,000~121,000

5. Annex VI 탄소배출

1996년 리우선언을 기점으로 전 세계는 탄소배출을 감소시키기 위한 노력을 백방으로 하고 있다. 교토의정서가 발효되면서 선진국들을 중심으로 탄소감축을 위하여 다방면의 기술개발과 대체에너지 개발이 이루어지고 있다. 반면, 해상운송과 항공운송에 있어서는 교토의정서에도 별다른 규제를 마련하지 못하고 있다. 다른 산업의 경우는 어느 한 지역에 국한되어 각 국가별로 관리될 수 있겠으나, 해상운송과 항공운송은 그 시장이 태생적으로 국제시장에 해당되므로 각 국가가 국제적으로 규제를 가하기 어렵기 때문이다.

이에 해상운송에 대한 탄소배출 관련 규제는 IMO를 통해서 이루어지고 있다. 해상운송의 경우, 전통적 친환경 운송수단으로 환경에 미치는 영향이 다른 운송수단에 비

<그림 7-5> 세계 탄소배출에서의 해운시장의 비중(Source: IMO)

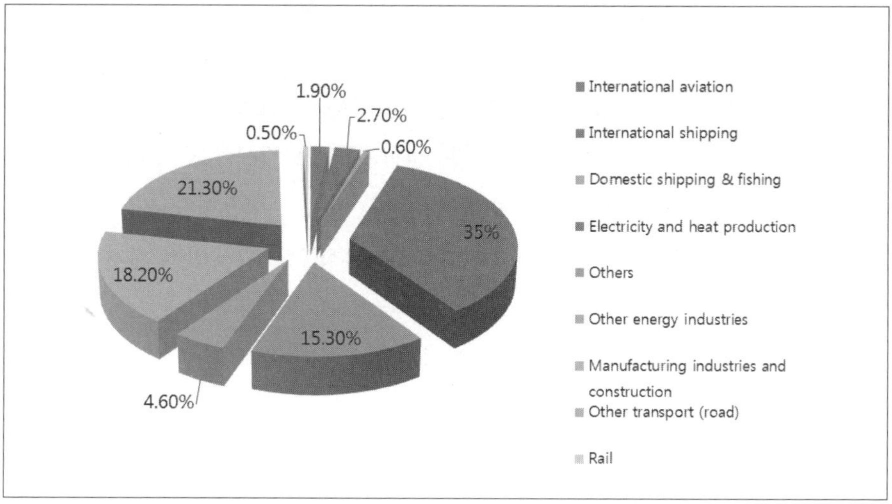

해 가장 적게 나타나는 것으로 알려져 있다. 특히, 탄소배출에 있어서는 〈그림 7-5〉에서 보여지는 바와 같이 탄소배출량이 가장 적게 발생하는 것으로 나타난다. 해상운송으로 인해 발생되는 탄소는 2.7%인 반면 대부분 육지에서 발생되는 탄소배출은 이보다 현저히 높게 나타난다.

하지만 선박에서의 탄소배출이 계속해서 증가 추세에 있기에 이를 감소시키기 위한 노력을 하고 있다. 전 세계적으로 80% 이상의 화물이 선박을 이용해 이동되고 있으며, 항공운송의 발달이 있음에도 불구하고 국제교역량의 증가로 인해 선박을 이용한 화물 역시 증가하고 있는 추세이다. 해사운송 중에서는 컨테이너선이 탄소를 가장 많이 배출하는 것으로 나타난다. 한 연구에 따르면, 국제해상운송에서 전체 등록된 선박의 4% 정도의 컨테이너선이 22% 에너지 소비와 탄소배출을 하는 것으로 나타난다. 전 세계적으로 발생하고 있는 탄소량에 비하면 선박에서의 탄소배출은 미미할 수 있지만, 선박으로 인해 배출되는 탄소의 85%가 어느 일정 지역에 한정된다는 점을 감안한다면[10] 이에 대한 대책을 마련해야 할 것이다. 실제 IMO에서는 선박에 대한 탄소배출과 관련

10 85%가 북반구에 집중되어 있으며, 이 중 52%가 북대서양에서 27%가 태평양에서 발생하는 것으로 나타난다. 컨테이너 선박의 경우, 정해진 항로를 따라 운항되기 때문에 항로를 따라 다량의 대기오염물질이 집중적으로 배출된다.

된 규제가 마련되지 않는다면 2007년 기준으로 3억 6,900만 톤의 연료 소비가 2020년에는 4억 8,600만 톤의 연료 소비로 증가될 것으로 예상되고 있다. 또한 현재와 같은 수준으로 선박운항을 계속할 경우 배출전망치[11]는 11억 2천만 톤에서 2020년에는 14억 7,500만 톤의 CO_2가 배출될 것으로 예상되고 있다. 이 밖에 산성비의 주요 물질로 심각한 대기오염원으로 구분되는 질소산화물(NOx)과 황산화물(SOx), 그리고 오존층을 파괴시키는 물질인 프레온가스(CFC)와 할론(Halon) 등도 선박운항으로 인해 다량으로 검출이 되고 있다. 이에 1991년부터 IMO는 선박운항으로 발생되는 대기오염물질을 감축하기 위하여 대기오염방지협약[Resolution A. 719(17)]을 채택하였고, 이후 1997년 MARPOL 73/78의 6번째 부속서로 포함하였다. Reg.12부터 Reg.14에 의해 오존층을 파괴시키는 프레온가스와 할론의 배출을 금지하고 있으며, 질소산화물과 황산화물 및 휘발성유기화합물(VOCs: volatile organic compounds)에 대한 배출 허용치를 제시하고 있다. 즉, 배출 허용치를 만족시키는 엔진과 연료를 사용함으로써 배출량을 최소화하고자 한다. 선박 건조일과 엔진 성능에 따라 배출 허용치를 규제하고 있으며, 이를 어길 시에는 선박의 운항이 금지되고 엔진은 terminated 될 것이다. 나아가 일부 특정 해역에 대해서는 특별지역(배출통제지역, Emission Control Area[12])으로 지정하여 질소산화물 및 황산화물의 배출 허용치를 더욱 강화하고 있다. 이 밖에, 기후변화협약과 더불어 급증하고 있는 탄소배출과 관련하여서는 제40차 MEPC(해양환경보호위원회, Marine Environment Protection Committee)부터 탄소배출을 중요 사안으로 다루며 규제 마련을 위해 꾸준한 연구를 진행해왔다. 그 결과 2000년과 2009년에 두 차례 선박에서의 탄소배출과 관련된 연구 결과물을 발표하였고, 지금도 계속하여 논의 중에 있다. IMO의 SRES(Special Report on Emission Scenario)에 의하면, 아무런 조치를 취하지 않을 경우 물동량의 증가로 인해 2050년엔 선박기인 탄소배출이 전체의 12~18% 정도를 차지할 것으로 내다보고 있다. 이는 오늘날의 2.7% 수준을 감안할 때, 결코 간과할 수 없는 증가다. 이에 IMO에서는 선박제조연비지수(EEDI, Energy Efficiency Design Index),[13] 선박운항연비지수(EEOI, Energy Efficiency Operational Indicator),[14] 선박효율적운항방침

---

11 BAU, business-as-usual.
12 현재 발틱 해역과 북해해역이 이에 해당되며, 2012년부터는 북미해역도 적용될 것이다.
13 선박의 에너지 효율에 영향을 미치는 모든 요소의 혁신과 기술 개발을 촉진하여 본질적으로 에너지 효율적인 선박을 디자인하고 개발하도록 유도.

– 낙하산을 돛처럼 사용한 모습

(SEEMP, Ship Energy Efficiency Management Plan)과 시장기반조치(MBM, Market Based Measures)[15]와 같은 수치와 기준을 마련하여 탄소배출을 감축시키기 위한 기술 · 운영 측면의 방안을 마련하고 있다.

해운회사의 대응

이렇듯, 국제해사기구 IMO를 중심으로 녹색해운 시대를 펼쳐가고 있는 가운데, 해운회사의 해양환경보호에 대한 노력도 끊임없이 이루어지고 있다.

유류유출과 관련하여서는, 각국 정부와 IMO에서 다양한 규제를 마련하는 동안, 유류회사와 탱커 회사들도 유류오염의 심각성과 그 후유증에 대해 인식하면서 환경에 미치는 영향을 최소화할 수 있는 방안을 마련하기 위해 노력하고 있다. 이에 1970년 국제정유사포럼(OCIMF, Oil Companies International Marine Forum)을 제정하고, 가이드라인과 탱커 디자인 기준을 제시하여 탱커 운항에 따르는 위험을 최소화하고자 하였다. 이 밖에도 검사 및 관리를 위한 시스템을 운영함으로써 화주 및 용선자들이 탱커를 이용하는 데 있어 필요한 정보를 제공하고 있으며, IMO와 협력하여 각종 회의와 컨퍼런스에 유류산업의 시각과 탱커와 관련된 기술적 제안을 하고 있다.

이 밖에 선박에서의 탄소배출을 감소시키기 위한 여러 연구도 이루어지고 있다. 탄

---

14 특정 선박의 효율성을 톤의 마일당 CO_2의 gram으로 수치를 제시하여, 유사한 선박과의 에너지 및 연료 효율을 비교할 수 있도록 함.

15 탄소배출권 거래와 유사한 형태로 논의 중에 있으나 아직 구체적인 내용은 결정된 바 없음.

<그림 7-7>

Exhaust gas scrubbers

Emission reductions:
CO_2 3 % (compared to converting
        HFO and MGO in refineries)
SO_x 98 %
PM   80 %

Heat Exchanger
(waste heat utilization)

Emission reductions:
CO_2 20 %
NO_x 20 %
SO_x 20 %

소배출은 선박의 항해속도를 줄이는 것만으로도 상당 부분 감소될 수 있지만, 급변하는 시장 안에서 무조건 속도만 줄이는 것이 해결방안은 아닐 것이다. 이에 선박 디자인 및 엔진 개발을 통해 탄소 및 대기오염원 배출을 감소시키기 위한 노력을 하고 있다. 그 중에는 〈그림 7-6〉과 같이 낙하산을 장착하여 공해에서는 이를 돛처럼 이용하여 연료사용을 감소시키기도 하고, 또는 장치를 설치하여 에너지 효율을 높여 탄소 및 대기오염원의 배출을 감소시키기도 한다.

제8장

■
■
■

녹색 육상운송

1. 기후변화와 도로화물수송

환경문제는 지구온난화, 사막화, 산림파괴, 산성우, 오존층 파괴 등 다양한 현상들이 상호간에 관련되어 일어나고 있는 지구 레벨의 부정적 외부효과로서, 그 중에서도 지구온난화는 심각한 문제로 대두되고 있어 이에 대한 대책마련이 시급한 실정이다[1]. 특히, 세계 전체 온실가스 배출량 중 이산화탄소의 비중이 80%에 달하고 있으며, 그 중에서 수송부문이 2006년 기준으로 약 20%를 차지하고 있기 때문에 물류활동에 따른 대기오염은 심각한 상황이다.

우리나라의 전체 온실가스 배출량은 2007년 기준으로 620만 톤으로 1990년(257만 톤) 대비 2.03배 증가하였다[2]. 이 중 에너지 부문은 2007년 총 525.4백만 톤을 배출했으며, 그 가운데 수송부문은 100.8만 톤을 배출하여 전체 에너지 부문 배출량 중 19.2%를 차지하고 있다. 수송부문의 온실가스 배출량은 1990년 배출량 4,249만 톤에 비해 약 2.4배 증가[3]하였으며, 수송수단별로는 도로가 7,848만 톤[4]으로 수송부문 전체 온실가스 배출량의 약 77.7%를 차지하고 있어 도로수송에서 배출되는 온실가스의 배출량 억제가 과제가 되고 있다.

수송부문의 온실가스 배출량은 현재의 산업구조 변화 추세가 그대로 이어지고 온실가스 감축 노력이 추가로 시행되지 않을 경우 2020년에는 2000년 대비 약 70% 정도가 더 늘어날 것으로 전망되고 있다. 이에 우리 정부는 2008년 8월 '저탄소녹색성장'을 국가 비전으로 선포하고, 2009년 녹색성장위원회에서 온실가스 감축을 위한 국가

---

1 国領英雄,「現代物流概論」, 成山堂書店, 2002년, p. 198.
2 독일 재생가능에너지 산업 연구소(Int. Wirtschaftsforum Regenerative Energien).
3 에너지경제연구원, 「에너지통계연보」, 각년도.
4 국토해양부 보도자료.

목표치를 2020년 온실가스 배출량 추정치(Business As Usual, BAU) 대비 30%를 감축하기로 설정하였으며, 교통물류 부문의 감축치는 이보다 더 높은 2020년 BAU 대비 37% 감축을 설정하였다.

이에 따라 국토해양부는 2020년 물류부문 감축 목표량을 670만 탄소톤으로 잠정 설정하고 이를 달성하기 위한 단계적인 실행방안을 마련하고 있다. 물류부문 중 도로수송의 온실가스 배출량이 매우 높은 현실을 감안하여 도로수송의 에너지 효율성 제고와 친환경 수송수단으로의 모달시프트 추진을 녹색물류의 핵심 사안으로 보고 녹색성장기본법, 지속가능교통물류기본법, 물류정책기본법 등 관련 근거의 제도정비를 통해 녹색물류체계로의 전환을 추진하고 있다. 2010년 6월에는 산·관·학 등이 공동으로 참여하는 '녹색물류협의체'를 구성하여 녹색물류기업 인증기준, 녹색물류사업 선정방안 등에 대해 논의하고 있으며, '물류 에너지 목표관리제', 이와 연계한 '녹색물류기업 인증제' 도입을 추진함으로써 화주와 물류업체의 공동 협력을 통한 종합적인 온난화 대책이 실시될 수 있도록 환경을 정비해 나가고 있다.

2. 도로화물수송의 현황과 과제

2.1 화물수송체계의 변화

우리나라 국내 화물수송량은 1962년부터 2002년 사이에 고도경제성장과 수출입화물의 증가에 힘입어 약 20.9배 증가하여, 2002년에 7.7억 톤을 기록하였다. 그러나 2002년 이후 저성장 추세를 보이면서 일시적으로 감소하였으나 2007년부터 다시 증가 추세를 나타내고 있다. 한편, 1962년부터 2002년 사이에 도로화물수송량은 34.5배 증가하여 전체 국내 화물수송량의 증가를 크게 상회했다. 그러나 도로화물수송량도 2002년 이후 감소 추세를 보이다가 최근 다시 증가 추세로 전환되고 있다.

톤 기준 수송 분담률 변화는 거의 없으며, 도로수송이 76% 이상으로 절대적인 비중을 차지하고 있다.

톤킬로 기준에서는 비영업용 트럭의 수송량을 포함할 경우, 도로의 수송 분담률이

<표 8-1> 수송수단별 화물수송 분담별 추이

(단위: 천톤)

	철도	도로	연안해운	항공	전체
1962	17,913 (48.6)	16,945 (46.0)	1,999 (5.4)	-	36,857 (100.0)
1970	31,551 (27.7)	61,775 (54.2)	20,642 (18.1)	-	113,973 (100.0)
1980	49,009 (28.4)	104,526 (60.5)	19,230 (11.1)	-	172,779 (100.0)
1985	55,347 (23.2)	148,699 (62.4)	34,180 (14.3)	68 (0.1)	238,292 (100.0)
1990	57,922 (17.2)	215,125 (63.8)	63,915 (19.0)	183 (0.1)	337,145 (100.0)
1995	57,469 (9.7)	408,368 (68.6)	129,112 (21.7)	323 (0.1)	595,272 (100.0)
2000	45,240 (6.7)	496,174 (73.4)	131,987 (19.5)	434 (0.1)	676,315 (100.0)
2001	45,122 (6.3)	535,725 (74.2)	140,544 (19.5)	431 (0.1)	721,822 (100.0)
2002	45,733 (5.9)	584,573 (75.7)	141,706 (18.3)	433 (0.1)	772,445 (100.0)
2003	47,110 (6.2)	565,456 (74.6)	145,327 (19.2)	423 (0.1)	758,316 (100.0)
2004	44,512 (6.6)	518,853 (76.4)	115,636 (17.0)	409 (0.1)	679,413 (100.0)
2005	41,669 (6.1)	526,000 (76.5)	119,410 (17.4)	372 (0.1)	687,451 (100.0)
2006	43,341 (6.3)	529,278 (76.6)	117,805 (17.1)	355 (0.1)	690,779 (100.0)
2007	44,562 (6.2)	550,264 (76.9)	120,079 (16.8)	316 (0.0)	715,221 (100.0)
2008	46,805 (6.4)	555,801 (76.2)	126,964 (17.4)	254 (0.0)	729,826 (100.0)
2009	38,898 (5.1)	607,480 (79.2)	120,031 (15.7)	268 (0.0)	766,677 (100.0)

자료: 국토해양부, 「국토해양통계연보」, 각년도.

2008년 기준으로 71.1%를 차지하여 장거리 도시 간 수송에서도 도로수송이 선택되어 지고 있는 것으로 나타났다.

화물수송에 있어서 화주기업은 수송비용 삭감과 수송리드타임 단축을 통해 경쟁력 향상을 추구하고 있어 다른 수송수단에 비해 비용과 기동력 측면에서 우위에 있는 도로수송을 선택하고 있다. 산업구조의 고도화와 유통시장의 활성화가 진행되면서 도로수송의 비중이 증가하는 것은 일반적인 현상이기는 하지만 우리나라의 경우, 도로수송 분담률이 지나치게 높다는 점은 국내 물류체계상 큰 문제점의 하나로 지적되고 있다[5].

일본을 비롯한 미국, 유럽 등 선진국에서는 지구환경문제의 대응책의 하나로 1990년대 초반부터 도로 중심의 수송체계를 철도와 연안해운 중심으로 전환하는 모달시프트

---

5 백종실 · 김영민 · 우정욱, 『국제운송론』, 두남, 2011년, p. 31.

정책을 실시해오고 있으며, 최근 우리나라에서도 친환경 운송수단에 대한 지원 근거를 마련하는 등 대량 운송화물의 모달시프트 추진을 위한 움직임이 활발해지고 있다.

<표 8-2> 비영업용 트럭 포함 시 수송수단별 수송추이

(단위: 백만톤킬로)

	도로			철도	연안해운	항공	전체
	영업용	비영업용	소계				
2001	18,959 (19.0)	33930 (33.9)	52,890 (52.9)	10,491 (10.5)	36,443 (36.4)	168 (0.2)	99,991 (100.0)
2002	21,581 (19.8)	38053 (35.0)	59,634 (54.8)	10,783 (9.9)	38,171 (35.1)	170 (0.2)	108,759 (100.0)
2003	24,686 (21.8)	43529 (38.4)	68,215 (60.2)	11,056 (9.8)	33,884 (29.9)	166 (0.1)	113,323 (100.0)
2004	36,571 (26.6)	64,486 (46.8)	101,057 (73.4)	10,641 (7.7)	25,840 (18.8)	164 (0.1)	137,702 (100.0)
2005	38,241 (26.8)	67,432 (47.3)	105,673 (74.2)	10,108 (7.1)	26,590 (18.7)	151 (0.1)	142,522 (100.0)
2006	39,448 (27.0)	69,560 (47.6)	109,008 (74.6)	10,554 (7.2)	26,478 (18.1)	145 (0.1)	146,185 (100.0)
2007	38,078 (26.4)	67,144 (46.5)	105,222 (72.9)	10,927 (7.6)	37,998 (19.4)	128 (0.1)	144,275 (100.0)
2008	36,708 (25.7)	64,729 (45.4)	101,437 (71.1)	11,547 (8.1)	29,590 (20.7)	125 (0.1)	142,699 (100.0)

주: ( )는 전체에서 차지하는 비중을 나타냄.
자료: 한국교통연구원, 「국가교통유 구축사업」, 2002-2006년.
　　　한국교통연구원, 「전국 지역간 화물통행량 분석」, 각년도.
　　　국토해양부, 「국가물류기본계획 수정계획(2010-2020)」, 2011년, p. 17.

2.2. 화물자동차운송업 현황

2.2.1. 업종별 트럭의 수송실적 추이

화물자동차수송에는 영업용 트럭 수송과 자가용 트럭 수송이 있다. 자가용 트럭 수송은 〈표 8-2〉에서 살펴본 바와 같이 2008년 톤킬로 기준으로 전체 트럭 수송량의 약 60%를 넘어서고 있어 그 역할이 매우 크다고 할 수 있다.

〈그림 8-1〉은 영업용 및 자가용 트럭의 수송량 추이를 나타낸 것이다. 자료의 제약으로 톤 기준에서는 1970년에서 1997년까지, 톤킬로 기준에서는 1970년에서 2008년까지의 추이를 살펴보면, 톤 기준에서는 1970년대 전반까지는 영업용 트럭과 자가용 트럭이 거의 같은 증가율을 보였으나, 1970년대 후반부터는 자가용 트럭이 영업용 트럭의 점유율을 선행하기 시작하였으며, 톤킬로 기준에서도 1970년대까지는 영업용 트

<그림 8-1> 업종별 트럭의 수송실적 및 수송분담률의 추이

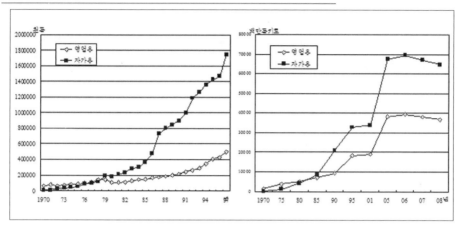

자료: 국토해양부, 「국토해양통계연보」, 각년도.
    한국교통연구원, 「전국 지역간 화물통행량 분석」, 각년도.
    국토해양부, 「국가물류기본계획 수정계획(2010-2020)」, 2011년, p. 17.

럭의 점유율이 더 컸으나 1980년대에 들어서면서부터는 자가용 트럭의 점유율이 더 커졌다. 이와 같이 국내 도로수송에서는 단거리 수송뿐만 아니라 장거리 수송에서도 비영업용 트럭에 대한 의존도가 상당히 높음을 알 수 있다.

우리나라의 경우, 다품종·소량화가 격화되는 제조업 및 유통업체 간 경쟁으로 동일 품목에 있어서 교차수송이 증대되고 아웃소싱 시장이 활성화된 외국에 비해 영업용 트럭 대신 자가용 트럭을 선호하는 경향 때문에 차량 운행효율의 저하, 물류시설 및 인원의 비효율적인 운영, 교통 혼잡을 초래하는 원인이 되고 있다[6].

2.2.2. 화물자동차운송 사업자수의 추이

화물자동차운송사업이란 다른 사람의 요구에 응하여 화물자동차를 사용하여 화물을 유상으로 운송하는 사업을 말한다[7].

현재 국내 영업용 화물자동차운송사업은 일반화물자동차운송사업, 개별화물자동차

---

6 백종실 · 김영민 · 우정욱, 전게서, p. 31.
7 화물자동차운수사업법 제2조 제3호.

<표 8-3> 화물자동차운송사업의 허가 기준

구분	일반화물자동차 운송사업	개별화물자동차 운송사업	용달화물자동차 운송사업
허가 기준 대수	1대 이상	1대	1대 이상
최저 자본금	1억원 (소유대수가 2대 이상인 경우)	없음	5천만원 (소유대수가 2대 이상인 경우)
사무실 및 영업소	영업에 필요한 면적 (소유대수 2대 이상인 경우)	없음	영업에 필요한 면적 (소유대수 2대 이상인 경우)
최저보유 차고면적	화물자동차 1대당 당해 화물자동차의 길이와 너비를 곱한 면적	당해 자동차의 길이와 너비를 곱한 면적	화물자동차 1대당 당해 화물자동차의 길이와 너비를 곱한 면적
화물자동차 종류	최대적재량 5톤 이 상의 자동차관리법 에 의한 화물자동차	최대적재량 1톤 초과 5톤 미만의 자동차 관리법에 의한 화물 자동차	최대적재량 1톤 이 하의 자동차 관리법에 의한 화물 자동차

운송사업 및 용달화물자동차운송사업으로 구분하고 있다. 화물자동차운송사업을 경영하기 위해서는 국토해양부 장관의 허가를 받아야 한다.

화물자동차운송사업은 1997년 8월에 제정된 「화물자동차운수사업법」이 제정되기 전과 그 후에 크게 달라졌는데, 「자동차운수사업법」 하에서는 화물자동차운송사업자가 노선, 전국, 일반, 구역, 특수, 용달로 구분되어져 있었으나 개정된 「화물자동차운수사업법」에서는 1999년 7월부터 이들 업종을 통합하여 일반화물개별화물, 용달화물 사업자로 구분하고 있다. 사업 진입도 면허제 또는 등록제에서 모두 등록제로 전환되었다가 규제완화 이후 차량 1대로 수송에 종사하는 영세사업자의 시장 진출이 급증하여 사업자 간 경쟁이 격화되자 수급균형 확보를 위해 2003년 12월에 법 개정을 통하여 다시 허가제로 전환하고 정부가 시장 수급상황을 고려하여 2011년까지 신규허가 및 증차에 대한 제한조치를 시행하고 있다.

화물자동차운수사업법이 실시되기 전과 그 후로 나누어 화물자동차운송업자수의 추이를 살펴보면, 먼저, 화물자동차운수사업법이 실시되기 전인 1965년부터 1998년까지 트럭 운송업자수는 356사에서 6,122사로 증가하였다. 업종별로는 일반구역화물사업자수가 연평균 7.6%의 높은 증가율을 보였으며, 1990년대 이후 상업 관련 특수제품의 증가에 힘입어 특수화물사업자수도 크게 증가하였다. 반면, 노선화물사업자수는 1990년까지는 증가 추세에 있었으나 그 이후에는 영업노선이 집약되어 대규모 사업자에 의한 과점화 경향을 보였다.

면허차량대수에서는 일반구역화물사업자 차량의 연평균 증가율이 10.1%에 달하여 사업자당 평균면허대수도 32.9대에서 513대로 증가하였다. 특히, 1985년도의 면허차량대수의 증가율이 높게 나타났는데, 이는 정부가 화물자동차운송업에 대한 기업화 추진과정에서 지입차량을 금지하고 직영차량으로 대체하려고 하였을 때 지입차주가 이에 반발하여 개별 면허를 요구하여 사회문제로까지 확산되자 지입차주에 대하여 개별 면허를 다발한 것에 기인한 것으로 이에 따라 일반구역화물운송업에서 지입차량이 차지하는 비중이 한층 더 높아지게 되었다. 노선화물의 경우에는 같은 기간 중에 연평균 6.9% 증가하여 사업자당 평균차량대수도 31.8대에서 129.8대로 크게 증가하였다. 특수화물의 경우에는 사업자수의 추이와 마찬가지로 1990년대 이후의 증가율이 높게 나타났으나, 같은 기간 중에 사업자당 평균차량대수는 사업자수의 대폭적인 증가에 의해 14대에서 11.3대로 약간 감소하였다[8].

한편, 사업 진입이 전면적으로 등록제로 이행된 이후부터 2009년에 이르기까지 전체 사업자수는 110.7%가 증가하였는데 비해 등록차량수는 43.9%가 증가하여 업체당 평균 차량수도 약 3대에서 2.1대로 감소하였다.

일반화물의 경우에는 등록제 이행 초년도인 2000년에는 3.3%의 증가율을 보였으나 등록기준이 25대에서 5대로 하향 조정된 2000년 이후부터 시장 진입이 다시 허가제로 전환되기 이전인 2003년도까지는 사업자수의 증가가 높게 나타났다. 그러나 차량등록대수의 증가율은 이에 미치지 못하여 업체당 평균 차량수가 60.6대에서 29.9대로 감소하였다. 일반화물사업자는 기업과 고정계약을 통해 기업화물의 노선 운송서비스를 제공하는 형태, 부정기 화물수송을 위해 차량을 용차 배차하는 형태, 차량만을 지입하고

---

8 우정욱 · 김진방, 「한 · 일 화물자동차운송업의 현황과 과제 비교 연구」, 유통정보학회지, 제8권 제1호, 2005년, p. 85.

<그림 8-2> 업종별 화물자동차 면허업자수의 차이

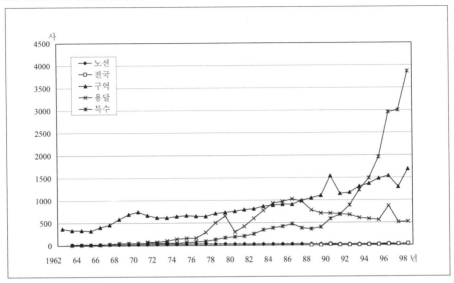

자료: 국토해양부, 「국토해양통계연보」, 각년도.

<그림 8-3> 업종별 화물자동차 면허업자대수의 차이

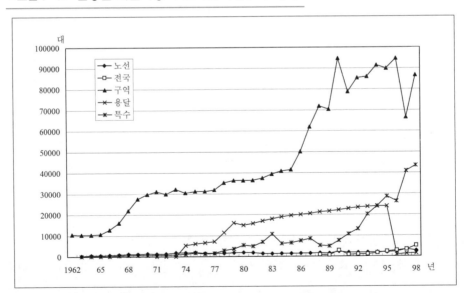

자료: 국토해양부, 「국토해양통계연보」, 각년도.

녹색무역의 이해

<그림 8-4> 규제완화 실시 이후의 화물자동차 사업자수의 추이

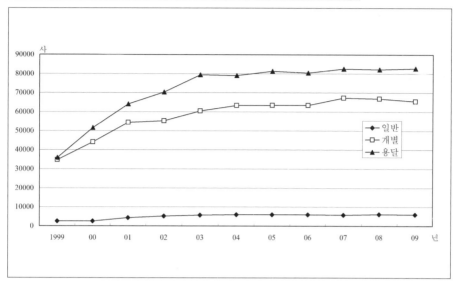

자료: 국토해양부, 「국토해양통계연보」, 각년도.

<그림 8-5> 규제완화 실시 이후의 화물자동차 사업자 대수의 추이

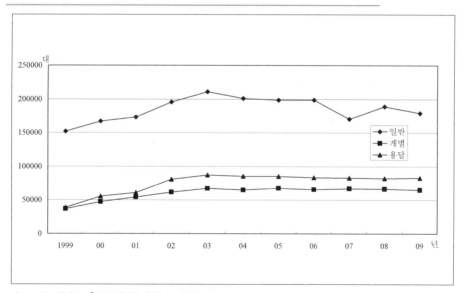

자료: 국토해양부, 「국토해양통계연보」, 각년도.

번호판 임대료만 수령하여 운영하는 3가지 형태로 분류할 수 있는데, 고정계약 및 용차 배차 형태의 운영을 하는 경우에는 고정 수입이 확보되어 사업 운영에 크게 어려움이 없지만 지입차량의 수수료만 수령 운영하는 경우에는 고정적인 수익 확보가 어려워 개인차주의 부가세 횡령, 유류보조금 착복, 지입사기 등 문제의 소지를 안고 있다. 개별화물의 경우에는 사업자수가 88.4%, 차량대수가 77.8%로 비슷하게 증가하여 사업자당 평균 차량대수도 1대 전후로 나타나 거의 변화가 없는 것으로 나타났다. 개별화물사업자는 차량 1대를 이용하여 운송업을 하는 사업자로 운전자가 곧 사업자이다. 과거 지입차량을 양성화시켜주기 위해 일반화물사업자가 보유하고 있던 차량들의 실제 차주들에게 운송 사업면허를 발급하면서 나타나게 된 사업 형태이다. 개별화물사업자는 이사화물, 단발성 용차, 기업과의 개별 계약에 의해 물량을 확보하지만 현재 물류산업의 확대로 많은 기업이 제3자 물류시장에 진출하고 있고, 화주기업들도 자사물류에서 3자 물류의 활용[9]을 확대해 나가고 있는 추세이며, 화주기업의 입장에서는 차주와 직접계약은 비용 및 위험담보의 측면에서 불이익을 받을 수 있기 때문에 개별화물사업자와의 직접계약을 기피하는 경향이 있어 물량 확보가 어려워지고 있는 실정이다. 같은 기간 동안 용달화물도 사업자수가 130.3%, 차량대수가 114.2% 증가하여 사업자당 평균 차량대수도 거의 변하지 않았다. 용달화물사업자는 운송 특성상 소량 부정기적 운송이 주를 이루기 때문에 주선 업자에 의한 물량 확보가 일반적이다. 또한, 이사화물, 소량 기업 간 서류 특송 등에 지입형태로도 물량을 수주하며, 이사화물은 단순 중개대리업 형태의 주선 업자에게 부정기적 화물을 수주하여 운영하며, 특송의 경우에는 신속 정확한 운송이 요구되므로 운송업자가 용달화물을 개별적으로 지입받아 운영하는 형태가 일반적이다.[10]

---

9 2010년 국내 화주기업의 3자물류 활용비율은 52.1% 수준. 25.7('02년) → 30.0%('04년) → 35.6('05년) → 42.2%('07) → 46.3('08년) → 48.2('09년), 국토해양부, 「국가물류기본계획 수정계획(2010-2020)」, 2011년, p. 15.
10 최기봉, 「직영용차 제도 도입을 통한 화물자동차 운송주선업 발전 방안」, 서경대학교 경영대학원 물류학 석사논문, 2011년, pp. 7~9.

2.2.3. 화물자동차운송업의 경영상황

2009년 현재 화물자동차 운송사업자수는 154,140개사로, 업태별로는 일반화물운송 사업자 6,000사(3.9%), 개별화물 82,724사(53.7%), 용달화물 65,416사(42.4%)로 구성 되어 있다. 2009년 국내 화물자동차운송업의 총 매출은 22.2조원으로 연평균 5.35% 씩 성장하고 있는 것으로 나타났다. 매출액의 70% 이상, 종사자의 60% 정도를 일반화 물운송업이 차지하고 있어 국내 화물자동차운송업의 이중구조가 심각하다는 것을 알 수 있다. 전체 운수업 대비 종사자수는 33.6%, 매출액은 19.8%를 차지하고 있는 것으 로 나타났다.

2.3. 화물자동차운송시장의 과제

2.3.1. 시장기반 강화

1961년 12월에 「자동차운수사업법」이 제정된 이후부터 1980년대 말에 이르기까지 국내 화물자동차운송업에 대한 정책은 해방 전부터 계속되어온 지입제 경영에서 탈피 하고 화물자동차운송업의 건전한 육성발전을 위하여 기업화를 추진하는 것이었다. 그 러나 기업화를 추진하는 과정에서 발생한 문제를 개선하기 위하여 개별 면허를 발급하 고, 정부의 금융지원, 세제상의 모순 등으로 인하여 소기의 목적을 달성할 수 없었다. 이로 인해 화물자동차운수사업의 영세화가 한층 더 심화되었다.

한편, 1980년대 중반부터는 규제완화에 대한 논의가 활발히 이루어지기 시작하였는 데 1987년 종래의 강력한 진입규제와 운임규제에 대하여 사업 진입이 면허제에서 등 록제로, 운임규제가 인가제에서 신고제로 전환되었다. 시장 진입이 등록제로 완화된 전국화물, 특수화물, 용달화물의 경우에는 법적으로는 시장 진입이 자유로워졌으나 등 록기간이 한정되어 있었고 증차가 금지되어 있었던 점 등 진입장벽은 여전히 존재했 다. 그 위에 1988년 5월에는 화물자동차경영개선의 보완지침이 책정되어 5톤 미만의 지입차주에 대한 개별 면허가 허가되었다.

1990년대에 들어와서는 1980년대 말부터 실시되어 온 규제완화정책이 본격적으로

<표 8-4> 화물자동차운송업 업태별 추이

		2005	2006	2007	2008	2009	연평균증가율(%)
업체수 (개)	일반화물	5,974	5,947	5,825	6,172	6,000	2.59
	개별화물	63,437	63,402	67,260	66,835	65,416	0.82
	용달화물	81,248	80,439	82,534	82,141	82,724	0.46
	계	150,659	149,788	155,619	155,148	154,140	0.59
종사자수 (명)	일반화물	195,966	193,522	197,647	200,126	201,082	0.65
	개별화물	63,457	63,566	67,283	66,835	66,094	1.06
	용달화물	81,770	80,689	83,129	82,489	82,990	0.38
	계	341,193	337,777	348,059	349,450	350,166	0.66
업체당 종사자수 (명)	일반화물	33	33	34	32	34	0.59
	개별화물	1	1	1	1	1	0.00
	용달화물	1	1	1	1	1	0.00
	계	2	2	2	2	2	0.05
매출액 (십억원)	일반화물	13,389	13,635	14,071	16,095	16,526	5.52
	개별화물	2,327	2,493	2,814	2,810	3,091	7.47
	용달화물	2,284	2,471	2,495	2,315	2,534	2.85
	계	18,000	18,599	19,380	21,220	22,151	5.35
업체당 매출액 (백만원)	일반화물	2,241	2,293	2,416	2,608	2,754	5.31
	개별화물	37	39	42	42	47	6.25
	용달화물	28	31	30	28	31	2.88
	계	119	124	125	137	144	4.93

자료: 국토해양부, 「국토해양통계연보」, 각년도.

<표 8-5> 운수업에서 차지하는 도로화물운송업 비중

구 분	운수업 전체(A)	도로화물운송업(B)	비중(%, B/A)
업체수(개)	340,526	155,148	45.3%
종사자수(명)	1,043,861	349,450	33.6%
매출액(십억 원)	111,982	21,220	19.8%

자료: 국토해양부, 「국토해양통계연보」, 2010.

추진되었다. 먼저, 1993년 8월에 일반구역화물의 사업구역 제한을 폐지하고 전국화물과 마찬가지로 전국을 대상으로 운송영업이 가능하도록 하였다. 일반구역화물과 전국화물은 1톤 이상의 트럭으로 전국을 대상으로 한 수송활동이 가능하다는 점에서는 경

녹색무역의 이해

쟁촉진이 이루어졌다고 볼 수 있으나 전국화물의 경우에는 등록제 하에서 시장 진입이 용이해진 데 반해, 일반구역화물의 경우에는 면허제로 되어 있어 진입규제가 남아 있었다. 다만, 전국화물의 경우에 최저 50대 이상의 화물차량의 운영을 등록요건으로 하였기 때문에 중소사업자의 진입은 용이하지 않았다. 또한 1994년에는 화물자동차주선업자에 대한 혼재규제가 폐지되어 당초 혼재가 불가능했던 전국화물과 일반구역화물은 혼재수송을 통하여 운송효율을 높일 수 있었다.

또한, 1997년 8월에 화물자동차운수사업법의 제정과 규제완화로 1999년 7월부터 사업 진입이 면허제 또는 등록제에서 모두 등록제로 전환되면서 사업자 구분이 일반화물, 개별화물, 용달화물로 단순화되었다. 또한, 동법의 제정으로 1998년 1월부터 일부 차종(특수자동차, 컨테이너 차량)을 제외한 모든 운임이 자율화되었다. 그리고 2000년 1월 이후부터는 일반화물자동차운송업의 최저등록대수가 25대에서 5대로 완화되었다.[11]

1990년대 이후의 일련의 규제완화는 자율경쟁을 통한 효율성 향상을 지향한 것이었지만, 실제로는 차량 1대로 수송에 종사하는 개별업자와 용달업자의 시장 진출을 급증시키는 결과를 초래하였다. 이로 인해 사업자 간에는 과적운송과 운임 덤핑 등 과당경쟁으로 인해 다수의 운송업자와 지입차주가 막대한 손실을 보았으며, 도산한 사업자도 많이 생겨났다.[12]

이러한 화물자동차운송사업의 초과공급으로 인한 불균형 해소를 위해 2003년 12월에 화물자동차운수사업법을 개정하여 2004년 1월부터 시장진입제도를 등록제에서 허가제로 전환하고, 신규차량에 대한 허가 제한 정책기조를 유지해오고 있다. 그 결과 2011년 11월 현재 화물자동차의 공급수준은 업종에 따라 차이는 있지만 거의 수급 균형점에 근접하고 있는 것으로 알려지고 있다.[13]

그러나 국내 화물자동차운송업에서는 아직 해결해야만 하는 문제들이 많이 남아 있다. 특히 자유로우면서도 공정한 경쟁을 촉진시키기 위한 체제정비가 필요하다. 이를 위해서는 먼저 화물자동차운송시장의 대부분을 차지하고 있는 중소기업에 대한 경영

---

11 2005년 1월부터 일반화물자동차운송업의 최저등록대수가 5대에서 1대로 완화되었다.
12 우정욱 · 김진방, 전게서, p. 94.
13 화물자동차의 공급기준의 신축적인 적용을 위해 국토해양부에서는 수급균형이 충분히 달성되었다고 판단되는 시점이 되면 공급기준 변경을 통해 허가를 추진할 예정이다.

기반 강화를 위한 체제정비가 전제되어야 할 것이다. 예를 들어 집단사업 및 공동화 사업을 통하여 화물자동차 운행 효율을 제고시킬 필요가 있으며, 이를 위해서는 정부의 정책지도와 지원이 불가결하다. 일본에서는 교통 혼잡이 심한 사업지 등의 도시 내에서는 협동조합을 조직하여 공동수배송을 시행하고 있으며, 협동조합이 시행하는 유통업 효율화 사업에 대해서는 예산조치, 융자, 세제조치 등의 적극적인 지원이 이루어지고 있다.

또한, 공평한 경쟁조건 확보를 위해 사후체크 관리체계를 강화할 필요가 있다. 무엇보다 지나친 운임저하에 따른 혼란을 예방하는 것이 선행되어져야 하며, 운임신고 또는 표준운임제의 도입을 검토해볼 필요가 있다.

2.3.2. 지입제 경영

지입제란 운송회사에 개인 소유의 차량을 등록하고 운송회사로부터 화물을 받아 운송서비스를 제공한 후 보수를 지급받는 제도를 말한다. 지입제가 운영되는 이유는 화물자동차를 소유한 개인은 마케팅 능력이 부족하기 때문에 운송회사에 차량을 등록하여 지입료를 지불하는 대가로 일감을 받아 운송할 수밖에 없기 때문이다.

우리나라의 중소 화물자동차운송회사의 대부분의 화물자동차는 이러한 지입제 형태로 운영되어왔다. 우리 정부는 지입제 경영에서 탈피하여 화물자동차운송업의 발전을 위해 등록기준대수를 철폐하고자 하고 있지만, 현실적으로 직영이 어려운 여건임을 고려할 때 지입제는 존속될 것으로 예상된다. 한편, 지입차주는 영업 능력의 부재와 독자적으로 운송계약을 할 수 있는 운송서비스 신뢰도의 문제로 화물 확보를 위하여 주선업자로부터 알선을 받거나 일반운송업체의 하청운송을 할 수밖에 없는 실정이다. 또한, 주선업자들도 본래의 업무인 운송주선 기능보다 중개, 대리 기능에 치중하고 있으며, 대형 운송업자, 택배사업자, 3자 물류업체 등도 운송계약을 체결한 화물을 다른 운송주선업자에게 재계약 위탁 대행을 하고 있는 등 주선업시장에서도 다단계 운송거래가 만연되어 있다. 다단계 운송거래에서 화주가 실제 지급한 운송료는 여러 단계를 거치며 공제되어 실제 운송 실행자인 지입차주는 현저히 적은 운임을 받게 되어 수익이 더욱 저하되고, 이는 진화주에 대한 서비스의 질적 저하로도 이어지게 된다.

이러한 화물운송의 다단계 거래를 개선하고 영세한 화물운송사업자의 영업력을 지원하기 위해 2004년 화물자동차운수사업법 개정 시 화물자동차운송가맹사업[14]이 새롭게 도입되었다. 지입차주들을 개별차주로 독립시켜 가맹사업자의 가맹점으로 등록하게 되면 가맹사업자는 대규모 차량을 확보한 것으로 되기 때문에 운송서비스에 대한 신뢰성이 높아짐과 동시에 정보시스템에 의한 효율적인 배차관리가 가능하기 때문에 경쟁력 있는 운임의 형성이 가능해진다는 취지에서 만들어진 업종이다. 이와 같이 화물자동차운송가맹사업은 기존의 1인 개별 운송업자를 가맹점으로 받아들이는 것이 활성화의 골자이지만, 2004년 1월 이후 신규 화물차량의 증차가 이루어지지 않는 상황에서 기존의 운송업자는 고액의 자산인 화물차량의 번호판을 양도하지 않으므로 1인 개별 운송사업자의 등록을 위해서는 차량 번호판 프리미엄이 상승[15]하는 등 시장 안정화를 저해하는 현상이 나타나고 있다.

이에 정부는 2011년 6월 화물자동차운송시장의 거래단계의 합리화와 운송업체의 기능 정상화를 위해 운송업체에 운송계약실적 신고 및 최소운송기준 준수 의무 부여, 직접운송의무 비율제 도입, 위탁화물 관리책임의 부여 등을 내용으로 하는 「화물자동차운수사업법」 개정안을 마련하여 공포하였다. 운송계약실적 신고 및 최소운송기준 준수 의무는 운송한 화물에 대해서는 그 실적을 신고토록 하고, 위수탁 차주가 운송업체 이외의 자로부터 직접 위탁받은 화물의 운송은 실적에서 제외하며, 실적이 기준 미달이거나 신고를 하지 않으면 제재처분이 가해지도록 함으로써 운송업체가 일정 기준 이상의 화물을 운송하도록 유도하는 것이다. 직접운송의무 비율제는 화주로부터 수탁받은 화물의 일정 비율 이상을 소속 차량으로 직접 운송토록 의무화하고, 정보망을 통한 화물위탁을 유도하여 다단계 운송거래를 개선한다는 것이다. 위탁화물 관리책임의 강화안은 운송 또는 주선업체가 다른 운송사업자에게 화물운송을 위탁하는 경우 수탁 운송사업자의 운송 능력과 향후 운송 결과 등을 확인하는 관리책임을 부과한다는 것이다. 이 밖에 동 개정안에서는 지입차주의 권익보호 강화를 위해 운송사와 지입차주의

---

14 화물자동차운송가맹사업은 다른 사람의 요구에 응하여 자기 화물자동차를 사용하여 유상으로 화물을 운송하거나 소속 화물자동차 운송가맹점에 의뢰하여 화물을 운송하게 하는 사업을 말한다. 화물자동차운송가맹사업을 경영하기 위해서는 국토해양부 장관의 허가를 받아야 하며, 허가조건은 자본금 또는 자산 평가액이 10억원 이상, 차량 500대 이상(운송가맹점이 소유하는 화물자동차의 대수를 포함하되 특별시·광역시를 포함한 8개 이상의 시·도에 각각 50대 이상 분포되어야 함)이 등록되어야 한다. 주 사무소는 20제곱미터 이상, 영업소는 10제곱미터 이상 확보하고 가맹점 간에 전산망을 통하여 물량의 배정, 공차위치 확인 등이 가능하도록 화물운송전산망을 갖추어야 한다.

15 최기봉, 전게서, p. 12~21.

법적관계를 구체적으로 명시하고, 지입차주의 권리 보호를 위해 지입계약서에 의무 포함사항(계약기간, 차량 소유관계 등)을 명기하도록 하고, 지입계약과 관련한 분쟁의 해결을 지원하기 위해 시·도에 분쟁조정위원회를 설치할 수 있게 하였다.

동 개정안은 2011년 12월에 시행되며, 제도시행의 제반 여건 마련이 필요한 '실적신고제', '최소운송기준', '직접운송 의무비율제', '위탁화물 관리책임제' 등은 2013년 1월 1일부터 시행하고, 제도 위반에 대한 행정제재는 화물운송시장에 미치는 충격을 최소화하기 위해 2015년 1월 1일부터 시행할 계획이다.[16] 이 개정안을 바탕으로 하여 지금까지의 지입, 다단계에 의존하던 낙후된 화물자동차운송업과는 근본적으로 다른 화물자동차운송업의 구조 전환이 요구되고 있다.

2.3.3. 기반시설 정비

규제완화로 인한 공급과잉 하에서 기반시설의 확충 및 운송 효율화가 더욱 중요해지고 있다. 화물운송시장에 내재하고 있는 문제들을 최소화하고 화물자동차운송업의 효율성 제고를 위해서는 물류터미널,[17] 차고지 등의 인프라 시설의 확충이 필요하다.

물류터미널은 도시 내 물류, 지역 간 물류에 있어서 화물운송의 중개기지, 정기노선화물운송업체의 화물기지, 개별 생산업체의 배송센터 역할, 도매시장의 기능, 화물트럭 및 터미널 이용자에 대한 서비스 제공 등과 같은 기능을 수행한다. 따라서 물류터미널의 부족은 연계수송을 저해하고 도시 내 혼잡, 소음 등의 문제를 유발시켜 지역발전의 저해를 초래한다. 일본에서는 일반물류터미널의 경우에도 국가 계획에 따라 건설되고 있는 데 반해 우리나라의 경우에는 개별 터미널사업자의 필요성에 의해 건설된 것이 대부분이어서 주로 화물알선과 주차기능 정도로 한정되어 있으며, 화물터미널에서의 체계적인 물류정보의 활용과 관리 등이 곤란한 상황이다.

또한, 우리나라에서는 현재 군포, 양산, 장성, 중부권 및 영남권 복합물류터미널[18]이 건설되어 운영 중에 있으나 군포복합물류터미널을 제외하고는 대부분 활성화가 미흡

---

16 국토해양부 보도자료(2011년 6월 15일).
17 기존 화물유통촉진법에서는 화물터미널이라는 용어를 사용하였으나 현재 물류시설의 개발 및 운영에 관한 법률에서는 물류터미널이라는 용어를 사용하고 있다.

<그림 8-6> 내륙물류기지 현황 (2010.12 현재)

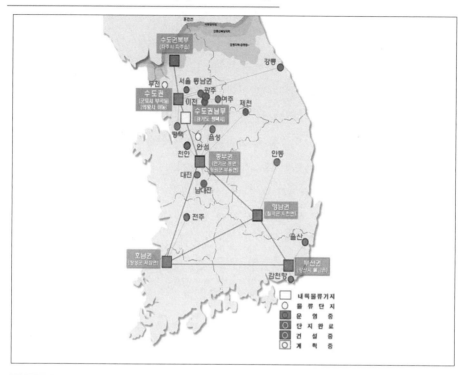

구 분		위 치	면적(만m²)	사업비(억원)	사업 기간
합 계			503	27,053	
수도권	군포 · 의왕	군포 · 의왕	113	2,788	'92-'98
	군포확장	경기 군포	35	4,478	'03-'12
	북부	경기 파주	39	2,469	'07-'13
	남부	경기 평택	42	4,107	'09-'14
동남권		경남 양산	129	5,372	'92-'10
호남권		전남 장성	52	3,323	'98-'10
충청권		연기 · 청원	48	2,028	'03-'10
대경권		경북 칠곡	45	2,468	'04-'10

자료: 국토해양부, 「국가물류기본계획 수정계획(2010-2020)」, 2011년, p. 19.

---

18 물류터미널은 일반물류터미널과 복합물류터미널로 구분할 수 있는데 복합물류터미널은 화물의 집하 · 하역 · 분류 · 포장 · 보관 또는 통관 등에 필요한 기능을 갖춘 시설물이며, 두 종류 이상의 수송수단 간의 연계수송을 할 수 있는 규모 및 시설을 갖춘 물류터미널을 말한다.

한 실정이다. 호남복합물류터미널은 2005년 1단계 운영이 시작된 후 줄곧 활성화가 미흡하여 운영사 측의 투자가 중단된 상태이며, 양산ICD는 부산항 신항 개장 이후 물동량이 급감[19]하는 등 물류터미널 본연의 기능을 상실하고 있는 상태이다.

화물자동차운송의 운행효율을 제고하기 위해서는 물류터미널 시설의 계속적인 확충을 통하여 물류거점 중심의 운행체계로 전환하는 것이 필요하다. 물류거점 중심의 수송을 간선·집배송으로 구분하여 간선수송은 대형차량으로 집배송은 소형차량으로 기능을 분담하여 현재와 같은 교차수송을 회피할 필요가 있다. 특히 물류거점을 중심으로 화물정보체계를 구축할 수 있는 점, 주선업자 중심의 낙후된 화물정보체계를 개선할 수 있는 점 등으로 이의 필요성은 한층 더 높아졌다고 할 수 있다.

그리고 물류정보망 구축이 미비하다는 점도 운송기업의 물류효율화를 저해하는 원인이 되고 있다. 원재료의 조달에서 완성품의 배송에 이르기까지 물류활동에 있어서 정보의 공유는 필수불가결한 요소이기 때문에 수송업자 또는 물류업체가 정보망을 구축하여 화물수송관리를 효율적으로 전개해야 할 필요가 있다. 그러나 우리나라의 경우에는 대기업 운송업체들은 자체적으로 정보네트워크를 갖추고 있지만, 대부분의 중소 운송업체들은 정보망 정비 수준이 극히 열악한 상태이다. 특히, 화물을 주선하고 있는 주선업체들은 거의가 개인적이면서 폐쇄적으로 화물정보를 관리하고 있어 상호간에 과도한 경쟁에 의해 정보를 공동으로 이용하는 것은 기대할 수 없는 상황이다.

물류정보화는 혼재수송에 의한 적재율을 향상시키고 귀로 시 공차방지 등을 가능하게 할 뿐만 아니라 화주와 차주 간의 직접거래에 의한 비용절감 효과를 거둘 수 있다. 또한, 물류정보시스템의 구축은 화주기업의 물류효율화에 대한 요청, 즉 신속, 적시 운송을 가능하게 하며, 차량관리나 도로상황에 관한 실시간 정보제공으로 안정성을 제고시킬 수 있다. 물류정보화와 관련해서는 현재 종합물류정보망 구축 등의 하드웨어 확충 사업에 대해서는 세제, 금융지원이 이루어지고 있으나 이를 관리, 운영, 물류전문인력 양성 등에까지도 확대시켜 나갈 필요가 있다.

---

19 양산ICD는 2005년을 최고점으로 물동량 지속 감소하고 있다('05년 133만, '07년 107만, '09년 64.6만, '10년 39.5만 TEU 처리).

2.3.4. 환경규제 강화

미국은 운송부문에서 소비되는 모든 에너지 가운데 철도와 트럭에 대한 에너지가 총에너지 소비량의 20%를 차지고 있다. 미국 전체에서 철도와 트럭운송은 매년 350억 갤런 이상의 디젤연료를 소비하고 있으며, 이를 배출량으로 환산하면 3억 5,000만 톤의 이산화탄소에 해당한다. 또한 적시 제조, 빠른 배송, 인터넷 쇼핑 등의 증가는 화물운송의 이동거리와 배출량을 증가시키고 있는 상황이다. 이런 추세라면 2012년 육상화물운송은 연간 450억 갤런 이상의 디젤연료를 소비하게 되며, 더불어 현재 수준보다 25% 증가한 연간 4억 5,000만 톤의 이산화탄소가 배출될 것으로 전망되고 있다. 이러한 상황에서 미국 환경청과 화물업계가 에너지 효율향상, 온실가스와 대기오염물질 배출 억제, 에너지 안전 제고 등을 위해 '스마트웨이 트랜스포트 파트너십'을 실시하고 있다. 스마트웨이 트랜스포트는 연간 33억에서 66억 갤런을 절약 목표로 하고 있으며, 도로에서 1,200만 대의 자동차를 없애고 참여 파트너들이 연간 100억 달러의 운영비 절감 효과에 상당할 것으로 기대하고 있다. 스마트웨이 파트너가 되면 환경당국으로부터 향상 목표의 책정, 코스트 절약의 계산 등의 작업을 지원받으며, 참여 기업은 비용을 절약하고 연료 소비를 줄여 사회적인 책임과 리더십을 발휘하는 기업으로 평가받는다.

유럽의 경우 자동차를 주요 이산화탄소원으로 간주하고 세제를 CO_2 삭감 수단으로 활용하는 방안을 도입하고 있다. 2010년 말에 운송용 연료의 5.75%를 바이오연료로 사용하도록 하는 바이오연료 도입 의무화, 자동차의 CO_2 배출규제를 120g/km로 의무화하는 규제방안이 도입되었다. EU 지침에서는 자동차등록세 및 유통세를 CO_2를 근거로 재구성하여 2008년 12월 1일까지 자동차등록세 및 유통세수의 25% 이상을, 2010년 12월 31일까지 50% 이상을 CO_2 기준으로 과세하는 것을 추진하고 있다. 스웨덴의 스톡홀름 환경지역 설정 및 혼잡통행료 시스템, 영국 런던의 환경지역, 독일 베를린의 도심부 환경구역의 경유자동차 도심 진입 제한 등 환경지역 설정을 통해 오염물질 과다 배출 자동차의 환경지역 진입통제나 우회하는 통행경로 변경을 유도하고 있다.

일본은 트럭에서 철도·연안해운으로 전환하는 모달시프트를 물류분야에서 지구온난화 대책의 핵심으로 간주하고 있으며, 그린물류 파트너십 회의 설치, 에너지 사용합리화, 온실가스 배출량에 대한 보고·공표, 환경조화형 e-SCM 적용, 중소기업기원, 환경로지스틱스 데이터베이스 구축, 이산화탄소 삭감 효과를 측정하는 공통지표 개발 등을 추진하고 있다.[20] 또한, 교통부문에 있어서 환경비용의 내부화 문제와 관련하여 유럽에서 시작된 도로의 혼잡세가 동경도에서 검토되고 있으며, 디젤차에 대한 운행규제도 이미 2003년 10월부터는 동경, 사이타마, 치바, 카나가와에서 실시되고 있다.

우리나라의 경우에는 후술하는 바와 같이 도로수송에서의 온실가스 저감을 위한 에너지 효율성 제고와 모달시프트를 녹색물류의 핵심 사안으로 보고 있으며, 녹색물류인증제도, 녹색물류합동회의 등 민, 관이 합동으로 참여하는 협력체계 구축과 친환경 수송수단 전환 지원, 저공해형 물류장비 보급, 화물차 운행횟수 감소 및 적재효율 향상, 환경오염 저감기술 개발 등을 추진하고 있다. 향후 화물자동차운송업에 있어서는 현재 추진되고 있는 온실가스 저감을 위한 지원 대책과 더불어 유럽 및 일본에서 실시되고 있는 자동차 관련 세제에 사회적 비용부담을 내부화할 수 있는 세제의 검토도 필요할 것으로 판단된다.

3. 녹색물류 추진 동향

3.1. 국내 녹색물류 추진정책

3.1.1. 물류에너지 목표관리제

물류에너지 목표관리제는 기업들이 물류활동에 사용하는 에너지의 자발적인 감축 목표량을 정부와 협의하여 설정하고, 이를 달성하기 위한 녹색물류사업을 개발, 실시하고 정부에서 이를 평가·지원하는 제도를 말하는 것으로 「저탄소녹색성장기본법」[21]과 시행령에 시행의 근거를 두고 있다.

---

20 물류신문(http://www.klnews.co.kr).

물류에너지 목표관리제는 2010년 9월부터 화물차 100대 이상의 운송업체와 연간 물동량이 3천만 톤킬로 이상의 화주기업 중 대형기업의 참여를 우선적으로 유도하며, 2012년에 50개 기업, 2015년까지 200개 기업으로 확대해 나갈 예정이다.

이에 기업이 보다 편리하고 체계적으로 물류에너지 목표관리 활동을 수행할 수 있도록 물류에너지 관리시스템과 물류에너지 계측기를 개발하여 운송업체에 보급하는 방안도 함께 추진 중이며, 2011년 하반기부터 에너지 목표관리제 참여기업을 대상으로 정부지원을 통해 보급할 계획이다. 물류에너지 계측기는 개별 차량의 운행거리, 적재량, 에너지 사용량 등을 실시간으로 측정하고 에코드라이빙도 지원하는 장비로, 교통안전공단에서 자체 개발하여 100여 대 화물차에 부착해 시범운영하고 있으며, 2013년까지 시범사업으로 시행한 후 2015년까지 전 화물차량에 보급을 추진할 계획이다. 물류에너지 관리시스템은 스마트폰을 활용하여 업체와 차주 간에 화물운송과 차량의 위치정보를 양방향, 실시간으로 교환하여 업체별로 적재량, 에너지, 온실가스는 물론 수송화물의 기종점 통행량, 운행거리와 공차율 등을 측정할 수 있는 것으로 화물차주협동조합에서 개발해 코레일로지스에서 시범운영하고 있으며, 시범사업을 거쳐 2015년까지 100대 이상 운송업체에 보급할 계획이다.[22] 물류에너지 관리시스템을 적용할 경우 통신비 등 차량 1대당 연간 약 40만 원의 절감 효과가 있는 것으로 나타나고 있다. 물류에너지 목표 관리제에 참여하고 있는 기업수는 총 28개로 2010년에 11개 기업, 2011년 11월 현재 17개 기업이 시범사업에 참여하고 있다.

3.1.2. 녹색물류인증제 도입

물류정책기본법에서는 물류활동에 따라 파생되는 온실가스를 감축하기 위하여 민·

---

21 저탄소녹색성장법은 우리나라 저탄소 녹색성장을 위한 정책목표 및 추진전략, 중점 추진과제를 포함하는 국가전략을 수립하고 시행하기 위한 종합법적인 성격을 지니고 있다. 이 법은 녹색기술, 녹색산업 및 녹색경제체제의 구현에 관한 사항과 기후변화 대응, 에너지 및 지속가능발전 정책에 관한 사항, 녹색생활, 녹색국토, 저탄소교통체계 등에 관한 사항, 저탄소 녹색성장 관련 국제협상 및 국제협력에 관한 사항을 포함하고 있다. 특히, 배출권거래제와 목표관리제를 시행할 수 있는 규정이 포함되어 있는데 온실가스 감축 목표 설정과 이를 달성할 수 있는 구체적인 방법이 나와 있으며, 총량 제한 배출권거래제를 실시할 수 있는 법적 근거를 내포하고 있다(백종실 · 김영민 · 우정욱, 전게서, p. 413.).

22 관리시스템 도입, 개발 또는 검토(20여 개, 2011년 10월 현재) : 코레일로지스, 한솔CSN, 천일정기화물, 삼영물류, CJ GLS, 우편물류사업단, 범한판토스, 매일유업, 한익스프레스, 용마로지스, 진성통운, 유성TNS 외.
*목표관리 5단계 활동 : 관리범위 설정, 에너지등 산정, 감축목표 설정, 감축사업 실시, 효과분석 및 정부보고.

관이 공동으로 녹색물류협의기구를 설치하여 녹색물류사업을 발굴·추진토록 하고, 환경친화적 물류활동을 영위하는 기업을 녹색물류기업으로 인증하고, 인증받은 녹색물류기업에 대해서는 보조금을 지원하는 등 기업들의 환경친화적 물류활동을 촉진하는 내용을 포함하고 있다.

녹색물류 인증제도는 물류기업과 화주기업을 대상으로 온실가스 감축노력을 성실히 이행하는 기업에 세제혜택 및 보조금을 지원하는 제도이다. 녹색물류 인증제도는 환경을 고려하여 물류효율화를 추구하는 기업에 부여하는 녹색물류 기업인증제도와 물류분야 온실가스 저감사업 발굴을 위한 녹색물류 사업선정제도로 구성되어 있다.

녹색물류 기업인증은 대기오염물질 배출, 온실가스 저감, 폐기물 관리 등의 물류분야에서 환경부하를 줄이기 위해 제시된 규정에 따라 경영적, 기술적 측면에서 대응방안을 수립하고 실천계획을 제시하면 평가기준을 통해 이를 평가하여 인증하는 체제로 되어 있다. 녹색물류 기업인증 범위는 화물운송기업[23]을 포함하여 물류시설의 운영 및 관리기업[24]과 이와 관련된 물류활동을 지원 또는 주선하는 물류서비스 기업을 포함하며, 화주기업의 자가 물류부분과 위탁 물류에 대한 관리 부분을 포함하여 기업단위로 인증을 수행한다. 화주기업[25]의 경우는 자사 차량과 물류시설 부문에 대한 인증과 더불어 협력업체인 물류기업의 친환경적 물류 활동에 대한 관리부문에 대하여 평가를 받는다. 물류기업의 경우는 기업이 직접 운영하는 물류활동 부분과 더불어 협력업체에 의하여 운영되는 물류활동에 대하여 친환경적 관점에서의 관리사항을 평가받으며, 그 결과에 따라 인증이 부여된다.[26] 녹색물류 인증 기업은 인증서와 인증 마크를 수여받게 되며, 해당기업은 인증 마크를 광고 등에 이용함으로써 홍보효과를 높일 수 있다. 또한 인증을 받은 기업은 정부나 지자체가 운영하는 물류시설에 우선 입주할 수 있는 자격이 주어지며, 물류시설 확충·물류 공동화·첨단물류기술개발·해외시장 개척 등

---

23 화물운송업에 해당하는 물류기업은 화물차량 100대 이상 이용 업체 또는 직접 운영 차량이 적을 경우 장기계약(1년 이상)에 의한 협력업체를 포함하고 있다.

24 물류시설운영업에 해당하는 물류기업은 직접 시설운영 사업장과 장기계약(1년 이상)에 의한 협력업체 사업장을 포함한다.

25 화주기업은 제조업과 도소매업을 포함하는 유통산업 부분에 해당되며, 자가물류 부문과 위탁물류 부문으로 구분된다. 자가물류 부문은 기업이 소유하고 있는 운송, 시설운영 부문에 대한 평가를 실시하며, 운송, 보관, 하역 등의 활동영역을 스스로 정하여 각 해당 평가항목에 대하여 평가를 실시하게 된다. 위탁물류 부문은 장기계약에 의하여 선정된 협력 물류기업의 각 평가 항목별 세부 내용으로 평가를 받는다.

26 한국교통연구원, 「녹색물류인증제도 도입방안 연구」, 2009년, p. 147.

의 사업을 벌일 경우 정부·지자체로부터 자금지원도 받을 수 있다[27].

한편, 녹색물류 사업선정은 인증기관에서 제시한 평가규정에 따라 기업체가 제안한 단일 사업에 대하여 공인기관(인증기관)이 평가하고 인증한다. 녹색물류 사업선정 시스템은 물류기업·화주기업·단체·학계 및 정부 등이 참여하는 녹색물류 공동협의체를 구성하여 친환경 수송수단으로의 전환, 저공해 장비 도입, 에코드라이브 실시, 적재효율 향상 등 온실가스 저감을 위한 녹색물류 사업들을 발굴하고 이에 대한 효율개선 결과로써 온실가스 저감 효과를 평가하여 시범사업으로 선정, 정부 차원의 보조금을 지원하고 민관 공동협의체를 통하여 홍보하여 실제 보급사업으로 발전시키는 체제로 되어 있다. 녹색물류 사업평가는 관련 사업에 대하여 1회에 한하여 지원받을 수 있으며, 사업추진 기간의 종료와 함께 추진결과를 재평가받아 정부 차원의 지원의 유지 또는 회수 여부가 결정된다.

3.1.3. 물류에너지 사용량 신고제

국토해양부는 2011년 7월 목표관리제에 불참하는 화물운송업체, 즉 연간 에너지 사용량이 2천 TOE[28] 이상인 화물운송업체를 대상으로 「물류에너지 사용량 신고제」를 시범적으로 실시한다고 밝혔다[29]. 당초 에너지이용합리화법에 따라 1981년부터 연간 에너지 사용량이 일정 규모 이상인 사업자를 대상으로 신고제를 시행하였으나 화물운송업체는 지입·다단계 주선 등으로 인해 업체별 에너지 사용량이 측정·관리되지 않아 지금까지 실시하지 못하고 있었다.

2011년도 시범실시 대상은 화물차 140대 이상인 100여 개 화물운송업체이며, 시범사업을 통해 화물운송업에 적합한 에너지 사용량 신고 양식과 방법을 개발하고 화물운송업체에 녹색물류의 필요성에 대한 인식과 분위기 확산을 도모할 예정이다.

---

27 운송신문(2008년 10월 29일).
28 석유환산톤 TOE(Ton of Oil Equivalent), 1TOE = 경유 1,105ℓ.
29 국토해양부 보도자료(2011년 7월 26일).

3.1.4. 친환경 저공해 LNG 화물자동차 전환사업

LNG 화물자동차 전환사업은 화물운송시장 지원대책의 일환으로 연료비가 많이 들고 온실가스 및 대기오염물질 배출이 많은 경유 화물차를 국고지원(대당 약 2천만원)을 통해 LNG 화물차로 전환하는 사업이다.

LNG 화물자동차는 연료비가 경유 화물자동차의 약 70% 수준이고, 대기오염물질 배출이 적으며, 1회 충전으로 600㎞ 이상 장거리 운행이 가능한 장점을 가지고 있다.

이러한 특성으로 인해 LNG 화물자동차가 도입될 경우 화물운송업계의 경영 부담이 완화되고, 온실가스 및 대기오염물질 배출도 줄일 수 있을 것으로 기대되고 있다. LNG 화물자동차 전환 시범사업은 현행법상 LNG를 도입 · 보급하고 있는 한국가스공사를 사업시행자로 지정하여 추진하게 되었으며, 2008년 11월 개조업체와 운송사업자를 대상으로 LNG 화물자동차 전환사업자 모집공고를 시행하여 2곳의 개조업체(템스, 엔진텍)를 선정하였으며, 대한통운 · 동부익스프레스, 동방, 유성T&S 등 14개 운송업체 소속 25톤 대형 경유화물자동차 50대를 전환대상 차량으로 선정하여 시범사업을 시행하고 있다. 이를 통해 2010년 2,250대에 대한 시범 전환사업을 마친 후 2011년부터 2012년까지 연간 1,500~2,000대 규모의 전환을 추진하고, 2013년부터는 시장의 자율적인 판단에 따라 전환되도록 유도할 방침이다. LNG 화물차가 총 1만 대가 보급될 경우 차량연비 개선 효과를 8%로 가정하는 경우 약 16만 톤의 온실가스 감축 효과가 발생하는 것으로 나타났다.

3.1.5. 화물자동차운송의 효율화 사업

화물자동차의 대기 환경오염 문제는 상대적으로 오염물질 배출 기여도가 높은 중대형 차량에 대한 관리대책이 주가 되지만, 향후 배출원 자체를 최소화하고 물류효율화를 도모하는 보다 근원적인 환경대책은 비사업용, 소형트럭에 대한 체계적인 관리방안 없이는 불가능하다.[30]

---

30 한영광, 「배출가스(CO₂) 저감을 위한 관제시스템 활용 방안 : 화물자동차를 중심으로」, 서경대학교 경영대학원 석사 논문, 2011년, p. 45.

국토해양부에서는 화물자동차운송의 효율성 강화를 위해 공동화 및 에너지 효율화를 추진할 계획이다. 국내 도로운송은 공동화 등 물류합리화 사업의 추진 지연으로 물류체계의 효율성이 전반적으로 낮으며, 특히 비영업용 화물차의 운행 효율이 저하되고 있는 것으로 나타났다. 비영업용 화물차의 평균적재율과 적재효율은 각각 71.98%, 43.22% 수준이지만, 사업용은 80.84%, 51.35%로 보다 높은 운행 효율을 보이고 있다. 전반적으로 화물차의 운행 효율성은 점차 증가하고 있는 것으로 나타났지만, 공차통행률과 공차거리율이 상승하고 있어 물류비 상승의 요인이 되고 있다. 이에 국토해양부에서는 일본 17.0%에 비해 낮은 2.3%인 국내 물류공동화 이용률을 높이기 위해 공동 수배송, 물류거점시설 공동이용, 물류센터 집약화 등에 대한 지원을 늘려 시범사업(2013년) 후 본격 실시할 계획이다.

<표 8-6> 전국 물류현황 조사의 화물자동차 통행실적 추이

구 분	비사업용	사업용	전체
	('95→'01→'05)	('95→'01→'05)	('95→'01→'05)
평균적재율(%)	81.8→63.0→71.98	79.9→83.5→80.84	81.6→65.0→72.91
적재효율(%)	39.4→34.9→43.22	48.1→47.4→51.35	40.3→36.1→44.08
공차통행률(%)	49.3→42.7→35.40	45.3→50.6→42.46	48.9→43.4→36.05
공차거리율(%)	50.4→44.1→39.46	40.0→42.7→38.43	49.4→44.0→39.35

자료 : 국토해양부, 「국가물류기본계획 수정계획(2010-2020)」, 2011년, p. 19.

한편, 도로운송 에너지 효율화를 위해 화물차 냉난방 동력, 전기전환 지원, 전기축열식 냉동냉장 화물차량 보급 지원, 친환경 차량으로 대체보급 지원(융자)을 실시하고, 소형화물차 대형화를 위해 융자하는 방안도 검토한다. 영세한 차주 또는 업체가 소유·운영하고 있는 노후·소형차량을 최신·친환경 또는 고효율 차량으로 교체하거나 화물차 공회전 방지 냉난방장치, 차량 공기저항 저감 또는 연비향상 기술을 도입하는 경우 재정 또는 금융 지원을 확대할 계획이다. 또한, 수송과 배송관리 등 물류정보 시스템과 녹색물류기술을 경영기반으로 하는 녹색물류산업 육성방안도 단계적으로 개발할 계획이다.

참고문헌

국토해양부, 「국가물류기본계획 수정계획(2010~2020)」, 2011.

국토해양부, 「국토해양통계연보」, 각년도.

국토해양부 보도자료(2011년 6월 15일).

국토해양부 보도자료(2011년 7월 26일).

독일 재생가능에너지 산업 연구소(Int. Wirtschaftsforum Regenerative Energien).

민연주·박진영, 「녹색교통물류체계 구축에 따른 온실가스 감축효과 추정모형 개발 연구」, 한국교통연구원, 2010.

백종실·김영민·우정욱, 『국제운송론』, 두남: 서울, 2011.

운송신문(2008년 10월 29일).

에너지경제연구원, 「에너지통계연보」, 각년도.

우정욱·김진방, 「한·일 화물자동차운송업의 현황과 과제 비교 연구」, 『유통정보학회지』, 한국유통경영학회, 제8권 제1호, 2005.

최기봉, 「직영용차 제도 도입을 통한 화물자동차 운송주선업 발전 방안」, 서경대학교 경영대학원 물류학 석사논문, 2011.

한국교통연구원, 「국가교통DB 구축사업」, 2002~2006.

한국교통연구원, 「녹색물류인증제도 도입방안 연구」, 2009.

한국교통연구원, 「전국 지역간 화물통행량 분석」, 각년도.

한영광, 「배출가스(CO_2) 저감을 위한 관제시스템 활용 방안 : 화물자동차를 중심으로」, 서경대학교 경영대학원 석사논문, 2011.

화물자동차운수사업법 제2조 제3호.

國領英雄, 「現代物流槪論」, 成山堂書店, 2002.

물류신문(http://www.klnews.co,kr).

제9장

녹색 철도운송

1. 물류환경 변화와 모달시프트

1.1. 물류환경의 변화와 철도운송

2005년 교토의정서가 공식 발효되면서 기후문제에 대한 국제적인 노력이 가시화되고 있다. 물류분야에 있어서도 날로 심각해지고 있는 지구온난화 문제에 대응하기 위하여 이산화탄소 등의 온실가스 배출량 억제, 에너지효율 향상을 위한 모달시프트(modal shift)의 추진에 관심이 모아지고 있다.

우리나라에서도 최근 교토의정서의 발효 임박으로 친환경 수송에 대한 필요성이 고조되면서 공로의 대안수단으로서 철도의 역할 수행에 기대가 모아지고 있다. 이러한 관심은 국토해양부에서 발표한 '국가물류기본계획 제2차 수정계획(2011~2020)'에서도 잘 나타나고 있는데 공해물질 저감을 위한 대체 운송수단의 활용제고를 위하여 철도물류 활성화 및 효율화를 위한 종합적인 지원방안이 포함되었다.

현재 국내 철도화물수송은 2009년 현재 톤 기준으로 약 5.1%, 톤킬로 기준으로 약 14.8%에 지나지 않고 있으며, 철도운송의 특성을 발휘할 수 있는 장거리·대량수송에서도 철도운송의 구조적 문제점으로 인하여 그 역할이 충분히 이루어지지 못하고 있다. 이러한 상황을 근거로 철도운영기관에서도 철도수송 분담률 제고를 위해 철도물류 인프라의 확충, 전용컨테이너 개발, 고속화차 개발 등 수송시스템의 개선을 추진하고 있지만 개선 조짐은 보이지 않고 있다. 더욱이 국내 하주기업의 모달시프트에 대한 의식 또한 매우 희박한 것으로 알려지고 있어 향후 철도수송으로의 전환 확대를 위해서는 시간 및 비용 측면에서의 경제적 효율성과 친환경성이라는 사회적 편익과 같은 서로 상반된 측면을 동시에 만족할 수 있도록 고속화, 저비용, 복합일관에 기초한 경쟁력 강화가 중요한 과제가 되고 있다.

1.2. 모달시프트 개요

모달시프트(modal shift)란 트럭에 의한 간선화물수송을 친환경적이며 대량 수송이 가능한 철도 또는 해운으로 전환하는 것을 말한다. 일본에서는 1991년 4월부터 모달 시프트 정책이 추진되고 있으며, 장거리 잡화수송에서 철도 및 해운의 비율을 현재의 40%에서 2010년에는 약 50%까지 향상시킬 것을 목표로 전환촉진을 위한 각종 시책을 실시한 바 있으며, 현재도 모달시프트 추진사업을 지속적으로 추진해 나가고 있다. 유럽 등의 선진국에서도 이와 유사한 정책을 실시하고 있다.

철도수송은 다른 운송수단에 비해 온실가스 배출량, 에너지 소비량, 안전성 등의 측면에서 우위에 있을 뿐만 아니라 수송분담률 제고를 통해 물류비 및 혼잡비용의 절감과 같은 국가 · 사회적 비용의 감소를 도모할 수 있는 모달시프트의 주요 수송수단으로 주목받고 있다.

1.2.1. 환경문제에 대한 대처수단

2008년 기준 우리나라의 교통부문 온실가스[1] 배출량은 9,654만 tCO_2(CO_2 환산톤)으로 국내 총 온실가스 배출량의 약 18%에 달하고 있다. 수송수단별로는 도로가 264.5만 tCO_2로 78.6%, 해운 143만 tCO_2(11.8%), 항공 34만 tCO_2(8.9%), 철도 1.1만 tCO_2(0.7%) 순으로 온실가스 배출이 되는 것으로 나타나 온난화에 대한 도로수송의 기여도가 극히 높다는 것을 알 수 있다.[2]

한국철도기술연구원의 조사보고서에 따르면 수송수단별 배기가스 배출량이 CO의 경우, 항공이 74.63g/톤킬로로 가장 높고, 그 다음이 도로 55.35g/톤킬로로 나타났으며, 철도는 도로 배출량의 0.01%인 0.61g/톤킬로, 해운은 0.06%인 0.32g/톤킬로의 순으로 나타났다. NOx, HC, SOx에서도 항공, 도로, 철도, 해운의 순으로 나타나 철도와 해운이 배기가스 오염물질의 배출이 작은 수송수단임을 알 수 있다.

---

1 온실가스는 이산화탄소(CO_2), 메탄(CH_4), 아산화질소(NO), 수소불화탄소(HFCS), 과불화탄소(PFCS), 육불화황(SF6)을 말하며, 이산화탄소(CO_2) 외의 가스는 CO_2로 환산하여 산정.
2 국토해양부 보도자료 (2009년 4월 3일).

<**표 9-1**> **수송수단별 오염물질 배출량**

(단위: g/톤킬로)

	철도	도로	해운	항공
CO	0.61	55.35	0.32	74.63
NOx	1.54	24.69	0.78	328.36
HC	0.24	6.80	0.17	29.85
SOx	0.21	11.88	0.09	-

자료: 한국철도기술연구원, 「디젤기관의 배출가스 대기오염현황 및 저감방안에 관한 연구」, 1997년, p. 9.

1.2.2. 에너지 효율성

에너지 자원은 수송기능을 수행함에 있어 불가결한 요소로 수송수단의 발전에 큰 역할을 담당해왔으나 최근 들어 환경문제와 함께 물류분야에서도 에너지 효율성 문제가 대두되고 있다. 세계적으로 볼 때 수송부문의 에너지는 전 소비에너지의 약 25% 수준이며, 국가별로도 약 15~30% 수준을 보이고 있다.

우리나라의 부문별 최종 에너지 소비량은 2009년 현재 산업부문의 비중이 가장 높고, 그 다음이 수송부문, 가정·상업부문의 순이다. 수송부문은 산업부문의 증가에는 미치지 못하지만 지속적으로 높은 비중을 차지하고 있으며, 2000년부터 2009년까지 9년간 연평균 3%씩 증가하여 2009년 현재 약 19.7%에 이르고 있다.

<**표 9-2**> **부문별 최종 에너지 소비 추이**

(단위: 천TOE)

	산업	수송	가정·상업	공공·기타	합계
1990	36,150 (48.1)	14,173 (18.9)	21,971 (29.3)	2,812 (3.7)	75,107 (100.0)
1995	62,946 (76.2)	21,148 (17.3)	29,451 (24.1)	2,416 (2.0)	121,961 (100.0)
2000	83,912 (55.9)	30,945 (20.6)	32,970 (21.6)	2,625 (1.7)	150,108 (100.0)
2005	94,366 (55.2)	35,559 (20.8)	36,861 (21.6)	4,068 (2.4)	170,854 (100.0)
2006	97,253 (56.0)	36,527 (21.0)	35,986 (20.7)	3,836 (2.2)	173,584 (100.0)
2007	104,327 (57.5)	37,068 (20.4)	35,916 (19.8)	4,144 (2.3)	181,455 (100.0)
2008	106,458 (58.3)	35,792 (19.6)	36,225 (19.8)	4,099 (2.3)	182,574 (100.0)
2009	106,119 (58.3)	35,930 (19.7)	35,722 (19.6)	4,295 (2.4)	182,066 (100.0)

주: ( )안의 수치는 비중을 나타냄.
자료: 에너지경제연구원, 「에너지통계연보」, 각년도.

수송부문에서의 에너지 소비현황 추이를 살펴보면, 1990년 이후 2009년 현재에 이르기까지 도로의 비중이 약 76~80%로 상당히 높은 비중을 차지하고 있음을 알 수 있다. 우리나라의 경우, 국내 화물수송에서 차지하는 도로수송의 비율이 매우 높을 뿐만 아니라 도로수송에서 영업용 트럭에 비해 수송효율이 극히 낮은 비영업용 트럭이 차지하는 비율이 높은 것으로 미루어볼 때 이러한 추세는 향후에도 지속될 것으로 예상된다.

수송수단별 에너지 소비원단위를 살펴보면, 영업용 트럭이 2,573, 비영업용 트럭이 11,818, 항공이 22,186인데 반해 철도는 459, 해운은 555로 나타났다. 이 중에서 비영업용 트럭의 경우, 영업용 트럭의 4.6배, 철도수송에 비해 25.7배가 높아 에너지 소비효율이 가장 낮은 수송수단임을 알 수 있다.

<표 9-3> 수송수단별 에너지 소비현황 추이

(단위: 천TOE)

	도로		철도		해운		항공		합계	
1990	11,250	(79.4)	391	(2.8)	1,669	(11.8)	908	(6.4)	14,173	(100.0)
2000	23,554	(76.1)	512	(1.7)	4,705	(15.2)	2,174	(7.0)	30,945	(100.0)
2005	28,144	(79.1)	505	(1.4)	4,092	(11.5)	2,819	(7.9)	35,559	(100.0)
2006	28,588	(78.3)	474	(1.3)	4,437	(12.1)	3,028	(8.3)	36,527	(100.0)
2007	29,195	(78.8)	441	(1.2)	4,235	(11.4)	3,197	(8.6)	37,068	(100.0)
2008	28,532	(79.7)	424	(1.2)	3,762	(10.5)	3,074	(8.6)	35,793	(100.0)
2009	29,030	(80.8)	388	(1.1)	3,321	(9.2)	3,191	(8.9)	35,930	(13.5)

주: 1. ( )는 구성비임.
　　 2. 2007년부터 개정된 열량 환산계수 적용.
자료: 에너지경제연구원, 「에너지통계연보」, 각년도.

도로수송에서 비영업용 트럭이 차지하는 비율이 높은 것은 에너지 소비문제에만 국한되지 않고 환경에도 악영향을 미치게 된다. 화물수송에서 어느 수송수단을 이용하는 것이 효율적인가에 대해서는 에너지 소비에만 한정지어 판단할 수는 없지만, 효율적 에너지 이용이라는 관점에서는 고려의 여지가 있다. 따라서 국내 수송에서의 과도한 도로수송에 대한 의존도를 낮출 필요가 있으며, 이를 위해서는 비영업용 트럭을 수송 효율이 높은 영업용 트럭으로 대체해 나가는 것이 필요하며, 에너지 효율성이 뛰어난 철도수송으로의 전환이 필요하다.

1.2.3. 교통안전

최근 10년간 철도로 인한 교통사고 발생건수는 233~743건으로 전체의 0.10~0.31%
를 차지하고 있는데 비해 자동차로 인한 사고건수는 211,662~260,579건으로 전체 사
고 발생건수의 99% 이상을 차지하고 있다. 철도의 교통사고 발생건수는 자동차의 약
1/125에 불과하며, 사망빈도도 1/30 수준, 부상빈도도 1/100 수준에 불과하다.

<표 9-4> 교통수단별 교통사고 현황

		2001	2002	2003	2004	2005	2006	2007	2008	2009	2010
발생	자동차	260,597	231,026	240,832	220,755	214,171	213,745	211,662	215,822	231,990	226,878
	철도	571	599	743	596	341	295	292	282	261	233
	선박	610	557	531	804	658	657	566	480	723	737
	항공기	5	4	5	3	5	5	2	4	13	7
	계	261,765	232,186	242,111	222,158	215,181	214,702	212,522	216,588	232,998	227,855
사망	자동차	8,097	7,222	7,212	6,563	6,376	6,327	6,166	5,870	5,838	5,505
	철도	245	265	503	243	200	171	184	153	156	124
	선박	174	185	119	205	186	134	136	113	107	176
	항공기	9	1	1	2	2	0	0	2	14	1
	계	8,525	7,673	7,835	7,013	6,767	6,632	6,486	6,138	6,115	5,806
부상	자동차	386,539	348,149	376,503	346,987	342,233	340,229	335,906	338,962	361,875	352,458
	철도	317	360	743	423	127	106	106	130	108	102
	선박	72	55	114	250	113	89	78	127	136	71
	항공기	8	2	4	1	4	3	10	16	2	1
	계	386,936	348,566	377,364	347,661	342,479	340,427	336,100	339,235	362,121	352,632

자료: 국토해양부, 「교통안전연차보고서」, 2011, p. 6.

1.2.4. 도로혼잡 완화

우리나라의 교통혼잡비용은 최근 10년간 GDP대비 2.6~3.2%를 차지하고 있으며,
이 중에서 지역간 도로의 혼잡비용은 2008년 기준으로 9.9조원을 기록하여 도로혼잡
비용의 약 36.7%를 차지하고 있다.

지역간 도로혼잡비용에서 화물차가 차지하는 비중은 전체 혼잡비용의 21.6~28.9%
로 이는 전체 교통혼잡비용의 8.1~12.9%에 해당한다. 수송단위가 작은 도로수송에 비

<표 9-5> GDP 대비 전국 교통혼잡비용 추이

		1999	2000	2001	2002	2003	2004	2005	2006	2007	2008
전국혼잡비용(십억원)	도시	9,478	11,149	12,320	12,984	13,656	13,985	14,564	15,441	16,489	17,022
	지역간	7,635	8,299	8,788	9,151	9,113	9,131	9,134	9,160	9,373	9,881
	계	17,113	19,448	21,108	22,135	22,769	23,116	23,698	24,601	25,862	26,903
GDP(조 원)		549.0	603.2	651.4	720.5	767.5	826.9	865.5	908.7	975.0	1,027.0
GDP 대비 비중(%)		3.1	3.2	3.2	3.1	3.0	2.8	2.7	2.7	2.7	2.6

자료: 조한선 · 이동민 · 박상준, 「2008년 전국교통혼잡비용의 추정과 추이 분석」, 한국교통연구원, 2010, p. 6.

<표 9-6> 지역간 도로의 교통혼잡비용 추이

(단위: 억원/년)

	1999	2000	2001	2002	2003	2004	2005	2006	2007	2008	연평균증가율
승용차	29,889	35,547	38,862	39,793	45,574	44,837	33,969	44,656	54,072	54,640	6.22
버스	24,414	24,860	25,294	26,823	25,868	26,432	33,961	26,342	19,058	22,465	-0.83
화물차	22,049	22,584	23,728	24,897	19,689	20,035	23,007	20,804	23,707	21,705	-0.16
합계	76,353	82,991	87,885	91,513	91,130	91,305	90,007	91,802	96,838	98,811	2.61

주: 고정비 포함 금액임.
자료: 조한선 · 이동민 · 박상준, 「2008년 전국교통혼잡비용의 추정과 추이 분석」, 한국교통연구원, 2010, p. 61.

해 지역간 대량 수송에 장점을 가지고 있는 철도수송으로의 전환은 도로수송으로의 집중으로 인한 혼잡비용의 감소뿐만 아니라 장거리 간선수송에서의 도로혼잡을 완화시킬 수 있다.

1.2.5. 국가 사회적 비용 절감

공공사업의 올바른 평가를 위해서는 사회적 할인율(social discount rate)의 적절한 선택이 매우 중요한 과제라 할 수 있다. 특히 철도와 같이 공공사업의 비용과 편익이 오랜 기간에 걸쳐 발생하는 경우에는 민간의 투자 평가와는 다른 사회적 할인율 개념을 도입하여야 한다. 민간부문의 투자와 달리 공공사업의 경우에는 다양한 사회적인 목표를 추구하고 있기 때문에 단순한 투자수익이나 경제적인 효과 등 민간부문에서 고려하는 것보다 훨씬 많은 요소들을 고려하여야 한다. 외국의 경우에도 철도로 인한 환경비용의 절감과 도로교통 문제 및 사고의 절감 등과 같은 사회적인 효과를 고려하여 철도에 대한 지원을 확대하고 있다. 이러한 지원이 없다면, 영국과 같은 외국의 철도도 사

실상 수익을 창출하기가 어렵다.[3]

철도기술연구원의 조사보고서에 따르면 우리나라 철도의 경우 화물수송 분담률을 5% 향상하였을 때, 물류비 및 혼잡비용 등에서 연간 약 1조 8,500억 원 절감할 수 있는 것으로 보고된 바 있다. 또한 2020년까지 철도수송 분담률을 현재의 2~3배로 높일 경우 가용재원인 약 400조 원으로 교통문제 해결이 가능하다. 이와 같이 철도로의 모달시프트는 환경문제에 대한 대책뿐만 아니라 에너지 효율성, 도로혼잡 완화를 통한 물류비의 감소, 교통사고 감소를 통한 국민생활의 안전 보장 등 사회문제에 대한 대응책으로서도 기대되고 있다.

2. 철도화물수송의 현황과 과제

2.1. 철도화물수송 현황

2.1.1. 철도화물운송 분담률 추이

우리나라 전체 화물수송량은 1960년대 이후 고도경제성장과 수출입화물의 증가에 의해 크게 증가하여 2009년 약 7.7억 톤에 이르고 있다. 1985년부터 2009년까지의 수송수단별 화물운송 추이를 살펴보면, 철도화물수송 실적은 중량 기준(톤 기준)으로 1985년에 5천 500만 톤을 기록하였으나 1990년대 이후부터는 감소추세로 전환되어 2009년에는 3천 900만 톤에 머무르고 있다. 철도의 수송분담률도 1985년에 23.2%를 차지하여 도로운송의 비중에는 미치지 못하지만 연안해송을 우회하고 있었으나 1990년대 이후 급격히 감소하여 2009년에는 5.1%에 머무르고 있다.

톤킬로 기준에서도 철도의 분담률이 매년 감소하고 있으며, 2008년을 기준으로 철

---

3 영국의 경우에는 국토공간의 한계 등으로 인한 철도수송의 도로에 대한 경쟁력 한계로 인하여 국가적으로 철도화물에 대한 지원을 추진하고 있는데 이러한 철도화물운송에 대한 지원은 화물운송으로 인한 외부비용 발생의 최소화 차원에서 이루어지고 있다.

<＜그림 9-1＞ 철도화물수송 분담률 추이(톤 기준)

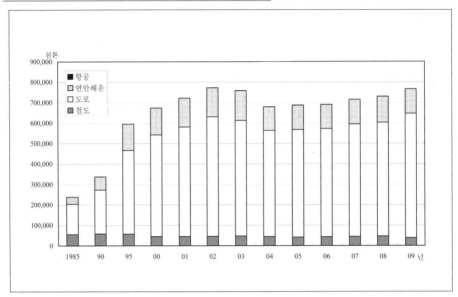

자료: 국토해양부, 「국토해양통계연보」, 각년도.

<＜그림 9-2＞ 철도화물수송 분담률(톤킬로 기준)

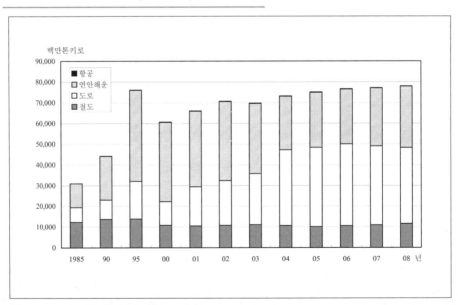

자료: 국토해양부, 「국토해양통계연보」, 각년도.

<그림 9-3> 품목별 수송량 추이(톤 기준)

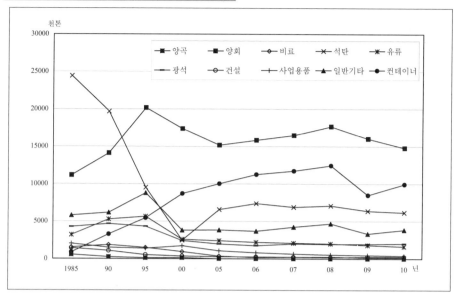

자료: 철도공사, 「철도통계연보」, 각년도.

<그림 9-4> 품목별 수송량 추이(톤킬로 기준)

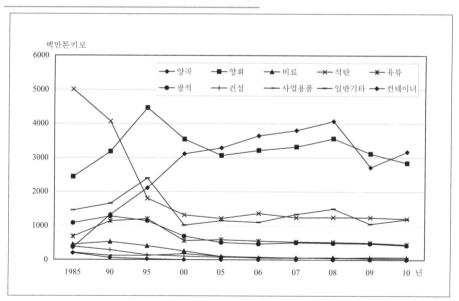

자료: 철도공사, 「철도통계연보」, 각년도.

도의 분담률은 14.8%를 나타내고 있다. 이와 같은 경향은 비영업용 트럭의 운송량을 포함할 경우, 더욱 뚜렷이 나타나는데 2008년을 기준으로 철도운송의 분담률은 8.1%에 지나지 않는 것으로 나타났다.[4]

2.1.2. 품목별 수송추이

고도성장에 의한 에너지 전환, 도로운송의 발전이 철도화물의 운송품목에도 영향을 미치고 있다. 과거 철도의 주요 화물이었던 석탄, 유류, 양곡의 수송량이 대폭 감소하여 전체 수송량 감소에 기여하고 있는 반면, 양회, 컨테이너 수송량은 증가 추세에 있다. 석탄의 경우, 1980년대부터 진행된 에너지 소비 패턴의 변화로 석유와 가스가 경쟁 에너지원으로 대두되면서 1990년대 초반 이후 운송비중이 급격히 감소하였다가 최근 유가상승의 영향으로 다시 그 비중이 상승하고 있으나 총 운송량은 일정 수준을 유지하고 있다. 유류의 경우에도 1990년대 초반부터 시작된 파이프라인의 가동 및 탱크로리 운송의 증가 등의 영향으로 운송비중이 낮아지고 있다.

한편, 양회는 사일로 단지까지 인입선이 부설되어 있는 경우가 많아 철도운송이 강점을 지니고 있는 품목으로 2008년 기준 철도운송의 약 37.8%를 차지하여 운송비중이 가장 높은 것으로 나타났다. 또한, 1990년대 이후 컨테이너의 운송비중도 크게 증가하고 있는데, 이는 컨테이너화 화물의 증가와 ICD(Inland Container Depot), CY(Container Yard)의 인입선 부설로 인해 철도운송의 여건이 개선되었기 때문이다.

톤킬로 기준에서도 운송품목의 비중 구성은 톤수 기준과 비슷한 양상을 보이고 있으나 컨테이너의 경우에만 톤수 기준보다 더 높은 것으로 나타났다. 이는 컨테이너의 주요 수송 구간이 경기에서 부산(부산항), 전남(광양항) 등과 같이 장거리 노선이 주를 이루고 있기 때문이다.

---

4 제8장 녹색 육상운송 참조.

2.1.3. 철도화물유통

철도화물수송량을 일반차급화물[5]과 컨테이너화물로 나누어 유동량을 살펴보면, 일반차급화물은 충북, 강원도에서 발생하여 경기, 서울, 충북으로 운송되어지는 양이 많으며, 유동범위가 비교적 좁은 특징을 가지고 있다. 이는 충북과 강원도에서 생산되는 양회와 석탄의 주요 소비지가 경기, 서울, 충북이기 때문이다.

컨테이너화물은 경기와 부산을 상호발착지로 하는 구간에서의 운송량이 가장 많고, 그 다음이 경기와 전남, 경북과 부산, 충남과 부산, 전북과 전남 순으로 많은 것으로 나타났다. 이는 현재 국내 컨테이너운송이 의왕 ICD와 부산진역 CY를 중심으로 이루어지고 있으며, 신선대역, 광양항으로 수출입되는 컨테이너가 주로 철도로 운송되고 있기 때문이다. 또한 충남의 경우에는 천안, 조치원, 소정리 등지에 자동차부품, 전자제품 제조회사들이 상당수 집결되어 있는 지방산업단지가 위치해 있고, 경북의 경우에는 섬유, 금속, 기계산업이 집결되어 있는 지방산업단지가 위치해 있어 이들 지역에서 발생하는 컨테이너화물이 많기 때문인 것으로 보여진다. 특히 충남의 산업단지 경우에는 수도권 이전 공장들의 공업용지 수요에 대처하고 수도권 정비 및 중부권 개발촉진을 목적으로 조성되었는데, 최근 지가상승으로 인해 생산기지를 수도권에서 지방으로 이전하는 기업들이 증가하고 있어 향후 이 지역에서의 컨테이너화물의 증대가 예상되고 있다.

2.2. 철도화물수송의 과제

철도는 도로수송에 비해 수송단위가 큰 중량화물의 장거리 수송에 적합한 수송수단이며, 정해진 시각표에 따라 화물열차가 운행되기 때문에 발착시각이 정확하여 도로혼잡 등과 같이 정체로 인한 소요시간의 변동이 적어 정시성 확보에 유리할 뿐만 아니라 수송비용의 저렴성 측면에서 장점을 지니는 것으로 알려져왔다. 그러나 선로를 이

---

5 차급운송이란 화물을 유개차, 탱크차 등의 화차를 1단위로 수송하는 형태를 말한다.

용함에 있어 여객운송과의 선로 사용에 따른 우선권 배분 문제로 화물열차의 운행이 제약을 받고 있을 뿐만 아니라, 일부 특정 구간에 수송이 집중되어 있어 정체로 인한 정시성 결여 문제, 비효율적인 운임체계, 운영자 위주의 법·제도의 고착, 철도물류 인프라 부족, 접근성 결여, 마케팅 활동의 부족 등으로 철도화물수송의 확대가 어려운 실정에 있다.

2.2.1. 운임경쟁력 부족

화물자동차의 수송요금은 door to door 요금으로 구성되어 있는데 반해 철도의 경우에는 레일 운임을 기본으로 하는 철도운임에 발착지 양단의 셔틀비, 상하차 작업료, 장치료 등의 부대비용을 더한 요금으로 구성되어 있다. 또한, 철도화물의 운임구조는 거리비례제[6]가 적용되고 있다. 이러한 철도화물의 요금 구성과 거리비례제에 따른 운임산정 방식은 도로운송과 비교해볼 때 철도의 운임경쟁력을 저하시켜 철도운송에 불리하게 작용하고 있다.[7]

실제 부산항과 의왕 간 도로와 철도의 컨테이너 수송요금을 비교해보면, 도로 컨테이너 수송요금이 전국화물자동차운송사업연합회의 국토해양부 신고요율이 적용되는 경우에 모든 규격에 대하여 철도가 도로에 비해 경쟁력을 지니고 있는 것으로 나타났다. 철도본선구간 운임은 도로수송에 비해 철도수송이 저렴하지만 집배송에 소요되는 셔틀 비용, 조작료, 장치료 등 부대비용이 전체 철도운송 요금의 약 30∼40%를 차지하고 있어 이들 부대비용까지 포함시킬 경우에는 철도의 운임경쟁력은 크게 떨어진다.

철도수송을 실시하고 있는 국제물류업체의 경우, 철도수송운임은 업체별로 약간의

---

6 운임계산은 차급화물은 화차 1량 단위로 하며 1톤, 1km당 42.5원으로 되어 있다. 컨테이너화물의 운임률도 일반 차급화물의 운임산정 방식과 거의 동일하나 컨테이너의 크기와 영컨테이너, 공컨테이너 등에 따라 1km당 운임률이 다르게 책정되어 있는데 공컨테이너의 운임률은 영컨테이너 운임률의 74%fmf 적용하고 있다. 2011년 현재 컨테이너화물의 운임율은 1km당 20피트 영컨테이너의 경우에 449원, 40피트 영컨테이너는 741원, 45피트 영컨테이너는 876원이 부과되고 있다.

7 거리비례제에 따른 운임의 비합리성 문제를 보완하기 위해 장거리 화물에 대하여 운임할인(운송거리 300∼399km까지 운송 시 1% 할인, 운송거리 400km 이상의 경우에는 운임의 2% 할인)을 적용하고 있으나 운송거리를 300km 이상으로 한정하고 있으며 할인율 폭도 낮아 실질적인 효과를 거두지 못하고 있다. 또한, 일반 차급화물의 지역 간 유동의 범위가 좁은 점과 300km 이상의 구간에서의 운송비중이 78% 이상을 차지하고 있는 컨테이너화물의 경우에는 할인율 적용에서 제외시키고 있어 철도운송으로의 유인이 어려운 실정이다.

<표 9-7> 컨테이너 수송요금 비교(부산항-경인지역 기준)

(단위: 천 톤)

		영컨테이너(F)		공컨테이너(M)	
		20ft 상/하행	40ft 상/하행	20ft 상/하행	40ft 상/하행
철도	전용 CY 이용	508,500	565,200	415,800	565,200
	공용 CY 이용	528,500	585,200	435,800	585,200
도로	신고요금	565,000	628,000	**462,000**	**628,000**
	신고요금의 90% 수주시	508,500	565,200	415,800	565,200
	신고요금의 80% 수주시	452,000	502,400	369,600	502,400
	신고요금의 70% 수주시	395,500	439,600	323,400	439,600

		항목별 비용			
	전용 CY 이용	20F	40F	20M	40M
철도	철송료(부산-의왕)	184,100	285,600	136,200	224,800
	경인ICD 조작료	8,346	10,455	4,500	9,000
	부산진 조작료	12,000	17,000	12,000	17,000
	부산진 장치료	4,600	6,400	4,600	6,400
	부산 셔틀료	23,000	25,000	23,000	25,000
	의왕(및 인근) 셔틀료	78,000	92,000	78,000	92,000
	비 용 합 계	**310,046**	**436,455**	**258,300**	**374,200**
	운임(통상 10% DC)	**508,500**	**565,200**	**415,800**	**565,200**

주: 1. 도로컨테이너 수송요금은 전국화물자동차운송사업연합회의 국토해양부 신고요금임.
2. 구용CY 이용시 보관료 없이 상하차비 20,000원 추가 발생.
자료: 우정욱 외, 「화주 및 복합운송업체의 모달시프트 여건 조사」, 한국철도기술연구원, 2008, p. 29.

차이는 있으나 통상 도로컨테이너 신고요금의 약 10% 정도를 할인한 금액을 적용하고 있으며, 철도본선구간 운임은 사유화차 소유에 따른 할인율을 적용하지 않은 금액으로서 실제 국제물류업체가 철도운영자에게 지불하는 요금은 자료에서 제시한 액수보다 낮아지는 경우가 많다고 한다. 그러나 도로수송의 경우에 기업별 계약 방식으로 수송거리, 이동화물의 수량에 따라 가격이 탄력적으로 변동되는 경우가 많으며, 화물자동차운송 시장의 경쟁 격화로 인해 통상 신고요금에 대한 할인율이 20~30% 이상이 되고 있어 도로의 신고요금에서 할인된 철도요금을 적용하더라도 할인율 폭이 넓은 도로수송에 비해 철도가 불리한 것으로 나타났다. 아울러 사유화차를 소유하고 있는 화주의 경우에 사유화차 소유에 따른 할인을 화차의 종류에 따라 16~25%까지 적용받고 있으나 사유화차 사용시 검수비를 별도로 지불하고 있으며, 검수비의 비중이 매우 크기 때문에 사유화차 보유의 메리트를 느끼지 못하고 있는 실정이다.

철도수송으로의 전환 확대를 위해서는 철도 구간의 운임뿐만 아니라 셔틀 비용, 부

대비용을 포함한 총 비용 차원에서의 경쟁력 제고가 필요하다.

2.2.2. 시간경쟁력 부족

철도수송의 경우에 door to door로 일관수송이 불가능하며, 화물역에서 트럭에서 철도로 양하 작업이 필요할 뿐만 아니라 하역작업에 시간이 많이 소요되고 있다. 선로의 유지보수작업을 위한 시간 확보로 화물수송은 주로 야간에 이루어지고 있어 화주의 입장에서는 수송시간의 선택에 제약을 받으며, 일부 구간에서는 비전철화구간이 남아 있어 디젤차량으로 운행함에 따라 열차속도가 느린 문제점도 지니고 있다.

실제 부산에서 경인지구 간 철도와 도로의 수송시간을 비교해보면, 부산항에서 경인지역까지 철도의 운송경로는 부산진 CY 경유, ODCY 경우, 보세지정 직반출, 이렇게 3가지로 나눌 수 있으나, 이 지역 간 도로수송이 4일 12시간이 걸리는 데 비하여 철도의 경우에는 부산진 CY를 경유하는 경우에 4일 15시간, 부산항 인근 ODCY를 경유하는 경우에는 5일 15시간, 보세지정 직반출(의왕 ICD 통관분)하는 경우에는 3일 2시간이 소요되고 있는 것으로 나타났다. 이와 같이 철도수송은 보세지정 직반출을 제외하고는 도로수송에 비해 수송시간이 더 많이 소요되고 있음을 알 수 있는데, 보세지정 직반출의 경우에도 전체 수송 중에서 약 6%에 지나지 않아 경쟁력을 지니고 있다고는 보기 힘들다.

\<표 9-8\> **공로와 철도의 수송시간 비교**(부산항-경인지역)

	철도			도로
	통관 부산진 CY 경유	통관 ODCY 경유	보세지정 직반출 (ICD 통관분)	
수송시간	4일 15시간	5일 15시간	3일2시간	3일12시간

자료: 우정욱 외, 「화주 및 복합운송업체의 모달시프트 여건 조사」, 한국철도기술연구원, 2008, p. 29.

이와 같이 철도수송은 도로수송에 비해 시간 경쟁력에서도 열위에 있는 것으로 나타났는데, 철도수송의 시간 경쟁력 향상을 위해서는 전철화 구간의 확대를 통한 화차의 평균속도 향상, 열차조성 시간의 단축, 하역장비의 보강, 블록트레인 서비스 확대 등의 노력이 필요하다. 또한, 화물터미널에서의 환적작업이 반드시 동반되는 철도화물의 경우, IT의 활용으로 고객에게 열차의 운행중지, 도착지연 등의 정보와 함께 하역지연 상황에 대한 정보를 제공함으로써 대기시간을 최소화시킬 수 있는 방법의 강구도 필요하다.

2.2.3. 수송처리능력 부족

1) 선로용량

2010년 현재 철도의 영업노선연장은 3,557.3km로 1985년에 3,120km에 비해 약 14%의 증가율을 보였는데, 이는 동 기간 도로연장이 52,264km에서 104,236km로 약 2배 정도가 증가한 것과 비교해볼 때 극히 미미한 수치라 할 수 있다. 궤도연장은 같은 기간에 6,299km에서 8,426km로 33.8% 증가하였는데, 이는 2004년 경부고속철도의 개통과 기존 노선의 복선화 사업에 의한 것이다. 기존선의 경우에는 적자선구의 폐지 수준으로 신설건설이 이루어졌기 때문에 기존선의 영업노선의 연장은 거의 이루어지

<표9-9> 철도시설 현황 추이

(단위: km)

	영업연장			궤도연장	복선화구간	전철화구간
	화물	여객	계			
1985	3,022.0	2,973.2	3,120.6	6,299.0	757.9 (24.3)	368.9 (11.8)
1990	3,026.0	2,961.2	3,091.3	6,434.6	844.6 (27.3)	522.4 (16.9)
1995	3,028.8	3,004.1	3,101.2	6,554.3	879.8 (28.4)	556.3 (17.9)
2000	3,055.8	3,028.2	3,123.0	6,706.3	932.8 (29.9)	668.7 (21.4)
2001	3,052.1	3,030.5	3,125.3	6,819.6	998.0 (31.9)	668.7 (21.4)
2002	3,061.8	3,034.2	3,129.0	6,844.9	998.0 (31.9)	668.7 (21.4)
2003	3,061.7	3,040.7	3,140.3	7,529.8	1,020.3 (32.5)	682.5 (47.1)
2004	3,046.9	3,255.1	3,374.1	7,745.9	1,313.9 (38.9)	1,588.4 (47.1)
2005	3,060.1	3,264.1	3,392.0	7,871.7	1,355.0 (39.9)	1,669.9 (47.1)
2006	3,060.1	3,264.1	3,392.0	7,889.9	1,375.7 (40.6)	1,818.4 (53.6)
2007	3,067.2	3,258.1	3,399.1	7,950.0	1,403.5 (40.6)	1,817.8 (53.5)
2008	3,049.3	3,240.2	3,391.2	7,980.8	1,432.6 (42.2)	1,843.4 (54.4)
2009	3,043.9	3,239.1	3,377.9	7,990.8	1,482.7 (43.9)	1,889.0 (55.9)
2010	3,091.9	3,376.6	3,557.3	8,426.0	1,763.0 (49.6)	2,147.0 (60.4)

주: (　)는 복선화율, 전철화율을 나타냄.
자료: 철도공사, 「철도통계연보」, 각년도.

지 않았다.

2010년 현재 복선화 구간은 1,763km로 총 철도연장의 49.6%이며 주로 경부선, 호남선, 충북선, 그리고 수도권 전차에 한정되어 있다. 전철화구간은 2,147km로 2004년 고속철도개통을 계기로 전철화율이 크게 상승되어 2010년 기준 60.4%를 나타내고 있다. 그러나 아직 일부 구간에서는 비전철화로 인해 디젤기관차에 의한 운행이 이루어지고 있어 열차속도를 높이는 데 한계가 있다.

2) 화물역시설

2008년 1월 현재 화물취급역은 총 214개역이 있으며, 보통역 194개역, 간이역이 20개역으로 구성되어 있다. 화물취급역은 거점화 정책에 따라 소규모 취급역의 정비가 진전되고 있어 계속 감소 추세에 있다.[8]

컨테이너 취급역은 총 26개로서 총 1,209,944㎡의 컨테이너 야드를 보유하고 있으며, 연간 처리가능 능력은 261만 TEU이다. 컨테이너 야드(Container Yard, CY)의 취급면적 대비 사용면적은 824,882㎡로 68.2%이며, 이 중에서 오봉 및 부산진 컨테이너 야드의 비중이 75%를 차지하고 있으며, 나머지 24개의 컨테이너화물 취급역은 소규모로 운영되고 있다. 대표적인 컨테이너화물 취급역인 오봉역과 부산진역을 제외한 나머지, 주로 도중취급을 하는 소규모 컨테이너역들은 대부분 짧은 유효장의 적하선 1개를 선로편측으로 사용하고 있어 별도의 입환기가 필요하며, 입환에 따른 수송시간의 지연 등의 문제가 발생하고 있다.[9] 또한, 소규모 CY가 다수 존재함으로써 경유에 따른 운행 시간이 증가하고 있으며, 다수의 수송물량을 요구하는 블록트레인의 확대에도 제약이 따르고 있다.

철도역의 상하역 장비의 부족도 문제가 되고 있는데, 현재 트랜스퍼크레인을 보유하고 있는 화물역은 의왕 ICD, 부산진 CY, 신선대역, 광양항역으로 나머지 역에서는 리치스태커 1~2기로 상하역 작업을 하고 있다. 두 장비의 1개당 작업효율은 비슷하지만 적하선 측면에서 리치스태커를 사용하기 위해서는 작업완료 후 이선에 대기하고 있는 열차에 접근할 수 없으므로 기관차가 입환해줄 때까지 대기 상태가 발생함으로써 장비

---

8 철도공사 물류사업단. 「업무현황」, 2008년 1월.
9 오봉역의 유효장의 적하선은 11개로 총 6,045미터이며, 부산진역은 적하선 5개, 총 2,415미터를 보유하고 있다.

<표 9-10> 컨테이너 취급장비 현황

	의왕ICD	부산진	신선대	광양항	양산ICD	장성ICD	약목	기타 16개역
트랜스퍼크레인	3기	2기	2기	–	–	–	–	
리치스태커	4기	11기	1기	1기	2기	1기	5기	22기(평균 1.4기)

자료: 한국철도기술연구원, 「고속철도 개통 시너지 효과 극대화를 위한 철둣시설 개량방안 연구」, 2007년. p. 4.

효율이 저하되어 연속적 작업의 효율이 저하되는 등 하역장비 부족에 따른 철도수송의 정시성 확보가 어려운 실정이다.

한편, 철도역 CY의 운영은 주로 CY 조성업체에 의해 이루어지고 있는데, CY 조성업체들은 전용 CY를 보유하고 하역장비까지 갖추고 있다. 운영 CY가 없는 운송업체의 경우에는 공용 CY를 이용하고 있으나, CY 조성업체의 배타적 사용으로 인해 CY 이용에 제약을 받고 있다. 또한, 공용 CY 사용시 상하역료와 장치료를 지불하도록 되어 있어 전용 CY를 보유하고 있는 업체에 비해 높은 철도요금을 지불하고 있어 철도수송의 접근성 및 저렴성 확보에 애로요인이 되고 있다.

나아가 철도수송의 문제점 중 하나인 수송완결성 부족 문제를 해결하기 위해서는 대규모 화물발생지인 항만이나 산업단지, 주요 화주의 공장까지 인입선 부설이 필요하나 현재 항만이나 산업단지와 철도역을 연결하는 인입선은 항만 9개소 29개선, 산업단지 7개소 136개선, 내륙화물기지 3개소 5개선이 있으나 대부분 10km 이내의 단거리 노선으로 대량 화물의 수요발생지에 한정되어 있다. 한국철도기술연구원의 조사보고서에 따르면 양회, 무연탄, 유류, 철강 등 일부 벌크화물의 경우에는 개별산업단지까지 부설된 인입선으로 접근성이 양호한 것으로 나타났으나 컨테이너를 포함한 일반화물의 경우에는 인입선이 설치되지 않은 경우가 많아 접근성이 떨어지고 있는 실정이다. 철도수송의 접근성, 정시성, 저렴성을 향상시키기 위해서는 대규모 수요처까지 인입선 설치를 보강하여 일관수송체계가 구축될 수 있도록 하여야 하며, 철도역 및 CY에서의 상하차 작업이 신속히 이루어질 수 있도록 하역장비의 보완과 함께 상시하역체제를 갖추는 등 운영효율화가 필요하다.

3) 비효율적인 운영체제

현재 철도는 여객 위주로 운영되고 있어 화물열차 운영에 제약이 따르고 있다. 화물열차의 열차 운행횟수는 여객열차의 약 47% 정도에 그치고 있을 뿐만 아니라 야간에 주로 운행이 이루어지고 있으며, 유지보수 작업을 위한 시간 확보로 인하여 야간에 이루어지는 화물열차의 운행 또한 선로의 제약을 받고 있어 화주 및 운송업체들의 요구에 신축적으로 대응하지 못하고 있다.

현재 컨테이너열차는 정기열차 형태로 운영되고 있지만, 다른 화물의 경우에는 화주의 요구가 있을 경우에만 열차를 편성하여 운행되고 있기 때문에 열차편성 및 운행이 능동적이지 못하고 화주의 수송요구만을 충족시키는 수동적인 열차편성이 이루어지고 있다. 또한, 2005년부터 서비스가 개시된 블록트레인 열차는 현재 총 5개가 운영 중인데 이 중에서 1개 열차를 제외하고는 모두 야간에 운행되고 있으며, 철도컨테이너 수송의 주요 수요처이며 가장 경쟁력이 있는 구간인 오봉역과 부산진역 간 수송서비스를 제공함에도 불구하고 신규 시각표의 편성 없이 기존 화물열차시각표의 일부를 이용하고 있어 신규 수송수요의 창출을 효과적으로 높이지 못하고 있다.

한편, 철도수송의 경우, 수송 2일 전까지 수송의뢰를 해야지만 화차의 수배가 가능하기 때문에 수송물량의 증감에 따른 탄력적 대응이 어려운 문제를 안고 있다. 특히 컨테이너수송의 경우, 수출입화물이 대부분을 차지하고 있기 때문에 철도의 운송 스케줄은 선사의 스케줄에 맞추어 운영되고 있어 선사의 작업시간인 월요일, 화요일은 철도수송이 거의 없는데 반해 수, 목, 금요일, 월말에 운송량이 집중되어 있음에도 불구하고 열차운행이 고정적이기 때문에 화차 부족으로 수송이 원활하게 이루어지지 못하고 있다.

이러한 철도수송의 제약은 수송시간의 지연을 초래하여 화주들이 철도를 기피하는 요인으로 작용하고 있는데 이와 같은 문제점을 개선하기 위해서는 화주들과의 수송 스케줄의 조정 등을 통하여 물동량이 일정하게 유지될 수 있도록 할 필요가 있으며, 물량에 따라 임시열차의 운행, 장대열차편성 등의 방안도 고려해볼 필요가 있다. 현재는 납입처의 희망일에 맞추어 수송하고 있지만, 향후에는 철도수송의 운임 및 시간 경쟁력 확보와 화주 및 국제물류업체의 환경문제에 대한 의식제고를 통하여 납입처와의 상호협력, 재고방침의 수정 등 보다 적극적인 수송모드의 전환을 촉진할 수 있는 시책의 강구가 필요하다.

3. 국내외 모달시프트 정책 동향

3.1. 일본의 모달시프트 정책 사례

 2008년부터 교토의정서의 의무국이 된 일본은 2010년까지 1990년 대비 6%의 온실효과 가스 배출삭감이라는 과제가 주어지면서 모달시프트 추진을 중심으로 한 환경부하가 작은 물류체계 구축을 위한 구체적인 대책마련에 노력하고 있다.

 먼저, 1997년 교토의정서의 체결에 따라 일본 국토교통성은 2001년 7월 '신총합물류시책대강'을 발표하였는데, 여기서는 2010년까지 500km 이상의 장거리 잡화수송에서 철도와 내항해운의 모달시프트화율을 50%까지 증가시킨다는 구체적인 목표를 담고 있으며, 철도의 경우에 당시 2,100만 톤 수준이던 수송량을 목표연도까지 최저 2,500만 톤 이상으로 확대시키겠다는 목표 하에 수송수단의 전환을 추진하고 있다. 또한, 계획의 구체적 실현을 위하여 2002년 3월에는 '지구온난화대책추진대강'을 발표하고 물류분야에서의 모달시프트에 의한 이산화탄소배출삭감 목표를 '2010년까지 440만 톤 삭감'으로 결정하였으며, 2002년부터는 화주, 물류업자 등의 관계자 간 상호협력으로 계획적으로 철도나 해운으로의 모달시프트 등의 환경부하저감을 위한 시책 실시를 위한 실증실험을 할 경우에 일정 효과가 인정되는 사업자에 대해서는 옥션 방식에 의해 인정하고, 보조금을 교부하는 조성제도를 실시하였다.

 그러나 이와 같은 대책마련에도 불구하고 현실적으로 철도, 해운의 수송분담률 및 장거리잡화수송에서의 모달시프트화율의 진전이 어려울 것으로 예상되자 기존의 시책만으로는 목표 달성에 한계가 있을 것으로 판단하고 보다 구체적이면서도 적극적인 시책 추진을 위하여 2003년 5월에는 '모달시프트 촉진을 위한 액션 프로그램'을 작성하여 철도에 있어서는 일본 간선물류의 대동맥을 이루고 있는 동경 · 기타큐슈 간 산요선의 수송력 증강사업의 추진과 더불어 화주 · 물류업자의 모달시프트 의식 향상을 위한 대책마련에 나섰다. 또한 2004년 12월에는 '그린물류파트너십회의'를 개최하여 화주기업과 물류업자 간 연계강화를 통한 CO_2 배출삭감과 의식의 저변 확대를 도모하고 선진적인 모델 사업에 대한 공적지원 확대를 위해 노력하고 있다. 나아가 2005년 10월에는 물류종합효율화법의 제정, 2006년 4월에는 개정省에너지법 등의 법적 지원 및 규제를 정비하고 있으며, 에코레일마크제도 등 철도화물수송의 홍보에도 적극적으로 임하고 있다.

3.1.1. 환경 부하가 적은 물류체계의 구축을 목표로 하는 실증실험

이 실증실험은 간선수송에서 화주와 물류업자가 공동으로 수송수단을 트럭에서 철도·해운으로 전환하거나, 트럭의 공동수송으로 효율화를 도모하는 등의 환경부하저감을 위한 시책을 실시할 경우, 일정한 효과가 인정되는 사업자에 대하여 시책효과(보조금 100만 엔당 CO_2 배출삭감량)가 큰 순으로 예산범위 내에서 보조금을 지원하는 제도이다. 2002년부터 2004년까지 3년간 이루어진 실증실험에서는 합계 74건의 인정이 이루어졌으며, 이 중에서 트럭에서 철도로의 전환은 56건으로 이는 전체의 약 76%에 해당한다. 한편, CO_2의 삭감량은 약 9.3만 톤에 이르는 것으로 나타났는데, 이는 교토의정서 목표달성 계획에서 정한 철도로의 모달시프트에 의한 CO_2 배출삭감 예상량인 90만 톤의 약 10%에 해당되는 수치이다. 또한, 100만 엔당 155t-CO_2가 삭감되는 것으로 나타났는데 이는 시산 베이스로 탄소세의 약 배에 해당하는 삭감효과를 가진다.

<표 9-11> 환경부하가 적은 물류체계 구축을 목표로 한 실증실험 실적추이

		2002	2003	2004	합계
	인정건수	7	35	32	74
분류	트럭→철도	4	30	22	56
	트럭→내항해운	3	5	7	15
	트럭의 효율화	0	0	3	3
CO2삭감량계획(t-CO2)		23,606	35,656	33,624	92,886
보조금신청액(천엔)		141,310	229,797	237,351	608,458
시책효과(t-CO2/백만엔)		167.1	155.2	141.7	464.0

자료: 일본국토교통성 (http://www.mlit.go.jp).

한편, 철도로의 모달시프트를 실시한 실증실험에서 나타난 특징으로는 먼저 화주나 물류업자 소유의 컨테이너를 활용한 예가 많은 것을 들 수 있는데, 여기서는 주로 화주, 일본화물(주), 그리고 이용운송사업자가 연계하여 31피트 등의 대형 컨테이너, 저온물류용 컨테이너 등을 도입, 철도수송으로 전환을 추진한 예가 많았으며, 방진컨테이너, 화물붕괴방지용 기구를 장치시켜 수송의 안전성을 기하는 사례도 있었다. 이러한 대형·고기능 사유컨테이너의 활용은 현재의 철도수송에서는 다양한 수송수요에 대한 대응이 불충분함을 나타내고 있음과 동시에 철도수송으로 전환 시 화주·물류기업의 사유컨테이너 도입 및 운용에 따른 비용소요 문제가 나타날 수 있음을 시사하고 있다. 대형 화주의 경우에는 왕복수송 사례를 많이 보였으나, 소규모 화주 소유의 사유컨테이너수송의 경우에는 귀로시 수송화물의 확보가 어려워 동일화주뿐만 아니라 복수의 화주가 연계하여 철도화물수송을 활용하는 예가 많았다. 나아가 장거리수송에서뿐만 아니라 단·중거리에서의 실증실험과 소규모 사업자, 지방자치단체의 참가사례도 있는 것으로 나타났다.

3.1.2. 그린물류파트너십회의

그린물류파트너십회의는 2004년 12월 (사)일본로지스틱스시스템협회, (사)일본물류단체연합회, 경제산업성, 국토교통성, (사)일본경제단체연합회의 협력에 의해 발족되었다. 이 회의의 산하에는 사업조정 및 평가워킹그룹(모델사업·보급사업의 채택 및 사후평가), CO_2배출량산정워킹그룹(물류분야의 각종 CO_2 산정 수법의 검토 및 공동가이드라인 책정), 홍보기획워킹그룹(우량 사례의 선출 및 홍보, 파트너십의 보급 확대를 위한 홍보)이 설치되어 활동을 전개하고 있다. 2011년 8월 현재 3,312개의 기업·단체가 등록되어 있다. 2005년도부터는 화주와 물류업자가 제휴하여 CO_2 삭감을 추진하는 선진적인 사례에 대해서는 '모델사업보조금'을, 2006년도부터는 모델사업 등의 선례를 기초로 CO_2 삭

<표 9-12> 그린물류 모델사업 · 보급사업 · 소프트지원사업 실적추이

	2005	2006		2007			2008		2009	2005-2009			
	모델사업	모델사업	보급사업	모델사업	보급사업	소프트지원사업	보급사업	소프트지원사업	보급사업	모델사업	보급사업	소프트지원사업	합계
거점집약화	4	4	10	0	7	0	11	1	4	8	32	1	41
공동수배송	9	4	6	2	3	3	3	4	0	15	12	7	34
모달시프트(철도)	10	2	22	0	10	1	9	2	2	12	43	3	58
모달시프트(해운)	5	2	14	0	5	1	3	0	1	7	23	1	31
차량등의 대형화	0	0	2	0	7	0	17	0	8	0	34	0	34
전자태그등의 활용	0	3	0	0	0	0	0	0	0	3	0	0	3
기타	5	0	10	2	8	2	5	6	1	7	24	8	39
소계	33	15	64	4	40	7	48	13	16	52	168	20	240

자료: 일본국토교통성 (http://www.mlit.go.jp).

감 사례를 보급·확대시키는 경우에 대해서 '보급사업보조금'을 지원하고 있으며, 2007년도부터는 파트너십 구축을 위한 문제점 및 대응책을 사전에 조사하는 그린물류 프로젝트의 추진을 지원하는 '소프트지원사업'을 전개해 나가고 있다.

2005년에서 2009년까지 물류효율화를 추진하는 모델사업이 52건, 보급사업 168건, 소프트지원사업 20건이 선정되어 총 240건의 추진사업이 이루어졌다. 이 중에서 철도로의 모달시프트 건수는 모델사업에서 12건, 보급사업에서 43건, 소프트지원사업에서 3건으로 총 58건으로 나타났다. 추진이 결정된 사업에 대해서는 경제산업성 및 국토교통성에서 심사가 이루어지고 일정 요건을 만족시킨 사업자에 대해서는 보조금이 지급된다.

3.1.3. 에코레일마크제도

에코레일마크제도는 2005년 3월 국토교통성이 설치한 '친환경적인 철도화물수송의 인지도 향상에 관한 검토위원회'에서 도입이 결정되었다. 에코레일마크란 친환경적인 철도화물수송을 활용하여 지구환경문제에 적극적으로 추진하고 있는 상품이나 카탈로그에 붙여지는 마크를 가리킨다. 이는 소비자로 하여금 기업의 환경저감 활동에 대한 행동을 인식하게 함으로써 상품을 구입하는 것에 의해서도 환경부하저감에 공헌할 수 있음을 알리고 소비자와 기업이 하나가 되어 환경문제에 적극적으로 대처할 수 있도록 유도하는 제도이다. 표시대상이 되는 매체로는 첫째, 개별상품의 이미지를 표상하는 매체(상품, 종이상자, 카탈로그, 신문광고 등), 둘째, 기업의 이미지를 나타내는 매체(환경보고서, 웹사이트, 포스터, 신문광고, 카탈로그 등)로 구분된다.

인정대상은 철도화물수송을 정기적으로 이용하고 있으면서 원칙적으로 일반 소비자용 상품을 제조하는 기업이어야 한다. 상품의 인정기준으로는 500km 이상의 육상화물수송 중 30% 이상을 철도를 이용하고 있는 상품이어야 하며, 이를 충족하는 상품의 경우에 상기 표시대상이 되는 매체 중 1개 매체에 대한 에코레일마크의 게시가 인정된다. 기업인정에 대해서는 500km 이상의 육상화물수송 중 15% 이상을 철도를 이용하고 있는 기업, 혹은 수량으로 연간 15,000톤 이상 또는 1,500만 톤킬로 이상의 수송에 철도를 이용하고 있어야 하며, 이에 적합한 기업의 경우 상기 표시대상 매체 중 2개 매체에 대한 이 마크의 게시가 인정된다.

<그림 9-5> 에코레일마크 사용례

자료: 일본국토교통성 (http://www.mlit.go.jp).

2005년 4월부터 인정상품 및 기업 모집을 개시하여 2011년 9월 기준, 에코레일마크 인정상품 71건(121품목), 인정기업 수가 74개사에 이르고 있다. 이 제도는 환경활동을 적극적으로 전개하는 기업의 PR이 되는 것으로 기업에 대한 인센티브의 성격을 지니고 있다.

3.1.4. 철도화물수송의 이용촉진을 위한 시책

간선철도수송을 중심으로 한 인프라정비사업을 들 수 있는데, 도카이도선 컨테이너 화물수송력증강사업(1993~1997년), 산요선 철도화물 수송증강력사업(2002~2006년) 등의 사업에 대해서는 환경부하의 경감 등 사회경제적 효과가 클 뿐만 아니라 철도로의 모달시프트 추진을 위해 사업이 국고보조로 추진되고 있다. 일본의 철도화물수송에서 주된 역할을 하고 있는 일본화물철도주식회사도 수송서비스의 확충에 주력하고 있는데, 컨테이너의 신속한 적·양하를 위하여 발착선에서 직접 상하차 작업을 수행하는 E&S(Effective and Speedy Container Handling System) 방식의 하역역 정비를 추진하여 수송효율의 향상에 노력하고 있으며, 수송시간의 대폭적인 단축이 가능한 전차형 특급

컨테이너열차(슈퍼레일카고)의 운행, IT를 활용한 컨테이너 수송에서는 IT-FRENS & TRACE 시스템을 도입하여 수송력 증강, 수송시간의 단축, 나아가 리얼타임으로 정확한 화물수송을 도모하고 있으며, 네트워크 확충을 도모하는 오프레일 스테이션, 역구내에서의 물류시설임대사업 등 서비스를 제공하고 있다. 대도시권에서의 폐기물 및 리사이클 물자수송에서 철도화물수송을 활용한 정맥물류시스템의 가능성 검토, 컨테이너의 범용성 확보, 운용효율 개선, 다양한 물류 니즈에 대응한 컨테이너의 연구개발, 외항해운과 철도의 연계강화를 위한 복합일관수송 시스템의 구축에도 힘쓰고 있다.

3.2. 유럽의 모달시프트 정책 사례

3.2.1. 영국의 철도화물운송정책 현황

영국도 우리나라와 마찬가지로 국토공간의 한계와 도로의 건설 증대로 인하여 철도화물의 수송실적은 감소 추세를 보이고 있으며, 과거에는 정부지원이 거의 이루어지지 않았다. 이러한 영국의 철도화물은 민영화 이후 철도운영회사의 상업적인 마인드로의 전환과 경제성장, 정부의 적극적인 지원제도로 인하여 철도화물수송량의 획기적인 증대를 도모하고 있다. 1990년대 중반 민영화를 전후하여 영국철도(British Rail)는 채산성이 낮은 화물시장을 축소해왔으나, 새로운 차량의 임대를 위한 비용의 증가와 민영화 이후의 운임 하향조정 등으로 인하여 철도화물은 여전히 채산성이 낮은 실정이어서 정부의 지원금이 없다면 수익성을 기대하기 어려운 실정이다.

영국의 철도화물지원제도로는 화물시설 설치에 소요되는 자본비용을 지원해주는 화물시설지원금제도(Freight Facility Grant)와 복합운송 컨테이너와 벌크화물에 대하여 선로 사용료를 일부 지원해주는 철도환경편익증대제도(Rail Environmental Benefit Procurement Scheme)가 있다. 이러한 지원제도는 철도로의 모달시프트로 인한 환경편익이 증대되는 경우에 한하여 지원금을 지급하며, REPS의 경우는 철도를 이용하는 경우의 총 소요비용이 도로보다 더 큰 경우에만 지급한다.

1) 화물시설지원금제도(Freight Facility Grants)

철도화물시설 설치에 소요되는 자본비용을 지원하는 제도로 1975~1976년에 도입되었으며, 최대 지원액은 환경편익과 자원이 필요한 금액 중 작은 값으로 통상 최대지원액의 50% 이내에서 지원한다. 대부분의 철도시설이 적용대상으로 주로 터미널 건설을 지원하고 있으며, 측선, 각종 취급설비, 부두, 차량구입 등도 대상이 되며 설계 및 공사비도 고려될 수 있다. 시설의 설치로 인한 철도화물운송의 증대뿐만 아니라 도로운송 증대에도 영향을 미칠 경우 적용대상에서 제외되며, 전동차와 화차는 과거에는 지원 대상이었으나, 현재는 제외되고 있다. 평균지원액은 50만 파운드(약 10억 원) 이하로 평균지원액이 낮은 편이나 최근 지원규모가 커지는 추세이다. 지원금 수혜자가 해당 장비를 구입한 경우 교통부는 90%를 우선 지불하며, 시설이 완공된 후 수혜자가 시설 설치로 인한 철도화물교통량이 증가했다는 증거를 교통부에 제출하지 못하면 지원금의 전체 또는 일부가 회수된다.

2) 철도환경편익증대제도(Rail Environmental Benefit Procurement Scheme)

도로운송에 비하여 높은 운임을 지불하면서도 철도를 통하여 화물을 운송하는 경우에 회사에 대하여 지원하는 제도로 2004년 도입하여 기존의 TAG(Track Access Grant, 1997~2003), CNRS(Company Neutral Revenue Support, 2004~2007)를 대체하는 제도로 CNRS를 대체하는 Intermodal과 TAG를 대체하는 Bulk로 나누어져 있다. 화물운송을 도로에서 철도로 전환하는 것이 환경, 사회적 편익을 증대시키는 경우, 철도운송비용과 도로운송비용과의 차액을 철도운송비용이 높은 경우에 한하여 정부가 증가하는 편익에 해당하는 금액을 지원하는 제도로 2007년부터 시행하고 있다. REPS의 적용기간은 2007년 4월부터 2010년 3월까지 3년간 적용토록 EU로부터 승인받았으며, 연장도 가능하다. 잉글랜드의 경우 교통부, 스코틀랜드와 웨일즈의 경우 각각 Scottish Executive와 Welsh Assembly가 관할하고 있다.

철도환경편익증대제도(벌크화물)는 2007년 3월에 종료된 TAG가 본 제도의 전신이며, 벌크화물의 운송에 대한 지원을 담당하고 있다. 이 제도는 철도운송비용이 도로보다 크고, 수단전환 시 환경편익이 존재하는 경우에 적용이 가능하다. 환경편익은 SLM(Sensitive Lorry Miles)[10]를 이용하여 산정되며, 지원금은 도로와 철도의 총 운송비용의 차이를 초과하지 못하며, 시설투자비의 경우 그 일부(운송비용의 1% 또는 최대 3만 파운드)만 소요비용으로 인정한다. 운송업체나 화주도 REPS(Bulk)에 지원할 수는 있으나, 철도화물운영자(철도운영회사)에게 지원되며, 다음의 경우에는 REPS(Bulk) 제도의 적용을 받지 못한다. REPS(intermoral)에 속하는 화물, 즉, 최적 대안수단이 도로가 아닌 경우(연안해운 등의 경우), REPS(Bulk) 지원금 수혜 없이도 수지가 맞는 경우와 지원금이 없더라도 철도를 이용할 경우, REPS(Bulk) 지원 이전에도 철도를 이용한 화물운송 계약을 체결한 경우, 철도를 이용토록 법적, 제도적으로 규정되어 있는 경우가 이에 해당한다.

철도환경편익증대제도(복합운송)는 철도를 이용한 컨테이너 복합운송을 지원하며, 2004년 3월부터 2007년 3월까지 적용된 CNRS를 대체하는 제도이다. REPS(Intermoral)는 표준 복합운송형태(컨테이너, 스왑바디, 피기백 트레일러 등)로 철도를 이용하는 화물에 지원하는 제도로 복합운송에 해당되지 않는 경우, 벌크화물을 운송하는 회사, 채널 터널 통과화물 등에 대해서는 적용되지 않는다. 영국을 18개 존으로 구분하여 두 가지의 상이한 단가를 적용(항구에서 소비지까지와 같이 소운송구간이 한 곳인 경우와 일반적인 경우인 소운송구간이 두 곳인 경우로 구분)하며, 최대 지원금 산정기준은 REPS(Bulk)와 동일하며, 지원 자격은 통상 철도운영자에게 부여되나 화주나 운송업체도 지원이 가능하며 외국 회사에도 기회가 부여된다.

3.2.2. 스위스의 철도화물운송정책 현황

스위스 교통정책의 목표는 환경 및 삶의 질을 유지하는 가운데 지속가능한 이동성의 확보('Alpine Initiative', 1994)이며, 특히 알프스 횡단 화물교통을 도로에서 철도로 전환시키려는 노력 중이며, 이를 위해 철도화물에 대한 규제강화를 통한 철도화물운송증대를 도모하고 있다.

과거 스위스의 철도화물증대정책은 트럭에 대한 최대중량제한(28톤) 적용 등 제재적인 정책 위주였으나, 최근 보다 시장지향적 정책으로 전환함에 따라 통행료 부과 등 경제적 제재를 통해 철도로의 전환을 유도하고 있다.

---

10 SLM은 FFG 또는 TAG, CNRS 등 철도화물지원제도의 효과를 측정하는 데 사용되는 일종의 원단위로 도로 종류별로 상이한 값이 적용되며, 지원금은 운행거리(Lorry-mile) 감소량에 따라 지급된다.

복합운송에 대한 운행보조금을 1999년의 1억 2,500만 CHF(약 1,000억 원)에서 향후 연평균 2억 5,900만 CHF(약 2,000억 원)으로 2배가량 증대할 계획이며, 벌크화물에도 확대 적용할 계획이다. 또한 철도화물 환적 시 병목현상 개선을 위한 터미널 건설 촉진을 위해 2010년까지 연평균 1,800만 CHF(140억 원)을 배정하였다.

이러한 중·장기 정책들이 효과를 발휘하기까지 단기정책을 병행함으로써 철도화물운송증대를 도모하고 있다. 특징적인 부분은 대형 트럭으로부터 징수한 통행료는 두 개의 알프스 관통 터널 건설 등 철도시설의 현대화를 위한 재원으로 활용하는 등 도로로부터 징수한 통행료를 철도화물 활성화에 투자하고 있다는 점이다.

3.2.3. 프랑스의 철도화물운송정책 현황

프랑스 교통부는 2010년까지 철도화물수송량(톤킬로 기준)을 1998년 현재의 두 배 수준으로 증대시키는 것을 목표로 설정하였는데, 연 3%의 경제성장률을 가정할 때 목표연도에 1998년 수준을 약간 상회하는 철도화물 수송분담률을 유지해야만 이러한 목표 달성이 가능하다.

프랑스의 경우 20세기 초 철도분담률은 80%를 담당한 반면, 1994년의 분담률은 30% 수준에 그치고 있으며, 1970년대 이후 도로분담률은 급속히 증가하는 추세에 있다. 1997년의 철도구조 개혁 이후 철도시설에 대한 투자의 급격한 증대에도 불구하고 철도화물에 대한 투자증대는 이루어지지 않고 있는 실정이다. 1999년에는 2010년까지의 인프라 투자계획을 발표하였으며, 연간 120억 FF(약 2조 2,800억 원)의 총 투자액 중 기존선 개량에 연간 40~45억 FF(약 7,600~8,500억 원), 고속선에 연간 45~55억 FF(약 8,500~1조 500억 원), 철도화물과 관련 있는 기존선에 대한 투자액은 30~35억 FF(약 5,700~6,600억 원) 규모이다.

철도화물운송증대를 위한 지원은 복합운송에 대한 지원 위주로 이루어지고 있으며, 화물자동차에 대한 규제를 병행하여 추진하고 있다. 1996년 이후 철도화물역과 환적시설 등 복합운송관련 인프라의 정비에 대한 지원을 통하여 복합운송운임을 트럭 단일 운송운임과 유사한 수준이 되도록 유도하여 철도경쟁력을 제고시키려 노력하고 있다. 복합운송을 위한 컨테이너에 대한 저리융자제도 및 피기백(Piggyback) 수송에 대한 보조금을 지급하고 있으며, 복합운송에 대한 지원규모는 1999년 3억 FF(약 540억 원),

2000년에는 5억 FF(약 900억 원)으로 매년 확대하고 있으며, 재원은 국가와 지방정부가 반반씩 부담한다.

화물자동차에 대한 중량규제(40톤) 및 일정 중량 이상의 화물자동차에 대해서는 토요일 오후 10시부터 일요일 오후 10시까지 통행금지를 적용하고 있으며, 화물자동차의 고속도로 통행료 수준을 승용차의 2.4배로 책정하며 최고속도도 85km로 제한하고 있다.

3.3. 국내 모달시프트 정책 동향

우리나라도 2013년부터 온실가스 의무감축 대상국에 포함될 것으로 전망됨에 따라 수송부문에서 친환경 수송의 중요성이 증대되고 있으며, 전체 화물수송체계의 효율성 제고와 화물수송으로 인한 사회적 비용저하의 관점에서 철도화물수송에 대한 지원의 필요성이 강조되고 있다.

우리 정부도 2008년 '저탄소 녹색성장'을 국가 비전으로 선포하고 2011년 6월에는 교통체계를 녹색교통으로 재편해 2020년까지 교통물류부문의 온실가스 배출량을 2020년 배출 전망치(Business As Usual, BAU) 대비 약 37%를 줄이는 내용을 골자로 하는 '1차 지속가능 국가교통물류발전 기본계획'[11]을 마련하였다. 이 계획에서는 '저탄소 녹색물류체계 구축'을 위해 모달시프트를 추진하는 화주 또는 운송업자에 대해 그 실적에 따라 보조금을 지급하는 모달시프트 촉진방안이 마련되었으며, 온실가스·에너지 목표관리제 시행,[12] 철도 및 연안해운 활성화 지원, 철도 복합일관수송 확대, 친환경 철도차량 보급 확대 등 철도화물수송 이용확대를 위한 제반 지원 내용을 향후 10년간 단계적으로 추진해 나가게 된다.

---

11 '지속가능 국가교통물류발전 기본계획'은 '지속가능 교통물류발전법'(2009.6.9 제정)에 따라 지속가능 교통물류체계의 발전을 촉진하기 위하여 수립하는 10년 단위의 법정 국가계획으로 향후 10년간 녹색교통체계를 구축하기 위한 정책방향과 추진전략을 제시하고 있다.

12 화물운송사업자가 정부와 자발적인 온실가스·에너지 목표관리제 참여 협약을 체결하고, 협약을 이행할 경우 향후 배출권거래제 시행시 조기감축 실적으로 인정해주는 등 하주 기업의 온실가스·에너지 목표관리제 참여 추진. 화물자동차 100대 이상 운송업체(385개), 연간 운송실적 3천만 톤킬로 이상 대형 화주기업 등을 대상으로 목표관리제 참여 추진.

특히, 2011년 8월에 발표된 '국가물류기본계획 제2차 수정계획(2011~2020)'[13]에서는 철도물류활성화 및 효율화를 위한 종합적인 지원 체계 구축방안이 제시되었는데, 여기서는 철도로의 모달시프트를 촉진하기 위해 철도이용 복합운송업체에 대한 인센티브 제공 규정 및 장거리 중량물 및 위험물 수송 시 철도 이용을 의무화하는 내용 등이 포함되었다.[14] 또한, 복합일관운송체계 강화[15]를 위한 철도운송 시설 개선 및 내륙화물기지와의 연계 지원, 철도 운영효율화 및 수송력 증강을 위한 신기술도입, 나아가 철도시설을 활용한 물류개선사업 발굴에 관한 구체적인 추진 내용이 담겨져 있다.

이와 같이 새롭게 마련된 국내의 철도화물운송 확대를 위한 일련의 지원은 외국의 사례와 마찬가지로 화물운송으로 인한 외부 비용 발생의 최소화 차원에서 이루어지고 있으며, 현재 국내 철도운송의 취약점으로 알려져 있는 시설, 운영적인 측면에서의 비효율을 초래하는 부분의 개선과 더불어 복합운송에 대한 지원 등에 초점이 맞추어져 있다.

향후 철도로의 모달시프트를 촉진해 나가기 위해서는 철도화물수송력 향상을 위한 인프라 정비의 본격적인 추진을 통하여 철도수송의 비용 및 시간적 측면에서의 경쟁력 확보가 선결되어야 하며, 온실가스 배출삭감을 위한 화주 및 물류업체의 자주적 노력 유도, 나아가 소비자의 의식개혁에 이르는 환경문제에 대한 근본적인 인식의 전환을 도모할 수 있는 꾸준한 활동이 요구된다.

---

13 국가물류기본계획은 지난 2000년 처음 수립돼 2006년 한 차례 수정된 바 있으며, 2011년 5월 12일에 제2차 수정계획(2011~2020)'이 확정·고시되었다. 국가물류기본계획 제2차 수정계획의 3대 목표는 첫째, 국가물류체계의 효율성 제고를 통하여 매출액 대비 물류비를 9.1%에서 5.5% 수준까지 낮추어 우리 기업의 글로벌 가격경쟁력을 3.6% 개선하고, 둘째, 물류를 통한 국부창출을 위하여 국가전체 산업매출액 대비 물류산업 매출 비중을 3.65%에서 5.0%까지 높여 매출기준 5위의 대표산업으로 육성하며, 셋째, 국가물류 시스템의 지속가능성 제고를 위해 물류부문의 CO$_2$ 배출량을 BAU 대비 16.7% 감소 및 화주-물류기업 간 공정거래질서 기반을 조성하는 것이다. 위의 3대 목표를 달성하기 위하여 5대 추진전략을 수립하였는데, 첫째, 육해공 통합물류체계 구축을 통해 물류효율화 구현, 둘째, 고품질 물류서비스 제공을 위한 소프트 인프라 확보, 셋째, 녹색물류 체계와 물류보안 강화로 선진물류체계 구현, 넷째, 글로벌 물류시장 진출을 위한 물류산업 경쟁력 강화, 다섯째, 시장기능 회복을 통한 물류산업의 경쟁력 제고이다.

14 이 외에도 철도로의 모달시프트를 촉진하기 위한 전략적 접근방안으로 선로사용료 산정체계 개선, 의왕 ICD 부지 점용료 산정방식 개선 등 이용활성화를 위한 지원방안 등의 내용이 포함되었다.

15 복합일관수송체계 강화를 위해 국제물류거점 내 철송시설의 개선 및 추가 확보, 내륙화물기지와 연계하여 활성화 도모, 철도역 등 주요 철도물류거점의 하역장비 확충, 민간철도물류시설의 설치 및 이전 지원 등의 내용도 담겼다. 나아가 수송력 증강을 위해 E&S 시스템, DMT 등 신기술개발을 추진하고, 장대열차, 이단적재열차 도입을 위한 기반시설 개선 추진, 양방향신호 시스템 등 운영효율화 기술도입 추진, 정시운행률 확대를 위한 운영 시스템 개선, 고정편성 고속열차, 컨테이너, 양회, 철강 등 품목별 정시운행 장거리 직통열차(block-train) 운행을 통한 서비스 개선을 추진함과 동시에 철도 및 고속철도를 이용한 택배 및 특송체계를 구축하고 철도역 및 철도 관련 시설의 택배터미널화를 추진.

참고문헌

국토해양부 보도자료 (2009년 4월 3일).

국토해양부, 「교통안전연차보고서」, 2011.

국토해양부, 「국토해양통계연보」, 각년도.

우정욱 · 김형기 · 문종법, 「화주 및 복합운송업체의 모달시프트 여건조사」, 한국철도 기술연구
　　원, 2008.

에너지경제연구원, 「에너지통계연보」, 각년도.

조한선 · 이동민 · 박상준, 「2008년 전국교통혼잡비용의 추정과 추이 분석」, 한국 교통연구원,
　　2010.

철도공사, 「철도통계연보」, 각년도.

철도공사 물류사업단, 「업무현황」, 2008.

한국철도기술연구원, 「고속철도 개통 시너지 효과 극대화를 위한 철도시설 개량방안 연구」,
　　2007, p. 419.

한국철도기술연구원, 「디젤기관의 배출가스 대기오염현황 및 저감방안에 관한 연구」, 1997.

ECMT, "Efficient Integration of Rail Freight Transport", 2004.

日本國土交通省 (http://www.mlit.go.jp).

日本政策投資銀行, 「調査」, 第88号, 2006.

日本開發銀行, 「期待される鐵道貨物輸送の復權－貨物のコンテナ增送作戰－」, 第123号, 2006.

(財)運輸政策研究センター, 「長期的展望に立った鐵道貨物の在り方に關する調査報告書」,
　　1998.

中島啓雄, 「現代の鐵道貨物輸送」, 成山堂書店, 1995.

제10장

녹색항공

1. 개요

항공운송은 2개 이상의 지점 간을 항공기를 사용하여 화물(우편물 포함) 또는 여객을 이동시키는 서비스이다. 즉, 항공운송은 항공기와 항로 및 공항을 이용하여 이루어지는 운송체제의 일부분이라고 할 수 있다.[1] 항공운송은 가장 늦게 나타난 운송서비스이기 때문에 그 초기에는 육상, 해상운송의 보완적인 성격이 강했지만 항공기술의 비약적인 발전과 각국의 육성 노력, 항공노선망의 형성 등으로 주 운송수단으로서 독자적인 지위를 확보하였다.

1903년 라이트 형제에 의해 인류의 첫 공식적인 비행이 있은 이후 항공산업은 비약적인 발전을 거듭하였다. 약 100년이 지난 2000년 시장규모는 1,450억 달러에 이르렀으며, 비행기와 우주선, 미사일 등과 같은 제조업부터 여객, 화물, 우편과 같은 운송서비스업, 공항시설의 설치와 운영, R&D 및 국방산업을 망라하고 있다.[2]

항공운송산업은 항공기술이 어느 정도 안정을 찾은 제1차 세계대전 이후 발전하기 시작하였다. 1925년 미국 항공우편법[3]의 시행, 1927년 린드버그의 대서양 무착륙 횡단비행,[4] 1936년 DC-3의 첫 출항[5] 등과 같은 일련의 사건들은 항공운송산업의 비약적인 발전을 초래했다.

제2차 세계대전은 항공기의 기술적 발전으로 운송산업의 성장에 크게 기여하였다.

---

1 Stephen J. Shaw, Transport - Strategy and Policy -, Oxford: Blackwell, 1993, pp, 63~64.
2 이때 항공산업은 항공우주산업이다. "Aerospace Facts and Figures",Aerospace Industries Association, 2002-2003.
3 Kerry Act, 항공우편송달업무의 민영화를 주 내용으로 하는 법률이다. 항공 인프라 구축이 크게 늘어나는 계기가 되었다. 무라마키 히테키, 『항공경제학』, 서울경제경영, 2011, p. 6.
4 항공의 안전성을 입증하는 시험으로 이를 계기로 세계적으로 항공운송에 대한 투자가 붐을 이루었다. 전게서.
5 21인승 쌍발기. 이 기종의 출현으로 기존의 톤-마일당 비용이 37.2센트에서 27.4센트로 줄어들었다. 미-유럽의 주 기종으로 생산되어 총 11,000여 대가 생산되었다.

미국은 자국이 참전함에 따라 대서양과 태평양을 오고가는 항공기의 필요성으로 인해 장거리용 수송기의 개발에 힘을 쏟았으며, 파일럿 양성, 항법기술 그리고 활주로와 같은 대규모 시설투자도 병행했다. 전쟁이 끝난 이후 이는 민간항공산업의 밑거름이 되었으며, ICAO, IATA와 같은 국제항공기구[6]가 만들어지고 대형 항공사의 출현으로 이어졌다.

1950년대 말 이후 제트엔진의 개발로 항공운송산업은 획기적인 변화를 맞이하였다. 먼저 제트기는 속도와 기체가 기존 항공기의 2배를 능가할 수 있어 장기적으로 항공운송의 생산성을 크게 개선할 수 있었다. 또한 기존의 항공기 생산시장과 달리 채산기준이 1,000대 가까이로 늘어나면서 중소 생산업체는 점차 시장에서 퇴출되었으며, 결과적으로 현재 민항기 제조사는 미국의 보잉과 유럽의 에어버스만이 생존하게 되었다. 한편 항공기 리스사업, 정부보조금 확대, 공항시설 확대와 같은 경제 외부효과가 함께 주목받게 되었다. 기존의 점보기인 B747을 대체할 것이라고 예상되는 최신 A380은 표준 객석수 555개, 항속거리 1,5100km, 항속은 마하 0.85이며 화물전용기는 150톤의 중량을 실을 수 있다.

항공운송산업은 경제적으로 파급효과가 큰 산업이다. 제조업의 경우 항공기 부품과 완성품, 운송기재 등을 개발함으로써 부가가치를 만들어낼 수 있으며, 여객운송서비스의 경우 관광업과 밀접하게 관련되어 있다. 공항시설의 투자와 운영은 사회간접자본의 성격을 가지고 있으며, 지역경제에 크게 영향을 미친다. 또한 항공기술과 항공시설 등은 국방력과도 밀접하게 관련이 있기 때문에 항공운송산업의 발전은 각국 정부의 주도로 이루어지는 특징이 있다. 이는 항공운송시장의 공급과잉, 항공사의 저마진 등의 문제를 야기하기도 한다.[7]

항공운송산업은 성장산업이다. 전 세계적으로 항공 수요는 소득수준의 향상과 국제교역량의 증대에 힘입어 1960년대부터 지속적으로 증가하여왔으며, 동기간 평균 GDP 성장률의 2배가 넘는 성장률을 기록하였다. 현재 유럽 및 미주지역 시장이 성숙

---

6 ICAO : International Civil Aviation Organization, 국제민간항공기구, IATA : International Air Transportation Association, 국제항공운송협회. 자세한 설명은 2. 녹색항공의 국제적 동향을 참조.

7 정부의 보조금, 리스 등을 통한 금융지원으로 신기종을 도입함으로써 경쟁력을 높일 수 있으나 이는 항공사의 시장 퇴출을 지연시켜 항공기의 공급과잉 문제를 야기하고, 이자비용을 가중하여 수익을 낮추는 요인이 된다. 이러한 이유로 항공산업의 규제철폐 및 자유화, 민영화와 같은 주장이 설득력을 얻고 있다. 역자 주

<그림 10-1> DC-3과 A380

기에 접어들었지만 아·태 지역은 연평균 10% 이상의 성장률을 기록하며 세계 항공시장의 성장을 견인하고 있고, 이를 바탕으로 국제항공운송협회(IATA)는 2010~2014년 항공수요 예측에서 여객은 연평균 5.3%, 화물은 6.4%씩 지속적으로 증가할 것으로 예측하고 있다.[8]

그러나 기후변화로 인하여 이러한 성장성이 지속될 수 없을지도 모른다. 2005년 스턴보고서에 따르면 운송부분은 농업, 산업부분과 함께 3위의 발생원으로 전체 탄소배출량의 14%를 차지하고 있다. 이 중 항공운송부분은 비록 배출비중이 전체 1.6% 정도이지만 배출증가속도는 가장 빠른 부분으로 2050년까지 현재의 3배 수준으로 증가하여 전체 배출량의 2.5%를 차지할 것으로 예측하고 있다. 또한 항공기에서 배출되는 오염원은 대기에 직접적으로 영향을 주기 때문에 그 피해는 가중될 것이라는 의견이 지배적이며, 결과적으로 전체 온난화 정도의 5% 요인으로 자리 잡을 것이다.[9] 또한 기후변화로 인해 전 세계 국가는 매년 GDP의 1% 이상의 비용을 지출해야 한다. 항공운송수요 역시 GDP에 연동하여 크게 줄어들 수 있는 부분이다.

온실가스 배출원으로서 직접적인 규제 대상인 동시에 간접적으로 성장성마저 위협받고 있는 항공운송산업은 이제 녹색항공을 통해 이러한 위기를 기회로 활용해야 할 것이다. 녹색항공이란 항공운송 전반에 걸쳐 고유의 부가가치를 창출하면서 에너지와

8 「Airline Industry Forecast 2010~2014」, IATA, 2010, 박명섭, 『국제물류의 이해』, 2011, p. 175에서 재인용.
9 Nicholas Stern, The Economics of Climate Change, Cambridge, 2005, p. 197, p. 389.

자원의 효율을 높이고 탄소의 배출을 억제하여 환경을 개선시키는 모든 활동을 총칭한다고 할 수 있다. 이는 청정에너지 및 대체에너지를 사용할 수 있는 기체 도입, 저탄소 고효율의 엔진 개발과 같은 기술적인 측면뿐만 아니라 서비스와 운항의 합리화, 경량화, 정책적 지원과 같은 경영활동을 모두 포함한다.

10장에서는 녹색항공에 대하여 먼저 발생 온실가스와 탄소배출량 등 지구온난화에 대한 항공운송의 기여 수준에 대하여 알아보고, 녹색항공의 국제동향, 항공기업의 자구적인 노력, 녹색공항 구축 및 운영, 정부의 녹색항공 정책으로 나누어 살펴보도록 할 것이다.

2. 항공운송에서 발생되는 온실가스와 그 영향

1999년 IPCC는 항공에서 발생하는 온실가스에 관한 보고서를 제출하였다.[10] 이에 따르면 항공에서 나오는 온실가스는 대류권 상층부와 성층권 하층부에 직접적으로 분포되므로 온실효과에 보다 크게 기여한다고 하였다.

온실가스가 지구온난화에 어떻게 영향을 주는가는 복사강제력(Radiative Foceing)[11]에 의해 설명되고 있다. 항공에서 발생하는 배출가스는 탄소산화물(COx), 수소산화물(HOx), 질소산화물(NOx), 황산화물(SOx), 메탄(CH_4)이 있으며, 이 밖에도 미립자(Particles)로 매연(Soot)과 황산연무질(Sulphate aerosols)이 있다. 한편 비행운(Contail)과 권운(Cirrus)의 형성은 온실효과를 발생시키는 또 다른 문제로 여겨지고 있다. 현재까지 밝혀진 항공에서 배출가스에 의한 복사강제력은 다음과 같다.

---

10 1996년 IPCC는 ICAO의 요청에 따라 항공 엔진에서 발생하는 온실가스에 관한 연구에 착수하였으며, 그로부터 3년 간의 조사와 연구 끝에 1999년 특별보고서 "Aviation and Global Atmosphere"를 발표하게 되었다. 이는 항공운송과 기후변화에 관하여 가장 광범위하고 완전하게 연구된 최초의 업적으로 평가받고 있다. 역자 주

11 복사강제력이란 잠재적으로 기후변화의 중요성을 평가하는 측정 정도이며 단위로 단위면적당 Watt(Wm^2)를 사용한다. 이는 지구 대기의 복사에너지 안정에 어느 정도의 변화를 미칠 수 있는가를 나타내며 양의 복사강제력은 온실효과, 음의 복사강제력은 냉각효과를 나타낸다. 역자 주.

<그림 10-2> 항공에서 발생하는 오염원과 고도에 따른 영향

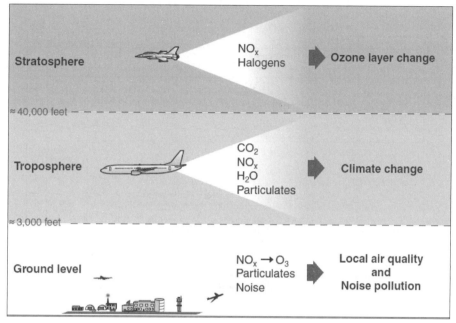

출처: AVIATION AND THE ENVIRONMENT, GAO-08-706T, 2008, p. 6.

- CO_2의 배출은 양의 복사강제력을 가진다(온난화).
- 질소산화물의 배출은 대류권의 오존을 증가시켜 복사강제력을 증가시킨다. 한편 질소산화물은 메탄을 분해하여 대기의 냉각효과를 가져오며, 메탄의 분해로 인해 오존 생성을 저해하는 상쇄효과도 가지고 있다. 그러나 상쇄효과보다 온실효과가 더 크다고 알려져 있다.
- 질소산화물의 배출은 성층권 오존의 생성과 파괴 모두에 관여한다. 20km 이상에서 배출된 질소산화물은 오존을 파괴하며 냉각효과를 가지게 된다.
- 황산연무질은 연료에 포함된 황으로부터 직접 배출되는데 음의 복사강제력을 지닌다.
- 매연물질은 양의 복사강제력을 지닌다.
- 선형 비행운은 양-음의 복사강제력을 모두 가지고 있지만 전반적으로 양의 복사강제력을 갖는다고 판단된다.

<그림 10-3> 항공으로 인한 요인별 복사강제력

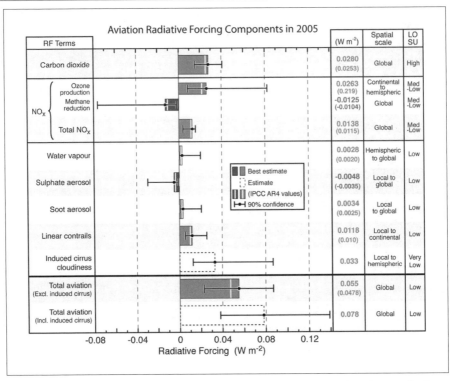

출처: D.S. Lee all., Transport impacts on atmospere and climate: Aviation, Atomospheric Environment 44, 2010, p. 4714.

- 권운은 역시 양-음의 복사강제력을 가지만 전반적으로 양의 복사강제력을 갖는다고 판단된다.

1999년 IPCC 보고서에 따르면 항공으로 인한 복사강제력은 1992년 $0.05Wm^2$에서 2050년 $0.13{\sim}0.56Wm^2$까지 2.6배에서 최대 11배까지 큰 차이를 보이며 증가하지만[12] 최근 연구에서는 고성장 시나리오를 기준으로 2050년 $0.19Wm^2$로 약 4배 정도 증가

---

12 IPCC는 항공 부분의 기후변화 영향을 예측하기 위해 6가지의 시나리오를 사용하였다. 평균성장률, 기술개발, 고성장 시나리오 등이 있다.

할 것으로 예측된다.[13]

이산화탄소 배출 예상량은 2015년 278Tg(C), 2050년 405Tg(C), 2100년 666Tg(C)이며, 이는 1992년 140Tg(C)의 6배까지 증가할 전망이다. 질소산화물 배출 예상량은 동기간 4.67Tg(NOx), 7.16Tg(NOx), 11.77Tg(NOx)이다.[14] 현재 항공 부분의 배출량은 민간 및 일반 항공을 포함하여 모든 민간상업용 항공기로부터 도출된다. 이때 벙커링과 UN 헌장에 입각한 다국적 작전에 사용한 연료에 의한 배출은 국가 총합에서 제외된다.[15] 각국은 이용 가능한 자료 수준에 따라 IPCC 가이드라인 티어(Tier) 1, 2, 3 방법을 사용하여 국내와 국제선으로 나누어 측정하고 있다.[16]

3. 녹색항공의 국제적인 동향

3.1. 교토의정서 이후 국제 움직임

항공 부분은 탄소를 포함한 온실가스의 측정이 어렵고, 배출량의 국가별 책임 소재 결정의 어려움으로 인하여 교토의정서 체제하에서 제외되었다. 이후 포스트 교토메커니즘(2012년 이후)에서 항공 및 해상운송에 의한 온실가스 배출량 규제를 포함하기로 합의하였으나, 2009년 12월 덴마크 코펜하겐에서 있었던 15회 당사국회의와 2010년 12월 멕시코 칸쿤에서 있었던 16회 당사국회의에서 선진국과 개도국 간의 의견 차이로 합의에 실패하였다.

---

13 D.S. Lee all., Transport impacts on atmospere and climate: Aviation, Atomospheric Environment, 2010, No.44, p. 4714.

14 Sausen, R, Schumann, U. Estimates of the Climate Tesponse to Aircraft CO_2 and NOx emission Scenarios, Climate Change, 2000, 44 p36.

15 조준행·신숙식·정경화, 『수송부분 온실가스 배출통계체계 구축 및 관리방안』, 한국교통연구원, 2008, p. 74. 평균성장률 시나리오(Fa1) 기준, Tg(C)=million tons of carbon, Tg(NOx)=million ton of nitro oxide.

16 Tier는 배출량 측정방법의 복잡도를 의미하여 1은 가장 간단한 방법으로 사용된 연료만을 기준으로 배출계수를 곱하여 측정한다. Tier 2는 이착륙과 항해구간을 구분하여 적용하며, Tier 3은 각 기체별 특성을 반영한 시뮬레이션을 통하여 도출한다. 역자주.

국제운송의 기후영향에 관한 국제제도의 수립에 있어 현재와 같은 교착상태는 다음과 같은 3가지 요인에 의한다.[17]

첫째, 효과적인 기후정책은 할당(Allocation)과 정책기준(Polices and Measures, PMs)의 합의가 필요하지만 정책은 ICAO와 IMO에서, 할당은 UNFCCC SBSTA(Subsidiary Body for Scientific and Technological Advice)에서 논의되고 있어 이 둘의 유기적인 관계가 형성되어야 함에도 그렇지 못해 당사국들의 의견이 조율되지 못하고 있다.

둘째, 교통의정서에 따라 Annex I 국가들은 배출량 감축목표와 강제력 있는 조치들을 자국내 산업에 취해야 하지만 non-Annex I 국가들은 그러할 의무가 없다. 따라서 이러한 왜곡된 상황에서 ICAO와 IMO 내 non-Annex I 국가들에게 배출규제와 저감노력을 촉구하는 데 한계가 있으며, 해당국들 역시 선진국의 역사적인 책임을 촉구하며 자국내 운송산업의 경쟁력을 약화시키는 환경규제에 반감을 가지고 있다.

셋째, 기후정책에서 국제항공운송 분야에 관하여 구체적으로 언급되지 않았다.

이러한 배경 아래 Post 2012에 관하여 3가지 방법적인 접근이 있는데, 첫 번째는 국가별 할당제(Allocation to Countries)이며, 두 번째는 개별적 저감의무 또는 목표제(Sectoral Commitments or Targets), 마지막으로 지역적 접근방법(Regional Srart)이다.

3.1.1. 국가별 할당제

배출량이 국가에 할당되는 경우, 각 국가는 국제 항공으로부터의 총 배출량의 일정 부분을 책임지게 된다. 이는 국가가 통제할 수 있는 배출량을 책임지는 것으로 다른 부분을 아울러 통제할 수 있는 차별적인 PAMs가 필요하다.

이는 다시 세 그룹으로 나누어볼 수 있다.

첫째, 기술기반 PAMs로 R&D 보조금, 기술기준, 이행기준의 제공방안이 있다. 이는 선박, 항공기, 국적사의 배출에 관한 통제권을 부여한다. R&D 보조금은 저배출기술의 발전과 사용을 가속시킨다. 기술기준은 신기술 도입 속도를 높일 것이다. 이행기준은 새로운 운항 기술을 소개하고 아울러 새로운 기술의 도입을 증가시킬 것이다. 예를 들

---

17 김민정, 안미진, 「항공교통 부문 온실가스 배출규모 추정 및 관리방안」, 한국교통연구원, 2008, pp. 12~21의 내용을 주로 참조하였음.

어 약 4% 정도의 연료 제제(fuel penety)는 80% 정도의 비행운 감소효과가 있으며, 저녁과 야간 운행을 줄여도 비행운의 기후변화 영향을 줄일 수 있다. 그러나 기술기반 PAMs는 운송으로부터의 기후영향과 배출량을 다소 통제할 수 있지만, 절대적인 기간 내에 배출량을 감소시키기 위해서는 부적절하다.

둘째, 세금이나 과태료 부과로 유류세나 배출부과금이 있다. 이는 외부비용을 내재화함으로 경제효율적일 수 있으며, 다른 PAMs에 비하여 정부 부담이 낮은 장점이 있다. 그러나 쌍방 또는 다자 간 세율을 조정하기가 어렵다. 또한 각국의 조세권과 형평성으로 인해 분쟁의 소지가 크다. 결론적으로 세금이나 과태료 부과는 관할당국이 관할지역 내의 기후영향과 연료판매에서 오는 배출량을 조정할 수 있게 하지만 국제공조는 자국에 대한 조세권을 상실할 수 있다는 우려 때문에 어려움이 있다.

셋째, 배출권거래제도에 의한 방법이 있다. 이는 배출량 감소에 관련된 비용을 최소화하기 위해 디자인되었다. 주로 cap and trade 시스템을 사용한다. 이는 당국에 총배출량에 대한 통제권을 부여한다. 개방형 배출권거래 구조는 특정 섹터의 배출목표를 달성하는 데 적당하지 않다.

할당 옵션으로 UNFCCC SBSTA는 처음 8가지의 옵션을 논의하였지만 그 중 결함이 있는 3가지 및 1번[18]을 제외한 4가지를 논의하고 있다.

3번은 연료를 판매한 국가에 따라 할당하는 방법이다. 연료량에 세금을 부과하거나 배출부과금, 배출권거래(연료공급자에 거래권 부여)를 통해 할당할 수 있다.

4번은 운송회사가 속한 국가, 운송수단이 등록된 국가 또는 운항국에 따라 할당하는 방법이다. 기술기준과 이행기준을 통해 당국은 해당 기업에 대한 통제력을 확보할 수 있다.

5번은 선박이나 항공기의 출발 및 도착국에 따라 할당, 또는 여정에 관계한 출발국과 도착국이 배출에 대해 분담하는 것이다. 당국은 배출권거래제, 배출부과금, 항공의 경우 연료세를 통해 조정할 수 있다. 기술기준 및 이행기준은 운송에 관한 배출량을 조정할 수 있도록 한다.

6번은 화물이나 승객의 출발국 또는 도착국에 따라 할당하는 것이다. 또는 여정에

---

18 1번 옵션은 "no allocation"이다.

<표 10-1> 국가 할당을 위한 최종 컨셉

	A. 노선기반 할당	b. 화물기반 할당
할당 옵션	5	6
할당	선박 또는 항공기의 출발/도착국에 기초한 할당	화물의 기점 및 도착점에 기초한 할당
해당 부문	항공 또는 해상운송	해상운송
배출책임	국가	국가
책무 성격 및 수준	다단계 접근과 일치 -선진국: 절대적 상한치 -선진 개발도상국: 상대적 배출목표 -저개발국: 약정 없음	
정책방안	-선진국: R&D, 기술기준,배출부과금, 배출권거래 -선진 개발도상국: 기술기준, 배출부과금, 부문별 CDM	
포함범위	CO_2	
각 조직의 역할	-UNFCCC COP는 국가 목표를 설정 -ICAO와 IMO는 PAMs에 관한 가이던스 개발 -국가들은 PAMs를 개발하고 이행	

출처: 김민정, 안미진, 「항공교통부문 온실가스 추정 및 관리방안」, 한국교통연구원, 2008.

관계한 출발국 및 도착국이 분담하는 것이다. 배출권거래제도와 배출부과금이 조정력을 갖게 한다.

위 4개의 옵션과 PAMs을 결합하여 다양한 Policy Mix를 도출할 수 있으나 사실 선택할 수 있는 국제정책은 제한되어 있다. 우선 각국은 앞서 설명한 것과 같이 세금이나 관세와 같은 조세권에 대하여 민감하기 때문에 국제적으로 적용된 세율을 일괄적으로 적용하기 어렵다. 또한 세금의 차이는 회피에 의한 분쟁 또는 불공정성을 야기한다. 또한 기체의 등록국가가 의무를 지게 되면 비의무국의 상대적인 경쟁력 강화로 시장 왜곡이 나타날 수 있으며, 회피로 인한 비효율이 나타나 탄소저감이라는 고유의 목적을 상실할 수 있다. 또한 개발도상국과 같이 차별화된 의무를 주장하는 국가들을 고려하여 다단계 접근법이 필요하다. 이러한 이유로 다음의 두 가지 최종 컨셉이 진행 중에 있다.

3.1.2. 산업별 저감의무 또는 목표제(Sectoral Commitments or Targets)

이는 항공이나 해운으로 인한 기후변화의 책임은 국가가 아니라 그 산업 자체에 있다는 가정에 있다. 이 경우 두 가지 방안이 거론될 수 있는데, 한 가지는 기후 영향이나 배출에 관한 절대적 상한치(Absolute cap), 그리고 나머지 하나는 국제적으로 조정된 기술적 방침의 설정이 될 것이다.

ICAO와 IMO는 항공과 해상 운송으로부터의 배출 또는 기후 영향에 관한 절대적 상한치를 받아들일 것인지를 결정해야 하고, ICAO와 IMO는 각 부문의 배출을 책임져야 할 것이다. 배출을 통제하기 위하여 그들은 항공기와 선박 운영자에게 배출권 상한제를 제시할 수 있다.

기술적인 방침의 설정이란 기후변화를 경감시키는 ICAO와 IMO의 서약을 말하며, 이 서약은 특정한 PAMs의 적용이나 배출 목표 등과 관련될 수 있다. 그러나 이런 배출 상한이 없는 제도는 향후 많은 문제를 야기할 수 있으며, ICAO와 IMO에 의해 제시된 PAMs는 대부분 기술적인 성격(예를 들면, 기술과 이행기준)을 가지고 있어 시행에 어려움이 많다.

배출상한선을 가진 산업별 접근 방식의 경우 ICAO와 IMO는 국제운송 배출의 상한선을 설정하고, 거래허용량을 설정하여 운영자에게 배분해야 할 것이다. 이행에 따른 비용을 줄이기 위하여 ICAO와 IMO는 운영자들의 JI 또는 CDM Credit의 양도를 허용하고, 배출거래제도를 현존하는 거래제도와 연계시킬 수 있다. 결국 시행은 각 국가에 의한 것으로 ICAO와 IMO는 운영자가 배출권거래제도의 요구에 응하지 않을 경우 국가에 통보하여 국가가 이 운영자의 선박이나 항공기의 착륙권이나 항구의 진입을 제재할 수 있으며, ICAO와 IMO는 국제운송 부문에서 상한치를 충족할 수 있도록 도와주는 PAMs에 관한 가이던스를 제공한다.

반면 상한제도의 절대적 의무와는 다르게, 기술기반제도는 대부분 상대적인 의무를 가하여 2050년까지 항공에서는 약 15%, 해상운송에서는 약 25%의 능률 향상을 초래할 수 있다.

<표 10-2> 산업별 접근 방식

	C. 배출상한	D. 기술기반
할당	할당하지 않음	
해당 부문	항공 또는 해상운송	
배출책임	ICAO, IMO	ICAO와 IMO가 운송 기술에 관한 서약을 함
책무 성격 및 수준	운송절대적 목표	운송상대적 목표
정책방안	기술적인 방침, 배출권거래	기술적인 방침
포함범위	CO_2만	모든 영향
각 조직의 역할	- ICAO와 IMO는 배출상한을 정함 - 상한치는 UNFCCC COP에서 상의 - ICAO와 IMO는 그들 분야에 대한 배출권 거래를 체계화시킴 - 운영자는 할당치를 양도함 - 국가는 운영자의 이행을 실시함	- ICAO와 IMO는 기준을 정함 - 국가는 기준을 이행하고 수행함
지리적 범위	선진국과 개발도상국 내-간의 루트	모든 국가

출처: 김민정, 안미진, 「항공교통부문 온실가스 추정 및 관리방안」, 한국교통연구원, 2008.

3.1.3. 지역적 접근방법(Regional Start)

이 방침을 구제화시키는 중요한 선택은 국제운송의 이산화탄소 배출을 경감시키기 위하여 "현존하거나 새롭게 시행될 정책방침이 지역적 환경에서 이행이 가능한가?"이다. 이 제도는 특히 ETS를 다른 국가와 지역에 확대시키는 EU의 공식적인 방침으로서 좋은 사례가 될 것이다.

제도에 항공을 포함시켜 범위를 확대하기 위해서는 다음과 같은 세 가지 방안을 생각해볼 수 있다.

- 유럽경제지역(EEA)에 제도 확대
- EU 전 지역에 제도 확대
- EU가 아닌 국가/지역으로 제도 확대

<표 10-3> 지역적 접근 컨셉

	E. 항공	F. 해양
할당	할당하지 않음	
배출책임	항공기 운영자	선박 운영자
책무 성격 및 수준	절대적 목표(cap)	절대적 목표(cap, ETS)
정책방안	배출권거래	배출권거래: 다른 부과금이나 이행기준
포함범위	CO_2	CO_2(ETS 와 다른 부과금) 모든 영향(이행기준)
각 조직의 역할	만약 ICAO가 입법안의 적용 전에 가이던스를 개발하지 않는다면, EU를 제외한 국가는 해당 없음	– 만약 IMO가 입법안의 적용 전에 가이던스를 개발한다면, EU 외의 나라에는 해당 안 됨(ETS 와 다른 부과금의 경우) – IMO는 이행기준을 개발함(EU 가 정책제도로 이행기준을 선택한 경우)
지리적 범위	Intra-EU 또는 EU공항으로부터의 모든 도착과 출발	EU 항구에 도착하는 모든 항해

출처: 김민정, 안미진, 「항공교통부문 온실가스 추정 및 관리방안」, 한국교통연구원, 2008.

이상에서 살펴본 항공운송의 향후 국제정책공조는 크게 6가지(항공 5가지)이며, 이 중 컨셉 A, C, E가 가장 실효성이 높게 평가되고 있다.

1) A. Route-based allocation and stacked polices and mesures

배출량은 선박이나 항공기의 도착 또는 출발국에 할당된다. 차별화된 의무의 경우 선진국은 절대적 상한치, 개발도상국은 상대적인 배출목표를 배정받으며, 저개발국은 저감의무가 주어지지 않는다. 선진국은 기술기준, 배출부과금과 부문별 CDM을 제시하는 반면, 저개발국은 CDM을 통하여 기후정책을 구체화시킨다. Non-CO_2 기후영향은 승수(multiplier) 방법으로 구체화시키고, UNFCC는 목표를 설정하는 반면, ICAO와 IMO는 PAMs 가이던스를 개발하며, 각 국가들은 PAMs를 이행한다.

2) C. Sectoral approach with emission cap

이 방안은 국제운송의 배출은 특정 국가에 할당되지 않는 반면, ICAO와 IMO에 책임이 부여된다. ICAO와 IMO는 배출 상한을 결정하고 배출거래조직 구성과 기술방침을 제시하여야 한다. 상한치는 수행하는 거래시스템과 다른 거래시스템 간 거래 단위의 교환을 보장하기 위하여 UNFCCC COP의 동의를 구하여 결정된다. 한편 Non-CO_2 기후 영향은 승수 방법에 의해 구체화될 수 있다. 국가는 국제 방침에 따라 항공기와 선박 운영자의 이행을 감시·운영하고, 차별화된 저감 의무는 단지 선진국과 선진 개발도상국 내에서 그리고 국가 간의 노선에서의 배출을 포함한다.

3) E. A regional start for aviation: inclusion in the ETS

항공으로부터의 배출은 EU ETS에 포함되며, 이는 EU 공항으로부터 출발하는 모든 항공연 또는 대안적 지리적 범위에 적용된다. 한편 Non-CO_2 기후 영향은 승수 방법에 의해 구체화될 수 있다. 항공기 운영자는 배출의 책임을 지고 필요하면 EU ETS의 시장에서 추가적인 할당량을 구입할 수 있다. 이 콘셉트는 제도가 다른 국가/노선에 확장될 경우, 루트 간의 차별성 부여가 가능하다.

3.2. ICAO, IATA의 규제동향

3.2.1. ICAO

국제민간항공기구(International Civil Aviation Organization, ICAO)는 국제항공의 안전성을 확보하고, 국제민간항공의 질서의 감시를 이행하는 기관으로 시카고조약(1947년)으로 설립이 합의되었다. 따라서 시카고조약 체결국은 자동적으로 ICAO 회원국이 된다. ICAO는 국제민간항공에 대한 UN 최고 전문기구로서 항공부문의 환경부문의 기준을 제시하고 있으며, 기후변화협상에 있어서도 주요한 역할을 수행하고 있다.

1998년 교토에서 개최된 UN 기후변화협약 제3차 당사국회의는 국제항공 분야에서의 온실가스 배출량감축 활동을 위한 ICAO의 역할을 인정하였다. 교토의정서 제2.2조는 서명국들로 하여금 ICAO를 통하여 국제항공기의 온실가스 배출량감축 목표를 달성하도록 규정하고 있다.

ICAO는 국제항공의 배출권거래제에 대한 지침을 개발하는 데 노력을 기울이고 있다. ICAO 산하 항공환경보호위원회(Committee on Aviation Environment Protection, CAEP)[19]는 2007년 ICAO 회원국 간 배출권거래제도에 국제항공을 포함시키는 권고안을 공표하였다. CAEP 제안에는 항공기 운항인들을 규제의 핵심 대상으로 할 것, 운항인의 의무는 규제 대상이 되는 운항으로부터 배출된 온실가스 배출총량을 기준으로 할 것, 초기에는 이산화탄소만을 대상으로 할 것, 외국 운항인의 경우 상호합의하에서 규제적용 대상에 포함시킬 것 등의 내용을 포함하고 있다.[20] 또한 동년 총회에서 국제항공과 기후변화에 대한 그룹(Group on International Aviation and Climate Change, GIACC)의 설치에 합의하였다.[21]

2009년 제4차 GIACC 회의에서 ICAO와 체약국 간 국제항공 부문의 기후변화 온실가스 감축을 위해 노력해야 한다는 기본적 입장에 의견을 수렴하고, ICAO 총회 결의에 의해 부여된 "연료효율(Fuel efficiency)" 개선작업과 관련, "달성목표(Aspirational goal)" 개발, "시장기반조치(Market-based measures)" 이행방안 및 각국 이행상황 모니터링 방안 등 3가지 핵심 사항에 대한 추진방안을 합의[22]하였으며, 그 내용은 다음과 같다.

첫째, 달성목표로 단기(2012년까지)적으로 매년 2% 개선, 중기(2013~2020/2025년)적으로 매년 2~2.5% 개선 추진 내용을 제안하였다.[23] 다만, 중장기 목표는 향후 기술개발 정도와 체약국 간의 개선의지 등에 따라 가변적임을 언급하였다.

둘째, 시장기반조치(Market-based measures) 이행에 관하여는 국가 간 이견의 상존을 인정하면서, ICAO 이사회가 우선적으로 분야별 접근 방법 "Sectoral framework"을 개발하여 체약국과 지역 그룹이 당해 원칙에 입각한 "시장기반조치" 추진 및 관련 이슈를 처리토록 할 것을 권고하였다. 그 이행 시나리오로는 ① 현재와 같이 개별국가/

---

19 1983년 ICAO 총회 및 이사회에 환경문제를 보고할 목적으로 설치되었으며, 민간항공의 환경과 관련된 ICAO 업무의 1차적 책임을 지고 있다. 역자 주.

20 Daniel B Reagan, op cit., 2008, p. 358.

21 문준조, 「국제민간항공의 온실가스 배출에 대한 국제적 규제방안에 관한 연구-EU의 일방주의적 규제 대 국제민간항공기구를 통한 다자간 규제를 중심으로」, 환경법연구, 2008, 제30권 2호, 한국환경법학회.

22 제4차 국제항공/기후변화그룹(GIACC) 회의결과, "주몬트리올총영사관(2009.5.28)".

23 박원화, 「구주연합의 항공기 배출 규제 조치의 국제법적 고찰」, 한국항공우주법학회, 2010, 제25권 1호, p. 7.

지역별로 자체 이행기준을 마련하여 시행하는 방안과, ② 국제항공 분야에 동일 적용되는 기본원칙을 마련하고, 시장의 성숙도 등을 감안하여 지역별·국가별 목표기한 등을 달리 적용(Sectoral Approach)하는 방안 그리고 ③ ICAO가 정하는 기본원칙과 목표에 따라 개별국가/지역이 자체적으로 시행하는 방안 등 세 가지 안을 제시하였다.

셋째, 지역별/국가별로 항공사(air operator)에 부과되는 부담과 항공사 간 불합리한 경쟁 등을 최소화하기 위한 방안으로서 각 국가별/지역별로 시행하는 "시장기반조치" 간 상호연계 또는 인터페이스 절차가 필요함을 강조하고, ICAO가 UNFCCC와 보다 긴밀히 협력하여 이러한 절차를 원활히 할 수 있는 지침을 마련할 것을 권고하기도 하였다.

넷째, 국가의 이행 여부에 대한 모니터링 방법에 관하여 GIACCC은 ICAO 이사회가 체약국에 대하여 연료효율성 개선을 위한 실천계획(Action plan)을 개발하고, ICAO에 제출토록 할 것을 권고하였다. 또한 시카고협약 제67조에 의거 이사회가 사무국으로 하여금 체약국을 모니터링 및 달성목표 성취 정도를 측정할 수 있는 이행자료(Lmplementation data)를 매년 수집토록 지시할 것을 권고하였다.

마지막으로 향후 조치계획으로서 17개 권고사항을 제시함으로 본격적인 기후변화 대응책 마련을 추진하였다.

ICAO의 온실가스 배출 관련 연구는 세 부분으로 나누어진다. 구체적으로 향상된 엔진 또는 기체 디자인을 포함한 기술과 표준, 위성기반 CNS/ATM을 통한 보다 직선적인 경로 설정 같은 운영 기준, 배출가스 관련 세금과 배출가스 거래 같은 시장기반 대안이다.

1) 기술(Technology) 및 기준(Standards)

항공기 배출가스 저감과 관련된 ICAO의 대책은 ICAO에서 발간한 Environmental Report 2007에 언급되어 있다. 주 저감대책으로 항공기 연료의 효율성 개선 방안, 항공기 제작과정에서의 디자인 관련 고려사항, 항공기 제작과 관련된 규제 프레임워크 및 과학적 지식, 구조적인 중량 감소 등 다양한 방안을 제시하고 있으며, 주로 어느 한 기술 분야뿐만 아니라 글로벌 차원의 시스템적 접근을 강조하고 있다. 이 중 가장 중요하게 강조하는 것은 역시 항공기의 연료 효율성 향상에 관한 것이다. 항공기 연료 효율성 개선은 항공사 입장에서는 연료 절감에 따른 비용절감의 혜택이 주어지며, 또 한편으로 CO_2 배출 감소로 이루어지므로 매우 선호되는 정책이다. 지난 1960년부터 1990년 사이의 성과를 보면 연료 소비량에서 70%의 절감을 달성하여 같은 기간 동안 연료 효율성이 3배 이상 향상된 것으로 나타났다. 이러한 연료 효율성 향상은 항공 분야의 혁신적인 첨단기술과 새롭게 개선된 디자인 특성 등 지속적인 노력의 결과에 기인한 것이며, 또한 운영 측면의 개선과 향상된 항공교통관리(ATM) 시스템 및 절차 등도 전체적인 효율성 향상에 기여하였다. 그리고 항공기 제작과 관련된 설계 측면의 개선에 의해서도 배출가스 저감을 달성할 수 있을 것이다.

또한, 항공기 배출가스 저감을 위한 기술적인 측면에서 고려되어져야 할 것 중의 하나가 항공기 생산과 관련된 규제 체계 및 과학적 지식이다. 일반적으로 항공기는 설계에 약 10년, 그리고 동일 기종이 20년 내지 30년간 생산되며, 생산된 항공기는 25년 내지 40년간 운항을 하게 되는 장기간의 라이프 사이클을 가진 산업이므로, 현재의 선택과 솔루션은 수십 년간 지속되어져야 한다. 환경보호 개선을 위한 가장 비용 효율적인 대책들은 기술개발이 운영절차 · 토지이용 계획 · 공항 인프라와 장비 · 지상조업 시스템과 ATM 등과 조화를 이룰 수 있도록 개발되어져야 할 것이다.[24]

2) 운영대책(Operational Measures)

ICAO는 항공분야 배출 저감을 위하여 ATM(Air Traffic Management)의 개선과 운영 대책의 개발을 권장한다. 가장 중요한 연료 절감의 기회는 적정 고도와 속도 등과 같은 보다 효율적인 조건을 이용하고, 보다 직선 항로를 허용하는 ATM 시스템으로부터 나온다. 항로 단축은 실제로 현격한 이산화탄소 배출을 감소시킬 수 있다. IPCC 특별보고서에 따르면 ATM 운영 절차 개선으로 6% 내지 18%의 항공기 연료 연소를 줄일 수 있으며, 기타 운영 대책 개선을 통해 추가적으로 2% 내지 6%를 절감할 수 있다고 한다.[25]

또한, CDA(Continuous Descent Approach or Arrival)도 운영 대책의 한 형태이며, 이를 통해 항공기 엔진 배출 및 항공기 소음 수준을 감소시킬 수 있다. 운영대책을 통한 연료 효율성 달성은 항공기 지상 및 기내 운영, 지상조업장비(GSE), 항공기보조동력장

---

24 ICAO, ICAO Environmental Report 2007, "Reducing Aviation Global Climate Emission: The Role of Manufactures and Technology, 2007, pp. 130-134.

25 IPCC (1999), Aviation and the Global Atmosphere.

치(APUs) 등을 예로 들 수 있다. 그리고 ICAO는 1997년 처음 시행된 RVSM(Reduced Vertical Separation Minium)의 개발도 지원하고 있으며, RVSM은 월등한 환경적 혜택을 가져다주고 있다.[26]

3) 시장기반대책(Market-Based Measures)

시장기반대책은 전통적인 통제나 규제보다는 저비용과 보다 신축적인 방법으로 환경적인 목표를 달성하려는 목적으로 계획된 정책 방안으로 배출권거래(Emission Trading), 자발적 대책(Voluntary Measures), 배출부과금(Emission Charges) 등 3가지 방안이 고려되고 있다.[27]

전술한 바와 같이 ICAO는 2007년 2월 ICAO/CAEP 회의에서 국제항공 배출을 배출권 거래제도에 포함시키는 지침(ICAO Doc 9885)을 개발하였다.[28] 이 지침은 항공분야에 특정한 현안들에 초점을 맞춰 잠재적인 솔루션을 제공하고 있으며, 거래 시스템의 다양한 요소들을 다루고 있다. 이외에도 ICAO/CAEP는 다양한 형태의 자발적 배출권 거래제도의 일반적 특성과 실제 사례를 기술한 보고서를 발간했다.[29]

한편, 탄소세로 대변되는 배출 부과금 제도는 온실가스 감축을 위한 가장 일반적인 정책수단이다. 부과금 제도는 온실가스 배출과 과세 대상과의 연계성이 높기 때문에, 지구온난화를 유발하는 주요 온실가스인 이산화탄소의 배출을 억제하기 위한 해결방안 중 하나로 고려되고 있다. 이산화탄소는 투입과 산출의 연계가 분명하고 투입에 대한 측정이 용이하기 때문에 탄소세가 이산화탄소의 배출을 감축할 수 있는 적절한 정책수단으로 고려되고 있다.

3.2.2. IATA

국제항공운송협회(International Air Transport Association, IATA)는 2차 세계대전 후에

---

26 ICAO (2007), "Global Emission Overview", ICAO Environment Report 2007, p. 108.
27 Ibid., p. 108.
28 ICAO, "Global Emission Overview".
29 ICAO(2007), Report on Voluntary Emissions Trading for Aviation(VETS Report), Preliminary Edition.

국제항공의 발전에 따른 문제에 대처하기 위해서 세계 각국의 민간항공회사 단체가 모여 1945년에 결성되었으며, 국제항공 운임의 결정이나 회사 간의 운임 대차의 결제를 한다. ICAO는 국가 간 협의체라고 하면 IATA는 항공기업의 이해를 목적으로 하며, 260개사의 항공사를 회원(준회원 포함)으로 두고 있고, 그 영향력은 ICAO 다음이라고 할 수 있다.

IATA에서는 2020년까지 항공사들의 기술과 운영 효율성을 향상시켜 연료 효율 및 CO 배출 개선에 최소한 25% 효과를 목표로 하고 있다. 2020년 이후부터는 탄소 중립 성장을 통해 2050년까지 총 50%의 절감을 목표로 하였다. 구체적으로 IATA는 'GO Team'이라는 컨설팅 팀을 조직하여 항공사들을 방문하고 있으며, 비행경로 최적화, 저탄소 대책 실현 등을 통해 2006년까지 총 600만 톤의 CO_2를 감축시켰다.

IATA는 4가지의 핵심전략을 통해 탄소절감 목표를 이루고자 한다.

첫째, 기술이다. 기술은 항공배출을 감소시키는 데 있어 가장 장래성 있는 수단으로 평가받고 있으며, 항공업계에서는 혁신적인 새로운 항공기 디자인, 아주 가벼운 신소재 재료, 새로운 엔진 및 바이오연료 등의 커다란 기술적 진보를 이루어나가고 있다. 항공업계는 2020년까지 신항공기술에 1.5조 달러를 지출할 것이며, 이를 통해 2020년까지 약 5,500대의 항공기가 대체될 것이다. 또한 이산화탄소 배출이 21% 감소하여 그 결과로 총 27%의 항공기가 대체될 것이다.

기술전략 중의 하나로 바이오연료 기술을 뽑을 수 있는데, 이는 최근에 각광받고 있는 분야이다. 바이오연료는 탄소 라이프 사이클에서 이산화탄소의 배출을 80% 줄일 수 있고, 화석연료와 전통적인 제트연료를 대신해 다양한 연료를 공급할 수 있다.

바이오연료는 현재의 제트연료와 혼합하여 유효하게 사용될 수 있다. 1억 달러를 투자하여 2020년까지 차세대 바이오연료를 6% 혼합한다고 가정하면 이산화탄소 배출을 5% 이상 줄일 수 있다. IATA는 2017년까지 10%의 대체연료 사용을 목표로 하고 있다.[30]

둘째, 운영전략을 들 수 있는데, 이는 더욱 효율적인 항공기의 운영을 통해 연료 및

---

30 IATA, "A Global approach to reducing aviation emissions",
   http://www.iata.org/SiteCollectionDocuments/Documents/Global_Approach_Reducing
   _Emissions_251109web.pdf

<표 10-4> 기술 로드맵

기술의 연대와 예	효과
장치	7~13%
• 항공기의 날개 끝에 장착하는 윙릿(winglets)은 공기역학을 개선하고 연료 소모를 감소 • 더 나은 연소 및 기류를 위하여 향상된 엔진 구성 • 객실에서 비치를 위한 더 가벼운 재료 • 에너지 절약적인 조명 및 시설	
생산 업데이트	7~18%
• 알루미늄을 대신하는 더 가벼운 구성재료로 이루어진 항공기 프레임 구조 • 현재의 항공기 생산 시리즈를 위한 개량된 엔진	
2020년 이전의 새로운 항공기 디자인	25~35%
• 기어 터보팬(Geared turbofan) 엔진은 연료 소모 10~15% 감소 • 오픈 로터(open rotor) 엔진은 연료 소모 약 25% 감소 • 엇회전팬(Counter-rotating)은 연료 소모 약 10~15% 감소 • 개량된 터보팬은 연료 소모 약 15% 감소 • 층류는 항공기 표면의 난류를 줄여 공기역학적인 저항을 낮춤으로써 10~15%의 연료 소모 감소	
2020년 이후의 새로운 항공기 디자인	25~50%
• 전통적 몸통과 날개 모양이 아닌 몸통과 날개가 하나가 된 디자인 • 혁신적인 엔진 기술 • 기내에 장착된 연료전지체계	

출처: IATA, "A global approach to reducing aviation emissions".

이산화탄소의 배출을 줄일 수 있다는 것이다. IPCC의 1999년 보고서에 따르면, 항공기 운영에 있어 6%의 비능률적인 면이 있다고 한다. IATA의 Green Teams는 항공사를 방문하여 연료와 배출감축조치 및 업무처리 모범관행에 관하여 조언하는 전문가로 구성되어 있으며, 2005년 이래로 이러한 비능률성을 줄이기 위해 노력하고 있다. 개선된 운영관행은 보조동력장치(APU) 이용을 줄이고, 비행절차를 더 효율적으로 하며, 무게를 줄여 2020년까지 배출의 3%를 감소할 수 있을 것이다. 2008년 Green Teams는 110억 톤의 이산화탄소를 감소시켰다.

<표 10-5> 대체연료 시범 비행

운송사	항공기	협력사	날짜	대체연료	혼합비율
atlantic	B747-400	Boeing, GE Aviation	2008.2.23	코코넛, 바바수	1개 엔진의 50%
air new zealand	B747-400	Boeing, Rolls-Royce	2008.12.30	자트로파	1개 엔진의 50%
Continental Airlines	B737-800	Continental Airlines	2009.1.7	엘지, 자트로파	1개 엔진의 50%
JAL	B747-300	Boeing, Pratt&Whitney, Honey well UOP	2009.1.30	카멜리나, 자트로파, 엘지 혼합	1개 엔진의 50%
Qatar	A340-600	Airbus, Shell	2009.10.12	Gas to liquid (바이오연료 아님)	4개 엔진의 50%
KLM	B747-400	GE, Honeywell UOP	2009.11.23	카멜리나	1개 엔진의 50%
United	A319	Rentech	2010.4.30	Gas to liquid (바이오연료 아님)	2개 엔진의 40%

자료: IATA (2010), "aviation and environment", IATA Annual General Meeting, p. 8.

셋째는 구조전략이다. 구조 개선은 단기적인 기간에 연료와 이산화탄소 감소의 주요
한 기회로 설명된다. IPCC의 1999년 보고서에 따르면, 항공운송 구조에 12%의 비효
율적인 면이 있고, 4%의 효율성은 달성되었으나, 나머지는 아직 달성되지 못하였다.
더 효율적인 ATM의 이행과 공항구조는 2020년까지 추가적인 4%의 감소를 제공할 것
이다. SESAR(Single European Sky, 유럽 단일항공)의 시행은 루트 범위의 70% 삭감을 제
공하며, 미국에서의 Next Generation ATM(Air Traffic Management, 항공교통관리)은

<그림 10-4> 탄소배출 저감 로드맵

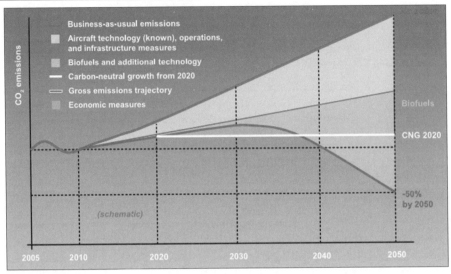

주: IATA (2010), Annual Report 2010, p. 26.

57%의 지연을 감소시킨다.

마지막으로 경제조치이다. 이산화탄소 배출량을 2020년 수준으로 유지하기 위해 2025년에 9천만 톤의 이산화탄소 감축이 필요하다. 2025년까지 이것을 달성하기 위해 매년 70만 톤의 추가적 감축 비용이 발생하며, 이는 2020년까지 탄소중립성장을 달성하는 데 1조 6천억 달러의 비용이 필요함을 말한다.[31] 따라서 경제적인 인센티브를 통해 목표를 효과적으로 달성하고자 한다. 예를 들어 탄소 옵셋 프로그램(Carbon Offset Program)이 그것이다. 이 프로그램은 개인이나 기업들의 항공 사용으로 탄소가 증가했을 경우, 그만큼의 탄소를 감축하는 데 추가적인 비용을 부담하자는 것이다.

탑포르투갈(TAP Air Portugal)에서 2009년 6월 처음 시행하였고, 2010년 15개의 항공사에서 도입할 계획이다. 탄소배출 계산은 ICAO 방법에 기초를 두고 있으며[32] 운반 등 공적으로 사용하는 산업 데이터를 사용하고 있다.

31 Ibid., p. 4.
32 IATA, "Industry Carbon Offset Program",
    http://www.iata.org/SiteCollectionDocuments/Documents/iata_carbon_offset_program _0609.pdf

3.3. EU의 항공 ETS[33]

EU는 자국내 취항하는 모든 항공사에 탄소배출에 대한 책임을 강조하며, 항공부문의 유럽 배출권 거래제 편입 지침을 발효하였다. 동 지침에 따라 2012년 1월부터 유럽 내 취항하는 항공사는 배출권 할당량을 받게 되며, 이를 초과하는 탄소량에 대하여 배출권 구매 등을 통해 상쇄하여야 한다.

3.3.1. EU의 입법제안 배경

EU 집행위원회에 따르면 항공부분은 인위적인 CO_2 배출량의 3%를 차지하고 있지만 국가 배출량 총합에서 제외되는 등 비용을 부담하고 있지 않다. 또한 엔진 효율 등으로 매년 1~2% 정도의 효율 개선이 있으나 통행량 증가에 의해 상쇄되고 있으며, 저탄소 기술개발 등이 보다 빨리 적용되지 않으면 통행량 증가율을 따라잡기 어려울 것으로 판단된다. 현재 추세라면 교토체제 하 EU의 감축목표량(8%)의 4분의 1을 상쇄할 것이다.

유럽의회는 결의안[34]을 통해 항공의 기후변화에 대한 영향을 감소시키는 일련의 정책에 대하여 그 방향성을 발표하였다. 의회는 먼저 선택된 정책적 도구들의 총체적인 목적은 항공의 기후변화 영향을 비용효과적인 방법으로 저감하는 것이어야만 함을 강조하였으며, 여기에는 EU 역내·외 항공사 간의 경쟁 왜곡이 있어서는 안 된다. 이를 위해 작은 항공사의 관점이 장애가 되어서는 안 되며, 등유세의 시행, 미국과의 항공협정에서 연료에 대한 동등 과세를 강조하였다. 한편 타 교통과의 경쟁 왜곡, 특히 철도의 세금과 ETS 참여로 인한 불리함을 지적하며, 이로 인해 관광 및 지역적 불리함이 초래될 수 있음을 지적하였다. 따라서 배출권 거래제의 한계를 세금을 통해 한계비용을 모두 내재화할 것을 촉구하였다.

---

33 본 내용은 한국교통연구원, 항공안전본부의 「EU 항공부문 배출권 거래제도 도입 대응방안 구축」, 2007"에 주로 의거하였음.

34 European Parliament Resolution on Reducing the Climate Change Impact of Aviation, 2005/2249(INI).

3.3.2. 제도시행방안

동 제도는 2012년 1일부터 EU 내 공항에 출도착하는 모든 항공편(국내선 포함)에 적용된다.[35] CO_2만을 대상으로 하며 질소산화물의 경우 영향평가를 거쳐 별도로 법안을 제안할 것이다. 탄소배출권을 구매하지 않을 경우 벌금은 CO_2 톤당 100유로이다.

각 항공사는 한 개의 회원국에서 관리하며, 역외 항공사는 배출량이 2006년도(기준연도) 배출량이 가장 많았던 국가의 관리를 받게 되며, 항공사는 관리당국에 자사의 MRV(Monitoring, Reporting, Verificaton)계획을 제출해야 한다.

배출권 총량은 EU 차원에서 2004~2006년 배출량을 참조하여 평균치로 결정하며 97%를 무료로 배정할 것이다. 이때 2010~2011년 역내 항공운항실적을 할당량(cap)으로 배분할 예정이므로 이때 운항횟수가 높은 항공사가 많은 cap을 할당받을 것이다. 항공사는 타 분야의 ETS 및 JI와 CDM에서 확보한 배출권을 사용할 수 있다.

3.3.3. 평가 및 대응

EU의 항공 ETS에 관하여 자국내 항공업계는 배출권 거래제도 자체의 효과를 부정하지 않지만 직접적인 대상으로서 항공사가 가지는 부담에 대하여는 우려를 표명하고 있다. 먼저 입법의 근거가 되고 있는 영향평가에서 가정하고 있는 것처럼 배출권 구매비용을 승객에게 완전하게 전가하기는 현실적으로 불가능하며 대부분 항공업계가 흡수할 수밖에 없을 것이라고 판단하고 있다. 또한 항공산업의 낮은 가격탄력성으로 수요감소가 없을 것이라 예상하지만 항공산업 역시 많은 연구에서 가격탄력성이 높게 나타나고 있다. 그리고 배출권이 무료로 주어지기 때문에 불로소득이 발생할 것이라는 우려에 대하여 이는 앞서 지적한 것과 같이 비탄력적이며 높은 규제를 받고 있는 산업(예: 발전)에서 가능한 일이라는 것이다.

배출권 구매비용에 있어서도 항공사들은 2022년 기준까지 총 450억 유로(할당)에서 652억 유로(경매)의 비용이 발생할 것으로 예상되며, 만약 배출권 가격이 톤당 60유로

---

35 왕과 왕족, 정부수반, 장관의 공무비행, 관용기의 비행, 시계비행 규칙적용 대상, 출발 공항으로 되돌아오는 비행, 훈련목적 비행, 테스트 비행, 최대 이륙중량 5,700kg 미만의 항공기 비행.

일 경우 906억 유로에서 1,304억 유로가 발생할 것으로 예상된다. 또한 배출권 거래제도 시행시 이를 관리하기 위한 비용으로 소기업의 경우 매년 11만 유로, 대기업의 경우 매년 18만 유로가 필요하며 항공업계의 85%가 5대 미만인 현실을 감안하면 이는 부담이 크다고 지적하고 있다.

또한 항공사의 마진율이 평균 3% 미만인 점을 고려할 때 배출권으로 인한 비용전가는 3분의 1 미만이며 수요감소는 최대 승객 1,290만 명, 화물 426,000톤에 이르러 도산위험이 높아지고 취항지가 감소할 것이라 예상하고 있다. 이는 곧 소비자의 잉여가 감소하여 2022년에는 4조 2,620만 유로에서 21조 8,660만 유로 사이가 될 것이라 판단한다.

EU 역내뿐만 아니라 역외의 항공사들도 반발하고 있다. 미국의 경우 자국 항공사들이 동 계획에 참여하지 않을 수 있도록 관련 법률(European Union Emissons Trading Scheme Prohibition Act of 2011)을 추진 중에 있다. 중국의 중국항공, 동방항공, 남방항공 등 대형 항공사들 역시 반발하고 있으며, 이들은 에어버스(Airbus)와 맺은 38억 달러 규모의 주문계약을 철회할 수 있다고 밝혔다. 인도 역시 수용불가 방침을 통보한 상태이다.

3.4. 미국

미국의 녹색항공정책은 NexGen이라는 통합항공 시스템에 나타나 있다. 이는 Next Generation Air Transportation System의 약자로 미래항공정책을 수립하고 관리하는 것을 말하며, 연방항공국(Federal Aviation Administration) 산하 환경국(Aviation Policy, Planning and Environment, AEP)의 주도로 에너지 사용계획, 소음대책 등을 마련하고 있다. AEP는 대외적으로 미국의 항공 부분을 대표하는 기관을 CAEP 회원국과 함께 공동연구를 담당하고 있다. NexGen의 일환으로 CDA 가능한 공항 분류, 순항운항 환경조절 알고리즘 개발, 연료효율성 1%/년 개선 연구 등을 수행하고 있으며, 국제선의 NexGen 사용을 위한 연구도 진행하고 있다.

FAA는 '자발적 공항 저배출 프로그램' 일명 VALE(Voluntary Airport Low Emission)을 시행하고 있다. 이는 공항개선 프로그램, 승객시설 확충 프로그램의 재원을 활용하여 공항의 재정적인 면과 규제에 관한 인센티브 제공을 주요 내용으로 하고 있다.

3.5. 일본

일본은 교토의정서에 의해 1990년 대비 6%의 저감목표를 달성하여야 한다. 이에 따라 2008년 국토교통성 환경 행동계획을 수립하여 발표하였는데 여기에는 항공에너지 소비효율을 15% 개선하는 것을 목표로 고효율 항공기 도입, 에코 공항 추진 등 종합적인 대책으로 항공의 에너지 소비 효율 향상을 도모하는 것으로 되어 있다. 또한 지역항법시스템(RNAV), 차세대 항해시스템(CNS-ATM), 계기착륙시설(ILS)의 불류강화 등과 같은 발전된 관제시스템을 개발 도입하여 CO_2 배출삭감을 추진하고자 한다.

4. 녹생공항[36]

녹색공항이란 공항 시설의 설치 및 운영에서 에너지 효율성을 높이고 탄소배출을 절감하여 친환경성을 강화한 공항이다. 또한 관제기술 등을 통해 항공사, 항공기의 저탄소 친환경적인 운항을 보조하는 것 또한 녹색공항에 포함된 업무라 할 수 있다.

공항은 비록 항공기처럼 직접적으로 온실가스를 배출하는 대상이 아니기 때문에 관리의 중요성이 떨어진다고 판단될 수 있을지 모르지만 허브공항처럼 항공기의 운항 및 항공사의 관리 측면에서 중요한 역할을 하며 배출에 직간접적인 역할을 할 수 있으며, 시설로서 배출하고 있는 온실가스 역시 저감 노력이 필요하기 때문에 녹색항공의 부분으로 다루어질 필요가 있다.

비록 법률적인 구속이나 정책적인 움직임이 구체적이지는 않지만 세계의 사례를 통하여 녹색공항의 경향을 확인하고 향후 필요한 노력을 알아보고자 한다.

---

36 김제철 · 박진서 · 김진후의 2009년 「지속가능한 저탄소 녹색공항(Green Airport) 운영방안 연구」에서 주로 참고하였음.

4.1. 미국 오클랜드 공항

오클랜드 공항은 2008년 리모델링사업 등을 추진하며 항무국의 주도로 "Environmental reponsibility: 환경적 책임, Economic vitality, social Equity" 즉, '3E' 정책을 기본 목표로 다양한 환경 프로그램을 추진하고 있다.

4.1.1. 압축천연가스(CNG) 사용

1999년부터 오클랜드 공항은 깨끗한 지역사회를 위해 대체연료 차량의 비율을 높이고 공항 내 이동차량의 엔진을 CNG를 사용하도록 하여 이전의 가솔린/디젤 차량을 사용할 때보다 대기질을 향상시켰다. 2002년부터 공항 북측에 셀프 CNG 충전소를 총 4곳에 설치하여 공항 셔틀밴, 리무진, 공공기관 차량 등에 편의를 제공하였으며, 이를 통해 공공기관 차량의 사용량이 2002년 대비 2007년 6배 정도 증가하였다(자가 차량 운행 감소).

또한 항무국은 Door to Door(택시), 호텔 셔틀 차량(버스) 등 지상 운송업체에 운영 차량의 50%를 대체연료로 사용하도록 법으로 의무화하였으며, 인센티브와 보조금도 동시에 지급하여 현재 오클랜드 공항을 이동하는 택시는 70%, 기타 운송업체는 50%를 대체연료 차량으로 교체하였다.

항무국은 공항 주차장 셔틀버스를 기존의 디젤차량을 CNG 차량으로 개조하였으며, 아울러 공항 내 무료 배터리 충전 서비스를 제공함에 따라 4개의 전기차량 충전소가 설치되어 있으며 직원용 전기차 15대를 도입하였다.

공항의 지상서비스장비(GSE) 차량을 기존의 가솔린/디젤에서 대체연료로 전환하는 사업도 추진 중이다.

4.1.2. 태양열

오클랜드 공항에서 화물 규모가 가장 큰 페덱스는 81,000sq.ft 넓이의 태양광 발전 시설을 904kw의 전력을 확보하여 기존의 80%를 대체하였다. 항무국 역시 2007년 6월 태양광 시스템을 설치하여 약 820kw의 전기를 생산하여 제1, 2청사의 전기 20%를 충당하고 있다. 이를 통해 30년 동안 약 10,800톤 정도의 CO_2가 저감될 것이라 판단된다.

4.1.3. 기타

오클랜드 공항은 29개의 GPU(지상전력장치)를 설치하였다. 이를 통해 항공기가 게이트에서 지상주기 중일 때 사용하던 APU의 사용을 줄여 대기 중 배출가스 감소 효과를 얻고 있다. 또 직원 및 이용객의 고객에 맞추어 셔틀 스케줄, 시간, 주기, 대중교통 경유지점 등에 대한 정보를 파악하여 관계당국과 조정함으로써 대중교통 이용률을 높이고 있다. 그 밖에 자전거 도로를 신설하고 폐기물 및 소음 관련 정책을 지속적으로 추진하고 있다. 신규 시설에 대하여 80% 이상 재사용이 가능한 친환경 건설공법을 사용하는 등 녹색공항으로 거듭나고 있다.

4.2. 영국 히드로 공항

영국 히드로 공항은 제3활주로 확장과 관련하여 친환경 공항개발계획을 수립하고 있다. 특히 탄소산화물 관련 배출가스 관리와 함께 CO_2 배출량 관리를 통해서 사회경제적 이익을 창출시키고자 노력하고 있다.

4.2.1. 기후변화 대응방안

기후변화 대응을 위해서 히드로 공항은 배출권 거래제, GPU 이용, 유도로 재설계, 공항 내 이용 차량을 친환경 차량으로 교체, 친환경 터미널 건설, 다양한 친환경 접근 교통과 같은 개발을 진행하고 있다.

배출권 거래제는 항공사의 배출가스량과 관련 비용을 감소시켜 CO_2 양을 경제적으로 관리하는 것이다. 이를 위해 영국 정부와 협조하여 도입하는 것을 적극적으로 검토하고 있다.

항공기에 장착된 APU 대신 GPU 사용을 유도함으로써 2007년 65%에서 75%로 높이는 것을 목표로 하고 있다.

유도로의 재설계를 통하여 터미널과 활주로 사이의 이동거리를 줄여 엔진 가동률을 낮추는 동시에 공항 내 혼잡을 해결하여 배출가스량을 감소시킬 계획이다.

공항 상주기업 및 관련 기업의 차량을 대체연료 차량으로 교체를 권고하는 한편 지원책을 마련하여 공항 내 탄소 및 질소산화물 양을 줄이는 데 노력하고 있으며, 기존의 제1, 2터미널 기능을 모은 새로운 터미널로 이전해 탄소산화물 배기가를 약 40% 정도 줄일 수 있었다. 한편 제5터미널 건설을 통해 수소염화불화탄소(HCFCs)와 수소불화탄소(HFCs)의 양을 감소시킬 수 있을 것으로 예상하고 있다.

또한 히드로 공항은 주변 및 공항 내 철도, 친환경 버스 네트워크에 집중적으로 투자하여 이를 통해 하루 약 3,000대의 차량 이용량을 대체할 수 있을 것이라 판단하고 있다. 또한 카풀제도를 적극 활용하여 약 6,000명 주 3회 이상 카풀을 이용하고 있으며, 이는 5백만 리터의 연료절감, 11톤가량의 탄소저감 효과가 있다. 또한 소형궤도차량 시스템 도입으로 배출가스를 줄이고 있다.

4.2.2. 에너지 관리계획

히드로 공항에서는 냉난방 통합전력을 통해 기존보다 약 50% 이상 효율을 높여 효율적인 전력관리를 시행하고 있다. 자동소등 시스템으로 사람이 없는 곳의 전력 사용을 최소화하고 태양광 전자판 설치, 바이오매스에너지 개발, 폐기열 사용 등 탄소를 줄이는 노력을 계속하고 있다.

그 밖에도 수질 및 폐기물 관리, 다양한 소음관리 등을 통해 친환경 공항으로 운영되고 있다.

4.3. 일본 나리타 공항

나리타 공항은 Eco-Airport 추진위원회와 관련 전문가들로 구성된 지역환경위원회를 조직하여 녹색공항 운영의 원활한 추진을 꾀하고 있다.

여객터미널 67곳과 화물터미널 7개소에 GPU를 설치하여 규정에 따라 APU를 제한

함으로써 GPU 사용을 유도하였다. 또한 업무용 차량을 저공해 차량으로 교체하고자 유도하여 2007년 공항 관련 사업자 보유차량 7,500대 중 14%가 저공해 차량으로 조사되었다. 또 GSE 차량 역시 저공해차 도입이 가시화되고 있다.

태양광발전 시스템을 도입하고 있다. 제1여객 터미널 빌딩 및 NAA 옥상 등 총 3곳에 882개의 태양광패널이 가동되고 있으며, 여기서 생산한 전기는 여객터미널 빌딩의 조명 등에 사용되고 있다. 이 밖에 옥외 조명식 표시판 등을 43곳에 활용하고 있다.

이러한 일련의 활동에 따라 2002년 대비 9.6%의 온실가스 배출량 감소를 실현한 것으로 평가하고 있다. 향후 증가하는 공항 내 에너지 소비를 낮추기 위해 빌딩 에너지관리 시스템 도입, 열병합 발전, 축열시스템, 항공등화 LED 교체사업 등을 계획하고 있다.

4.4. 녹색공항의 시사점

녹생공항은 공항시설의 친환경 건설 및 운영, 주변 산업과의 연계를 통한 저탄소 정책, 관제기술 향상을 통한 친환경 운항유도 등의 주요한 특징이 있다.

먼저 지상조업차량, 관계사업자의 차량, 내부 및 주변 지역의 교통수단의 대체에너지화이다. 이들이 공항에서 발생하는 배출가스의 가장 큰 배출원이므로 이를 통해 상당한 배출저감 효과 및 캠페인 효과가 있을 것이라 기대되고 있다.

두 번째 관제 및 운항기술의 발달로 항공기의 배출가스를 줄이는 것이다. 지상공급장치 확대를 통하여 항공기에서 배출되는 오염원의 양과 에너지 효율성을 달성하고자 하며, CDA[37]를 시행함으로써 항공기의 소음과 배출가스를 모두 줄이고자 노력하고 있다.

세 번째로 에너지 효율화를 위한 노력을 병행하였다. 공항시설의 재배치, 태양열, 축열, 열병합 발전 등 대체에너지의 생산과 활용에 적극적이었다.

마지막으로 이러한 탄소저감 노력뿐만 아니라 수질 및 소음과 같은 친환경 정책들도

---

37 Continuous Descent Approach, 연속강하접근: 첨단 관제 시스템을 통한 착륙유도 방법으로 기존 방법 대비 항공기의 연료 소모량 40%, 배출가스 및 항공기 소음이 50% 감소 효과가 있음.

병행하여 전반적인 계획과 추진체계를 가지고 추진한 점이다.

5. 국내 녹색항공 움직임

국내에서는 "저탄소녹색성장기본법"이 2010년 1월부터 시행되어 환경조화와 경제발전의 양립을 위한 초석이 마련되었다. 특히 동 법은 "에너지 기본법", "지속가능발전기본법" 등 저탄소 관련 법안들의 상위법임을 명확히 하고 관련 개념들을 정확하게 정의함으로써 녹색 관련 정책의 일관성을 확보하고자 노력하였다. 또한 "지속가능 교통물류 발전법"을 제정하여 에너지 위기 및 기후변화 대책에 적절한 교통물류 시스템을 구축하고 있다.

동 법률들에는 녹색항공과 관련하여 직접적인 규제 및 방향을 나타내는 조항은 없다. 그러나 차량 및 철도에 의한 운송, 에너지, 온실가스에 관한 요건이 지정되어 있으며, 배출권 거래제도에 관한 대응책이 법률적으로 마련되어 있기 때문에 간접적으로 교통수요 조정, 에너지 소비 정책, 배출권 거래제도에 따른 대응방안 등을 통해 항공정책에 영향을 줄 것이라 예상하고 있다.

이와 별도로 EU 항공 ETS에 대응하여 2009년 6월 정부, 업계, 학계의 10개 기관, 14명의 항공 및 기후변화 전문가들로 구성된 '항공분야 기후변화 대응단'이 확대 개편되어 운영되고 있다. 항공안전정책관을 단장으로 각 관련 과별로 실무업무를 통한 기후변화에 대응하고 있으며, 크게 5가지에 관하여 그 기능을 수행하고 있다.

① 항공분야의 기후변화 관련 정책에 관한 검토 및 협의
② 관련 기관 및 업체 간의 관련 업무 협력 및 조정방안 마련
③ 관련 연구과제 검토 및 지원
⑤ 항공분야 온실가스 배출량 통계관리 협력 및 공조
⑥ 국제회의 안건 등 의제검토 및 공동대응

또한 ICAO와 온실가스 저감정책의 기술적 사항에 대한 업무는 국토해양부 항공정책실 항공안전정책관의 항공기술과에서 담당하고 있으며, 일부 업무는 국제항공과와 협조를 통해 진행하고 있다. 일례로 국토해양부 산하 '항공교통센터'는 군과 공역사용

에 대한 실시간 협조체제를 강화해 2005년부터 민간항공기에 직선로를 열어줌으로써 연간 48,000톤 정도의 CO_2 배출량을 감소시킨 것으로 평가하고 있다.

정부는 2007년 11월부터 2008년 6월까지 약 8개월간 김포공항에서 CDA에 따른 비행을 성공적으로 시행함으로써 관련 절차 및 운행 경험을 확보하였다. 이를 바탕으로 현재 'CDA 아시아 프로젝트'를 추진하고 있다.

민간항공 분야에서는 대한항공과 아시아나 항공이 대표적인 저탄소 항공사이다.

대한항공은 환경경영을 위해 PDCA(Plan-Do-Check-Action) 기준을 마련하여 시행하고 있으며, 여기에서 세워진 목표를 80% 이상 달성하고 있다.

기후변화방지 기본정책을 세워 온실가스 저감노력, 항공기 CO_2 배출량, 지상배출량, 작업장 배출가스 감소 활동을 하고 있다. 구체적으로 항공기 현대화, 운송네트워크 강화, 탑승률 증대 노력, 정비 및 운항절차 개선, 경량화 등을 통해 연료사용을 감소하는 한편 이를 통해 CO_2량을 동시에 감소시켰다. 따라서 운송량 증가율(2007년 기준 72%)보다 CO_2 발생 증가율(50%)은 현저히 떨어져 환경부담을 경감시키고 있는 것으로 증명되고 있다. 또한 APU 대신 GPU 사용을 통하여 지상작업 시 소음 및 배출가스 저감에 일조하고 있다.

연료절감 정책으로는 비행계획(경제항로 및 경제고도 선택), 엔진 성능 향상(엔진 세척, 부품 교체), 운항효율화(엔진 가동률, 무게중심 최적화, 최적 연료 탑재량 등), 경량화(경량부품, 기내선용품 최소화)를 통해 연 13,000톤의 추가적인 CO_2를 감축할 수 있었다.

아시아나항공도 투명하고 체계적인 환경경영, 지원 및 에너지 소비 최소화, 배출 최소화, 임직원이 함께하는 환경활동 이상 4가지 부문으로 나누어 환경방침을 운영하고 있다.

기후변화 대응 중장기 계획을 세워 운영하고 있으며, 2012년까지 총 4단계로 나누어져 있다. 1단계는 2008년 기본계획으로 탄소상쇄 프로그램, EU 및 업계동향 파악, 인벤토리 검증, EU ETS 영향분석 등이 포함되어 있다. 2단계는 2009년 대응전략 구체화 단계로 배출권 조달방안, 온실가스 통계시스템 구축 등이 있으며, 3단계는 2010년 배출권 거래체제 시뮬레이션 단계이다. 4단계는 EU ETS 시행단계로 배출권을 확보하고 최적화 노선기종 투입 등 계획 실행단계이다. 그 밖에도 대한항공과 마찬가지로 연료효율화를 위한 경량화, 노선합리화, 엔진 성능 향상 등의 조치를 취하고 있다.

참고문헌

김민정 · 안미진, 「항공교통 부문 온실가스 배출규모 추정 및 관리방안」, 한국교통연구원, 2008, pp. 32-63.

김제철 · 박진서 · 김진후, 「지속가능한 저탄소 녹색공항(Green Airport) 운영방안 연구」, 한국교통연구원, 2009, pp. 17-91.

무라카미 히데키, 카토 잇세이, 다카하시 노조무, 사카키바라 야스오(홍석진, 김제철, 이영혁 역), 『항공경제학』, 서울경제경영: 서울, 2011.

문준조, 「국제민간항공의 온실가스배출에 대한 국제적 규제방안에 관한 연구: EU의 일방주의적 규제 대(對) 국제민간항공기구를 통한 다자간 규제를 중심으로」, 『환경법연구』, 30권 제2호, 한국환경법학회, 2008, pp. 385-415.

박원화, 「구주연합의 항공기 배출 규제 조치의 국제법적 고찰」, 『한국항공우주법학회지』, 25권 제1호, 한국항공우주법학회, 2010, p. 7.

제4차 국제항공/기후변화그룹(GIACC) 회의결과, "주몬트리올총영사관(2009. 5. 28)".

조준행 · 신승식 · 정경화, 「수송부분 온실가스 배출통계체계 구축 및 관리방안」, 한국교통연구원, 2008, p. 74.

한국교통연구원, 「EU 항공부문 배출권 거래제도 도입 대응방안 구축」, 국토해양부, 2007.

한국항공진흥협회, 「항공운송 동향분석: IATA 항공수요예측」, 『AirzinePlus』, 2010.

European Parliament Resolution on Reducing the Climate Change Impact of Aviation, 2005/2249(INI).

International Civil Aviation Organization,, "Reducing Aviation Global Climate Emission: The Role of Manufactures and Technology, ICAO Environmental Report 2007, 2007, pp. 130-134.

Intergovernmental Panel on Climate Change, "Aviation and the Global Atmosphere", IPCC Special Report, 1999, www.dfld.de/ Presse/PMitt/2007/070305i5.pdf

International Civil Aviation Organization, "Global Emission Overview", ICAO Environment Report 2007, 2007.

Intergovernmental Panel on Climate Change, "Report on Voluntary Emissions Trading for Aviation(VETS Report)", 2007, www.icao.int/environmental.../vets

_report1.pdf

http://www.iata.org/SiteCollectionDocuments/Documents/Global_Approach_Reducin
g_Emissions_251109web.pdf

International Air Transportation Association, "Industry Carbon Offset Program",

http://www.iata.org/whatwedo/environment/Documents/Carbon_Offset_Sep2010.pdf

Lee, D. S., Piatan, G., Grewe, V., Gierens, K., Penner, J. E., Petzold, A., et al.,
"Transport impacts on atmosphere and climate: Aviation", Atomospheric
Environment, 2010, Vol. 44, p. 4714.

Sausen, R., Schumann, U., "Estimates of the Climate Tesponse to Aircraft CO_2 and
NOx emission Scenarios, Climate Change, 2000, Vol. 44, p. 36.

Shaw, S. J., Transport: Strategy and Policy, Blackwell, Oxford, 2002.

Stern. N., The Economics of Climate Change: the Stern Review, Cambridge, New
York, 2005.

Reagan, D. B., "Note: Putting International Aviation into the European Union
Emissions Trading Scheme: Can Europe Do it Flying Solo?", Boston College
Environmental Affairs Law Review, 2008, Vol. 35, p. 358.

에너지경제연구원 홈페이지(http://www.keei.re.kr/).

http://www.airportal.co.kr/knowledge/statistics/KiMain.jsp?pg=01#

제11장

탄소 파생금융과 옵션

1. 탄소금융의 정의

오늘날 세계에서는 환경파괴가 지구적 규모에서 진행되며, 산업폐기물과 이산화탄소 등에 의한 지구온난화 문제가 지적되고 있다.[1] 최근에는 전 세계가 지구온난화로 인한 기상이변으로 몸살을 앓고 있다. 2010년 파키스탄에서는 대홍수로 국토의 5분의 1에 해당하는 지역이 범람하여 수백만 명의 이재민이 발생하였다. 러시아에서는 가뭄으로 인한 화재로 엄청난 규모의 경작지와 수십억 달러의 손실을 입었다. 상당수의 과학자들은 최근 발생하고 있는 엄청난 자연재해는 이산화탄소를 중심으로 한 온실가스 증가에 따른 기후온난화에 기인한 것이며 향후에도 이러한 재난이 계속될 것이라고 경고하고 있다. 우리나라에서도 고랭지 채소 재배지역이 점차 높은 곳으로 이전하는 상황이 지속되고 있다.[2]

일반적으로 온실가스 증가의 원인에 관해서는 여러 가지 학설이 있지만, 대표적인 것으로는 화석연료의 끝없는 사용, 우리가 삶을 위해 의존하는 사회 시스템 및 생태 시스템을 위한 엄청난 자원 소비 및 온실가스의 엄청난 방출을 들고 있다.[3] 구체적으로는 생산품 각각의 부품을 만드는 데 이용되는 에너지를 포함하여 많은 생산단계에서 탄소가 방출되며, 제조설비를 만드는 데 이산화탄소가 방출되며, 노동자들의 직장 출퇴근 운송수단에 의해서도 탄소가 방출된다.[4] 무역 측면만을 고려한다면 근래의 무역자유화에 따른 무역량의 확대와 산업구조의 변화에 따른 온실가스 배출량의 증가를 지적할

---

1 中川淳司・一方井誠治・高村ゆかり・松村敦子, "環境と貿易シンポジウム　第II部 溫暖化對策と國際貿易レジーム 1", 『貿易と關稅』, 통권 685호, 2010. 4, p. 20.

2 김희성, 「배출권거래시장의 이해와 도입 과제」, 『KRX Market』, 한국거래소, 2010, p. 33.

3 B. Doppelt, "Too blind to see", The Ecologist, Vol.39, Iss.2, March 2009, p. 60.

4 Anonymous, "Greenhouse Gases: Consumption, carbon emissions and international trade", Energy Weekly News, May 2011, p. 248.

수 있다.[5] 인류의 화석연료 사용이 증가하면서 대기상의 온실가스 농도 증가 및 지구온난화 현상으로 온도 상승, 해수면 상승이 지속되고 있고, 기후변화정부간위원회(IPCC: Intergovernmental Panel on Climate Change)는 2100년경에 지금보다 1.5℃에서 4℃ 정도 온도가 상승할 것으로 전망하고 있다. 과학자들은 당장 탄소배출을 멈춘다고 해도 산업혁명 이전 수준으로 돌아가는 데는 최소 50년에서 100년이 소요될 것으로 예상하고 있다.[6]

이러한 지구온난화의 주범으로 꼽히는 것이 바로 이산화탄소의 배출이다. 2005년 발효된 교토의정서는 자본주의 역사에서 환경문제의 해법을 근본적으로 전환하는 역사적으로 매우 중요한 의미가 있다. 온실가스 감축목표를 전 지구적으로 설정하고 법적 구속력을 포함시켰을 뿐만 아니라, 지금까지와는 다르게 시장 메커니즘을 전격 도입하였다는 점이다. 탄소라는 오염물질에 대해 배출할 수 있는 권리를 부여함으로써 탄소라는 나쁜 재화가 가치를 창출하는 경제재로 거듭난 것이다. 먼저 배출허용량을 배정하고 그 이하로 배출할 경우 잉여분을 필요로 하는 기업 혹은 투자자에게 판매할 수 있도록 한 것이다. 이로써 기업들은 탄소저감에 따른 사회적 편익과 사적 편익의 차이를 저감된 탄소배출권의 판매를 통해서 보전할 수 있게 되었다. 탄소는 이제 기업에게 비용센터가 아니라 이윤센터로 거듭난 것이다. 이것이 바로 탄소시장이다.[7]

탄소가 경제재로 거듭나면서 탄소는 금융과 깊은 관련을 갖게 되었다. 최근에는 탄소와 금융이 결합된 탄소금융이라는 용어가 등장하였다. World Bank는 탄소금융을 "온실가스 배출 감축을 위한 프로젝트에 제공되는 자원에 적용되는 용어"라고 정의하고 있다.[8] 이를 보다 쉽게 해설하면 탄소금융이란 녹색금융의 한 형태로서 온실가스 배출권에 가격이 형성되는 탄소 제약 사회에서 탄소 제약으로 인한 금융 위험과 기회를 감안하여 위험을 전이하고 환경적 목표를 달성하기 위한 금융이라고 정의할 수 있다.

---

5 鴨成彰, "貿易と環境お巡る問題について−環境物品及び國境措置", 『貿易と關稅』, 통권 685호, 2010. 4, p. 31.
6 김희성, 「배출권거래시장의 이해와 도입 과제」, 『KRX Market』, 한국거래소, 2010, pp. 33~34.
7 송홍선, 「탄소시장의 발전과 금융의 역할」, 『월간 하나금융』, 하나금융경영연구소, 2010. 2, pp. 1~2.
8 노희진 외 7인, 『기후변화와 탄소금융』, 자본시장연구원, 2010. 6, p. 3.

2. 탄소금융의 거래 당사자

2.1. 민간부문

탄소시장의 성장 가능성을 보고 민간부문의 참여가 활발해지고 있으며, 주요 민간부문 참여자는 다음과 같다.[9]

2.1.1. 규제준수 참여자

탄소시장의 주요 참여자들은 각국 정부를 비롯한 배출권감축 규제준수 대상기업들이다. ETS는 전력, 철강, 정유, 천연가스, 제지, 시멘트, 도자기 등 다양한 분야에 걸친 6,000여 개가 넘는 기업들에게 직접적 영향을 미치며, 이 기업들의 활동이 배출권 가격과 전체 시장 상황에 중대한 영향력을 발휘하고 있다. 영국과 독일의 에너지 기업들이 EUA의 주요 수요자이므로 EUA 가격은 독일의 전력계약 및 영국의 가스가격과 밀접한 관련을 가지고 있다. ETS 운영 첫해의 주요 배출권 거래자는 수도, 전기, 가스 등의 공익사업체와 에너지 기업이었다. 이들 기업들 중에서도 자체 기관의 EUA 거래를 통해 배출규제 조건을 달성하여 미래의 재무적 위험을 헤지하려는 기업들이 활발한 거래활동을 보이고 있다.

2.1.2. 은행

은행들은 초기에 활발한 참여를 할 것이라는 기대와 달리, 은행의 보수적 투자 성향, 탄소시장의 미성숙, 비교적 작은 규모로 인해 은행들의 활동이 두드러지지 않았다. 그러나 시장이 점차 성숙해짐에 따라 EU 은행들을 중심으로 탄소배출 감소 프로젝트 재정지원의 형태로서 탄소시장에 참여하기 시작하고 있다. 예를 들면 Bank of Ireland

---

9 노희진 외 7인, 전게서, pp. 119~129.

는 아일랜드 발전소 Edenderry와 배출권 할당량 인도계약을 체결하였다. 즉, ECX에서 거래되는 EUA 가격으로 Edenderry가 규제 준수에 필요한 배출권을 인도하고, 이 계약을 통해 Edenderry는 탄소가격의 불확실성을 없애고 배출규제 준수에 필요한 예산 집행이 용이해졌다. 다음으로 네덜란드의 ABN armo bank는 사모펀드 구성, 직접 탄소거래, 거래소에서 거래되는 배출권의 청산, 유럽 기업들의 선지급 배출권에 재정지원 등의 방법을 통해서 탄소시장에 전략적으로 진출하였다. 그 외에도 직접 거래, 청산, 재정지원 등의 사업을 영위하는 벨기에 Fortis, 기업 탄소금융과 컨설팅 서비스를 제공하는 Rabobank, Barclays, HSBC 등의 유럽 기반 은행들의 행보가 두드러지고 있다.

2.1.3. 탄소펀드

세계은행의 Prototype Carbon Fund 이후로 활발히 조성되기 시작한 탄소펀드는 전 세계 탄소시장에서 유통되는 CER과 ERU 생산에 필요한 자본공급을 담당한다. 정확히 측정하기는 곤란하나 세계적으로 약 2조원 규모의 탄소펀드가 조성되고 있다. 펀드 투자자들은 크게 두 가지로 분류된다. 첫째는 감축규제 대상자로서 배출권 구매를 외부 업체에 맡기거나 구매방법을 다양화하기 위해서 펀드를 조성하는 것이다. 예를 들면 Natsource's GG CAP[Greenhouse Gas Credit Aggregation Pool], European Carbon Fund를 들 수 있다. 둘째는 투기적 투자자로서 탄소거래 가격상승으로 인한 수익을 추구하는 자들이다. 탄소펀드에 관해서는 뒤에서 자세히 해설하기로 한다.

2.1.4. 투기적 투자자

새로운 탄소시장이 형성됨에 따라 투기적 투자자들의 시장 참여가 활발해지고 있다. 유럽과 미국에 기반을 둔 다수의 헤지 펀드와 개인 투자가 이루어지며, 탄소사업을 영위하는 기업의 지분투자나 배출권 직접 거래 등의 형태로 자본을 투자한다. 예를 들면 RNK Capital사는 뉴욕을 기반으로 하며 배출권 투자에 집중하는 헤지 펀드이다. Citadel Investment Group사는 12조원 규모이며, European Carbon Fund의 일부가 된 미국 펀드를 보유하고 있다. Tudor Investment Capital사는 미국 헤지 펀드 운용사 중 상위에 랭크된 기업으로서 CDM 프로젝트 개발사인 Camco International사의 지분을 보유하고 있다.

2.1.5. 탄소거래 중개인

배출권을 비롯한 다양한 환경상품 시장의 전략적 공략의 일환으로서 다수의 탄소시장 전문 중개인들이 활동하고 있다. 탄소 중개인들은 EU ETS와 교토 프로젝트 시장 모두에서 활발히 활동하고 있으며, 주요 중개업체들로는 Evolution Markets, CO₂e.com, Prebon, Spectron, TFS, ICAP, Natsource사 등이 있다. 중개인들은 시장 참여자들에게 주요한 정보원이며, 특히 매우 구조화되어 있고, 규모가 크며, 사업기간이 긴 CDM 혹은 JI 프로젝트에 대해서 귀중한 정보를 제공해준다. 거래소가 EU ETS 내의 거래의 상당 부분을 담당하고 있기 때문에 중개인들은 교토 프로젝트 시장이나 지역 탄소 거래시장에서 주로 활동할 것으로 보여진다.

2.1.6. 거래소

EUA 현물 혹은 선도거래를 하며 대표적인 거래소로는 ECX(European Climage Exchange), EEX(European Energy Exchange), Energy Exchange Austria, NORD Pool, Powernext 등이 있다. 이 중 ECX는 하루 평균 약 50~100만 톤가량 거래가 이루어지며, 세계에서 가장 큰 배출권 거래시장을 형성하고 있다. 또한 ECX CFI(Carbon Financial Instrument) 선물계약이 체결되고 있다. 이는 IPE(International Petroleum Exchange)에 의해서 제안되었으며, 전자거래 플랫폼상에서 거래가 성사되고, 이는 IPE의 모회사인 Intercontinental Exchange Inc.에 의해서 운영된다. IPE는 ECX CFI만을 거래하는 회원들에게 배출권 거래특권을 제공해준다. ECX 선물거래와 청산서비스를 제공하는 16명의 청산 멤버가 활동 중이다. ETS 시장의 유동성이 증가하고, 거래가 표준화됨에 따라 거래소 내의 거래량이 증가할 것으로 예상된다.

2.1.7. 보험사

보험사들은 배출권 거래계약 이행불능 혹은 프로젝트 실패에 따르는 위험과 손해를 효과적으로 보상해줄 수 있는 구조화된 보험 상품을 개발 중에 있다. 보험사와 재보험사가 탄소금융에 참여하고자 하는 두 가지 요인으로는 첫째, 기후변화가 기업과 개인의 자산, 재난, 생명, 건강에 어떠한 위험을 초래할 수 있다는 사실, 둘째, 보험사들이 성장하는 탄소시장에서 새로운 사업기회를 포착하였기 때문이다. 세계 최대 규모의 재보험사인 Swiss Re와 Munich Re가 기후변화의 경제적 파급효과를 연구하고, 탄소시장에 적합한 새로운 보험상품을 개발하는 등 앞장서서 시장을 형성하고 있다. 미국 기반의 거대 보험사 AIG도 2006년 초에 일련의 이니셔티브들의 설립을 공표하면서 흐름에 합류하였다.

또한 CDM 사업에서 보험사의 중요성이 대두되고 있다. 즉, 탄소시장에서 CDM 사업의 확장 속도가 특히 두드러지며, CDM 사업에서 발생하는 탄소배출권을 인도받지 못할 가능성이 있으며, 거래 상대자는 이러한 위험을 없애고 싶어 한다. 따라서 보험사의 역할이 중요해지고 있으며, 더불어 Aon과 Marsh와 같은 보험중개사의 역할도 중요해진다. 2005년과 2006년 사이에 탄소금융 시장에서 보험사들의 경쟁이 심화되었으며, AIG 및 Zurich와 같은 거대 보험사들이 탄소 인도보증과 프로젝트 보험상품들을 선보이면서 시장에 참여하고 있다.

탄소시장의 범위와 크기가 확대되고, 규제 비준수 기업과 열악한 위기관리 능력을 가진 회사들이 재정적 어려움에 처할 가능성이 높아짐에 따라 위기관리 및 보험서비스를 제공하는 기업들의 역할이 각광받고 있다. 마지막으로 ETS 내 다수의 기업들은 배출권 사업을 전략의 핵심으로 여기지 않고, 그들을 도와 규제의무를 충족시킬 만한 능력이 있는 제3자에게 위험을 전가하고자 하는 욕망을 가지고 있다. 그런데 높은 신용등급과 탁월한 위험처리 능력을 보유하고, 시장에 대한 전문지식이 있으며, 전 세계 시장에 접근성이 높은 거대 보험사들이 위험전가 대상으로 적합하다고 고려되고 있다.

2.2. 공공부문

공공부문은 탄소시장의 초기부터 참여하여 왔으며, 주도적인 역할을 담당하고 있는데 주요 공공부문 참여자는 다음과 같다.[10]

2.2.1. 정부

정부는 탄소배출권의 구매자이자 교토의정서의 설계자로서 탄소시장에 오래전부터 참여하여 왔다.

1) 탄소배출권의 직접 구매

교토의정서에 의해 의무감축국으로 선정된 부속서1국가들은 직접 또는 중개인을 통해 CER과 ERU를 구매한다. 직접 구매 시에는 주로 공개입찰이나 직접 조달하는 방식을 취한다. 대표적인 예로 2006년 초 네덜란드 정부는 시장에 공개되지 않은 CER과 ERU를 공개입찰에 붙였다. 네덜란드는 교토의정서가 강제적 효력을 발휘하기 이전부터 탄소배출권 공개입찰을 주도해왔다.

2) 탄소배출권의 간접 구매

정부는 제3자로 하여금 펀드를 구성하도록 하여 간접적으로 배출권을 구매하기도 한다. 네덜란드 정부는 간접 구매자로서도 활발히 활동하고 있다. European Bank와 합작하여 탄소배출권 구매기관을 설립하고, 이를 통해 중앙 및 동유럽 JI 프로젝트에서 생산된 ERU를 구입한 경험이 있다. 이탈리아 환경부는 세계은행과 공동으로 이탈리아 민간과 공공부문 주체들이 CDM과 JI 프로젝트에서 생산되는 탄소배출권을 구매하도록 도와주는 펀드를 조성하였다. 스페인, 덴마크, 독일 정부도 비슷한 기관을 설립하였다. 정부 주체로 조성된 펀드들은 지금까지 그래왔듯이 앞으로도 탄소시장에서 중요한 역할을 담당할 것이다.

---

10 노희진 외 7인, 전게서, pp. 130~132.

2.2.2. 기업연합

정부는 기업연합이나 다른 기관의 설립을 장려하여 탄소시장에 진입하고자 노력하고 있다.

1) 스위스 정부의 기업연합 Klimarappen

스위스 정부는 2012년까지 이산화탄소 천만 톤 매입을 목표로 하는 Klimarappen (or Climate Cent Foundation)을 설립하였다. 이 재단은 2005년 10월에 4개의 기업연합이 모인 자발적 이니셔티브의 형태로 출범하였으며, 민간부문의 규제준수 대상 기업들로만 구성되었다. Klimarappen은 휘발유와 경유 리터당 10원의 수입관세로 벌어들인 연간 650억 원의 수익을 스위스와 해외에 효과적인 기후보호 프로젝트를 가동시키기 위해서 투자할 계획이다.

2) 일본의 Japan Carbon Fund

일본은 민간기업과 공공여신기관으로 구성된 탄소배출권 구매기구인 Japan Carbon Fund가 2004년 12월에 출범하였다.

3) 독일의 부흥은행 KfW

KfW는 독일 연방정부와 함께 CDM과 JI 프로젝트에서 생성되는 탄소배출권 구매를 위한 탄소 펀드를 조성하였다. 펀드 조성에 참여한 기업 중 75%가 독일 회사들이며, 나머지는 오스트리아, 룩셈부르크, 프랑스 기업들이다. 대다수의 기업들이 전력회사들이며, 화학 및 시멘트 회사들도 일부 참여하였다. 총 960억 원(8천만 달러)의 탄소 구매 자금을 확보하고 있으며, 2005년 10월 인도 HFC 23 프로젝트에서 생산된 CER을 구매하는 첫 계약을 체결하였다.

2.2.3. 다국적 은행

1) 세계은행(World Bank)

세계은행의 Prototype Carbon Fund는 2005년 말까지 세계은행이 교토 프로젝트 시장에서 지배적인 위치를 차지하는 데 큰 기여를 하였으며, 2006년 7월 당시 약 1,800억 원의 자금을 보유하였다. World Bank Carbon Finance Business의 설립과 그에 수반되는 다양한 탄소 펀드들(Community Development Carbon Fund, the BioCarbon Fund 등)의 조성으로 인해 세계은행의 다양한 구매기관들이 통합되었다.

2) 세계은행의 IFC(International Finance Corporation)

세계은행의 민간 투자부문인 IFC는 Carbon Finance Facilities를 통해 탄소금융 시장에 진출하였으며, 2006년 5월 당시 800억 원 규모의 자금을 확보하였으며, 이는 네덜란드 정부를 대신하여 CER과 ERU 구매에 사용되었다.

3) EIB(European Investment Bank)

EIB는 세계은행과 유럽 전역에 분포하는 기후 친화적 프로젝트에 투자를 목적으로 하는 Pan European Carbon Fund 조성계약을 체결하였다. 또한 EBRD(European Bank for Reconstruction and Development) 및 CIS(Commonwealth of Independent States)와 공동으로 MCCF(Multilateral Carbon Credit Fund)를 조성하였다. MCCF는 공공과 민간부문 주체들 모두 참여가 가능하며, 외부 탄소전문가를 영입하여 펀드 운영을 맡기고 있다.

4) ADB(Asian Development Bank)와 IADB(Inter-American Development Bank)

ADB와 IADB는 그들이 사업을 벌이고 있는 지역 내에서 진행되는 CDM 프로젝트에 자금을 지원할 계획을 발표하였다.

3. 탄소펀드

3.1. 개관

탄소펀드란 온실가스 감축사업에 투자하여 확보한 탄소배출권을 배출권 거래시장을 통해서 판매한 후 얻은 수익을 투자자에게 배분하는 펀드를 의미한다.[11] 탄소펀드는 투자자의 자금을 모아 탄소배출권을 창출할 수 있는 프로젝트에 투자하거나 크레딧이나 EUA와 같은 탄소배출권 및 탄소배출권 파생상품에 투자한다. 최근에는 탄소배출권뿐만 아니라 청정에너지 프로젝트, 조림사업 등의 다양한 녹색부문에 대한 투자로 그 대상을 확대하고 있다.[12] 탄소시장이 활성화됨에 따라 탄소시장에 투자하기 위한 탄소펀드의 조성이 활발하게 이루어지고 있다. 탄소펀드는 공동투자에 의한 대규모 사업 투자비 조달이 가능하고 전문가의 지식과 정보를 활용할 수 있으며, 프로젝트 포트폴리오 구성을 통해 위험을 관리할 수 있으며, 일반적으로 수익률이 높지 않은 대신에 안정성이 높은 편이다.[13]

탄소펀드가 운용하는 자산은 아직까지 CDM 사업이나 CER에 투자하는 펀드가 주류를 이루고 있다. 즉, 조달된 펀드를 CDM 사업에 투자하고 여기서 발생하는 CER을 판매하여 거둔 수익을 투자자들에게 배당하는 형태가 주류를 이루고 있다. 세계은행의 탄소펀드 중 최초로 설립된 Prototype Carbon Fund의 경우에는 CDM 사업 이외에도 CDM 사업으로 수행하기 어려운 풍력, 소수력, 바이오매스를 이용한 발전사업과 같은 신재생에너지 투자를 선호하고 있다.[14]

상술하면 세계은행의 Prototype Carbon Fund 이후로 활발히 조성되기 시작한 탄소펀드는 전 세계 탄소시장에서 유통되는 CER과 ERU 생산에 필요한 자본공급을 담당한다. 펀드 투자자들은 크게 두 가지로 분류된다. 첫째는 감축규제 대상자로서 배출권

11　오용선,「탄소시장과 청정개발체제에 대한 강원도의 대응전략」,『강원광장』, 강원발전연구원, 2008, p. 37.
12　김필규,「탄소배출권 관련 금융상품화를 위한 법적 과제」,『환경법연구』제31권 제2호, 한국환경법학회, 2009, p. 32.
13　세계법제정보센터 편,『탄소 시장에 대한 가이드』, 세계법제정보센터, 2011, p. 14.
14　김필규, 전게논문, p. 32.

구매를 외부 업체에 맡기거나 구매방법을 다양화하기 위해 펀드를 조성하는 것이다. 예를 들면 Natsource's GG CAP[Greenhouse Gas Credit Aggregation Pool], European Carbon Fund를 들 수 있다. 둘째는 투기적 투자자로서 탄소거래 가격상승으로 인한 수익을 추구하는 자들이다.[15]

세계적으로 약 67개 이상의 탄소펀드가 운영 중이며, 총 규모는 최소 16조원 이상이고 펀드 조성 방법에 따라 공적기금 형태, 민간기금 형태, 민관혼합펀드로 분류된다. 탄소펀드는 중국, 인도 및 동남아시아 지역에 주로 투자하고 그 외 동아시아, 라틴 아메리카, 유럽, 중앙아시아, 아프리카 순으로 투자가 이루어지고 있다.[16] 구체적으로 살펴보면 세계은행은 프로토 타입(Prototype) 탄소펀드, 바이오 탄소펀드, 덴마크 탄소펀드, 스페인 탄소펀드 등을 운영 중이다. 이외에 European Carbon Fund(1억 4천만 유로)가 운영 중이다. 일본 정부도 이 부분에 매우 적극적인데 국제무역일본은행(JBIC), 일본정책투자은행(DBJ), 민간기업 등이 공동으로 2014년까지 1억 4천만 달러 규모의 탄소펀드를 2004년 말에 설립하였다. 여기에는 정부은행 등 20개사, 전력회사 55개사, 석유 제조업체사 33개사, 무역회사 32개사, 엔지니어링 회사 등이 참여하고 있다.[17]

3.2. 탄소펀드 개발 시의 검토사항

3.2.1. 개발목적

탄소펀드의 개발목적이 명확해야 한다. 즉, 해당 펀드가 향후 필요한 배출권 확보를 위한 것인지, 아니면 투자 수익률을 극대화하기 위한 것인지 하는 운영 방향이 결정되어야 한다. 또한 업무범위가 CDM 사업을 발굴하고 투자하여 배출권을 확보하는 데 그칠 것인지, 아니면 탄소배출권의 거래와 중개, 컨설팅 및 교육사업 등으로 확대할 것인지를 결정하여야 한다.[18]

---

15 노희진 외 7인, 전게서, pp. 120~121.
16 세계법제정보센터 편, 전게서, p. 14.
17 김정인, 『기후재난에 따른 탄소 금융과 보험』, 환경관리공단, 2007, pp. 14~15.

3.2.2. 지배구조와 재원

현재 운영 중인 탄소펀드를 지배구조의 형태로 구분하면 정부 주도형, 민간 주도형, 그리고 민관 합자형으로 대별할 수 있다. 정부 주도형은 탄소저감 의무이행에 필요한 배출권 확보를 목적으로 하며, 따라서 특정 탄소저감 프로젝트에 내재되어 있는 인수도 위험을 중시한다. 이들 펀드는 민간 펀드에 비해 수익성에 덜 민감하며, 좀 더 장기간의 투자가 가능할 뿐만 아니라 민간자본이 결코 감내하기 어려운 위험에 대해서도 시장조성 또는 선구자의 비용으로 감당할 수 있다. 반면 민간 주도형 펀드는 탄소배출권 시장을 통한 수익 극대화를 주목적으로 한다. 이들 펀드들은 탄소저감 프로젝트에서의 투자뿐만 아니라, 배출권 거래 차익, 컨설팅 수수료 등을 통하여 수익을 창출한다. 수익 극대화라는 단일 운영목적으로 인하여 신속하고도 유연한 투자를 가능하게 한다. 마지막으로 민관 합자형은 탄소저감 의무를 지는 국가의 정부와 배출권 또는 수익을 추구하는 민간 자금이 모여서 제3의 운영 주체를 선정하는 방식으로 세계은행에서 운영하는 PCF가 대표적이다. 이러한 혼합형 펀드는 JCF(Japanese Carbon Finance)와 같이 특정 국가 내에서도 존재한다. 정부의 입장에서는 민간의 자본과 펀드 운영 능력, 정부의 분석 능력 등을 이용할 수 있으며, 민간의 입장에서는 시장 초기 발생할 수 있는 여러 가지 제도적 위험을 최소화하고, 높은 수준의 정보를 활용할 수 있는 이점이 있다. 또한 제도 초기의 시행착오를 통한 학습효과를 저렴한 비용으로 얻을 수 있다.[19]

3.2.3. 펀드만기

탄소저감 프로젝트에 주로 투자하는 탄소펀드는 CDM/JI 프로젝트의 성격상 만기가 상대적으로 길 수밖에 없다. 이에 따라 탄소펀드에 투자된 자본의 기대수익률은 여타 펀드에 비해 높으며, 이는 펀드의 자금모집과 운영방식에 제약요인으로 작용하게 된다. 따라서 적절한 만기를 설정하는 것이 필요 자금의 모집과 운영 성과에 중요한 영향을 미친다.[20]

---

18 손우식 · 박명섭, 전게논문, p. 297.
19 손우식 · 박명섭, 전게논문, pp. 297~298.

3.2.4. 펀드의 규모

펀드가 정부 주도형인가 또는 민간 주도형인가에 따라서 적정 규모는 각각 상이할 수 있다. 필요한 탄소배출권 확보를 주목적으로 하는 정부 주도형의 경우 구매 규모는 예상배출량과 할당량 차이의 일정 비율이 될 것이다. 여기서 자국이 발생시킬 예상배출량의 추정과 특히 일정 비율을 결정하는 것이 가장 중요한 변수가 된다. 민간 주도형의 경우 펀드의 규모는 기본적으로 사업 포트폴리오, 규모의 경제, 가격 결정력, 펀드 매니저의 위험관리 능력 등에 따라서 결정될 것이다. 여기에 자금 운용 능력과 탄소시장의 구조 등도 펀드의 규모를 결정짓는 중요변수가 될 수 있다.[21]

3.2.5. 위험관리기구

탄소배출권 거래는 배출권을 확보하는 과정이 복잡하다는 특성과 배출권 거래가 기본적으로 미래의 인수도를 전제로 하는 선물 계약이라는 특성으로 인하여 위험을 내포한다. 또한 탄소시장이 2012년 이후의 시장과 거래제도에 대한 불확실성으로 인한 위험도 있으며, 이 외에도 환율변동, 이자율변동 등에 의한 수익의 위험도 있다. 탄소펀드의 성공적인 운영은 적절한 위험관리 수단과 유능한 위험관리 능력을 필요로 한다. 이론적으로 가용한 위험관리 수단은 옵션(option), 스왑(swap), 보험 등의 제도적 장치가 있으나 현재 탄소시장에서는 이들 상품의 개발이 충분하게 이루어지지 않고 있다. 따라서 펀드 내부적으로 투자대상 지역이나 기술 등에 대한 적절한 포트폴리오를 만들거나 시장분석 능력을 제고하는 등 위험관리 능력을 보유하여야 할 것이다.[22]

3.2.6. 사회적 책임투자(SRI: Social Responsible Investment)

사회적 책임투자는 본래 종교적인 보편적 가치에 근거한 선별투자로서 아시아 SRI

---

20 손우식 · 박명섭, 전게논문, p. 298.
21 손우식 · 박명섭, 전게논문, pp. 298~299.
22 양승룡, 「해외 탄소펀드 현황과 국내 탄소펀드 설립 방향」, 환경관리공단, 2007. 8, pp. 10~12.

운동본부는 사회적 책임투자의 핵심을 투자의 보편적 원칙인 위험을 줄이는 문제, 단기적인 관점이 아니라 장기적인 관점에서의 투자, 윤리적인 경영을 하는 기업에 투자하는 것이라고 본다.[23]

SRI는 기업의 환경적, 사회적 성과와 지배구조 등의 요소를 재무적 성과와 함께 고려해 장기적으로 투자하는 기법으로서 1990년대 이후 선진국을 중심으로 기업환경보고서 등이 의무화되면서 기업의 환경영향평가를 통해서 사회적 위험을 측정해 투자 포트폴리오를 구성하는 것이 SRI의 일반적인 방식이 되고 있다.[24]

3.3. 세계은행의 탄소펀드

세계은행은 1999년 Carbon Prototype Fund를 선보였다. 세계은행은 CDM 사업이 시작되면 투자국들이 거래비용을 줄이기 위해서 규모가 큰 개발도상국들(브라질, 중국, 인도)에만 투자하게 되고, 이에 따라 더 작고, 가난한 나라들(특히, 아프리카지역)은 소외될 수 있음을 염려하였다. 세계은행은 새롭게 성장하는 CDM 시장에서 민간 부문이 할 수 없는 국제 중개인의 역할을 맡았다. 그러나 세계은행은 "민간 부문과 불공평하게 경쟁하였으며, 이로 인해 시장을 왜곡하였다."라고 자책하였다.[25]

세계은행은 EU 정부와 공동으로 혹은 민간 부문의 참여를 통하여 다양한 국가의 펀드를 설정하고 있다. 이러한 유형의 펀드로는 세계은행과 국제배출권거래협회에 의해서 조성된 Community Development Carbon Fund(CDCF), 캐나다, 이탈리아, 룩셈부르크, 스페인 정부와 민간기업들이 공동으로 투자한 BioCarbon Fund, 그리고 EU 국가와 공동으로 투자한 The Netherlands CDM Facility(NDCMF), Italian Carbon Fund(ICF), Danish Carbon Fund(DCF), Spanish Carbon Fund 등이 있다.[26]

세계은행이 관리하는 탄소펀드는 2억 5천만 달러 이상의 전체 배출량감축가격으로

---

23 김형철, 「사회책임투자펀드의 동향과 발전방안에 관한 연구」, 『상장협연구』 제53호, 2006 봄, p. 155.
24 도건우, 「저탄소 녹색성장과 금융산업의 진화」, 『Seri 경제 포커스』 제240호, 삼성경제연구소, 2009. 4, p. 9.
25 노희진 외 7인, 전게서, p. 101.
26 김필규, 전게논문, p. 36.

396 | 녹색무역의 이해

추정되는 200개 이상의 프로젝트를 포함하고 있다. 또한 배출량감축 구매계약은 89개 프로젝트로서, 총액은 15억 달러가 넘는다.[27]

3.4. 우리나라의 탄소펀드 현황

우리 정부는 탄소펀드를 통해 기후변화협약에 대한 대응이나 인식이 부족한 산업계와 금융권에 기후변화협약을 투자 등의 새로운 기회로 소개하고 온실가스 감축사업과 배출권 거래시장을 활성화시키기 위하여 2007년 7월 국내 탄소펀드 1호를 만들었다. 탄소펀드의 투자대상은 신재생에너지, 에너지효율 향상, 화석연료를 청정연료로 바꾸는 연료전환 등 온실가스 감축사업이 해당된다. 2,000억 원 규모의 탄소펀드에 에너지관리공단이 약 200억원 규모의 자금을 출자하였다.

국내 여러 운용사들은 여러 탄소펀드들을 운용하고 있는데, 그 내역은 다음과 같다. CDM 사업 및 탄소배출권에 투자, 태양광발전 등 신재생에너지사업에 투자, 전 세계 기후변화 관련 유망기업에 투자, 대체에너지와 관련된 주식 및 DR 등에 투자, 자원고갈의 염려가 없고 유해물질을 배출하지 않는 신재생에너지 관련 기업에 투자, 대체에너지, 대체연료, 에너지효율, 온실가스 배출제한 관련 기업에 투자, S&P Global Clean Energy Index에 편입된 글로벌 클린에너지 자산 관련 주식에 주로 투자하는 모 투자신탁에 투자, 주로 친환경 에너지 및 재생에너지 등 퓨처에너지와 관련된 사업을 영위하는 회사 등이 발행한 주식 등에 투자, 천연가스, 태양에너지, 풍력, 지열, 바이오매스 등 대체에너지 기업에 투자, 청정기술, 에너지효율, 환경관리 기업에 투자하고 있다.[28]

---

27 The World Bank, Carbon Finance for Sustainable Development – Carbon Finance at the World Bank, 2007, p. 16(손우식 · 박명섭, 「탄소시장과 탄소펀드 개발에 관한 연구」, 『무역상무연구』 제46권, 한국무역상무학회, 2010. 5, p. 294에서 재인용).
28 세계법제정보센터 편, pp. 14~15.

3.5. 한국투자신탁운용의 탄소펀드 사례

지식경제부 및 에너지관리공단이 주관하고 한국투자신탁운용이 운용하는 국내 제1
호 탄소펀드가 최초로 한국 기업이 추진하는 해외 CDM 사업에 투자하였다. 지식경제
부와 참여기업들은 2010년 7월 20일 중국 섬서성에서 사과농장의 폐목재를 이용한 바
이오매스 발전사업에 투자하기로 결정하였다고 발표하였다. 동 프로젝트는 서울시 전
체 면적의 절반에 달하는 300㎢ 용지에 5,000만 그루의 사과나무가 있는 사과농장에
서 나오는 폐목재를 활용한 발전수익 및 탄소저감활동을 통한 탄소배출권 수익을 추구
한다. 프로젝트의 규모는 총 700억 원으로 LG상사, 하나은행 및 무역보험공사와 컨소
시엄을 구성해 추진하며, 이 중 탄소펀드는 400억 원을 투자한다. 발전소가 완공되면
컨소시엄은 2012년부터 전력을 생산할 계획이며, 이로부터 연간 32만 톤의 온실가스
를 감축할 수 있을 것으로 예상된다.[29]

4. 탄소배출권 거래보험

탄소금융과 같은 새로운 사업은 기존에 존재하지 않았던 위험을 수반한다. CDM 사
업을 통해서 CER 거래 시에 발생할 수 있는 위험들은 이행위험이라는 하나의 위험으
로 묶을 수 있다. 이행위험이란 산출물이 계획한 대로 얻어지지 못할 위험을 의미하며,
거래 상대자 위험, 탄소 규제 위험, 국가 투자 위험, 기술 성능 위험, 사업 방해, 관리자
의 책임 등으로 나누어진다. 그런데 기존의 보험 상품으로 탄소금융 위험을 다루는 것
은 매우 곤란하다. 왜냐하면 전통적인 보험업체들은 합당한 가격을 제시할 수 있고 예
상 손실 자료를 얻을 수 있는 정형화된 위험을 다루고 있기 때문이다. 따라서 탄소금융
상품 수가 늘어나고 고객들이 위험 헤지를 위해서 보험을 찾는다면 결국에는 보험사업
이 자리를 잡을 수 있을 것이다.[30]

---

29 지식경제부 홈페이지, http://www.mke.go.kr/news/coverage/bodoView.jsp?seq= 63088&page
   No=1&srchType=1&srchWord=한국 제1호 탄소펀드&pCtx=1

탄소배출권 관련 보험은 탄소배출권의 인도 관련 보험과 가격 관련 보험으로 구분할 수 있으며, 가격 관련 보험은 다른 파생상품으로 대체될 수 있기 때문에 실질적으로 보험부문에서의 역할은 인도 관련 보험으로 제한된다. 탄소배출권 관련 보험은 CDM 사업에 자금 지원을 고려하는 투자자에게 리스크를 회피할 수 있는 유용한 수단을 제공해준다. 부보 대상은 CDM 사업 과정에서 발생할 수 있는 신용 리스크, 고유 리스크, 기타 리스크 등으로 광범위한 범위가 해당된다. 일반적으로 거래 단위가 크기 때문에 정부 차원의 보험 제공이 이루어지고 있으나, 민간 보험사에서도 부분적으로 부보할 수 있는 상품 개발이 가능할 것으로 판단된다.[31]

탄소배출권 거래로 인한 위험 발생 시 상기와 같은 위험을 헤지할 수 있는 방법으로는 CDS(Credit Default Swap)[32]와 같은 보험상품의 개발을 들 수 있다. 이와 같은 상품의 대표적인 형태로는 AIG의 'Carbon Credit Delivery Coverage'와 Marsh의 'Permit Delivery Guarantee'를 들 수 있는데, 이들 상품의 특징은 저감프로젝트에서 발생가능한 리스크를 패키지 형태로 총괄적으로 보장해주는 보험상품이다. 이러한 보험보장이 포함된 CER 상품은 가치 측면에서 높은 평가를 받음에 따라 가격 및 거래 면에서 장점을 지니게 된다. 이처럼 투자자는 CDM 프로젝트 펀드의 도산 및 투자회사의 도산 그리고 배출권 인도의 불이행 등으로 인한 위험을 보험을 통해서 이전시킬 수 있다. 그러나 동 보험의 허용에 있어서는 리스크 중심의 감독을 통해서 과도한 리스크 부담을 지지 않도록 감독하는 것이 매우 중요하다.[33]

우리나라에서도 친환경적 특징을 강화한 보험 부문의 탄소 관련 상품들이 다양화되고 있다. 특히 그린 관련 펀드 투자 시 세금감면 혜택을 제공하거나 탄소배출 절감 프로젝트 산업에 투자하여 관련 산업을 장려하는 펀드 상품들이 등장하였다. 또한 친환경 특징을 강화한 보험 상품과 탄소배출권 가격 변동성에 대처하기 위한 탄소보험 상

---

30 노희진 외 7인, 전게서, pp. 110~111.

31 정희수·서영미·최현우, 「국내외 탄소배출권 관련 비즈니스」, 『하나 금융정보』 제12호, 하나금융경영연구소, 2009. 2, p. 9.

32 신용부도스와프라고 번역하며 부도가 발생하여 채권이나 대출 원리금을 돌려받지 못할 위험에 대비한 신용파생상품을 말한다.

33 최승필, 「탄소배출권 제도설계에 대한 법제도적 검토 – 유럽의 탄소배출권제도를 통한 고찰을 중심으로」, 『환경법연구』 제31권 제2호, 한국환경법학회, 2009, p. 197.

품 등도 발달하고 있다.[34] 수출보험공사에서는 교토의정서에서 정하고 있는 탄소배출권 획득 사업을 위한 투자, 금융, 보증 과정에서 발생할 수 있는 손실을 종합적으로 담보하는 탄소종합보험(Carbon Insurance Wrap)을 출시하였다. 동 보험에서 보험계약자는 탄소배출권 사업의 참여자이며, 보험기간은 해당 사업의 사업기간으로 다음과 같은 지원을 실시한다. 첫째, 투자지원 : 자기자본투입, 사업지분 투자 등을 하였으나 비상위험 등의 발생으로 투자금 미회수시 손실담보(해외투자); 둘째, 금융지원 : 금융기관이 사업 소요자금을 융자하였으나 비상·신용위험 등 발생으로 원리금 미상환시 손실담보(해외사업금융); 셋째, 보증지원 : 탄소배출권 구매자가 사업자와 탄소배출권 선물계약을 체결하였으나, 기대하였던 배출권 미획득시 관련 손실담보(수출보증).[35]

5. 탄소배출권의 거래와 옵션

탄소시장의 구조를 보면 전 세계 탄소시장의 70%(920억 달러) 이상이 허용량시장에서 배출권과 그 파생상품의 거래를 통해서 이루어지고 있다. 이 허용량시장은 대부분 유럽기후거래소(ECX)에서 거래되고 있다. 그런데 ECX가 배출권 파생상품 전문 거래소란 점을 감안하면, 전 세계 허용량시장의 대부분이 탄소배출권의 현물이 아닌 파생상품 형태로 거래되고 있음이 이해 가능하다. 프로젝트 시장도 마찬가지이다. CDM 시장은 전 세계 탄소시장의 26%, 약 330억 달러를 차지하고 있다. 그런데 세계은행에 따르면 이 중에서 탄소저감에 직접 기여하는 1차 CDM 시장 규모는 전체 CDM 시장의 20% 정도이다. 나머지 대부분의 CDM 거래는 금융시장에서 현물은 물론 선물, 옵션 등 파생상품 형태로 거래된다.[36]

예를 들면 유럽기후거래소에서는 EU의 ETS라는 제도로부터 창출되는 배출범위 등

---

34 조호정, 「국내 녹색금융 성장의 문제점과 발전과제」, 『ENEGRY FOCUS』, 에너지경제연구원, 2010 봄호, p. 22.

35 정희수·서영미·최현우, 「국내외 탄소배출권 관련 비즈니스」, 『하나 금융정보』 제12호, 하나금융경영연구소, 2009. 2, p. 4.

36 송홍선, 전게논문, pp. 2~3.

을 선물 및 옵션의 거래로 위치지우고 있다. 캐나다 몬트리올의 기후거래소에서도 캐나다의 CO_2 배출단위에 상당하는 선물의 거래가 행해지고 있는 상황이다.[37] 이 같은 탄소시장의 구조는 탄소시장에서 금융의 역할에 대해 중요한 메시지를 준다. 다시 말해, 탄소시장은 탄소배출권의 현물을 거래하는 상품시장의 경계를 넘었으며, 탄소배출권 현물을 기초자산으로 한 선물, 옵션, 구조화 상품 등이 중심이 된 금융시장이 탄소시장의 주요한 성장 모멘텀이라는 점이다.[38]

상술하면 일반적 할당 방식의 탄소배출권의 경우, 기초자산에서 파생되어 나오는 리스크는 매우 낮은 수준이다. 이러한 리스크는 향후 배출권가격의 등락에 기인한 가격변동에 따른 리스크가 주가 된다. 따라서 이를 헤지하기 위해서는 선물계약의 방식을 사용함으로써 위험을 분산시킬 수 있다. 한편 CER의 과다보유(Long)로 인해 포지션이 스퀘어(Square : 매입/매각 포지션의 균형점)를 이루지 못한 경우에는 외환시장에서와 마찬가지로 CER 가격이 떨어질 경우 손실을 볼 수 있으므로 CER의 과소보유(Short)로 인하여 가격상승 시 위험이 있는 기업과 스왑(Swap) 계약을 맺음으로써 이와 같은 가격의 변동성을 회피할 수 있다. 이와 같은 방식은 모두 거래상품의 선택을 통해서 위험을 분산하는 방식이다.[39]

또한 탄소배출권의 거래는 금융회사의 다양한 옵션(option) 설정을 통해서 이루어질 수도 있다. 예를 들어 연간 생산량이 장기적 증가 추세에 있다면 배출권을 영구히 구입할 수 있으나, 일시적인 변동에 기인하여 생산량 증감이 발생할 것이라고 예측되는 경우 콜 옵션(call options)이나 풋 옵션(put options)을 통한 배출권 매매 또한 가능하다. 이러한 파생상품 시장이 금융기관에서 수입창출을 위한 방안으로서 적극적으로 사용될 수 있을 것이므로, 배출권 쿼터 자체를 매매하는 본래의 배출권시장보다 더욱 활성화될 가능성이 높다. 즉, 탄소배출권시장이 초기에는 실수요자 위주로 시장참여가 이루어지고 있으나, 시장활성화를 위해서는 파생상품을 통한 금융권의 시장참여 비중이 확대되어야 할 것이다.[40]

---

37 松下滿雄·梅澤治爲·飯野 文, "環境と貿易シンポジウム 第II部 溫暖化對策と國際貿易レジーム 2", 『貿易と關稅』, 통권 686호, 2010. 5, p. 12.
38 송홍선, 전게논문, p. 3.
39 최승필, 전게논문, p. 196.

현재 유럽을 중심으로 발전한 탄소배출권 거래소는 선물, 옵션, 스왑 등 파생상품 위주로 거래되는 경향을 보이고 있다. 세계은행에 따르면 탄소배출권 시장 규모는 2005년 109억 달러에서 2008년 1,264억 달러로 확대되었고, 2010년에는 1,500억 달러 규모로 성장할 것으로 예상된다. 더욱이 향후 미국의 참여 형태가 확정된다면 세계 탄소시장의 성장 속도는 훨씬 빨라질 것으로 예상된다.[41]

6. 탄소배출권 관련 금융상품

해외 선진 금융기관들은 탄소시장과 관련된 금융상품을 개발하고 있다. Barclays, HSBC, FORTIS 등이 CDM과 JI 프로젝트로부터 탄소배출권을 얻기 위해서 주식이나 대출을 제공하고 있고, 은행들은 탄소배출권이 트레이딩 시장에서 거래될 수 있도록 배출 수당과 탄소배출권을 근거로 대출상품을 개발하고 있다.[42]

6.1. 탄소배출권 파생결합증권과 파생상품

우리나라 자본시장법상 파생결합증권은 "기초자산의 가격·이자율·지표·단위 또는 이를 기초로 하는 지수 등의 변동과 연계하여 미리 정하여진 방법에 따라 지급금액 또는 회수금액이 결정되는 권리가 표시된 것"을 말한다(제4조 제7항). 자본시장법은 파생상품을 선도, 옵션, 스왑 중의 어느 하나에 해당하는 계약상의 권리로 정의하고 있다(제5조 제1항). '선도'는 "기초자산이나 기초자산의 가격·이자율·지표·단위 또는 이를 기초로 하는 지수 등에 의하여 산출된 금전 등을 장래의 특정 시점에 인도할 것을

---

40 구정한·손동희·전용일, 「녹색성장을 위한 녹색금융의 자본조달역할에 관한 연구」, 『자원·환경경제연구』 제19권 제3호, 한국환경경제학회, 한국자원경제학회, 2010, pp. 679~680.

41 조호정, 전게논문, p. 20.

42 조호정, 전게논문, p. 21.

약정하는 계약"으로 정의한다(제5조 제1항 제1호). 옵션은 "당사자 일방의 의사표시에 의하여 기초자산이나 기초자산의 가격·이자율·지표·단위 또는 이를 기초로 하는 지수 등에 의하여 산출된 금전 등을 수수하는 거래를 성립시킬 수 있는 권리의 부여를 약정하는 계약"으로 정의한다(제5조 제1항 제2호). 스왑은 "장래의 일정기간 동안 미리 정한 가격으로 기초자산이나 기초자산의 가격·이자율·지표·단위 또는 이를 기초로 하는 지수 등에 의하여 산출된 금전 등을 교환할 것을 약정하는 계약"으로 정의한다(제5조 제1항 제3호). 파생결합증권은 파생상품이 결합된 증권상품이다. 파생상품적인 요소를 어느 정도까지 반영할 수 있는가. 달리 말하면 파생결합증권과 파생상품을 가르는 기준은 무엇인지가 문제가 된다. 그 기준은 추가지급 의무의 존재 여부로서 추가지급 의무가 존재하지 않는 범위까지는 파생결합상품이고, 추가지급 의무가 발생하는 순간 파생상품으로 보게 된다.[43]

탄소배출권의 가격은 배출권 관련 규제체계, 생산요소, 감축기술 및 할당체계 등에 따라 변동할 가능성이 있으며, 이러한 가격변동성을 헤지하거나 가격변동성에 근거한 차익거래를 목적으로 하는 다양한 파생상품 거래가 이루어질 수 있다. 탄소배출권 파생상품 거래의 참여자는 탄소배출권의 직접적인 수요자와 공급자 및 금융기관 등이다. 기업부문은 에너지, 정유, 시멘트, 철강, 제지업종 등 다량의 온실가스를 배출하는 업종으로서 탄소시장에 직접적으로 관련되어 있다. 은행과 증권회사들은 온실가스 배출과 직접적인 관련은 없으나 CDM 사업 개발 등에 있어서 주요한 자금공급 및 중개 역할을 담당하고 있다. 이와 더불어 탄소배출권에 투자하는 탄소펀드, 뮤추얼펀드 및 헤지펀드 등도 탄소배출권 파생상품 거래에 참여하고 있으며, 특히 헤지펀드와 같은 투기적인 거래자들은 배출권 및 배출권 파생상품의 차익거래를 통하여 수익을 추구하기 위해서 주요한 투자자로 참여하고 있다. 이와 더불어 배출권 리스크 헤징 기능의 일부를 담당하는 보험사도 파생상품 거래에 참여한다.

탄소배출권 파생상품은 선물계약, 선도계약, 옵션 등의 형태로 개발되어 거래되고 있다. 탄소배출권 선물계약(futures contract)은 미래의 일정 시점에 특정한 가격으로 탄소배출권을 매매하기로 약속한 계약을 의미한다. 탄소배출권 옵션계약(option contract)

---

[43] 정순섭, 「환경친화적 녹색금융을 위한 법적 과제」, 『환경법연구』 제31권 제1호, 한국환경법학회, 2009, p. 99.

은 미래의 일정 시점에 탄소배출권을 특정한 가격으로 사거나 팔 수 있는 권리를 의미한다. 탄소배출권 선물계약의 기초자산은 EUA, CER 등이 주류를 이루고 있다. 이와 더불어 미국의 경우에는 산화질소, 이산화황 등의 온실가스 배출권 및 관련 지수를 기초로 한 파생상품도 거래되고 있다. 또한 DJSI−W(Dow Jones Sustainability World Index)나 ECO−Index와 같은 지수에 근거한 선물계약도 거래가 되고 있다.[44]

시카고 기후거래소(CCX)는 자회사로 온실가스 파생상품 거래소인 CCFX(Chicago Climate Futures Exchange)를 두고 있다. 동 거래소는 미국 상품선물거래위원회(CFTC: Commodity Futures Trading Commission)의 승인으로 배출권 파생상품거래를 하고 있다. CCFX에서는 CER 선물거래, Carbon Financial Instrument 선물 및 옵션거래, ECO−Index 선물, 지역 그린가스 선물 및 옵션 등 다양한 온실가스 관련 파생상품이 거래되고 있다.[45]

6.2. 프로젝트 파이낸스

최근 탄소를 자산 혹은 부채로 인식하느냐, 자금 유입 혹은 유출의 원인으로 파악하느냐, 이익 혹은 위험 요소가 되느냐 등의 논쟁을 통해서 탄소금융이 재무적 결정의 중요한 요소로 자리 잡았음을 알 수가 있다. 그러나 탄소가 중대한 영향을 미치는 요소가 되는지, 아니면 부수적인 요소로 취급되는지는 두고 볼 일이다. 분명하고 예측 가능한 탄소가격과 규제기관으로서 탄소시장 관계당국의 태도가 이를 결정하는 중요 요소들이다. 배출량이 많은 산업의 자본이나 부채에 투자하는 투자자들이 탄소배출권 거래를 통해 예상되는 현금 흐름을 정확히 측정하여 투자를 결정하기 위해서는 현금 흐름이 실현된다는 확신과 배출권의 가치가 합리적으로 예상되어야 한다. 이것이 실현되면, 탄소금융은 좀 더 완전하게 통합되어 프로젝트 파이낸스의 대세로 한 걸음 더 가까이 가는 것이다.[46]

---

44 김필규, 전게논문, p. 31.
45 김필규, 전게논문, p. 29.
46 노희진 외 7인, 전게논문, p. 136.

탄소배출권 사업 초기의 가장 대표적인 사업유형인 HFC, N_2O 사업 등은 투자 규모가 상대적으로 작고 기술 리스크, 연료조달 리스크, 판매계약 리스크가 적어 탄소펀드 등 개별 주체에 의하여 파이낸싱이 완료되는 경우가 많았다. 그러나 최근의 탄소배출권 사업들은 전력, 스팀, 유기비료 등의 수익을 기초로 탄소배출권은 부가적인 수익이 되는 경우가 많으며, 전통적인 자본금과 차입금 이외에 탄소펀드 및 탄소 관련 대출, 보험상품이 연계될 수 있다. 탄소금융을 통한 프로젝트 파이낸싱 연계상품은 세계은행, 국제금융공사, 아시아개발은행 등이 가장 선도적이며, 국제금융공사의 경우 남미, 중국, 인도, 스리랑카, 우크라이나 등에 프로젝트 파이낸스 시 탄소배출권 매입을 연계하여 참여하고 있다. 또한 국제금융공사 또는 제3자와 체결한 탄소배출권선도계약 (ERPA)의 80%까지 담보대출이 가능하고 포스트교토 리스크가 있음에도 2012년 이후의 배출권에 대한 금융상품도 운영된다. 최근에는 중국의 개발은행에서도 탄소배출권 발행에 대한 보증상품 개발 및 판매사례가 있으므로 탄소사업에 특화된 금융상품을 프로젝트 파이낸싱 시 고려할 수 있다.[47]

프로젝트 파이낸싱은 탄소배출권의 획득 및 거래에 있어서 매우 중요한 금융기법의 하나로 부각될 가능성이 높다. 왜냐하면 기존의 국가별 할당량은 국내 산업기반의 유지로 인해 큰 폭의 배출권 잉여량을 낼 수 없음에 따라 결국에는 추가적인 배출권의 할당과 투자은행들의 수익원 창출은 저감의 폭이 매우 좁고 기술적 리스크가 많은 기술 개발을 통한 저감사업보다는 프로젝트를 통한 분야에 집중될 가능성이 크기 때문이다. 그러나 프로젝트 파이낸스의 경우 일반 사업 위험 이외에도 해당 국가의 정치적 상황 그리고 저감량의 국제적 인증의 성공이라는 리스크가 함께 하므로 만일 금융기관들이 PF 참가시 리스크 감독의 측면에서 감독당국의 모니터링이 반드시 함께 해야 할 것이다.[48]

---

47 이원희, 「환경사업 해외진출을 위한 프로젝트 파이낸싱」, 『Global Green Growth Policy』 제29호, 한국환경산업기술원, 2010. 9, p. 9.
48 최승필, 전게논문, pp. 194~195.

7. 우리나라에서 탄소배출 금융상품화 관련 법적 이슈

7.1. 탄소배출 감축과 관련한 규제적 불확실성

현재 탄소배출과 관련한 금융상품화의 도입과 관련하여 가장 큰 영향을 미치는 요소는 온실가스 감축의 국제적인 규제 방향에 있다고 볼 수 있다. 현재까지 탄소배출과 관련하여 기반이 되었던 교토의정서가 2012년을 시한으로 되어 있기 때문에 2013년부터 적용되는 새로운 체계 하에서 온실가스 감축의 방향이 어떻게 설정될 것인가가 탄소배출 전반의 국내 정책과 탄소배출권 관련 금융상품화에 결정적인 영향을 미칠 수 있기 때문이다.

포스트교토 체제와 관련하여 전반적인 방향은 미국의 국제 온실가스 감축의무 부담의 참여 여부와 개도국의 참여부담에 초점이 맞추어져 있다. 미국의 경우에는 오바마 정부 취임 이후 교토협약 가입 가능성이 매우 높아졌으나 감축목표 설정 수준 등에 있어서는 이견이 존재하고 있다. 또한 개도국의 참여 여부도 기후변화협상의 주요한 변수로 작용하고 있다. 또한 선진국 수준으로 감축이 현실적으로 불가능한 개발도상국가가 달성가능한 목표 설정 및 이에 대한 선진국의 인정 등이 향후 개발도상국가들의 참여에 주 요인으로 작용할 것으로 예상된다.

EU의 경우 OECD 국가는 2020년에 1990년 대비 25~40% 수준의 감축, 개도국은 온실가스 배출전망 대비 15~30%의 감축을 촉구하고 있는 상황이다. 그러나 주요 국가의 중기 감축목표 설정 현황을 보면 미국은 2020년까지 2005년 대비 17% 감축을 설정하고 있으며, 호주와 일본도 14~15% 내외의 감축목표를 설정하고 있는 상황이다. 따라서 향후에도 탄소배출과 관련한 규제적인 여건의 불확실성은 상당 부분 지속될 것으로 예상되며, 이러한 상황이 탄소배출과 관련한 금융상품의 도입에 있어서 중요한 불확실성으로 작용할 것으로 예상된다.[49]

---

[49] 김필규, 전계논문, pp. 38~39.

7.2. 탄소배출권의 법적인 개념

우선 탄소배출권의 법적인 정의와 관련하여 탄소배출권이 재산권적인 권리를 가지는가의 여부가 주요한 쟁점으로 등장하고 있다. 또한 금융법적인 관점에서 탄소배출권이 일반상품 또는 그 유사한 것으로 볼 것인지, 아니면 금융상품의 대상으로 정의될 수 있는지에 대한 쟁점이 존재한다. 탄소배출권의 법적인 성격과 관련해서는 교토의정서상 삭감 약속을 이행하기 위한 수치에 불과하다는 주장과 법률상의 지위라는 주장이 존재한다. 한편 배출권의 발생과 관련해서도 그 요건을 정의하는 데 어려움이 존재한다.[50]

해외에서 많이 거래되고 있는 탄소배출권 선물과 같은 탄소배출권 관련 파생상품의 경우 금융투자상품으로 분류될 수 있을 것으로 보이는데 이는 2009년 2월부터 시행되고 있는 자본시장통합법에서 "자연적·환경적·경제적 현상 등에 속하는 위험으로 합리적이고 적정한 방법에 의하여 가격·이자율·지표·단위의 산출이나 평가가 가능한 것"은 파생상품의 기초자산이 될 수 있다고 규정하였기 때문이다. 그러나 탄소배출권 자체에 대해서는 일반상품인지 금융투자상품으로 분류될 수 있는지 명확하지 않으므로 이에 대한 법률적인 검토가 필요하다.[51]

즉, 금융법적인 관점에서는 탄소배출권이 금융상품인지 일반상품인지의 여부에 대한 개념 정립이 중요하다고 볼 수 있다. 외국의 사례에서 보면 유럽이나 미국의 경우 탄소배출권의 현물거래에 있어서 배출할당량이나 배출권 거래의 객체를 일반상품으로 보고 있으며, 일본에서도 탄소배출권을 동산과 유사한 것이라고 보아 유가증권으로 보지 않는 것으로 판단하고 있다. 자본시장과 금융투자업에 관한 법률상으로 탄소배출권의 법적인 성질을 보더라도 일반적인 금융투자상품과는 구별되는 특징을 보유한 것으로 볼 수 있다. 따라서 현행의 법률구조상에서 탄소배출권은 금융상품으로 정의되기는 어려울 것이다.

한편 배출권 파생상품에 대한 법적인 검토도 필요한 상황이다. 배출권 파생상품의 경우에는 자본시장법상 파생상품의 범위에 포함될 수 있다고 볼 수 있다. 즉, 자본시장

---

50 조홍식, 「우리나라 기후변화대책법의 전망」, 『환경법연구』 제30권 제2호, 한국환경법학회, 2008, p. 332.
51 구정한, 「우리나라 탄소배출권시장 도입과제」, 『주간 금융브리프』 제17권 제10호, 한국금융연구원, 2008. 3, p. 7.

법에 따르면 기초자산은 금융투자상품, 통화, 일반상품, 신용위험, 그 밖의 자연적·환경적·경제적 현상 등에 속하는 위험으로 규정되어 있으며, 탄소배출권은 여기에 포함될 수 있다고 볼 수 있다.[52]

요컨대, 탄소배출권 자체는 대기를 오염시킬 수 있도록 국가 또는 유엔기후변화협약이 허용 내지 할당해준 권한 또는 자격이며, 또 의무의 측면이 있고, CDM으로 획득한 탄소배출권은 탄소배출권거래소시장 또는 증권시장에서의 양도 시 재산권적 성질을 지니고 있다.[53] 또한 탄소배출권은 현행의 법률구조상 금융상품으로 정의되기는 곤란하지만, 배출권 파생상품의 경우에는 자본시장법상 파생상품의 범위에 포함될 수 있다고 볼 수 있다.

7.3. 탄소배출권 관련 금융상품의 법적 이슈

탄소배출권 펀드와 관련하여 자본시장법은 현행법상 간접투자를 집합투자로 변경하고 운용대상 자산을 '재산적 가치가 있는 투자대상 자산'이라고 정의하여 그 범위에 대한 제한을 삭제하였다. 따라서 탄소배출권이나 탄소배출권 파생상품에 투자하는 펀드의 도입에 법률적인 제약은 존재하지 않는다고 볼 수 있다. 다만 한국사모탄소펀드의 사례에서 보는 바와 같이 CER을 직접 배당하는 방식에 제약이 존재하며, 이에 따라 펀드 구조의 설계시보다 복잡한 구조가 될 가능성이 높다고 볼 수 있다.

한편 탄소배출권의 중개 등과 관련하여 금융투자업 및 은행의 업무 취급 가능성도 검토되어야 할 과제라고 보여진다. 금융투자업자의 업무범위 중에 탄소배출권의 거래 중개 등이 포함될 수 있는지의 여부가 검토되어야 한다. 또한 탄소배출권 파생상품 취급에 있어서도 법률적인 검토가 필요하다. 현재 자본시장법상 탄소배출권 파생상품은 파생상품으로 취급될 가능성이 높기 때문에 장외파생상품 취급인가를 받은 금융투자업자는 동 상품의 중개가 가능할 것으로 보인다. 또한 은행의 경우에도 장외파생상품

---

52 김필규, 전게논문, pp. 40~41.
53 박재홍, 「녹색금융에 있어서 탄소배출권의 법적 과제 – 저탄소녹색성장기본법과 자본시장법의 대응」, 『경성법학』 제19집 제2호, 경성대학교 법학연구소, 2010. 12, p. 210.

거래의 업무범위 제한을 하지 않기 때문에 당연히 취급이 가능하다고 볼 수 있다. 그러나 은행의 부수업무의 범위에 대한 지침에서 일반파생상품 거래는 법인 고객의 위험회피를 위한 경우에만 허용되기 때문에 이에 기초한 다양한 상품의 개발에는 제약이 존재한다고 볼 수 있다.[54]

8. 우리나라의 탄소배출 관련 금융상품 개발 동향

우리나라는 교토의정서 의무가입국이 아니기 때문에 2012년까지는 감축의무가 없으며, 이에 따라 탄소배출권 시장의 도입에 대한 검토를 하고 있는 단계이다. 이에 따라 탄소배출권과 관련한 본격적인 금융상품의 개발도 초기단계에 머무르고 있다. 탄소펀드와 관련해서는 2007년 8월 온실가스 감축사업에 투자하고 이로부터 발생한 배출권을 거래시장에서 판매하여 수익을 확보하는 한국사모탄소펀드가 출시되었다. 동 펀드는 국내 기업의 CDM 사업 기회를 확대하고 탄소금융부문의 발전을 도모하기 위해 도입되었다.[55]

한국사모탄소펀드는 기관투자자를 중심으로 2,000억 원 규모의 사모펀드 형식으로 조성되어 투자대상 사업이 확정될 때마다 투자자에게 자금을 모집하는 capital call 방식과 투자대상을 펀드 설정 시점에 확정하지 않고, 펀드 설정 이후에 개별적으로 확정하는 blind 방식으로 운용된다. 구체적 투자대상으로는 신재생에너지 발전을 통해 이산화탄소를 줄이는 사업, 매립지 가스를 회수하고 발전에 재활용하여 메탄을 줄이는 사업, 그리고 화학·반도체 등의 산업공정에서 발생하는 이산화탄소를 줄이는 사업 등이 있다.[56]

그러나 동 펀드는 투자대상이 원활하게 마련되지 않아 예상한 펀드조성금액을 달성

---

54 김필규, 전게논문, pp. 44~45.
55 김필규, 전게논문, pp. 37~38.
56 이길남·윤영한, 「새로운 유형의 Green Round로서 국제 탄소배출권 시장의 최근 동향과 대응 전략」, 『통상정보연구』 제10권 제2호, 한국통상정보학회, 2008. 6, pp. 311~312.

하지 못하는 저조한 실적을 거두었다. 이는 국내 기업의 CER 획득을 위한 CDM 사업은 거의 없고, 배출권 거래시스템이 도입되어 있지 않아 Allowance 투자도 제한되어 있어 펀드가 투자하는 대상자산에 제약이 존재하기 때문이다.[57]

또한 우리나라는 탄소배출권 시장이 형성되지 않아서 탄소배출권을 전문적으로 거래하는 금융회사도 소수에 그치고 있다. 그 중에서도 대표적인 회사는 2008년 10월 한국탄소금융주식회사(KCF: Korean Carbon Finance)로서 탄소배출권거래 및 투자전문회사로 최초로 출범했다. 한국거래소의 경우 이미 적격참가자의 범위를 획정하고 있지만 탄소배출권의 경우 이와 같은 전문적인 참가자 이외에 실수요자인 기업이 참여할 수 있도록 시장참가자의 범위를 확대시킬 필요가 있다.[58]

우리나라에서 탄소금융 분야는 현재 태동 단계이다. 신한금융투자가 탄소배출권을 담보로 하는 채권담보부증권(CBO)을 최근 발행한 것이 탄소배출권을 유동화한 첫 사례이다. 그런데 한국금융투자협회와 관계당국에 따르면 정부는 늦어도 2014년 말까지 탄소배출권 거래소를 지정하는 등 배출권 관련 사업을 활성화할 계획이라고 한다. 정부는 최근 국무회의에서 2020년까지 온실가스 배출전망치를 30%로 줄이겠다는 계획을 확정하였다. 2011년 9월부터 삼성전자, 현대기아차, 포스코, 한국전력 등 471개 온실가스·에너지 목표관리대상 업체별로 감축목표 할당에 들어갔다. 2012년에는 온실가스·에너지 목표관리제에 따른 탄소배출감축 강제규제 조치를 시행할 방침이다. 감축 목표를 지키지 못하는 기업에는 최고 1천만 원의 과태료를 물리고 명단까지 공개한다. 정부 계획이 구체화되면 청정개발체제 사업에 대한 투·융자를 비롯해 청산·결제 지원·중개·신용보증·신탁·컨설팅 등 탄소시장과 연관된 사업기회가 점차 늘어날 전망이다.[59]

---

57 김필규, 전게논문, pp. 37~38.
58 최승필, 전게논문, p. 199.
59 http://news.donga.com/Economy_List/3/01/20110926/40605170/1

참고문헌

구정한, 「우리나라 탄소배출권시장 도입과제」, 『주간 금융브리프』 제17권 제10호, 한국금융연
　　구원, 2008.

구정한 · 손동희 · 전용일, 「녹색성장을 위한 녹색금융의 자본조달역할에 관한 연구」, 『자원 ·
　　환경경제연구』 제19권 제3호, 한국환경경제학회, 한국자원경제학회, 2010.

김정인, 「기후재난에 따른 탄소 금융과 보험」, 환경관리공단, 2007.

김필규, 「탄소배출권 관련 금융상품화를 위한 법적 과제」, 『환경법연구』 제31권 제2호, 한국환
　　경법학회, 2009.

김형철, 「사회책임투자펀드의 동향과 발전방안에 관한 연구」, 『상장협연구』 제53호, 2006.

김희성, 「배출권거래시장의 이해와 도입 과제」, 『KRX Market』, 한국거래소, 2010.

노희진 외 7인, 「기후변화와 탄소금융」, 자본시장연구원, 2010.

도건우, 「저탄소 녹색성장과 금융산업의 진화」, 『Seri 경제 포커스』 제240호, 삼성경제연구소,
　　2009.

박재홍, 「녹색금융에 있어서 탄소배출권의 법적 과제 – 저탄소녹색성장기본법과 자본시장법의
　　대응」, 『경성법학』 제19집 제2호, 경성대학교 법학연구소, 2010.

세계법제정보센터 편, 「탄소 시장에 대한 가이드」, 세계법제정보센터, 2011.

손우식 · 박명섭, 「탄소시장과 탄소펀드 개발에 관한 연구」, 『무역상무연구』 제46권, 한국무역
　　상무학회, 2010.

송홍선, 「탄소시장의 발전과 금융의 역할」, 『월간 하나금융』, 하나금융경영연구소, 2010.

양승룡, 「해외 탄소펀드 현황과 국내 탄소펀드 설립 방향」, 환경관리공단, 2007.

오용선, 「탄소시장과 청정개발체제에 대한 강원도의 대응전략」, 『강원광장』, 강원발전연구원,
　　2008.

이길남 · 윤영한, 「새로운 유형의 Green Round로서 국제 탄소배출권 시장의 최근 동향과 대응
　　전략」, 『통상정보연구』, 제10권 제2호, 한국통상정보학회, 2008.

이원희, 「환경사업 해외진출을 위한 프로젝트 파이낸싱」, 『Global Green Growth Policy』 제
　　29호, 한국환경산업기술원, 2010.

정희수 · 서영미 · 최현우, 「국내외 탄소배출권 관련 비즈니스」, 『하나 금융정보』 제12호, 하나
　　금융경영연구소, 2009.

정순섭, 「환경친화적 녹색금융을 위한 법적 과제」, 『환경법연구』 제31권 제1호, 한국환경법학회, 2009.

조호정, 「국내 녹색금융 성장의 문제점과 발전과제」, 『ENEGRY FOCUS』, 에너지경제연구원, 2010.

조홍식, 「우리나라 기후변화대책법의 전망」, 『환경법연구』 제30권 제2호, 한국환경법학회, 2008.

최승필, 「탄소배출권 제도설계에 대한 법제도적 검토 – 유럽의 탄소배출권제도를 통한 고찰을 중심으로」, 『환경법연구』 제31권 제2호, 한국환경법학회, 2009.

Anonymous, "Greenhouse Gases: Consumption, carbon emissions and international trade", Energy Weekly News, May 2011.

Doppelt, B., "Too blind to see", The Ecologist, Vol.39, Iss.2, March 2009.

The World Bank, Carbon Finance for Sustainable Development – Carbon Finance at the World Bank, 2007.

松下滿雄·梅澤治爲·飯野 文, "環境と貿易シンポジウム　第II部 溫暖化對策と國際貿易レジーム 2", 『貿易と關稅』, 통권 686호, 2010.

鴨成彰, "貿易と環境お巡る問題について−環境物品及び國境措置", 『貿易と關稅』, 통권 685호, 2010.

中川淳司·一方井誠治·高村ゆかり·松村敦子, "環境と貿易シンポジウム　第II部 溫暖化對策と國際貿易レジーム 1", 『貿易と關稅』, 통권 685호, 2010.

동아일보 홈페이지 http://news.donga.com

지식경제부 홈페이지, http://www.mke.go.kr

제12장

녹색보험

1. 개요

"그린"이라는 말이 유행하게 된 것은 미국이다. 물론 그린이란 에코와 환경이라는 의미이지만, 최근에는 무엇이라도 그린이라는 단어를 붙이는 경향이 있다. 그 중에서도 요즘 화제인 것이 "녹색보험(Green Insurance)"이다.

1950년대 일본 미나마타병, 1991년 낙동강 페놀사건, 2007년 태안 기름유출이나 최근 후쿠시마 방사능 누출 등의 환경사고는 피해범위가 크고 복구·보상에 막대한 재원이 필요하다. 특히, 매년 봄마다 불어오는 황사로 인한 피해 지속에도 불구하고 명확한 수치를 내기 곤란해 보험 상품화에 어려움이 따른다. 때문에 환경오염 관련 정책성보험 도입 주장이 지속적으로 제기됐다.

현재, 국내 환경오염 관련 보험제도는 관련 환경법규에서 무과실책임만을 규정, 책임이행을 강제하진 않아 환경오염 리스크 대비에 취약하다. 환경보험 상품도 독립적 상품이 아닌, 영업배상책임보험의 특약 형태로 가입·담보한다.

녹색보험이란 녹색산업과 관련된 위험을 보장하거나 환경친화적 내용이 포함된 보험상품이며, 미국, 영국 등에서 이미 다양한 형태로 개발되어 판매 중이다. 미국 Fireman's Fund Insurance Company는 주택종합보험에 손해복구비용 산정 시 친환경 건축물 인증(LEED) 비용까지 지급하는 특약 상품을 판매하고 있으며, 영국 Green Insurance Company는 보험가입자의 차량이 보험기간 동안 배출하는 매연가스를 측정하여 회사 차원에서 직접 나무 심는 프로그램을 운영하고 있다. 일본에서는 1만 6,000여 곳에 있는 공식 자전거 정비점에서 자전거를 구입하거나 정비를 받는 이들에게 교통관리기술협회의 TS 마크를 부착, 보험 가입 시 보상을 받을 수 있도록 하는 제도를 운영하고 있다.

지난 2000년, '환경오염배상책임보험제도'가 의원입법으로 발의됐으나 업계 반발 등으로 폐기된 바 있다. 환경부도 2006년 보험의무가입을 위한 법령개정을 추진했지만, 보험료 산출을 위한 통계 인프라 미흡과 기업들의 부담이 크다는 반발에 막혀 무산됐다.

반면 중국은 지난 2007년 말, 환경보험 시범사업 가동을 단행했다. 중국 환경보에 따르면, 2008년 700여 관련업체·선박이 가입, 2009년에는 1,700여 기업·선박이 가입했다.

이에 따라, 금감원은 지난 2009년부터 오는 2013년까지 '온실가스 의무 감축국'에 포함되는 것에 대비, 탄소배출권 이행보증보험 도입과 함께 환경보험을 장기과제로 추진하고 있다.

정부도 '신성장동력 보고대회'를 발표, '그린 파이낸싱'의 정책적 지원을 강화한다고 밝혔다. 명실상부 녹색보험의 대표인 환경보험 도입 실현 여부에 이목이 집중되고 있다.

2. 녹색금융상품으로서의 녹색보험[1]

저탄소 녹색성장 전략에 부응하여 녹색보험의 적극적인 활용이 기대된다. 녹색금융상품으로서의 녹색보험(green insurance)이란 녹색산업과 관련된 위험을 보장하거나 환경친화적 내용이 포함된 보험상품이라고 볼 수 있다.

2.1. 해외 녹색보험

현재 미국, 영국 등 해외 금융선진국에서는 환경친화적인 내용의 보험상품이 다양한 형태로 개발되어 판매 중인 반면, 우리나라는 아직 관련 상품 개발을 위한 자료를 수집하는 단계에서 머물고 있다. 일례로서, 미국의 FFIC(Fireman's Fund Insurance

---

1 진익·유시용·이경아, 「탄소배출권 및 녹색보험활성화방안」, 보험연구원, 2009, pp. 130-135.

Company)는 주택종합보험(homeowner insurance policy)에서 환경친화적 특약을 판매하고 있다. 동 특약은 손해복구비용 산정 시 친환경 건축물 인증을 받을 수 있는 비용 (green upgrade coverage)까지 지급한다. 다른 예로 영국의 GIC(Green Insurance Company)는 보험가입자의 차량이 보험기간 동안 배출하는 매연가스를 측정하고, 이에 상응하는 산소량을 생성토록 회사가 직접 나무를 심는 프로그램을 운영하고 있다. GIC 는 이를 위해 별도의 식목지대를 확보한 상태이다.

2.2. 국내에서의 녹색보험 확산 방안

녹색보험은 국내 보험회사에 다양한 수익창출 기회를 제공할 것이다. 따라서 보험업 계는 녹색보험을 보험산업의 신성장동력 과제로 인식하고 지속적으로 연구ㆍ검토할 필요가 있다. 우선 협회를 중심으로 해외사무소를 통해 수집한 해외 사례들에 대해 국 내 도입 적합성을 검토하는 방안을 검토해볼 수 있다. 이러한 채널을 통해 발굴된 상품 정보를 보험회사들과 계약자들이 열람할 수 있도록 정보시스템을 구축하는 것도 필요 하다. 다음으로 상품 개발 장려를 위해 "우수 금융신상품"의 평가에서 녹색보험을 우 대하는 등 상품개발에 필요한 여건을 마련하는 한편, 관계부처와 유기적 협조체제를 구축하여 필요시 관련 제도를 개선해야 할 것이다.

2.3. 활용 가능한 녹색보험 유형

국내에서도 정부가 저탄소 녹색성장을 새로운 경제발전 전략으로 적극 추진하고 있 으며, 향후 녹색산업과 탄소시장 규모가 급성장할 것으로 예상된다. 그 과정에서 녹색 보험은 신성장동력 확보와 지속가능 경영을 위한 수단으로서 널리 활용될 것으로 전망 된다. 향후 국내에서 활용 가능한 녹색보험은 그 유형을 세 가지로 분류할 수 있다. 우 선 녹색금융에 대한 국민적 인식의 확산과 보험 산업의 이미지 제고에 도움을 줄 수 있 는 녹색보험이 가능하다. 다음으로 녹색산업에 대한 자금공급 과정에서 발생할 수 있 는 다양한 위험요소를 관리할 수 있는 수단을 제공함으로써 사회적 녹색 안정망의 역할을 수행하는 녹색보험이 가능하다. 끝으로 탄소배출권 거래에 따르는 위험을 관리할 수 있는 수단을 제공함으로써 탄소시장에서 시장조성자를 지원하는 녹색보험이 가능하다.

이하에서 해외 사례를 중심으로 첫 번째 유형의 녹색보험에 대해 간략히 검토한다. 녹색산업에 대한 자금공급 관련 녹색보험에 대해서는 3절에서, 탄소배출권 거래 관련 녹색보험에 대해서는 4절에서 검토한다.

2.4. 국민적 인식 확산 관련 녹색보험

현재 도입이 검토되고 있는 녹색보험들은 대부분 녹색금융에 대한 국민적 인식을 확산시키고 보험산업의 이미지를 제고하려는 것들이다. 구체적인 예로 녹색증권, 환경친화 재물복구비용 특약, 개인용자전거전용보험, 친환경농산물비용손해보상 특별약관, 환경오염배상책임보험 등이다.[2] 이하에서 각각의 내용을 개관한다.

첫째, 녹색증권(green policy)을 활용하는 녹색보험이 가능하다. 이는 보험가입자가 온라인 형태의 녹색증권 발급에 동의할 경우, 가입자는 보험료 할인 혜택을 받고 보험회사는 일정 금액을 녹색성장사업 등에 기부하는 것이다. 예를 들어, 종이 보험증권을 전자메일로 대체하면 증권발급 비용을 절감할 수 있으므로 그 일부는 보험료 할인 재원으로 활용하고 나머지는 녹색사업이나 소방관서에 기부하는 것이 가능하다.[3] 특히 녹색증권 발급 동의 시 환경보호를 위한 실천방안[4]에 적극 참여할 것을 선언적으로 약속하는 서명을 함께 받도록 하여 녹색성장산업의 필요성에 대한 인식을 제고하는 것이 가능하다 이러한 활동을 조기에 확산시키기 위해 녹색보험이나 그린증권 가입자를 표시하는 기념표식, 필기구, 스티커 등을 제공하는 것도 고려해볼 수 있겠다. 해외에서는 녹색증권이 이미 활용되고 있는데, 미국 AIC(Allstate Insurance Company)가 그 예이다.[5]

---

2 금융감독원(2009), 참조.
3 산불진압 등 「녹색지킴이」 역할을 담당하는 소방관의 유자녀 돕기에 기부하는 것을 고려해볼 수 있다.
4 공회전 금지, 불필요한 운행 자제, 에너지 절약, 쓰레기 분리수거 등이 있다.

둘째, 환경친화 재물복구비용 특약(green upgrade coverage)을 활용한 녹색보험이 가능하다. 동 특약에서는 주택이나 업무용 건물에서 화재나 다른 손해가 발생할 경우, 보험회사가 환경친화재[6]를 기준으로 재물복구비용을 지급한다. 이는 환경친화자재를 활용함으로써 친환경 건축물로 인증받을 수 있도록 지원하려는 것이다. 친환경 건축물 인증을 받기 위해서는 총 공사비의 2~10% 정도가 추가로 지급되어야 하는바, 이를 위해 별도의 특약 보험료 징수가 필요하다. 한편 현재 국토해양부와 환경부에 의해 친환경건축물 관련 인증제도가 운영되고 있는데, 동 인증기준을 충족하는 건축물에 대해서는 세금감면과 건축기준 완화 혜택이 주어질 예정이다. 향후 친환경 건축물에 대한 수요 확대, 에너지 절약에 따른 비용 감소, 인증 획득 시 주어지는 혜택의 확대가 예상되는바, 동 녹색보험의 시장성은 상당히 높다고 판단된다. 해외 사례로서는 미국 FFIC(Fireman's Fund Insurance Company)가 판매하는 주택종합보험(homeowner insurance policy)을 들 수 있다.[7]

셋째, 친환경농산물비용손해보상 특별보험을 활용한 녹색보험이 가능하다.[8] 이는 생산물배상책임보험에 친환경농산물비용손해 특약을 부가한 것이다. 동 특약에서는 소비자가 구입한 친환경농산물에 잔류농약이 검출되는 경우, 친환경농업인의 실추된 신뢰를 회복하거나 방지하기 위해 소요되는 비용(소비자에 대한 보상 등)을 지급한다. 잔류농약이 식품의약품안전청에서 고시하는 '식품의 농약 잔류허용기준'을 초과하여 검출되는 경우 보상이 주어진다. 또한 친환경농산물을 섭취하여 신체 상해가 발생되는 경우에는 생산물배상책임보험으로 보상이 주어진다.

넷째, 녹색보험으로서 개인용 자전거전용 보험이 가능하다.[9] 동 보험은 자전거를 운

---

5 자동차보험 가입자가 녹색-프로그램에 가입하는 경우 월납보험료 청구서를 온라인으로 송부하는 대신 최고 5%의 보험료를 할인하고 회사는 녹색사업지원재단 등에 10달러를 기부하고 있다. 미국은 자동차보험을 월납형태로 납부하는 것이 일반적이고 해당 청구서는 보통 3페이지 이상으로 구성되어 있는 만큼, 발급·송부 비용이 상대적으로 크다.

6 환경친화적 건축자재, 냉·난방 효율을 위한 단열 강화 자재, 에너지절약형 전기기구(LED) 등이 있다.

7 동 주택종합보험에는 손해복구비용 산정 시 친환경건축물 인증을 받을 수 있는 비용(green upgrade coverage)까지 지급하는 특약이 도입되어 있으며, 특약 보험료는 연 최소 25달러 수준이다. 한편 미국의 친환경건축물 인증제도인 LEED(Leadership in Energy and Environmental Design)은 건물의 친환경·에너지 효율 성능을 정량화하고 있다.

8 이와 관련하여 LIG손해보험이 이미 2009년 4월에 전라남도 산하 22개 시·군에 소재하는 친환경인증 농업사업자를 대상으로 보험 계약을 체결한 바 있다. 전라남도는 전국 환경인증 농업인의 60%를 점유하고 있으며, 동 보험과 관련하여 전라남도·시·군의 예산으로 보험료의 80%를 지원한다. 향후 다른 지방자치단체들도 여건에 따라 정책적으로 가입할 것으로 예상된다.

전 중이거나 운전 중인 자전거와 부딪혀 입은 상해 · 사망 · 후유장애 · 방어비용을 보장한다.[10] 또한 타인을 다치게 한 경우 배상책임 손해와 벌금을 보장하는 보험도 가능하다. 다만 자전거 자체 손해나 도난 손해를 보장하는 담보를 위해서는 자전거 관련 제도와 인프라를 개선하고 도덕적 해이의 발생을 억제할 수 있어야 한다. 한편 자전거 등록제 관련 해외 사례로서, 일본 교통관리기술협회의 TS 마크 제도를 참조할 수 있다.[11]

다섯째, 녹색보험으로서 환경오염배상책임보험이 가능하다. 동 보험은 일반보험사고(급격하고 우연한 외래의 사고)와 달리 돌발적이지 않고 점진적으로 발생하는 환경오염 사고를 보장하는 정책성 형태의 보험이다.[12] 현재는 영업배상책임보험[13]의 보통약관에 오염담보확장특약을 부가하는 형태로 제한적으로 운용되고 있다. 다만 동 보험이 활성화되기 위해서는 환경오염 배상 관련 기초통계 축적, 제도적 인프라 개선이 요구된다.[14]

3. 녹색기업 자금지원 관련 녹색보험[15]

앞서 국민적 인식 확산을 위한 녹색보험을 검토한 것에 이어서, 이 절에서는 녹색기술 · 산업에 대한 자금공급과 관련된 녹색보험을 검토한다. CDM-프로젝트가 녹색기술 · 산업에 대한 자금공급의 특징적인 예인 만큼, CDM-프로젝트 관련 녹색보험에

9　단체보험 형태의 자전거보험은 LIG손해보험이 이미 2008년 9월에 창원시와, 2009년 3월에는 이천시와 계약을 체결한 바 있다. 또한 현재는 대전시, 강남구와도 협의가 진행 중이다.

10　위와 관련하여 보험개발원은 2009년 1월 개인용 레저종합보험에 자전거보험요율을 별도로 반영하여 신고한 바 있다.

11　동 제도는 일본 내 약 1만 6천여 곳에 있는 자전거안전 정비점에서 자전거를 구입하거나 정비를 받은 경우 1천 엔을 받고 부착해주는데, 해당 마크를 부착한 자전거에 대해서는 보험가입 시 최고 2천만 엔의 보상을 받을 수 있다.

12　해외에서는 EIL(Environment Impairment Liability)라고 불린다.

13　해외에서는 CGL(Commercial General Liability)라고 불린다.

14　현재 환경오염배상책임과 관련하여 기업은 재정부담 증가를 이유로 소극적인 반면, 보험업계의 의무보험화를 주장하고 있다.

15　진익 · 유시용 · 이경아, 전게서, pp. 135-142.

<표 12-1> CDM-프로젝트 진행 단계

주요 단계	해당 사항
1) 타당성조사, 사업등록	DNA(국가승인) CDM운영기구(타당성검증) CDM운영기구(사업등록)
2) 자금조달 및 계약자 선정	투자자 및 각종 계약자 프로젝트 이해관계집단 확정
3) 건설 및 완공 후 성능시험	건설계약자 장비 및 설비 구매용역
4) 운영 및 감축활동 감시	CDM 사업자 CDM 운영기구(인증, 모니터링)
5) 발행 및 판매	CDM 집행기구(발행) 장기판매계약자

자료 : Asia Carbon Exchange의 홈페이지를 참조로 작성함.

집중하고자 한다.

3.1. CDM-프로젝트 과정

CDM-프로젝트의 주요 유형은 재생에너지 발전, 에너지 공급 및 효율 개선, 기타 온실가스 감축사업 등으로, 그 감축효과 정도에 따라 소규모 CDM과 대규모 CDM으로 구분된다.[16] CDM-프로젝트는 반복적이고 정량적 산정이 가능한 활동들로 구성되는데, 그 과정은 다섯 단계(타당성 조사와 사업등록 단계, 자금조달과 계약자선정 단계, 건설과 완공 후 성능시험 단계, 운영과 감축활동 감시 단계, 발행과 판매 단계)로 구분될 수 있다. 〈표 12-1〉은 각 단계에서의 업무 내용을 요약하여 보여준다.

첫 단계로 타당성조사와 사업등록이 이루어진다. 타당성조사는 해당 사업안이 사업

---

16 전력생산 시 최대발전용량 15MW 이하, 에너지 효율향상 수준이 연간 60GWh 이하, 온실가스 감축효과가 60kt CO_2 eq 이하이면 소규모 CDM으로 분류된다.

의 온실가스 감축 효과를 정량적으로 계산할 수 있는 기준방법론(baseline)과 감축활동의 실체를 확인하는 감시방법론(monitoring)을 갖춘 비용 효율적 사업안임을 확인하는 절차이다. CDM-운영기구인 DOE(Designated Operational Entitles)로부터 타당성을 인정받은 사업기획안은 CDM 집행기구인 EB(UNFCCC Executive Board)에 등록한 후 CDM 사업으로 본격 추진될 수 있다. 사업안이 그 타당성을 인정받기 위해서는 CDM-요건에 해당되고 사업수행방법론이 환경·기술·경제적 차원에서 추가성 원칙(additionality rule)이 충족되어야 한다. 즉, CDM-사업 시행 이전의 상황에 비해 추가적인 효과를 가질 수 있어야 한다.

두 번째 단계로 자금조달과 계약자 선정이 이루어진다. 자금조달 여부는 프로젝트 자금조달 가능성(부채상환 능력)에 따라 결정되는데, 주 생산물 관련 요인과 CER 관련 요인이 동시에 고려된다. 여타 PF에서와 마찬가지로 수익흐름의 안정성을 확보하기 위해 장기판매계약(offtake contract)이나 원재료 공급계약이 활용될 수 있다. CDM-PF에서는 특히 CER-장기판매계약자의 확보가 강조된다. PF 구조에 따라 공사계약자, 운영자, 장기판매계약자, 원재료 공급자 등의 프로젝트 이해관계자(project Stakeholder)가 확정된다.

세 번째 단계로 건설과 완공 후 성능검사가 이루어진다. 건설 단계에서는 건설시공자 선정, 장비구매, 설비공급 등의 계약이 체결되는데, CDM-프로젝트에서도 여타 프로젝트에서와 마찬가지로 제한된 시간과 비용 범위 내에서 계약사항을 이행할 수 있는지 여부가 강조된다. 공사 완료 후에는 성능 시험을 통해 공사 완성을 확인받고 공사완료 증명서(certificate of completion)를 발급받는다.

네 번째 단계로 운용과 감축활동에 대한 감시가 이루어진다. 이 단계에서는 CDM-운영기구에 의해 생산 공정에서 실제로 달성된 감축실적에 대한 검증이 이루어진다. CDM-프로젝트를 통한 감축량은 CDM-프로젝트 시행 이전 상태에서 산정된 기준배출량(baseline emission)으로부터 사업배출량(project emission)과 누출량(leakage)을 차감함으로써 산정된다. 기준배출량 결정 시 CDM-사업자는 기준 시나리오들(해당 CDM-프로젝트 시행 전 배출량, 과거 배출량, 유사사업자의 과거 5년간 배출량) 중에서 해당 여건에 가장 적합하다고 판단되는 것을 선택할 수 있다. 마지막 단계로 CER 발행과 판매가 이루어진다.

3.2. CDM-프로젝트 관련 위험요인

CDM-프로젝트 수행 시 발생하는 위험(손실발생가능성) 관련 요소는 계약, 기술·성과, 물리적 손상, 규제·정치, 시장·금융으로 구분될 수 있다.[17] 이들 중 가장 빈도가 높은 것은 기술-성과 요소이며, 자금조달과 관련하여 가장 중요한 것은 계약 요소이다. 이하에서는 각 요인별 위험을 간략히 소개한다.

3.2.1. 계약

CDM-프로젝트에서는 장기매입계약(off-taker contract)과 관련된 위험이 다양한 형태로 존재한다. 장기매입계약이 확보되지 못하면 CDM-프로젝트 자체가 인정받지 못하거나 자금조달이 무산될 수 있다. 또한 CDM-프로젝트가 시작된 이후에 제품의 장기매입자가 계약을 이행하지 못하게 되면 프로젝트에서 생성될 것으로 기대되던 수익흐름이 불안정해질 수 있다. 더 나아가 자금조달이 확정되고 프로젝트가 실행되기 이전에 장기매입자가 계약을 철회할 수도 있다.

한편 장비공급자가 제공한 품질보증계약(warranty)이 무효화될 위험도 존재한다. 예를 들어, 프로젝트에 사용되는 장비의 공급자가 장비구입 시 약속하였던 품질보증계약을 사후적으로 이행하지 않음에 따라 손실이 발생할 수 있다.

3.2.2. 운영·기술·성과

매우 광범위한 위험이 기술·성과 요소에 포함된다. CDM-프로젝트에서는 설계, 소재, 부품에서의 결함으로 인하여 프로젝트 공장이나 설비에 물리적 손실이 발생할 위험이 존재한다. 이러한 위험은 공장이 시범적으로 운행되는 시점에서 부각된다. 이 단계에서 결함을 수리하는 것은 그 이전 단계에 비해 많은 비용을 수반하여 프로젝트

---

17 이는 Marsh(2006)의 구분에 따르는 것으로, contractual, technology-performance, physical hazard, regulatory-political, market-financial이다.

의 전체 공정을 지연시킬 수 있다. 또한 기술적 요인에 인적 오류가 결합됨에 따라 기대손실이 매우 커질 수 있다. 이밖에 비록 발생 확률은 낮지만 극단적인 설계 결함, 공정지연, 시험운행 관련 통제 실패에 따라 대형 손실이 초래될 수 있다.

3.2.3. 물리적 손상

CDM-프로젝트에서는 자연재해나 인적오류로 인하여 제작 중인 설비에 대해 물리적 손상이 발생할 위험이 존재한다. 예를 들어, 발생 확률이 높지 않지만 지진, 풍수해, 태풍이 발생하면 공장이나 설비에 큰 피해를 입을 수 있다. 이러한 사건에 대한 위험노출 기간이 길다는 점에서, 해당 위험의 크기는 제작국면에 비해 운영국면에서 보다 확대된다. 그러나 경제적 영향력은 오히려 제작기간에 발생하는 사건이 보다 클 수 있다. 제작국면에서는 대부분의 자산이 완성도가 낮기 때문에 자연재해에 의해 보다 크게 손상될 수 있으며, 물리적 손상 발생 시 차입계획이 지연될 수 있어 재정적으로도 보다 취약하기 때문이다.

한편, 인적 행동(파업, 폭동, 전쟁 등)에 의해 손실이 발생할 위험도 존재한다. 해당 위험과 관련하여 CDM-프로젝트가 진행되는 국가에서의 정치적 안정성이 가장 중요한 요소이다.

3.2.4. CER 인도

CDM-프로젝트에서 생성될 CER이 제대로 인정받지 못하게 돼 이를 담보로 자금을 조달하지 못할 위험이 존재한다. 이 위험은 프로젝트 수행 이후 CER이 약정되었던 대로 인도될 수 있는지 여부가 불확실하다는 것에서 기인한다. 예를 들어, 프로젝트 수행자의 부도, 기준 성과에의 미달, 제도 변화, 정치적 불안정 등으로 인하여 CER의 인도가 취소될 수 있다. 이러한 위험은 CER의 시장성을 훼손하는 한편 CDM-프로젝트의 가치를 떨어뜨린다.

3.3. CDM-위험관리 수단

앞서 소개한 CDM-프로젝트의 위험들 중 일부는 전통적인 위험관리 수단을 통해 관리가 가능하다. 〈표 12-2〉는 CDM-프로젝트에 활용 가능한 위험관리 수단의 예를 보여준다.

〈표 12-2〉 CDM-프로젝트의 재무적 위험관리 수단

위험 요소	활용 가능한 위험관리 수단
정치적 불안정 품질보증, 장기매입계약 불이행 자금조달 가능성	PRI(Political Risks Insurance) 보증보험 -
계획, 설계 결함, 물리적 손상 자연 재해, 제품 생산량 변동 제3자 물적 손실 돌발고장, 공정휴지	CAR(Construction All Risks), 기계손적 담보보험 물적 보험, 기후 파생상품 제3자 배상보험, 물적 손괴보험 -
CER 규제 변화, 정책 변화, CER 성과 미달, 인도 불능 CER-가격 변화	배출권인도보증 선도계약

자료 : Asia Carbon Exchange의 홈페이지를 참조로 작성함.

3.3.1. 전통적 보험 활용

자금조달 관련 위험요인은 CDM-프로젝트에서 가장 중요하게 관리되어야 될 요인임에도 불구하고, 현재는 정부 차원의 보증 이외에 상업적 위험관리 수단은 보편화되어 있지 않다. 정부 차원을 살펴보면, 건설공사보험은 운송보험, 잔존물제거 담보조항, 소방비용 담보조항, 특별비용 담보조항 등의 상당한 보장범위를 포괄한다. 비상위험보험에서는 투자대상국 정보의 프로젝트 성과에 대한 제한뿐만 아니라 프로젝트 유치 당시 약속되었던 정부 지원의 불이행에 따른 손실도 보상범위에 포함된다.

이 밖에 전통적인 보험수단으로써 통상적인 배상범위 외에 재물손괴, 기계, 기업휴지, 비상위험 등 영업 단계의 특수위험 일체를 보장해주는 식의 A/R(All Risks) 담보제도 활용될 수 있다. 예를 들어 운영 중 발생하는 물적위험을 제거하고 싶다면 재산종합 위험 보험에 기계보험, 기업휴지 보험 약정 사항을 추가함으로써 자연재해로 인한 직접적 재산 손실뿐만 아니라 신기계 대체비용, 조업 중지 기간의 매출손실까지 배상받을 수 있다. 〈표 12-3〉은 CDM-프로젝트에서 위험관리 수단으로 활용될 수 있는 전통적 보험상품의 예를 보여준다.

<표 12-3> 전통적 보험

위험 완화 수단	위험 완화 내용
건설공사보험 조립공사보험	건설 단계에서 발생하는 설계 결함 등 기술적 요인에 의한 손실 및 공사 기간 중 자연 재해에 의한 물적, 인적 손실의 배상
재물손괴보험 재산종합위험보험	운영 단계에서 발생하는 설계 결함 등의 기술적 요인에 의한 손실 및 자연 재해와 같은 예상치 못한 사건에 의한 물적, 인적 손실 배상
기계보험	예상치 못한 설비, 기계류 등의 수리·교체 비용의 배상
기업휴지보험 조업개시지연보험	갑작스러운 공정 중단, 조업개시지연 등 정상적 영업활동 중단에 의한 휴지기간 동안의 재무적 기회 손실에 대한 배상. 보험가입을 통해 대차대조표 충격을 완화할 수 있으며, 현금흐름의 안정성을 높일 수 있음
운송보험	설비, 자재 등의 운송 과정 중 예상치 않게 발생하는 물적 손실에 대한 배상으로 파업, 전쟁 등의 손실 포함
배상책임위험보험	관련 법률 규정에 따른 타인에 대한 신체적 상해 및 재산상 손실에 대한 명시적 책임범위 내의 배상
비상위험보험	유치국 정부가 프로젝트 자산, 사업의 이권 등을 강제적으로 박탈하는 경우 재무적 배상

자료 : http://europa.eu/rapid/pressReleasesAction.do?reference=MEMO/05/84&format=HTML
&aged=1&language=EN&guiLanuage=en

3.3.2. 새로운 보험상품 모색

우선 약정기간 중 발생한 직접적인 재산 손실과 더불어 부수적으로 수반되는 기회 손실까지 보상범위에 포함되는 사후적재무손실(consequential financial loss) 관련 보험을 고려해볼 수 있다. 대표적인 예는 조업개시지연보험이나 기업휴지보험이다. 이러한 보험상품들은 불안정한 수익 흐름으로 인하여 프로젝트로부터 생성되는 수익이 악화될 위험(revenue risk)을 관리하는 데 활용될 수 있다. 이때 프로젝트 사업자의 손실뿐만 아니라 조업중단으로 인한 전·후방 연관업체의 손실도 이러한 보험들의 보상범위에 포함될 수 있다. 다음으로 배출권인도보증(Credit Delivery Guarantee : CDG)의 활용을 검토해볼 수 있다. CDG는 배출권구매협정(emission reduction purchase agreements : ERPA)에 따른 배출권 선도계약과 관련하여 계약이행 여부에 대한 불확실성을 제거한다. CDG를 활용하면 CER-고유요인의 상당 부분을 제3자에게 전가할 수 있다. CDG를 이용하여 CER-인도 관련 불확실성이 제거되면, 현물가격 대비 선도가격의 과도한 할인 현상이 완화되고 CER-가격도 안정될 수 있다. 또한 CDM-프로젝트 기획 시 미래 현금흐름을 보다 정확하게 예측할 수 있어 자금조달 가능성도 개선될 수 있다. 이는 궁극적으로 보다 많은 CDM-프로젝트가 시도되는 것을 지원함으로써 배출권시장 활성화에 기여할 것이다.

4. 보험사의 녹색경영 사례[18]

보험사가 녹색경영을 실천하는 방식은 크게 환경보호 및 녹색성장과 관련된 상품, 즉 녹색보험(상품)을 개발·출시하는 것과 일상 비즈니스에 환경요인을 접목시키고 기후변화 및 환경보호 등과 관련된 예방 사업, 투자사업, 교육·홍보사업 등을 전개하는 소위 녹색사업으로 구분지어 볼 수 있다.

녹색보험상품은 크게 상품 자체가 환경보호에 기여하기 위한 용도 및 목적에 부합하여 디자인되어 있는 보험상품, 소위 환경친화적 보험상품, 그리고 녹색산업을 보험 기능을 통해 지원하거나 관련된 위험을 보장하는 상품을 의미하는 녹색산업 지원을 위한 보험상품 등으로 구분될 수 있으나, 아직까지 이에 대한 명확한 개념 및 정의 등이 정

---

18 이석호·구정한, 보험사의 녹색경영현황 및 발전과제, 한국금융연구원, 2010, pp. 58~89.

립되어 있지 않은 까닭에 본 절에서는 별도로 분류하지는 않기로 한다.

4.1. 운행거리연계 자동차보험(pay-as-you-drive auto insurance)

4.1.1. 상품 내용 및 기대효과[19]

가입하면 특정 금액을 환경단체에 기부하는 것이나 명세를 전자화하는 등의 그린 자동차보험은 일반적이지만, 최근 미국, 일본 등 선진국에서는 주행거리와 연동되는 자동차보험인 Pay-as-you-drive 보험상품이 판매되고 있는데, 이것은 차를 운전한 만큼 부보하는, 즉 그다지 차를 운전하지 않는─이산화탄소 배출량이 적은 사람은 보험료가 저렴하게 되는 구조이다.

원래의 견해로는 유사한 차로 운전자의 연령도 동일하지만, 자동차의 사용빈도가 대단히 낮은 경우 사고를 유발할 가능성도 낮게 되므로 보험료를 할인하자는 것이었지만, 요즘은 이산화탄소 배출량이 낮다는 환경보호론을 내세우는 경향이 있다.

덧붙여서, 운전하는 양(주행거리)의 측정 방법은 컴퓨터 칩을 대시보드에 넣어두고 때때로 가정용 PC에 연결해 보험회사에 데이터를 전송하는 것뿐이므로 매우 간단하다. 매월 계산하여 지급액을 산출하는 것은 힘들기 때문에, 매달 정해진 금액을 지불하고 나중에 부족했던 분을 정산하는 형태이기 때문에, 귀찮은 일도 없다고 한다.

녹색자동차보험에 가입한 개인용 차량에 탄소배출권을 부여해 연간 단축된 주행거리만큼의 탄소배출권 판매수익을 환급해주는 환경보호를 위한 자동차보험 제도이다. 시민의 불필요한 차량 운행을 줄여, 자동차 운행 시 발생하는 CO_2(이산화탄소) 배출량을 저감시키는 사업이다. 저감된 CO_2 배출량을 탄소배출권 거래를 통해 지자체가 시민에게 환경보호 지원금의 인센티브를 지급한다(현재, 지자체에서 시행하고 있는 탄소포인트 제도와 유사하다). 시민은 녹색자동차보험에 가입하고 보험사는 주행거리를 측정하는 OBD 단말기를 무상으로 임대한다.

---

19 Mills,m E., "From Risk to Opportunity, Insurer Responses to Climate Change", Ceres, April 2009 등을 참조.

운행거리연계 자동차보험은 자동차 운전자가 실제 주행한 운행거리에 따라 자동차보험료가 차등적으로 부과되는 제도를 지칭한다. 운행거리연계 자동차보험 도입으로 기대되는 효과로 보험료 절감, 자동차사고 감소, 교통체증 완화, 대기오염 감소, 유류 절감 등이 있는데, 동 상품이 녹색보험상품으로 간주되는 이유는 이러한 기대효과 중 특히, 자동차보험료가 운행거리에 연동됨으로 인해 자동차 운행 감축 유인이 발생하게 되고, 이에 따른 대기오염 감소를 통해 환경보호에 기여하는 부분이 적지 않기 때문이라 할 수 있다.

대부분의 자동차보험은 연령, 성별, 사고경력, 자동차 배기량 및 모델 등에 따라 자동차보험료를 다르게 책정하고 있는 반면, 운행거리연계 자동차보험은 여기에 추가적으로 운행거리를 반영하는 제도이다. 일반적으로 운행거리연계 자동차보험에서는 보험가입자의 연간 마일리지 계획에 근거하여 그에 상응하는 일정 보험료가 부과된 후, 실제 운행거리가 이를 초과할 시에는 보험료를 추가 부담하고 반대의 경우에 이미 납입한 보험료의 일부를 환급받는 방식을 택한다.

이러한 운행거리연계 자동차보험은 텍사스, 캘리포니아 등 미국 일부 주에서는 이미 시행되고 있거나 관련 법안이 통과될 예정이고, 유럽 등의 지역에서도 확산되고 있는 추세이다. 전 세계적으로 운행거리연계 자동차보험의 시장 규모는 아직까지는 도입이 오래되지 않은 관계로 크지 않지만, 미국, 캐나다 등의 북미 지역과 이탈리아, 영국 등과 유럽 지역을 중심으로 지속적으로 성장하고 있는 것으로 알려지고 있다. 특히 유럽의 경우 2007년 약 1,864만 유로에 불과하였던 운행거리연계 자동차보험의 시장 규모가 2015년에는 1억 4,181만 유로에 달할 것으로 예상되고 있으며, 운행거리연계 자동차보험에 가입하는 자동차대수도 2015년까지 연평균 40% 성장할 것으로 전망되고 있다.[20]

운행거리연계 자동차보험 도입에 따른 효과로는 보험가입자의 경우 운행거리 감소 정도에 따라 기존보다 자동차보험료가 인하되는 혜택을 누릴 수 있게 되고, 특히 평상시 운행거리가 상대적으로 적은 가입자의 경우 그 효과가 클 것으로 기대된다. 미국, 영국, 등 주요 선진국에서 운행거리연계 자동차보험이 도입된 가장 큰 이유 중의 하나

---

20 Frost & Sullivan, "Usage Based Insurance", 2008.

<표 12-4> 운행거리연계 자동차보험제도 시행에 따른 사회적 유발 효과

	자동차사고 감 소	교통체증 완 화	대기오염 감 소	유류 절감	합계
유발효과액	342	133	58	56	589

자료 : Bordoff, J. and Noel. P.. "Pay-as- you-drive Auto insurance: A Simple Way to Reduce Driving Related-Harms and incream Equity. The Brookings Institution. July 2008.

는 자동차보험료 책정 시 운행거리를 반영하지 않아 야기되는 불공정성의 문제였다. 다시 말해서, 일반적으로 운행거리가 증가할수록 자동차사고율 또한 상승함에도 불구하고 기존에는 이를 반영하지 않음으로 인해 결국 운행거리가 적은 보험가입자가 운행거리가 많은 가입자의 사고 및 이에 따른 손해를 보조(subsidize)해주는 양상이었다.

Brookings Institution의 2008년 연구결과[21]에 따르면, 실제로도 운행거리가 많은 운전자일수록 자동차사고도 비례적으로 증가하는 것으로 나타나고 있는데, 예를 들어 연간 운행거리가 2만 마일인 운전자의 사고율이 5천 마일인 운전자에 비해 2배가량 높은 것으로 조사되고 있다. 한편 동 연구결과에 따르면, 미국의 경우 운행거리연계 자동차보험제도의 시행으로 전체 자동차보험 가입가구의 3분의 2 정도가 자동차 1대당 약 270달러 정도의 보험료 절감 혜택을 누릴 수 있는 것으로 파악되고 있다. 특히 저소득층의 경우 평균 자동차 운행거리가 고소득층에 비해 상대적으로 적은(약 25% 정도) 것으로 조사되고 있어 이들 저소득층의 보험료 절감효과가 상대적으로 더 클 것으로 기대되는데, 실제로 연 소득이 1만 2,500달러 이하인 저소득층 가입가구의 경우 동 제도의 시행으로 연소득 대비 2~8% 정도의 보험료 절감 효과가 발생하는 것으로 추산되고 있다.

운행거리연계 자동차보험 도입에 따른 또 다른 효과로 자동차사고 감소, 교통 체증 완화, 대기오염 감소, 유류 절감 등의 사회적 편익 발생이 기대된다. 운행거리연계 자동차보험제도의 시행으로 자동차 운행 대수가 줄게 되는 유인이 발생하고, 이에 따른

---

21 Bordoff, J. and Noel. P. "Pay-as- you-drive Auto insurance: A Simple Way to Reduce Driving Related - Harms and increase Equity. The Brookings Institution. July 2008.

자동차사고의 감소 및 교통체증 완화 효과가 기대되는데, 미국의 경우를 예로 들면 이러한 자동차사고 감소 및 교통체증 완화 유발 효과가 각각 342억 달러, 133억 달러에 달하는 것으로 조사되고 있다. 또한 자동차 운행대수가 감소하게 됨에 따라 사회 전반적으로 대기오염이 감소하고 유류가 절감되는 효과도 예상되는데, 관련된 기대 유발 효과가 각각 58억 달러, 56억 달러에 이르고 있다.

4.1.2. 상품 사례[22]

미국의 경우 운행거리연계 자동차보험을 출시한 대표적 보험사로 progressive사, GMAC사 등을 들 수 있다. Progressive사의 운행거리연계 자동차보험상품을 "Myrate"는 운전거리, 운전시간대, 운전방식 등에 따라 보험료를 할인받을 수 있는 상품이다. 보험가입자는 소형무선장치를 차량에 설치하여야 하며, 보험계약의 갱신 시 최대 40%까지 보험료를 할인받을 수 있는 것으로 알려져 있다.

영국에서 출시되고 있는 운행거리연계 자동차보험은 특정 주행거리를 기준으로 자동차보험료를 할인해주고 있는데, 연간 주행거리가 9,600km 이하인 경우에 기존 자동차보험료의 최대 30%를 할인해준다. 프랑스의 경우도 특정 주행거리를 기준으로 보험료를 할인해주는 상품이 시판되고 있고, 보험가입자의 연간 주행거리가 4,000km 이하이면 기존 보험료의 최대 45%를 할인해주는 것으로 알려지고 있다. 호주에서는 보험가입자의 실제 운행거리가 사전에 약정한 주행거리보다 적으면 그 차이에 상응하는 보험료를 환급해주고, 약정한 거리보다 실제 운행거리가 많으면 추가 거리에 해당하는 보험료를 보험사에 지불하는 상품이 출시되고 있다. 특히, 다른 나라에서와 달리 호주의 운행거리연계 자동차보험상품은 차량에 GPS장치 등을 설치하지 않고 주행기록계에 나타나는 주행거리 정보에 의존하고 있다.

---

22 기승도 외, 「주행거리에 연동한 자동차보험제도 연구」, 연구보고서, 보험연구원. 2010.1 한상웅. 「에너지 절감을 위한 교통가격정책 개선방안 : 녹색 자동차보험 도입방안」, 한국교통연구원. 2010.1 등을 참조.

4.2. 탄소배출권 이행보증보험

4.2.1. 상품 내용 및 기대효과

교토의정서에 따라 온실가스 감축의무가 있는 Annex 1 국가의 기업들은 탄소 감축 의무를 준수하기 위해 탄소배출권을 구매해야 하는 경우가 발생한다. 투자펀드는 이윤 창출을 목적으로 탄소저감 프로젝트 자금을 공급하여 프로젝트를 통해 생성된 탄소배출권을 판매하는 역할을 담당한다. 탄소저감 의무를 가진 기업과 같은 실수요자의 경우 탄소배출권시장에 참여하여 탄소배출권을 획득할 수 있다. 그러나 탄소배출권시장은 탄소배출권이 프로젝트로부터 제대로 인도(delivery)되지 않을 수 있는데, 이는 기술적 요인으로 인한 리스크(technological performance risk), 신용리스크(credit risk), 정치적 리스크(political risk), 가격 리스크(pricing risk) 등과 같은 리스크를 내재하고 있기 때문이다.

기술적 요인에 의한 리스크는 투자자가 탄소배출권을 창출하는 청정개발체제(CDM: clean development mechanism)[23]와 같은 프로젝트에 투자할 경우 동프로젝트에 사용된 기술이 예산한 만큼의 탄소배출권을 확보할 수 없게 되는 리스크를 의미한다. 신용리스크는 프로젝트를 수행하는 기업이 탄소배출권을 인도(delivery)하기 전에 파산하는 리스크를 말하고, 정치적 리스크는 프로젝트가 이루어지고 있는 국가의 정부가 프로젝트에 개입하여 탄소배출권 인도를 못하도록 하거나 프로젝트 자체를 인수(take over)하는 경우 발생하는 위험을 말한다. 만약 탄소배출권이 프로젝트로부터 인도되지 않을 경우 구매자는 현물시장(spot market)에서 탄소배출권을 구매하여 이를 대체해야 하는데, 현물시장의 탄소배출권 가격이 프로젝트 계약 가격을 초과하는 경우 발생하는 리스크가 가격 리스크이다.

---

23 CDM사업은 교토의정서상 온실가스 의무감축국이 비의무감축국에서 시행하거나 또는 비의무감축국이 자국에서 자체적으로 추진하는 온실가스 저감 프로젝트를 의미하고 CDM사업으로 인해 발생하는 탄소배출권을 CFR(Certified Emission Reduction Units)이라 함.

4.2.2. 상품사례

1) 탄소배출권 인도위험(carbon credit delivery insurance)

CHARTIS는 가스배분 네트워크에서 발생하는 가스유출(leakage)을 줄여 탄소배출권 CFR을 획득하는 프로젝트에 투자하는 투자펀드를 위한 보험상품을 개발하였다. 동 펀드는 향후 7년간 CFR을 획득하여 탄소감축 목표를 준수하기 위해 탄소배출권을 필요로 하는 주요 정유회사(oil company)에 선도계약(forward) 형태로 판매하여 수익을 창출한다. 그러나 프로젝트를 수행하는 과정에서 기술적 요인으로 탄소배출권이 생성되지 않거나 프로젝트를 수행하는 국가의 정치적 위험으로 인해 탄소배출권이 발생하지 않아 인도(delivery)할 수 없는 위험이 있다. 이 경우 선도계약으로 인해 인도되지 않은 탄소배출권만큼의 손실이 발생하게 되는데 그 손실 규모는 탄소배출권 현물시장 가격과 계약가격과의 차액이다. 탄소배출권 인도 보험은 탄소배출권이 인도되지 않음에 따라 발생하는 손실분만큼을 보상해주는 상품이다. 이 보험상품은 선도계약 전체 기간 동안 보장해주는데 탄소배출권 인도위험을 제거함으로써 선도계약 자체의 가치를 상승시키는 효과가 있다. 또한 인도위험을 없애 프로젝트 수행에 필요한 자금조달 비용을 축소시키는 효과를 유발한다.

2) 탄소저감 프로젝트에 대한 정치적 위험 보험(political risk insurance for carbon credit projects)

스위스 취리히(Zurich)의 보험상품은 투자자가 탄소저감 프로젝트에 투자하여 탄소배출권을 획득하는 데 동 프로젝트가 수행되는 국가의 정부가 프로젝트에서 발생하는 탄소배출권을 가져가지 못하도록 하는 정치적 행위를 할 리스크를 헤지하는 상품이다.

4.3. 환경친화 재물복구비용보험(green upgrade coverage)

4.3.1. 상품 내용 및 기대효과[24]

환경친화적인 건축물인 그린 빌딩은 상업용 건물에서 주거용 빌딩에 이르기까지 도처에서 볼 수 있게 되었지만, 재해 시에 집을 보수하는 경우에 그 그린 빌딩의 기준에 따른 에너지 절약 사양의 재료 및 전기제품을 보증해주는 것이 녹색주택보험이다. 물론, 그러기 위해서는 일반 주택보험보다 보험료는 조금 높다. 그린 빌딩을 지음에 있어 일반 건축보다 3~5% 정도 초기 비용이 높아질 것이기 때문에(에너지 절약 사양이므로 사용 후는 비용이 저렴하게 되지만), 이것은 다소 납득할 수 있을 것 같지만, 그린이라는 명목하에 지금까지 주택보험에 조금 프리미엄을 붙여 고가에 판매하는 수법의 하나에 불과하다는 느낌도 있다.

또한 주택과 관련하여 재미있는 보험으로는 자연에너지보험, 예컨대, 풍력발전과 태양열발전 등 자연에너지를 자가 발전하고 주택에 대해 재해 등에 의해 이러한 자연에너지의 공급이 멈춘 경우(물론 그것을 고려하여 자가발전 외에 전력회사에서의 보급도 이루어지고 있겠지만, 그것으로 충분하지 않은 경우) 그에 따른 수익 감소, 손상된 발전기의 복구 및 조사비용 등을 보증하는 것이다.

게다가, 정원의 나무에 대한 보험 등도 있다. 예컨대, 정원의 커다란 나무가 주택의 온도를 낮추는 데 도움이 되는 경우 그 나무가 재해로 인해 쓰러지면 대체되는 차양이나 에코아콘 비용을 5,000달러까지 보증해주는 보험이 있다. 그것에 소요되는 보험료가 얼마인지는 확실하지 않지만 보험회사도 다양한 것을 고려 중이다.

미국의 경우 전체 에너지 소비량 중 주거용, 상업용, 공공건물이 차지하는 비중이 40%에 이르고 있고, 이산화탄소의 39% 정도가 이러한 건물에서 발생하고[25] 있는 것으로 보고되고 있다. 이에 따라 건축문화의 개선을 통한 에너지 문제와 환경문제에의 접근이 강조되고 있고, 이에 대한 관심이 고조되고 있는 상황인 것으로 알려지고 있다.

미국 Chubb 보험사가 소비자 천여 명을 대상으로 한 설문조사에 따르면, 미국인의 4분의 1 이상(28%)은 현재의 경제 환경에 기반하여 자신들의 집을 조금 더 친환경적으로 만드는 데 더 많은 돈을 투자할 계획이라고 응답하고 있다. 이는 천연자원 및 지구환경을 보호해야 한다는 주택보유자들의 의식이 점차로 높아지고 있음을 보여주고 있다. 또한 소비자들은 아울러 친환경적 상품의 이용이 가져다주는 장기적인 경제적

---

24 유진아, 「미국 및 네덜란드 연기금의 녹색금융 참여사례와 시사점」, KiRi Weekly, 보험연구원, 2009.10.12, www.firemansfund.com, www.chubb.com 등을 참조.

25 US Green Building Council, Annual Report, 2008.

가치도 깨닫고 있는 것으로 여겨진다.

이와 관련, 1993년엔 친환경건축 인증기관인 'US Green Building Council'이 발족되었고, 최근 들어 친환경 또는 녹색건축시장이 활성화되고 있다. 미국의 녹색건축시장은 2005년 70억 달러에서 2007년 120억 달러, 2010년엔 600억 달러 규모로 성장할 것으로 예상되고 있으며, 2010년까지 새로운 상업빌딩의 10%가 녹색화가 될 것이라는 전망이 나옴에 따라 이전보다 더 많은 보험사가 동 시장에 뛰어들고 있는 상황이다. 캘리포니아주의 경우 다른 주에 비해 공공건물의 에너지소비 감축을 위한 방안 마련에 보다 많은 힘을 쏟아오고 있는데, 1994년에는 에너지관리 5개년 계획을 세우고 10년에 걸친 에너지 효율화를 위한 측정 및 관리 방안을 수립하였다.

이러한 친환경적인 정책들과 고객들의 요구에 부응하여 보험사들은 환경친화재물복구비용 특약(green upgrade coverage) 등을 활용한 건축물 관련 녹색보험 상품들을 선보이고 있다. 동 상품에서는 주택이나 업무용 건물에서 화재나 여타 손해가 발생할 경우, 보험사가 친환경자재를 기준으로 재물복구비용을 지급하여준다. 이는 건물소유주들로 하여금 친환경자재를 활용하도록 함으로써 친환경 건축물로 인증받을 수 있도록 지원하려는 것이다. 동 상품은 친환경 건축물(그린빌딩) 인증기준을 충족할 수 있도록 냉난방 효율을 위한 단열강화 자재, 에너지절약형 전기기구(LED) 등 친환경 건축자재에 대한 설치비용을 추가로 지급하여준다. 한편, 친환경 건축물 인증을 받기 위해서는 총 공사비의 2~10% 정도를 추가로 지출하기 때문에 특약 보험료를 별도로 징수하게 된다.[26]

이처럼 보험상품의 지원을 통하여 건축물에 친환경자재 등의 활용이 많아질 경우 지구환경보호에 적잖은 실질적인 기여 효과가 기대된다. 미국 'Green Building Council'에 따르면, 친환경 주택은 일반 주택보다 에너지를 40% 덜 사용하고 있는 것으로 조사되고 있다. 또한 효율적인 배관과 욕실 구조물, 가뭄에 내성 있는 배관(drought-tolerant plumbing) 및 물 절약 관개 수로 시스템 등을 이용한 친환경 주택은 기존 주택보다 평균 50% 정도의 물을 절약할 수 있는 것으로 알려지고 있다. 특히 건물의 재건축 시 무해 재료 또는 친환경자재의 사용은 외부보다 더 안 좋을 수 있는 내

---

26 금융감독원, 녹색보험(Green Insurance) 도입 방안, 보도자료, 2009.4.14.

부 공기의 오염을 줄여주며 신선한 공기를 가져다주고 오염된 공기를 밖으로 분출시켜주는 자연적 환기장치 역할을 해주고 대기환경 개선에 많은 기여를 하게 된다.

한편 환경인증 제품을 사용하는 주택소유자는 에너지 비용을 절약할 수 있을 뿐만 아니라 경우에 따라서는 공과금 할인 혜택도 받을 수 있고, 주정부 또는 공공기관 등으로부터 대출 또는 각종 환급과 같은 혜택도 누릴 수 있는 기회가 주어진다.

우리나라의 경우도 향후 친환경 건축물에 대한 수요가 보다 증대되고 에너지 절약에 따른 비용감소 효과가 가시화되며, 또한 친환경건축물 인증 획득 시 주어지는 혜택이 확대될 것으로[27] 예상되는 상황에서 이와 같은 환경친화 재물복구비용 보험상품의 시장성이 높아질 것으로 판단되고, 보험사에도 '새로운 수익 창출의 기회가 될 것으로 기대되고 있다. 주요 선진국의 구체적인 상품으로는 미국 Lexington사의 'Upgrade to Green Residential'과 FFIC(Fireman's Fund Insurance Company)사가 판매하는 주택종합보험(homeowner insurance policy)을 들 수 있다.

4.3.2. 상품사례

1) Lexington사의 'Upgrade to Green Residential'

AIG(American International Group)그룹 계열의 Lexington 보험사는 동부해안 지역에서 시범적으로 'Upgrade to Green Residential'이라는 환경친화 재물복구비용보험을 도입하였으며, 이들 프로그램은 2008년 전국적으로 확대되었다. 동 상품은 주택에너지효율의 개선을 원하거나 환경적 의식을 가지고 있는 주택소유자들을 위한 상품이라 할 수 있다. 'Upgrade to Green Residential' 상품은 주택이 부분적으로 훼손되거나 손실되었을 때 에너지 효율성, 물 사용의 효율성, 내부 공기 특성 및 지속가능성 등의 영역에 중점을 두면서 주택소유자들에게 주거와 관련하여 보다 향상된 이익을 제공하여준다.

첫째, 에너지 효율성의 경우 'Upgrade to Green Residential'에 가입한 주택소유자가 재해 등으로 주택 내 설치물에 손실을 입게 되면 해당 가입자에게 'Energy Star

---

27 금융감독원의 보도자료(녹색보험 도입방안, 2009.4.14.)에 따르면, 국토해양부 및 환경부 공동의 그린(Gren)빌딩 인증을 받을 경우 세금감면 및 건축기준 완화 혜택을 주는 방안을 추진 중인 것으로 알려짐.

제품[28] 또는 이에 상응하는 에너지효율 상품으로 개선하는 데 소용되는 비용을 부담해준다. 예를 들어, 조명, 전기제품, 난방 및 냉방 시스템, 가전제품, 창문 등의 복구와 관련된 비용이 이에 해당된다. 둘째, 가정 내 물 사용의 효율성을 높이기 위한 낮은 유속의 샤워기, 세면대, 변기 등과 관련된 제품을 개선·설치하는 데 드는 비용도 지급하여준다. 셋째, 주택소유자가 재해 등으로 전기냉각장치, 페인트 및 코팅 제품, 가정용 청소제품, 음식포장 용품, 사무용품 등과 관련된 손실을 입게 되면 또 다른 친환경 표준마크인 'Green Seal'[29] 인증을 받은 제품으로 개선·복구할 수 있도록 해준다. 넷째, 주택(지붕, 바닥, 벽 등)이 재해 등의 손실로 파손되고, 이를 복구 시 재활용이 가능한 내용물을 포함하거나 지속 가능하게 생산되는 재료를 이용할 경우 이에 소요되는 비용을 지급해준다.

2) Fireman's Fund사의 Homeowner Insurance Policy

미국 Fireman's Fund Insurance Company사도 주택종합보험(Homeowner Insurance Policy)에 손해복구비용 산정 시 친환경건축 인증(LEED)을 받을 수 있는 제품 사용에 소요되는 비용을 지급하는 특약인 'Green Upgrade Coverage' 상품을 판매하고 있다.

건축물의 손해복구와 관련된 소위 '녹색 개선'에는 손상된 자재와 장비를 'US Green Building Council'의 품질 기준에 준수될 수 있도록 교체하는 비용이 포함되어 있고, 주택의 디자인과 시공을 돕는 친환경 건축인증 시스템으로 공인된 전문가를 고용하기 위한 추가적인 금액도 제공된다. 또한 Lexington사에서와 같이 'Energy Star' 제품으로 인증받았던 장비가 손상될 경우 제품을 교체하는 데 소요되는 비용도 지급해준다. 이 새로운 보상에 대한 연간 보험료 비용은 보상되는 보험금액에 따라 차이가 나는데, 보험금액 100만 달러 기준으로 70달러 정도이다. 만약 주택에 총 손실이 발생한다면, 보험가입자의 주택이 'US Green Building Council'의 친환경 건축

---

28 시장에서 가장 에너지 효율이 좋은 제품 중 하나임을 미국 에너지성(U.S. Department of Energy)과 미국 환경보호청(Environmental protection Agency)이 증명하는 제품.

29 전기냉각장치, 페인트 및 코팅 제품, 가정용 청소제품, 음식포장, 사무용품 등과 관련된 친환경 인증제도로서 비영리 독립기관인 Green Seal이 주관하고 있으며, 국제표준화기구(International Organization for Standardization(ISO))에 의해 정해진 에코라벨링을 준수하고 환경 표준을 설정.

<표 12-5> Green Upgrade Coverage의 보상범위 및 연간 보험료

보상되는 가치액(보상범위)	연간 보험료 비용
〈$30,000	$25(최소금액)
$1million	$70
$2.5million	$175
$5million	$350
$8.6million+	$600(최대비용)

자료 : Asia Carbon Exchange의 홈페이지를 참조로 작성함.

인증 시스템(LEED)의 주택으로 재건축하는 데 필요한 비용을 지급하여준다.

4.3.3. 기타

Farmers사의 'Eco-rebuild' 상품은 손실된 자산을 친환경적인 방법으로 대체하여주는 주택보유종합보험의 특약상품으로, 해당 주택보유종합보험 보험료의 2% 정도만 추가적으로 지불하면 최대 25,000달러까지 에너지효율 마크인 'Energy Star' 인증의 자격을 갖춘 주택으로 개선하고 재활용 가능한 자재로 복구하는 데에 소요되는 비용을 보상해준다. 또한 대체 전력 발생 장비의 손실이 발생할 경우 다른 방법으로 전력을 사용함으로써 발생되는 추가 비용에 대한 보상도 포함되어 있다. 동 상품은 2009년 4월에 워싱턴주 소비자들에게 시판되었으며, 이를 시작으로 다른 25개주에도 선보일 예정인 것으로 알려져 있다.

Chubb사의 'Green Wise Upgrade' coverage option은 이미 녹색인증을 받은 주택을 소유한 고객이 가장 최신 인증 기준으로 재건축할 수 있도록 지원하는 프로그램이다. 또한 보상범위가 단지 친환경 건축인증 시스템 기준과 'Energy Star' 인증을 기반으로 한 상품에만 제한되지 않고 다양한 국가적 · 지역적 녹색 기준까지 수용하고 있다. 주택의 태양, 바람, 지역에 관한 전력 발생 시스템이 수립되는 동안 공익 설비로부터 전력과 물을 구입하기 위해 발생하는 추가 비용도 보상범위에 포함된다.

4.3.4. 녹색증권보험

1) 상품내용 및 기대효과

녹색증권(green policy)보험은 보험가입자가 온라인 형태의 녹색증권 발급에 동의할 경우 가입자는 보험료 할인 혜택을 받고 보험회사는 일정 금액을 녹색성장사업 등에 기부하는 보험상품을 지칭한다. 예를 들어, 종이 보험증권을 전자메일로 대체하면 증권발급 비용을 절감할 수 있으므로 그 일부는 보험가입자를 위한 보험료 할인 재원으로 활용하고 나머지는 녹색사업이나 소방관서 등에 기부하는 것이 가능하다. 특히 보험가입자가 녹색증권 발급에 동의할 경우 환경보호를 위한 실천방안에 적극 참여할 것을 약속하는 서명을 함께 받도록 하여 녹색성장사업 필요성에 대한 소비자의 인식을 제고하는 데에도 기여할 수 있다. 또한 보험사의 녹색증권 발급은 해당 보험사의 친환경·녹색기업으로서의 이미지 향상에 긍정적인 영향을 줄 것으로 기대된다.

2) 상품사례

미국 Allstate사의 'Easy Pay Plan'은 동 사의 자동차보험 가입자가 월납보험료 청구서를 온라인으로 송부하는 것에 동의할 경우 최고 5%의 보험료를 할인해주고, 보험사는 녹색사업지원재단 등에 10달러를 기부하는 프로그램이다. 동 프로그램을 매달 이용하는 고객들은 연간 25달러 정도를 절약할 수 있는 것으로 알려져 있다. Allstate사의 'Easy Pay Plan' 프로그램은 현재 미국 콜로라도, 인디애나, 캔자스, 루이지애나, 미시간, 미네소타, 미주리, 오하이오, 오리건, 워싱턴 주에서 이용 가능하다.

한편, 보험가입자는 녹색증권 발급에 동의 시 환경보호를 위한 실천방안에 적극 참여할 것을 약속하게 되는데, 예를 들어 불필요한 운행 자제, 에너지 절약, 쓰레기 분리 수거 실천 등이 그것이다. 특히 동 프로그램에 참여한 보험가입자는 녹색 운전습관을 시작하게 됨으로써 에너지 방출을 줄이는 등 환경보호에 동참할 수 있게 된다.

4.3.5. 자동차 재활용부품 관련 보험

1) 상품 내용 및 기대효과

자동차 재활용부품 관련 보험은 사고 등으로 인한 자동차부품 교체 시 보험료 할인 등의 혜택 제공을 통해 재활용부품을 우선적으로 사용하도록 유도하는 상품으로 미국, 영국, 일본 등 주요 선진국에서는 상당히 보편화되어 있는 상품인 것으로 알려져 있다. 자동차 재활용부품과 관련된 보험상품을 통해 자동차 수리비를 절감할 수 있을 뿐만 아니라 자원도 절약할 수 있고, 무엇보다도 최근 우리나라를 포함하여 전 세계적으로 추진되고 있는 저탄소·녹색성장에 기여할 수 있을 것으로 기대된다.

우선 중고 자동차부품 활용으로 자동차 수리비가 감소할 경우, 이는 자동차보험료 할인 등 보험계약자의 경제적 부담 경감으로 이어질 수 있고, 또한 향후 중고 자동차부품시장이 거래량 증가로 인해 보다 양성화될 것으로 예상되므로 이에 따라 보험료 인하폭도 보다 확대될 것으로 기대된다. 실제로 유럽 및 일본의 경우 자동차보험 계약자가 중고부품 재활용 특약에 가입할 경우 자차보험료의 약 5~10%가량의 할인 혜택이 부여되고 있는 것으로 알려지고 있다. 자동차 재활용부품 관련 보험시장이 활성화될 경우 영세한 자동차 정비업체의 매출이 향상되는 효과도 발생할 것으로 예상된다. 또한 자동차 중고부품 거래의 투명성이 높아지게 됨에 따라 수리비가 과다·허위 청구되는 사례가 줄어듦으로써 적잖은 에너지 소비량 및 탄소 배출량이 감축될 것으로 예상된다. 이에 따라, 우리나라의 경우도 자동차 중고부품 재활용 시 보험료를 할인하여 주는 상품의 도입을 추진 중인 것으로 알려져 있다.[30]

2) 상품사례[31]

(1) 북미

미국, 캐나다의 경우 사고차량 등에 대하여 교환부품을 사용할 때 우선순위를 중고재활용부품, 일반부품, 순정부품 순으로 선택하여 적용하고 있으며, 특히 안전에 영향이 없는 외장부품의 경우 중고재활용부품 사용이 활성화되어 있다. 이들 국가의 경우 체계화된 유통망을 통하여 중고재활용부품의 공급·사용이 활성화되어 있고, 동일한 부품의 경우에도 여러 업체에서 공급하는 부품 데이터를 보유하고 있다. 가격도 공급업체별로 다양하며, 보험회사는 중고부품을 사용하는 정비공장에 통상적으로 부품가

---

30 금융감독원, 「자동차 중고부품 재활용 시 보험료 할인상품 도입 추진」, 보도자료, 2009.9.8.
31 금융감독원, 「자동차 중고부품 재활용 시 보험료 할인상품 도입 추진」, 보도자료, 2009.9.8. 및 CEO Report, 「자동차 재활용부품 사용 활성화를 통한 보험업계의 녹색성장 경영전략」, 보험개발원, 2009.9.등을 주로 참조.

격의 약 20~25%의 마진을 지급하는 것으로 알려져 있다.

미국 뉴욕주의 경우엔 보험업법 및 뉴욕주 보험청 권고지침에 의해 손상차량부품과 동등 성능 이상의 중고재활용부품 및 일반부품의 사용을 허용하고 있고, 또한 자동차 보험의 표준약관에 중고부품의 재활용이 가능함을 명시하고 있으며, 보통약관으로 운용함에 따라 별도의 보험료 할인은 없는 것으로 파악되고 있다.

(2) 유럽

유럽 국가들의 경우, 자동차보험 특별약관에 중고부품의 재활용이 가능하도록 명시하고 있으며, 업계 자율적으로 보험료를 5~10% 정도 할인해주고 있는 것으로 파악되고 있다. 영국은 Admiral사 등 7개 보험사가 재활용 자동차부품과 관련된 컨소시엄을 구성하여 보험수리 차량의 수리작업에 중고재활용부품을 적용하고 있으며, 이 중 Admiral사는 고객의 자동차 수명이 3년 이상인 경우 보험사는 제조업체가 만든 것은 아니지만 유사한 기준의 재활용된 부품으로 수리할 수 있도록 하고 있다.

독일 Allianz사의 'Recycled Parts in Vehicle Repair' 프로그램은 차량 수리 시 재활용된 부품을 사용하기 위해 보험계약자, 다른 차량의 보험사, 그리고 자동차 수리공과 제조업체를 연결하는 프로그램을 이용하여 15개 유관기관과 공동으로 중고부품을 사용하는 지침을 마련하고 있다. 재활용된 부품을 사용하는 것은 보통 1,000유로를 청구할 때 평균 240유로를 절약하는 효과가 있는 것으로 파악되고 있다. 특히 일부 지역에서는 재활용된 녹색 자동차부품을 사용하는 것이 40% 정도의 비용절감 효과를 유발하는 것으로 보고되고 있다. 운전자들은 Allianz사의 승인된 수리공들의 전국적인 네트워크를 통해 개별 차량에 적합한 재활용된 녹색 자동차부품을 활용함으로써 환경보호에 기여한다는 데에 보람을 느낄 뿐만 아니라 품질과 서비스에 대해서도 만족하고 있는 것으로 알려지고 있다.

네덜란드의 Achmea사는 자동차 중고부품 재활용 관련 보험의 성공사례 중의 하나로 꼽히고 있는데, 특히 조직적이고 기술적인 장애를 성공적으로 극복하였고, 아울러 차량소유자들 및 정비업체들을 상대로 자동차 재활용부품 관련 보험의 장점을 효과적으로 홍보한 것으로 잘 알려져 있다. 2000년에 시작한 이 회사는 2002년에 8만 개의 보험을 계약하였고, 동 상품으로 2001년 'Dutch Environmental Award'와 2002년도에 '유럽환경대상(Europe Environmental)'을 수상하였다.

(3) 일본

일본의 경우 일반 부품 및 중고재활용부품이 전체 충돌부품시장의 약 58.7%를 차지할 정도로 활성화되어 있는 것으로 나타나고 있다. 일본 보험사들은 자동차보험 특별약관에 재활용된 중고부품을 사용한다는 내용을 포함하고 있으며, 특별약관으로 운용함에 따라 자차보험료의 5~10% 정도를 할인해주고 있다. Sompo Japan Insurance사는 재활용된 자동차 부품의 이용을 고취시키기 위해 홍보활동을 강화하고 있으며, 매년 7만 명 이상의 고객들이 재활용된 자동차 부품을 사용하고 있는 것으로 보고되고 있다. Tokio Marine & Nichido사도 자사의 고객들에게 손상된 부품을 수리할 때 재활용되거나 재건된 구성품을 이용하는 것을 적극적으로 장려하고 있다. 동 사의 경우 2008년 중 재활용된 부품을 이용하여 범퍼를 수리한 것이 약 17만 건에 이르는 것으로 파악되고 있다. Nisshin Fire & Marine사에 의해 판매되는 환경친화적인 자동차보험인 'Asnate'는 차량 사고 시 지정된 정비소에서 재활용된 부품을 이용하여 수리할 경우 보험료에 10% 할인 혜택을 제공해준다. 아이오이 손보사의 경우엔 '피보험자동차를 사고 발생 직전의 상태로 복구하기 위해 필요한 수리비' 중 부분품의 교환에 따른 수리비에 대해서는 당해 부분품이 리사이클(재활용) 부품인 경우의 가격에 따라 정한다는 특약을 규정하고 있다.

4.3.6. 환경오염배상책임보험[32]

1) 상품 내용 및 기대효과

환경오염배상책임보험이란 환경오염사고로 인한 제3자의 신체상해, 재물손해 및 소송비용, 정화비용 등을 보상해주는 손해보험이다. 일반적으로 환경오염 사고의 특징은 다음과 같이 정리될 수 있다. 우선 사고 발생이 점진적일 수 있으며, 피해 형태가 다양하고 넓은 지역에 미친다는 점이다. 또한 환경오염과 관련된 사고의 손실은 그 규모가 크며 정확히 측정하기 어렵다. 환경오염의 원인행위와 피해 발생의 시차적 괴리가 존재하며, 오염물질 또는 손인(peril) 간에 상호작용성을 갖는다는 점도 또 다른 특징으로

---

32 삼성화재, 「환경 Risk와 보험대책」, 위험관리, 가을호 2002, 이기형, 「환경오염리스크관리를 위한 보험제도 활용방안」, 정책연구자료, 보험연구원, 2008.3 등을 주로 참조.

들 수 있다.

환경오염배상책임보험이 가져다줄 수 있는 기대효과는 다음과 같다. 첫째, 환경오염 배상책임보험은 환경오염을 일으킬 소지가 있는 잠재적 기업 등에게 사업을 운영함에 있어 사전적인 재정증명 수단을 제공하여준다. 환경오염 리스크에 노출되어 있는 기업에 있어 환경오염배상책임보험과 같은 적절한 재정적 위험전가(risk transfer) 수단이 없는 경우 해당 기업은 항상 오염사고 위험에 따른 재정적 부담을 안거나 사업을 전개함에 있어 심리적 위축을 느끼게 된다. 또한 점차 강화되고 있는 환경오염 관련 법률을 전수할 수 있도록 보험 등을 통해 사전적 재정증명을 확보할 수 있는 방안이 요구되고 있는 상황이다. 둘째, 환경오염배상책임보험의 제공을 통해 보험에 가입하는 해당 기업 및 보험사로 하여금 오염사고 예방 및 자율관리를 하도록 하는 유인이 발생할 것으로 기대된다. 보험에 가입한 기업이 환경오염 사고를 유발하게 되면 물론 정해진 약관에 따라 보상되지만, 이에 따른 차기 보험료의 상승 및 보험인수의 거부로 이어질 가능성이 있으므로 해당 기업의 자체적인 사전적 오염예방 및 자율관리를 유도하는 효과를 이끌어낼 수 있을 것이다. 아울러, 환경오염 사고는 통상 그 피해 규모가 크다는 점에서 일단 사고가 발생하면 해당 보험사에 미치는 영향도 치명적일 수 있으므로, 보험사 입장에서도 환경오염사고를 방지하기 위한 예방사업, 기술 컨설팅 등의 노력을 적극적으로 기울일 것으로 기대된다. 셋째, 환경오염배상책임보험의 보급은 환경오염 관련 분쟁의 원활한 해결에도 도움이 될 것으로 예상된다. 환경오염 사고 등과 관련된 분쟁은 일반적으로 조정위원회 등의 기구를 통하거나 법적인 소송으로 이어지는데, 환경오염배상책임보험의 판매를 통한 보상 해결은 환경오염 관련 분쟁의 원활한 해결에 도움을 줄 수 있을 것이다.

2) 상품사례
(1) 미국

미국의 환경보험은 대부분 배상청구기준(claims-made) 형태로서, 영업배상책임보험(CGL: commercial general liability)약관 단독, 여러 형태의 개별 환경오염배상책임(EIL: environmental impairment liability)약관, EIL 및 CGL통합약관, 기타 통합약관 등의 형태로 판매되고 있다. 다만, 법규위반, 징벌적 손해배상금, 사전에 알려진 피해, 계약상의 책임 및 생산물 관련 책임 등은 면책으로 하고 있다. 현재 미국에서 환경오염 관련 보험을 판매 중인 보험사로는 ACE, AIG, Germini, Zurich사 등 10개사이며, 연간 보험료 규모는 약 10~20억 달러(2006년 기준) 수준인 것으로 알려져 있다.

(2) 유럽

유럽 국가들은 환경오염과 관련하여 국가별로 공동보험(pool)의 형태로 운영하는 나라들이 많다. 공동보험이 형성되어 있는 국가는 프랑스(Assurpol, 1989년), 영국(CEILIF, 1989년), 이탈리아(Inquinamento, 1979년), 덴마크(Dansk Reassu-rance, 1992년), 스페인(Espanol), 네덜란드(MSV plan) 등을 들 수 있다. 그 외에 독일을 중심으로 핀란드, 스웨덴 등에서는 보험사별로 환경오염 위험과 관련된 담보를 제공하고 있다. 독일의 환경보험을 살펴보면, 1991년에 환경배상책임법이 제정되었으며, 이때부터 배상책임보험자협회의 새로운 환경오염 배상책임 Model 약관이 판매되었다. 1991년에 제정된 환경배상책임법에서는 96개 업종에 대하여 환경배상책임 의무를 부여하고 있으며, 일부 시설에 대해서는 보험가입 등을 통해 법적의무를 다하도록 하고 있다. 또한, 동 법에서는 배상책임 보상한도액을 신체손해 DM160백만, 물적손해 DM160백만으로 정하고 있다. 핀란드에서는 환경오염 손해당 FIM 3천만이 제공되고 있으며, 스웨덴에서는 2개의 보험단체에서 환경오염배상책임에 대한 법적의무를 이행할 수 있는 보험상품을 판매하고 있는 것으로 파악되고 있다.

한편, EU는 2000년대 초부터 국가 간 공통적으로 적용하기 위한 환경배상책임과 관련된 지침을 마련하기 시작하였으며, 2004년 4월 '환경배상책임지침(EC Environmental Liability Directive)'을 제정하였고, 회원 국가는 동 지침의 내용을 국내법에 반영하여 2007년 4월 30일까지 시행하도록 하였다.

(3) 일본

일본의 경우 환경오염과 관련하여 판매 중인 보험으로 일반배상책임보험, 환경오염손해배상책임보험, 토양오염정화비용보험, 의료폐기물배출자보험, 산업폐기물배출자보험 등이 있다. 이 중 환경오염배상책임보험은 1992년 6월부터 AIU보험사, 일본화재해상보험사, 아전화재해상보험사(현 Sompo Japan) 등 3사가 공동으로 판매하기 시작하였다. 동 보험은 '급격하고 우연한 오염' 또는 '점진적인 오염'에 대해서 피보험자가 소유·사용·관리하는 '시설' 또는 수행했거나 수행 중인 '작업'과 관련된 오염사고로 발생한 배상책임 및 오염정화비용 등을 담보하는 보험이다. 일본의 환경오염배상책임보험에 가입하려면 원칙적으로 동일한 보상한도액의 영업배상책임보험에 가입하여야 하며, 보상한도액은 화학업종의 경우 100억 원, 전기·전자업종의 경우 약 50억 원 정도이다. 의료폐기물배출자보험은 2001년 Sompo Japan Insurance사가 판매하는 상품으로 의료폐기물 수탁업체가 불법적으로 폐기되었을 때 관련된 조치명령, 제거 및 정화 등에 소요되는 비용, 관련된 개인의 건강피해 등을 보상하는 상품이다. 산업폐기물배출자보험도 유사한 기능의 상품으로 Sompo Japan Insurance사가 2002년부터 판매 중인 상품이다.

(4) 우리나라

우리나라의 경우엔, 영업배상책임보험(CGL)의 오염담보 특약 형태로서 환경오염배상책임위험을 담보하고 있으며, 해외 주요 국가에서 판매되고 있는 점진적 오염(gradual pollution)까지 보상하는 여러 형태의 environmental impairment liability(EIL) 보험은 아직 판매되고 있지 않는 상황이다. 주로 화학, 섬유 및 전기·전자업종 위주의 기업들이 낮은 보상한도액으로 가입하고 있으며, 국내 오염담보 특약분에 해당하는 순보험료 규모는 약 40억 원 정도인 것으로 추정되고 있다.

4.3.7. 친환경농산물보험

1) 상품 내용 및 기대효과

친환경농산물보험은 친환경 농산물과 관련하여 약관상에 정해진 피해를 당하거나 손실을 입었을 경우 보상해주는 보험상품으로 보상 내용 측면에서 크게 두 가지 종류의 상품으로 구분이 가능하다. 첫째, 생산자 입장에서 농약과 화학비료 등을 사용하지 않는(소위 유기농) 높은 가치의 농작물 생산에 대하여 관련된 세부적인 리스크를 보장받기 위한 보험상품이다. 일반적으로 농산물과 관련된 보험은 서리, 가뭄, 우박, 야생동물에 대한 피해, 홍수 등 급격하고 우연한 사고가 발생하였을 경우 그 손실에 대해 보상해주는 것을 기본으로 한다. 하지만 친환경농산물과 관련된 보험은 이와 더불어 농약과 화학비료 등을 쓰지 않음으로 인해 병충해나 잡초에 의한 피해, 농작물 발육부진 등으로 예상보다 낮은 수익이 초래되었을 때 일정한 수익에 대한 손실분을 추가로 보상해준다. 한편, 유기농법을 이용한 친환경농산물은 화학비료나 농약을 사용하는 전통적인 농산물보다 수확량은 적은 반면 가격은 더 높은 것이 특징이고, 그 특성상 일반 농산물보다 상대적으로 여러 가지 다양한 리스크에 노출되어 있으므로 친환경농산물에 대한 보험료 결정은 이를 반영하여 산출된다.

둘째, 친환경농산물을 구입하는 소비자의 피해와 관련하여 보상해주는 상품을 들 수 있다. 동 상품에서는 소비자가 구입한 친환경농산물에 잔류농약이 검출되는 경우, 친환경농업인의 실추된 신뢰를 회복하거나 방지하기 위해 드는 비용 및 소비자에 대한 피해보상 등에 소요되는 비용을 지급한다. 우리나라의 경우 잔류농약은 식품의약품안전청에서 고시하는 '식품의 농약 잔류허용 기준' 을 초과하여 검출되는 경우 보상이 주어진다. 또한 친환경농산물을 섭취하여 신체 상해가 발생하는 경우에는 생산물배상책임보험으로 보상이 주어진다.

이러한 친환경농산물보험을 통해 유기농법을 이용한 친환경농산물의 재배가 촉진되고, 친환경농산물에 대한 소비자의 신뢰도 보다 높아질 것으로 기대된다.

2) 상품 사례

(1) Saskatchewan Crop Insurance

캐나다의 Saskatchewan Crop Insurance Corporation(SCIC)은 캐나다 농림부의 산하기관으로서 유기농 농산물과 관련된 보험을 포함한 농작물보험(crop insurance)을 제공한다. 2009년 기준으로 SCIC의 농작물보험 프로그램은 'Multi-Peril Insurance', 'Organic Insurance', 'Forage Insurance', 그리고 'Weather Based Insurance' 의 4가지로 구성되어 있다. 이 중 'Organic Insurance' (유기농보험)는 높은 가치의 유기농 농산품의 보증을 희망하는 생산자에게 유기농 농산물의 생산과 관련된 세부적인 위험을 보상하여준다.

유기농보험은 지역별 작황 상태 등에 따라 다양한 농작물들이 보험가입 대상으로 포함된다. 반면 부적합 종류일 경우엔 보험가입이 거절되는 경우도 있다. 보험 가입이 가능한 유기 농작물로는 보리, 캐나다 초원 봄밀, 거친 붉은 봄밀, 카나리아 씨, 캐놀라, 겨자(노랑, 갈색, 아시아산), 오트밀, 호밀, 해바라기 등이 있다. 한편, 보험가입 대상으로 판정받기 위해서는 유기농으로 사용할 토지가 유기농 보상범위에 적합한 것으로 입증되어야 한다.

유기농보험의 보상범위 수준, 보험료 등은 다음과 같다. 생산자(보험가입자)는 평균 생산액의 50~80%의 보상범위를 선택할 수 있으며, 보험료는 생산자가 40%를 부담하며, 나머지 60%는 정부에서 비용을 분담한다. 만약 전통적인 농산물과 유기농 농산물 두 가지에 대하여 동시에 보험에 가입한다면 보상 수준의 선택은 유기농보험과 전통적 농산물보험의 경우 동일하여야 한다. 예를 들어 만약 유기농 밀에 대하여 70%의 보상범위를 선택한다면 전통적인 야마 농산물의 경우도 70%의 보상범위를 선택해야 한다. 한편 평균적으로 유기농보험의 경우 일반적인 농작물보험에 비해서 보험금이 더 높게 청구되고 지급되므로, 이를 반영하여 전통적인 농작물에서보다 유기농 농작물에 대한 보험료율이 평균 25% 더 높은 것으로 알려져 있다.

유기농보험은 일반적으로 가뭄, 홍수, 우박, 서리, 눈, 바람, 번개, 허리케인, 토네이도, 우연한 화재, 야생동물, 곤충, 메뚜기 그리고 식물 질병 등에 의한 피해를 포함하여 통제되지 못하는 자연적 위험으로부터 초래되는 손실에 대해서 보상받는다. 통제될 수 있거나 농작물을 재배하면서 충분히 보호할 수 있는 손실에 대해서는 보상되지 않는다. 만약 손실의 원인이 명확히 구분 가능하지 못하는 경우에는 보상범위 또는 보상금액이 줄어들거나 보상이 거절될 수도 있다.

(2) LIG손해보험

우리나라의 경우 LIG손해보험사가 이미 2009년 4월에 전라남도 산하 22개 시·군에 소재하는 친환경인증 농업사업자를 대상으로 보험 계약을 체결한 바 있다. 동 상품은 소비자가 구입한 친환경농산물에서 잔류농약이 검출되거나 이물질, 훼손, 부패된 생산물의 섭취로 인해 소비자가 피해를 입으면 보험을 통해 보상해주는 제도다. 보험료의 80%는 전라남도가 지원하고 농가는 20%만 부담하면 가입할 수 있다. 보험료는 친환경 농업사업자의 연간매출액이 10억 원인 경우 330,800원 정도이다. 보상액 한도는 생산물배상책임의 경우 1인당 1억 원, 1청구당 1억 원, 연간 총 1억 원이고, 잔류농약 위험의 경우엔 1인당 5만 원, 1청구당 5백만 원, 연간 총 1천만 원인 것으로 파악되고 있다.

전라남도가 민간보험사와 공조하여 이러한 친환경농산물배상책임보험을 도입한 것은 친환경급식학교 및 대형 유통업체 등에서 농산물을 납품하는 생산자에게 생산물배상책임보험 가입증서를 요구하는 사례가 늘어나고 있는 것이 주요 요인인 것으로 나타나고 있다. 뿐만 아니라, 해당 생산농업인 입장에서도 이러한 보상시스템을 갖추게 됨으로써 보다 안정된 유기농 농산물의 생산활동이 가능해지게 되고, 아울러 유기농 농산품의 브랜드 가치가 제고되는 효과 또한 누리게 될 수 있을 것으로 기대된다.

(3) NH생명 · 화재

NH생명 · 화재는 친환경 농 · 축산물에 대한 소비자의 신뢰도를 높이고 안전한 먹거리 문화를 조성하기 위해 친환경 농 · 축산물 안전보장보험을 판매하고 있다. 동 상품은 소비자가 이물질 및 훼손 · 부패된 친환경 농 · 축산물의 섭취 때문에 피해를 입었을 경우 생산물배상책임보험의 약관에 따라 업체당 총 10억 원 한도 내에서 보상하는 상품이다. 특히, 친환경 농 · 축산물 비용손해 특별약관에 가입한 경우 판매된 농산물에 잔류농약이 검출될 시 소비자에 대한 보상비용으로 연간 2천만 원까지 지급되며, 생산자 신뢰회복 비용으로 재검사비용과 광고비 등도 보상된다. 가입 대상은 친환경 농 · 축산물을 생산 · 포장 또는 가공하여 판매하는 생산자단체나 농가이며, 보험가입 대상 생산물은 친환경 농산물, 축산물 등이 해당된다.

4.3.8. 에너지 절약 및 재생에너지 프로젝트 보험

1) 상품 내용 및 기대효과

기후변화의 충격을 최소화하고 환경을 보호하기 위해 미국, 영국, 일본 등 주요 선진국들을 중심으로 에너지 절약 및 재생 · 청정 에너지 생산 등을 위한 다양한 방안이 마련되고 시행되고 있는 상황이다. 이러한 과정에서 지원자 Ehss 관리자로서 특히 보험사의 역할이 점차 중요시되고 있는 것으로 알려지고 있다. 글로벌 보험사들은 에너지 절약 및 재생 · 청정 에너지 생산 등과 관련된 역할을 자사의 새로운 수익원 창출의 기회로 삼고 있다.

에너지절약보험은 에너지효율 프로젝트의 설치자 또는 소유주를 대상으로 해당 프로젝트의 에너지절감 성과가 예상한 목표에 미달할 경우 이에 상응하는 부분을 보상(보장)해주는 보험이다. 미국의 경우 이와 같은 에너지절약보험 시장의 잠재 규모가 약 10억 달러를 넘을 것으로 예상하고 있다. 아직까지 ESI 시장이 그리 활성화된 상태는 아니지만 지난 수년 동안 꾸준히 성장해오고 있고, 아울러 적지않은 보험사들이 동 보험과 관련하여 새로운 상품과 혁신적인 접근 방식 개발을 위해 지속적인 노력을 기울이고 있는 것으로 전해지고 있다.

재생에너지 프로젝트 보험은 말 그대로 재생에너지를 생산하는 프로젝트 시행 과정에서 유발될 수 있는 다양한 리스크(개시 지연, 조작상 손해, 사업 중지 및 제3자 책임 등)에 대해 위험을 보장하는 보험상품이라 할 수 있다. Marsh사의 설문조사[33] 결과에 따르면 전 세계의 많은 보험사들이 재생에너지 프로젝트와 관련된 전형적인 8가지 형태의 에너지원 중 최소한 한 종류 이상의 재생에너지원과 관련된 보험상품을 소비자들에게 제공하고 있는 것으로 파악되고 있다. 한편, 전 세계적으로 재생에너지와 관련된 시장 규모는 2006년 550억달러에서 2016년에는 2,250억 달러로 성장할 것으로 예상됨에 따라 재생에너지 프로젝트 보험시장도 동반 성장할 수 있을 것으로 기대된다.

2) 상품사례

(1) 풍력발전과 관련된 보험

런던에서 본사를 두고 있는 Willis Holdings사와 Tokio Marine & Nichido사는 풍력발전과 관련하여 일종의 파생상품 형태의 상품을 판매하고 있는데, 실제 성과가 사전에 미리 결정된 수준 밑으로 떨어지면 풍력발전 생산자에게 보상이 지급되고 실제 성과가 기대치를 초과하는 경우에는 파생상품 제공자에게 보상이 지불되는 상품을 제공하고 있다. Sompo Japan Insurance사도 풍력과 태양전지 시스템에 대한 재생에너지보험 파생상품을 판매하고 있으며, Nevigators Group은 풍력 터빈(wind turbine) 분야와 관련된 프로젝트에 대해 적하, 개시 지연, 조작상 손해, 사업 중지 및 제3자 책임 등을 보장하기 위한 보험상품을 제공하고 있다. 한편, Swiss Re사는 탄소상쇄(carbon offset)보험 프로그램 중의 하나로 풍력발전 리스크를 보장하는 상품을 판매하고 있다.

(2) 태양광발전, 지열에너지, 바이오에너지와 관련된 보험

2008년 Munich Re사는 태양광발전을 운용하는 과정에서 태양광원의 변동성 등에

---

33 Marsh, "Survey of Insurance Availability for Renewable Energy Projects", March 2006.

기인하여 발생하는 수익 부족분을 보증하기 위한 보험상품을 제공하고 있다.

Munich Re사는 지열에너지 생산 회사가 직면하는 탐사위험을 보장하는 보험상품을 출시하였고, 독일에 소재한 AXA지사의 경우 지열에너지 개발과정에서 유발되는 생산손실을 보상하는 보험상품을 제공하고 있다.

한편, Aon사는 최근 바이오에너지산업을 위해 리스크 관리 서비스를 제공하기 위한 사업부문을 신설할 것으로 전해지고 있다.

(3) ACE사

미국 ACE사는 전형적인 재생에너지 발전 프로젝트의 건설·운영 등의 과정에서 유발될 수 있는 다양한 리스크에 대해 보험 서비스를 제공하고 있다. ACE사는 깨끗하고 효율적인 대체에너지 사용을 확산시키기 위하여 관련된 보험상품의 제공 등을 통해 많은 노력을 기울이고 있는데, 주로 biomass/biofuel(바이오에너지), Biogas(바이오가스), energy from wsete(폐에너지), Fuel cell(연료전지), solar power(태양광), wind power(풍력) 등과 관련된 재생에너지 프로젝트 보험을 취급하고 있다.

4.3.9. 자전거보험

1) 상품 내용 및 기대효과

녹색보험 상품 중 가장 성공한 것으로 평가받는 자전거보험마저 실적은 기대 이하라는 평가다. 최근 금융감독원이 녹색보험을 활성화하기 위한 구체적인 도입 방안을 발표하면서 녹색보험 이슈도 보다 활기를 띨 전망이다. 자전거전용보험 출시를 시작으로 연내에 녹색증권보험과 환경친화재물복구비용보험을 도입하고, 환경오염배상책임보험과 탄소배출권 이행보증보험을 장기과제로 추진해 녹색보험의 활성화 기반을 조성해 나가겠다는 방침이다.

가장 먼저 등장할 자전거 전용보험의 경우, 자전거 운전 중 발생할 수 있는 사망과 상해, 후유장해 및 타인 배상책임 손해와 벌금 등을 보장하는 상품이며, 현재 대형 보험사들을 중심으로 개발에 박차를 가하고 있는 상황이다. 자전거 인프라 부족으로 인한 손해율 산정과 보상 여부 및 범위에 대한 판단에 어려움이 있기는 하지만 자전거 등록제 등 관련 인프라가 보다 잘 갖춰지면 점진적으로 자전거 자체 손해 및 도난 손해까지 보장할 수 있도록 한다는 계획이다.

보험업계에 따르면 현재 자전거보험을 판매하고 있는 보험사는 삼성화재(000810), 동부화재(005830), 현대해상(001450), LIG손해보험(002550) 등 4곳. 삼성화재가 국민은행을 통해 개인용 자전거보험을 출시한 이후 월 판매건수는 현재 200건을 넘지 못하고 있는 상황이다.

일부 보험사의 경우 월 판매건수는 10건도 안 되며 이마저 대형마트를 통해 자전거를 살 때 자전거 보험을 무료로 가입해주는 '덤'으로 전락했다.

중고부품을 재활용할 때 보험료를 할인해주는 보험상품도 도입될 예정이지만 손보업계는 그다지 달갑지 않다는 입장이다.

중고부품 재활용 시 보험료를 할인해주는 보험상품은 자차보험에만 포함되는데 국내 자차보험 가입률은 52%에 불과한 상황이다.

대부분 새차나 고가 차량만 자차보험에 가입하고 연식이 오래된 차량일수록 보험에 가입하지 않기 때문에 출시 후 실적은 많지 않을 것이라는 게 업계 평가다.

핵심 녹색금융정책의 하나로 정부가 도입을 추진 중인 '운행거리연계 자동차보험' 제도는 시작도 하기 전에 난항을 겪고 있다. 금감원에 따르면 운행거리연계 자동차보험 제도는 2012년경에나 시행될 수 있을 것으로 전망했다.

운행거리연계 자동차보험은 과거 1년간 주행거리를 반영해 보험료를 깎아주거나 더 받는 보험료 책정 방식이다. 정부는 이 제도가 도입되면 자동차 운행이 줄어들 것으로 기대하고 있지만 주행거리를 측정하는 방식을 선택하기가 쉽지 않다는 점이 걸림돌이다.

주행거리를 측정할 수 있는 저가형 모델도 값이 20만 원을 넘어 몇천 원의 보험료를 할인받기 위해 이 장비를 설치하는 사람이 과연 몇이나 되겠느냐도 관건이다. 오히려 차량 운행을 자유롭게 할 수 없다는 점에서 고객들로부터 외면받을 가능성이 크다.

손보업계 한 관계자는 "정부의 녹색금융정책에 맞춰 손보사들이 구색은 맞춰가지만 수익적인 측면에서는 별다른 도움이 되지 않아 영업전략상 난감하다"고 전했다.

자전거보험은 자전거 운전 중 또는 운전 중인 자전거와 부딪혀 입은 상해·사망·후유장해에 대해서 보상하고, 타인을 다치게 한 경우 배상책임손해와 벌금, 방어비용 등을 보상하여주는 보험상품이다. 일반적으로 자전거보험 상품의 주요 내용 중 자전거 사고란 자전거를 직접 운전하던 중에 일어난 사고, 자전거를 운전하고 있지 않은 상태로 자전거 탑승 중에 일어난 사고, 자전거를 운전하고 있지 않은 상태로 자전거에 탑승 중에 일어난 사고, 도로 통행 중에 피보험자가 자전거로부터 입은 급격하고도 우연한 외래 사고 등을 지칭한다.

자전거와 관련된 사고는 일반적으로 자동차와 관련된 사고에 비해 피해 정도는 상대적으로 크지 않다고 말할 수 있으나, 최근 들어 자전거와 관련된 사고와 사망자수가 늘어나고 있는 추세라는 점에서 자전거보험 활성화의 필요성이 점차 높아지고 있는 상황이다. 뿐만 아니라 최근 들어 고유가로 인한 경제적 유인, 건강에 대한 관심 증대, 환경보호 실천 유인 등으로 점차 자전거를 이용하는 인구가 늘어나고 있는 상황에서 이를 뒷받침할 수 있는 자전거보험의 활성화가 필요한 시점으로 여겨진다.

2) 상품사례

(1) Real Insurance

호주 Real Insurance사의 자전거보험(Bicycle Insurance) 상품은 자전거와 관련하여 rods의 목적 및 취향에 따라 그리고 간단한 보상에서부터 다양한 보상범위에 이르기까지 세부적으로 디자인되어 있다. 동 상품은 자전거 사용 중 발생하는 개인적인 상해, 사망 등을 포함하여 대부분의 사고를 보상하며, 자전거의 분실이나 파손, 도난 등의 사고에 대해서도 보상한다. 특히, 보험가입자가 자전거 구입일로부터 2년 안에 분실을 입증한다면 새 제품으로 보상이 가능하다.

자전거를 이용한 해외여행, 자전거 장착품 및 가방 등에 대해서도 보상해주는 특약도 가능하다. 가입 보장한도는 2만 달러까지인 것으로 파악되고 있다. 개인 상해의 경우 자전거보험 증서상의 피보험자인 경우만 보상을 받게 된다.

(2) E&L Insurance

영국 E&L Insurance의 Cycle Insurance는 자전거 이용과 관련된 개인 상해, 자전거 및 자전거 부대용품 등에 대하여 5천 파운드까지 보상하는 상품이다. 동 상품은 크게 일반 레저 또는 통근 목적의 자전거 이용자들을 위한 leasure plan과 준전문적인 자전거 이용자들을 위한 compete plan으로 구분된다. E&L Insurance사의 자전거보험에 가입하기 위해서는 18세 이상의 영국 거주자여야 하며, 18세 미만은 부모나 보호자를 동반하여 가입할 수 있다. 전문적인 cyclist의 경우엔 동 상품에 가입할 수 없다. 동 자전거보험 상품은 최대 20%까지 할인받을 수 있는데 온라인으로 가입할 경우 10% 할인 혜택이 주어지며, 14~18세 가입자와 50세 이상의 가입자는 5%의 할인, 그리고 2대 이상을 자전거보험에 가입하면 10%의 할인 혜택을 받는다.

(3) 우리나라

우리나라의 경우도 최근 몇몇 손해보험사가 소위 녹색 자전거보험 상품을 출시하여 판매 중에 있다. 삼성화재의 녹색 자전거보험은 자전거로 인한 상해 및 비용을 보장하는 상품으로 성인용(만 15~59세) 상품과 어린이용(만 5~14세) 상품으로 구분된다. 동 상품은 자전거에 탑승하고 있는 피보험자(보험대상자)에게 발생한 급격하고 우연한 외래의 사고, 그리고 자전거에 탑승하고 있지 않은 피보험자(보험대상자)가 운행 중의 자전거와 충돌·접촉(적재물 포함)에 의해 발생한 사고에 대해 보상하여주는 상품이다. 주요 보장 내용으로는 자전거상해 사망 및 장해, 교통상해 사망 및 장해, 자전거 사고 벌금 및 방어비용, 자전거 사고 교통사고처리원금 등이 포함된다. LIG손해보험도 자전거보험 상품을 시판 중에 있는데, 동 상품 또한 자전거 사고로 인한 상해, 배상책임 및 법률비용 등 자전거와 관련된 각종 리스크를 보장하는 보험상품이다.

4.3.10. 녹색산업종합보험

2013년 이후 온실가스 의무감축이 예상되는 상황에서 정부는 소극적인 기후변화 대응을 넘어 "온실가스 감축, 녹색기술 개발 및 친환경적 고부가가치산업 육성" 차원으로 녹색산업을 신성장동력으로 추진함에 따라 무역보험공사에서도 녹색산업에 대한 우대지원 필요성이 제기되었다. 녹색산업은 저탄소 고효율을 추구하는 특성이 있으나 생산·수출 과정은 일반산업과 차이가 없으므로, 공사에서는 녹색 산업만을 위한 별도의 신규 보험종목 도입은 용이치 않았다. 녹색산업은 해당 분야가 광범위하고, 적용대상 보험종목도 다양하여 특약 제정을 통한 일괄적이고 효율적인 지원 체제 구축이 바람직하여 신·재생에너지, IT융합시스템산업 등 녹색 관련 산업을 대상으로 2010년 10월 녹색산업종합보험을 도입하였다.[34]

지원 대상이 되는 녹색산업은 17개 신성장동력산업 중 저탄소녹색성장기본법을 토대로 녹색산업과의 연관성을 감안하여 선정하였다.

〈 보험적용 대상 녹색산업 〉

▶ 신·재생에너지 산업 : 태양에너지, 풍력, 해양에너지 등

▶ 화석연료 청정산업 : CTL(석탄액화), CCS(이산화탄소 포집 및 저장) 등

▶ 고도 물처리산업 : 해수담수화산업, 댐 등 상수원 개발산업 등

▶ IT융합시스템산업 : RFID/USN(무선주파수를 이용한 전자태그산업), LED응용 등

▶ 신소재·나노융합 : 스마트섬유의류(고기능 친환경 소재) 등

▶ 바이오산업 : 바이오진단시스템, 유기·친환경제품 등

〈녹색산업 연관성〉

녹색산업종합보험은 기존 이용 보험약관에 수출기업이 선택한 특약을 추가 적용하는 것으로 특약 내용은 부보율 확대(95%→100%), 보험료 할인(20%, 10%), 이자보상 특약, 연속수출 기간연장(30→60일), 비상위험 선택담보 특약 등 5개의 항목의 특약 내용이 있으며, 적용 보험종목은 단기수출보험(선적 후-일반수출거래), 농수산물수출보험, 수출신용보증(선적 전), 수출보증보험, 해외투자보험, 해외사업금융보험, 지식서비스수출보험 등 총 7개 종목이 있다

녹색산업종합보험의 작년 지원실적은 3조 9천억 원으로 주로 단기수출보험과 해외투자보험의 인수 실적이 대부분이며, 금년 9월 말 실적은 3조 7천억 원으로 충분히 작년 실적으로 상회할 것으로 예상된다.

---

34 이 보험은 기존 수출보험약관의 특약 형태로 운영되고 있다.

<표 12-6> 17개 신성장동력 산업

3대 분야		17개 신성장동력
녹색기술 산업	(6)	신재생에너지, 탄소저감에너지, 고도물처리, LED 응용, 그린수송 시스템, 첨단 그린도시
산 업	(6)	방송통신융합산업, IT융합시스템, 로봇 응용 신소재 · 나노 융합, 바이오제약(자원) · 의료기기, 식품산업
고부가 서비스산업	(5)	글로벌 헬스케어, 글로벌 교육서비스, 녹색 금융 콘텐츠 · 소프트웨어, MICE · 융합관광 * MICE : Meeting(기업회의), Incentive(포상관광), Convention(컨벤션),Events(국제행사)

자료 : World Bank, State and Trends of the Carbon Market 2007, May 2007.

<표 12-7> 녹색사업의 실적

(단위: 억원)

구 분	2010		2011.9월말	
	건수	보험금액	건수	보험금액
단기수출보험	9,407	27,512	13,225	36,446
해외투자보험	14	11,570	1	544
수출신용보증	2	30	2	23
합 계	9,423	39,112	13,258	37,013

자료: EcoTransIT.org

5. 국내 보험사의 녹색경영 발전과제[35]

5.1. 녹색보험 발전과제

주요 선진국 사례를 중심으로 살펴본 여러 가지 녹색보험상품의 경우 국내에도 향후 유사한 상품을 도입하는 방안이 추진 중이거나 이미 시판 중인 상품도 존재하는 것으로 파악되고 있다. 일반적으로 녹색보험을 포함하여 녹색금융상품은 다른 금융상품에 비해 도입과 활성화를 도모함에 있어 상대적으로 적지않은 제약 요인이 존재한다.

특히 녹색보험은 상품의 특성상 다양한 분양에 걸쳐 여러 가지 법규제의 제·개정 등 필요한 부분이 많고, 그 어느 금융상품에 비해서도 여러 집단들의 이해관계가 다양하게 개입되어 있는 경우가 많은 것도 특징이라 할 수 있다. 또한 민영보험사들은 전문 인력 부족, 녹색보험과 관련된 통계 데이터 등의 집적부족, 녹색보험시장의 수익성에 대한 불확신, 녹색금융 또는 환경 등과 관련된 규제·제도의 불명확성 등으로 녹색보험시장에 자발적으로 섣불리 뛰어드는 것을 주저하거나 꺼려하고 있는 실정이다. 이에 따라, 녹색보험상품을 성공적으로 도입하고 활성화시키기 위해서는 근시안적으로 해당 상품의 이상적이고 피상적인 측면만을 고려하여 구색 맞추기에 급급하기보다는 공급자 및 수요자 측면의 구체적인 현실 상황 등을 감안한 여러 가지 사안들이 녹색보험의 정기적·지속적 사업 관점에서 신중히 고려되어야 할 필요가 있다.

본 장에서는 국내에서 녹색보험을 발전시키고 활성화시키기 위한 과제를 크게 환경친화적 보험상품과 관련된 발전과제, 녹색산업 지원을 위한 보험상품과 관련된 발전과제,[36] 그리고 보험사의 녹색보험시장 참여 확대를 위한 과제 등으로 구분하여 논의해 보기로 한다.

5.1.1. 판매실적 저조에 따른 활성화 방안 강구

금융당국이 '녹색보험상품' 개발을 다시 한번 독려하고 나서, 보험업계가 고심하고 있는 형국이다. 금감원은 정부의 녹색정책 추진에 따라 녹색보험이 보험업계 신성장동력이 될 수 있도록 상품개발·출시를 지원할 것이라고 밝혔다.

금감원 관계자는 "이미 출시된 녹색보험 이외에, 중·장기적 개발 상품만 남았다"며 "시간이 걸리겠지만 관계부·처와 협의, 개발 지원에 나설 것"이라고 말했다. 반면 보험업계는 녹색보험에 대해 '어렵다'는 반응이다. 이미 자전거·친환경차보험 등은 유명무실화됐다.

---

35 이석호·구정한, 전게서, pp. 102-120.
36 진 익, 「녹색금융 활성화를 위한 보험사의 역할」, 손해보험, 손해보험협회, 2009.10 참조.

보험업계 관계자는 "녹색보험 실적 부진의 이유는 타 상품과 중복된 보장, 고객 니즈 부족 때문"이라며 "특히 자전거보험의 경우 '자전거를 타다 사고를 당하거나 냈을 경우'로 보상범위를 제한, 고객 니즈와 동떨어졌다"고 말했다.

설계사들도 고객 니즈 부족, 낮은 판매수수료 등의 이유로 소극적 영업을 펼치고 있다.

자전거보험 출시 손보사 관계자는 "분실·도난을 방치하는 모럴 해저드 가능성, 인프라 구축 미비 등으로 보상에 제한을 둘 수밖에 없다"고 밝혔다.

보험연구원 김세환 부장은 "해외에서는 주행거리연계 자동차보험 등 녹색보험시장이 활성화됐다"며 "그러나 국내 사정상 요일제·주행거리연계 상품 등은 OBD를 비롯, 부수적 비용 때문에 고객 니즈가 낮다"고 말했다. 그는 이어 "녹색보험이 세계적 추세인 만큼, 국내에서도 시장활성화를 위해 다양한 방법을 강구해야 한다"고 전제, "홍보강화 등 금융당국의 지원에도 불구, 보험사 입장에서는 녹색보험시장 활성화만을 위해 투자하기엔 쉽지 않을 것"이라고 전망했다.

후쿠시마원전 방사능누출이 세계적 이슈가 된 가운데, 국내서도 '방사능 비' 공포가 확산되면서 '환경오염배상책임보험(환경보험 : EIL)' 등 정책성 보험의 필요성이 대두되고 있다. 그러나 국내에서는 아직 인프라·제도적 장치 미비와 업계 반발로 계속 표류되는 실정이다.

5.1.2. 선진국에서 한발 앞선 녹색보험

이미 미국과 영국 등 선진국에서는 녹색보험에 대한 인지도가 높은 것은 물론이고 이미 다양한 형태로 개발, 판매되고 있다. 미국 파이어맨 펀드 보험사(Fireman's Fund Insurance Company)는 주택종합보험에 손해복구비용 산정 시 친환경건축물 인증(LEED)을 받을 수 있는 비용까지 지급하는 특약 상품을 판매하고 있다.

또 영국 그린보험사(Green Insurance Company)는 보험가입자의 차량이 보험기간 동안 배출하는 매연가스를 측정하고 이에 상응하는 산소량을 생성할 수 있도록 회사 차원에서 별도의 자체 식목지대를 확보해 직접 나무를 심는 프로그램을 운영하고 있다. 일본에서는 1만 6,000여 곳에 있는 공식 자전거 정비점에서 자전거를 구입하거나 정비를 받는 이들에게 교통관리기술협회의 TS 마크를 부착, 보험가입 시 보상을 받을 수 있도록 하는 제도를 운영 중이다.

이에 반해 국내에서는 지난해까지만 해도 녹색보험이라는 말조차 생소했기 때문에 이제 본격적인 상품 개발을 위한 자료를 수집하고 있는 단계라고 할 수 있다. 지난 4월부터 생산물배상책임보험에 친환경농산물비용손해 특약을 부가하는 형태로 농약검출 등에 따른 문제를 해결하고, 신체 상해 발생 시 보상하는 친환경적 요소를 가미한 상품을 판매하고는 있지만 아직 다양한 녹색보험 상품은 없는 상황이다. 이 때문에 친환경 녹색성장 이슈에 걸맞은 다양한 녹색보험 상품 개발이 요구되고 있다.

5.1.3. 환경친화적 보험상품과 관련된 과제

녹색보험 중에서 상품 자체가 환경보호에 기여하기 위한 용도와 목적에 부합하여 디자인되어 있는 보험상품, 즉 소위 환경친화적 내용이 포함된 보험상품의 도입 및 활성화를 위해 고려되어야 할 과제들을 몇몇 구체적 녹색보험상품의 예를 들어가며 살펴보면 다음과 같다.

우선 운행거리연계 자동차보험의 경우 보험료 절감, 자동차사고 감소, 교통체증 완화, 대기오염 감소 등의 다양한 효과가 기대되는 반면, 업무관련 등으로 운전거리 조정이 용이하지 않은 일부 운전자의 경우 보험료 부담 증대가 불가피해질 가능성이 있고, 운행측정 장치 설치 등에 따른 개인 사생활 침해도 우려되므로 충분한 의견수렴 절차 등을 거쳐 신중하게 도입해야 할 것이다. 특히 미국에서와 같이 운행거리연계 자동차보험이 강제가 아닌 선택에 의해 운용되는 것은 고려할 필요가 있고, 특히 자영업자 또는 업무용 차량 등과 같이 업무상 운행거리 조정이 용이하지 않은 운전자의 경우엔 운행거리연계 조항 적용을 예외로 할 필요가 있다. 한편 운행거리 측정 등을 위해 소위 블랙박스 등이 설치되는 경우가 있는데, 동 장치는 단순히 운행거리 측정 기능만 가능하도록 하는 등 이의 남용으로 인한 개인 사생활 침해를 방지하는 방안이 마련되어야 할 것이다.

또 다른 녹색보험상품인 환경친화재물복구비용보험의 경우, 현실적으로 어려운 환경에도 불구하고 보다 많은 주택소유자들이 친환경적인 자재를 활용하도록 유도하기 위해서는 친환경주택 소유주에 대해 여러 가지 제도상의 혜택(예 : 세금감면, 건축기준 완화 등)을 제공하는 방안을 고려할 필요가 있을 것으로 여겨진다. 또한 주요국 보험사의 사례에서 보았듯이 투명하고 정확한 친환경건축물(Green building)의 평가를 위해 국내에도 미국의 'LEED' 등과 같은 공신력 있는 녹색건물 관련 인증제도를 마련하는 것이 시급하다 할 수 있다.

　자동차 재활용부품 관련 보험에 대해서도 다양한 부문에서의 정책적·제도적 차원의 지원 및 개선이 필요한 것으로 여겨진다. 우선 소비자로 하여금 자동차 재활용부품을 이용하도록 유인함에 있어 단순히 보험료 할인 혜택을 제공하는 것만으로는 한계가 있을 것으로 여겨진다. 소비자들로부터 재활용부품 사용에 대한 신뢰를 얻고, 재활용부품 사용 과정에서의 투명성을 높이기 위해서는 효율적인 자동차 재활용부품 유통 네트워크의 구축과 이를 통한 부품의 이력관리가 무엇보다 중요하다 할 수 있다. 아울러 자동차 재활용부품의 이용을 촉진시키고 자동차 재활용부품 관련 보험을 활성화시키기 위해서는 소비자뿐만 아니라 재활용부품 정비업체 등 그 외에 자동차 재활용부품과 연관된 다양한 이해관계자들을 위한 유인책을 적극적으로 검토하고 마련할 필요가 있다.

　친환경농산물 재배 촉진을 위한 일환 중의 하나로 친환경농산물보험을 활성화시키기 위한 다양한 정책적·제도적 차원의 방안도 마련될 필요가 있다. 친환경농산물은 일반 농산물에 비해 기후 등 자연환경에 대부분의 생산활동이 좌우되는 경향이 훨씬 크다. 그런데 최근 들어 이상기후 발생이 눈에 띄게 증가하는 등 기후의 변동성이 점차 커지고 있어 이에 대한 예측과 통제가 더욱 어려워지고 있는 상황이고, 이에 따라 보험사들이 친환경 농산물보험상품을 취급하는 데 있어 주요 걸림돌 중의 하나로 작용한다. 이러한 문제를 보험사가 단독으로 감당해내는 데에는 한계가 있으므로 지방자치단체 또는 중앙정부 등이 손실부담에 대한 일종의 완충 역할을 할 수 있도록 하는 효율적인 재보험 시스템의 구축이 필요할 것으로 여겨진다. 한편, 친환경농산물보험의 경우 다른 상품에 비해 역선택 및 도덕적 해이의 가능성이 높다는 점에서 보험사 차원의 노력과 함께 이를 방지하기 위한 제도적 차원의 적절한 대책 또한 강구될 필요가 있다.

　자전거보험의 경우 현재 우리나라에서도 시판되고 있는데, 상품이 도입된 지 얼마 지나지 않은 까닭에 아직까지 실적이 미미한 상황이다. 그러나 실적이 저조한 주요 원인 중의 하나로 상품포장 내용 중 자전거의 파손 및 도난 등에 관한 내용은 제외되어 있어 동 상품이 결국 기존 개인상해 보험상품과 크게 차별화되지 않고 있는 점이 지적되고 있다. 따라서 주요 선진국의 자전거보험에서와 같이 자전거의 파손 및 도난에 따른 손실도 보장하는 상품이 개발될 필요가 있을 것으로 여겨진다. 다만, 이러한 과정에서 자동차와 마찬가지로 자전거도 등록제를 실시할 필요가 있는데 현실적으로 적지않은 어려움이 따를 것으로 예상됨에 따라 효율적인 제도적 방안이 요구된다.

5.1.4. 녹색산업 지원을 위한 보험상품과 관련된 과제

이상에서와 같이 상품설계가 환경보호를 유도하고 환경보호에 기여하기 위한 목적으로 구성되어 있는 환경친화적 보험상품 외에 재생에너지 프로젝트 보험, 탄소배출권 이행보증보험 등과 같이 녹색산업을 보험의 기능을 통해 지원하거나 관련된 위험을 보장하는 상품 측면에서의 발전과제에 대해서도 논의할 필요가 있다.

보험사는 녹색산업을 지원함에 있어 투자 또는 융자 형태 등 직접적인 금융지원의 방식을 통해 수행하는 경우도 있지만, 녹색산업이 사업을 추진함에 있어 시행단계에서부터 성숙단계에 이르기까지 직면하게 되는 다양한 종류의 위험을 보험상품이라는 수단을 해지함으로써 녹색산업이 본연의 임무를 원활하게 추진할 수 있도록 하는 방식으로 녹색산업을 지원할 수 있다. 특히, 온실가스 절감을 위한 국제적 논의가 향후에도 지속된다는 가정하에 녹색산업 등과 관련한 보험사의 상품개발은 중요한 역할을 담당할 것으로 기대된다. 예를 들어, 탄소배출권 획득을 위한 CDM 사업이 향후 활발히 진행될 것으로 예상되는 가운데, CDM 사업은 일반적으로 다양한 리스크를 동반하게 마련이다. 이에 따라 보험사는 특히 개발도상국에서 추진되는 CDM 사업과 관련된 정치적 리스크, 신용 리스크, 가격 리스크, 개도국의 제도 변화, 예상보다 낮은 탄소배출권이 생성되는 리스크 등 다양한 위험을 인수할 수 있는 상품을 개발하여 환경보호에 기여하고 탄소배출권시장의 활성화를 도모할 수 있을 것으로 기대된다. 이러한 보험상품은 녹색산업으로 하여금 관련된 보험상품이 존재하지 않았을 경우 감내하기 힘든 리스크 등으로 인해 진출을 꺼려 하였을지도 모를 사업영역에 진출할 수 있도록 유도하는 기능을 수행하기 때문에 녹색산업에 대한 간접적인 지원 방식이라 할 수 있다.

녹색산업을 측면에서 간접적으로 지원하는 녹색보험상품을 개발하는 데 있어 무엇보다도 중요한 사안 중의 하나는 해당 보험사가 녹색산업에 대해 전문성을 확보하는 것이다. 녹색산업의 경우 장기 프로젝트 형태로 수행되는 것이 일반적이며, 신소재 또는 첨단기술 등이 융합되어 있는 경우가 많고, 앞서 CDM 사업의 예를 들며 언급한 바와 같이 프로젝트에 내재되어 있는 리스크가 매우 다양하고 복합적인 것이 특징이다. 특히 해외 개발도상국에서 수행되는 프로젝트의 경우엔 여러 가지 프로젝트 외적인 부분의 리스크(예 : 정치적 리스크, 외환 리스크 등)가 존재하게 된다. 보험사가 해당 녹색산업에 대해 전문성을 확보하고 동 산업분야가 특징적으로 내포하고 있는 다양한 리스크에 대해 충분히 파악하는 것은 적절한 보험료 산정 및 수익 창출을 위해서뿐만 아니라 해당 보험사의 위험인수 기능의 안정성 및 지속성 확보를 위한 선결 필수조건이라 할 것이다. 이를 위해서는 무엇보다도 중장기적으로 해당 녹색산업 분야에 대한 내부 전문인력을 양성하고 전담 부서를 설치하는 등의 방안을 적극적으로 추진하는 것이 필요하다. 유럽을 중심으로 한 금융회사들은 프로젝트 파이낸싱 등에 있어, 풍력, 태양광 사업 등에 특화한 전문 부서를 설치하여 자국뿐만 아니라 해외 사업에 대한 자금지원 업무를 당당하고 있는 사례들을 참고할 필요가 있다.[37]

현재 국내 보험회사의 경우 아직까지 녹색산업 분야에 대한 역량 및 전문성이 부족한 점을 감안할 때 중장기적 플랜을 가지고 선택과 집중 전략을 구사할 필요가 있을 것으로 여겨진다. 무엇보다도 녹색산업 분야에 대한 전문성을 확보하는 것은 단기간에 이루어질 수 있는 사안이 아니고, 또한 녹색산업의 경우 그 종류가 다양할 뿐만 아니라 발전단계 등도 산업별로 상이하므로 어떤 분야에 자사의 역량을 집중하여 전문성을 확보해 나갈 것인지 선택하고 판단하는 것이 중요할 것이다. 또한 특정 녹색산업과 연관된 보험상품을 개발함에 있어서도 해당 녹색산업이 노출되어 있는 다양한 종류의 리스크 중 어느 리스크에 보다 역량을 집중하여 상품을 설계하고 구성할 것인지에 대해서도 결정해야 한다. 결국 선택과 집중의 문제가 향후 보험회사의 녹색산업 지원과 관련된 상품개발에 있어 가장 큰 관건 중의 하나가 될 것으로 생각된다.

한편 국내 보험사의 경우 녹색산업과 관련된 정보 및 경험통계 데이터 등이 턱없이 부족한 것이 또한 현실이다. 따라서 개별 보험사 차원에서 또는 보험사들이 상호 긴밀히 협조하여 녹색산업과 관련된 효율적인 DB시스템을 구축하고 공유하는 것이 필요할 것으로 생각된다. 이러한 과정에서 보험협회 등 유관기관의 적극적인 역할 담당과 정책적 차원의 지원이 뒤따라야 할 것으로 여겨진다.

---

37 구정한, 「녹색금융의 현황 및 활성화를 위한 과제」, 정책조사보고서, 한국금융연구원, 2009, 12 참조.

5.1.5. 보험사의 녹색보험시장 참여 확대를 위한 과제

국내 보험사가 녹색보험시장에 참여함에 있어 직면하고 있는 한계 중의 하나는 우리나라는 온실가스 감축의무가 있는 나라가 아니어서 탄소배출권 및 환경오염 저감 수단 등에 대한 수요가 부족하기 때문에 관련된 상품을 개발할 유인이 부족하다는 데 있다. 더구나 보험사를 포함한 금융회사의 경우 녹색산업 및 녹색프로젝트에 대한 수익성과 리스크에 대한 정보가 부족한 이유 등으로 인해 자발적으로 시장에 참여하는 것을 주저하고 있는 실정이다. 이에 따른 시장실패(market failure)를 보완하기 위해 정부의 역할이 중요한데 정부에서는 녹색금융 활성화를 위한 각종 정책을 도입하고 있지만,[38] 이러한 정책들이 구속력이 없어 민간부문이 정부의 유인책에 부응하여 실제로 다양한 녹색금융상품을 출시할지는 의문시되고 있는 실정이다. 따라서 녹색금융시장에의 보험사를 포함한 국내 금융회사의 참여 및 확대는 개별 금융회사의 의사결정에 의존할 수밖에 없는 상황이다.

그럼에도 불구하고 녹색보험 상품의 개방이 더디게 진행될 경우 녹색부문에 대해 자금을 투입하고자 하는 주체는 녹색사업과 관련된 각종 리스크를 헤지할 수 있는 상품이 부족한 이유로 녹색사업에 진출하기를 꺼려하게 되고, 이로 인해 녹색부문으로의 자금유입이 저해된다. 이는 결국 녹색산업 또는 녹색성장의 퇴색으로 이어지게 되며, 이에 따라 녹색보험의 대상 또한 점차 줄어 들어가는 일종의 악순환의 사이클(vicious cycle)에 빠질 우려가 있다. 이러한 문제점을 타개하기 위해서는 보험사를 포함한 금융회사들이 녹색금융상품의 출시가 단순히 수동적으로 정부의 시책에 부응한다거나 단기적인 재무적 수익을 올리기 위한 목적이라기보다는 장기적인 관점에서 녹색금융상품이 지속가능한 신성장동력으로 자리잡을 수 있다는 점에 초점을 맞추려는 인식으로 전환할 필요가 있다. 특히 녹색금융상품이 단기적으로는 목표수익률을 달성해내지 못한다 하더라도 장기적으로 동 상품을 통해 녹색산업의 성장을 촉진하고, 이로 인해 안정적이고 지속적으로 수익률이 제고되는 선순환 과정을 촉발할 수 있다는 점을 유념해야 할 것이다.

---

38 최근 우리나라에서 도입된 녹색금융 활성화 정책은 전 세계에서 유래 없을 정도로 다방면에 걸쳐 민간부문에 대한 유인책을 도입하고 있는 것으로 나타남(구정한, 2009 참조).

이러한 점에서 보험사는 무엇보다도 미래의 녹색보험 수요에 대한 예측력을 높일 필요가 있다. 예를 들어, 향후 탄소배출권 획득을 위한 CDM사업이 활발히 진행될 것으로 예상됨에 따라 보험사는 동 사업이 진행되는 과정에서 발생할 것으로 예상되는 다양한 리스크를 선별하여 이를 해지할 수 있는 상품개발에 선제적으로 나섬으로써 신성장 비즈니스 영역으로 삼기 위한 적극적인 노력을 기울일 필요가 있다. 또한, 온실가스 배출을 줄이고 환경보호에 기여하기 위해 전 세계적으로 지열·태양열·풍력 등과 같은 천연자원을 대체에너지로 활용하는 사례가 늘어나고 있는 가운데 향후 이와 같은 대체에너지의 시장 규모가 급속도로 커질 것으로 예상되고 있다. 이러한 녹색보험 분야에 있어서도 프로젝트 시행에서부터 운용과정 등에 이르기까지 연관된 다양한 종류의 리스크를 담보할 수 있는 상품개발에 보다 많은 역량을 투입함으로써 시장을 선점하려는 전략이 필요할 것으로 여겨진다.

한편, 주요 선진국에서와 같이 녹색보험에 특화된 소위 '녹색보험전문회사' 및 녹색보험을 전문적으로 취급하는 보험중개기관 등을 설립하는 방안도 적극적으로 고려해 볼 필요가 있다.

보험회사는 기후변화 및 환경오염 등에 따른 리스크에 어느 업권보다도 크게 노출되어 있는 산업이다. 기후변화 및 환경오염 등에 따른 재해가 증가함에 따라 보험사의 손실 또한 비례적으로 증가할 것이므로 보험사는 이에 대한 대응 방안을 마련하고 실천하는 것에 보다 높은 관심을 기울여야 할 것이다. 기후변화 및 환경오염 등은 궁극적으로 보험사에 리스크 요인으로 작용하기도 하지만 전 세계적인 환경규제 강화 등의 영향으로 이와 연관된 새로운 사업영역의 기회도 또한 무궁무진하게 창출될 수 있다는 점을 늘 염두에 두어야 할 것이다.

5.2. 녹색사업 발전과제

제조업 등 본연의 주된 영업 행위의 과정에서 또는 부산물로 불가피하게 상당량의 온실가스를 배출하게 되는 산업과 비교해볼 때 보험업을 비롯한 금융업은 일상 비즈니스 행위 등과 관련하여 환경오염 및 훼손에 상대적으로 큰 영향을 미치지 않는 업종에 속한다 할 수 있다. 그러나 최근 기업의 사회적 책임(corporate social responsibility :

CSR)이 강조되고 있는 상황에서 금융회사 또한 하나의 기업으로서 이러한 책임에서 완전히 자유롭지는 못하다. 특히 금융부문은 일반 제조업 등과 달리 대다수의 모든 대중이 시장에 참여하고 있는 소비자에 해당된다는 점에서 공적인 성격이 짙은 업종이라 할 수 있다. 따라서 보험사를 포함한 금융회사가 이처럼 공적 성격의 기업으로서 사회적 책임을 선도적으로 실천하는 일환 중의 하나로 환경적 요인을 일상 비즈니스에 접목시키거나 일련의 영업 행위 프로세스 과정에서 환경을 고려한 전략을 전개하는 것은 매우 중요하고 의미 깊은 일이고, 이는 또한 해당 금융회사의 장기적이고 지속적인 수익창출 관점에서도 바람직한 전략인 것으로 판단된다.

보험사가 녹색사업을 실천하는 데에는 ① 내부운영 측면, ② 위험관리 측면, ③ 자산운용 측면, ④ 교육 · 캠페인 · 정책활동 측면 등에서 가능할 것이다. 이하에서는 이러한 네 가지 측면을 중심으로 보험사의 녹색사업 실천의 중요성 및 의미를 살펴보고 관련된 구체적인 과제를 모색해보고자 한다. 한편 개별 보험사별로 구체적 실천방안을 마련하기에 앞서 우선 회사 내부에 CEO 또는 소위 'CGO(chief green business officer)'를 위원장으로 하는 녹색사업 관련 전문위원회(committee)를 설치하고, 그 하부조직으로 전담 부서를 설치하여 환경적 요인이 전사적 차원에서 해당 보험사의 일상 비즈니스, 일련의 영업 행위 및 리스크 관리 등에 체계적이고 효과적으로 반영될 수 있도록 하는 것이 바람직하다. 보험사 내부운영 측면에서 녹색사업을 실천하는 것은 보험사가 환경위험을 보장하는 보험상품을 개발하고 판매하는 주요 당사자이며 이해관계자라는 점에서 반드시 이루어져야 할 부분이다. 보험사가 그 어느 업종보다도 환경오염에 따른 손실이 유발될 수 있는 위험에 많이 노출되어 있는 상황에서 만약 보험사 스스로 회사의 내부운영 또는 일상 비즈니스와 관련하여 환경적 요인을 고려하는 것을 게을리 하고 모범을 보이지 않는다면 경우에 따라서는 고객들이 해당 보험사의 보험상품을 구매하지 않을 가능성이 있다.

물론 이처럼 기업의 사회적 책임 차원에서 수행하는 녹색사업은 현재 국내 고객의 경우 주요 선진국에 비해 상대적으로 특정 상품 및 금융회사의 선택 시 중요하고 고려하지 않는 부분으로 인식되고 있기 때문에 보험사가 고객을 유치하는 데 단기적으로 크게 도움이 되지 않을 수도 있다. 그러나 향후 CSR은 해당 금융회사의 평판을 제고하는 데에 결정적 역할을 할 것으로 예상되며, 아울러 중요한 마케팅 전략의 하나로 활용될 수 있을 것으로 기대된다. 더불어 대부분의 대중이 금융고객이라는 점을 감안할 때

금융고객 규모가 급격하게 늘어나지 않을 것이라는 점에서 향후 금융회사 간의 경쟁은 고객유치 경쟁의 방향으로 전개될 가능성이 높다. 이러한 점에서 개별 보험사는 CSR 시행에 보다 적극적으로 나설 필요가 있으며, 이를 통해 고객의 신뢰도를 높이는 것이 향후 장기적으로 자사의 경쟁력을 높이는 데 있어 중요한 요인으로 작용할 것이라는 점을 염두에 두어야 할 것이다. 또한 보험사가 내부운영 측면에서 녹색사업을 추진하는 데는 단기적으로 비용을 수반하는 경우도 있으므로 보험사 차원에서 그리 매력적이지 않을 수 있다. 그러나 에너지 및 자원 절약과 같은 자율적인 환경개선 노력은 장기적으로는 비용을 절감시켜 수익성을 개선시키는 요인으로 작용할 것으로 기대된다.

위험관리 측면에서의 녹색사업은 보험사가 기후변화, 환경오염 등에 대해 연구기관, 대학 등과 협력하여 연구활동을 하거나 기후변화 및 환경오염 리스크에 노출된 개인 및 기업들을 대상으로 사고예방을 위한 위험관리활동 등을 전개하는 형태의 CSR이라 할 수 있다. 이 또한 개별 보험사의 입장에서 볼 때 단기적으로는 비용을 수반하거나 실익이 없어 보일 수 있으므로 중장기적인 관점에서 추진되어야 한다.

이처럼 위험관리 측면에서 추진하는 녹색사업 중에서 기후변화 및 환경오염 위험 등에 적극적으로 대처·동참하는 개인·기업 등에 보험료를 인하해주거나 또는 기후변화 및 환경오염과 관련된 사고예방을 위한 위험관리 활동을 전개하는 등과 같은 형태의 녹색사업은 동 사업의 결과가 직접적으로 해당 보험사에 영향을 미친다는 점에서 개별 보험사 차원에서 어렵지 않게 추진될 수 있을 것으로 보인다. 그러나 기후변화 및 환경오염에 대한 연구지원 활동 등과 같은 사업의 경우엔 특정 연구 프로젝트 등의 결과가 단기간 내에 가시화되는 성격의 사업이 아닐 뿐만 아니라 무임승차(free riding) 문제를 유발할 소지도 있다. 이로 인해 자발적으로 사업을 추진할 주체가 선뜻 나서기 쉽지 않을 것이라는 점에서 보험협회 등의 차원에서 사업을 추진하는 것이 보다 바람직할 것으로 여겨진다. 이처럼 연구지원 등과 같은 공공재(public good)적 성격의 녹색사업은 보험협회 등의 차원에서 추진할 경우 시장실패(market failure)를 효과적으로 보정할 수 있을 것으로 판단된다.

보험사의 자산운용 측면에서의 녹색사업은 사회기여뿐만 아니라 새로운 대출 또는 투자처를 발굴한다는 차원에서 접근해야 할 것이다. 이는 현재 정부가 추진 중인 저탄소 녹색성장 기조에 가장 부합하는 녹색사업 형태 중의 하나라고 할 수 있다. 현재 보험사가 자산운용 측면에서 녹색사업을 추진하는 데 있어 직면하고 있는 주요 애로사항

중의 하나는 적합한 자금운용처를 발굴하기 어렵다는 데 있다. 이는 보험사뿐만 아니라 국내 금융회사가 녹색산업에 대한 전문성과 정보가 부족함으로 인해 공통적으로 겪고 있는 문제점이다. 녹색사업과 관련된 전문성을 단기간에 확보하기는 어려운 것이 사실이다. 따라서 보험사 차원에서 녹색산업에 대한 전문인력 양성을 꾸준히 추진해야 하는 한편, 단기적으로는 외부에서 환경관련 컨설팅 업체를 아웃소싱(outsourcing)하여 보험사 자체적인 전문성 부족 부문을 보완하는 방법도 고려해볼 필요가 있다. 또 다른 방안으로서 해외 녹색 프로젝트에 대한 경험, 노하우 및 의지가 있는 다른 금융회사와 연계하는 방식을 들 수 있다. 예를 들어, 해외 금융회사 중 중남미 개도국 녹색 프로젝트에 대한 자금지원 경험이 있으면서 아시아 지역 녹색 프로젝트에 진출하려고 하는 금융회사와 사업을 연계 · 공조하는 방안을 고려해볼 수 있을 것이다. 즉, 이들 금융회사와 공동으로 아시아 지역 녹색 프로젝트에 투자하여 리스크를 공유(risk sharing)하면서 이들 회사의 전문성도 활용하는 방식이라 할 수 있다. 이들 금융회사 또한 아시아 지역에 대한 정보가 부족하기 때문에 국내 금융회사와의 연계를 고려할 유인이 충분히 존재할 것으로 예상된다.

국내 보험사가 수익창출 차원에서 자산운용과 관련된 녹색사업을 추진함에 있어 모든 종류의 녹색산업에 관심을 기울일 필요는 없는 것으로 판단된다. 현실적으로 현재와 같이 녹색산업에 대한 전문성이 부족한 상황에서 다양한 녹색산업 전반에 대하여 충분한 전문성을 확보하는 것은 쉽지 않은 일이다. 특히 녹색산업, 녹색 프로젝트의 경우 불확실성 및 리스크가 크기 때문에 특정 산업 및 프로젝트에 대한 충분한 정보와 전문성 확보가 이들 산업 및 프로젝트에 대한 금융지원의 성공에 있어 중요한 역할을 한다. 이러한 측면에서 보험사는 융자 또는 투자처 확보를 위해 향후 발전가능성이 높은 녹색산업을 선별하여 전담조직을 운영하며 해당 산업에 대해 지속적으로 연구해 나가는 것이 보다 바람직한 것으로 판단된다. 이러한 과정 등을 통해 향후 국내 보험회사가 해당 녹색산업에 대한 전문성과 경험이 충분히 확보되면 독자적으로 자금을 지원하여 새로운 수익원을 확보할 수 있을 것이다.

한편, 현재 해외 녹색산업, 녹색 프로젝트 등에 대한 금융지원은 유럽 금융회사를 중심으로 이루어지고 있지만 아직 그 규모가 크지는 않은 수준이다. 과거 투자은행 업무에서 보듯이 정보와 전문성이 중요한 역할을 하는 금융부문의 경우 선도자의 이익(first mover's advantage)이 존재한다. 따라서 향후 조기에 시장에 진입한 소수의 금융회사가 글로벌 녹색투자시장을 장악할 가능성이 높다. 아직 글로벌 녹색금융시장이 명확하게 정립되지 않았고, 해외 금융회사가 우리나라 금융회사보다 먼저 시장에 진입하긴 하였지만 아직 그 규모가 그리 크지 않다는 점에서 보험사를 포함한 우리나라 금융회사에도 여전히 기회는 충분히 남아 있다고 판단된다.

마지막으로 주요 선진국 보험사의 경우에서와 같이 교육 · 캠페인 · 정책활동 등의 측면에서 녹색사업을 적극적으로 전개하는 것도 중요하다. 결국 녹색보험 상품을 구매하는 것은 금융 소비자이기 때문에 우수한 녹색보험상품이 있다고 하더라도 녹색금융에 대한 소비자의 인식이 높지 않은 상황하에서는 보험사의 경우 신상품 출시에 따른 비용만 발생하게 된다. 교육 · 캠페인 · 정책활동 등의 녹색사업도 개별 보험사 차원으로 추진하기보다는 보험협회 등의 차원에서 추진하는 것이 바람직한 것으로 보인다. 이와 같은 성격의 녹색사업은 전체 소비자를 대상으로 환경에 대한 인식을 제고시키고 정책당국자에 제언하는 것이 주목적이라는 점에서 개별 보험사가 아닌 협회 차원에서 교육 프로그램을 운영하고 캠페인 등을 수행하는 것이 목적 달성에 보다 적합하고 효율적일 것으로 판단되기 때문이다.

5.3. 정책적 · 제도적 차원의 과제

녹색보험 및 녹색사업 등을 통해 보험사의 녹색경영이 활성화되고 발전하는 과정에서 정책적 · 제도적 차원의 역할도 중요할 것으로 여겨진다. 우리나라의 경우 2009년 4월 금융감독원은 저탄소 녹색성장 산업의 성장추세에 맞추어 녹색보험의 개발을 적극 지원할 계획이라고 밝힌 바 있다. 구체적으로, 녹색보험을 보험산업의 신성장동력 작업 과제로 선정하여 지속적으로 연구 · 검토할 계획이며, 해외사무소 등을 통해 외국의 사례를 수집하고 국내의 도입 적합성 여부를 검토하여 추가 발굴된 상품 정보를 보험사에 감독 서비스로 제공할 예정인 것으로 전해지고 있다. 또한 상품개발 장려를 위해 '우수 금융신상품' 의 평가에서 녹색보험을 우대하는 등 상품개발에 필요한 여건 마련을 위해 필요시 제도 개선을 추진하며, 관계부처와 유기적 협조체제를 구축하여 다양한 녹색보험상품의 개발 여건을 조성할 계획을 추진 중인 것으로 알려지고 있다.[39]

이처럼 녹색보험 등을 활성화시키기 위해 정책 · 제도적으로 보험사의 상품개발 여건을 조성하여 주고 녹색보험상품에 대한 세제 혜택을 제공하는 등을 통해 직접적으로 지원할 수도 있겠으나, 이보다 더 중요한 것은 환경규제를 명확하고 투명하게 하여 규제가 예측 가능하고 지속적으로 추진되게 함으로써 규제 관련 리스크가 높지 않도록 해야 할 것이다.

최근 우리나라는 2020년 국가 온실가스 감축목표를 배출전망치(business as usual : BAU) 대비 30%, 그리고 2005년 대비로는 4% 줄이는 중기감축목표를 설정하였다. 이러한 감축목표는 IPCC가 개발도상국에 권고한 감축범위(BAU 대비 15~30%)의 최고 수준이므로 이를 달성하기 위해서는 향후 환경규제 강화가 불가피할 것으로 전망된다. 따라서 기후변화 자체에 따른 손실 발생 가능성뿐만 아니라 규제강화에 따른 손실 발생 가능성도 해지할 수 있는 보험상품에 대한 수요가 증가할 것으로 예상된다. 이와같이 환경규제의 도입은 녹색보험상품에 대한 새로운 수요를 창출하지만 이러한 수요가 지속가능한지의 여부는 보험사의 영업활동에 크게 영향을 미칠 것으로 예상된다. 만약 보험사가 새로운 규제에 따른 수요에 기반하여 녹색보험상품을 개발하였으나 도입된 환경규제가 일정 기간 지속되지 않고 일회성으로 그칠 경우 보험사는 경영상 큰 타격을 입을 소지가 있다. 따라서 정부는 환경 관련 규제 및 정책을 도입할 경우 단순히 단기간 동안의 녹색금융상품을 활성화하는 측면뿐만 아니라 해당 금융회사 입장에서의 장기적인 경영건전성까지도 고려하여 도입 여부를 결정해야 할 것이다. 또한 에너지 절약 또는 탄소배출량과 관련한 측정 기준이 마련되어야 녹색보험상품을 개발하는 데 보다 수월할 것으로 보인다.

현재 우리나라는 온실가스 의무감축국이 아니어서 환경문제에 대한 일반 대중의 인식이 저조한 편이다. 환경에 대한 인식이 높은 유럽 선진국 같은 경우 금융소비자가 금융회사의 자산운용이 환경친화적으로 수행되고 있는지를 확인하는 등 환경에 대한 인식이 상당히 높은 편이다. 이는 일반 시민들의 환경을 고려한 생활이 일상화되었기 때문이라 판단된다. 또한 이들 국가들의 경우 환경 관련 NGO가 활발히 활동하고 있어 금융회사의 녹색경영 활동에 대한 효율적인 감시자 역할을 수행하고 있다.

이와 같이 일반 대중의 환경에 대한 인식이 높아야지만 녹색보험상품을 포함한 녹색

---

39 금융감독원, 「녹색보험(Green Insurance) 도입 방안」, 보도자료, 2009. 4. 14.

금융상품에 대한 수요가 크게 증가하고 금융회사 또한 이에 부응하여 녹색금융상품 출시를 활발하게 진행할 것이다. 최근 일부 금융회사가 친환경을 홍보 전략화하는 경우가 있으나 환경에 대한 일반 대중의 인식 변화를 위해서는 금융회사뿐만 아니라 협회, 정부 등의 차원에서도 홍보 기능을 강화할 필요가 있다. 금융회사들의 경우 환경에 대한 인식 변화를 위해 개별 회사 차원에서 노력을 기울이는 것도 중요하겠지만 보다 효율적으로 목적을 달성하기 위해서는 협회 등의 차원에서 보다 조직적이고 체계적인 홍보 및 교육기능을 담당하는 것이 더욱 효율적이고 바람직할 것으로 판단된다. 또한 일반 대중을 대상으로 한 환경에 대한 교육에서 보험업권을 포함하여 각 업권별로 출시되어 있는 녹색금융상품을 설명함으로써 소비자들의 녹색금융상품에 대한 이해를 높여 녹색금융 활성화에 일조할 수 있는 단초를 제공해야 할 것이다.

더불어 보험회사의 기후변화위험과 관련된 공시(climate risk disclosure)를 강화할 필요가 있다. 이를 통해 소비자 및 투자자가 해당 보험회사의 관련 보험상품을 구매할 것인지 또는 해당 보험회사에 투자할 것인지를 결정하는 자료로 활용할 수 있도록 해야 할 것이다. 또한 이러한 공시자료를 통해 감독기관은 보험회사가 기후변화와 관련된 리스크를 적절히 관리하고 있는지도 파악할 수 있을 것이다. 이와 관련된 대표적인 사례가 'CDP(Carbon Disclowure Project)'인데, 이는 기후변화가 기업에 미치는 직·간접적 영향에 관한 정보수집을 위해 자발적으로 설립한 기구이자 프로젝트이다. 우리나라는 2010년 현재 총 20개 금융회사가 'CDP'에 서명한 상태이다.[40] 미국의 경우 보험감독자협의회인 'NAIC(National Association of Insurance Commissioners)'는 기후변화와 관련된 보험사의 공시를 강제화하는 노력을 경주하고 있다. 동 협의회의 백서에서는 개별 보험회사의 기후변화 관련 공시 내용이 ① 보험회사가 기후 리스크 및 기후 리스크의 변화를 내부 리스크 측정과정에 적절히 포함하고 있는지, ② 보험회사가 보험가입자에게 이러한 리스크를 적절히 알리고 있는지, ③ 보험회사의 지배구조가 기후변화와 관련된 리스크를 이사회 구성원이 충분히 인식하기에 적절한지, ④ 보험회사가 이러한 리스크를 감축하고 나아가 보험가입자 또한 기후변화 리스크를 감축하도록 유도

---

40 2010년 3월 12일 현재 교보악사자산운용, KB국민은행, 기술보증기금, 기업은행, 대구은행, 농부화재, 마이다스에셋자산운용, 미래에셋자산운용, 부산은행, 산은자산운용, 삼성화재, 신한은행, 우리은행, 큐캐피탈파트너스, 템피스타자자문, 한국투자신탁운용, 현대해상화재보험, NH-CA자산운용, KB자산운용, SH자산운용이 CDP에 서명.

하는 적절한 행동을 취하고 있는지 등의 네 가지 질문에 대하여 적절히 답할 수 있도록 주(州) 보험 감독당국으로 하여금 기후변화와 관련된 리스크 공시를 표준화해야 한다고 권고하고 있다.

이와 같이 개별 보험회사가 노출되어 있는 기후변화 관련 리스크를 공시하는 것도 중요하지만, 보험회사를 포함한 금융회사가 여러 가지 다양한 산업 전반에 걸쳐 있는 환경 관련 리스크를 효율적으로 관리하는 데에 도움을 주기 위한 효율적인 정보체계를 구축하고 공시제도를 마련하는 것 또한 중요하다. 보험회사를 포함한 개별 금융회사가 다양한 산업부문에 걸쳐 이러한 환경 관련 리스크에 대한 정보를 충분히 획득하는 데에는 한계가 존재한다. 이를 극복하기 위해 정부 등의 차원에서 제조업, 서비스업 등을 비롯한 각종 산업부문의 환경리스크와 관련된 정보시스템을 구축하여 보험회사 등 금융회사가 이에 쉽게 접근할 수 있도록 하는 체계를 마련할 필요가 있다. 또한 점진적으로 제조업 등 일반 기업이 환경 관련 정보를 공시하도록 유도하거나 관련된 제도를 마련할 필요도 있을 것으로 여겨진다. 이를 통해 보험회사를 비롯한 금융회사뿐만 아니라 일반 투자자 또한 투자대상 기업이 노출되어 있는 환경 리스크를 인지할 수 있도록 해야 할 것이다. 다만 중소기업의 경우 이러한 공시를 의무화할 경우 인력부족 등으로 단기적으로 어려움이 야기될 소지가 있다. 따라서 우선적으로는 상장 대기업을 중심으로 상장유지요건 등에 이와 같은 공시를 의무화하는 방안을 검토할 수 있을 것이다. 이와 같이 제조업 등 일반 기업이 노출되어 있는 환경 리스크에 대한 정보가 충분히 알려져야 환경 리스크에 노출되어 있는 해당 기업 및 이들 기업에 자금을 공급하는 다른 금융회사들도 위험을 헤지하는 일환 중의 하나로 녹색보험상품을 구매하는 유인이 발생하게 될 것이다.

5.4. 소비자 차원의 과제

일반 소비자들은 기후변화와 관련된 리스크에 노출되어 있으면서 동시에 이러한 리스크를 헤지하기 위한 상품에 대한 수요자(구매자)이다. 또한 일반 소비자들은 보험회사 등 금융회사에 대한 자금공급자 역할을 담당하기도 하므로 일반 소비자들의 녹색보험(상품)에 대한 인식 제고는 중요하다고 할 수 있다. 일반 소비자들에 있어 녹색보험

(상품)에 대한 인식이 높아지는 경로는 크게 두 가지로 구분할 수 있을 것이다. 첫째, 기후변화에 따른 리스크에 대한 인식이 높아져서 녹색보험에 대한 수요가 증가하는 경우와 둘째, 실제 기후변화로 인한 리스크 및 손실이 커져서 동 상품에 대한 수요가 증가하는 경우이다. 두 가지 중 사회적 손실을 최소화하는 데는 선제적으로 녹색보험에 대한 인식이 높아져 기후변화를 사전에 대비하는 것이 보다 바람직할 것이다.

그러나 규제 강화 및 정책적 차원의 혜택 제공 등과 같은 실생활에 피부에 와닿는 유인이 존재하지 않는다면 환경에 대한 소비자의 인식이 자연발생적으로 함양되기가 사실상 어려운 실정이다. 그렇다고 일반 소비자를 대상으로 환경과 관련된 규제를 일률적으로 강요하거나 정책적 차원의 혜택을 남발하는 것 또한 적잖은 부작용을 유발할 우려가 있다. 따라서 규제 강화 등을 시행하기 이전에 홍보 및 교육 등을 통해 환경에 대한 소비자의 인식이 점진적으로 자연스럽게 제고되도록 하는 과정이 필요하다. 일반 소비자의 환경 관련 인식이 향상됨에 있어 개별 금융회사뿐만 아니라 정부, 협회 등의 차원에서의 역할 수행도 중요하고 필요할 것으로 여겨진다.

참고문헌

CEO Report, 「자동차 재활용부품 사용 활성화를 통한 보험업계의 녹색성장 경영전략」, 보험개발원, 2009.

구정한, 「녹색금융의 현황 및 활성화를 위한 과제」, 한국금융연구원, 2009.

금융감독원, 「자동차 중고부품 재활용 시 보험료 할인상품 도입 추진」, 보도자료, 2009.8.

금융감독원, 「자동차 중고부품 재활용 시 보험료 할인상품 도입 추진」, 보도자료, 2009.9.8.

금융감독원, 「녹색보험(Green Insurance) 도입 방안」, 보도자료, 2009.4.14.

기승도 외, 「주행거리에 연동한 자동차보험제도 연구」, 보험연구원. 2010.

삼성화재, 「환경 Risk와 보험대책」, 『위험관리, 가을호』, 2002.

유진아, 「미국 및 네덜란드 연기금의 녹색금융 참여사례와 시사점」, 『KiRi Weekly』, 보험연구원, 2009.

이기형, 「환경오염리스크관리를 위한 보험제도 활용방안」, 정책연구자료, 보험연구원, 2008.

이석호 · 구정한, 「보험사의 녹색경영현황 및 발전과제」, 한국금융연구원, 2010, pp. 58-89.

진　익, 「녹색금융 활성화를 위한 보험사의 역할」, 『손해보험』, 손해보험협회, 2009.

진　익 · 유시용 · 이경아, 「탄소배출권 및 녹색보험활성화방안」, 보현연구원, 2009, pp. 130-135.

한상웅. 「에너지 절감을 위한 교통가격정책 개선방안 : 녹색 자동차보험 도입방안」, 한국교통연구원. 2010.

Bordoff, J. and Noel. P. "Pay-as- you-drive Auto insurance: A Simple Way to Reduce Driving Related - Harms and increase Equity, The Brookings Institution. July 2008.

Frost & Sullivan, "Usage Based Insurance", 2008.

Marsh, "Survey of Insurance Availability for Renewable Energy Projects", March 2006.

MARSH, "Survey of Insurance Availability for Renewable Energy Projects", March 2006.

Mills,m E., "From Risk to Opportunity, Insurer Responses to Climate Change", Ceres, April 2009.

US Green Building Council, Annual Report, 2008.

www.chubb.com

www.firemansfund.com

제13장

탄소거래와 중재

1. 중재 일반

1.1. 분쟁해결방법

국내외 상거래와 관련하여 분쟁이 발생하였을 경우 이를 해결하는 방법에는 당사자 간의 해결과 제3자를 통한 해결방법이 있다. 당사자 간의 해결방법은 당사자 간에 직접 교섭하고, 협상하는 과정을 거쳐서 우의적으로 해결하는 방법을 말한다. 이에 반해 제3자를 통한 해결방법은 당사자 간에 원만하게 해결할 수 없어서 쌍방의 주장이 대립될 때 제3자를 개입하여 분쟁을 해결하는 방법이다.

1.1.1. 당사자 간의 해결방법

1) 청구권의 포기

당사자 간에 청구권을 포기하고 상대방에 대하여는 다른 조건으로 만족시켜 주거나 클레임을 제기하지 않고 거래를 계속하여 자사에 이익을 가져오는 해결방법이다.[1] 청구권의 포기는 분쟁 해결을 위한 가장 바람직한 방법으로서 향후 양 당사자 간의 지속적이고 안정적인 거래관계 유지가 가능하다는 장점이 있다.[2]

2) 화해

당사자 간 자주적인 교섭과 양보로 분쟁을 해결하는 방법이다. 이는 당사자가 직접적인 협의를 통하여 상호평등의 원칙에 따라서 서로가 납득할 수 있는 타협점을 찾는

---

1 김민호 · 정지영, 『글로벌 시대의 무역개론』, 도서출판 대경, 2006. 7, pp. 91~92.
2 심준석, 「무역클레임과 상사중재」, 『기계산업』, 한국기계산업진흥회, 2007. 2, p. 73.

것이다. 이 경우엔 대체적으로 화해계약을 체결함으로써 분쟁을 종결한다. 우리 민법상 화해의 세 가지 요건은 당사자가 서로 양보할 것, 분쟁을 종결할 것 그리고 그 뜻을 약정할 것 등이다.[3]

1.1.2. 제3자를 통한 해결방법

1) 알선(斡旋, conciliation)

알선이란 대한상사중재원과 같이 공정한 제3자적인 기관이 당사자의 일방 또는 쌍방의 의뢰에 의하여 분쟁에 개입하여 원만한 타협이 이루어지도록 협조하는 해결방법을 말한다. 알선단계에서는 특히 분쟁 당사자 간의 협력을 필요로 하며, 당사자 간에 비밀이 보장되고 거래관계를 지속시킬 수 있다는 장점이 있다. 반면에 알선은 쌍방이 협력하지 않으면 실패로 돌아갈 가능성이 높다. 또한 알선은 강제력은 없으나, 알선수임기관의 역량에 따라서 그 실효성이 나타난다.[4]

2) 조정(調停, mediation)

조정이란 분쟁 당사자 사이에 제3자가 중개하여 화해에 이르도록 함으로써 분쟁의 해결을 도모하는 제도를 말한다. 즉, 조정은 가장 대중화된 대체적 분쟁해결 절차이며, 분쟁의 이슈를 논의하고 합의에 도달하기 위해서 분쟁 당사자나 그 대리인이 조정인과 함께 대안을 모색하는 자발적이고 비구속적인 과정이다.[5] 조정에 의한 해결방법의 장점으로는 조정을 통한 분쟁의 해결과정이 법원의 공적기록이나 외부에 공표되지 않는다는 점이다.[6] 상술하면 조정은 알선·중재와 마찬가지로 재판에 의하지 않고 당사자 간의 분쟁 해결을 도모하는 제도이다. 분쟁 당사자 사이에 제3자가 개입하여 화해를 이끌어낸다는 점에서 일상적인 의미로는 중재와 큰 차이가 없으나 법률적으로는 명확

---

3 심준석, 전게논문, p. 74.
4 심준석, 전게논문, p. 74.
5 이동률·이기희, 「ADR의 선택에 관한 연구 – 무역클레임을 중심으로」, 『중앙법학』 제10집 제3호, 중앙법학회, 2008. 10, p. 44.
6 서정일, 「스포츠 조정·중재제도의 법적 과제」, 『스포츠와 법』 제11권 제1호, 한국스포츠엔터테인먼트법학회, 2008. 2, p. 80.

하게 구별된다. 즉, 중재의 경우에는 제3자의 판단이 법적인 구속력을 가지며, 당사자는 이에 따라야 한다. 이에 비하여, 조정의 경우에는 제3자의 조정안에 대하여 분쟁의 당사자가 승낙하면 화해가 이루어지지만, 그 조정안이 법적인 구속력은 없으므로 당사자가 이를 수용하지 않을 수도 있다.[7]

한편 조정의 문제점으로는 첫째, 당사자들이 지식, 경제력, 협상기술 등에 있어서 상호 격차가 심하면 조정절차를 적용하기 어렵다는 점이다. 둘째, 조정제도는 조정절차에서 합의가 이루어지지 않는 경우에는 오히려 시간이 많이 소요될 수 있다는 점이다. 셋째, 절차참여가 당사자의 자율에 맡겨져 있다 하더라도 항상 조정합의가 이루어지는 것은 아니므로 종국적인 해결책이 되지 못할 수도 있다는 점이다.[8]

3) 중재(仲裁, arbitration)

중재란 분쟁 당사자 간의 합의(중재계약)에 따라서 사법상의 법률관계에 관한 현존 또는 장래에 발생할 분쟁의 전부 또는 일부를 법원의 판결에 의하지 아니하고 사인인 제3자를 중재인으로 선정하여 중재인의 판정에 맡기는 동시에 그 판정에 복종함으로써 분쟁을 해결하는 자주법정제도로서 국가공권력을 발동하여 강제집행할 수 있는 권리가 법적으로 보장된다.[9] 상술하면 중재란 알선·조정·주선·중개(또는 거중조정)와 마찬가지로 재판에 의하지 않고 당사자 사이의 분쟁을 해결하는 제도이다. 중재라는 용어는 분쟁 당사자 사이에 제3자가 개입하여 화해를 붙인다는 점에서 일상적으로는 조정과 큰 차이가 없으나 법률적으로는 명확하게 구별된다. 조정에서는 분쟁의 당사자가 제3자의 조정안을 승낙함으로써 당사자를 구속한다. 이에 대하여 중재에서는 제3자의 판단이 법적인 구속력을 가짐으로써 당사자는 이에 따라야 한다. 분쟁이 있는 경우에 이를 중재 절차에 붙일 것인지의 여부는 당사자의 자유로운 의사에 달려 있지만 예외적으로 강제중재에 붙이는 경우도 있다. 중재의 종류는 사법상(私法上)의 중재, 노동쟁의 중재, 국제법상의 국제중재로 구분 가능하다.[10]

---

7 네이버 백과사전, http://100.naver.com/100.nhn?docid=139245
8 이동률·이기희, 전게논문, pp. 44~45.
9 대한상사중재원 홈페이지, http://www.kcab.or.kr/jsp/kcab_kor/arbitration /arbi_01.jsp?sNum
   =0&dNum=0&pageNum=1&subNum=1
10 네이버 백과사전, http://100.naver.com/100.nhn?docid=141850

4) 소송(訴訟, Process)

소송이란 국가 공권력(사법재판)에 의한 분쟁해결방법이다. 상술하면 재판에 의해서 사인 간(私人間) 또는 국가와 사인 간의 분쟁을 법률적으로 해결·조정하기 위하여 대립하는 당사자를 관여시켜 심판하는 해결방법이다. 심판의 대상이 되는 사건의 성질에 따라서 민사소송·형사소송·행정소송·선거소송·가사소송·특허심판·정당해산 등의 국내법상의 소송과 국제사법재판과 같은 국제법상의 소송 등으로 구분된다. 소송은 심판기관 및 당사자의 여러 소송행위의 연쇄에 의하여 진행되는 절차 형태를 취하고, 그 절차의 안정·공정이 법으로 보장되고 있다는 점에서 법률적 절차이며, 소송법은 주로 그것을 위한 법규이다.

현대에는 사력구제(私力救濟)는 금지되므로 소송은 우리의 법률생활에 필요불가결한 제도이며, 현대 법치국가에서는 국가가 재판권을 독점하고 3권분립주의 하에서 사법부가 독립하여 소송을 관장하고 있다. 국가 성립 이전의 고대사회에도 단체적 통제의 한 형태인 장로재판(長老裁判) 등이 있었는데 이것이 소송제도의 맹아(萌芽)라고도 일컬어진다. 중세에는 교회가 재판하는 종교재판도 있었으나 국가기구의 정비·발달에 따라서 오늘날과 같은 소송제도를 갖추게 되었다.[11]

그런데 국제거래분쟁을 소송으로 해결하는 경우에는 재판관할권, 준거법, 증거조사 등의 원인에 의해 많은 비용과 시간이 소요된다. 뿐만 아니라 다른 나라에는 영향을 미칠 수 없다는 집행력의 문제로 인해서 그 실효성 여부도 의문시되고 있다. 또한 각국의 국가이익과도 밀접한 관련이 있으므로 공정한 판정이 불가능할 수 있다.[12]

1.2. 중재

1.2.1. 중재의 대상

당사자가 자유로이 처분할 수 있는[13] 사법상의 분쟁으로서 현재 또는 장래에 발생할

---

11 네이버 백과사전, http://100.naver.com/100.nhn?docid=94167
12 이동률·이기희, 전게논문, p. 41.

분쟁 모두가 중재의 대상이 된다.[14] 따라서 당사자가 자유로이 처분할 수 없는 법률관계는[15] 중재의 대상이 아니다.

1) 적용대상

당사자가 자유로이 처분할 수 있는 사법상의 분쟁으로서 현재 또는 장래에 발생할 분쟁

　a. 거래양태별 : 매매(동산, 부동산, 유가증권 및 기타 재산), 대여금, 임대차, 고용, 제조, 가공, 수선, 공급, 도급, Management 계약(연예인, 운동선수 등), 광고, 보증 등

　b. 거래행위별 : 상행위, 대리, 중개, 위탁매매, 운송, 신탁, 보험 등

　c. 거래외형별 : 무역, 합작투자, 기술제휴, 건설, 해운, 특허, 대리점, 수출입알선, 부동산매매, M&A, 건물전세, 상품제조판매, 도소매 등

2) 분쟁원인

　a. 채무불이행에 의한 손해배상청구권

　b. 불법행위에 의한 손해배상청구권

　c. 부당이득에 의한 반환청구권

　d. 사무관리에 의한 배상청구권

　e. 채무부존재 확인

3) 요건

　a. 중재 당사자는 행위능력상의 결격사유가 없어야 한다. 일반적으로 자연인과 상법상 법인이 당사자가 된다. 그런데 국가기관 또는 지방자치단체(시·도·군·구)도 상행위의 주체로서 상거래를 하는 경우[16] 이때 분쟁이 생기면 중재의 당사자가 될 수 있다.

　b. 분쟁 자체가 현실적으로 존재하여야 하며, 중재 대상이 특정되어야 한다.

---

13 처분권주의를 취한다. 즉, 절차의 개시, 심판의 대상 그리고 절차의 종결에 대하여 당사자에게 주도권을 주어 그 처분에 맡기는 입장이다.

14 중재법 제1조 및 제2조 참조.

15 예를 들면 형사사건, 비송사건, 강제집행사건, 행정소송사건 등을 들 수 있다.

16 예를 들면 조달청이 물품을 구입하는 경우를 들 수 있다.

c. 중재합의 범위 내에 속하여야 한다.[17]

1.2.2. 중재제도의 특징

1) 단심제

중재판정은 분쟁 당사자 간에 있어서는 법원의 확정판결과 동일한 효력이 있다. 즉, 판정에 불만이 있더라도 재판처럼 2심 또는 3심 등의 항소절차가 없다. '확정판결과 동일한 효력'이라 함은 불복신청을 할 수 없으므로 당사자에게 최종적 판단으로서 구속력을 갖는다는 뜻이다.

2) 신속한 분쟁해결

소송은 평균 대법원까지 2~3년이 걸리지만, 중재는 국내중재가 약 5개월, 국제중재가 약 7개월 정도 소요된다. 신속성을 극대화하기 위하여 집중심리로 심리횟수를 줄이고 예비회의 제도를 활성화하여 심리 자체의 소요시간도 단축시켜 진행한다. 또한 당사자가 신속절차에 의하여 중재를 진행하기로 합의하는 경우 2~3개월 내에도 분쟁해결이 가능하다.

3) 저렴한 중재비용

중재제도가 단심제이고 신속성에 중점을 둔 결과로 중재비용이 저렴한 편이다.

4) 국제적인 인정

'외국 중재판정의 승인 및 집행에 관한 협약(일명 뉴욕협약)'에 가입한 체약국 간에는 외국중재판정을 상호간 승인하고 강제집행도 보장한다. 따라서 국적을 달리 하는 기업인 간의 분쟁해결제도로서 널리 활용되고 있다. 2011년 10월 14일 기준 뉴욕협약 가입국은 우리나라를 포함하여 총 146개국이다.[18] 따라서 전 세계 주요 교역국 간에는

---

17 대한상사중재원 홈페이지, http://www.kcab.or.kr/jsp/kcab_kor/arbitration/arbi_01_03.jsp? sNum=0&dNum=0&pageNum=1&subNum=1
18 상세는 유엔국제상거래법위원회 홈페이지 〈http://www.uncitral.org/uncitral_ texts /arbitration/NYConvention_status.html〉 참조.

중재판정의 승인 및 집행이 가능하다.

5) 전문가에 의한 판단

실제적 진실을 정확하게 찾아내기 위하여 분쟁 분야에 관한 해박한 지식과 경험이 있는 전문가로 하여금 사건을 검토하고 판정하도록 한다. 변호사의 법률지식, 기업인의 사업경륜, 교수의 학문적 이론 등이 종합될 때 정확한 판단이 가능하다.

6) 분쟁 당사자가 중재인을 직접 선임 또는 배척

공정성 보장을 위하여 당사자에게 스스로 중재인을 선임할 권리를 부여하며, 동시에 중재인 후보를 배척할 수도 있다.

7) 충분한 변론기회의 부여

중재는 단심제로 운영하기 때문에 일단 내려진 중재판정은 변경될 수 없다. 따라서 분쟁 당사자는 중재인에게 충분한 변론기회와 변론시간 그리고 증인 또는 증거물 제출 기회를 요구할 수 있다.

8) 심리의 비공개

중재심리는 당사자 간의 분쟁발생 책임소재에 대한 공격, 방어 과정에서 실체적 진실을 파악하는 데 있다. 따라서 당사자가 허락하지 않는 한 사건과 무관한 제3자의 심문과정 참여를 허용하지 않으며 그 절차도 공개하지 않는다. 중재절차의 비공개는 종종 중재의 가장 큰 장점 중 하나로 꼽힌다. 통상적으로 언론이나 일반 대중에게 공개되는 법원의 소송절차와 달리 중재절차는 대외에 공개되지 않는 것이 원칙이다(중재규칙 제8조).

9) 민주적인 절차 진행

중재인은 당사자와 평등한 위치에서 상하 격식 없이 심리를 진행한다. 증인선서를 요구하지 아니하여 관계당사자의 인격을 최대한 존중한다. 따라서 민주적인 분위기에서 당사자가 충분한 변론 기회를 가지므로 상호간 발생한 오해를 푸는 경우가 많으므로 계속적인 거래관계를 유지하는 데 도움이 된다.[19]

10) 중재인의 공정성과 독립성에 관한 문제

각 당사자들이 중재인을 선정할 때 자신들에게 유리한 판정을 기대할 수 있는 중재인을 선정하는 경향이 있으며, 또한 이렇게 선정된 당사자 선정 중재인들은 자신을 선정한 당사자에 대하여 소위 의리감을 갖게 되고, 스스로를 당사자의 이익을 대변하는 대리인으로서 생각하는 경향이 있을 수 있다.

11) 법적 안정성 및 예측 가능성의 결여

중재에 있어서는 지속적인 판단 주체에 의해 분쟁이 처리되지 않기 때문에 판정을 일정한 계속성을 가지고 발전시킬 수 없을 뿐만 아니라 이로 인하여 동종의 사건도 중재인에 따라서 각각 다른 판정이 내려질 가능성이 있으므로 법적 안정성과 예측 가능성이 결여되어 있다는 문제점이 있다.[20]

1.2.3. 중재절차

중재절차는 일반적으로 아래의 그림과 같이 이루어진다.

---

19 대한상사중재원 홈페이지, http://www.kcab.or.kr/jsp/kcab_kor/arbitration/arbi_01_02. jsp?sNum=0&dNum=0&pageNum=1&subNum=1

20 오창석, 전게논문, pp. 313~315.

1) 중재합의

분쟁을 중재에 의하여 해결하기로 하는 중재합의가 있어야만 중재신청이 가능하다.

2) 중재신청 및 비용예납

중재를 신청하고자 할 때에는 대한상사중재원의 본부(서울)나 지역본부(부산)의 사무국에 중재비용과 함께 다음의 서류를 작성·제출하여야 한다.

※ 중재신청 시 구비서류

- 중재합의서(원본 또는 사본)
- 신청의 원인사실을 입증하는 서증(원본 또는 사본)
- 신청인 및 피신청인 법인 등의 등기부등본(개인은 주민등록등본)
- 중재신청서
- 대리인이 신청 시 그 위임장

일방 당사자가 분쟁의 최종 해결을 위해서 중재를 신청한 후 판정이 내려질 때까지 소요되는 비용을 중재비용이라 하며, 중재비용은 요금, 경비, 수당으로 구분되는데 중재신청서를 접수할 때 신청인으로부터 미리 예납을 받으나, 중재판정부에 의하여 부담비율이 판정에서 결정된다.

3) 중재신청의 접수 및 통지

중재신청서가 제출되면 중재합의서, 중재신청서, 중재신청의 취지를 입증하는 서류의 유무, 대리인이 선임된 경우 위임장 등의 적합 여부를 확인하고, 사무국에서 적합하다고 판단하는 경우에는 소정의 중재비용을 예납받고 접수한다.

4) 답변서 제출

피신청인은 신청인의 중재신청서를 검토한 후 중재신청 접수통지의 수령일(기준일)로부터 국제중재의 경우 30일(국내중재의 경우 15일) 이내에 답변서를 사무국에 제출하여 답변할 수 있다. 사무국은 답변서를 제출받음과 동시에 그 답변이 적합한 것인지의 여부를 확인하고 적합한 경우에는 이를 접수하고 양 당사자에게 접수사실을 통지한다. 이 경우 신청인에게는 답변서 1부를 보낸다. 만일 피신청인이 위의 기간 내에 답변서 제출이 없는 경우에는 신청인이 주장하는 청구의 기각을 구하는 것으로 본다.

5) 중재 판정부 구성

중재사건을 판정할 중재인은 분쟁 당사자가 직접 선정하거나 중재원에서 추천한 중재인 후보 중에서 선임하게 된다. 중재인의 자격은 법조계, 학계, 업계 등 각계의 권위자로서 최소한 20년 이상 해당 분야에 경험이 있고 전문지식, 신뢰성, 성실성, 신망, 판단력 등을 갖춘 사람이어야 한다.

6) 중재심리

a. 심리일시 및 장소의 결정과 통지

중재판정부는 심리의 일시, 장소와 방식을 결정하는데 심리의 일시와 장소가 결정되면 사무국은 당사자에게 심리개시 10일 전(국제중재 : 20일전)까지 통지한다.

b. 심리준비

중재판정부는 양 당사자에게 심리를 시작하기 전에 주장, 증거방법, 상대방 주장에 대한 의견을 기재한 준비서면을 제출하게 할 수 있다.

c. 심리절차

심리는 사건번호와 당사자의 호명으로 개시되며, 판정부는 당사자를 직접 심리한다.

d. 심리의 종결

판정부는 당사자가 주장 및 입증을 다하였다고 인정할 때 심리의 종결을 선언하여야 한다.

7) 중재판정

a. 판정의 범위 및 기간

중재판정부는 중재계약의 범위 내에서 계약의 현실이행뿐만 아니라 공정하고 정당한 배상이나 기타의 구제를 명할 수 있다. 따라서 중재계약의 범위를 벗어난 판정은 효력이 인정되지 아니하고, 중재판정부는 책임 있는 당사자에게 중재비용의 부담비율을 명하여야 한다. 중재판정부는 당사자 간의 별도 약정이 없는 한 중재심리가 종결된 날로부터 30일 이내에 중재인 과반수 찬성으로 판정하고 당사자가 합의하면 판정이유의 기재를 생략할 수 있다.

b. 판정의 형식

중재판정은 서면으로 작성하고 당사자의 성명 또는 명칭과 주소, 대리인이 있는 경우에는 그 대리인의 성명과 주소, 판정주문 및 판정이유, 판정문 작성일자 및 중재지를 기재하여 중재인이 서명하여야 한다. 중재판정은 한국어로 작성한다.

c. 판정의 송달

사무국은 판정의 정본을 당사자 또는 대리인에게 최후로 알려진 주소에 등기우편(배달증명)으로 발송하거나 직접 교부한다. 판정의 정본을 당사자에게 송달한 후 이의 수령을 확인하는 우편물 배달증명서가 도착하면, 사무국은 판정문 원본과 송달의 증서를 첨부하여 관할법원에 이송 보관한다.

d. 판정의 효력

중재판정은 당사자 간에 있어서는 법원의 확정판결과 동일한 효력이 있다. 또한 뉴욕협약에 따라서 외국에서도 중재판정의 승인 및 집행이 보장된다.[21]

2. 탄소거래와 중재

기후변화의 위협을 인식한 국제사회는 UN 기후변화협약의 체결, 교토의정서 채택을 통한 기술과 시장의 효율성을 활용한 정책들이 이행되고 있고,[22] 이에 따라 기존에는 상상조차 못했던 분쟁 유형들이 나타나고 있다.[23] 즉, 교토의정서 하에서의 청정개발 메커니즘 프로젝트의 급속한 확대와 여기에서 발생하는 CER의 거래, 기타 배출권의 거래와 관련하여 과거 상상조차 못했던 다양한 환경 관련 탄소거래가 발생하면서 분쟁의 종류와 성격도 매우 복잡하고 다양해지고 있다.[24]

---

21 대 한 상 사 중 재 원 홈 페 이 지 , http://www.kcab.or.kr/jsp/kcab_kor/arbitration/arbi_04.jsp?sNum=3&dNum=0&pageNum=1&subNum=4

22 그러나 교토의정서를 통한 순기능을 주장하는 이들과 달리 교토의정서를 통렬하게 비판하는 시각도 존재한다. 예를 들어 일본의 한 인사는 "교토의정서는 어떤 의미에서는 식민지체제 하의 제국주의시대와 같이 환경문제를 이용하여 빈곤과 부정을 확대하고, 착취하는 측과 착취당하는 측을 합법적으로 만들어내려고 하는 불합리한 것이며, 그것을 일본 등 국제정치력이 부족한 지극히 소수의 부담자에게 힘으로 강압하여 고정화하려고 하기 때문에 지구 전체, 인류 진체로서 지극히 불행한 것이다."라고 교토의정서에 대해서 강력한 불만을 토로하고 있다(大濱 裕, "COP15氣候變動おめぐる諸問題とわが國の課題(上)", 『國際金融』, 제1208호, 2010. 1. 1, p. 87.).

23 안건형, 「탄소배출권 거래 분쟁과 중재를 통한 분쟁해결」, 『콘텐츠재산연구』, 창간호, 차세대콘텐츠재산학회, 2010. 11, p. 140.

지난 수년간 법정은 기름 유출과 국제 수자원 민영화 프로젝트 실패와 같은 주요 국제 분쟁을 많이 다루어보았으나 탄소거래와 관련한 분쟁은 참여자들이 사업에 익숙하지 않아서 해결이 더 곤란한 측면이 있다. 그러므로 네덜란드 헤이그에 있는 상설중재재판소(permanent court of arbitration)와 같은 중립 법정을 이용하여 중재를 통해서 분쟁을 해결하는 것이 현명한 것처럼 판단된다.[25] 이하는 환경규제 방식의 유형과 그에 따른 분쟁해결방법에 관하여 알아보기로 한다.

2.1. 환경규제 방식의 유형과 그에 따른 분쟁해결방법

2.1.1. 배출기준 규제 방식

배출기준 규제 방식이란 환경문제를 해결하는 전통적인 메커니즘으로서 정부가 직접 규제하는 방식이다. 즉, 정부가 특정 유해오염물질들을 규정하고 이러한 유해물질들을 기준치 이상으로 대기 또는 수질 등에 배출하는 행위를 금지하고, 이를 위반하는 기업에 대해서는 행정적 또는 형사적 처벌을 하는 방식이다. 달리 말하면 이는 소극적인 배출기준 준수 측면에서 환경문제를 규제하는 방식인데, 기업은 형사적 또는 행정적 처벌을 피하기 위하여 배출기준을 준수하게 된다. 위와 같은 규제 방식은 시스템이 비교적 단순하고 환경을 보호하는 효과가 직접적일 수 있다는 장점이 있으나, 한편으로는 규제가 지나치게 일률적이어서 융통성이 없고, 소극적인 배출기준 준수만을 요구할 뿐 적극적으로 법정기준보다 더 엄격하게 환경문제를 관리할 유인을 제공하지 못한다는 단점이 있다.

배출기준 규제 방식 하에서의 분쟁은 일반적으로 정부와 기업 또는 민간 사이에서 발생한다. 예를 들어 정부가 특정 규제를 하는 것에 대하여 기업이 그 규제가 위법 또는 과도하다는 것을 이유로 취소 또는 무효를 구하는 행정소송 또는 행정심판을 제기

---

24 변웅재, 「중재를 통한 환경분쟁 해결 – 시장 메커니즘을 이용한 환경 규제에 있어서 중재의 역할」, 『중재』 제330호, 대한상사중재원, 2009, p. 6.

25 노희진 외 7인, 『기후변화와 탄소금융』, 자본시장연구원, 2010. 6, p. 112.

하는 것이 대표적인 사례이다. 또 다른 분쟁 양태는 정부가 특정 사업 허가 등을 하려고 하는 경우 이해관계가 있는 당사자들 또는 직접적 이해관계는 없으나 공익을 대표하는 단체들이 특정 사업 허가의 위법성 또는 부당성을 주장하면서 행정소송 또는 행정심판을 제기하는 경우이다.

어느 경우에나 정부의 직접 규제 하에서의 분쟁은 대개 소송 또는 이에 준하는 절차(행정심판 등) 방식을 통해서 해결되며, 여기에 중재가 개입될 가능성은 상대적으로 낮다. 왜냐하면 중재란 당사자들의 중재합의를 전제로 하는데 전술한 어느 경우에나 분쟁 당사자(정부와 민간 기업 또는 단체 등) 사이에 사전적으로 중재합의가 존재하지 않으며, 사후적으로도 중재합의를 할 가능성은 매우 낮기 때문이다.[26]

2.1.2. 손해배상 책임 부과 방식

손해배상 책임 부과 방식이란 유해오염물질을 발생시키는 기업에 손해배상 책임을 부과하는 방식이다.[27] 예를 들어 오염된 토양이나 지하수로 인하여 건강상의 피해를 입은 주민들이 오염을 일으킨 기업을 상대로 거액의 손해배상 청구를 할 수 있는바, 기업은 이러한 손해배상 책임을 피하기 위하여 환경보호에 대하여 더 높은 수준의 주의를 하게 된다. 이러한 손해배상 책임 위주의 규제는 단순한 배출기준치의 준수보다는 보다 높은 수준의 주의의무를 요구하기 때문에 이러한 측면에서 환경오염을 방지하는 데 있어서 배출기준 규제 방식에 대한 일종의 보완적 역할을 한다고 할 수 있다.

이러한 손해배상 책임 위주의 규제 시스템 하에서의 분쟁은 대개 오염을 발생시킨 자 또는 법률에 의하여 책임을 부담한다고 간주되는 당사자와 오염으로 인하여 피해를 입은 당사자 사이에서 발생한다. 이들 사이의 분쟁은 대개 '민사소송'의 방식을 통해서 해결되지만, 예외적으로 관련 계약에 중재합의가 있는 경우에는 중재의 방식으로 처리하기도 한다. 즉, 불법행위에 해당하는 환경오염의 경우에는 사전 중재합의라는 것이 존재할 수 없지만, 환경오염을 유발한 자와 피해자 사이에 기존 계약관계가 있고 여기에 중재조항이 있는 경우에는 중재에 의하여 분쟁이 해결될 수 있다.[28]

---

26 변웅재, 전게논문, pp. 7~8.
27 안건형, 전게논문, p. 141.

2.1.3. 시장 메커니즘을 이용한 규제 방식

시장 메커니즘에 의한 환경 규제는 기본적으로 시장 메커니즘에 의하여 가장 효율적인 환경 규제가 이루어지는 것을 목표로 하고 있다. 즉, 각 주체들은 각자의 노력에 의하여 오염물 배출을 법정 기준치 미만으로 감소시키고, 이러한 감소분에 대한 권리(배출권 또는 CER)를 시장에서 형성된 가격으로 제3자에게 매각할 수 있는데, 만일 이러한 오염물질 배출 감소를 위한 비용이 시장에서의 배출권 판매 가격보다 낮을 경우에는 기업으로서는 법적인 처벌 또는 손해배상 책임을 면하기 위해서가 아니라 시장에서 배출권 거래를 통한 이윤을 얻기 위해서 자발적으로 오염물질 배출감소를 위한 추가적 노력을 하게 될 것이라는 것이다. 이와 반대로 특정 기업 입장에서 추가적인 오염물질 배출을 줄이기 위한 비용이 시장에서 배출권을 구매하는 비용보다 높을 경우에는 기업으로서는 자체적으로 오염물질 배출을 줄이기보다는 시장에서 추가적 배출권을 구매하는 방식을 택할 것이다. 즉, 각 개별 주체의 특수한 사정에 따라서 비용—이익 분석에 따른 합리적인 선택이 가능하다.[29]

이러한 시장 메커니즘에 의한 환경규제는 국제사회 또는 국가가 정해놓은 큰 틀(일반적으로 배출량에 대한 한도 설정)의 범위 내에서 각 개별 사적 주체들의 거래를 통해서 이루어지며, 이러한 거래는 대부분의 경우에 명시적인 계약에 의해서 이루어진다.[30] 한마디로 규제에서 계약으로 환경 규제의 패턴이 변화하는 것이다. 이러한 계약에는 대개의 경우 분쟁해결 조항이 있는데 많은 경우 당사자들은 다음과 같은 이유들 때문에 중재조항을 선호하게 되며,[31] 실제로 이와 관련된 중재사건들이 대한상사중재원에 접수되어 해결되고 있을 만큼 당해 당사자들이 소송보다는 중재를 선호하고 있는 것으로 파악되고 있다.[32]

---

28 변웅재, 전게논문, p. 8.

29 변웅재, 전게논문, p. 9.

30 그런데 교토의정서의 아이디어는 한계에 다다르고 있다는 비판이 있다. 예를 들어 유엔이 배출 6% 감소의 하나의 기준을 만들어서 멀티로 하고, 그것을 달성하지 못하는 경우에 일종의 페널티를 부과한다는 중앙집권적인 방식이 한계에 다다르고 있다는 것이다. 즉, 2013년 이후 탄소배출범위를 목적한 대로 기능하기 위해서는 미국, 중국, 인도를 포함한 멀티 규율을 만들어서 그것에 따르지 않으면 페널티를 주는 것으로 하여야 하는데 과연 이것이 정치적으로 가능한 것이라는 의문이 들기 때문이다(松下滿雄·梅澤治爲·飯野 文, "環境と貿易シンポジウム 第II部 溫暖化對策と國際貿易レジーム 2", 『貿易と關稅』, 통권 686호, 2010. 5, p. 12.).

31 변웅재, 전게논문, p. 10.

첫째, 배출권 거래는 당장 현실적으로 또는 장래에 국경을 넘어서 이루어질 것을 전제로 하는 경우가 많다. 따라서 서로 다른 국가 관할 지역에서 어떻게 집행될 수 있느냐가 중요한데 이와 관련해 중재는 '외국 중재판정의 승인 및 집행에 관한 협약'(이른바 뉴욕협약)이라는 중요한 도구를 가지고 있다. 즉, 뉴욕협약 가입국에 대해서는 특별한 절차적 하자 또는 공공정책 위반이 아닌 경우에는 중재판정의 승인 및 집행이 보장되는 것이다. 이에 반하여 법원소송의 경우에는 그 판결이 다른 나라에서도 집행 가능한지에 대하여 확실한 보장이 없다.

둘째, 중재판정은 원칙적으로 최종적인 것이라는 점이다. 일반 소송의 경우에는 상소 절차가 있어 우리나라의 경우에는 3심까지 가게 되어 시간과 비용이 많이 소요될 수 있으나 중재의 경우에는 매우 제한적으로만 인정되는 중재취소 사유에 해당하지 않는 한 단 1회의 중재판정이 최종적인 결정이 되는 것이다.[33]

2.2. 탄소배출권 거래 관련 분쟁해결 현황

국제적인 탄소배출권 거래에서 모델 계약서 중의 하나로서 널리 활용되고 있는 세계은행의 탄소배출권구매계약서(ERPA: Emission Reduction Purchase Agreement)에서는 영국법과 UNCITRAL 중재규칙에 따라서 분쟁이 해결되도록 규정하고 있으며, 양 당사자들이 중재지에 합의하지 못하는 경우에는 중재지가 영국이 되는 것으로 규정하고 있다.[34]

이에 반해 국제배출권거래협회(IETA: International Emissions Trading Association, 이하 'IETA'라 함)의 구매계약서(CDM Emission Reductions Purchase Agreement: v.2.0 2004)에서는 준거법을 공란으로 비워놓아 양 당사자들이 선택할 수 있도록 하고 있으며, 중재는 국제상설중재재판소(PCA: Permanet Court Arbitration)에서 분쟁을 해결하도록 규정하고 있다. 그런데 IETA의 2006년 개정판에서는 준거법 조항을 별도로 규정하지 않고

32 안건형, 전게논문, p. 144.
33 변웅재, 전게논문, p. 10.
34 오원석 · 안건형, 「청정개발체제(CDM) 리스크에 따른 탄소배출권 구매계약(ERPA)의 법적 쟁점에 관한 연구」, 『무역학회지』 제34권 제4호, 한국무역학회, 2009, p. 225.

있다. 이는 당사자가 정한 준거법 합의, 국제사법에 따라서, 또는 재판부 또는 중재판정부에게 관할권의 선택권한을 부여한 것으로 보인다. 나아가 IETA의 본 개정판의 분쟁해결조항은 2004년 버전에서 PCA를 전속관할로 규정한 것과 달리 법원의 재판관할권과 중재조항을 모두 규정하고 있다. 본 중재조항에서는 ICC와 PCA의 기관중재, 그리고 UNCITRAL 중재규칙에 따른 임의중재를 순서대로 나열하여 당사자들이 선택할 수 있도록 하고 있다.[35]

2.3. 탄소배출권 거래 분쟁의 중재적합성

탄소배출권 거래는 대부분 국제적으로 거래되고 있는 실정을 감안할 때 탄소배출권 거래 분쟁에서 왜 중재가 적합한가에 대한 문제는 소송에 비해서 국제상사중재가 갖고 있는 장점과 연관하여 살펴볼 필요성이 있다. 이하에서는 탄소배출권 거래 분쟁에서 중재가 왜 적합한가에 대한 구체적인 이유들을 살펴보고자 한다.[36]

2.3.1. 중립적인 법정지와 판단 주체

오늘날 국제상사중재에서 당사자들은 중재지를 자유롭게 선정할 수 있다. 우리나라 중재법 제21조 제1항도 이러한 취지를 명시하고 있다. 당사자들은 중재지가 당사자들에게 중립적이고, 교통 및 통신이 편리하고, 자금이체가 자유로우며, 숙련된 현지의 지원을 포함한 실제적인 상황들을 고려하여 중재지를 직접 선정하거나 제3자로 하여금 선정하게 할 수 있다. 중재지의 합의는 중재합의 자체와는 다르게 반드시 서면으로 행해야 하는 것은 아니고 구두로 하더라도 아무런 문제가 없다. 또한 중재지가 당사자 또는 사안과 합리적, 실질적 또는 기타 어떠한 관련이 있을 필요도 없다. 중재인은 일반적으로 심리 또는 회합을 포함한 중재절차를 그 장소에서 진행하지만 반드시 그 장소에서 심리, 증거조사 등의 활동을 할 필요는 없다.[37]

---

35 오원석 · 안건형, 전게논문, pp. 225.
36 안건형, 전게논문, pp. 144~145.

그런데 중재지 선택은 양 당사자에게 매우 중요한 영향을 미친다. 어느 장소가 중재지로 결정되느냐에 따라 중재합의의 효력, 중재절차에 대한 사법부의 간섭, 중재판정의 취소 및 집행, 그리고 당사자의 중재에 관련된 업무의 편이성이 크게 달라질 수 있기 때문이다. 따라서 중재지의 법원이 국제중재에 편견이 있거나 자국민에 대항하는 외국 국적을 가진 자에 대하여 적대감을 갖고 있는 경우 중재판정이 집행되기 곤란한 위험이 있다.[38]

이러한 이유 때문에 대부분의 국제거래 당사자들은 분쟁이 상대방 측의 영역에서 결정되는 것을 꺼려하는 경향이 있다. 나아가 제3의 중립국가의 법원에서 해결하는 것도 기피하는 경향이 있는데 구체적인 이유는 이하와 같다.

첫째, 법적 자격과 교육이 그들 자신의 법체계에 깊이 뿌리를 두고 있는 해당 국가의 법관에게, 또는 상이한 외국의 법체계 하에서 자신들의 분쟁을 믿고 맡기는 것이 현명한 방법이 아닐 수 있기 때문이다.

둘째, 계약서 및 분쟁과 관련되는 모든 서면과 자료들이 해당 국내 법원의 법관이 사용하는 언어로 번역되어야 하며, 나아가 구술절차도 반드시 법관의 언어로 진행되어야 하는데, 이는 그 거래와 가장 관련이 있는 사람들이 무슨 말이 오가는지 알 수 없는 경우도 발생하며, 당사자들과 그 거래에 친숙한 변호사들이 주도적인 역할을 할 수 없게 되는 경우가 발생하기 때문이다.

셋째, 당사자들 간에 합의된 관할법원이 당사자들이나 본건 목적물과 아무런 관련이 없는 경우가 발생할 수 있고, 당사자들 중 일방이 부적절한 법정지라는 이유를 들어 이 문제를 자주 공격의 대상으로 삼기 때문이다.[39]

요컨대 중재지는 중재판정에 중재지라고 기재된 장소에 불과하며, 그곳에서는 실제로 어떠한 행위가 발생하지 않을 수도 있으므로 이 점에서 중재지는 '형식적인 법적 주소' 또는 '순전히 법적인 개념'에 지나지 않는다.[40] 그럼에도 불구하고 중재지와 관련

---

37 석광현, 「국제상사중재에서 중재합의의 준거법」, 『법학논총』 제24집 제1호, 한양대학교 법학연구소, 2007, pp. 123~124.
38 오원석·서경, 「중재합의시 중재지 결정에 관한 연구」, 『통상정보연구』 제12권 제4호, 한국통상정보학회, 2010. 12, p. 430, p. 441.
39 안건형, 전게논문, p. 145.
40 석광현, 전게논문, p. 124.

하여 만일 거래 상대방이 분쟁 발생 시 이러한 분쟁을 자국의 중재원에서 해결하여야 한다고 끝까지 고집을 부리는 경우에는 절충안으로서 '피신청인주의' 중재조항을 제안해볼 수 있다. 예를 들어, 한국과 중국의 기업 간에 탄소배출권 구매계약을 체결할 경우 한국 기업이 중재를 신청할 경우에는 중국의 중재원에서, 역으로 중국 기업이 중재를 신청하려면 한국의 대한상사중재원에서 하는 것으로 절충하는 것도 한 방법이 될 수 있고, 실제 이러한 방식으로 관할 합의가 많이 이루어지고 있다.[41]

2.3.2. 중재판정의 승인 및 집행의 법적 보장

법원의 판결은 공권력에 의한 판단으로서 국가통치권의 발동의 결과이기 때문에 선고된 국가 내에서만 그 효력이 미친다. 그러므로 국가영토 밖에서는 다른 국가는 물론, 그 국가의 법원, 공무원 그리고 국민들에 대하여도 원칙적으로 구속력이 없다. 법원의 판결이 다른 국가에서 집행되어야 하는 경우에는, 해당 국가의 공권력이 직접 관여하는 경우에만 가능하다.[42]

즉, 법원의 판결은 그 효력의 근거가 국가통치권의 발동이므로 국경을 넘어서 효력을 미치게 하는 것은 주권 문제와 관련하여 많은 문제가 야기될 수 있다. 그러나 중재판정은 그 효력의 근거를 사인의 자주적 합의에 두고 있기 때문에 주권 면제와 관계없이 국제적으로 효력을 미치게 하는 것이 가능하다.[43] 상술하면 국제 중재에서는 대부분의 국가들이 외국중재판정의 집행에 대하여 외국 법원의 판결에 대한 집행보다 훨씬 관대한 태도를 취하고 있다. 중재판정은 당사자의 자유의사에 의한 중재합의를 기초로 하여 사인인 중재인이 내린 판정으로서 그 효력의 기초를 사적자치에 두고 있기 때문에 어떠한 국가공권력의 발동이 아니다. 따라서 외국에서 내려진 중재판정을 국내에서 집행하는 경우에도 외국의 공권력의 발동이 국내로 확장되는 것이 아니며, 여기에는 주권국가 간의 권위다툼이 존재하지 않는다.[44]

---

41 안건형, 전게논문, pp. 155~156.

42 오창석, 「국제거래분쟁의 해결방안으로서의 국제상사중재의 유용성」, 『법학논총』 제16집, 숭실대학교 법학연구소, 2006. 8, pp. 304~305.

43 김상호, 「한-중 무역분쟁의 해결을 위한 국제상사중재제도의 이용과 협력과제」, 『국제상학』 제9권 제2호, 한국국제상학회, 1994, p. 506.

한편 국내 기업과 외국 기업 간의 상사분쟁에 대한 중재판정이 행해졌을 때, 패소자가 외국 기업인 경우 판정대로 이행하지 않을 때 그 집행을 보장받지 못하면 중재의 실질적인 효력이 없게 된다. 이러한 문제를 해결하기 위하여 각국은 국제적인 협약인 '외국중재판정의 승인 및 집행에 관한 1958년 UN협약'[45]에 의하여 체약국 간에는 상호 외국에서 행해진 중재판정을 승인하고 집행함으로써 중재판정의 실효성을 보장하고 있다.[46] 즉, 동 협약은 제3조에서 "모든 체약국은 중재판정의 승인과 집행이 요구된 국가의 법절차에 따라서 중재판정을 구속력 있는 것으로 승인하고 이를 집행하여야 한다."라고 규정하고 있다. 이 점이 국제거래에서 발생하는 분쟁해결 수단으로서 중재가 가장 선호되는 이유인 것으로 보인다. 이에 비하여 외국 판결의 승인 및 집행은 당해 집행국의 민사소송법에 따라야 하며, 특히 개별 국가 간에 상호 호혜주의에 따라서 집행 여부가 달라질 수 있다는 점에서 외국중재판정의 승인 및 집행에 비해 훨씬 더 불안정한 상태에 놓여 있다고 볼 수 있다.[47]

2.3.3. 중재절차의 유연성

중재제도의 대표적인 장점 중의 하나는 중재절차가 일반 소송절차에 비하여 유연성이 있다는 점이다. 각국 법원에서의 소송절차는 각국의 소송법에서 정하는 엄격한 법정절차에 따라서 공식적으로 진행되어야 하며, 이러한 소송법상의 절차규칙은 통상 당사자들의 의사에 의한 변경 가능성이 배제된다. 이에 비해 중재절차는 당사자자치의 결과로 당사자들이 중재절차를 거래관계, 분쟁의 성격, 관행 등을 고려하여 당해 사건에 적합한 절차와 방식을 다양하게 적용함으로써 유연하고도 효율적인 방법으로 분쟁해결을 도모할 수 있다.[48]

따라서 중재절차의 진행 시 준수하여야 할 구체적인 절차 규칙을 포함하는 표준서는

---

44 오창석, 전게논문, p. 305.

45 2011. 10. 14 현재 전세계 146개국이 가입하고 있으며, 무역거래에 참여하는 대부분의 국가들은 거의 모두 본 협약에 가입한 것으로 간주할 수 있다. 상세는 〈http://www.uncitral.org/uncitral/en/uncitral_texts/arbitration/NYConvention_status.html〉 참조.

46 이동률 · 이기희, 전게논문, p. 46.

47 안건형, 전게논문, p. 146.

48 오창석, 전게논문, p. 295.

존재하지 않는다. 이에 따라서 중재인들과 당사자들은 관련된 특정 분쟁의 특정 상황에 가장 적합한 절차를 그들 자신들이 자유로이 만들어낼 수 있다.[49] 이러한 중재인의 보완적인 절차진행결정권은 당사자의 절차진행결정권과 마찬가지로 적정절차보장이라는 한계 속에서 행사할 수 있으며, 또한 중재인은 법정지의 공서조항과 강행규정에 유의하여야 한다. 중재인의 절차진행결정권은 어디까지나 보완적인 것이므로 당사자들은 중재절차가 진행되는 과정 중 언제든지 절차 진행에 대한 개별적인 사항들을 새로이 정할 수 있으며, 중재인은 이러한 당사자들의 합의에 구속된다. 이러한 중재절차의 유연성은 특히 국제중재의 경우에는 소송절차에 비해서 여러 가지 측면에서 절차의 간소화를 가져오게 된다.[50]

또한 분쟁의 실체 판단에 있어서도, 재판은 법적 안정성을 최우선적으로 고려하여 실정법을 엄격하게 적용하여야 하지만, 중재에 있어서는 당사자들의 합의에 따라서 특정 법률을 적용하거나 그 해당 분야에 통용되는 법의 원칙 또는 관행 등이 적용될 수 있다. 이는 매우 중요한 문제인데, 현재 국내에서는 탄소배출권의 법적 성질에 대해서도 의견이 분분한 현실임을 감안한다면 관련 분쟁을 실정법에 따라서 엄격하게 분쟁을 해결하는 소송에서 당사자들이 수긍할 만한 판결을 기대하기 어려울 수도 있다.[51]

요컨대 중재절차의 유연성에 따라서 신청인 및 피신청인은 그들의 의사에 따라서 중재판정절차에 소요되는 시간을 탄력적으로 조정할 수도 있으며 비용도 절약할 수 있다. 상대국의 국내 법원에 의한 구제절차가 장기화되는 경우 법률비용 및 기타 매몰비용은 천문한적으로 상승할 가능성이 높다. 또한 구제를 받는다 하여도 이미 시간이 오래 지났기 때문에 진정한 구제가 될 가능성도 낮다. 따라서 중재는 사건을 조기에 종결시킬 수 있는 가능성이 훨씬 높다는 점에서 분쟁에 의한 비용 자체를 낮출 수 있다는 장점이 있다.[52]

---

49 안건형, 전게논문, p. 147.

50 오창석, 전게논문, pp. 296~297.

51 안건형, 전게논문, p. 147.

52 강승관, 「투자자-국가 간 분쟁해결제도(ISDS): 시장친화적인 국제분쟁해결제도」, 『CFE Report』 제156호, 자유기업원, 2011, pp. 1~2.

2.3.4. 거래관계의 손상 회피 가능

소송의 경우에는 법적 투쟁을 벌이는 관계로 당사자가 모든 수단을 동원하여 싸움을 하기 때문에 일반적으로 감정관계가 좋지 않으며, 소송이 끝난 후에도 거래관계를 지속하는 것이 매우 어렵다. 그러나 중재의 경우에는 중재인이 쌍방의 의견과 양보 여부 및 실정을 조정하여 판정을 내리는 경우가 많으므로 당사자 간의 극한 대립을 피할 수 있고 판정을 내린 후에도 계속적인 거래관계를 원활히 유지할 수가 있다.[53] 즉, 중재인에게는 중재절차에서 폭넓은 재량권이 주어지고 사안에 따라서 유연한 진행이 가능하기 때문에 우호적인 분위기에서 중재절차가 진행되고, 또한 종국 판단에 이르기 전에 화해가 성립될 가능성이 높으며, 판정을 내린 후에도 선의의 이행이 기대되고 또한 계속적인 거래관계의 유지가 가능해지는 것이다.[54]

다시 말해서 중재는 당사자들이 중재절차 도중 원만하게 합의하여 중재를 철회하거나 화해판정으로 끝나는 경우도 많으므로 당사자들 간의 거래관계를 파괴시키지 않고 우호적인 관계의 지속을 희망하는 당사자들의 이해관계에도 부합된다고 할 수 있다. 탄소배출권 거래 분야에서도 전 세계적으로 탄소배출권 거래에 관심이 많은 기업들은 많으나 실제 거래의 상대방이 될 가능성이 있는 기업들은 실제적으로 많지 않은 현실을 고려할 때 거래관계의 지속 가능성을 생각한다면 소송보다는 중재를 이용하는 편이 유리할 것이다.[55] 요컨대 중재를 통한 분쟁의 평화적 해결은 분쟁의 해결 후에도 그동안의 거래관계가 원활하게 지속될 수 있는 가능성과 새로운 상황에 맞는 새로운 관계의 구축 가능성에 그 의의가 있다고 할 수 있다.[56]

---

53 김상호, 전게논문, p. 506.
54 오창석, 전게논문, p. 303.
55 안건형, 전게논문, p. 148.
56 오창석, 전게논문, p. 304.

2.4. 탄소배출권 중재 시 예상되는 제문제

2.4.1. 불가항력의 문제

예를 들어 CDM 프로젝트에서 프로젝트 사업이 실제로 시행되지 못하거나 또는 CER이 실제로 발행되지 못하였을 경우 정부의 행위를 근거로 불가항력으로 인한 면책을 주장할 수 있는가의 여부이다. 이는 특히 CDM 사업의 호스트 국가가 예상치 못한 조치에 의하여 프로젝트가 중단될 가능성이 있는 개발도상국 국가인 경우가 많기 때문에 문제의 소지가 더욱 크다. 이러한 문제를 판단함에 있어서 해당 국가의 사정을 무시하고 우리의 기준을 가지고 일률적으로 판단하는 것은 매우 위험하다. 오히려 시간이 소요되더라도 해당 국가의 구체적 사정에 대하여 치밀하게 조사 및 분석하고 판단하는 것이 중대한 오판비용의 발생을 막을 수 있을 것이다.[57]

2.4.2. 외국법의 판단 문제

외국법과 관련한 판단 문제는 국제 중재에 있어서 항상 곤란한 문제이다. 각 당사자들은 모두 자신에게 유리한 외국법 전문가의 의견서를 제출할 것이며, 때로는 상충하는 전문가 의견 가운데에서 중재인은 하나를 선택하여야 하기 때문이다. 이러한 측면에서 중재인의 전문성이 중요하다. 예를 들어 중국의 CDM 사업과 관련하여 중국법과 관련된 이슈가 있을 때 만일 중재인이 중국법이나 관행에 대한 전문성이 없다면 중재 당사자들은 가장 기본적인 중국법 개념부터 시작하여 전문적인 내용까지 모두 중재인에게 설명하는 부담을 지게 될 것이며, 또한 중재인이 중국법에 대한 지식이 없음을 이용하여 정보를 왜곡하려고 하는 시도를 할 수도 있다. 그 결과 통상적인 의미에서의 거래비용(관련 자료 제출, 번역, 설명 등에 소요되는 비용)을 대폭 증가시키고, 또한 거래비용의 일종인 오판비용도 상당히 증가시킬 것이다.[58]

따라서 국제 중재에서는 무엇보다도 관련 법률에 대한 지식, 즉 외국법은 물론 국가

---

57 변웅재, 전게논문, pp. 13~14.
58 변웅재, 전게논문, p. 14.

간 조약에 대한 전문지식과 중재절차에서 사용되는 외국어 구사 능력이 필수적이라고 할 수 있다. 이러한 요건을 갖춘 전문 분야의 중재인이 계약서에서 사용된 언어와 변론 시에 사용되는 언어를 능통하게 구사할 수 있다면, 사실관계나 법률문제를 해결하기 위한 감정인, 통역, 번역 등의 필요가 없게 되므로 시간은 물론 비용을 줄일 수 있게 되므로 결과적으로 법원의 재판에 비해서 훨씬 효과적인 분쟁해결을 기대할 수 있다.[59]

2.4.3. 미리 약정된 손해배상액의 조정 문제

당사자들 사이에서 특정한 계약위반(예를 들어 약정된 수량만큼의 CER 발행 실패)이 발생하였을 경우 일정한 손해배상액을 예정하는 경우가 있다. 그런데 이러한 약정된 손해배상액의 과다 또는 과소의 여부가 문제가 되는 상황이 있을 것이다. 이 경우 해당 준거법에 따라서 실제 손해액과 비교하여 과다 또는 과소한 경우에는 중재판정부가 이를 감액 또는 증액할 수 있는 경우가 있으며, 또는 만일 과다한 손해배상액 예정이 일종의 민사적 계약불이행에 대한 처벌로 인정되는 경우에는 그 자체가 무효로 되는 경우가 있기 때문이다.[60]

2.4.4. 당사자 간 면책 또는 책임 제한 약정의 효력 문제

배출권이나 CER 거래 등과 관련하여 경우에 따라서 당사자 간에 일정한 면책 약정 또는 책임 제한 약정을 할 수가 있다. 그런데 만일 어느 일방 당사자가 자신이 알고 있는 중요한 사실을 고의로 상대방이 큰 손해를 입은 경우에도 면책 약정이나 책임 제한 약정이 적용되어야 할 것인가? 이러한 경우에는 달리 판단할 여지가 있다. 즉, 시장 메커니즘에 의한 환경규제가 성공적으로 작동하기 위해서는 정보의 공유와 의사소통이 필요한데 위와 같은 행위는 단순한 정보 공유의 불충분을 넘어서 '부작위에 의한 사기'의 정도까지 미칠 가능성이 있기 때문이다. 그렇다면 이는 시장 메커니즘의 본질을 해하는 행위로서 면책 약정 또는 책임 제한 약정에도 불구하고 이에 상응한 책임을 지

---

59 오창석, 전계논문, p. 302.
60 변웅재, 전계논문, p. 14.

도록 하는 편이 타당할 것이다.[61]

참고문헌

강승관, 「투자자−국가 간 분쟁해결제도(ISDS): 시장친화적인 국제분쟁해결제도」, 『CFE Report』 제156호, 자유기업원, 2011.

김민호 · 정지영, 『글로벌 시대의 무역개론』, 도서출판 대경: 서울, 2006.

김상호, 「한−중 무역분쟁의 해결을 위한 국제상사중재제도의 이용과 협력과제」, 『국제상학』 제9권 제2호, 한국국제상학회, 1994.

노희진 외 7인, 「기후변화와 탄소금」, 자본시장연구원, 2010.

변웅재, 「중재를 통한 환경분쟁 해결 − 시장 메커니즘을 이용한 환경 규제에 있어서 중재의 역할」, 『중재』 제330호, 대한상사중재원, 2009.

서정일, 「스포츠 조정 · 중재제도의 법적 과제」, 『스포츠와 법』 제11권 제1호, 한국스포츠엔터테인먼트법학회, 2008.

석광현, 「국제상사중재에서 중재합의의 준거법」, 『법학논총』 제24집 제1호, 한양대학교 법학연구소, 2007.

심준석, 「무역클레임과 상사중재」, 『기계산업』, 한국기계산업진흥회, 2007.

안건형, 「탄소배출권 거래 분쟁과 중재를 통한 분쟁해결」, 『콘텐츠재산연구』 창간호, 차세대콘텐츠재산학회, 2010.

오원석 · 서경, 「중재합의시 중재지 결정에 관한 연구」, 『통상정보연구』 제12권 제4호, 한국통상정보학회, 2010.

오원석 · 안건형, 「청정개발체제(CDM) 리스크에 따른 탄소배출권 구매계약(ERPA)의 법적 쟁점에 관한 연구」, 『무역학회지』 제34권 제4호, 한국무역학회, 2009.

오창석, 「국제거래분쟁의 해결방안으로서의 국제상사중재의 유용성」, 『법학논총』 제16집, 숭

---

61 변웅재, 전게논문, p. 15.

실대학교 법학연구소, 2006.

이동률·이기희, 「ADR의 선택에 관한 연구 – 무역클레임을 중심으로」, 『중앙법학』 제10집 제3호, 중앙법학회, 2008.

大濱 裕, "COP15氣候變動おめぐる諸問題とわが國の課題(上)", 『國際金融』, 제1208호, 2010.

松下滿雄·梅澤治爲·飯野 文, "環境と貿易シンポジウム 第II部 溫暖化對策と國際貿易レジーム 2", 『貿易と關稅』, 통권 686호, 2010.

네이버 백과사전

대한상사중재원 홈페이지, http://www.kcab.or.kr

유엔국제상거래법위원회 홈페이지 http://www.uncitral.org

제 14 장

그린 이노베이션과
"제3차 산업혁명"[1]

1. 슘페터의 이노베이션론

이 같은 번역을 수행하는 데 필요한 것은 "이노베이션"이다. 이노베이션은 "신기축" "혁신" 등으로 번역되지만, 기술을 넘어 시스템 전체의 변혁에 관련한 매우 광범한 개념이다. 저탄소에로의 이행이 현재의 시스템의 연장선상에 있는 점진적 변화가 아니고 커다란 도약을 포함하는 변화라고 한다면, 그 과정엔 필연적으로 "이노베이션"이 포함되지 않을 수 없다. 여기선 저탄소 경제에로의 이행을 촉구하는 이노베이션을 "그린 이노베이션"이라고 부르고자 한다.

그런데 이노베이션에 관한 고전이며, 지금도 그 매력을 떨치고 있는 것이, 20세기의 위대한 경제학자의 한 사람인 슘페터(Joseph A. Schumpeter)의 명저『경제발전의 이론』(1912)이다. 그는 이 저술에서 경제발전이 왜, 어떻게 이루어지는가를 해명하려 했다. 그리고 그것을 누군가 떠맡으며, 그 결과 어떠한 변화가 발생하는가를 매우 시사성이 풍부한 형태로 서술했다. 이 책엔 현대의 경제발전을 고찰하는 데도 참고가 되는 힌트가 다수 포함돼 있어, 수많은 사람들이 책을 여러 번 되풀이해 읽으며 인용하고 있다.

그는 경제발전을 어떻게 파악하고 있었을까. 슘페터에 따르면, 그것은 통상적 순환운동과는 달리, "순환을 실현하는 궤도의 변경"이며, 또한 "비연속적 변화를 가리킨다"라고 한다. 이 "비연속적"이라는 점이 중요하다. 즉 종래와 같은 방법의 연장선상에서 생산을 하고 있더라도 경제발전은 일어나지 않는다. 생산을 하기 위해선 자본과 노동, 천연자원 등 다양한 생산요소를 결합해야 한다. 슘페터는 낡은 결합으로부터 작은 변화를 첨가해 나가 연속적으로 새로운 결합에 도달하더라도, 그것은 발전이라고 부르지

---

1 Toru Morotomi & Mie Asaoka, 低炭素経済への道, 암파신서, 2010, pp. 38-58.

않는다고 한다. "발전이란 어디까지나 비연속적인 것이고, 신결합은 구결합과의 단절 후에 나타나야 한다."라는 것이 그의 주장이다. 그리고 그에 따르면, 신결합은 다음의 다섯 요소를 포함하고 있다. 첫째는 새로운 재화의 생산, 둘째는 새로운 생산방식의 도입, 셋째는 새로운 판로의 개척, 넷째는 원료 또는 반제품의 새 공급원의 획득, 그리고 마지막 다섯째는 새 조직(독점적 지위 형성, 또는 독점의 타파)의 실현이다. 이 몇 가지 요점으로써 "비연속적 궤도의 변경"이 생겨나야만, 경제발전이 실현된다.

1.1. 2중의 '비연속성'과 자본주의 발전의 새 담당자

슘페터의 논의에 있어서 흥미로운 것은 새로운 발전의 담당자론이다. 그는 구결합을 능가하게 되는 신결합의 담당자는 구결합에 있어서 상품의 생산과정이나 유통과정을 지배했던 사람들과 동일할 수 있는 가능성이 없는 건 아니지만, 근본적으로는 그것과는 다른 장소로부터 나온다고 본다. 낡은 것은 대개 자기 자신 속에 새로운 대약진을 추진하는 힘을 갖고 있지 않기 때문에 다른 곳에서 신결합의 담당자가 출현한다.

그는 신결합의 수행과, 그것을 경영체 등에 구체화한 것을 "기업", 그리고 그 담당자를 "기업자"라고 일컬었다. 신결합의 추진자는 최초만은 구결합의 담당자와 공존하지만, 곧 경쟁을 거쳐 구결합의 담당자와 투쟁하면서 그들을 능가, 드디어 신결합을 위한 생산과정과 유통과정의 지배적 지위를 차지한다. 이렇게 해 경제의 발전과정엔 "2중의 비연속성"이 존재한다고 슘페터는 주장한다. 즉 제1종의 비연속성은 "궤도의 변경"을 지칭하는 데 대해, 제2종의 비연속성은 "발전의 담당자 변경"을 의미한다. 제1의 "궤도의 변경"이란 경제의 항로가 지금까지의 연장선상을 진행하는 게 아니고, 위의 논술처럼 제품, 생산방법, 판로, 원료, 조직 면에 있어서 지금까지와는 다른 새로운 결합이 이루어짐으로써 비연속적 변화가 발생하고, 경제의 새 궤도가 부설되어 거기를 달리게 됨을 가리킨다. 제2의 "담당자의 변경"은 경제의 담당자가 구결합의 담당자에게서 신결합 담당자에게 옮겨가는 것을 말한다. 더구나 구결합으로부터 신결합에로의 이행과정에서 도태가 생겨, 신결합 담당자의 사회적 지위가 상승함과 동시에, 다른 한편으로 구결합 담당자의 사회적 지위의 하락이라는 현상이 생기는 점에도 슘페터는 주의를 촉구하고 있다. 이상의 경제발전에 관한 슘페터의 논의는 우리가 저탄소 경제에의 길을 고찰하는 데 있어서 대단히 시사적이다. 그의 말처럼, 저탄소 경제에의 길도, 현재의 경제구조의 연장선상에는 없으며, 어떤 종류의 단절을 거쳐 커다란 이노베이션을 경험한 후에 실현되기 때문이다. 이 점을 생각할 때, 저탄소 경제에의 이행 그 자체가 마치 슘페터가 말하는 "경제발전" 과정 바로 그것임을 알 수 있다.

그가 신결합의 다섯 요소로 정한, ① 새로운 재화의 생산, ② 새로운 생산방법의 도입, ③ 새 판로의 개척, ④ 원료 또는 반제품의 새 공급원의 획득, 그리고 ⑤ 새 조직(독점적 지위의 형성, 또는 독점의 타파)의 실현은 저탄소 경제에로의 이행과정에 있어서 필요한 이노베이션의 요소를 모두 포함하고 있다고 하겠다.

첫째로, 극적으로 에너지 소비를 절약하거나 온실효과가스 배출을 삭감하는 데 기여하는 갖가지 재(財)·서비스의 생산이 저탄소 경제에는 요구된다. 둘째로, 그러한 재(財)·서비스의 생산을 가능케 하는 생산방법의 확립이나 에너지 집약형 산업에 있어서 생산방법의 대담한 혁신이 필요하다. 셋째로, 신흥국 시장의 눈부신 성장과 당지에서의 에너지 소비의 확대와 더불어 저탄소 대응형의 제품과 서비스를 신흥국에 보급시키는 새 판로의 확대가 필요해진다. 넷째로, 지금까지는 온실효과가스를 대량 배출하는 화석연료를 주요한 에너지원으로 해왔으나, 이를 바꾸어 온실효과가스 배출이 두드러지게 적은 비화석 에너지원으로의 전환을 극적으로 추진해 나갈 필요가 있다. 이를 위해, 재생 가능 에너지를 중심으로 새로운 에너지원의 개발이 큰 과제가 된다. 그리고 최후에 일본경단련(日本経団連)을 중심으로 하여 에너지 집약형 산업이 일본의 경제정책에 커다란 영향을 미치고 있는 현상과 그런 나머지에도 독점적 지위를 변혁해 나가는 게 필요하다. 더욱이 새로운 저탄소 경제를 떠받치는 데 걸맞는 기업 그룹이 경제조직의 창출 등이 과제가 된다.

슘페터는 이상과 같은 과정을 "창조적 파괴"라고 부르고, 이를 수행하는 주체야말로 "기업자"라고 불렀던 것이다. 이 같은 의미의 "기업자"가 그린 이노베이션의 담당자로서 나타나는 것이 저탄소화를 향한 일본 경제의 발전에 있어서 지극히 중요하다.

1.2. 이노베이션은 어떻게 일으켜 세워지는가?

그러나 이노베이션이 중요하다고 하더라도, 그건 도대체 어떻게 일으켜 세워지는가.

또 개개 기업에 있어서 이노베이션에 나서는 동기는 대체로 무엇일까. 이 점에 관한 슘페터의 답은 명쾌하다. 즉 이노베이션이 발생되는 경우엔, 그 보수로서 "기업자 이윤"이 생기므로 기업은 이 "기업자 이윤"의 획득을 목표로 하여 이노베이션에 나선다.

"기업자 이윤"은 통상적 이윤과는 다르고, 기술 혁신에 의해 생산비를 내리고 타 기업보다 제품을 싼 값으로 생산하는 시스템을 구축하는 데 성공한 경우라든가, 신시장 개척에 성공한 경우에 매상액과 비용의 차액으로서 생긴다고 슘페터는 설명하고 있다. 단, 이 같은 변화는 결국 타 기업도 추종하기 때문에 "기업자 이윤"은 타 기업이 뒤따라오면 곧 소멸하는 운명에 있다. 따라서 기업이 이런 "기업자 이윤"을 계속해 획득하려면 항상 기술 혁신과 시장 개척에 나서지 않으면 안 된다.

그런데 환경문제의 영역에선 슘페터의 답을 그대로 적용할 수 없다고 하는 어려움이 있다. 풍요로워지고 싶다, 또 더 쾌적한 삶을 누리고자 하는 사람들의 자연스런 욕구에 응하는 제품이나 서비스의 경우, 그것들에 대한 잠재적 수요는 이미 존재하고 있다고 말할 수 있다. 그 존재를 알아채고 비즈니스로서 활성화시키느냐 어떠냐 하는 건 몰라도, 사람들의 욕구에 부응하는 제품과 서비스에 대한 수요는 어떤 의미에선 끈질기다고 하겠다. 하지만 사람들이 자연스런 욕구의 발로로서 그 제조 과정에서 재생 가능 에너지를 사용하거나 온실효과가스 배출을 극적으로 줄여서 만든 제품을 구입하고 싶어하는 생각을 하고 있다고는 좀처럼 상정할 수 없다. 하물며 같은 기능을 가진 통상적인 제품에 비해 그것이 높은 값이면 더욱 그러하다. 기업에 있어서도 마찬가지다. 환경을 배려하더라도 제품이 값이 높아질 뿐 경쟁력을 잃게 된다면, 적극적으로 이노베이션에 나서려는 동기는 빼앗기고 만다. 즉 슘페터의 말처럼, "기업자 이윤"의 획득을 추구해 기업이 자발적으로 이노베이션을 일으켜 세운다는 시나리오가 환경문제의 영역에선 만들기가 어렵다.

여기에 "환경규제"가 수행해야 하는 역할이 등장한다. 이하에선 "환경규제"를 전통적인 직접 규제뿐 아니라, 환경세나 배출량 거래제도 등의 "경제적 수단"도 포함하는 개념으로 생각하고자 한다. 환경규제의 전형으로서 직접 규제는 오염물질의 배출에 상한점을 부과해, 기업에 준수를 요구하는 행정수법이다. 준수를 못하는 기업에 대해선 개선 명령이 발동되고, 그래도 개선되지 않으면 조업정지도 가능하다. 이 같은 환경 규제에 대응하기 위해선 오염물질 제거장치의 설치, 연료전환, 원재료의 변경, 에너지 절약, 또는 생산 공정의 변경 등 다양한 노력이 필요하다. 하지만 이것들은 제품의 매력 향상과는 반드시 직접 관계가 있는 게 아니기 때문에 기업에 있어서는 비용 상승을 초래함으로써만 수익을 압박하는 요인이라고 받아들이는 경향이 있다. 그런데 이런 환경규제를 이노베이션의 촉진 요인으로서 정면으로부터 바로 잡아 파악한 사람이 하버드 대학의 저명한 경제학자 포터(Michael E. Porter)이다. 그는 환경규제에 비용 상승을 초래하지만 환경을 지키기 위해선 부득이한 정책수단으로서가 아니라, 오히려 이노베이션을 촉구하고 해당 나라산업의 경쟁 우위를 높이기 위한 정책수단으로서 적극적 의미를 부여하려고 한 점에 있어서 큰 공적이 있었다.

1.3. 이노베이션 촉진 수단으로서의 환경규제

그의 주장은 적절하게 설계된 환경규제는 이노베이션을 일으켜 세울 수 있다고 하는 것이다. 그리고 규제는 확실히 준수 비용을 기업에다 짊어지우지만, 규제에 의해 발생되는 이노베이션이 가져다주는 이익은 규제 준수 비용을 상쇄하고 나머지가 있다고 한다("이노베이션 오프셋"). 또 그는 상식과는 달리, 규제 도입은 이노베이션을 생기게 함으로써 그 나라 기업의 경쟁우위를 타국보다 높일 가능성이 높다고 한다.

"이노베이션 오프셋"에는 "프로세스(생성과정)오프셋"과 "제품 오프셋"이 있다. "프로세스 오프셋"은 환경규제가 오염의 감소뿐 아니라 에너지 효율성의 향상이나 부 생산물의 더 바람직한 활용 등의 플러스 효과를 가져올 때 나온다. 이를테면, 생산 공정에 있어서 화석연료의 연소에 의해 유황산화물이 나와 대기오염 문제가 발생해 있다고 하자. 이때 배출구에 탈유장치를 설치하는 것이 한 해결책이다. 하지만 생산 공정을 개수해, 같은 생산량을 더 적은 화석연료 사용량으로 달성할 수 있는 이노베이션에 성공한다면, 유황산화물의 배출 삭감이 될 뿐 아니라 화석연료 소비를 절약할 수 있고, 에너지 비용의 감소를 통해 그 기업의 수익성도 높아진다. 이에 대해 "제품 오프셋"은 이노베이션이 한층 더 매력적 제품의 개발로 연결되는 경우를 가리킨다. 이를테면, 일본에 있어서 그린 이노베이션의 전형적 사례로서 자주 언급되는 일본판 마스키법(1978년 실시)은 자동차의 배기가스를 10분의 1까지 삭감하는 야심적 규제였다. 이것을 받아들여, 당초 자동차 메이커는 촉매장치의 개발로서 이 규제를 처리했을 뿐 아니라, 더욱 그 후 연비를 향상시킴으로써 배기가스를 한층 더 삭감하는 데 성공했다. 이 저연비 차의 개발이 그 후의 일본 차의 세계적 성공으로 이어져 나간다.

이 연비 개선은 메이커에 있어서 규제를 헤쳐 나가는 방법이 됐을 뿐 아니라, 운전자에게도 주행비용 절감(휘발유 구입비의 절감)이라는 메리트가 발생한다. 이것은 그린 이노베이션의 환경개선뿐 아니라 소비자에게도 제품 자체의 매력이 증대하는 데로 이어짐을 보여준다. 즉 포터가 말하는 "제품 오프셋"이 생겨난 한 사례로서 이것은 자리매김이 될 것이다.

2. 스마트 환경규제

포터는 환경규제를 타국에 앞서서 강화해 이노베이션을 일으켜 세우는 이점으로서 "선행자 이득"을 들고 있다. 독일이 타국에 앞서서 엄격한 생산자 책임이 따르는 리사이클 제도를 확립하고, 그 영향이 타국에 파급됨으로써 규제에 빨리 대응한 독일 기업이 리사이클 기술이나 리사이클 가능의 포장 용기의 개발로 타국 기업에 앞설 수 있었다고 지적하고 있다.

즉 규제가 기업에 대해 조기 대응을 촉구하고, 그것이 계기가 돼 기업 측에선 거기에 대응할 수 있는 기술개발, 사내 체제의 구축, 제품의 개발과 판로 확대를 향한 노력을 할 수 있게 된다. 결과적으로 그것은 기술혁신과 새로운 제품개발로 연결되고, 독일 뿐 아니라 규제가 타국에까지 넓어져 나감에 따라 그러한 제품에 대한 수요가 확대되고, 이미 기술과 대응 제품을 준비하고 있던 독일 기업이 "선행자 이득"의 획득에 성공한다고 하는 이치다. 물론 이 논리는 그 나라의 규제 내용이 세계의 그 후의 트렌드를 앞선 것일 필요가 있지만, 온난화 문제의 경우는 탄소제약이 금후 강화되기는 하더라도 약화되는 일은 없을 게 확실하다. 그 의미로 25% 삭감 목표를 내걸고 타국보다 조기에 저탄소 경제에로 이행하는 것은 일본 경제의 이노베이션 전략으로서 정당화될 것이다.

단, 포터는 환경규제라면 무엇이든 좋다고 말하고 있는 게 아니다. 이노베이션을 일으켜 세우려면 규제는 "스마트"하지 않으면 안 된다고 그는 강조한다. 그런 규제는 아래 세 가지 성질을 가지고 있어야 할 필요가 있다.

(1) 규제가 기업이 이노베이션으로 접근하는 방식까지를 규정하는 따위의 내용이 되어서는 안 된다.

(2) 규제는 계속적 이노베이션을 촉구하는 것이라야 하며, 특정 기술로써 고정화시키는 것이면 안 된다.

(3) 규제 프로세스의 각 단계에 있어서 불확실성이 개입하는 여지를 가급적 최소화로 해두지 않으면 안 된다.

이것들을 한데 모으면, 환경규제는 실현해야 하는 환경의 상태나 기업의 배출량 상한을 정하는 일이 주안점이며, 그 수단까지 세세하게 규정하는 것이어서는 안 된다는 내용이다. 왜 수단을 세세하게 규정해서는 안 되느냐고 하면, 그것이 배출 삭감을 달성하기 위한 기술을 고정화해버리기 때문이다.

이것은 미국의 「대기정화법」의 반성에서 나온 교훈이라고 생각된다. 미국의 대기정화법은 전형적 직접 규제로서 각 기업의 배출 상한을 정하는 규제치를 제정하고 있었다. 하지만 그 규제치는 특정의 배출 삭감 기술의 채용을 전제로 하여 정해져 있었기 때문에 그 규제치를 클리어한다는 것은 즉, 그 특정의 기술을 도입한다는 걸 의미했다. 역으로 말하면, 기업은 스스로의 두뇌를 써서 연구하지 않더라도 그 기술만 도입하면 규제치를 클리어할 수 있기 때문에 이노베이션에 나서려고 하는 동기가 상실되는 문제가 있었다. 그래서 이 폐해를 제거하기 위해서는, 환경규제는 결과로서의 환경 상태만을 정하고, 그 실현 수법에 대해선 묻지 않는 자세가 바람직하다는 교훈이 나오게 된 것이다. 그렇게 해두면, 기업은 특정 기술을 채용하는 것보다 연료 전환이나 에너지 절약 쪽이 더 값싸고 현실적 해결방법이라고 생각할지 모른다. 또는 비용은 들지만 마음껏 혁신적 생산 프로세스에 투자함으로써 장기적 수익성을 높이는 게 좋다고 판단할지 모른다. 그런 경우엔 조기에 연구·개발 투자에 착수함으로써 "선행자 이득"의 획득을 목표로 하는 게 좋다고 하는 판단도 나올 수 있을 것이다. 이렇게 배출 삭감을 시행하는 방법은 여러 가지가 있는데, 그 어느 것을 채용하고 어떠한 기술을 짜맞추는것이 최적인가, 생산에 실제로 관여하고 있는 기업이 가장 잘 알고 있을 터이다. 따라서 배출 삭감 방법의 선택을 기업의 자유재량에 맡길 수 있도록 규제를 설계해두면 저절로 기업에는 이노베이션에로의 동기가 주어진다.

그러한 수법 가운데서 가장 세련된 것이, 캡&트레이드형의 배출량 거래제도라고 할 수 있을 것이다. 이것은 산업 전체에 널리 "캡"이라고 불리는 배출총량 상한을 설정해, 다시 그것과 정합적 형태로 각 기업에 배출범위(한도)를 교부한다. 여기서 중요한 것은 각 기업이 보유 배출범위(한도)와 동등한 수준까지 배출량을 삭감하는 일이며, 그걸 어떠한 방법을 써서 달성하느냐 하는 건 완전히 기업의 자유에 일임돼 있다. 환경세의 경우도 적절한 수준에 세율이 설정되면, 기업의 삭감 방법에 미치는 영향에 있어서는 배출량 거래제도의 경우와 기본적으로 같다. 이상에서 살펴본 바에 따르면, 환경 영역에선 시장 메커니즘을 통한 자연발생적 이노베이션이 일어나기 어렵기 때문에 포터의 주장처럼 환경규제를 시장의 공정경쟁 룰로서 포함시킴으로써 적극적으로 이노베이션을 촉진하는 것이 바람직하다. 그렇게 하면, 에너지 생산성을 제고하거나 환경부하를 감소하는 제품을 개발한 기업은 이익을 내며, 그렇지 않은 기업의 수익성은 떨어진다고 하는 메커니즘이 작동한다. 즉 환경에의 대응에 의해 슘페터가 말하는 "기업자 이윤"을 낳는 체제가 어떤 의미에서 인위적으로 구축된다. 이렇게 하여, 환경 규제를 써서 "시장의 그린화"를 꾀해 나가는 관점이 중요하다.

물론 이를 위해서도 환경규제는 경쟁에 대해 중립적이라야 하며, 그 내용은 포터가 말하는 의미로 "스마트"하지 않으면 안 된다. 그리고 환경규제는 환경 부하의 삭감에 기여할 뿐 아니라, 생산성의 향상을 통해 기업의 수익을 끌어올리는 가능성까지도 가지고 있음을 인식하고 또한 그런 방향으로 설계돼야 할 것이다.

3. 사회 총체의 이노베이션에로 – "제3차 산업혁명"론

지금까지 포터의 논의에 따라 기술을 중심으로 이노베이션의 바람직한 자세를 논했지만, 이노베이션의 범위는 전혀 기술과 기업에 한정된 문제는 아니다. 저탄소 경제가 현재의 경제구조의 연장선상에선 달성 불가능이고, 커다란 변혁을 필요로 하는 것이라면 더욱 더 기술과 기업을 넘어서서, 사회제도나 거버넌스의 바람직한 자세까지 포함한 사회 총체의 이노베이션을 대상 범위 속에 포함해야 한다.

베를린자유대학의 정치학자 예리케와 제이콥이 정력적으로 논하는 것처럼, 이 같은 변화를 "제3차 산업혁명"이라고 불러도 좋을지 모른다. 이것은 저탄소 경제로의 이행이 18세기 말부터 19세기에 걸친 제1차 산업혁명, 그리고 19세기 말부터 20세기 전반에 걸쳐 일어난 제2차 산업혁명에 견줄 만한 큰 사회혁명이 될 수 있다는 예상에 근거하고 있다.

제1차 산업혁명은 본래 면공업 같은 경공업의 발전부터 출발했지만, 곧 목탄으로부터 석탄으로의 에너지 전환이 "코크스제철법"을 가능케 하고, 이 덕택으로 철강 생산이 비약적으로 뻗어날 수 있었다. 또한 와트에 의한 증기기관의 발명이 강력한 동력원이 되어, 탄광과 제철업의 생산성을 현저하게 높이는 데 공헌했다. 그리고 증기기관에 의한 철도망이 정비됨으로써 원료와 제품이 싸게 대량으로 운반 가능하게 된 것도 이들 산업의 발전을 뒷받침했다. 이와 같이 제1차 산업혁명은 주요 에너지원으로서의 석탄과 주요 동력원으로서의 증기기관이 정착함으로써 제철업을 비롯한 중공업의 발전이 가능해지고, 경공업을 중심으로 하면서도 중공업에로의 산업 구조 전환을 준비했다는 특징을 갖는다.

이에 대해 제2차 산업혁명에선, 에너지원으로서 석탄에서 석유에로의 전환이 진행, 다시 전력을 쓰는 전동기와 석유를 연료로 하는 내연기관이 발명되어, 이것들이 동력원으로서 정착해 간다. 따라서 제2차 산업혁명에선 "석탄"에서 "석유와 전력"의 시대로 이동했다고 할 수 있다. 그리고 내연기관을 이용해 자동차의 대량생산도 시작한다. 이 시기의 산업구조의 특징은 철강업, 화학공업, 전기공업이라고 하는 에너지 집약적 중화학공업의 비약적 확대와 대량생산·대량소비의 확립이다. 이렇게 하여, 과거의 두 산업혁명에선 주요 에너지원과 동력원의 변혁이 생산과 소비, 그리고 교통의 본래 사세를 근본적으로 변혁해 왔다. 이에 대해 제3차 산업혁명은 재생 가능 에너지의 폭발적 보급과 전 산업영역에 있어서 에너지 효율성의 극적인 개선에 의해 특징 지워진다. 실은 그 효시는 1973년의 제1차 석유쇼크였다고 말할 수 있을지 모른다. 일본의 "최종 에너지 소비"와 "CO_2 배출량"의 신장은 1973년의 석유쇼크 전후에 크게 변화했다. 일본은 1973년 이전은 "최종 에너지 소비"와 CO_2 배출량이 GDP를 상회하는 신장률을 보였으나, 석유쇼크의 충격을 받아 각 산업이 에너지 절약에 필사적으로 대처한 결과, 그 이후 두 지수의 신장은 갑자기 둔화해, 1980년대 후반까지는 거의 보합상태가 되었다.

그 후 에너지 절약 노력이 느슨해져 다시 두 지수는 증가하기 시작했으나 2000년 이후는 벌써 GDP 성장률보다도 낮은 비율로만 증가하게 됐다. 이것은 1973년의 석유쇼크를 계기로 하여 GDP 성장률과 화석연료 소비의 신장률의 "분리"가 이루어지고 있음을 나타낸다. GDP가 성장하더라도 화석연료 소비 신장률이 감소로 옮겨가게 되면, 그 시점을 제3차 산업혁명의 메르크말(표지)로 삼을 수 있을 것이다.

그 이전의 두 산업혁명에선 GDP 성장률, 최종 에너지 소비, 그리고 CO_2 배출량 등 모두가 증가세 신장을 전제로 하고 있었으나, 제3차 산업혁명에선 처음으로 GDP 성장률이 다른 두 지표의 신장과 분리되는 단계를 맞이하게 된다. 또 제3차 산업혁명의 특징은, 그것이 환경규제의 강화에 의해, 말하자면 의식적으로 재촉을 받는 점에 있다. 결과로서 재생 가능 에너지나 에너지 효율성의 개선에 관한 모든 재(財) · 서비스에 대한 수요가 비약적으로 증가하고, "저탄소 경제 섹터"라고도 불러야 할 새로운 리딩 · 섹터가 출현하게 된다. 이렇게 하여 제3차 산업혁명에서도 앞의 두 산업혁명과 다른 형태이지만, 에너지원의 전환과 산업구조의 전환이 상호 관련을 유지하면서 진행하게 될 것이다.

4. 저탄소 경제 이행기의 거버넌스

이 같은 커다란 사회변혁엔 갖가지의 마찰이 생긴다. 시대의 주조류에 편승하지 못하고 쇠퇴해 가는 구산업과 융성하는 신산업 간의 투쟁, 변혁 주체인 사회층의 사회적 지위 상승과 그 밖의 계층의 사회적 지위 저하, 또는 이행기의 비용 부담의 증압에 대한 사람들(특히 저소득자)의 불만이 높아지는 등의 문제를 들 수 있다.

예니케 등이 지적하는 것처럼, 산업혁명은 에너지, 기술, 산업의 변혁에 멈추지 않고 정치적 · 사회적 조건의 큰 변혁을 수반한다. 즉 제1차 산업혁명의 시기엔 농민과 신흥 부르주아 층의 투쟁이 생겼는데, 후자는 영업의 자유, 사적 사유재산의 보호, 시장 발전과 사회적 분업을 수반하는 "자유주의혁명"의 실현을 추구해 투쟁했다. 이에 대해 제2차 산업혁명은 "사회혁명"이었고, 자본주의 발전에 수반하는 사회적 모순을 어떻게 해결하느냐가 문제가 됐다. 결과로서 사회보장제도가 갖추어짐으로써 노동자의 구매력이 확보되고, 이것이 가일층의 산업발전의 기폭제가 됐다(사회국가/복지국가의 성립).

제3차 산업혁명에서도 저탄소 경제에로의 이행과 더불어 쇠퇴 산업에서 생기는 실업자를 확대하는 신산업에서 어떻게 유연하게 흡수하느냐 하는 문제가 발생한다. 또 단기적이기는 하지만, 팽창하는 대책 비용을 가격에 전가하면, 사람들의 비용 부담은 높아지고, 특히 저소득층에게 큰 영향을 미칠 가능성이 있다. 이것을 어떻게 해결하느냐. 저탄소 경제로의 이행과정에서 일어나는 여러 가지 문제를 해결하면서, 이행과정을 컨트롤하는 거버넌스(Governance)의 체제를 구축하는 게, 정부의 중요한 역할일 것이다.

5. 그린 이노베이션 사례(저탄소사회의 일본 물류시스템)

5.1 개요

18세기 산업혁명이 일어난 뒤 인류는 대량생산과 대량유통, 그리고 대량소비로 이어지는 경제발전을 경험했다. 그러나 눈부신 기술의 발전과 윤택해진 삶의 이면에는 환경적 측면에서 대기오염과 각종 폐기물이 쏟아져 나오는 문제가 발생하고 있다.

이에 세계적으로 사후처리 중심의 정책에서 탈피해 사전에 환경문제를 예방할 수 있는 종합적인 대책을 마련해야 한다는 목소리가 높아지고 있다. 이처럼 환경이 우선시되는 사회가 도래하면서 국제환경규제의 표준화를 이루려는 노력도 더해지고 있다.

기후변화에 대응하는 노력 중 하나로 IPCC(Intergovernmental Panel on Climate Change)의 권고에 따라 유엔이 1990년 총회결의에 의거, 기후변화협약 제정을 위한 정부간 협의체를 구성한 것을 들 수 있다.

1992년 브라질의 리우에서 191개국이 참여하여 환경보존의 중요성을 인식하고 "리우선언"을 통하여 지속가능한(Sustainable) 산업활동이 실시되어야 한다고 선언하였다. 그러나 강제성이 없는 선언은 실효를 거두지 못하였고, 1997년 일본 교토에서 열린 제3차 당사국총회에서 "교토의정서"가 채택되어 2008년부터 2012년까지 배출되는 CO_2 배출량을 1990년 대비 평균 5% 감축하는 목표를 수립하였다.

2004년 러시아의 참여로 2005년 드디어 발효되기 시작하면서 온실가스의 저감을 각 국가마다 의무적으로 목표화하기 시작하였고,[2] 중기 감축목표와 연계하여 탄소저감

기술과 관련 산업을 육성하고 세계시장을 선점하려는 국가전략을 마련하고 있다.

대기오염으로 인한 기후변화는 산업계에도 큰 반향을 불러일으키고 있다. 앞서 말한 바와 같이 온실가스 규제가 강화되면서 산업계에서는 온실가스 감축비용이 증가하는 것에 대해 산업구조를 저탄소형으로 변화시켜 나가는 추세이며, 저탄소형 기술 및 산업과 탄소배출권 거래가 이뤄지는 거대 시장이 등장하고 있다.

교토의정서 준수 기간이 만료되는 2012년 이후의 온실가스 감축을 규정하기 위해 2007년 12월 인도네시아 발리에서 제13차 UN기후변화회의가 개최되었고, 2009년 12월 덴마크 코펜하겐에서, 2010년 멕시코 칸쿤에서 "포스트 교토체제"의 논의를 위한 회의가 진행되었다.

상기의 회의를 통해 우리나라의 의무감축국 지정이 이뤄지거나 의무감축 목표가 지정되지는 않았지만 OECD가입국이며, GDP 규모 세계 15위, 교역량 10위, 온실가스 배출량 8위[3]라는 현재 위치를 고려해보았을 때, 적용 1순위 후보국가로 거론되고 있다.

우리나라도 정부 차원에서 "저탄소 녹색성장"이라는 국가 차원의 비전을 제시하고 저탄소사회로 나아가기 위한 발걸음을 떼기 시작했지만, 아직 그 내용이나 성과면에서 미비하다고 할 수 있다.

국가 차원의 정책뿐만 아니라, 산업계 전반의 자발적인 노력이 필요하다. 이미 상당 부분 탄소저감 시책이 진행된 생산부문보다는 운송과 보관, 하역 등 물류차원에서 발생하고 있는 탄소부문을 줄이기 위한 노력이 진행되어야 한다. 그렇다면 그 방법은 무엇일까.

이하에서는 국제사회에서 일본의 환경 관련 움직임과 산업계의 동태를 살펴본 후, 개별 기업의 사례를 통해, 물류부문의 탄소저감 노력이 어떠한 방식으로 진행되고 있는지 알아봄으로써, 우리나라 기업에 적용할 수 있는 시사점을 찾아보도록 할 것이다.

---

2 영국은 1990년 대비 34%, 일본은 2005년 대비 15%, 미국은 2005년 대비 17% 감축, 대만은 2025년에 2000년 수준 동결, 멕시코는 2012년 5천만 톤을 감축할 것을 제시하고 있다.

3 GDP는 2009년 기준, 교역량은 2007년 세계무역기구 자료 기준, 온실가스 배출량은 2009년 미국 에너지정보청 (EIA : Energy Information Agency)의 자료를 기준으로 하였음.

5.2 국제사회를 주도하려는 일본의 움직임

2007년 12월 인도네시아 발리에서 개최된 유엔 기후변화협약 제13차 당사국총회에서 2009년 말까지 '포스트 교토체제'의 출범 및 협의를 마치기로 합의하였고, 이에 따라 2009년 12월 코펜하겐 기후당사국총회에서 도출된 「코펜하겐 합의문(Copenhagen Accord)」에 따라 193개 당사국 중 87개국이 자국의 감축계획 또는 합의문 지지 의사를 협약사무국에 제출했다.

비록 코펜하겐 기후당사국총회에서 포스트 교토체제에 대해 완전한 합의를 도출해내지는 못했지만 신흥국들이 비자발적 감축을 선언하면서 기후변화 대응에 대한 국제공조를 도출해낸 것이다. 여기서 주목할 점은 포스트 교토체제 논의 과정에서 주도권을 장악하려는 일본의 행보가 지속되었다는 것이다.

먼저 2007년 5월 아베(安倍) 총리는 포스트 교토체제 구축에 관한 3원칙을 제안하였다[4]. 2008년 1월에는 후쿠다(福田) 총리가 다보스포럼에서 향후 10~20년 이내 세계 전체의 온실가스 배출량을 감소세로 전환시키고, 이를 위해 2020년까지 세계 전체의 에너지 효율을 30% 향상시키자는 'Cool Earth 추진구상'을 발표하였다. 2008년 6월에는 '貯炭所社會 日本을 向하여'라는 일명 후쿠다 비전을 발표하여 대내외적으로 온실가스 감축에 대한 일본의 의지를 표명하였다.

후쿠다 비전의 내용을 살펴보면 첫째, 2050년 세계 온실가스 배출량 현재 대비 50% 삭감과 일본은 동기간 60~80% 감축을 공언했으며, 둘째로 포스트 교토체제의 온실가스 감축수단으로 '섹터별 어프로치'를 제시하였는데 이것은 각국이 부문별 감축목표를 세우고 이를 합산하여 국가목표로 제시하는 방식이다. 마지막으로 에너지 절약 대책과 탄소배출권 거래제도 도입 등 일본을 저탄소사회로 만들기 위한 정책·제도의 방향성을 제시하고 있다. 후쿠다 총리의 이러한 행보는 홋카이도에서 열린 G8 확대정상회의를 앞두고 개최국으로서 스스로 노력하는 모습을 보임으로써 글로벌 리더십을 발휘하려는 것으로 해석되었다.[5]

---

[4] 중국, 인도 등 주요 배출국을 참가시키고, 국별 사정을 고려한 유연하고 다양한 체제를 구축하며, 에너지 절약 기술을 활용하여 환경보전 및 경제발전을 동시 달성하자는 3가지 원칙을 제안. 국제교류회의 '아시아의 미래' 만찬회에서의 연설(Innovation to 'Cool Earth 50') 내용.

이처럼 일본은 국제사회의 저탄소 움직임을 주도하려는 시도를 계속하고 있다. 이는 포스트 교토체제 등 향후 환경 관련 국제적 논의 과정에서 일본의 발언권을 높임으로써 자국에 유리한 방향으로 국제질서를 구축하려는 의도인 동시에 국제적 환경규제가 강화될 경우 일본이 확보하고 있는 환경 관련 기술 및 산업이 일본의 경제성장에 가져다 줄 잠재력에 대한 기대가 크기 때문인 것으로 파악된다. 특히 후발국에 대한 환경규제가 강화될 경우 일본의 에너지 절약, 환경 관련 제품·부품 등의 산업에서 거둘 수 있는 반사이익이 상당할 것으로 예상되고 있다.

또한 교토의정서상의 CDM(청정개발체제) 프로젝트 추진실적과 공동이행제도를 통해 탄소배출권을 상당량 확보해 놓은 것은 일본이 국제사회에서 큰 목소리를 낼 수 있는 이유가 되고 있다.

5.3. 산업계의 자발적인 저탄소사회로의 진입 노력

일본 산업계의 저탄소사회 대응은 이미 1990년대 초반부터 시작되었다고 할 수 있다. 일본 산업계를 대표하는 경제단체연합회[6]는 1992년 "리우선언"에 앞서 1991년 「경단련 지구환경헌장」을 선언했으며, 1996년에는 지구환경헌장의 이념을 구체적으로 이행하기 위한 「경단련 환경호소」를 발표했다. 그리고 교토의정서를 채택한 1997년에는 「환경자주행동계획」을 발표했다. 이를 계기로 일본 산업계는 저탄소사회에 본격적으로 대응하게 되었는데, 주로 지구온난화대책을 중심으로 추진되었다.

환경자주행동계획은 다음과 같은 특징을 갖는다.

첫째, 각 산업이 스스로의 판단으로 완전하게 자주적으로 대응하며, 대응 내용도 각 업계 스스로 현재 최선이라고 판단되는 내용을 포함한다.

둘째, 제조업·에너지 다소비 산업뿐만 아니라 유통·운수·건설·무역 등 참가 업종이 매우 광범위하다.

---

5 구본관, 「일본의 환경강국 전략과 시사점」, 2008년 8월, 삼성경제연구소, 「SERI 경제 포커스」 207호, pp. 1-2.
6 일본경제단체연합회는 2002년 5월 기존의 경단련과 일경련이 통합해 발족한 경제단체로서, 회원사는 1,161개 기업 및 단체로 구성되어 있다.

셋째, 온난화대책과 폐기물대책에 대해 다수의 산업이 수치목표를 제시하고, 내년 검토를 거쳐 결과를 공표하도록 하고 있다.

환경자주행동계획에서는 에너지효율 개선, 에너지 혹은 CO_2 총량 감축, 서비스 혹은 제품 사용에서의 에너지 절약 등의 목표를 세우고, 그에 대한 대책으로 에너지 이용의 효율화, 설비·프로세스의 개선 혹은 기술개발과 성과의 도입, 연료전환 등을 실천하고 있다.

경단련의 자주적 대응이라는 논리는 각 업종의 실태를 가장 잘 파악하고 있는 사업자 자신이 시장의 동향과 기술적 요인, 기타의 경영요소를 종합적으로 판단하여 효과가 높은 시책을 스스로 입안하고 실시하는 것이 최선의 방법이라는 인식이 바탕이 되었다.

환경문제는 모든 사업활동과 개인의 일상생활에 이르기까지 다양하게 얽혀 있어 일률적으로 활동을 제한하는 것이 불가능하고, 종래의 정책이나 규제 방식으로는 그에 대한 충분한 대처가 어렵다고 생각했기 때문이다.

2002년 경단련은 환경자주행동계획 제3자평가위원회를 설치하였다. 에너지·환경 관련 전문가로 구성된 위원회는 경단련의 환경자주행동계획이 적정하게 이행되고 있는지를 객관적으로 평가하고 개선방향을 제시함으로써 이 계획의 투명성과 신뢰성을 제고하기 위함이었다.

환경자주행동계획의 진척 상황은 매년 관련 정부 심의회에 보고되어 검토되고 있으며, 산업·에너지전환 부문대책으로 중심적 역할을 하고 있다.[7]

또한 경단련은 소비자에 대한 에너지 관련 정보제공과 환경교육 등 국민운동을 지원하고 삼림정비사업도 추진하고 있다. 국제적으로도 에너지효율의 국제 비교와 교토의정서의 내용을 활용한 해외에서의 온실가스 감축사업을 추진하고 있다. 경단련은 일본기업의 우수한 에너지 전략, 신에너지 기술 등을 해외에 이전하고, 청정개발체제(CDM), 공동이행(JI) 등 교토의정서의 활용 차원에서 세계 각지의 신에너지사업, 메탄가스 회수 등의 사업에 참여하고 있다. 뿐만 아니라 다수의 기업이 일본온난화가스감축기금과 세계은행 등 국내외의 기금에 출자하고 있다.

---

7 정성춘 외 「일본의 저탄소사회전략에 관한 연구」, 2009년, 대외경제정책연구원, p. 251.

<표 14-1> 경단련의 환경자주행동계획 경과

시기	주요 내용
1991. 4. 23	경단련 「지구환경헌장」 발표
1996. 7. 16	경단련 「환경호소-21세기 환경보전을 향한 경제계의 자주행동선언」 발표
1997. 6. 17	경단련 「환경자주행동계획」 발표
1998. 12. 15	온난화대책 이행차원에서 1998년 12월 「제1차 경단련 환경자주행동계획」 매년 결과보고 실시
1999. 12. 6	폐기물대책 및 순환형 사회 형성 이행 차원에서 1999년 12월부터 조사결과 발표
2002. 7. 23	2002년 7월 환경자주행동계획 제3자평가위원회 설치, 2003년 보고서 최초 발표, 이후 매년 평가보고서 발표

자료 : (社)일본경제단체연합회 홈페이지 (http://www.keidanren.or.jp/indexj.html).

5.4. 일본 기업의 저탄소 물류 사례

지금까지 온실가스 감축을 위한 일본의 국제사회에서의 노력과 산업계의 자발적인 노력을 대략적으로 살펴보았다. 다음에서는 각 기업별로 어떤 노력을 기울이고 있는지 알아본다.

일본의 기업들은 환경보존을 위한 정부와 산업계의 노력에 발맞추어 각 기업별로 환경대책계획을 수립하고, 계획을 바탕으로 환경을 인식한 경영을 해오고 있다. 생산부문에 있어서는 이미 각고의 노력을 기울인 끝에 많은 효과를 보았다. 그러나 물류부문에 있어서는 이렇다 할 성과를 보이지 못하고 있는 것이 사실이다.

물류센터나 물류활동은 제조공정과 마찬가지로 똑같이 환경에 부하를 발생시키고 있으므로, 환경에 대한 책임이 분명하다고 할 수 있다. 기업들은 이 점을 강하게 인식하고 대응할 필요가 있다. 환경에 대한 기업의 사회적 책임이 중시되고 있는 상황에서 기업의 물류부문에 대응이 느리게 진행되면, 기업의 신용이나 브랜드에도 적잖은 영향을 받게 되기 때문이다.[8]

물류활동의 개선을 통해 환경에 대한 인식을 달리하고 있음을 내세움으로써 기업의 브랜드 가치를 높이고, 기업 스스로도 지속가능한 경영을 가능하게 할 수 있다.

이미 많은 기업들이 IR(Investor Relation)활동의 일환으로 환경보고서와 업적보고서를 홈페이지나, 도서관용으로 작성해 정보를 공개하고 있다. 환경 대책도 중요한 기업의 경영전략에 들어 있다고 볼 수 있다.

다음에서는 물류의 구성 요소라고 할 수 있는 운송 · 배송, 보관, 하역, 포장 · 가공, 물류정보 등 물류활동의 단계별로 일본 기업들의 CO_2 저감을 위한 노력과 성과에 대해 소개한다.

5.4.1. 운송 · 배송 단계의 저탄소 물류 사례

물류에서 운송 · 배송은 가장 기본적이면서도 가장 중요한 요소라고 할 수 있다. 특히 환경을 고려한 물류활동에서는 이 단계에서의 개선을 통해 환경 부하를 줄이는 가장 큰 성과를 이룰 수 있다.

다음에 소개할 기업들은 모달 시프트(Modal-Shift) 또는 기타의 다른 방법을 통해 환경 부하에 대응하고 있다.

1) 도요타 자동차 – 완성차 수송항로의 집약

도요타 자동차는 환경 대책을 코스트 삭감의 한 수단으로 인식하였다. JIT(just in time)이 대표적인 기업이념인 만큼 리드타임의 희생을 지양하는 한편, 코스트와 CO_2 배출량을 모두 줄일 수 있는 대응법을 찾기 위해 노력해왔다.

도요타 자동차는 '환경에 좋은 프리우스를 만들더라도 그것을 수송하는 데 많은 CO_2가 발생한다면 아무 소용이 없다. 환경에 대한 대응의 선두주자를 표방하는 도요타에 있어 물류분야의 환경 부하 저감은 매우 중요한 요소' 라고 밝히고 있다.

도요타 자동차는 물류 각 부문에 있어 다양한 환경대응 시책을 취하고 있는데 그 중에서도 '완성차 수송항로의 집약' 이 대표적인 것으로 꼽히고 있다.[9]

〈그림 14-1〉은 도요타 자동차의 완성차 수송 경로의 변화를 보여주고 있다. 종래는

---

8 박명섭 외, 「전략물류」, 2010년 7월, 아카데미프레스, p. 192.
9 도요타 자동차, Sustainability Report, 2009, p. 26, lozi-biz, 전게서에서 재인용.

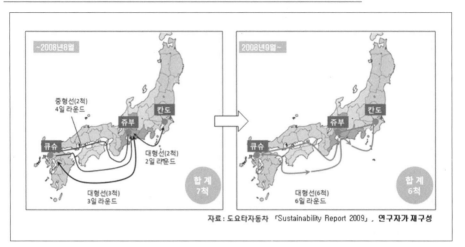

자료 : 도요타 자동차 Sustainability Report 2009.

쥬부-칸도 간, 쥬부-시코쿠 간, 쥬부-큐슈 간의 세 개 항로로 나누어 수송선 7척으로 운행하고 있었다. 그 체제를 2008년 9월의 대형선 취항과 더불어 재검토하여 한 개 항로 6척 운항으로 완성차 수송항로의 집약을 이뤄냈다. 같은 배로 칸도-쥬부-시코쿠-큐슈를 모두 거쳐 운항하면서 수송선의 대기시간 단축과 운항 패턴을 균일화할 수 있었고, 중형선 1척을 감선할 수 있었다.

완성차 수송항로의 집약을 통해 도요타 자동차는 연간 3,500톤의 CO_2 배출량을 삭감할 수 있었다.

그 밖에도 생산용 부품의 철도수송을 확대하고 파트너 물류회사에 대한 에코드라이브 추진을 통해서 보다 많은 양의 CO_2 감축을 이뤄내려고 하고 있다.

2) 후지쓰 - 환경대책으로 철도이용을 추진

후지쓰는 2010년부터 3년간의 「그룹환경행동계획」을 발표했다. 후지쓰의 물류본부는 환경을 배려하는 수송이 상품 자체의 부가가치를 높일 수 있으므로, 그룹 계열사의 물류부문이 제휴하고 환경부담을 줄일 수 있는 '그린 물류활동'을 추진하겠다고 밝히고 있다.

후지쓰는 기업용 데스크 탑 퍼스널 컴퓨터와 퍼스널 컴퓨터용 서버를 모달 시프트를 적용 수송하기 시작했다.

제품을 무조건 값싸고 빨리 제공하는 것이 아닌 고객에 따라 서비스를 최단, 통상적으로, 선납기일이라는 3가지로 확충하여 희망하는 납기일에 맞추어 트럭이나 철도 등 운송수단을 선택하는 형태로 바꿔 나갔다.

그러나 철도로 운송수단을 전환할 경우 코스트와 정시수송의 신뢰성에 문제가 생길 수 있어 철도수송 비율이 10%에 머무르는 데 그쳤다.

이러한 문제를 해결하기 위해 일정한 물량 확보와, 컨테이너당 탑재 펠릿의 수를 증가시켜 코스트를 줄이는 한편, 정시운행률 등의 자료를 토대로 회사 내부의 설득을 진행하여 장벽을 제거했다.

꾸준한 노력의 결과로 퍼스널 컴퓨터 서버는 물론, 휴대전화 등 다양한 제품이 철도수송을 통해 일정 비율 이상을 수송하게 되었고, 국토교통성과, 철도화물협회가 제정한 "에코레일마크 상품" 인정을 취득할 수 있었다.

철도로 운송수단을 전환함과 동시에 적재효율을 개선함으로써 트럭의 이용대수 또한 줄일 수 있었다. 2008년의 물류과정에서 CO_2 배출량은 전년 대비 14%가 줄어든 4,000톤이었다.

후지쓰는 업무효율화를 달성하기 위해 물류전문 기업에 위탁을 하는 한편, 그룹 계열사 이외의 회사와 공동배송도 검토하고 있다.

3) 야마토 운수 - 집배거점을 활용한 야마토 운수

앞에서 소개한 두 기업은 각각 해운과 철도로의 모달 시프트를 통해 물류 개선을 이뤄냈다. 하지만 이번에 소개하는 야마토 운수는 고객 가까이로 파고드는 전략으로 물류 개선을 이뤄낼 수 있었다.

야마토 운수는 일본 최대 택배 기업으로 택배 사업은 고객의 세심한 마음을 파고드는 일이라 할 수 있다. 자신이 직접 우체국까지 가지 않아도 알아서 수거해주고, 또 편안하게 집에서 물건을 받아볼 수 있기 때문이다. 이것을 위해 야마토 운수는 이른바 "집배거점" 개념을 도입하였다.

집배거점 당 7명의 영업 담당자들이 한 팀이 되어 구성되어 있었으며, 이들은 각각 하나의 독립점포 역할을 수행했다. 단순히 직원의 개념이 아니라 영업이익이나 인력 등 모든 것을 알아서 관리해야 했다.

<그림 14-2> 집배거점의 확대 추이

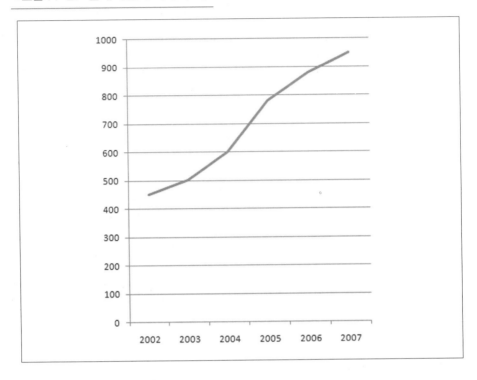

집배거점에서 주목할 점은 자전거와 대차를 이용해 도심 곳곳으로 파고들기 시작한 것이다. 이 소형 화물 운반 수단들은 배달과 집배 능력을 혁신적으로 향상시켰고, 하루 배달 건수를 10% 이상 늘릴 수 있었다.[10] 이는 반대로 생각하면 고객들이 택배의 편리한 시스템을 그만큼 더 누릴 수 있다는 것을 의미하기도 했다.

초기의 택배 서비스 이용자들은 약간의 우려를 안고 있었는데 '과연 내가 사는 이곳까지 회수를 하러 올까?', '내가 보내는 주소지는 너무 외진 곳이 아닐까?' 하는 것이었다. 특히 일본철도화물의 고압적인 태도를 경험했던 고객들에게는 중요한 문제였다. 그러나 야마토 운수는 그 모든 고객의 걱정과 불안을 불식시켜버렸다. 그것은 전국 곳

---

10 야마토통운 주식회사, 「환경적합물류에의 종합적인 대책」, 2008년 10월, p. 9.

<그림 14-3> 야마토운수 집배거점센터의 집배 방법

대차(台車) 집배 모습   리어카를 장착한 전동자전차로의 집배

자료 : 야마토통운 주식회사, 2008.

곳에 퍼져 있는 영업망이 있기에 가능했다.

고객의 마음속으로 파고들어 그들에게 믿음을 심어주고, 그 결과 자사 서비스를 안심하고 이용할 수 있게 만드는 원동력이 되었다.

5.4.1. 포장단계에서의 저탄소 물류 사례

포장은 내용물을 보호하고, 하역작업에 편의를 주는 동시에 상품의 구분 표시 등을 목적으로 하는 물류의 구성요소다. 포장은 생산 공정의 최후에 위치하고, 그 이후는 물류의 공정이기 때문에 생산과 물류의 접점에 있다.[11] 포장을 통해 제품이 유니트(Unit)화 되고, 보관 및 하역 작업에 큰 영향을 줄 수 있기 때문에 포장의 개선은 곧 물류활동 전반의 개선에서 매우 중요하다.

1) 리코 로지스틱스 – 플라스틱 순환용기의 사용

리코그룹은 환경보전과 이익창출을 동시에 실현하는 '환경경영'을 기치로 내걸고

---

11 박명섭, 『국제물류의 이해』, 2010년 8월, 법문사, p. 33.

적극적으로 환경부담의 저감활동을 추진해온 기업이다. 물류 자회사인 리코 로지스틱스는 포장설계, 조달, 생산 및 판매 등의 동맥물류에서부터, 회수, 재생에 이르는 정맥물류 네트워크의 순환형 로지스틱스를 구축하여 전 세계적으로 뛰어난 물류조직의 구성을 목표로 하고 있다.

이 회사는 기존의 디젤차량에서 저공해차인 압축천연가스(CNG, Compressed Natural Gas)차나 하이브리드차로의 전환을 추진하는 한편, 물류과정에서 발생하는 CO_2 배출량을 산정하기 위해 운행마다 차종, 사용연료 및 운행거리 등의 데이터를 파악할 수 있는 체제를 정비하여 구축하였다. 또 일본 내 수송에서 모달시프트로 체제를 전환하고, 수출입 시에는 가장 가까운 항구를 이용하는 등의 노력으로 2008년도의 CO_2 배출량을 전년 대비 1,600톤 이상 감축할 수 있었다.

그러나 가장 괄목할 만한 성과는 에너지 및 자원절약 활동의 하나로 진행된 순환형 에코포장 (eco-packaging)을 들 수 있다.

이전까지 리코의 고텐바 공장은 중국으로부터 골판지로 되어 있는 상자를 사용하여 부품을 조달해왔다. 이 때문에 사용이 끝난 대량의 상자를 소각 처리해야만 했다. 일본과 중국 간의 수송에 되풀이하여 사용할 수 있는 플라스틱 상자를 투입한 결과, 리코그룹의 골판지 상자를 월간 약 2,700톤, CO_2 배출은 3,100톤 줄일 수 있었다.

이와 더불어 기업 내의 전 직원의 의식개혁을 위해 노력하고 있고, 그 결과 계열사인 산아이(三愛)로지스틱스의 물류센터 도후쿠(東北)는 2008년 환경재생보전기구가 주최한 에코드라이컨테스트에 참가하여 입상했다. 또 2009년에는 고텐바물류센터가 입상했다.

이러한 외부평가와 수상은 현장 사원들에게 영향을 끼쳐 업무개선에 대한 경쟁의식을 고취시킬 수 있었다.

5.4.2. 보관단계에서의 저탄소 물류 사례

물류는 생산과 소비(혹은 판매) 사이에 발생하는 시간적 격차를 해소하는 기능을 담당한다. 즉 물류과정에서 보관을 통해 상품의 시간적 효용을 높이거나 가격조정의 역할까지 담당하는 것이 보관이다.

저탄소 대책은 운송과 포장단계에서 이뤄지는 것이 대부분인데 흥미롭게도 보관단

계에 환경대응을 통해 물류개선을 이룬 기업이 있다.[12]

1) 미쓰비시 창고 – 환경대응에 30억 엔을 투자

미쓰비시 창고는 2010년 시작한 3개년 경영계획(2010~2012년)의 기본전략에 '지구환경에 대한 대응 강화'를 포함하고 있다. 예전부터 기업의 사회적 책임(CSR)이라는 관점에서뿐만 아니라, 물류와 부동산 두 사업을 모두 확충할 수 있는 좋은 기회로 보고, 환경대응으로 훌륭한 서비스를 창출하여 보다 높은 경쟁력 강화를 이뤄내겠다는 것이다.

미쓰비시 창고는 이 계획에 대해 총 530억 엔 가운데 지구환경에 대응하는 물류와 부동산에 합계 30억 엔을 투자하기로 하였다.

창고 설비에 공조와 조명장치를 효율화함으로써 에너지 사용량을 절감하고자 하는 계획이다.

2007년부터 2009년까지의 환경대책에 대한 투자 실적은 22억 엔이었다. 2009년도에는 요코하마 다이어 빌딩에 일본 최대의 외벽건재일체형 태양광 발전시스템(출력 90 킬로와트)을 정비하는 등에 16억 엔을 사용하였는데, 물류사업에 비해 부동산사업에 대한 투자액이 훨씬 많았다.

물류분야에서는 대형 투자를 시행하는 전(前)단계에서 실증실험을 거듭하였는데 2009년 5월부터 1년간 요코하마 오구로(大黑) C호 창고의, 약 250평방미터의 작업 공간에 발광다이오드(LED: Light Emitting diode) 조명 12기를 설치, 작업조건에 대한 영향이나 에너지 절약 효과를 검증하였다. 이 실험을 통해 전기요금의 70%를 절감할 수 있었다.[13]

태양광 발전에 대한 투자도 있었다. 사가현 도스 배송센터에 10킬로와트의 태양광 발전 패널을 도입하였는데, 2010년에는 사이타마현 단고우 배송센터에 50킬로와트의 패널을 도입할 것을 검토하였다.

미쓰비시 창고의 투자는 물류사업에 있어서 고객에 대한 서비스 메리트가 크지 않다고 판단하여, CO_2의 배출량을 삭감하는 수송시스템의 제안 등 소프트웨어 측면에 대

---

12 박명섭, 『국제물류의 이해』, 2010년 8월, 법문사, p. 33.
13 이원철, 『해운산업의 녹색혁명』, 2010년 9월, 해양한국, pp. 111–112.

한 투자와 기술 투자를 병행할 것을 고려하고 있다.

5.4.3. 하역단계에서의 저탄소 물류 사례

1) 하카다 항만 – 세계 최초의 자동 레인 체인지

2010년 7월 1일 하카다항 아일랜드 시티 컨테이너터미널에 완전 전동의 타이어식 트랜스퍼 크레인[14]이 출현하였다.

야드 내의 분전반으로부터 전력의 공급을 받아들이기 때문에, 종래에 디젤엔진에 비하여 CO_2의 배출량이 줄어든다. 급유나 정비의 수고도 경감되기 때문에 하역효율의 향상도 기대할 수 있었다. 세계 최초로 레인의 전환을 자동적으로 수행하는 시스템을 채용하고 있어, 국내외로부터 주목을 받게 되었다.[15]

전동 RTG에 의한 야드의 하역시스템은 국토교통성 규슈지방정비국, 후쿠오카시 및 후쿠오카시가 출자한 제3섹터의 하카다항 부두 등 3자가 기술을 개발하고 실험한 뒤 실시되고 있다.

전동화에 따른 CO_2의 삭감효과는 모두 합쳐서 약 2,000톤으로 종래의 디젤엔진을 이용한 방식에 비해 약 80% 정도 감소되는 것으로 나타났다.

또 냉동 컨테이너의 보관 장소에 차광효과가 있는 가동식 지붕을 설치하여 직사광선을 피할 수 있도록 함으로써 소비전력을 저감시킬 수 있었다.

이런 전동화 설비를 갖춤으로써 하카다항은 일본 최고의 에코터미널을 목표로 하고 있다.

5.4.4. 물류정보를 이용한 저탄소 물류 사례

물류정보는 기업의 물류활동에 의거하여 발생하는데, 물류의 제기능인 운송, 보관, 하역, 포장 및 유통 가공을 원활하게 하기 위해 필요 불가결한 것이다. 물류정보는 물

---

14 산업용 텔레비전을 사용하여 동영상의 실시간 자동처리 방법으로 교통의 흐름 및 차량의 속도를 계측하는 시스템과 알고리즘.
15 이원철, 「해운산업의 녹색혁명」, 2010년 9월, 해양한국, p. 109.

류활동에서의 역할로 분류하면 수주정보, 재고정보, 생산 지시정보, 출하정보, 물류관리정보의 5가지로 분류할 수 있다.

물류기업은 이상의 정보를 활용하여 기업의 물류과정을 효과적으로 통제할 수 있게 된다.

1) K-Line - 환경수치의 정보화

K-Line은 전자요약항해일지(abstrace log book) 시스템 에스파스(SPAS)를 도입하였다. 이 시스템은 선박의 운항자료를 위성회선을 경유하여 육상으로 송신하는 K-Line의 독자적인 시스템으로 환경대책 기능을 강화하여 CO_2 등의 배출량을 보다 신속하게 파악할 수 있게 되었다.

이 시스템을 도입한 결과, 운항 상황과 가스 배출량, 수송효율 등을 한눈에 파악할 수 있는 가시화가 이루어졌다. 'SPAS에 자료를 입력하면 무엇이든 처리할 수 있는 기능을 꾸려 넣는다고 하는 발상' 이 당초의 목표를 넘어서는 결과를 낳게 된 것이다.

SPAS 시스템을 도입하기 전에는 환경 관련 수치는 기간을 정하여 계산(환경추진계)해야 했으나, 시스템이 도입된 뒤에는 언제나 파악할 수 있게 되어 보다 용이하게 비교할 수 있게 되었고, 속력과 항로를 대조해 최적화를 그려내는 데에 기여하고 있다.

고객이 요구하는 수치에 대해서도 신속하게 대응할 수 있게 되었다.

SPAS는 K-Line의 운항 노하우를 체계화한 것이라고 할 수 있다. SPAS에서 수치를 비교해 큰 흐름을 찾아낼 수 있게 되었고, 가시화가 진전된 시스템은 경제성, 안정성 및 환경대응이 상호 밀접하게 관련되는 선박운항을 강력하게 지원할 수 있게 되었다.[16]

2) 산코기센 - 새로운 운항관리 시스템의 도입

2010년 4월 산코기센(三光汽船)의 운항관리 규모는 190척에 달한다. 일본 국내 해운사로서는 손꼽히는 위치에 올라서 있다. 동사는 주력인 부정기선, 유조선 및 가스운반선 외에 오프쇼어 지원선 등 자원에너지 분야를 중심으로 운항선복의 다종 다양화를 추진해왔다.

---

16 이원철, 「해운산업의 녹색혁명」, 2010년 9월, 해양한국, p. 108.

산코기센은 지금까지도 안전운항의 철저 및 해양환경보전의 강화에 대응해왔다. 즉 해운회사의 사회적 책임과 위치는 물론, 실제로 여러 가지 구체적인 방책을 취하여왔다.

최근에는 웨더 뉴스와 공동으로 선박의 운항관리 시스템 산코그린네브(SANKO Green Nav.)를 도입한다고 발표한 바 있다. 이 시스템은 웨더 뉴스가 제공하는 최신의 기상 및 해상 자료를 본선과 본사가 공유하는 것이다.

최적항로의 선정이나 운항관리에 필요한 정보를 활용함으로써, 산코기센의 운항하는 전 선박을 대상으로 한 안전운항의 철저를 목적으로 하고 있다.

이의 도입으로 철저한 안전운항으로 운항 관련 제 상승효과를 기대하고 있다.

선장이나 운항관리자가 항로의 선정에 적절한 의사결정을 행사할 수 있는 환경을 정비함으로써 본선의 선장과 운항관리자, 웨더 뉴스 3자가 제휴해 보다 질 높은 안전운항에 철저를 기할 수 있게 되었다.

또 자사 운항선박의 환경지표로서 「산코기센 환경매니지먼트 시스템」을 설정하여, 연비효율의 향상 및 온실가스 삭감 등의 검증을 추진하고 있다. 항해 중 주기나 보기 및 하역장치의 작동 성능을 계측하여, 신조시의 성능과 비교 검토하여 검증하고 있는데 이때 기기류를 최적의 상태로 조정함으로써 CO_2를 종래에 비해 4% 감소시킬 수 있음을 실증하였다.[17]

산코기센은 이러한 노력을 더욱 강화하여 7%의 삭감을 목표로 설정하고 있다.

5.5. 결언

일본은 포스트 교토체제의 출범에 대비하여 국제사회에서 자국의 영향력을 높이고 일본이 보유하고 있는 각종 환경 관련 기술 및 산업으로부터 오는 반사이익을 누리기 위해 사회 전반에 걸쳐 CO_2 감축노력을 해오고 있다.

국제기구나 회의를 통해 자국의 감축목표를 꾸준히 공언하면서 그에 따른 정부 차원

---

17   예충열 외, 「일본의 친환경물류정책 현황과 시사점」, 2008년 3월, pp. 4-5.

과 기업 차원에서 대응하고 있다.

저탄소사회 구현을 위해 자동차에 의존하는 물류체계를 바꾸기 위한 노력이 진행되고 있으며, 이는 곧 철도를 이용한 수송의 확대로 이어지고 있다. 철도운송용 컨테이너 전동차의 개발과 전용 컨테이너를 개발하여 적재효율을 높이는 동시에 모달시프트를 실현하고, 많은 양의 CO_2 배출을 감축해내고 있다.

정부 차원에서는 모달시프트의 활성화를 위해 많은 액수의 보조금을 지급하고 있지만, 더 나아가 철도화물 수송의 인프라 정비를 통해 환경 부하를 낮추려는 노력이 있어야 할 것으로 평가받고 있다.

일본 기업의 사례를 통해 일본의 기업들은 정부의 강압적인 요구에 의한 환경 부하의 대응이 아닌 자발적인 환경 부하의 대응이 이뤄지고 있다는 것을 알 수 있다. 특히 각 기업별로 환경대응에 관한 계획을 수립하여 기업경영에 적용하는 등 다방면의 노력이 더해지고 있다.

각 기업들은 제품 원재료의 수송에서부터 생산과정과 포장, 배송에 있어서까지 부문별로 대응책을 마련 CO_2 감축을 위한 노력을 수행하여 가시적인 효과를 보고 있는 것으로 나타났다.

이렇게 기업들이 환경 부하의 대응에 적극적인 이유는 소비자의 환경에 대한 관심이 높아짐으로 인해 기업이미지 제고를 위해 불가피한 선택이라는 이유 외에도 자체적으로도 물류과정의 개선을 통해 불필요한 비용을 삭감함으로써 기업경영의 효율화를 이룰 수 있기 때문이다.[18]

요약하면 기업에게는 CO_2 배출량 삭감이라는 새로운 비용 요소가 등장함으로써 기업경영에 위험으로 작용할 수 있는 만큼, CO_2 배출을 줄이기 위한 에너지 절약 설비에 투자하거나 CO_2 배출이 적은 청정에너지로의 전환이 필요할 것이다.[19]

물론 쉬운 일만은 아니다. 기업에 있어서 비용과 환경 부하는 Trade-off의 관계라고 생각하는 것이 일반적인 견해이기 때문이다. 그러나 기업의 자발적인 노력은 저탄소사회를 구현하는 데 있어 중요한 열쇠가 된다.[20] 따라서 기업 스스로 기업환경에 적합한 환경대응대책을 수립하고, 실천해나가려는 노력이 필요할 것이다.

---

18 구본관, 전게서, p. 13.
19 홍경화, 「일본의 그린물류활동 현황」, 2008, pp. 33-35.

일본 기업의 사례를 통해서 각 기업들의 환경전략이 저탄소 사회를 실현시키기 위한 비전과 이를 달성할 수 있는 시스템 구축에 있음을 알 수 있었다. 특히 물류기업에서는 단순히 비용절감 차원에서 그치는 것이 아니라 환경을 보호하고 나아가 고객에 대한 서비스를 발전시켜 나가는 것을 목표로 하고 있다는 것을 알 수 있다.

그러나 국내 기업은 아직까지 환경문제에 대한 대응이 걸음마 단계라고 할 수 있다. 따라서 선진기업의 적극적인 벤치마킹과 우리나라 기업 실정에 맞는 전략을 수립하는 것이 필요하다고 할 것이다.

참고문헌

(주) JR화물 리서치센터 편저, 최영수 외 역, 『일본의 물류와 로지스틱스-녹색물류와 철도』, 범한: 서울, 2010.

강희찬 외, 「기후변화협약, 한국기업에 위기인가 기회인가」, 삼성경제연구소 『CEO Information』 제715호, 2009, p. 1.

구본관, 「일본의 환경강국 전략과 시사점」, 『SERI 경제포커스』 제207호, 삼성경제연구소, 2008, pp. 1-2, pp. 12-13.

예충열 외, 「일본의 친환경물류정책과 시사점」, 한국교통연구원단기수시연구, 2008, pp. 4-5.

홍경화, 「일본의 그린물류활동 현황」, 일본유통경제대학 물류과학연구소, 2008, pp. 33-35.

Sato 외, 「화물철도를 이용한 그린물류 추진사례의 소개」, 한국철도공사물류사업본부, 2009, p. 11.

logi-biz, 「환경물류의 실무」, v.9no10, Rhinos Publications, 2010, pp. 10-17.

야마토통운 주식회사, 「환경적합물류에의 종합적인 대책」, 2008, p. 9.